父亲南怀瑾

南小舜 题词

父亲
南懷瑾

下

南怀瑾第三子
南一鹏 著

浙江人民出版社
ZHEJIANG PEOPLE'S PUBLISHING HOUSE

图书在版编目（CIP）数据

父亲南怀瑾 / 南一鹏著. — 杭州：浙江人民出版社，2015.9（2016.1重印）

ISBN 978-7-213-06885-0

Ⅰ.①父… Ⅱ.①南… Ⅲ.①南怀瑾（1918～2012）—传记 Ⅳ.①K825.46

中国版本图书馆CIP数据核字（2015）第210131号

书　　名	父亲南怀瑾
作　　者	南一鹏　著
出版发行	浙江人民出版社
	杭州市体育场路347号
责任编辑	洪　晓　潘玉凤　陈庆初　张炳剑
责任校对	朱志萍　姚建国　朱　妍　张谷年
封面设计	水玉银文化
电脑制作	书情文化
印　　刷	北京鹏润伟业印刷有限公司
开　　本	710mm×1000mm　1/16
印　　张	44.5
插　　页	6
字　　数	618千字
版　　次	2015年9月第1版
印　　次	2016年1月第3次印刷
书　　号	**ISBN 978-7-213-06885-0**
定　　价	78.00元（全二册）

父亲南怀瑾

南小舜 题词

下篇（一九八一至二〇一二）

第四章

西出阳关啸东风（一九八一至一九八八）

在此之后，父亲又相继到台湾的“中国文化大学”、辅仁大学等高校担任国学教授，并经常受人邀请到各地讲学，影响力也随着学生数量的增加而水涨船高。父亲讲学范围很广，除儒、道、释三家学说，还曾为工程师学会讲过中国建筑之特色及庭园艺术等，也曾向一些青年企业家讲授中国的企业管理之道。尽管父亲常常自谦为“个人一得之见，不入学术预流”，然而，其对经典的解读自成一家，毫无矫揉造作的陈腐学究气，故而每次讲座，台下都是人山人海。其中以《论语》讲得最久，而在父亲的众多著作中，《论语别裁》也最为畅销，加之报纸文章、电视网络竞相传播，令这部著作广为流传，深入人心，许多学校都将其列为必读书目。这本书对社会人心及青年思想，都产生了深远而巨大的影响。

有位公立大学校长，为父亲所取得的瞩目成就所感，便联合一些文学界、教育界的有心人士，特地热心推荐父亲参加台湾省最高的学术奖项——中山学术著作奖的评选。令人匪夷所思的是，父亲获悉此事后，在真诚感谢了推荐他参选的诸公之爱戴后，反而想尽方法，托人将自己的作品从名单中抽出。他认为，整理传统文化，以配合新时代的要求，虽任重道远，却是每位学者所当为之事，他并不愿意接受此类荣誉。而且在父亲看来，传承文化者一定要不慕荣利、耐得寂寞、甘于平淡，只有在这样不求闻达的操持中才能保持学人的自由思想和独立风骨，也只有这种“只问耕耘，不计收获”的人多了，中华传统文化方能代代相传、薪火永续。这种不问回报、不辞劳苦的精神，和“誓为传经死，不染名利生”的高风亮节，也正是当下最需要的学人品质吧。

一、铁肩担道正知见

社会对宗教文化多有误解，他不能不起而树立正确知见。

随着文化活动的开展，社会上对父亲的评价也多了起来，毁誉参半。对外界而言，他似乎是个谜一样的人物。有人说他精通各家拳法，武功高深莫测，甚至说他会降魔捉妖。佛教界的很多人则说他是“大魔王”，因为他并未严守修行人的戒律，结婚生子，又不吃素；而且，他虽个子不高，身材瘦小，却是颇有威严，骂起人来，眉毛一竖，眼睛一瞪，再加上厉声的呵斥，保证吓得你魂儿都飞了。说真的，对于父亲的行事风格，不要说一般人无以窥其堂奥，就连长期跟在父亲身边的学生，也少有人能知其所以然，不过大家都晓得父亲爱骂人。

“骂人”可以说是父亲的一大特色。只要你跟他学佛，就一定会挨骂，而且往往会觉得莫名其妙，不知所措，甚至会觉得自己往东走，不对，要挨骂；往西走，也不对，还要挨骂；如果你站在原地不动，呵，那便会被骂得更惨了。有时即使只是一些鸡毛蒜皮的小事，稍有不慎也会惹来一顿痛骂。无论你自视有多高，在他面前，都会自惭形秽，变得谦虚谨慎起来。不过，父亲从不随便骂人，只骂那些在他看来有心性根气、真的有意愿进修的人，看不上眼的人他才不骂呢！

禅门宗风用言语接引已经落于下乘，然而学子的资质多数浑浊，难得其中有几个可教的人。许多想学禅的人，都自以为聪明，却不会明白这聪明机巧只是工具，用了以后就要舍弃。所以临济一脉就有少数因受骂而起悟的禅师，这其中的奥妙，我无法在文字里解说。父亲与临济宗渊源深，有时也会施些手段接引，不过这些只是对台湾地区早期的学生使用，对后来的大学生们，还有美国、中国香港和内地的学子而言，只是听说过，并没有真正接触过。至于父亲在上课时的责难，已经算不得是什么接引了，而是直接的提醒了。

宋朝的慈明楚园禅师问道于汾阳善昭禅师的时候，在两年里，师父都不准他入室参学，而且是见一次就骂一次，指着鼻子大骂，用的还是粗俗言语，直骂得慈明头昏眼花，又不敢作声。直到有一天，慈明鼓起勇气向师父哭诉求道，汾阳禅师将他上下打量一番，脱口又是大骂，说慈明这样一个恶知识——也就是说慈明这么笨——还到他这儿来卖弄，说完还拿起禅杖要打。就在慈明吓得正想表白时，汾阳一手捂住其口，不让他说。就这样，慈明楚园禅师当下大悟，说："是知临济道出常情。"慈明七年后归去，让汾阳感叹其道随慈明东去了。这样的了解才是值得挨骂的学子，单纯地挨得起骂，却不能够起悟，也不过像块石头罢了。这样一个例子和解说，或许有助于世人了解父亲的"骂人"吧。

不过也有学生懂得挨骂是道，把父亲责难他的话，裱写出来，挂在墙上，反而成为自己的宣传。这样的小聪明，却是在德行上不修正，以为初步的知道、了解就是道，误了自己，也误导了许多人，究其实际，还是五毒不除，在贪念里徘徊。现在在互联网上擅自使用我父亲名义的，把我父亲思想分割成片段写成文章的，都是这类无道装有道的人。这些人的存在，就是需要文化复兴运动的原因。

人活一辈子，却很少会自我反省。因为人人都觉得自己是好人，错误的源头都在别人那里。即使偶尔检讨一下自己的行事是否有不合理之处，也多半是因为与别人发生了冲突，或者没有办成某事。即使有这种会反省的人，数量也在少数，因为人多半都只会将过失推给别人，不会反省自己。

古之贤者，大多会自我反省。曾子说："吾日三省吾身。"他每天都要多次进行反省，不断反思自己是否有错。曾子是孔门极为有名的一位弟子，而且就是这个被人认为鲁钝的曾子传承了孔子的衣钵，写下四书之一的《大学》。现在看来，单单这种自我反省的智慧，便令我们这些普通人望尘莫及了。天主教将忏悔列为七大圣事之一，并设有忏悔室，供信徒定期忏悔自己的罪过，想必教徒中定会有人依教奉行。基督教则要求信徒在每日睡前祷告，其用意之一也是为了反省自己的所作所为是否合乎教义。其他的很多宗教所设立的规章，也要求人们进行自我反省，从而净化心灵。这种做法，对于不信教的世俗中人，也是值得鼓励与提倡的。

虽然许多人一辈子非常遵从这个反省的方法，但是在反省里却不认错，每每经过反省以后，就“清楚地”看到了所有其他人的错。所有的反省只是检讨别人的不对，这不叫反省。反省是要认错的，是要从自己的态度和方法上来检讨，不是去看别人的不对。要知道，所有其他人的不对，只是相对地反映出自己的错误作为，所以反省不是一件简单的事，也绝对不是一句口头禅。在宗教文化里，反省叫作“忏悔”，这就比较接近真实的意义。

中国的传统文化中虽然没有西方宗教典章那样严格的规定，但对“反求诸己”也极为看重。除了儒家注重自省外，道家也有一种自我修炼的方法，叫作“内视”，又称“内观”，对于修炼之人而言，既是对自我的内照反思，又是修道的高妙法门。近百年来，在西方发展迅速的心理学，也结合了这个法门，通过反观内照来进行深入的自我剖析，唤起人们的“醒”与“悟”，倒也颇具功效。佛法在这方面也不例外，典籍之中就记载了许多拜忏的活动，如拜梁皇忏、地藏忏、消灾延寿药师忏等，正所谓“往昔所造诸恶业，皆由无始贪嗔痴；从身语意之所生，一切我今皆忏悔”。记录这些拜忏的法本，也都是描写一些内在反省、自我检讨的法门。多数人在几十年的生命中，极少会进行这类的思考，所以这一法门不免流于形式，达不到“诸恶莫做，众善奉行”的效果。这些忏法，不但方外之人要修，即使是红尘中的普通人，也该如此训练吧！

父亲不仅骂别人，也骂自己。前面的篇章说过，有一次，父亲的学生在讨论问题时说到某教授的论点，父亲对此颇不以为然，未及细想就张口说了一句不客气的评语，略有轻视的意思。他说完就去了洗手间。大家听了父亲的评论，虽觉有些激烈，却也并不在意。不想父亲回来就对大家说："刚才我批评教授的话不应该，是我的错。我在洗手间已经忏悔了。"大家听父亲如此说，真有些不知所以然，心想：我们是你的学生，你就算是忏悔，也不必告诉我们啊。后来大家才偶然从宏忍法师那里知道，这叫作"发露"，指公开表达内心的所想，是学佛必须遵守的一个要点。对于忏悔也是如此，当你犯了错误，必须公开表达悔意才算是真忏悔，而不能只闷在自己心中。可见，父亲是个懂得"发露"的人。

父亲与杜忠诰先生的合影

然而，并非所有人都理解父亲的苦心，反而觉得他是学高自矜，悭悭作态。因此，谤随名高，外界的讥刺和诋毁也随之纷纷涌来——诸如狂禅啰、魔禅啰、傲慢啰、江湖啰，等等，真是热闹非凡。父亲对于外界这些谤言，统统了如指掌，却是毫不介怀。他笑道："我半生岁月，都在毁谤中度过，早已习惯于此。佛说孔雀吞毒，益增神采。学道人只问自心，莫管毁誉，止！止！不须辩。"

在这样一个毁誉俱来、纷扰繁杂的境况下，父亲为何还要坚持阐道弘法呢？一个原因是：那个时代，台湾地区充斥着各式真假莫辨的宗教；假借宗教之名行骗的，更是一波未平一波又起，符合规矩的只占少数。因而社会对宗教文化多有误解，他不能不起而树立正确知见。所以父亲便毅然铁肩担道义，不辞辛劳，辗转传授佛法。但他绝非意在宣传佛教，自己也不愿加入任何一种宗教，也从不鼓励任何人出家。父亲一再地说，他并没有学生，其实也就是不断地提醒大家，对任何人说的佛法都要用自己的智慧去辨别，不要把任何以他的名义说法的人都视为是对的。在父亲传播文化思想六十年的过程中，已经出现过不少学人，以行乱法，以口败佛。我在此再次提醒，希望大家能知父亲的苦口婆心。

父亲虽然不鼓励任何人出家，却曾经有人鼓励他出家。承天寺的得道高僧广钦，就曾力邀父亲出家为僧。广钦法师是一位极富传奇色彩的僧人，他早年在福建山中修行，无意间竟占住了老虎的洞穴。待到老虎回来后，看见一个和尚在自己的洞里盘腿打坐，还围着他转了一圈。当时广钦和尚已然入定，虽有虎在身侧，竟一动不动。或许是有感于他的虔诚与威仪，那只老虎竟然不声不响地离开，把洞穴让给这个和尚了。广钦和尚还是一个不食人间烟火的修行者，每天只靠吃香蕉与喝水度日，且从不躺下来睡觉，唯靠打坐休息。

对于这样一位得道高僧的致意，父亲写了一首诗作为回答：

游承天寺答广钦老和尚劝出家话

昨从歌舞场中过，今向林泉僧寺行。
欲界禅天原不异，青山红粉总无情。
时难辜负缁衣约，世变频催白发生。
拄杖横挑风月去，由来出入一身轻。

可见，在父亲看来，无论是红尘歌舞，还是林泉僧寺、欲界禅天、青山红粉、出家在家，一切都只是表象的不同而已，为何要执着于毫无意义的表象呢？正如佛经所说，观音菩萨有三十二相。一个人如果真想要静心修行的话，三千大千世界何处不可为，何必拘泥于出家还是在家？

父亲虽然不出家，但他很支持出家人。出家人割舍掉亲缘剃度出家，为的是学习佛法，以了生死。但由于种种原因，尤其是因为当今寺院中修习佛法的环境并不好，很多僧人出家后反而无法学习，只是表面上过着出家的生活而已。现在形势使然，父亲又恰好有这个能力，能够为这些努力的出家人上课，也是一桩好因缘。就像有些人虽不喜欢开车，但仍抢着开车，只是因为不放心别人的驾驶罢了。许多人做事，并非出于喜好，而是出于自己的责任感。

这种责任感也表现在父亲对禅宗的传承和弘扬上。禅宗这一门，一般学者较少涉及。为了使禅文化不致断层，父亲不能不重视禅学的传承，但这并不等于他鼓励所有人学佛学禅。

而且，父亲关心的从来不是单纯的“复兴传统”，而是从不同的高度去看这个问题。他说：“就算所有的人都学佛悟了道，又怎么样？”在他看来，“儒家开的是粮食店，道家开的是药店，佛家开的是百货公司”。对于一个国家来说，民以食为天，首先要老百姓能吃饱，其次是不害病，然后行有余力才能奢侈一点，开个百货公司。连饭都吃不上，还要去百货公司买东西，这能不完蛋吗？若是仅就这样的看法而言，幸亏悟道的人只是少数，不至于亡国，否则麻烦就大啦！

他半开玩笑地说：“唐宋时代，一流人才都去学佛学禅宗了，而现在的时代呢？

“一流的人才做生意。

“二流的人才研究科学。

“三流的人才搞政治。

“四流的人才从事文化。

“五流的人才去学中华文化。

“学中华文化也不成，才学佛。”

当然，这是很痛心的话。他常说，只有两种人可能学佛成功：一种是有大智慧的人，另一种是下愚而诚敬的人。有大智慧的人，能运用自己的悟性，来了解并掌握佛法的最高意境，灵活运用佛法，并且能于混沌的人世间，摸索到宇宙、人生中的关键点。而下愚诚敬的人，虽然才智不足，却能有坚强的毅力，他们不似平常人般三心二意，而是认定一件事后便坚持不懈地去做，终会水滴石穿，获得成功。至于一般的人们，他们既无大智慧，也不能如诚敬之人般毅力坚定，他们可以算聪明伶俐，但是鼠目寸光，不能放眼未来，只是斤斤计较于当下的得失。因此，他们对日常生活中的小事少有吃亏的，但是在关乎人生大事的方面，则不会有太大的作为。于学佛之事，更是不可得的。如果有人表示，想要跟着父亲学佛、学禅宗，父亲必定会劝他说：“你学这个干什么呢？这是拿一生做实验的事，划不来，还是做个平常的人吧。”

他说：“真正想要学佛，第一步先把人做好，人格好了，才能谈学佛。”他总是鼓励那些想出家的人，先把人字写正，把社会建设好，这才是第一重要的事。

在台湾，许多大学都有佛学社，这些社团由对佛学感兴趣的同学们自行组织，定期集会，共同参研佛理禅学。父亲也曾应邀到这些社团讲演。在跟他们接触后，父亲常说，最看不惯有些佛学社的学生，见人就双手合十，平时动辄低眉垂目，满口佛话，一脸佛相，全身佛气，没有青年该有的天真活泼的样子。学佛首先要学做人，不可装出个惹人讨厌的模样。父亲曾写过一副对联，上联是：佛为心，道为骨，儒为表，大度看世界；下联是：技在手，能在身，思在脑，从容过生活。

对一个人来说，只有做了真人才能悟道。父亲一再说，要先读《论语别裁》，先做好一个人，儒家所教的种种举止进退、待人接物之法，都是做人的基本。这个无关乎学问，一字不识的人也会有这种修养。所以，判断一个人能否悟道，只要看一看他的言谈作风，就心里有数了。悟道的人，对于“财、色、名、食、睡”，自然就淡泊了，不会像普通人那样贪财好利，更不会赞自毁他，热衷名声。父亲不爱声名，他追求的是至道。因此，他不仅谦虚，而且渴望听到他人的批评，这样真理才愈益澄明。每次对公众讲演时，他都会说自己“一无是处，一无所成”。有一次，刘雨虹女士整理讲稿时，就忍不住对父亲说：“把这两句删掉好不好？你已说过很多次了。”父亲说：“不行，不能删！这就是我内心的想法。”

一个能够活明白的人，不仅淡泊名利，而且能够超越爱恨情仇、生老病死，从而达到通达洒脱之境。父亲曾有一个熟人，年岁也已甚长，有次住院，医院向其家属发出病危通知，但他想再见父亲一面。父亲立刻赶到医院，询问了病情，见他已经不行了，就对他说："快点走吧！这个世界有什么可留恋的？提起正念，不要慌乱，从头顶上出去！"

能够出言劝病人赶快驾鹤西去的，怕也只有父亲了。当然，父亲只对那些年龄大，又患有不治之症的老友们才会这样说。毕竟人总是要死的，命数既已将尽，又何必那般苦苦忍受呢，不如早些摆脱身体的困锁，尽快超脱去吧。

但是有的人因为太留恋这个世界，或是舍不得儿女家庭，或是舍不得物质财富，虽已神魂俱破，却仍死守这副躯壳不肯离开，或因太执着身体而出离不了。所以，一个人平常就要知道舍，不要执着，临终之时才能不再留恋，才能快点走。

而对于那些寿数未尽之人，父亲则不会如此劝说。一九七〇年末，孙毓芹先生病愈出院后，对父亲说："以后我再犯病的话，就不要送我去医院了，医院那个活罪难受。"父亲笑了笑说："你还年轻嘛！"后来，孙毓芹先生的身体状况渐渐改善了，在琴艺界名望也越来越高，学生也越来越多，成为一代古琴大师，而那时父亲已远走美国了。

父亲有教无类，因此，这其中可能有一些并非善良之辈，外表披着善人的佛衣，肚子里却满是贪嗔痴怨，利用父亲求名求利，钻营取巧，口蜜腹剑，暗箭伤人。故此，父亲年老之后，也常感叹："遇到的人，坏的占多数。"

在感叹之后，父亲又念叨"缘起缘灭，随他去吧"，"拄杖横挑风月去，由来出入一身轻"。这才是解脱自在的境界，也是禅宗的超越境界。世间若是没有这些恶世现象，那么反倒是真的难以修行了。

二、纵横百家通三教

父亲所讲，并不局限于中国历史上的诸子百家之言，更是涵盖了世界各家的理论，尤其是文、史、哲诸学科的不同学说。

父亲自创立东西精华协会和十方丛林书院后，学生数量日益增多，社会上对于父亲的学术成就也愈加关注。对父亲的学问，当然有许多赞美之词。唐树祥先生便曾公开称赞父亲的学问“博、大、精、深”。父亲曾经在家里客厅中，悬了一副对联：“上下五千年，纵横十万里；经纶三大教，出入百家言。”父亲创立东西精华协会后，就把这副对联挂到协会入口了。

以他对《易经》的研究为例，以前的学者，都说八卦乃伏羲氏所创；现代的学者，多认为卦象起源于结绳或龟卜。对此，父亲并不认同，他有独到的见地。他根据宗教哲学，以及现代的考古学、人类学等学科知识，经综合研究后认为，上个冰河时期之前，有一种如现代人类般具有高度智慧的生物统治这个世界，由于精神文明与物质文明的高度进步与发展，最后归纳了万事万物的原理，著成了这弥纶天地的《易经》。不幸的是，新的冰河时期来临，大地凝结成一个大雪球，前一冰河时期毁灭。也许有极少数的智慧生物进入冬眠状态，待大地复苏，这幸存的前期人类孑遗，便成了今日人类的始祖，进而使《易经》得以在今世流传。

父亲熟读经史，故而对人类的历史有着很多常人难以理解的独到洞见。他对五千年前文明与世界的这一见地，是前人所未见、所未言的。父亲的说法，定会招致反对的声音。可是，现在的知识分子对于人类历史的所知在不断地修正，新的实际证据让远古文明存在的说法越来越真实。须知冰河时期的海平面要低于现在的数百米，在许多所谓大陆架的海岸地带，必然有古文明活动的遗迹。这些遗迹不但被现有的海水所淹没，同时还被大河口带来的泥沙所冲击覆盖，就像中国的河口，较数千年前的河道，早已沧海桑田不知变化多少了，所以现在陆续发现的史前文明，不过是极少数的一部分，还有更多没有发掘出来的遗迹。

对于身边的某些小事，父亲也乐于做一些判断，给别人以指引。当他对某事可行与否做出判断时，一般人却总是不会轻易相信他的说法，而往往是按与父亲说法相反的方向去做。当然，最终撞了“南墙”才证明父亲的看法正确。可见凡事他都有一定预见。这种预见源于经验的积累、学识的广博和眼光的长远，再加上对世事的洞明、人情的练达，这些都是父亲独一无二的人生际遇所造就的，绝非浅薄之流所认为的装神弄鬼的魔法。

“纵横十万里”，乃是对父亲所涉足的空间距离的概说。就可见的行迹而言，父亲足迹所及之处，自然已经不止十万里。而他胸中所含蕴的学问，固然无法做到知无巨细、杂陈万象，但对五湖四海、六合八荒的人事习俗、水土风情，则无不谙熟于胸。

“经纶三大教”这句话，虽说是别人的夸赞之词，放在父亲身上倒也并不夸张。于斌主教生前就曾当面称父亲为“通天教主”，意思是说他通达天下的宗教。父亲不但了彻儒、释、道三教的义理，就是对天主教、基督教、印度教、婆罗门教等各种宗教，也都颇有研究，绝非“三大教”就可以概括的。更难能可贵的是，他并不只是死记硬背各教的教规、特点等，而是能将各教的义理融会贯通，令其彼此互补。甚至对于民间教派的历史渊源、社会背景、教规教义等，亦了然于胸。而且这一评价也只包含了父亲在理上的圆满。更难得的是，父亲不仅明于理，更是能将理运用于实践之中。父亲有极为高深独特的修持功夫，并通过自己的亲身修行，证得理上的实在并非空论，而是真正值得人们践行的不二法门。父亲通过亲身实践，向众人证明，佛法不只是玄妙的理论和神秘的生活方式，更是修养心性的必要实践；佛法不但不是迷信，而实在是常人无法参透的最高、最深的科学。

所谓“百家言”三字，并不是一个实称，只是一个泛称而已。父亲所讲，并不局限于中国历史上的诸子百家之言，更是涵盖了世界各家的理论，尤其是文、史、哲诸学科的不同学说。父亲曾下功夫仔细研究诸如苏格拉底、笛卡尔等大哲学家的学说，研究过逻辑学甚至曾经风靡一时的存在主义，并在认真比较后得出了不少新的创见。而且父亲对于各种学问的涉猎也不局限于那些高深抽象、已成一家的派别，连老农们的俗语，甚至当下年轻人的流行话，像“菜”“翘课”等，也不放过，总会仔细研究一番，并根据这些俗语文学，指出其代表的时代思潮与当下人类所处的社会背景。在常人眼中，单是我国古代的诸子百家，每一派都有自己的学说，已令求学之人应接不暇，更不要说融贯东西之学了；然而，父亲却连古今中外各宗各派乃至贩夫走卒之言也绝不放过，一一留心并出入精研其中之义理，然后自成流传千古的一家之言。

父亲一生在佛教方面做出了很多贡献。他提出了“以经解经”“经史合参”的独特解经方法，还把大陆禅宗打七的香板带到台湾，促进了台湾禅学的发展。老古文化前总经理陈世志感性地怀念说，台湾地区以前只是提倡禅门以心传心的宗风，并没有大陆禅宗这种克期取证的方法，而父亲的传播对台湾禅学的意义可谓非凡。早期台湾地区文化事业一片荒芜，佛经印行极少，父亲便出资赞助朱镜宙先生成立了台湾地区第一个印经处，这才开始印行佛经单行本，而佛学便由此广泛地传播开来了。

孙毓芹（左）、蔡策（中）、王启宗（右）、南怀瑾（坐）一九八三年摄于台北

之后，他为了让人们能对中国传统文化有更加深入的理解，激发人们对中国文化的热情，还陆续出版儒、释、道三家经典的注释本，在高层次的理念上对佛经和中华文化进行了融通疏证，提升了文化界和佛学修行者的眼界与学养。一个人单以世间法或出世间法立身处世或许还较容易，但父亲这样的在家人，能做到出入世都有成就贡献的，则甚为罕见！

对父亲的学问，有些人认为他除了精通佛经、儒典和诸子学说，还涉谋略之学，分别讲过《素书》《反经》《太公兵法》等。他还精通医理，深研《黄帝内经》，一生都在探讨生命奥秘，并著有《小言黄帝内经与生命科学》等。不仅如此，他还通晓西方历史、哲学和现代心理学等。所以“国学大师”一说，无论从范围还是内涵来看，都无法准确表达和涵盖父亲的大学问。

父亲除讲课授徒之外，还笔耕不辍。在著作方面，对于儒家之学，有《论语别裁》《孟子旁通》等论著，还有对《大学》《中庸》的阐述及有关《易经》的讲稿；对于道家之学，有《老子他说》及有关庄子、列子、素书、参同契的阐述；对于佛家之学，则著述更多，有《禅海蠡测》《禅话》《习禅录影》《楞严大义》《楞伽今释》等巨著；诸子中如对《管子》《吕氏春秋》的阐释及《历史的经验》等，均为不朽之作；而父亲的诗词歌赋、序论楹联，亦无不文质并茂。

甚至在武术方面，父亲也十分精通。他曾练习过武术，无论是理论上还是实际的功力上，都有很高的造诣，但他却深藏不露。在一次禅七活动中，他给大家展示了一套罗汉拳，之后，他便两腿双盘为跏趺坐，两手食指在座上似按未按地轻轻一点，人即腾空而起。在场之人，无不惊叹万分，都不知他竟有如此深厚的功力。近年来，他多次受人之托，无从推辞，这才开始指导别人练太极拳。但若有陌生人，尤其是学武的人，想要在拳术方面和他一较高下，他必两手抱拳打躬作揖，以作辞谢，并幽默地说：“这是我的天下第一拳。”当然，父亲未曾和任何人交过手。

有人曾问父亲：“你有没有一个真正的学生？”父亲答：“没有。”理由是：“当我的学生，得文武都会，至少同我一样。古人说‘上马杀贼，下马作露布（古称文告）’‘下笔千言，倚马可待’，宗教、哲学、科学、吹牛都要会，风水、卜卦、算命、骗人都要通，烟酒赌嫖没有哪一样不懂，然后才可做我的学生。我的要求是这样，所以我讲我没有学生。他们道德好的、文章好的，各有所长，那不是我希望的。换句话说，如果做生意，马上就会赚钱；如果做小偷，一定偷得来，如果被抓住，那就不算数。哈哈，这只是个比方而已。”

这不过是父亲的一个戏言，很多时候，他会就相同的问题做不同的回答，这当然是因为人事时地的不同，有时开开玩笑，也是父亲的轻松个性使然。但他对自己学生的成就和能力的要求是那么地高，医卜星相文数诗样样精通的人往往都自认为师，不能再虚怀若谷地学习了，所以对这样素质的学生的要求就是百丈禅师说的“见过于师，方堪传授”了。

至于与人结交，父亲与人为善，不是只跟什么正派的或是清净的人往来，对一般人以为的邪魔歪道的人物，也来者不拒。这一原则绝不因外界的不了解和毁谤而有所动摇。父亲常说，引导一个普通人向善，其影响范围非常有限；而引导一个有恶行记录的人向善，对社会的正面影响就太大了。随着与父亲的交往，有些“邪魔歪道”的人也发生了转变。佛经上说，佛魔不二，一念之差佛即成魔，一念之差魔即成佛，但是真能入佛又能入魔者如果不通达一切法，如果没有佛的八万四千法门，那是绝对办不到的。父亲是既可入佛，又可度魔的。

父亲的学问固然令人仰止，然而最卓然超群的，还是他的修行。他的修行，与其自身的学问，从来就是浑然一体的。有人评价父亲“将文、史、哲、艺、道打成一片，他是修行人，也是个纵横家”，因此，“其人有王佐之才，其学堪任王者之师”。从古至今，鲜有人能达到如此博大、深邃的境界。所以说，父亲是独步青云，“对于修行，不仅知得，更能证得；体道之深，当世鲜少有人能比”。

父亲一直倡议整合古今中外文化之精髓，以服务于全人类。基于这种思想，他对艰深的古代文化进行了许多创新解读，从而为今人理解古人的思路打开了新的窗口。比如父亲流传最广的《论语别裁》和《静坐修道与长生不老》两书中，便包含了许多令读者耳目一新的论点。正是父亲这些跳脱出古人疏解桎梏的新奇解读，才使得当代的学子，对于传统文化从冷淡转为热情。

虽然父亲著作等身，但也有部分学界、宗教界人士，将其中与主流不合的创新的诠释和观点，视为异端而不愿接受，甚至加以排斥和指责。然而从古至今，在人类思想的发展过程中，不同观点间的争斗与博弈始终存在于各宗教与思想的派别间，有时甚至会呈彼此水火不容之态。故而他们对于父亲这些新诠释的论断及非议，倒也在情理之中。

但是，倘若这些反对父亲观点之人能够换个角度，不再只关注某一派别、某一时代的思想及观念，而是像父亲一样从人类文明的总体出发，来看待他的思想体系的话，便定然能够理解他那种“学问为人服务”的胸怀与抱负。

无论那些学者认同与否，父亲的确以其独特的魅力与深邃的思想，深刻启发甚至颠覆与革新了新一代人对传统文化的认识，并掀起了近年来两岸热衷于“文化的再诠释”的潮流。这一潮流发展至今，已成为一种“文化创意”的崛起，父亲所引发的文化革新的风潮与古今东西思想的碰撞，定会为后人所理解与称道。更何况，当今的时代正面临着前所未有的巨大变革，处于这乾坤巨变之时的人类，所需的正是融通新旧，且能顺应时世、不断创新的思想，来作为撑起时代大厦的支柱。

所以，与其仅从儒、释、道抑或其他某一家的思想入手，脱离当今的时代背景，将父亲的诠释与古人的注疏相比较，指责他不合传统，不如打破时空与宗派的界线，并由此理解他为何要煞费苦心地抽取出古今中外文明中适用于当今时代的精华，并用生动通俗的语言将其进行包装，以期吸引更多的普通读者，并启发其思想，令其对传统文化产生兴趣，且能有所收获。如果父亲一生的作为能够在日后垂于青史，那么史册中对他的评价，定是一位划时代的“整合新与旧、中与外文化，再创新观念、新知见”的思想家吧！

回顾父亲的一生，他老人家真是为复兴传统、巩固中华民族安身立命的文化基础投入了毕生心血。他每日不舍昼夜地阅读、写作、修行、授课，宵衣旰食，不辞劳苦，还经常无条件地帮助那些有缘与他相遇的人，以求通过整合古今文化之精华，为中华民族接续传统文化的命脉，激活创新与进步的泉流。

经过他的努力，社会上已逐渐肯定了这种对文化重要性的理解。但是父亲并不满足于此。过去的几十年中，父亲不但在学校中、社会上教导学生，也以其独特的魅力与气度，通过种种因缘，影响了许多政治、经济等领域的要人，虽未跻身朝堂，却以“为天下之师”的方式，在庙堂之中、江湖之内发挥着令人不可忽视的作用。

父亲应当算作当今最有影响力的文化推动者之一，其著作言行，无不影响着汉语世界的无数知识分子，并促使后世学人重新思考民族文化所应有的定位及日后的发展。想来后世若为父亲的贡献所泽及，定会将他视为“促使中华民族务本归元、安置心灵软件的主要推手之一”吧！

三、席前百辈数英雄

父亲的学说，不仅广受老百姓欢迎，也深得当时台湾一些高官政要的垂青。当时去听他课的，好多都称得上是“王公贵族”。

父亲的学说，不仅广受老百姓欢迎，也深得当时台湾地区一些高官政要的垂青。当时去听他课的，好多都称得上是“王公贵族”。也许这也是有原因的。政坛常常是充满明枪暗箭的地方，地位越高的人，面对的义利纠葛越复杂，就越容易产生如何守身达位、安身立命的人生疑惑。父亲通过儒家教化、佛道学问，讲解一些圆融无碍、应世进退的道理。可能是因为这些确实能够度人解惑，助缘济困，当时很多的达官贵要纷至沓来，向父亲求教请益。正所谓“觉悟因傍喻，迷执由当局”，对于人生世事中的诸多困惑迷执，世人往往求法不得，百思不解，于是常常需要他人的接引、点化，方能豁然通达，直指本心。没有外在的因缘，就很难自己消解顿悟，甚或积久成疾。而对于这些造访者，父亲向来是开门迎人，来者不拒，务求皆大欢喜，所以常常就只好勉强“手持千尺杆，尽度有缘人”了。

一九八〇年六月，父亲在台北建立了十方丛林书院。书院除了开设一般文化、历史、哲学及佛学的课程外，有时还会邀请一些常人难以接触到的各界人士前来讲演，通过他们非同寻常的经历来开阔学员的眼界和学识。早年曾参加东北义勇军的刘建华将军，就曾应邀来讲“东北义勇军与抗战”。听了刘将军的演讲，大家仿佛回到了那个战火纷飞的悲惨岁月，无不感慨万千。后来他的讲稿还被整理出版。

而美国斯坦福大学研究院的李慈雄博士，也曾在回到台湾时应邀到十方丛林书院演讲“世界经济之趋势”。统一企业的总经理林苍生先生（那时还是副总经理），也曾来讲述“企业经营”。周梦蝶也常来讲“新诗的鉴赏与创作”。

那时父亲虽担任十方丛林书院的教授，课业繁重，但是东西精华协会的工作并没有因此而受到影响，老古出版社的工作也依然照旧开展。协会仍会定期为贫困学生颁发助学金和奖学金，举办义诊（丁进医师）、为受刑人讲演等活动也仍在继续。担任这些公益讲演主讲人的，有张尚德、章克范等人。同时，父亲也应邀主持过多次讲座。如政治大学东亚研究所的博士班，就曾邀请父亲主持题目为“中国文化大系”的系列讲座。

一九八一年，父亲搬进了台北信义路二段复青大厦。这是一座十二层的大楼，他买下或是租用了从五楼到十二楼的所有楼层。他本无意出头，无奈当时“党、政、军”各界，以及财经、传播、教育等各方面的高层人士纷纷要求，希望有一个更适合他们的课程，于是父亲便只好应邀开设了一个“特别班”。也正是这个特别班，最后导致十方丛林书院关门，并迫使父亲出走美国。

特别班本是为了使那些平日里忙于工作、疏于进修的人，能够有机会充实自己的学养建立的。不想一经开始，便有不少人闻风前来，其中大多数都是负有“党国”重任之人，还有些是已然退休的赋闲人士。这个班持续授课大概三年有余，到一九八三年九月才停止。特别班主要研究《左传》《战国策》《史记》《长短经》《汉书》《管子》《庄子》等典籍的部分内容。父亲针对这些听众的身份及特点，挑选适合的篇目进行讲学。他讲课的内容也包括古代文人的笔记选文以及《易经·系传》的摘录等。

特别班的学生都是“党国重臣”：红极一时的“总政战部”主任王升上将、“总统府秘书长”马纪壮、“一级陆军上将”刘安祺、“陆军司令”彭孟缉、“调查局长”阮成章、“海军上将”崔之道、“国防部总政治作战

父亲（中）与周关春（右）等合影

部”主任萧政之中将、陈诚的女婿“中央大学”校长余传韬、台湾富豪蔡万春的次子蔡辰洲，等等。这些人年龄大都与父亲不相上下，但都将父亲视为师长，尊称为“南先生”。

王升是这些学生中与父亲较为亲近的。每天早晨他都到东西精华协会来，同父亲一起打拳。从蒋经国“主政”赣南时起，王升就开始追随他。这时，蒋经国已经当了台湾地区最高领导人，王升便成了他最得力的干将，当时甚至有传言认为王升可能会接蒋经国的班。萧政之只比父亲小两岁，却对父亲的学问非常推崇，他曾说：“南先生最高的是佛学，可以说，他是近百年来禅宗第一人，他主持的禅七，那是禅宗大手笔，连虚云大和尚都比不上。”他还说父亲的佛学著作，给佛教经典加入了现代的元素，使之适应了现代生活，并称父亲为“真正大彻大悟了的人”。

在复青大厦五楼讲堂，则聚集着一批青年知识分子。《台湾新生报》记者苏志诚、萧政之部下郑淑敏等，都是青年讲班的学生。这批文官武将在听课之余，便聚在一起谈天说地，纵论天下大事。待到晚饭时分，大家就围坐在桌前，不分地位尊卑长幼，无拘无束地边吃边聊，并由此相互亲近起来。蔡辰洲就因与王升在那里熟识，进而当上了“立法委员”。由此，父亲的周围实际上就形成了一个政客们的小圈子，王升称之为“人民公社”。“人民公社”是大陆的曾用名词，那个时候台湾当局对此讳莫如深，是没人敢这么用的，但“人民公社”被王升叫响后，却也一直沿用下来。

这些军政要员和青年才俊自由地在“人民公社”里参学修道，切磋学问。有一副楹联记述了当时父亲讲学的盛况：“白屋让王侯，座上千杯多名士；黄金如粪土，席前百辈数英雄。”这些风流的名士、名流们，不为名，不求利，亲炙于父亲道场，在彼时文化萧条的台湾地区也算是盛景空前了。

在特别班，父亲的讲课内容偏重于历史哲学在现代政治环境下的发挥，如经常讲的都是关于《史记》《长短经》《战国策》《素书》《阴符经》等经典的内容。但父亲并非空洞高渺之辈，从来都是注重“以史为鉴”、经世致用的，自然免不了将那些经典与当下的政治形势相结合。如此一来，那些高官政要们自然便忍不住在特别班里议论“朝政”。比如，谈到两岸关系，父亲曾说：“讲反攻大陆，反得回去吗？还不如赶紧同大陆做生意，要是直接的不行，先间接做起来。”对于类似这些政事，父亲都有不少自己的见解，加之他心忧天下，自然不免常常将自己的意见表露出来。他陈说的本意是想影响并帮助这些当权者稳妥地使用权力，脚踏实地地为民众谋福祉。其实，父亲的意见，只有少部分被采纳，大多数都被当作了耳旁风。但不管怎样，这个特别班在当时的政坛还是产生了很大的影响。

在这个班中，部分年纪较大的学生，长久以来缺乏锻炼，不知养生，再加之整日忙于公务，身体状况自然不容乐观，有人甚至慢疾缠身。父亲精通中医药理，会开药方，便常常针对各人的身体状况，施以汤药，并鼓励他们打太极拳健身，甚至还会亲自教授。父亲的拳术造诣颇高，除了太极拳外，还精通几种密宗的拳术和气功等功夫。当时他虽然已六旬开外，但身体却依旧轻盈柔和。这些人在父亲的帮助下，后来身体都强健起来了。在参加太极拳活动的人中，最认真的是刘安祺将军，他将打太极拳这个习惯一直保持了许多年。刘安祺是山东籍的一级上将，比父亲年长十多岁，却一直待父亲以师礼。

特别班的周宣德老先生是慧炬出版社的创始人，也是父亲的老朋友。一九八一年的一天，他到办公室来看父亲。那时周老已经八十多岁了。

父亲见到他，说：“你不是要退休吗？‘慧炬’找到人接手了吧？”

周老答道：“一时还交不下来，因为找不到合适的人接。”

父亲说：“到了我们这个年纪，看见年轻人总觉得能力还不够，不能放心交给他们。其实我们年轻时也和他们一样。我们因为累积了七八十年的经验，才会自觉有能力，等到年轻人活到我们这个年纪，自然有我们现在的能力了。你念佛一辈子，快点放下交给年轻人，自己专心念佛吧。”

周老立即接受了父亲的建议，不再耽搁留恋，很快就把慧炬出版社交给他人，自己和夫人则移居美国洛杉矶，每日安心念佛，清静度日。

除了常来同父亲谈心的周宣德老先生，孙静源董事长则常来同父亲喝酒吃饭。他是在一九八三年通过洪文亮医师跟父亲认识的。大家都是为跟父亲上课、学禅坐而来，孙静源来则多是为了陪我父亲吃饭。虽然他后来有时候也学打坐，但他和其他的学生并不一样，可以算是一位朋友。因为孙静源并非对儒、释、道的学问有什么兴趣，他只是喜欢听父亲讲课，而他来这里最常做的还是陪父亲吃饭，可以说是个“饭客”。

只要孙静源来吃饭，父亲便一定要开酒。父亲说：“孙老板不能不喝酒。”（父亲都叫孙静源孙老板。）父亲素来不喜学生饮酒，只有对孙静源不加限制。因为父亲曾说，他没看到孙静源醉过。他并不是说孙静源酒量好，而是说孙静源喝酒从不会乱性。父亲几乎滴酒不沾，那些别人送给他的好酒，比如杨先生送的茅台酒，都是给孙静源喝掉的。父亲说：“旁边其他人顶多只可喝一杯，这酒是属于孙静源的。”

孙静源在父亲身旁一向很自在，还会主动要求喝酒，与父亲也无话不谈，毫不拘束。就这样，他在父亲那里学习父亲出世入世、待人接物之道。他既把父亲当作老师，也当作兄弟，更当作朋友。

十方丛林书院总共只办了两年，后来洗尘法师身体欠安，所以在第三年即停止招生了。一九八三年的九月，已经讲了三年的特别班也宣告结束了。对于历史学术的研讨，本来是永无止境，没有什么讲完没讲完可言的，当时的停讲，也是由一些环境的因素造成的。

特别班的那些党政要员及企业家定期相聚，本是来听父亲讲演的，或为以史为鉴，或为满足兴趣，或为充实学问，无论如何，都纯粹是兴趣使然，并没有什么政治意图。但是日久传扬开来，便免不了有人添油加醋，风言风语吹到那些本就草木皆兵的有心人耳朵中，必然会引起顾虑。不仅如此，当时还有一些有关人士，再三邀请父亲与蒋经国先生见面，但父亲始终不肯，可能蒋经国先生也因此感到不快，对父亲的“傲慢”不满。父亲既无政治企图，为避免节外生枝，就停止了这个课，也避免了一些流言蜚语。

四年后，由于种种原因，书院的活动都停歇下来。十方禅林筹建会设立了“中国禅道学术研究班”，以接续书院的业务。研究班的日常事务由首愚法师和日常法师共同主持。日常法师是江苏崇明县人，一九四七年来到台湾，因在岛内和美国多地弘扬、宣传《菩提道次第广论》而闻名，深受信众的敬仰。研究班的导师是父亲和显明法师，两人倾尽心力，旨在培养一批佛学人才，为开创十方禅林做充足的准备。

复青大厦场地较小，随着参与者的增多，已经不敷使用。加之台北经济高速发展，人口激增，环境日渐嘈杂，不再适合静坐参禅，筹建会开始更加积极地选择建造十方禅林的地点。购买建设十方禅林的土地非常困难，历时四年才完成。父亲离开台湾之前，在多位佛学大师的协助下，于台湾新竹峨眉乡购买了一块土地，后来又陆续购买了几块土地，最终共得到一万五千平方米的建设用地。修建十方禅林是一项艰巨浩大的工程，从寻找地点、考察地形到购买土地，父亲和弟子们投入了无数心血和精力。后来，筹建会在父亲的指导下，成立了十方禅林文教基金会和十方禅林护法会。

一九八五年，台湾发生震动朝野的“十信案”。为避免受到牵连，父亲决定远赴美国。于是，修建十方禅林的工作就落到了首愚法师的肩上。第二年，十方禅林文教基金会董事会决定成立峨嵋书院，继续为十方禅林储备人才。

父亲专注于文化传播，致力于讲学著述，且心怀天下，为中国台湾这片土地播洒了无数的文化甘霖，带来了丝丝清凉禅风，然而却终究难逃毁随誉至的俗世逻辑，很快便被政治旋涡所波及，竟至远离故土，漂泊异乡。

四、剧怜高处惊风雨

为免父亲由“大师”变“学阀”，“学阀”变“党祸”，蒋经国也有意借由“十信”事件来瓦解“南门”势力。

一九八三年年底的一天，深夜两点，父亲还在读书。忽听敲门声骤起，开门一看，竟是只穿了睡衣与拖鞋的马纪壮。堂堂一个“总统府”的秘书长，在深更半夜穿着睡衣来访，不免令人错愕。

父亲问：“什么大事，如此仓皇？”

“老师，你怎么看邱创焕、林洋港、李登辉这三个人？”马纪壮也不客套，开门见山地抛出了他的问题。

单从他的张皇失措和这三个名字，父亲就立刻明白了马纪壮的来意。原来，此前父亲就已从学生口中得知，蒋经国先生知道自己的身体很糟，随时都有可能出状况，因此，他一直对提名就任第二年（一九八四年）的台湾地区副领导人人选一事很是头痛。现任的台湾地区副领导人谢东闵是不错，但他年事已高，并没有续任的意愿；曾经刻意培养的孙运璇又突发中风，无法继续任职。左思右想之下，蒋经国先生脑子里只剩下“省主席” 邱创焕、“内政部长”林洋港以及台北市长李登辉三个人选。马纪壮来不及更换衣装便在深夜来访，恐怕正是应蒋经国先生之命，前来征询候选人的意见的。

“我跟这三个人都没什么交情，很难说得上意见。”父亲不愿引火上身，因而并未直接发表见解。

尽管父亲平日谨言慎行，且向来远离政治，然而，风暴最终还是不期而至。这还得从一桩经济案件说起。在父亲那里上课的蔡辰洲，是当时台湾首富蔡万春之子。蔡家最初不过是农民之家，后来因经营酱油产业而发迹。随后，蔡家逐渐将经营范围扩展到百货、建材、制药、贸易等方面。由于蔡万春经营有方，他于一九五七年被选为台北第十信用合作社（简称“十信”）理事会主席。从此，他先后担任“十信”理事达十五年（五届）之久。蔡万春任职期间曾到日本访问，发现日本金融、保险及信托业甚是有利可图，回台后便立即成立了国泰产物保险、国泰人寿保险、国泰建设及国泰塑胶等企业。此时，蔡万春将其他三部门交其三兄弟分营。“四分天下”使得蔡家在各业均有很大发展，尤以蔡万春的人寿保险获利最高。二十世纪六十年代初，蔡家已成“国泰王国”。二十世纪七十年代，蔡辰洲出任“十信”理事会主席。“十信”成为台湾规模最大的信用社，到一九八四年，“十信”的存款额达一百七十多亿元，贷款额一百二十亿元，这也令蔡辰洲敛财甚巨。国泰企业至此进入大力扩张阶段。但不少被兼并的企业是蔡辰洲以“吃倒账”的方式接管过来的，并非由他亲手创建。这些企业或因向“十信”贷款而后无力还款，或者因经营不善、亏损严重而被蔡辰洲吞并，成为他旗下的企业。

然而这些企业多是亏损企业，蔡家将其吞并后，也增加了自己的财务负担。为了维持经营，蔡辰洲开始以国泰塑胶公司的名义，向民间调度头寸，以高利率吸收资金，利率一般在百分之二十四左右，是一般银行定期存款利率的四倍多。况且蔡辰洲是“立法委员”，拥有庞大的家族资产。在普通人眼中，这一投资自然是稳赚不赔的买卖。许多人为了赚取高利息，纷纷将大笔资金投入蔡辰洲的国泰塑胶公司名下。蔡辰洲通过这种方式汇集了不少社会资金，但利息压力也很沉重，许多关系企业还需要不断投入大量资金，于是债务如滚雪球般越滚越大。后来，蔡辰洲已无力支付银行利息，他就利用职权将“十信”的资金挪用到他的关系企业。挪用的方法很简单，就是利用人头当贷款客户，高估低价值的土地作为抵押品，从而大量套出信贷资金。

而他为了当选“立法委员”，也曾动用了不少“十信”的资金，这是最普遍的政治投资。蔡辰洲的行为引起了“十信”内部一些员工的不满，不断有人向财经部门告状揭露。尽管有关当局也曾多次检查“十信”违规经营的情况，但蔡辰洲差不多每次都能过关，而未受到任何处罚。

到了一九八四年年底，“调查局”终于将一份长达七十八页的关于“十信”违法经营的秘密报告呈送蒋经国先生。在上海曾以“打虎”闻名的蒋经国先生对商人素来没有好感，便当即批示财经部门依法处理，不可姑息。一九八五年三月六日，蒋经国先生指示，要彻底整顿金融与经济犯罪，依法办事。债权人见此情景，纷纷到蔡家的“十信”“国信”与来来饭店等企业门前抗议，要求蔡家偿还债务，蔡家的商业帝国由此被彻底摧毁。这场瓦解蔡氏家族王国的金融风暴，在台湾引起连锁反应。许多地方金融机构和企业集团出现挤兑和退票风潮，债权人和其他受害者纷纷游行示威。连政坛也因此产生震荡。

三月十一日，“经济部部长”徐立德因其在“财政部部长”任内对“十信”违法经营负有道义责任而辞职。到了三月中旬，“十信”与国泰信托公司十多位负责人被收押。不久，蔡万春、蔡辰洲及国塑集团理想公司董事长萧政之三人以违反“票据法”之罪被起诉，三人的财产也被查封。萧政之锒铛入狱，被判刑一年又八个月。因萧政之是王升的亲信，“城门失火，殃及池鱼”，王升也被外放到拉美当了“大使”。

这些事件其实都与父亲没有什么实质性的联系，但由于这个案子牵连了许多特别班的学员，外界不免将舆论的矛头指向了父亲。一时之间，“凡与南怀瑾沾上点关系的大员纷纷失势”的传言甚嚣尘上。

而恰在此时，时任“总统府秘书长”的蒋彦士请李省吾传话，对父亲说：“蒋（经国）先生认为老师是‘新政学系领袖’。”

“政学系”是国民党里的一个派系，人数不多，但一段时间里，曾在蒋介石身边产生了很大的影响。蒋介石在江西对红军发动第四次、第五次“围剿”时，所谓“三分军事，七分政治”的口号，就是由“政学系”的杨永泰等人提出来的；蒋介石搞的“新生活运动”，也是由他们炮制的。此后几十年里，“政学系”在国民党内部始终有着举足轻重的作用。当然，蒋经国说父亲是“新政学系领袖”，以其多疑的性格来看，肯定是对父亲有所怀疑，认为他图谋不轨了。

“这个话严重了，我得走了。”尽管心底磊落，但面对如此棘手的情景，父亲也自知身不由己。瓜田李下，是非由人。他知道任何辩解都是没有用的，现在所能做的就是“走为上计”。其实父亲招来这些风传也并不意外。当时，因为这些特别班的学生身份特殊，父亲的寓所门前经常停着一二十辆高级轿车，还有不少便衣安全人员整夜在外巡街保卫，这自然有些树大招风。而特别班还请父亲讲谋略，父亲因为身正心明，也便没有推辞。于是，父亲就编了一套“正统谋略学”的书，将春秋以来的诸家兵法全部归入其中，这些也都给当局留下了口实。

为免父亲由“大师”变“学阀”，“学阀”变“党祸”，蒋经国也有意借由“十信”事件来瓦解“南门”势力。在蒋经国看来，这种势力，早晚会出大问题。所以，他不能允许所谓的“新政学系”在他的眼皮底下继续存在并壮大。父亲说过，这时的文官武官都有自己的学生，都来听过课，这就犯了一个忌讳，所以他离开台湾实在是“盛名之下，不可久居”。

父亲在一九四九年离开大陆时，和他的同学们在南京见过一面。当时大家还不确定他是否真的要去台湾，毕竟只是政权的变革，不像离开台湾是整个大环境的改变。那时父亲就说过：天下事是你们的事，我自己决定做个世外闲人。等父亲到了台湾，他决定定居岛内。谁知道三十六年后的他，竟然有如此的名声。虚名之下，祸害自身。如今竟然要离开这个居住最久、朋友最多的乐土，那份感觉只有不胜唏嘘了。

这一年，《蒋经国传》的作者江南在美国被暗杀了。在台湾这座小岛上，任何突然的事件都会迅速传到每个人的耳中，令人不安的气息笼罩民众的心头。有的人说，正是为了转移大家对江南遭暗杀一事的注意，官方才一举揭露了酝酿多年的“十信案”，将其抛出作为吸引民众目光的第二战场。

官商之间自古便有着千丝万缕的联系，商界的动荡自然也牵动了党政界的神经，没有人知道蒋经国想要把这剔除异己的罗网撒多远。于是另一种不安也弥漫开来，只是感染的范围缩小了。这次，民众是看戏人，而政坛中人则人人自危。一九八五年整个上半年，这场戏锵然开场后便一直紧锣密鼓，戏中人唯有踩着幕后人的鼓点，依照早已设定好的剧本唱念做打，并时时担心自己会成为被殃及的池鱼。

父亲心知人言可畏，为避免招致欲加之罪，他已决定离开这座生活了三十六年的美丽岛屿，前往他地暂避风潮。我在父亲到美国住下以后，马上打电话给父亲请安。一时之间，我百感交集，告诉父亲，非常高兴他及时来美国了。虽然没有身处台湾的环境中，但是我非常清楚地知道父亲所处的环境是多么险峻。其实我一直没有和父亲提起一桩令人伤心的事，在我高中时，台湾某单位就已经派了“职业学生”与我交往，甚至后来还与我拜把子做兄弟，就是要更进一步观察父亲的言行吧。我离开台湾后，这位所谓的把兄弟从来没有联络过我，虽然也到机场送我离开，但是从来不与我合照，随时保持隐身。后来此人在父亲离开台湾后，马上与我联络，我才大梦初醒，醒悟人生的复杂，见面后我决绝地与该人绝交了。最起码我不负人，但也无须做违心之人。

至于为何选择美国作为落脚之处，则还有一番因缘。

五、文化出台有因缘

我想，父亲与美国，冥冥之中自有因缘。

一九八五年六月，在这种人心惶惶的氛围之中，一个美国文化基金会访问团来到了中国台湾。他们除了参观访问、文化交流之外，还邀请父亲赴美，与他们合作推行文化活动。父亲在详细地了解他们基金会的性质之后，欣然同意。这也是促成父亲离台赴美的一大因素。

说起来，其实父亲早就有推动文化出台的想法，也早就做过在美国推广中华传统文化的实践。

二十世纪七十年代，夏先生—— 一位在美国当律师的华侨，来台拜访我父亲，希望与父亲合作，在美国推行文化活动。对此，夏先生的初步构想是先办一个杂志。文化推广其实是父亲基本的愿力，他念及侨胞独在异乡为异客，可能看书报都不像在台湾这样方便，因此听闻夏先生此言，便立刻同意了夏先生的提议。

父亲为此还在协会中召开了好几次会议，商议如何具体进行。当时，协会的秘书长蔡策先生，是一名资深新闻记者，见多识广，于是父亲就决定派他前去。但父亲觉得两个人去可以相互照应，就希望刘雨虹女士能一起去，解决蔡老语言上的不便（蔡老不谙英语）。后来，父亲还不放心，又将显明法师派去了。

当时，刘雨虹女士的母亲已届九十七岁高龄，虽说老人家身体无恙，但到底是年高之人，需要有人时刻陪伴，容不得一点闪失。于是，她就先把老人家送到苗栗的姐姐处奉养，并向父亲说明，如有任何突发状况，必须马上赶回台湾。至于她要去美国的事，则先瞒着她母亲。

待一切处理妥当，蔡策和刘雨虹女士便启程去了美国。到了洛杉矶不久，他们就开办了《人文天地》月刊。过了不久，显明法师也到了美国与他们会合。值得一提的是，当时，许多出家人都拿到了美国的签证，而且到美国后，很容易就取得长期居留权。因此，当时就有不少人利用这个法令，先出家做了和尚，然后飞往美国，等到在美国拿到长期居留权后再还俗。

对于显明法师赴美一事，父亲之前特别交代蔡策他们说，显明法师不熟悉美国，要大家照应他一下，又说："他在美国有法缘，不久自有人邀聘，你们只要短期给他方便就行了。"

显明法师到洛杉矶那天，有好几个人去机场接他。待接到他后，有人提议去吃海鲜。听闻此言，刘雨虹女士觉得这样有些不妥，便对蔡策先生说："我们陪显老吃素菜吧！"

岂知显明法师连忙说："不要不要，去什么地方吃都可以，我只要叫一杯牛奶两片面包就行了。来的时候南老师特别嘱咐我，不要给别人制造麻烦，一切随缘就好了。"

到了海鲜餐厅，大家特地为显明法师叫了一盘罗汉斋。不承想，大家都十分爱吃这道素菜，显明法师反而没有吃多少。

当天，显明法师就下榻在刘雨虹女士和蔡策先生所租的房屋，他们为显明法师在客厅搭了一张临时床铺。正如父亲所料，显明法师住了没几天就被人请走了。

在美国住了三个月，刘雨虹女士就接到紧急电话，要马上离开美国返回台湾，原因是她姐姐留在大陆几十年的儿子，此时忽然到了香港，因此她姐姐要去与他相会。那时，两岸还没有相互往来，分处两岸的亲人只能到香港相聚。若有人就此转道去了大陆，回来时会被海关查问，并且会让回答印在纸上的问题：

米多少钱一斤？

人民衣着如何？

公车车票价钱多少？

……

刘雨虹女士回到台湾，囿于家事，短期之内是无法再到美国去了，而此时杂志才出了两期。那位夏先生不得已，只能终止了这个计划。又过了不久，蔡老也离开美国，回到了台湾。这个兴师动众的计划，因种种原因未能继续下去，算是因缘未到。这样一来，父亲在美推广文化的实践只好作罢。因此，父亲这次和美国文化基金会的约定，也算是再续前缘。

我想，父亲与美国，冥冥之中自有因缘。不仅美国文化基金会邀请他前去美国，而且此时，父亲教授多年的美国学生和往来的美国友人，也让他对这个国家并不陌生。在父亲的书架上，关于美国历史与地理的书很多，可见他平时就已经研究过美国；我从他身边离开时，还带走了几本有关美国通史和地理方面的书，以便入乡问俗；更何况我和弟弟国熙也正在美国，所以这是个有缘的地方。

国熙自十二岁时被美国海军退休中将薛乐如收为义子，从此便在美国生活。出国前，父亲对他说："你将来有机会就念西点军校。"当时弟弟还小，以为父亲是让他去学做西点面包呢。后来，他果然进入西点军校学习，成为美国陆军军官。毕业后，他在科罗拉多州任后勤军官，还念了管理学硕士，退役后长期从事基金管理工作。

虽然国熙早早便被交给别人收养，使他长期远离至亲，独处异国，但父亲并没有减少对他的教导和挂念。一九八八年，国熙到香港探望父亲时，很是踌躇满志，父亲见状，便说："儿子啊，你这种收入是在矮人中间做高人，你以为你自己了不起，在我眼里你快'起不了'了。你继续这种态度，我保证你会血本无归。"父亲此语，绝非耸人听闻。少年得志而不知谦让的人往往都会如此，人的命运只有透过个性和习性的改变才能逢凶化吉。等到一九九〇年，弟弟回到台湾，很快就因识人不明而失败，竟至血本无归。父亲所言，诚不虚也。

一九九一年，国熙已经事业有成，致电问候父亲。父亲问他是否坚持打坐，他说没有。

“儿子，你老了以后，就会知道没有一样东西比打坐重要。”父亲说。

虽然从小离家，但在父亲晚年，国熙则陪在父亲身边。他一直称父亲为“老师”，可能大多数人都会感到奇怪，其实，这也不难解释。国熙从小远赴美国，记忆中父亲的形象并不清晰，加上薛乐如对他严格的军事化管理，使他对父亲这个概念就有点模糊。到了香港，陪伴父亲左右时，他感觉自己就像父亲的学生一样，所以也就习惯了称父亲为“老师”。后来有人问过国熙弟此事，他回答说：“我们做儿女的，跟着南老师的时间还没有他的学生长。我二哥（南小舜）曾经讲过一个理念，一般人是‘一日为师，终身为父’，我们是‘一日为父，终身为师’。我们的感受真的是如此。而且儿女有一个共识，认同老师绝对是修行的人，甚至可以说是一个出家人……可是跟一般人很难讲，老师没有真正出家，只是我们把他定义为出家。你听到我称父亲为‘南老师’会觉得奇怪，假如我们称南老师为‘父亲’，则会觉得有一点别扭，有一点肉麻，我们很不自在，不舒服……因为我们做儿女的都认为，老师‘视天下人为儿女，视儿女为天下人’，这和很多学生的观念是一样的。所以，我们一直没有叫他‘爸爸’，而叫‘南老师’。”这是其他兄弟们的感受，也很特别。

父亲与薛乐如先生

每一个家庭，父母与子女的缘分不一，兄弟姐妹们都是依与父母的缘分而来的，彼此的缘分更是增上缘外的增上缘，所以龙生九子，各个不同。父亲这一生，能坦然听到叫他一声“爸爸”的也就是我了。而且我自小记得他讲的历史典故、文化概念和佛家心法，问一下其他家庭成员，竟然都不记得，实在是缘分深浅有别。我十分感念自己和父亲这样接续的父子情分。由于我远走美国，没有人再叫父亲“爸爸”，他就曾经在香港说了一段玩笑话。一天晚饭后，大家围坐谈天，国熙弟又称呼父亲为“老师”，父亲就开口问大家：“你们知道子女像什么？”大家都说不知道，于是父亲就笑着说：“子女啊，像眉毛，有了，没用；没有，难看。”惹得全体哄堂大笑。其实这就是对国熙的教育，可惜没人听懂父亲的用心。

父亲与国熙弟

许多人都说，父亲对子女十分严格，但对其他与我们同龄的人倒是比较宽容，如同慈父一般。确实如此，父亲对我们的要求向来十分严格，但正是这种看似不近人情的严格要求，令我们受益匪浅。在父亲的严格要求下，国熙养成了做事严谨的良好习惯，工作也格外细致，对公司的每件事情他都会做详细的了解，就连工作环境的卫生标准也极高。

至于我，虽然排行老三，但因我是在台湾出生的长子，所以父亲对我还是怀有期望的。很小的时候，他就让我背诵《三字经》《千字文》《古文观止》《千家诗》和《唐诗三百首》，每天早上出门的时候，他都指定一段文辞让我背诵，待到傍晚回来的时候考我。现在回想起来，当年父亲每天要求我背诵的内容不过一百来字，并没有太多任务，也没有逼迫太紧。当时背得深恶痛绝，如今却深入骨髓，虽不能说这样就把我的国学基础打好了，但至少培养了我对中国文学、文化的兴趣。

从我会看书起，父亲就让我随意进出他的书房。当时家里有很多儿童读物，比如《三国演义》《罗通扫北》《李世民征东》《封神榜》《水浒传》《西游记》《安徒生童话》《希腊罗马神话》等，还有许多武侠小说。我从小坐拥书城，是在书堆里长大的。直到离开父亲身边，这私人图书馆，多半供我独享。后来我年纪稍大，不再满足于那些浅显的故事，便喜欢不时看看父亲在读什么书。他读完的书，如果不是太过艰涩难读，就会成为我读的下一本书。父亲读书，时常会做点评，有时就在书页空白处写下些心得或是评语；对他喜欢的字句，也会在旁边加以圈点，犹如古人读书的习惯。后来我也学会了这样的习惯，喜欢的书总有些地方让我画花了。

孩子长大后，往往会怀念父母小时候的督导，我就是这样。“书到用时方恨少，事非经过不知难。”有时，我会因父亲在我小时候没有再督导我久一点而感到遗憾。好在我喜欢读书，已经养成和父亲一样广博的阅读兴趣。父亲对子女的教育往往是开放式、启发性的，除了最初对我读的书有所要求外，之后他给我的，只是一个环境，一个靠自己去学习的环境。这种读书环境，真是父亲给我的最大财富。

从台湾大学毕业、服满兵役后，我在二十五岁时（一九八〇年）移民美国。赴美前，虽然能带的行李有限，但我还是从父亲的书架上拿了许多的书。一套小字的《二十四史演义》，我从小读到大，看了好几遍，实在舍不得离身，也被我带走了。每次看到书架上的书，我都会怀念父亲和我分享他的藏书。这些书，还有父亲的教诲，会随着我的足迹而延续、存在。这也是我对父亲永远的怀念。

父亲与我的合影

为了保护子女免受争名夺利带来的无妄之灾，父亲从来不要求自己的孩子参与他做的任何事。所以，我虽然从小受父亲思想浸染，在离开台湾前，也喜欢到父亲的书房去看书，但我之前从来都没想过要传承父亲的衣钵。因为在我看来，有父亲传播中国文化就足够了，不需要子女继承。每一代人该做的应该是发扬，而不仅仅是继承。所以，现在我需要做的，就是基于父亲所教的，用我的方式继续创新、表达，启发下一代人更新的愿力。

六、远在异乡有比邻

父亲此番答应赴美，不仅是因为美国文化基金会访问团的邀请，更为重要的原因是，在赴美之前，父亲在欧美就已经声名远播，朋棣遍四海了。

父亲此番答应赴美，不仅是因为美国文化基金会访问团的邀请，更为重要的原因是，在赴美之前，父亲在欧美就已经声名远播，朋棣遍四海了。因此，父亲此番前去美国推广文化，还有一定的声望做基础。

那时，有许多欧美人士远道而来，和父亲交流，向他请教，甚至拜父亲为师。父亲赴美的前一年，即一九八四年，《纽约时报》记者出身的美国禅宗巨子卡普勒（Philip Kapleau）为了寻禅宗之根，率弟子贝克先生及般森女士特来台湾参访了父亲。

卡普勒是美国康涅狄格州人，生于一九一二年，毕业于纽约布鲁克林学院法律系。早先，卡普勒从事新闻采访工作，第二次世界大战结束后，他曾被派往德国纽伦堡及日本东京报道关于审讯战犯的新闻。彼时，战争的残酷，人民所遭受的灾难，都给他留下了深刻的印象。一九五〇年，他又考入纽约哥伦比亚大学，选修哲学。在此期间，他接触到了佛学理论，学习了铃木大拙的禅学。于是，卡普勒便于一九五三年，去日本学禅。在日本时，他遍叩各寺庙，十二年间，先后得到三位日本禅师的指点。后来，他正式师从安谷禅师出家，法号为大心净圆。卡普勒关于禅的著述颇丰，达十余种之多，其中最出名的是《禅门三柱》一书，而其弟子众多，遍及五大洲。

卡普勒知道，禅宗是印度佛教与中国文化结合的产物，而中国是禅宗的发源地。为了礼拜禅宗圣地，他曾亲自率领二十多名学生，到大陆参访中国禅者，游历少林寺等名刹古寺。一番游历过后，他感觉到，大陆只有一些残留的寺庙、佛像以及遗迹，孤零零地伫立着，向人们诉说着过往的辉煌，这令他感到失望。但他并不死心，又希望能够带领两位弟子——贝克先生和般森女士，到台湾参访我父亲，以期觅得禅宗的根。他通过叶曼居士，向父亲表达了这个愿望。起初，父亲并不同意，婉转谢辞。后来有人说，此举有利于中美文化交流，主张由文工会主办，父亲方才勉强同意，遂吩咐协会的秘书长王启宗去安排策划卡普勒访华寻根的十天内的活动行程，并加强与有关方面的联系，妥善安排他们一行三人的食宿和交通等接待问题。待到一切准备妥当，卡普勒按预定时间，于一九八四年三月十五日下午三时许，率领他的两位弟子，一行三人来到东西精华协会。

与田阿姨（叶曼）（中）合影

卡普勒一见到父亲，便与之拥抱在一起。他表现得极为亲热友善，对父亲的风度清华大加赞叹。翌日，卡普勒等人即依照预定的行程表，展开相关活动，包括座谈会、访问、购置宗教用的钟鼓乐器，以及在中山堂中正厅公开发表三次演讲等活动。或许是感到卡普勒自视甚高，父亲虽始终待之以礼，却不愿与他讨论禅宗问题。后来，卡普勒再三诚恳地向父亲请益，父亲才答应了他的请求，在这十天之中，两次与其在深夜单独恳切地相谈。

彼时，正值初春三月，天气微凉，温差较大。两位大禅师相谈到夜半之时，更是寒气逼人。父亲看到卡普勒穿得有些单薄，便以中国人“解衣推食”的待客之道，将中式的丝绵长袍和丝绵短袄赠予卡普勒，让他立即穿上长袍，以御寒气。待到卡普勒临行之时，父亲还亲切地叮咛他，可以穿上棉袄，以防在路上着凉。但卡普勒却认为父亲相赠之物是深厚友谊的象征，将其视为无上珍品，唯恐在路上弄脏，所以舍不得穿。

卡普勒一行临走之前，父亲还为他们举办了饯行晚会。那一天，无论是在僧俗双方联欢表演的节目中，还是在东西精华协会禅学中心举行的饯别素宴席上，卡普勒都一再紧抱着父亲，不无激动地说：“我不能不再来！”并把他最得意的著作——《禅门三柱》赠给父亲，上面亲笔署着“送给南大师，敬请赐予指正”的题字。在惜别餐会上，有吃有喝，有说有笑，有歌有舞，一时觥筹交错，宾主尽欢。饶富意义的是，大家还齐声高唱父亲在餐桌上写就的《聚散》歌：“桌面团团，人也团圆，也无聚散也无常。若心常相印，何处不周旋。但愿此情长久，哪里分地北天南。”

卡普勒的寻根访问，就在歌声中结束了。父亲的这次接待，不但无形中使东西文化得以交流，而且也完成了一段不亢不卑，既融洽又富有意义的民间交流经历。而寻根的卡普勒，更是满载而归。诚如卡普勒自己所说：“我感觉我和日本的缘，已经告一段落，我和中国的禅缘正在开始。”相信这次父亲与卡普勒历史性的会晤，会对美国未来禅学的发展产生重大的影响。

卡普勒回国后，还常在人前盛赞父亲，称他是当代难得的一位开悟者，是最了不起的一代禅宗大师。卡普勒还不断感叹，他在台北的寻根之行，没有获得更多的时间亲近父亲，深为遗憾。此后，他还经常介绍他的禅门弟子，不断来向父亲访问和求教。

不只卡普勒，美国前海军少将薛乐如也与父亲成为莫逆之交，后来还成为弟弟国熙的义父。薛乐如与我父亲结缘，甚至与东方结缘，都源于他父亲的一句话。薛乐如的父亲是一位基督教的牧师，在临终时曾告诉薛乐如，他一生信奉基督，但心中仍有一个关于生命的疑问，没有答案，希望薛乐如以后能到东方去寻找，可能会有答案。

于是，薛乐如先到日本停留了一段时间，感觉收获不大，再加上当时听说了父亲之名，于是就离开日本，到台湾来向父亲请教。薛乐如对《易经》颇有研究，后来，他的一部著作《易经传承》（*Heritage of Change*）便由老古公司出版发行。

除了卡普勒和薛乐如之外，来台向父亲请教、学习，甚至拜父亲为师的欧美学人还有很多。

一九五一年朝鲜战争爆发后，美国军事顾问团到了台湾。当时，随行的美军人员众多，为了打发无聊的时光，顺便加强美国人之间的联络，他们就建了福利社，英文叫作PX。罗维特（Lovatt）就是在那里工作的美国人。他本是哈佛大学毕业的，来台不久后，他认识了杭纪东，于是就开始学习打坐。后来，他自己有了反应，有种醍醐灌顶、身体发热的感觉。他感到十分疑惑，就向杭纪东请教。但是杭纪东也并不清楚，于是，就带他去见父亲，让他向父亲请教，并参加听讲。慢慢地，他也就天天来上课了，对父亲的崇敬也日益加深。

据杭纪东说，罗维特回到美国一段时间后，便到旧金山万佛城出家当了和尚，追随度轮法师（宣化上人）。罗维特曾又来过台湾一趟，后来又还俗了。

二十世纪七十年代时，在禅学班中，有一个来自法国的女学生，名叫戴思博（Catherine Despeux）。她当时在淡江大学教法文，闲暇之时，来禅学班听课。她不仅对道家学说，如《老子》，有较深的研究，而且对《易经》、禅学以及密宗，都有深入的研究。在台湾期间，她还加入了东西精华协会，也曾在《人文世界》上发表过文章，自述学习中国文化的感受和心得。后来，戴思博获得了博士学位，在法国国立东方语言文化学院任教。不过她仍常利用假期来台，进行学术之旅，听父亲讲课。她对学术研究的态度非常认真，据说如今已是法国国立东方语言文化学院的主任了。

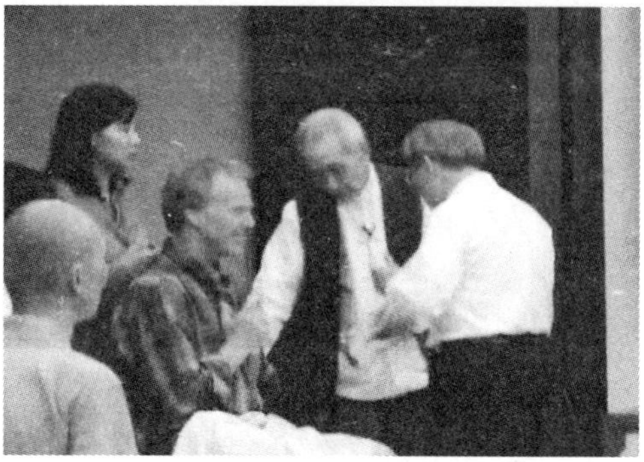
父亲与众弟子

一九七六年春末，一位天文学博士特地从美国而来，请求跟随父亲学习禅宗。这位博士本来是念物理专业的，读了博士后，总有一点不能突破，于是只好转系。而与物理最接近的就是天文，所以他便转到天文学系，经过努力，得到了天文学博士学位。父亲与他初次见面，听到他说自己已在美西日本禅堂学了一些时间后，父亲便毫不客气地说："你学禅宗只是找一个栖身之所，大概找不到工作，心中苦闷，就躲到禅门里头了……"话还没说完，就见那个博士潸然泪下。父亲的话虽然太直接了一些，但也可能是用了禅宗的棒喝法门，为的是让来者认清事实，直面自己的内心弱点，不要自欺欺人。

想不到，在父亲的"棒喝"之下，他竟然很坦白地承认了这个事实。于是，父亲便劝他不要自暴自弃，要继续努力奋斗，至于工作，则可以随遇而安，退而求其次，不必坚持博士的待遇标准。美国的工作是以学位分等级待遇的，学位越高，待遇就越好，薪水就越高。可那时美国的经济不景气，公司情愿雇用学位较低的人，以此来减少支出，因此那些高学位的人往往很难找到理想的工作。父亲还给他举了朱文光的例子。朱文光也是博士毕业，但他在经济不景气的年头，找工作时没有出示自己的博士学位，而只拿出了学士学位证书，于是便得到了工作。这位天文博士听后，便辞别父亲，重回美国，并找到了工作。

一九七七年，在父亲闭关之前，汪公纪先生陪同一个法国的文化官员来访。这位法国文化官员对中国的书法、绘画、哲学都十分热爱，而且皆有涉猎，是个有修养、有文化的知名人物。他说自己曾到日本参观过不少禅院，那些禅院给他留下了深刻的印象。他深知禅宗在中国文化中的重要地位，所以便找机会到大陆去参访，现在又来到了台湾，满怀信心，以为自己总能找到一些禅宗的痕迹。但是他走遍台湾，虽然也看到许多所谓的“禅寺”“禅苑”，但是进去之后才发现，那些寺、苑只不过是普通的庙宇罢了，里面没有禅师，根本不是禅院。踏破铁鞋无觅处，不得已，他只好来向父亲请教了。

这位来自法国的客人，在叙述他的访禅经历后，问道：“南先生，台湾到底有没有禅院？有没有禅宗？在什么地方？”

这问题真把父亲给难倒了，该怎么回答啊？那时的台湾，确实如他所说的那样，但是要怎么回答才能顾到中国人的脸面呢？

在旁边的听众也极有兴趣地等着听父亲的回答。只见父亲一副无可奈何的神情，正寻思该如何回答时，这位客人忽然又提出另一个问题，他说：“日本禅宗颇盛，有出名的禅院，也有禅师，既然台湾被日本统治五十年，想必台湾一定会有些禅宗的痕迹吧？”

幸亏他问了这第二个问题，父亲顺势针对这个问题，做了回答。大意是说，日本人统治台湾的时候，实行的是殖民地政策，推行的是皇民化教育，并不是培养文化，尤其不会鼓励发展禅宗等精致文化，故而台湾普遍只有民俗宗教和寺庙而已。

这位客人又说道：“台湾光复已经三十年了，大陆过来的文化和文化人也很多呀，为什么竟然看不到任何禅的踪迹呢？”

这又回到上一个问题去了。一向有问必答的父亲，此时也只能“是啊，对啊”地将就应付着。最后，这位法国客人自己给出一个答案：“大概你们中国人受了一千多年禅宗的陶冶，自身已与禅宗成为一体，每天的生活都是禅，所以再也用不着另有禅院或禅师、禅宗了。”

此言一出，令人既意外，又吃惊，不知道是否为他真正的想法。只不过，这些话在我们这些中国人听来，总感觉有些讽刺的意味暗含其中。在这一时期，另有几个美国学生来到台湾，来到东西精华协会，向父亲表示，他们想要研习中国文化。虽然这些学生各有专注的方向，但大都对道家学说颇感兴趣。然而，他们的中文基础很差，并不能完全听懂父亲说的话。因此，父亲也就没法教导他们。于是，父亲就嘱咐刘雨虹女士，让她帮助这些学生学习。没办法，刘雨虹女士只好当起翻译兼助教的工作，帮他们研究《禅与道概论》中“道”的部分，实际上是在陪洋人读书而已。而这些学生除了学到了些中文之外，对于道家学说依旧不甚了解，也逐渐失去了兴趣。对此，父亲虽尽心尽力，却也无可奈何，只好送给他们一些书，劝他们回去了。

一九八二年前后，协会迁移到复青大厦。这时，一个来自南美玻利维亚的学者前来拜访父亲。他的中文名字叫“达易理”，就是通达《易经》之理的意思。这位学者研究《易经》多年，也在自己国家教“易学”颇久了。他此次前来台湾，是想请父亲为他测试一下，证明他有资格教授《易经》。

这个达易理，不仅是一个精通《易经》的学者，还是一个自由派画家，擅长禅意书画。在台湾的这一段时间，他还忙里偷闲，开了一个画展。达易理跟从父亲研习《易经》，经父亲亲炙并通过严格考试后，最终获得了父亲亲自签署的适任海外易学教授的证书。达易理学成之后，欣然返国，后执教于委内瑞拉公立大学，专授中国《易经》课程。

和达易理几乎同时间，来自加拿大的学子文颢儒也师从父亲，修习不到一年，竟比不少中国人还中国化。他待人谦逊有礼，手不释卷，温文尔雅，堪称西方儒者。受中国孝道的影响，他在台湾求学期间，还将寡母接来游玩参观。学成归国后，文颢儒出任加拿大文化部专员，工作之余，他还将父亲的《论语别裁》一书译为法文，以广教化。

值得一提的是，以一部《中国科学技术史》而闻名的英国人李约瑟（Joseph Needham），也曾与父亲有过交往。当时两人见面后，颇有相见恨晚之感慨。

李约瑟是英国著名的学者，他的《中国科学技术史》一书对国际学术界影响深远。他特别推崇道家之学，认为中国道家“对大自然的思考与探究，奠定了中国早年一切科学的基础，比起亚里士多德以前的希腊思想也绝不逊色。而且在中国科学思想及技术已经辉煌的年月，今日西方科技发达的国家，那时还正处在洪荒时代”。

李约瑟对中国道家极高的评价，使中国人感到大为振奋。那时，本已对自己的文化失去信心的国人，又开始对中国文化萌生了不同的看法。其实，李约瑟在这本书中对中国文化、科学方面的研究，现在看来还十分浅显。虽然该书尚未对中国道家进行深入研究，但足够警醒中国人，使国人开始重视自己的文化、科学的宝藏了。

当时，李约瑟在创作他的这本著作时，曾求教过许多中国的学者专家，如郭本道、冯友兰、王亚南、王星拱、黄方刚等。但因为关于道家学术思想方面的内容尚未完成，所以他特地到台湾来搜集资料。

一九八四年九月二十二日，李约瑟博士偕同他的学生鲁桂珍博士，由陈立夫先生陪同，前来拜访父亲。他们无所不谈，从道家、佛教谈到特异功能，甚至谈到人类经济发展与心灵福祉的问题。对此，父亲开宗明义地说：“现代各种经济学说皆是站在一国的经济发展立场上，根本没有站在全人类福祉的立场来设计全人类经济社会发展的模式。”李约瑟听了，频频点头。

预先约定的谈话时间是两个小时，但因为两人谈得太投契了，不觉间三个小时已经过去了，但此时李约瑟仍滔滔不绝，父亲也是兴致高涨，欲罢不能。虽然如此，父亲依旧保持着清醒的头脑，见时间不早了，便告诉李约瑟自己晚上还要讲课。就这样，两人持续三个小时的交谈才算结束了。

那天的学术会谈，闻讯前来参加的人有许多，其中有程沧波（“立法委员”）、高信委员长（“侨委会”）、邓文仪将军、熊先举馆长（“编译馆”）、张柽总干事（“道教总会”）、洪文亮医师、朱文光博士，另有德国学人Bojdnov博士、Auhajann博士，以及法国柯友耕博士等。

除此之外，参加座谈的，还有一位从联邦德国来的研究禅宗的学者。他仰慕父亲已久，苦于无由识荆，不得相见。因缘巧合，卡普勒彼时正好在欧洲弘扬禅宗，于是经由卡普勒代为介绍，专程来台向父亲请益，顺便也参加了这次历史性的座谈。他在归国之时，泪眼婆娑，依依不舍地向父亲行中国的跪拜大礼辞行。

与这些海外道友的往来交流，使得父亲在海外产生了相当范围的影响。这些遍布五洲四海的人士，也不时延请父亲亲自出海讲学，但都被父亲婉拒了。因为父亲对台湾十分不舍，而且台湾本土的文化青苗当时尚未长成大树，还需他时刻浇灌滋润，故始终未能成行。现在，这种“黑云压城城欲摧”的诡异政治气氛，倒是一个契机。父亲正欲借此契机，出乡邦，去实现到海外弘扬文化的多年夙愿，重拾二十世经七十年代的文化推广夙愿。父亲虽欲携文化出乡邦，向海外弘扬文化，推广文化事业，但并不意味着将台湾的一切事务抛之不顾。东西精华协会的工作、老古文化事业股份有限公司的业务，父亲都安排了交接，千叮咛万嘱咐；对于禅门，更是立下了规矩。从父亲的这些嘱托中，也可以看出他对台湾难以割舍的感情。

七、香板提振乱禅风

为了维护禅门清修的规矩，父亲告诫修禅之人，要有一技之长，戒除供养习惯。

父亲离台赴美之前，东西精华协会在台湾就只留下一个办事处了。当时，在协会工作的史济洋，已经随同她的先生陈行夫移民到美国去了。而另一位在协会中担任会计的林秀龄，也和先生黄胜雄及三个儿女移民到加拿大去了。

虽然只剩下一个办事处，但父亲依旧嘱托王启宗，让他带领谢锦扬处理协会的一切事务。

王启宗先生和父亲一样，抗日战争时期在大后方从军，驻地是重庆，也是血性青年。那时他就在报纸上看到过父亲的事迹，非常向往父亲的所为，只是耽于工作不能到成都寻父亲。他到台湾以后，听说父亲也在台湾，曾经数次到基隆找人，却是依旧无缘，一直到我们搬到了台北，他才和父亲见了面，而且从此以后，父亲的书，每本必读；父亲的演讲，也是每讲必到。他自己也说，那应该算是着迷了吧。现在父亲又请他帮忙处理会务，几十年的交情，实在充满不可言喻的信任。

至于老古文化公司的业务，父亲则交由陈世志全权负责，并且让他立即搬离复青大厦九楼，回到原来的信义路三段二十一号，而这个地址沿用至今。

“老古”这个旧址是因父亲的远见才留下的。当初，协会迁到位于复青大厦的新址时，父亲决定继续租用这个老地方，对此，许多人都觉得浪费钱，没必要。现在看来，幸亏当时保留了这个地方，“老古”才得以搬了回来。“老古”有一个《知见》杂志，是首愚法师所创办的。由于稿件多由父亲这边提供，后来父亲索性自己接手，让蔡策和陈世志从旁协助。于是，陈世志正式到“老古”工作。

陈世志在大学就读时，就常来听父亲讲课。他大学就读台湾大学，和李慈雄是校友。据他说，慈雄还是他介绍到父亲这儿听课的。他毕业后服了两年兵役，退役后不久，就正式到“老古”来工作了，这在上文亦有提及。陈世志极具创意，文笔也不错，在接手“老古”后的三年中，颇有创举突破。他曾致力于收集父亲散见于各处的已经发表的讲演记录及文章，将其分类整理成册，编印出版，如：

《观音菩萨与观音法门》（一九八五年）

《序集》，现名《中国文化泛言》（一九八六年）

《一个学佛者的基本信念》（一九八六年）

《习禅散记》（一九八六年）

《中国道教发展史》（一九八七年）

《中国佛教发展史》（一九八七年）

《金粟轩纪年诗初集》（一九八七年）

另外，还出版了父亲从未发表的讲记，如：

《禅观正脉研究》（一九八六年）

《老子他说》（一九八七年）

《易经杂说》（一九八八年）

除此之外，虽然《历史的经验》和《道家密宗与东方神秘学》两书在父亲离台赴美之前就已经出版了，但其中也有陈世志的功劳；至于《道家密宗与东方神秘学》一书，则是他收集整编父亲讲记及文章的开创性工作。此外，陈世志还积极参加书展，发行推广父亲的相关著作。在陈世志负责的三年之中，“老古”终于扭亏为盈。对于“老古”，陈世志可谓立下了汗马功劳。

说到陈世志，实在是一位非常尽心尽力的帮手。在二十世纪八十年代父亲离开台湾以后，陈世志兢兢业业，把老古文化事业做得非常好。在当时的环境下，他和许多在协会或是出版社工作的同学一样，拿的是低于社会标准的薪水，做的却是高于社会标准的工作。父亲的这批学生都把老师的愿力当作自己的愿力，做起事来，奋力拼搏，实在是令人感动。

父亲多次要世志和王启宗先生到美国去，交代他们许多要做的事，而且还要世志经常到大陆出差。他与殷曰序很早就跑到北京、上海等地，代父亲联系许多的人事；而且还到温州与我哥哥们和家人聚会，所行所事就像是父亲的代表，非常用心。后来父亲许多关于大陆事务的发展，也都与他早期所做的联络有关。

和世志聊起来，他总是说，那时候，不论是出版社的，协会的，还是十方丛林的工作人员和学生，大家相处真诚，就像一家人，不分彼此。虽然那时候我已经出国了，但是我非常了解他们的感受，因为我自小就是在这样一批又一批的类似兄弟姐妹的学生群中长大的，不论年纪长幼，每一位都与我同亲，是我的亲人。只是离开台湾以后，父亲的所谓的学生们，就不再像台湾的同学们一样了。

自从父亲离开台湾，陈世志基本上成为这个“大南家”的主要联络人，每天不但要把工作做好，还要常常联络老同学们，定期与大家聚会，维系着这份异姓兄弟们的感情。许多父亲的老学生当年都是孤家寡人渡过台湾海峡这个“黑水沟”而来的，有的在台湾成家立业，但是也有许多依旧忠诚于家乡的伴侣，一生不再婚的。这样的老学生不在少数，所以世志也会把他们视为家人。甚至后来许多老同学的后事，都是陈世志参与协办的。像古琴大师孙毓芹的后事，因为他没有亲人，世志不但帮忙处理一切后事，还把孙公的古琴和其他遗物整理好，成立了纪念博物馆。孙公的古琴学生，每年也都有地方办纪念活动，传承孙公的精神，这是何其仁义的作为！

还有许多前文提到的名字，像冯道元、陆建龄、王凤峤等其他同学的身后事，也都是世志参与操办的。虽然他后来离开了老古文化事业，但是他的精神没有离开过。若是说父亲对学生慈爱如家人的精神有传承，那就非陈世志莫属了。世志的夫人林妙玲女士，早在二十世纪九十年代初，就在台北市延吉街开办“晨曦儿童读经班”，而且在一九九一年一月一日出版《晨曦儿童读经》刊物至今。他们夫妇的努力，是父亲推广读经活动的引子。这些行为，是所有冀望成为父亲精神传承的朋友们应该学习的做法。

有了这些左膀右臂留台巩固“大后方”，父亲虽是远去异国他乡，但总算稍感宽慰。父亲也特地教了李蔚亮杨氏太极套路，也交代他以后可以继续教授这套太极拳。安排妥当这些日常事务，父亲又对禅门，对修禅之人，立下了规矩。

为了维护禅门清修的规矩，父亲告诫修禅之人，要有一技之长，戒除供养习惯。

父亲告诫出家的同学，如今时代不同了，寺庙里虽不再需要像百丈时代那样“一日不作，一日不食”，但要依赖施主布施为生，仍是不合潮流的做法。况且佛教传统有句话：“佛门一粒米，大如须弥山。此生不了道，披毛戴角还。”寺庙里的饭是来自众人的供食，如果出家之人修行未成，下辈子是要变牛变马去偿还的，这样一来代价就大了。所以父亲常鼓励出家的同学去学一技之长，以此为生。对于施主施舍的钱，只能用来做利于众生的事，而不能中饱私囊。如若不然，有因必有果，将来是会有果报的。

早先在父亲开课的时候，偶有年轻的出家人认为出家人处处都应受优待，对买书还要出钱抱有怨言。针对这种现象，父亲为大家讲了一件事：

二十世纪七十年代，位于台湾地区东部的花莲，是一个医疗设施十分落后的地方，当地的人们要想看病，必须奔赴台北，十分不便。此时，一个三十几岁的比丘尼看到这种情况，便萌生了在当地建造一家医院的想法。为此，她向社会发出呼吁，希望能够筹集善款建造医院，以方便人们看病就医。她的呼吁，遭到许多人嘲笑。他们认为，建造医院是需要大量资金的，没有人会无偿去做这样的事，她是在痴人说梦。

但这个比丘尼并没有因为被嘲笑而退缩，她依旧坚定地为自己的设想付诸实践。起初，她一边四处募捐，一边带领着几个同样怀有慈悲心肠的妇女走遍偏僻的山区，尽其所能去帮助贫苦的家庭。她自己更是以身作则，自奉甚俭，对于捐来的善款决不经手。就这样日复一日，她和她的追随者的无私奉献，逐渐获得了人们的认同和支持。她后来建立了一个以救苦救难为宗旨的慈济功德会，参加的人越来越多，在社会上逐渐形成了一定的影响。

这个比丘尼，就是证严上人。

父亲为此还告诫大家："出家未久，有没有一点成就还不知道，却认为别人都应该供养自己，修行上首先要戒除这种贪念。"许多学从父亲的出家人，在取舍之间，颇能遵循父亲的教导；在戒除私欲方面，也常常以父亲的教诲来策励自己。

不仅如此，父亲在那次还断定，这家医院一定会建起来。

果不其然，父亲赴美后的第二年，即一九八六年，证严上人呼吁建造的慈济医院，终于落成，在花莲开业了。医院秉持"爱的医疗"的信念，不管患者有钱与否，以治病救人为第一原则。他们尊重生命，造福社会，打破了世俗不交钱不看病的陋规。

后来，证严上人的善行，重新唤醒了太多人原本已经蒙尘的善心，慈济的力量逐渐壮大。而她领导的"慈济功德会"，以救助众生、施惠于人为目标，也令许许多多的人受益。证严上人虽为人低调，不慕名利，她的言行，感动了社会，感动了世界。证严上人获得的各种奖项，象征着国际社会对她所作所为的认可。其中，菲律宾颁给她"麦克塞塞奖"，美国颁给她"艾森豪威尔奖"，台湾地区颁给她的奖章更不计其数；而香港中文大学在一九九三年，还颁给她"荣誉博士学位"。

证严上人不仅乐善好施，修行极为刻苦精进，而且在修行之余，做些手工出售，以此赚取自己的生活费。父亲鼓励大家，要学习证严上人的自律作风，并不断强调，只有那样才是修行人的本色。

后来许多出家的同学到厦门大学中医特别科学习，也正是因为父亲的鼓励。

父亲举了证严上人的例子之后，还提出大家应相信因果，行、住、坐、卧只应心怀善念，这样才能得到善果。

他说："平常人不信因果不足为奇，但是佛法是以三世因果六道轮回为基本的，既出了家，而不信佛法的因果，岂不荒唐？"

有人问："怎么知道他们不信因果呢？难道他们会自己承认不信因果吗？"

父亲说："看他们的行为呀！他们所做的事、所说的话，都以为是没有果报的。事实上，就连每人心中所想的，也都是有果报的。如果真相信了因果，自然不会也不敢做那些不该做的事了。所以说，从他们的行为来看，知道他们是不信因果的。"

父亲告诫修禅之人，要有一技之长，要相信因果，并鼓励他们刻苦修行。在向他们表达了自己的深切寄望之后，父亲总算将一切都交代好了，放心了，便着手准备离台赴美了。

八、危邦不入乱邦出

在父亲的眼里，这次离乡，也许并没有“乘风归去”的潇洒，有的恐怕只是不得已而为之的“避迹”之举。

一切安排妥当后，父亲决定远走美国。

一九八五年七月四日，年近古稀的父亲，终于挥别居住了三十六年之久的台湾，飞赴美国。此行，陪护父亲前往美国的，共有五个人：李素美姐弟、润泰公司董事长尹衍梁、洪文亮医师夫妇。而洪医师夫妇不久后就因事先后回台了。

洪文亮是高雄外科医师，同时也是一名法医。他于一九七七年与父亲相识。他从医学这个讲求实践出真知的人体科学领域踏入形而上的精神领域之后，开始努力将两者融会贯通，将心理意识方面的训练方法融入医疗实践之中，对于医治那些用药物、手术无法治愈的顽疾，颇有成效。此外，他还是美国的合格针灸医师，更通达阴阳五行及堪舆之学，似乎无所不通，无所不知。

而李素美姐弟，那时也认识父亲两三年了。早在认识父亲之前，李素美就已学佛多年。在父亲去美国之前的一段时间，李素美负责《知见》杂志的工作。她会认识我父亲，是因为个人情绪已经陷入极端低迷的状态，经由她弟弟的前妻介绍到父亲这儿听课，希望对她有所帮助。以前父亲开玩笑，说他一生多半遇见“坏人”，就是讲，许多来听课的，都是因为身心有了问题，父亲也只好尽力帮这些人解除心魔。那个时候，李素美先前的先生就鼓励她和她弟弟一起去美国，于是，他们才跟着父亲去了美国。李素美到了美国以后，她的一切家产都被转移了，后来也离了婚，遭遇不少打击。

李素美之弟是个入世之人，他花了许多心力，在台北投办薇阁中小学，使之成为顶尖的名校，许多人都想把子女送到那个学校。他的政商关系良好，许多生意都是靠这些人脉发展出来的。只是做人做事，往往偏向走捷径，会经由人的弱点，获取利益。这次的美国行，他也陪同前往，但是也因为有他同去，父亲最后也就不好再踏入美国了。

据说有一次，他拿了一篇准备用于开学致辞的短文，要魏承思帮忙看一下。魏承思看完后，觉得写得非常好，便问他是何人所写。李素美之弟说，这是他自己写的。魏承思大吃一惊，这才知道李素美之弟的文才如此之高，实在是在自己意料之外。可惜一时找不到这篇文章，要不然大家也可以一起欣赏一下。

至于尹衍梁，则与李素美之弟年龄相差不多。他的父亲叫尹书田，听说从前是台湾商业圈中“山东帮”的知名人物，做生意讲信用、守规矩，风评颇佳。尹衍梁担任总裁的润泰集团，多年前在一次大地震后一夕成名。当时他负责建造的大楼，在地震中屹立无损，不像其他许多建筑，在地震时多少都遭到些损毁。而润泰那栋原本滞销的大楼，地震后立刻就被抢购一空了。后来，他还在大陆高校设立了 “光华奖学金” 。原本发放对象仅为北京大学、清华大学与内蒙古大学，其后则奖励了多达三十多所大学院校，是当时首度遍及大陆高等学校的奖学金。一九八九年，尹衍梁又捐资一千万美元在大陆非常有影响的北京大学兴办了光华管理学院。其对教育事业的贡献，也是不可否认的。

值得一提的是，宏忍法师听闻父亲赴美后，决定继续追随、亲近父亲，于是和十方丛林书院的几位同学结伴，紧随其后漂洋过海，到达美国，从此时时陪伴父亲左右，亲炙教诲。

二十世经七十年代末，宏忍法师进入父亲创办的十方丛林书院深造。

他敏而好学，加之受父亲言传身教的熏陶，遂通达佛理，多年来，一直参与整理父亲的著作。他就好比一本“南学”活字典，但凡提到父亲的著作和事迹，总能脱口而出，甚至可以指明细节或出处。

更难能可贵的是，宏忍法师对禅门念诵造诣很深。念诵是一种软修法门，称为天龙梵唱，是要用梵音唱念的。在传入中国后，逐渐分为不同流派：北方有北方腔，南方有峨眉山的腔调和以常州天宁寺为代表的“苏派”念诵。当年，天宁寺最后的传人戒德法师，曾受邀在父亲创办的十方丛林书院中传授“苏派”念诵，宏忍法师深得其真传。宏忍法师天生拥有一副清澈嘹亮的好嗓子，在念诵华严字母时，声震屋瓦，余音绕梁，闻其声者平静肃穆。可以说，在念诵功夫方面，当今佛门已无人能出其右。

父亲刚到美国，便赋诗一首，袒露了自己漂泊海外的真实心迹：

> 不是乘风归去也，只缘避迹出乡邦。
> 江山故国情无限，始信尼山输楚狂。

“楚狂”的典故出自《论语·微子》，其中记载：“楚狂接舆歌而过孔子曰：‘凤兮凤兮！何德之衰？往者不可谏，来者犹可追。已而已而！今之从政者殆而！’孔子下，欲与之言。趋而避之，不得与之言。”想必当时的父亲，也许深深地同意楚国的这位狂者所告诫孔子的“往者不可谏，来者犹可追。已而已而！今之从政者殆而”的劝诫吧。不然他又怎么会觉得圣人孔子会输给这位楚国的无名狂者呢？

在父亲的眼里，这次离乡，也许并没有“乘风归去”的潇洒，有的恐怕只是不得已而为之的“避迹”之举。

九、兰溪花草自芬芳

"南怀瑾再讲一句话，不是打保票，是根据历史的经验啊！"

一九八五年七月四日，父亲一行人从旧金山入关进美。

在入关时，还发生了一件趣事。旧金山关卡为全美最严，对中国人更是严上加严。行李车要进行检查，于是一行人就从车上下来。父亲身穿中式长袍，手里拿一根拐棍，跟在行李车的后面。行李车上堆着十几只大皮箱，其中有两箱装的是中药——他害怕在国外看不起病，便自己带了预备的。然而，按美国海关规定，中药是不能入关的。

行李车刚开到入口处，便有一个海关人员牵着警犬出来检查。当时，装中药的箱子堆在第三四层。警犬闻到中药的味道，就爬上去，围着箱子一边嗅，一边狂吠。海关的人员发现情况不对，就问："这些行李是谁的？"父亲冲他点个头，微笑着没有搭话。海关人员把父亲上下打量一番，转身问站在父亲旁边的一个学生："他是谁呀？"学生信口吹牛："你不知道吗？他是我们中国当代的孔子啊，你们国务院好不容易把他请来的——他本来是不肯来的呢。""哦，是吗，是吗？"海关人员把警犬拉住，问："箱子里有什么？"父亲让学生转告，是中药，不是鸦片；如果不让带，就放在海关，走时再来取。学生将父亲的话翻译成英文。那个海关人员再次仔细地打量了父亲一下，说："不用检查了，请吧！"于是，十几箱行李随着父亲一行顺利过关。

父亲对凤凰城这一名字很有好感，因而提出就在那里落脚为营。但在美国生活较久的人说，凤凰城位于亚利桑那州，是南方地区，人文氛围并不包容，还可能会有些偏见。相比之下，华盛顿是美国政府所在，人文弹性较大，建议父亲到那里落脚。故而，父亲最后还是决定去华盛顿。这个决定应该是对的，因为凤凰城坐落在亚利桑那州的沙漠区，夏天的气温最高可以达到五十摄氏度左右，平常也在四十摄氏度以上，非常干燥，而且有时还有类似于撒哈拉沙漠常发的沙尘暴铺天盖地而来，确实要有相对较长的适应期。

父亲决定在华府定居后，李素美便把她的一儿一女以及其弟的儿子，都接到美国读书。于是，大家分住在三个彼此距离不远的地方——“平安居”“天松阁”“兰溪行馆”。而父亲就住在“兰溪”。

“兰溪”刚好位于华府安全机关的后面，这也是父亲特别选的地方。父亲每到外国，美国也好，法国也好，都是学孔子的观念，“工欲善其事，必先利其器。居是邦也，事其大夫之贤者，友其士之仁者”。到了别人的国家，先与他们的上层人物打交道，这样往往会事半功倍。

父亲安顿好不久，华府特勤长官就听闻扬名四海的南怀瑾来到美国，还正好卜居在安全机关旁边，于是忍不住要来拜访。

见到他后，父亲说：“你来了啊！我还正想去拜访你。”而这位特勤长官的第一句话却是：“你是看不起我们的。”“什么话！”父亲不以为然。长官又说：“你晓得我的职务？”父亲微笑着说：“你是美国的特务首脑，我当然知道！”他说：“我也知道你啊！”父亲忙澄清道：“我不是中国的特务头子。”这位长官客气地说：“但你影响中国的宗教界、文化界。”“你不要客气了，我很看得起你啊！你是中央情报局的头头之一，

门口石阶

陈世志、王启宗到美国向父亲报告老古出版社和东西精华协会的业务

对不对？中国几千年来都有特务，而且特务的工作不是普通人做的，是圣人做的。圣人你懂吗？”父亲回应道。

“哦，我知道！”虽然他说知道，但父亲觉得他其实没有理解自己的话，于是又补充说：“管仲、诸葛亮都是特务头子！情报不够怎么可以从事政治、军事？所以中国的特务，自古都是圣人做的。你们是属于特务机构训练出来的特务工作者，不算吗？”通过这初次交往，父亲总算打消了美国官方的疑虑。

华府地区的中国人很多，知道父亲住在这里，都纷纷来访。这其中，有留学在美的大陆学生，有从大陆到美国访问交流的官方人士，也有从台湾到美国的各界人士等。一些原已在美的南门学生，也从各地辗转前来看望他们的老师。所以父亲的住所，仍然如在台湾之时，门庭若市。而这也导致他所居住的地方一再扩建。

父亲常对来自中国的留学生讲，你们要了解世界政治，赶快去读春秋战国的历史，现在的世界政治就是春秋战国的放大。在父亲看来，当今世界的形势与春秋战国时几乎是一模一样的。父亲总是强调学习中国历史的重要性：“在欧美留学拿到硕士、博士学位回来，就想把某个国家的文化体制用到中国，就想治国平天下，他们懂个什么？这叫‘隔靴搔痒’‘药不对症’，可以说连影子都没有，所以不读历史是不行的。”只有熟悉中国历史，将自己在国外所学的文化知识与中国国情完美地融合，才能活学活用，将国外的先进知识用于中国发展。

不仅父亲的学生常来拜访，还有两位美国外交官，艾德（Addair）和阿里斯德（因为阿里斯德是级别较高的外交官，为避免给他带来任何的不便，我便隐去其真名，而称他为阿里斯德），也常常来父亲的住处。艾德的中文基础很好，而且他的太太是台湾姑娘。如今父亲到了华府，他们夫妻便常常前来拜访。每逢父亲讲佛学课时，艾德就持咒，凝神屏气，练习精神专一、心如止水。西方人学习时十分专注坚韧，这是值得我们学习的。艾德通过专注地练习，增强了自己的定力，提升了自己的修养，使自己大受裨益。

而阿里斯德因为工作的关系，对东方文化早有了解。在见到了父亲之后，他更对颇有些神秘色彩的中国禅学产生了浓厚兴趣。

阿里斯德曾说，一踏进“南门”，他就喜欢上那个氛围了，像一个大家庭。最初，他看到好多学生跟随父亲学习打坐，但他因为工作太忙，根本没有时间打坐，所以就没有学。当看到有的学生跟父亲学念咒子，他也不以为然，觉得念咒子没有什么用。但是跟从父亲，总是要学些东西，而且只能从最简单的学起，因此，他决定还是先学念咒子。当时父亲推荐给他的是“准提咒”。刚开始时，阿里斯德是抱着求证的心理，想看看到底有用与否，于是就试了几天，却感觉没有效果。他这样浅尝辄止，自然是不会有效果的。但他不明就里，感到困惑，于是就向旁边的学生请教。通过请教别人，他才得知，咒语至少要念几百万次才会见效。最终，他决定坚持念咒，当念了一百多万次后，他发现自己身心果然都变得很舒畅。

此外，华尔街的高级白领、康奈尔大学硕士毕业生包卓立（William Bodri），也曾特地前来拜访父亲。他是在一个偶然的机缘下，听说父亲居住在华府，于是在一个周末，专程从纽约赶到华府的兰溪行馆，拜访父亲。

包卓立不会说中文，父亲也不懂英语，为了两人能顺利交谈，李素美就自告奋勇，为父亲充当翻译。不过李素美的翻译工作并不繁重，因为当包卓立提出问题，她才翻译了没几句，父亲就已了然于胸，开始回答了；而当她刚翻译了父亲回答的几句话时，包卓立便已完全明白了。包卓立与父亲虽然彼此不通对方的言语，但却能互通彼此的心意，真是奇哉！通过这次交谈，包卓立受益匪浅，深感中国文化之博大精深。于是他决定要深入研究中国文化。为此，他认为首先应该学习中国语言，便义无反顾地辞掉了在美国的高

父亲与洋学生交谈

收入工作，收拾行囊到台湾学中文去了。

这时，邀请父亲赴美的那个基金会，虽然依旧很热情，但父亲希望双方能保持弹性合作，不做长期的计划。于是，经过多次商讨、交换意见，那个基金会最终同意了父亲的提议。当然，这是父亲的基本原则，他不希望合作对自己造成限制，更不希望对别人造成不便或困扰。

在华盛顿住了几个月后，有位美国财政部要员便专门来请父亲吃饭。

这位财政部要员问父亲："你看了美国有什么观感？"

父亲向来谨慎含蓄，便说道："刚来两三个月，会有什么观感！"

"你一定有，我们国家很欢迎你这样的人，最好你长住在这里。"

"对不起，我不会长住，因为我是中国人，我们两兄弟吵架，我是夹在中间的，难办，暂时到你们这里住一段时间。"

"你总有个观感吧？"

其实父亲有入乡问俗的习惯，他到了美国不久，就发现美国银行的作业方式和中国的大相径庭，有许多的不同。在中国，大的银行都是公立的，美国都是私立的，规模庞大，但是并不保证这些银行不会倒闭，银行也不过就是一个商业公司，只是经营金融票据业务而已，不像中国的银行有保障。一个个人的身份在任何一家银行，只能有十万美元的额度得到保障，如果银行倒了，超过十万的存款额是不保险的。就这十万保险额，还是因为有联邦政府的规定才有的，否则存款安全是由开户人自己负责的。选择银行，就是选择信任度，这是个人的责任，所以高额的存款最好分成多家银行储存。“一家银行”的观念是与中国不同的，所谓“一家银行”包括它所有的分行，不像中国的户头是以各个城市或地区的分行来分的。

父亲亲自到银行取过款，他记得在台湾取个百万现金，也就是报纸一包，夹了就走。但是在美国，没有用大额现金的习惯。父亲他们一次提取十万美元，柜台后面十几个人都震惊地站了起来，请他们喝咖啡，坐着等，待银行后方办公室开会以后，再请他们到地下室金库附近的办公室坐一坐，由两个女士点钞，一张一张地数。好不容易点完交付了，银行方面还很紧张，问他们需不需要保镖护送。不像在中国，百万元也就是一个手提袋一装就拉倒。这样的取款行为在美国是非常大的事了。不单是银行，父亲也去看了大西洋城的赌场，了解许多美国人的生活习惯。李素美之弟非常爱赌，他还用父亲的名字在美国东岸的大西洋城赌场开了一个户头，存进了百万美元的赌金，结果父亲的名字被列为大西洋城赌场的大客户，成为标准的人头户。虽然父亲不赌，但是因为美国有名的内战小说《飘》就是以大西洋城附近为背景写的，所以他去那里也是为了探察那个曾经在美国南北战争的夹缝中生存的商业与爱情故事。

父亲为这个旅程经历，还特别写过一首《道出大西洋赌城》的诗：

风云催客出三台，策杖闲观旧战嵬。
何必赌城始论赌，人生都是赌输来。

这也是父亲说过的，到一个地方，一定要懂当地的风俗习惯、地方历史、人民生活，这样才能透过了解来参与，透过了解被接受。既然这位美国朋友一再追问，想知道父亲对美国的看法，迫不得已，父亲也不好再做推辞，便直言不讳地说：“你一定要问我啊，我这个人是中国的老百姓，乡巴佬出身，不懂的。我三个月来，对你们美国的观感有三句话：第一，你们是世界上最富裕的国家。”“嗯！”这位财政部要员很认同。“第二，是最贫穷的社会。”要员正在吃饭，便把筷子放下来，说：“嗯，有道理！”“因为我看到那些家庭用的汽车、家具、电视机、洗衣机、冰箱等，都是分期付款的，用不到几年就旧了，新的发明出来又要换新的了，一辈子都在分期付款中，包括住的房屋。所以我说你们整个社会是贫穷的社会。”他觉得父亲所言非常有道理，饭都不吃了，就等着父亲的“惊人之语”。

父亲接着说：“第三，你们是世界上负债最多的国家。你们根本是空的，都是欠人家的，欠全世界的，骗全世界得来的，可是全世界的国家对你们没有办法，因为你们有原子弹，所以人家不敢向你们讨账。如果我们中国只有鸭蛋，欠了债，人家就会来要账了。就是这三个观点，其他我不懂。”这位财政要员拍手称快道：“完全准确。”父亲长出一口气：“真的啊？总算给我蒙对了！”

父亲的这些判断，并非虚言。二〇〇八年席卷全球的金融危机便是由美国而起。而其经济危机频发的根源，就在于其金融空头主义太兴盛，形成华尔街从业人员无穷的欲望，不断制造空心的投资产品，将一份资产一再包装，重复创造价值而导致过度投放的金融破灭。父亲对那位财政要员的“惊人之语”，实则就是美国社会的真实写照。

说到对美国的判断，其实父亲在台湾国民党“中央党部”就谈到过。当时他说，美国五十年后就会走下坡路了。并且，他还大胆预测了中华民族的命运，称一九八七年以后就会转运了。对此，有个“中央委员”当场站起来问：“南怀瑾，你说‘转运’了？”父亲应声说：“转运了！”他马上问：“有多少年？”父亲说：“两百年的大运，将来比康乾盛世还好！”他说：“你打保票吗？”父亲正色道：“南怀瑾再讲一句话，不是打保票，是根据历史的经验啊！”

父亲的断语看似“奇绝无理”，旁人不知他从哪里得出的判断，只是觉得他的断语往往神奇地应验，以为父亲有未卜先知的能力。其实，这种敏锐的洞察并不神秘，正是五千年文明古国的丰厚历史滋养了父亲的睿智，让他拥有了这种敏锐的洞察力。父亲饱读史书，也常建议青年人多了解历史，其用意正在于此。古人云“以史为鉴，可以知兴替”，诚非妄语。在许多事情上，古人有足够多的智慧提供给后来者。父亲对于世事的评判，都是有理有据的，只是不为一般人所发现罢了。而初到美国的这些经历，更加坚定了父亲复兴中华传统文化的决心和意志。

十、弘文更建东西院

大家才知道，原来这两位，一个是天主教的修女，一个是基督徒，并非佛教信众。

二十世纪六十年代，美国的嬉皮士运动方兴未艾。当时，美国发动了越南战争，一部分美国年轻人反对越战，接着，又由反越战发展为反对传统。他们蔑视传统，废弃道德，特立独行，过着“离经叛道”的生活。这些人，被称为“嬉皮士”（Hippie）。

这些嬉皮士们，整日无所事事，成群结队地过着一种放荡不羁、自甘堕落的生活，甚至通过极端的方式来释放发泄自己。他们随意服用迷幻药、大麻等，以虚幻的自由来填充自己空洞的精神。他们听说学习东方的参禅打坐便会获得自由解放的感觉，于是三五成群地聚集在山坡边、草坪上，装模作样地闭着眼、盘着腿“打坐”，一时蔚为风尚。

其实早在二十世纪五十年代，日本的铃木大拙便掀起了美国禅宗热。铃木所著的有关禅宗的书籍陆续在美国、英国出版，风靡一时。其后，中国禅宗祖师的语录，好些都被翻译成了英文，在英语世界流行开来。如约翰·布洛菲尔德（John Blofeld）将黄檗禅师及大珠慧海禅师的语录都译成了英文，陆宽昱（Charles Luk）则翻译了虚云大师的禅七开示和《楞严经玄要》。陆宽昱是中国人，生于一八九八年，是虚云大师的弟子，直到六十岁，他才开始从事翻译工作。

产生于美国禅学热潮中的著作，还有之前提到的美国禅宗巨子卡普勒的《禅门三柱》（“三柱”就是三个禅师的意思）。这本书于一九六七年在美国出版，也造成不小的轰动。此书不仅有禅学的传授理论和修习方法，还有开悟例证等内容，对于初学禅者来说，确实是一本不可多得的好书。《禅门三柱》被许多大学的哲学系和心理学系指定为必读参考书，被公认为是禅学著作在西方哲学领域中的一种突破。而其他关于禅宗的著作，虽然数量有很多，但大多只是简单地将公案机锋翻译为英文，或是改写为自我心得等，都只局限于学术研究的范畴，没有突破以往禅学著作的桎梏。

此时美国的禅学，虽然看似十分盛行，但整体状况却不容乐观。许多书籍中关于禅学的最基本的知识都是错误的，甚至有些著名的学府，也时不时犯一些常识性错误。例如，哥伦比亚大学编印的东方文化教科书，其中介绍阴阳五行的部分，竟然将十天干的五行属性都排错了，庚辛本来属金，在这本书上却变成了木。诸如此类的知识性错误，不胜枚举。更令人吃惊的是，这些编书之人，大多还是中国人。身为一个中国人，竟然还会弄错本国的古代文化知识，可见其对于中国传统文化的了解也不过尔尔。但是，我们也不能对他们过于苛责，毕竟，在现代专学科的教育方式下，培养的是“专才”而非“通才”，每个人都只是专研某一个学科。编著的人可能并非专门研究禅、道之人，故出现失误也在所难免。不过从中也可以看出，中华文化是多么的广博浩瀚。而能如父亲一般，儒、释、道三教皆通之人，在现在或许很难找到了吧！连中国学者都对禅、道有所不解，更不用说初学中文、初学禅道的外国人了。由此也可推知，外国禅学的状况，确是不容乐观的。

针对美国禅学的虚热和淆乱，一九八六年，父亲成立了“东西学院”，由朱文光任秘书长，包维廉博士（William Brown）主持编辑及翻译工作。学院成立后，父亲认为应该首先出版英译著作。于是，他决定选择《习禅录影》中的一章，将其译成英文，加以出版。父亲选择的这一章，是在北投所主持的禅七的记录，长度适中，较适合译成英文。

任务下达后，大家就开始整理准备了。首先，刘雨虹女士将这一部分内容用英文口述，让文洁苓记录，并待其回家后再加以整理，下次会面再交给刘雨虹女士修订更正。如此一来，合作得倒也顺畅。只是，那些禅宗里的专有名词很难翻译，而且说法不一，要综合参考再加取舍，倒也是难为她们了。

刘雨虹女士和文洁苓共同译出的这本书，名字叫作*Grass Mountain*（《草山》），因为是在北投举办的禅七记录，故次此命名。北投属于阳明山区，从前的名字就叫草山。因蒋介石先生醉心王阳明之学，所以他定居草山后，就把草山改名为阳明山了。

其实相比阳明山，美国人更喜欢草山这个名称，许多居住于此的美国人，始终将其称之为草山。这大约是容易发音之故。文洁苓也不例外，她认为草山一名很有诗意，所以就将书名叫作“草山”。

当时父亲决定与美国缅因州一家名为Samuel Weiser的出版社签约。这家出版社彼时已有几十年的历史，是一家注重出版东方文化书籍的公司。签约之后，父亲又建议将此书另加小标题，以免书商订购时，误以为是文学作品。于是，就加了一个副标题，叫作《禅的七日训练》（*A Seven-Day Intensive in Chan Training*）。

该书于一九八六年，终于在美国出版问世了。

而这时，朱文光翻译的《静坐修道与长生不老》一书，也已经被Samuel Weiser出版社接受，即将出版。他们看了父亲的著作，认为身为作者的父亲确是有学养，有真正的实践功力，不是只谈不宣，而且此书知识性强，故而乐于出版。

父亲大部分著作的翻译、出版发行，都由包卓立操劳安排。他承担的工作很繁重，主要是联系著者与译者，及时传达消息，还要为译者解疑释惑。包卓立安排美国的杰西・克利里（J. G. Cleary）将父亲的著作译成英文，而自己则担任校订。

杰西・克利里与其兄弟托马斯・克利里，都毕业于哈佛大学，并且都立志传播东方文化。从事翻译工作三十年来，兄弟两人成就非凡。托马斯已将三四十种中国古籍译成英文，如《易经》《孙子兵法》《老子》《悟真篇》，以及八十卷的《华严经》等，成就惊人。而杰西·克利里也翻译了许多中国传统典籍，对中国传统文化颇有研究。兄弟两人齐头并进，对传播中国文化做出了巨大的贡献。

相传在释迦牟尼灭度约九百年后，天竺曾出现过一对兄弟，分别叫作世亲、无着。他们著有《俱舍论》等著作，对佛法产生了深远的影响。有人戏称，克利里两弟兄就是世亲、无着兄弟转世，特地到美国从事传播东方文化的工作。当然，这也只是玩笑话而已。

从一九八〇年起，杰西·克利里开始看父亲的著作。他认为，父亲的学术宽广博大，融通各家，既有理论依据，又有具体实证，而且文章说理透彻，引人入胜，为当世所罕见。他把父亲的著作推荐给他兄弟托马斯，托马斯也被父亲的论著所深深吸引。于是，兄弟两人陆续翻译父亲的著述，并在美国出版。

杰西·克利里将父亲的《如何修证佛法》一书翻译成英文后，分为上下两部，而且各部的书名也不同，前半部名为*Working toward Enlightenment: The Cultivation of Practice*，后半部书名为*To Realize Enlightenment: Practice of Cultivation Path*，分别于一九九三年及一九九四年在美国Samuel Weiser出版社出版。杰西认为，《如何修证佛法》的英译本出版后，必将会对西方造成巨大的震撼，因为此书内容不但是以往西方所未见的，而且书中的表述方式，在当时也是前无古人的。他后来又英译了《中国佛教发展史略述》（*Basic Buddhism: Exploring Buddhism and Zen*），并于一九九七年出版。

至于托马斯·克利里，他翻译了父亲的著作《禅与道概论》中关于禅的部分，并在一九九五年由美国Charles E. Tuttle公司出版。

父亲的著作不仅被翻译成英文，还被翻译成其他多种语言。《静坐修道与长生不老》一书，在一九八六年由英文译本译成了意大利文，过了一段时间又出版了西班牙文、葡萄牙文和德文版。而《习禅录影》也是同年出版英译本，后来也出了西班牙文版。

《如何修证佛法》英译本的上册，在一九九八年被译成法文，由巴黎Seuil公司出版。另有一本《道家密宗与东方神秘学》，在一九九四年直接由中文译成法文，由巴黎Guy Tredaniel Editeur公司出版。

一九九五年，韩国华侨辛源俸从汉城（现称首尔）寄信给老古公司，真切地恳请父亲能允许他将《易经系传别讲》译成韩文，在汉城出版。父亲看过他的来信，认为这位辛先生中文造诣十分不错，汉字也写得十分漂亮，十分欣赏他，于是就欣然同意了他的请求。一年后，这本书便出版了。当时，双方约定将版税的三分之一交给老古公司。后来，当辛先生拿到版税准备寄给老古公司时，正逢亚洲金融风暴，一夕之间，韩币贬值，那个版税已变得微乎其微了。这也算是韩译本的一桩题外趣事。

后来，辛源俸又译了《易经杂说》一书，于一九九八年年底出版问世。

除了翻译出书之外，那段时间，父亲还在新创立的东西学院主持禅七，以弘道讲禅。

一九八七年春节期间，父亲举办了一次为期一个月的禅七特别训练。那次训练，参加的人有百位之多，但从头到尾坚持下来的不多，有部分人士参加了十四天，也有些人只参加了七天。

父亲首先让大家练习集中心念、专一精神。对此，他提出了许多种方法：

喜欢观音菩萨的人，可以观想观音，把思想专一在观音上；喜欢耶稣基督的人，可以观想耶稣，把思想意念定在耶稣身上；如果这些不能习惯，则可以观想自己的父亲或母亲；或者什么都不喜欢，只喜欢钱，那就索性观想钱，犹如下洞八仙中的刘海蟾以钱戏蟾。总之，就是先要训练意念专一，不要散乱，日久自可自己做主，达到想专一即可专一的境界。

父亲说到这里，看向左手边，微笑着对坐在第一排的一位女士说：“王修女，你可以观想圣母玛利亚。” 然后又对坐在那位女士旁边的人点头示意："阿里斯德，你可以观想耶稣。"听到父亲说"圣母玛利亚"和"耶稣"，大家才知道，原来这两位，一个是天主教的修女，一个是基督徒，并非佛教信众。可见，父亲主持的禅七，广容各方人士，毫无宗教上的门户之见，他注重的是能让参禅者在禅修期间主一专心，达到自在观想的极乐之境。

很多人士参加了父亲主持的禅七后，都受益匪浅。

如美国外交官阿里斯德，从他的话语中可以得知，他通过修习父亲传授的密宗法门，收获很大。他说："念咒的时候，虽然我并没有看到菩萨，却使我现在做任何事情都很顺利。通过集中精力参禅训练，现在我的思想精力能很容易地就集中起来。无论碰到什么难题，我也能通过集中精力很快找出解决的办法来，我好像达到了一种心想事成的地步。而当做完了一件事情，或自己觉得不能再做下去，要把它放下时，也很快就可以放下。"他还讲了自己的一次历险故事。

有一次出差，他乘坐飞机，突然，飞机的引擎发生了故障，顿时上下颠簸起来，机舱内人仰马翻，一片混乱。飞机上的乘客个个惊恐万分，丧魂失魄，阿里斯德自然也不例外。但旋即，他记起了临行前太太的吩咐："你出差在外，碰到什么事，不要考虑我和孩子。"于是，阿里斯德放松下来，慢慢地恢复了镇静。他什么也不想，便闭起眼睛念起准提咒来。所幸，那次引擎的故障没有造成灾难，飞机最终平安降落，全体乘客逃过一劫。那些惊魂未定的乘客，对阿里斯德表现出来的沉着和冷静十分费解。他们无法理解，为何阿里斯德在别人如此慌乱之时，仍然能临危不惧，闭目养神。其实，可能正是他在参禅期间学会的那种专心与冷静，让他能于纷乱之中恢复内心的平静。

自从那次惊魂之后，阿里斯德坚持每天花五六个小时念六千次准提咒。他念咒与常人不同，别人都是念出声来，他却只是在心里默念，从不出声。如此一来，他念咒便不分时间地点，随时随地都可以念。无论是开会、办公、散步，还是吃饭、开车，只要一有闲暇，他便开始念，也不用担心会吵到别人。于是，他总共念了一千三百多万次。在他向父亲报告自己的成果时，大家都暗暗称奇，觉得他很了不起。因为准提咒是准提佛母所传授的，是一个很拗口而且又很长的咒子，它的内容是："南无飒哆喃。三藐三菩陀。俱胝喃。怛侄他。唵。折隶主隶。准提。娑婆诃。"这是一般在他处传的本咒咒语，但是父亲加了"唵。部林"即文殊师利菩萨的一字大轮咒在后，是一个音声的咒，是用以加强所有的咒语，让大家赶快成就的意思。虽然父亲的学生中也有许多人在念准提咒，却没有几个人能做到像阿里斯德那样持之以恒。

阿里斯德不仅从父亲那儿学会了念咒，还学到了一样东西——施食，即每晚睡觉之前，拿一小碟米，站在房间的一角，心中观想周围遍布饿鬼，然后将米向四周撒去，布施给他们。这个功课，他也坚持了八年。

念咒、施食，都是佛门密宗里个人修持的方便法门。

像阿里斯德这样，能够完全静下心来，专心致志地念咒、施食，并且还能持续如此之久的人，真是少之又少。也正是因为阿里斯德能有如此的恒心与毅力，他才能够做到随心所欲地控制自己的行为，该静则静，该动则动，该放下时便放下，少去了许多的忧愁与烦闷。这在禅宗里是一种很高的境界，也可能是很多人修持一辈子也达不到的境界。很多人都向父亲学禅，父亲也将念佛、打坐、念咒、施食这些事都告诉了他们，但是谁能将父亲的话完全听入耳中，付诸行动，并且坚持不懈地做下去呢？这也是为何父亲讲禅多年，却并无多少真正像样的学生，这也让父亲备感无奈。

阿里斯德跟从父亲学禅后，确实有了许多的变化，连他的太太也认为他改变了许多。他太太说，第一，阿里斯德的臭脾气变好了，对人的官架子也小了。过去，从外面打来的电话，都得先通过秘书问清了对方的身份地位、事情的轻重缓急之后，才决定接或不接。现在，他不用秘书来接电话，也不问对方的身份地位，尽量亲自接听外面打进来的电话。第二，阿里斯德更有慈悲胸怀了。过去，他办一件事情，都是首先从个人因素考虑，首先要衡量办一件事对自己的名利得失。而现在，阿里斯德办事，不再只从个人的利益去考虑，而是只要这件事能使别人受益，使多数人受益，他就一定会尽力去做。

看来，阿里斯德从父亲那里确实学到了不少东西，而他对父亲的一番评语，更是见地不凡。他说："南怀瑾对文化事业的贡献既深又远，可惜人们现在还不懂，还认识不到。二十世纪，人类经历了许多灾难。二十一世纪，人类必须找到一条道路，使各种文化能够和平共处，一起努力创造更美好的世界。这是全人类面临的一个重要任务。而南怀瑾的思想就是讲东西文化的融合。未来的历史学家，在回顾二十世纪时，会把南怀瑾列为重要的思想家。"阿里斯德因为中文基础薄弱，所以只读过父亲的三本书——《禅与道概论》《如何修证佛法》和《中国佛教发展史概述》。但通过阅读这三本书，就让他对父亲的学问做出了高度的评价。相比之下，有些人虽然把父亲的书都读了一遍，却还是迷迷糊糊的，毫无领悟。可见，读书多少并不一定能影响一个人的思想和能力，最重要的是要用心去体会每一本书的意蕴与内涵。当然，人生阅历也是十分重要的因素。阿里斯德也曾说过，他之所以能够只通过三本书便了解父亲的学术能力，是因为他的人生阅历和职业敏感性。他出生在外交官的家庭，从小便跟着他父亲走南闯北，周游列国；后来，自己又当了外交官，见过的世面就更多了。这些经历都让他更加倾心于父亲的学问。因为父亲本是阅世精深之人，阿里斯德对他有如此评价也不难理解了。

阿里斯德很崇尚中国文化，在一次国际会议上，他甚至当众阐述了自己关于东西方文化融合问题的观点。他认为，一定要学习、了解中国的文化。因此，他也要儿子学习中国文化，包括读中文书、打少林拳。而由于阿里斯德对父亲的崇拜，也使得他的儿子对"太老师"的话都是深信不疑。一次，他的儿子坐在沙发上看电视，坐姿很不好，两只脚在不停地抖。旁人劝他们早点帮孩子改掉这个坏习惯，他们夫妇一时没有很好的办法，于是便把孩子领到父亲的面前，请他直接对孩子讲，并说："您的话孩子一定会听的。"于是父亲就很和气地对那孩子讲："坐在那儿时不要抖脚，抖脚会把一生的财运、一生的好运气抖掉的，记住了？”孩子似懂非懂地点点头，回去坐在那里，就再也不抖脚了。这就是父亲告诉我们的“男抖，穷；女抖，贱”的中国传统教育说法。他用这样的言语，纠正了孩子的公众表现。只要提到行为会影响到财运，好像不分种族，任何人都会马上更正，我不禁莞尔。

父亲南怀瑾

父亲向来看人很准，他也能知道不同的人应该给予怎样的教导，并且他的教学向来是不拘形式的。记得有一位叫殷曰序的同学，十分崇尚佛学。当时，他在华盛顿帮父亲做事。有一次，他向父亲请教问题，父亲听他说完，就告诉他，不要满脸佛相、满口佛话。父亲还叫他看《宋元学案》，说那是儒家禅宗式的笔记。待他看完后，父亲又要他看明清时期的。等到看完了这一些，殷曰序觉得大受裨益，他看的这些书，正好解决了他的疑惑。对于这些指点，父亲也不用他交报告，只是口头问了一下他的心得体会。因此，殷同学后来觉得，父亲的教学是不拘形式的，对人的了解真不在话下。

此外，他还觉得父亲是有神通的，因为在主持禅七时，父亲几乎对每个人的状况都了如指掌。其实，每次禅七结束，父亲都会累病三天，因为他整个禅七期间，都在细心观察每个人，询问每个人的感受，直到大家都有所体会，父亲才会稍微休息一下。如此一来，父亲实在是太累了。直到晚年，父亲在教学主七上都是如此，就像蜡烛一般，点燃了自己，为普罗大众照亮了前行之路。

随着东西学院的声名远播，来求学的人也越来越多，鱼龙混杂。不少学佛者求见父亲，但大多对佛法毫无见地，只是想一睹父亲尊容，或者只是来感受一下协会的氛围。这让本来就疲倦的父亲更感力不从心。最后，父亲万般无奈之下，只好贴出公告，明确提出，想要见他的人，必须通佛法的一经一论而且能打坐三小时。父亲及其所办的东西学院的受欢迎程度，由此可见一斑，而父亲对于美国禅学的拨乱反正，也从每个向他求学的弟子中得以窥见。

十一、傍依山溪说古意

父亲讲的佛法博大精深，对生命哲学的讲解也细致入微，给人启发。

针对美国禅学乱状，父亲不仅创办了东西学院，译书出版，而且还身体力行，在东西学院系统地讲解禅宗的发展史，拨乱反正，以正视听。在此载录父亲所讲《禅宗六祖与中国理学》，供大家学习。

中国固有文化，有两大主流，自有史以来，一向持续不断，嬗变不已，成为中华民族特有的精神，即是儒家与道家。由东汉末年开始，经过两晋、南北朝而至初唐鼎盛时期，中间虽有佛教文化的输入，曾与儒道二家在形式上发生摩擦，终因三家在根本上有其一脉相通的共同点，虽有外貌之分歧，而往往互相融摄为一，故中国传统文化，实质上一向由儒、佛、道三家的思想构成一种耀古烁今的历史精神。依据史家的观念，凡称先代升平隆盛之治，必首举汉、唐，在汉、唐升平之际，其文化精神亦形成一代的特有模式；汉代的政治文化，左右固有传统儒道二家的思想，自成其为一体系；而唐代则因加入外来佛教文化，益增其光辉。

佛教文化自南北朝迄于初唐这一长期的陆续输入，与中国固有文化互相融摄，影响至巨。迨初唐盛时，中国佛教先后产生两位伟大的圣者：其一，即中国第一位出国留学僧，回国从事伟大翻译事业的玄奘法师。其二，即为弘开中国化佛法的禅宗，被誉为东方如来的禅宗六祖慧能大师。玄奘法师的翻译事业与阐扬深密教义以及疏释“唯识”“因明”等学，使尽精微极博大的佛学义理达到登峰造极的境地，影响以后中国学术思想界，其功非浅。

而六祖慧能大师弘开佛法心宗，使此一单传直指，不由文字，顿悟成佛的心性法门，予以建立；使佛教教下各宗各派，或理或事的整个教理，不致死于名身文句之下，完全变成活法，犹之画龙点睛，乃得破壁飞去，不但使佛教在中国奠定了根深蒂固的基础，且使东方文化精神益增万丈光芒，其功勋德业，实足彪炳千古；至于因此而影响到儒道二家，使儒家产生北宋以来的理学，发扬孔门一贯心传，成为儒家学术的教外别传之一大学派，尤为显著。

佛儒的心法

佛法教义，在中国所翻译经典及本土著述都为一大藏教，先后陆续增加，至今计有八千余卷，其所言三乘教化，有权有实，种种设施，不外于心意识的法门，所谓“三界唯心，万法唯识”已全提其纲领。但教下诸宗，理事纷纭，其方法，为演绎的，毕生穷研，犹难尽其妙者。及禅宗之兴，单提直指心性法门，但见自心，明自本性，所谓若事若理，皆得贯串无遗，即一心而彰万行，不必别觅他途；其方法为归纳的，简而易行，朴实无华，与中国传统文化，尤易接近，故禅宗又名佛之心宗，即宗传佛的心法也。

佛法论心性，其体本为空寂，万化一切的动用，即由此空体而起的作用，此心性无自性的形相，必论其相，则以动用中的万化之相为相。故佛谓性空缘起，缘起性空，但又不在于空，即此尘劳日用与万有现象，尽摄于圆成实相的自性中。此性的体，又名法界，又名真如，种种名目，以表其名，而此心性的空，又非空所能了，乃以中道义，遣此空有之二边执论，故复称此为中观，或简称为中。当人直了自心，明自本性，本为空无一物而能生万法，不滞情于万有，复不滞迹于空相，只依中道而住，中亦不立，则得大自在之用矣。

既悟此理，复须证入此事，待事理双至，则证悟方圆。至若超越三界，解脱尘劳，神变莫测等事，皆依此证悟功能之深浅而生起作用，犹为其枝末之余事也。

由唐至宋，士大夫间，或直接参禅，或耳濡目染，均于佛理具有了解，唯专事于此，求其深入，既不能离尘绝俗，又限于社会传统习俗，有攻乎异端之嫌。乃反求诸六经孔孟之言，方知儒家固亦有此种话头，依诸佛理，比类发明，其详简不一，偏重不同，其机境恰有相通的归向。于是比挈禅宗的为佛法教外别传心法之说，以卫道自任，亦倡远绍尧、舜、禹、汤、文、武、周公、孔、孟先圣的一贯心法，而立此儒家教外别传的心学。

《尚书》载尧舜十六字心传曰："人心惟危，道心惟微；惟精惟一，允执厥中。"此所谓危者，即如佛法所称人欲无明的贪瞋痴等妄心；所谓微者，即如佛法所称的微妙真心；惟精则须戒慎，即如佛法所定的戒学；惟一则须慎独，即如佛法所称的定学；至于"允执厥中"的"中"字，明文记载，自未下一确定界说。寻绎中庸之旨，则与此十六字心传，可相贯串。后来朱熹批注"中"字，谓："不偏之谓中，不易之谓庸。"以中庸位于独立不偏易之位，而显中道之义，可与佛法相埒无差，以显先圣之言道，早有明训，不独佛法擅长也。其立意固为高远，惜犹未尽其妙，何如明取佛法心要，以释其义，更易明了。

若依理学的诠释，其论中道义者，不但大逊于佛法，且亦不能尽先圣的心传，何以故？不偏不易方谓之中，则偏易皆非其中矣！而曰"道并行而不相悖"，岂非自语相违？若以"致中和，则天地位焉，万物育焉"为中之大用，显"中"字的体性，则有中庸末章之旨，自云："上天之载，无声无臭。"依此，经文自为贯串相注，则学庸孔孟之言，恰如佛说并无二致，何则？无声无臭为天之载体，此谓之至善，则原为"诸法空相"也；致中和，天地位育，此谓之明德，则为法界重重无尽藏也。以此比类发明，则阐扬古代儒学，当尤胜于理学家所发见。

此外，禅宗固以实相无相，般若中观的正知见为宗，而禅宗尤不废于禅定。禅定者，禅宗称为行履功勋边事，即作工夫；作工夫为达明见心性的方法。而诸大儒者，亦见知作功夫为入德门的重要阶段，乃提倡工夫之说，“存诚”“主敬”，乃至体会“仁”体，或专静坐中认此心性，为儒者作工夫的明白提示。于是主于“存诚”者，则以诚为性体；主于“主敬”者，则以敬为心学；乃至以仁为道体，或以静中为体认得天心为无上妙法，门庭设施，各擅其长，虽然语简易明，而不若佛法大小乘定有阶梯可循者为胜。

何则？大乘佛法以六度为修学的次序，由布施持戒而至禅定，终趋于般若智性，而证菩提；菩提者，心性的大觉也。此大觉的心性，要非独取于某点而立，曰诚曰敬，曰仁曰静，以点持面，终非圆致，何如独取大学首章初节，与佛法比类发明，即可于儒家心法，别阐幽光也。“大学之道，在明明德”，明明德者，上一字之明，乃所明，动词也。下句明德之明，乃能明，名词也。明德者，明乎心性之体，故明德已，可以“在亲民，在止于至善”；亲民者，用以应世也，止于至善者，绝对之体也，以善恶皆隐，乃赞美其善美之至也。即此数句，即单提直指，儒家的心法明矣；使有未能顿悟此明德的一着子，以下即教以次第渐修的法则，故继之曰：“知止而后有定，定而后能静，静而后能安，安而后能虑，虑而后能得。”得者，得此明德的体也。上下二节，一为直指顿悟，一为渐修次第，首尾兼顾，经文明甚。接着即说入世之用，首在诚意，乃至正心、修身、齐家、治国、平天下，又复指出“致知在格物”，此之所谓致知在格物，即如佛法所谓得种子智（根本智），后须明乎差别智。致知者，转致此心意识智也；格物者，于外物万缘上格诚而反致也。若境对外物万缘，即返照此知的一念，即可入于众妙之门，达明德之域矣。以佛法释之，致知在格物，即转识而成智，物格而后知致，识转而后心明矣。

依此佛儒心法，其有异同者，只在所取方法，与乎应用目的之不同，其于心性之际，宁有轩轾？若得此挈共通发明，其成就当尤远大。无奈宋儒以困于传统习俗，社会环境，舍此而不由，别立鹄的，另标理性，虽欲避免于佛法，而终未能造儒家心学之堂奥，诚为门户之见所限，至可惜也。今且就诸大儒之于心性见地，略举论之。

北宋诸大儒：邵雍之学，独成一家之言，其所著《先天图》《观物篇》《皇极经世》等书，实为象数之学的发挥，谓其本于《易经》，毋宁说谓源出道家，专就心性微言，殊少及论。

周濂溪与邵雍同时，年岁相若，有谓其先天图，乃继续道家陈抟之传，复得僧寿崖授先天之偈，谓非《易经》之正。但其《通书》四十篇，咸认为纯粹精微，实足以阐性命根源，作人生准则。其学主于存诚，如云：“诚者，圣人之本”；“圣，诚而已矣”；“诚无为，几善恶”；“寂然不动者，诚也，感而遂通者，神也，动而未形有无之间者，几也”；“诚神几曰圣人”。凡此立见，皆以诚为成圣之基，微言至论，实为性理之大轨。濂溪定举诚为体性，谓诚乃无为的，无为即乃寂然不动的，感而遂通，则为诚之神变；其机动则分善恶。其治学用功之处，据于先圣所云：“自诚明”的步骤，自即能诚己，诚至寂然无为，则神明来复，通于万化之事理。故知濂溪的心法，举出先儒一诚字，即概心性之源矣。有谓此即同于禅宗的渐修之学，若顿悟法门，则为“自明诚”的路线。顿悟者，先明此自性之明，而后保任此灵明而致于诚者。孰知凡此所论，依禅宗正法眼藏观之，皆为一葛藤。

夫禅宗心法者，以“无门为法门”，所谓不由文字，单提直指者是也。禅宗授受之间，佛即不立，心亦无依，何论安个或性或诚的名言，例如六祖与永嘉禅师曰：“汝甚得无生之意。”禅师曰：“无生岂有意耶？”六祖曰：“无意谁当分别？”禅师曰：“分别亦非意。”六祖乃曰：“善哉！”故知泥心一法，已落偏差，既有诚存，宁非偏而易乎？岂得谓之中道之用？况不偏不易者，正与偏易相对的边见，固亦非中也。

二程之学，咸认为理学家的正统，其讲学授受宗旨，各之主张，互有异同。明道之旨，先须识仁，如云：“仁者以天地万物为一体，莫非己也，认得为己，何所不至。”“学者识得仁体，实有诸己，只要义理栽培。”其所谓仁者，浑然与物同体，义礼智信，皆仁也，识得此理，以诚敬存之而已。

举此而知明道之学，在于识仁，其所谓仁，即与万物同体的本性也。识此以后，犹须义理栽培，故知存之而已者，正须用一番保任工夫，如明儒顾泾阳曰："学者极喜举程子识仁，但昔是全提，后人只是半提。"以不作工夫，故谓之半提。故知明道作定性者，正为此也。其略云："所谓定者，动亦定，静亦定，无将迎，无内外……夫天地之常，以其心普万物而无心，圣人之常，以其情顺万物而无情，故君子之学，莫若廓然而大公，物来而顺应……圣人之喜，以物之当喜，圣人之怒，以物之当怒，是圣人之喜怒，不系于心，而系于物也。是则圣人岂不应于物哉！乌得以外者为非，而更求内者为是也。"

明道之立仁为体，与濂溪的举诚为体，皆定一目的以表体性，但乃名辞见地取舍不同耳。惟明道特别提出识得仁体后，必须以义理栽培，诚敬存之，应为"自明诚"的路线。《定性书》所云者，皆为定学的原理与方法，其所论定的理，与禅宗所言者，似无二致。实则，禅宗虽而曰禅，要非专言禅定之禅，称曰佛之心宗，或名般若宗，皆不得已标别之名。须知心性也者，无往而不自定，所谓一切众生，从本以来，皆在定中，本无丝毫动相也；若心性以我能定，然后方存，则心性以我修定而得，亦由我所造而生，何得谓此心性能生万物耶？

固知明道所云，即皆以个人修养，当人之心意识定静境界而言；所谓无将迎无内外，浑然与万物同体，然后心应万物而无，情顺万物而无情者，只在我人此心性的造诣境界而言，不及佛法所指此心性，具足万法，能生万法，不即定慧即是，亦不离定慧即是。禅宗心法，直指见性，不取禅定解脱，所谓向上一路，密不通风，要非诸儒所可冀，倘越此藩篱，自必入禅。

伊川心法，尤侧重于主敬，且特别提出致知之敬，如云："所谓敬者，主一之谓敬，所谓一者，无适之谓一。""涵养须用敬，进学在致知。"其主敬，即为自我涵养的原则与方法，敬乃守于一，守一而至于无适无莫无边颇之境，即敬的境界。而其主张，敬从致知而得，致知乃集义之所生，如云："敬只是涵养一事，必有事焉，须当集义，只知用敬，不知集义，却是都无事也。”“中理在事，义在心内，苟不主义，浩然之气，从何而生，理只是发见于外者。且如恭敬，弊之未将者也，恭敬虽因威仪而后发见，然须心有恭敬，然后见着，若心无恭敬，何以能尔，所谓德者，得也。须是得之于己，然后谓之德。”

观乎此，乃见伊川之用功勤，节操严，功夫精进，终日乾乾，集义识仁，辨理而行，恰如佛法中严持戒律的苦行头陀，自其尊严师道，阐扬理性，信有然矣；惟其见地，并无过于明道范围。总之，不存诚，便主敬，否则即立一知性。如云：“闻见之知，非德性之知……德性之知，不假见闻。”以此自修进德，固为快捷方式，若以之认心，恰反违道。香严禅师曰：“一击亡所知，更不假修持，诸方达道者，咸言上上机。”投之伊川，当为一辛剂矣。

横渠之学，则为主气，其论心性，亦只是一气化，谓其乃有得于道家之学所变，似非过言。其所著《正蒙》一书，主于论气。如云：“天地之间，只一气之循环而已。气不能不聚而为万物，万物不能不散而为太虚，虚空即是气。惟气着于物而有聚散，理与性则无聚散。由太虚，有天之名。由气化，有道之名。合虚与气，有性之名。合性与知觉，有心之名。”纵横立说，为文甚长，大要又如云：“人先有天地之性，形而后有气质之性，必善反之，则天地之性存焉。”此论用功方法，亦允至当。惟云：“天地之间，只是一气之循环而已。气有聚散，理与性则无聚散。合虚与气，有性之名。”仔细参详，不能令人无矛盾之感。

何以故？气有聚散，理与性无聚散，则天地间只是一气之循环，在此循环外，另有一理性的独立存在矣。何以又须合虚与气有性之名？若必如此，则性者，由于气与虚合，则性固未离于气，安得无聚散？细辨其言，其立说不无罅漏。禅宗所谓“本来无一物，随处任方圆”者，或可为其排解。要之，其于心性之学，究非所长，然其讲明正学于关中，裨益人心世道甚大，洵为一代大儒，足为天下后世法者，亦无可议矣。

北宋开创理学之五大儒，其心要大抵如此，浸演渐变，至于南宋，朱晦庵（熹）应运而生，撷诸儒之长，集理学的大成，其心法主旨，要不外乎北宋五大儒之说，裁长补短，阐演开宏，而于尧夫象数之术，亦至心折，不若二程之绝口不言者。有谓朱子乃道化的儒家，绎其言行，似亦非为过论。

设譬以濂洛诸大儒为儒教外别传的宗师，则朱子为讲学的经师矣；若单提直指心性之说，诚不如与其同时并抗的陆象山（九渊）的深入。世称朱子以道问学为宗，陆子以尊德性为旨，朱陆异同，俨然对垒，学术宗旨，固有不同也。象山不但与其同时的朱子见地不同，且在幼时，闻人诵伊川语，已发生异见，尝曰："伊川之言，奚与孔子、孟子之言不类？"又尝曰："东海有圣人出焉，此心同也，此理同也。西海有圣人出焉，此心同也，此理同也。南海北海有圣人出焉，此心同也，此理同也。千百世之上有圣人出焉，此心同也，此理同也。千百世之下有圣人出焉，此心同也，此理同也。"象山之具见即如此，教人授受之际，但令终日静坐，以存本心，无用许多辨说劳攘。尝谓："此心自灵，此理自明，不必他求。"人称其立说近本，盖取静中体认之捷道也。

惟其如此，当时后世儒者，认象山之学为近禅，大抵即以象山无排佛之言，且以单提静坐为用，以其类似禅宗的渐修禅定者。但象山心法，实亦非禅，惟其壁立万仞，气宇磅礴，大有类于禅宗宗师的风格耳。明儒王阳明之学，有谓其远绍象山心法，阳明倡知行合一之说，固承象山遗风，要亦时势所驱，必然而立者。若夫抉论心性之际，皆只可归于理学范畴，实未能提与禅宗并论，以文繁未引，略见于拙著《禅海蠡测》"禅宗与理学"章中。

佛儒的异同

儒、佛、道三家，在中国传统文化上，习常相提并论，言其异同者，亦为千古不绝的争端。独言佛儒的异同，约有三类：

佛儒同举心性为极则，真佛之谓佛，并非偶像的佛；佛者觉也，觉者心性的本来，自觉觉他，觉行圆满，同泛归航于大觉智海，超离尘苦，不生不灭，证登解脱的彼岸者是也。儒者宗道，奉天。天者，本体之性也，所谓第一义天也，道也。致知以明德，明此天德也。明此天德，即为圣人。内圣而后外王，利物济人，而合天人于一，独不言解脱超越之旨也明甚。然而不因其不举此事而谓儒不如佛也，略举论之。

佛儒的立场：佛法约分两途，世间与出世间，而同属于一法界。大乘佛法，以明见心性的空相已，而运无缘之慈，同体之悲，悯然入世，自利利他，此与儒家的内圣外王者同一揆也。惟大乘之极果，终称成佛而证无为涅槃果，虽曰涅槃无住，无世间可出，亦无世间可入，毕竟以寂然不动为宗。惟其如此，依寂然不动之体，故神变不可测，等等，自然生起。诵读大小乘诸经论，贯串其宗旨，宁有越于此者，当为非理。尤其以得禅宗心法者，自能证悟有得，功极果圆，更可了解。

故佛法终以出世为宗，入世为一时期权宜之用也。儒家则以内圣为至位，而圣之至，仍不离于人本位，即此人间，便为天体，合天人于一者，固犹不离人事，不说超脱，而重现实，不离人间，别称清净，六经孔孟之语具在，趣宁非此！

佛儒的具见：人同此心，心同此理，诚为不易之旨。惟所取要点，各有不同。推论心性之旨，义过深远，且置勿论，今当譬喻以明。例如目前有一个玻璃杯，佛法视之，此杯为性空缘起，缘起性空，生住异灭，固如是也，何哉？当此杯未产生时，本无杯也，以各种条件、因缘和合而有此杯，有此杯已，必起杯的作用，在用的期中，因缘因果，互相滋扰，终取毁灭，而归于空无，如其初未有杯生时，同一寂灭也。惟即有杯时，当尽悲悯之愿，以保存之、化导之，使知杯生杯灭前后，原为空无，中间留存，视为济物，终须返本还元，依持寂灭之体，则为解脱之至，中间应物，独为利他一阶段也，亦称权宜，亦称方便。

但在儒家视之，此杯性自生成，今实是有。当此有之阶段，当我人的有存在者一也，虽明知其终归毁灭，但必尽人事以保存之。毁灭者，天然的法则。而有生有灭，乃天然的缺陷。我要秉此仁慈，必以利济保存之，乃替天存生生不已好德的至善，针对现实，以尽其能。至于未生以前，原为一段空相，毁灭以后，又归一段空相，非所专注矣。此佛儒于心性见地功用异同之一。

又佛法视此杯，以因缘和合而生，扰扰尘环，以不识知自性原从空无中来，故有劳役扰攘之悲。杯，物也，此物同于彼物；人亦如是，此人同于彼人，人物又元为一体；不但人物一体，尽虚空，遍法界，同此一杯，同此一法空相，故悲愍众生，兴无缘慈，同体悲，普度其得解脱，证登彼岸。是以法界为缘，众生为对象，不但无人我，且无国土种族之见。虚空有尽，吾愿无穷，以虚空无尽，吾愿故无有穷。其所着眼者大，济度亦广。或从我始，或舍我而从他始。

而儒者视之，认为空疏。儒者即此杯而言此杯，亲我亲以及人之亲，老我老以及人之老，而亲亲，而仁民，而爱物；其所着眼者亦大，其利益者亦广，而必从我始，逾越者乃权宜之计，非规矩之道。此佛儒施仁方法异同之二。

上举此一二两者，统于佛儒具见之异同也。

以其立场具见的各有不同，于是其目的方法各有异趣。例如佛法之发愿，文有多种，撮其要者，莫如四无量心云："无边众生誓愿度，无尽烦恼誓愿断，无量法门誓愿学，无上佛道誓愿成。"而大儒横渠提出四句话头，足为儒者立心的代表者，与之对照，则各有异趣。如云："为天地立心，为生民立命，为往圣继绝学，为万世开太平。"但此所举例而论者，亦只谓佛儒用世目的方法异趣之异同，实乃彼此融摄所产生。倘因时因地因人而善为化用，凡此云云，皆为剩语矣。

至如儒者的排佛，往往未探其学术的精英而排其迹，终未能攻其心；与其谓之排佛，毋宁说为排僧，或出于门户之见，或出于所见不大。至于学佛者的排儒，谓其不同我说，鄙我所能，固皆毋论。总之，皆非的见。若使三教圣人同聚，自必把臂同游，共论道妙，决不作如此狭隘之见也。

禅宗理学在中国文化的地位

佛法输入中国，其影响于思想、教育、文词、艺术、医药等，使传统文化，开创一新纪元。及禅宗的兴起，不但因禅宗神韵之高，机趣隽永，使中国文化，升华于离尘绝俗的神化之境，且建立确定整个民族的人生观与信仰。

盖禅宗不但以单传直指，提出明心见性，立地成佛为宗旨，且以了生脱死，证取无生相号召。其于成佛的说法，以即心即佛，自心作佛为明示；虽为一种宗教，而无宗教形式迷信的气氛，以人皆有心，自心可以作佛，故人人易学，个个易行，如风行草偃，不期然而然地影响到众人心中，有此一是宗教非宗教的观念。因之，相信因果，决定慈悲的观念，亦普及于各人心中，使中华民族性，养成一种不可动摇的伟大纯良朴实之风气。又其于生死的观念，以空幻无常，无来无去，不期然与传统文化生生不已，浮生寄化相吻合。于是生来死去，如梦如归，本无足畏惧的观念，亦为人所习知。且以生死自可了脱，不操诸另有一主宰之手，建立吾民族的大无畏精神，功更非浅。

及乎南北宋间，儒家因受禅宗的影响，于中产生理学，撷取禅宗单提直指心性之学外，即以传统文化的忠孝仁义，四维八德与乎固有思想，配成知行合一的一种学术。而且特别注重人本位，以及治国家，平天下，以德服人，以德化民的主旨，行于伦常日用，语默动静之间，使中国民族，一直保存先民的传统礼义，而实行其“天下为公”“世界大同”的政治思想。

虽时代更代，社会潮流变迁，而此二种精神，永垂未渝。不但过去现在如此，乃至未来亦必如此。由此可知，因佛法的输入，使中国传统文化发扬光大；因禅宗的兴起，使传统文化益增光辉。领导中国传统文化者，无形中仍为禅宗与理学的力量，甚且影响整个东方学术思想。例如日本民族，自唐代禅宗的传入，坚定所谓“武士道”“大和魂”的精神，及理学家王阳明学说的输入，明治维新，一切人文政治，完全依据其精神而措施，至有日本一帝国国势的隆盛，若非若干军阀弄权，逐其野心之私，侵略我国，其前途正未可料。因此而知，中国传统文化，其潜能实有无比的崇高伟大，孰谓禅宗为空疏之学，理学为迂阔之见耶？

时至现代，日本的禅宗，虽已变质，实非中国固有的佛法心要，而正努力提倡，方兴未艾。近来英、法各国，亦正致力研究禅宗。凡我国粹，为人所珍重，反见轻于己，至可太息。

综之，国运之昌隆，必有纯正学术以敦人心；反之，则邪说横行，思想诡曲。而提倡正学，化易人心，端赖社会风气所形成；而开风气之先，亦只系于一二有心之士。今者，两家志士，寥寥无几，幽光沉埋，莫此为甚；虽有一二学者，而皆力与愿违，诚为有识者所痛！当此自由仍在人间，正义未泯，希国人注意及之，综合二家所长，舍其空疏迂阔之弊，继先圣之绝学，开万世之太平，当亦非艰。

父亲在“兰溪”的讲学，深入浅出，引经据典，说理透彻，吸引了很多人前来聆听。其中不乏专家、学者，也有议员、政要及工商巨子，当然还有很多普通群众。来听他讲学的，也不只是华人和他的弟子亲朋，还有许多美国人、英国人、日本人等也慕名前来。由于前来听学的人群组成复杂多样，而且对于禅学的理解也是深浅不同，于是，他们和父亲交流的主题当然是各有不同。不仅有人向他请教有关中国文化和佛学方面的知识，还有人向他询问有关哲学、宗教等方面的问题，有的议员和政要还和他谈论经济、国际关系等方面的内容。真是集聚众贤于一堂，汇拢众识于一身。父亲博学多识，目光如炬，讲解耐心，让每一个怀着崇敬之心前来问学的人，无不深深折服于父亲的学识、修养和无穷的魅力，都心满意足地带着答案欣然而归。

父亲向来秉持有教无类的宗旨，广开门户，来者不拒，毫无偏见。因此，即便是一些小贩、小职员，甚至做临时工的黑人，父亲都能与他们促膝并坐，妙语迭出。他们说：“听南先生讲话真开心，我们在听笑话中便懂得了许多道理。”父亲就这样，在轻松愉快的氛围中，将其道业传授于他人，以期能对美国禅学的乱状有所指正。

父亲讲禅多年，在父亲门下学禅的人也不在少数，但是父亲门下究竟有没有人开悟，又有多少人开悟呢？对于这一类的事，很多人都十分感兴趣。对于这个问题，正如父亲常说的那样，他的豆腐印章，并没有批准任何人，也没有承认过自己有任何弟子。或许是父亲的要求太高吧，在他看来，他所接触的人中竟没有一个真正开悟的。其实，薪尽火传，而所传之人未必能尽得其学，有得其骨者，有得其心者，有得其髓者，也有得其皮者，却没有得其肉者，因而再无人能像父亲那般卓然独立。但是，是否真如父亲所说的，一个得悟的人都没有呢？正如黄龙南所说，已经过关的人，扬长而去，哪里还管能否过关的问题呢？

所以，父亲所说的没有人开悟这句话，或许只是为了勉励众人更加努力修行，不要纠结于这些是是非非，而且他也并没有否定任何人。正如六祖慧能挥笔写下“菩提本无树，明镜亦非台。本来无一物，何处惹尘埃”的著名偈语，却仍被禅宗五祖批为“亦未见性”，但是又以杖戳地三声来暗示慧能，于半夜接引他。五祖在白天大庭广众之下批评慧能，却又在半夜接引慧能，为的就是让慧能免遭妒忌，免遭无妄之灾。可见，即使是学佛学道的清净之地，仍然充斥着名利之争。如果父亲门下果真有人开悟的话，父亲恐怕也会学禅宗五祖说“亦未见性”吧。参禅学佛，尤其是学禅宗，最重要的是得以自悟，是要归于自己内心的澄澈明了。别人开悟与否，与自己何涉？唯有凡心未泯，累于尘世之人，才会整日只关心他人如何，这才是真正的“未见性”啊！

学佛之人都应知道，“学佛一年，佛在眼前；学佛两年，佛在大殿；学佛三年，佛在天边”。我虽未真正学过佛，但是在父亲身边，耳濡目染，自然也明白一些浅显的禅学道理。许多初学佛之人，尤其是学习禅宗的人，由于只是看到了学佛参禅的表面动作，知道了一些基本要领，便觉得只要每日打坐参禅，等到突然有一天顿悟了，就算是学成了。这些人认为，既然别人做得都如此轻松，那么他们自己做也不会困难。对于此种境界的人来说，便是佛在眼前。等到自己真正开始实践时，才发现静下心来打坐是多么不容易之事，而且就算自己参了许久的禅，最终却什么都没有参出来，不免让人感觉学佛之事，并非如常人想象的那么简单，因此说佛在大殿。等到修习的时间更长了，对于参禅之事有了更多的体会之后，才会明白，原来学佛必须得完全抛却红尘，剪断俗世尘缘，澄净心灵，静心忍性，方可有所大成。这对于一般修行者来说，是何等的困难？因此，此时便觉得佛远在天边了。

如若有人能稍悟此理，明了真正的佛事须从红尘点滴中修行，那么对于生活中种种拂逆己意之事，便也不会过分怨尤了。不过，这绝非易事。忍辱波罗蜜要人以德报怨，不能睚眦必报；要懂得宽恕他人的错误，放下仇恨与怨怼，化解一切恩怨。而如果对方不通情理，不仅不能同他计较，还要以慈悲的心怀，同情他的愚昧无知，并以自己的德性对其加以度化。儒家中，孔子提倡的是以直报怨，不要以怨报怨，已经是万分困难了。但是佛法中的要求却远不止于此。普度众生的佛，要我们有着悲天悯人的宽广情怀，以德报怨。譬如生活中，遇到别人有危险时，毫不犹豫地挺身相救，而自己并未做出任何牺牲，只相当于是举手之劳。虽说恻隐之心人皆有之，但大多人也只是内心同情一下，有多少人能在别人需要帮助时挺身而出呢？即便是做到了于己无害地帮助他人，又有多少人不会在自己内心沾沾自喜，觉得自己功德无量呢？做善事是好，但是如果做善事只是为了获得一种内心的慰藉的话，这个美德便平白添上了许多功利性，添加了无数的嗔痴慢，而这个行为也便完全失去了其中本来蕴含着的美和善。

父亲于佛法中讲到“是非以不辩为解脱”。人活于尘世之中，会不可避免地混淆于是是非非之中，往往因此而遭人误解或者蒙冤受辱。对此，世间总会有很多是非分明之人，致力于厘清事理，还原事实。其实，是非分明未尝不可，但是这并不意味着对于任何小事都要斤斤计较，锱铢必较。这便不再属于是非是否分明的问题了，而属于涵养和气度的问题了。真要决心修佛的人，只有从俗事中解脱，才能静心学习，而这便需要不辩是非。如果连这点气量和涵养都没有，何谈进一步忍辱负重呢？就算不是学佛者，在生活中也应该有大度的胸襟和宽广的情怀。父亲的一言一行，便体现着这种气度。记得有人曾送给父亲一件礼物，具体是什么记不清了，只记得当时父亲收下后，并没有自己留下来，而是转送给了别人。可能是代父亲送礼物之人理解错了父亲的意思，或者是表达得不够明确，使得收礼的一方觉得父亲莫名其妙。父亲本是一番好意，却遭此误解，真是让人无奈，但他叮嘱大家千万不可再去向人解释，因为如果解释不当，又会横生许多误会，还不如就此了事。父亲觉得只要自己行得正，坐得端，便不怕别人的误解，至少，自己的内心是无愧的。

父亲讲的佛法博大精深，对生命哲学的讲解也细致入微，给人启发。他对求学者无不谆谆教导，仔细引导。他对美国禅学的拨乱反正，也算是一件功德无量的事吧。尽管父亲在美国的生活还算平静，也得到众人的尊敬，远离了一些是是非非，获得了心灵的暂时宁静，但美国毕竟不是故乡，故乡同胞亲人正需要自己的时候，父亲如何能安心沉浸于他乡的暂时宁静而不能自拔呢！俗话说，落叶归根。无论如何，父亲还是会回到故乡的。

十二、心怀故土身是客

父亲旅居美国，也与其他人一样，思乡情重。

美国是一个经济发达、风景壮丽的国度，吸引了不少海外游客。但是，这个极具现代特色的国度，却由于建国较晚，历史短暂，而缺少文化遗产，特别是名寺古刹和文物古迹。近年来，在美国弘扬佛法的居士、高僧逐渐增多，很多尚佛人士意识到，美国亟须建造几座规模较大的佛寺，以满足人们精神皈依的需要。

一九六四年，旅居美国的华裔商人沈家桢结识了在旧金山弘扬佛法的乐渡法师。两人都是崇佛之人，于是就佛教的前途问题做了很多交流。他们也觉得，为了美国佛教的未来，确实有必要修建一座寺庙，以供学佛者共同研习佛理。自此之后，沈家桢和乐渡法师一道在多位笃信佛教的居士协助下，筹备成立了“美国佛教协会”。以此为助力，他们又创立了大觉寺，乐渡法师为首届住持。

寺庙建成后，每逢周末，来此吃素斋的年轻人，都有百人以上，并且大都是中国留学生。为何信佛教的中国年轻人这么多？可能是由于这些年轻的中国留学生独在异国他乡，形单影只，思乡心重，都十分希望能遇着故国之人，倾诉自己对祖国的一番思念，解解自己的寂寞和乡愁。于是，中国寺庙便成为他们宣泄思乡之情的最好去处了。

美国作为一个移民国家，生活着从法国、英国、德国等各国迁移过来的人。不论是欧洲人，还是南美各国人，虽然在人种、肤色、语言、文化等方面都不尽相同，但一旦到了美国，很快就会融入美国人中，几乎分辨不出来了。但是中国人却不一样，一直保持着团结友爱的传统，走到哪儿都会记着自己是炎黄子孙，是中华儿女，因此不管在其他国家繁衍了多少代，仍然自成团体，永远是中华民族。

究其原因，不外乎两个因素。一来，中国人与其他国家的种族不同。欧洲人是高加索人种的白人，非洲地区多为黑种人，而中国人则是蒙古人种的黄种人。中国人与其他人种混在一起，自然会有非我族类的感觉。二来，中国有着传承几千年而毫无间断的传统文化。这种文化传统，在我们中国人的脑海里，已经留下了深深的不可磨灭的烙印。当然，文化传承肯定才是最重要的因素吧。

牟宗三先生对此也曾发表过自己的见解。他说，就算移居美国的中国人在美国生活了很长一段时间，也不会对美国历史上的名人如华盛顿、林肯等有太多的感觉，只会觉得那是几个干巴巴的名字，与己无关。但是如果提到了姜太公、岳飞、文天祥，甚至孙悟空这种虚构人物的名字，马上就会感觉到有一种归属感，感受到一股浓浓的乡愁在其中。所以，仅凭此点，中国人就是中国人，这是毋庸置疑的。

父亲旅居美国，也与其他人一样，思乡情重，未尝一日不思念中华故土，未尝一日不思念家乡亲友。他因长期“书剑飘零，不见慈颜”，常常是“几回好梦到家乡”。对于一个接受传统儒家思想教化的人来说，本应奉行着“父母在，不远行”的准则，待在父母身边，好好孝敬父母，教化儿女，但是父亲不得已而远走他乡，离妻远子，对他来讲，不得不说是一种煎熬。每逢生日，父亲也从不让人祝寿，而是遵佛陀教导，将生日称为“母难日”。每届此日，他均会赋诗抒怀。如父亲有一篇名为《丁巳母难日并闻旱象》的诗云：“思亲飞梦到家山，手自焚香泪自潸。化作慈云功德水，春雷普覆护重关。”在父亲心中，对高堂二老的思念和对家乡故土的依恋是如出一辙，同源而生的，历久而弥深，愈老而弥笃。

到美之后的第二年，适逢中秋圆月，面对凄凉月光，寥寥几星，遥望大洋彼岸，父亲情难自禁，夜不能寐，口占一绝，以慰思乡之情：

江山今古一轮浑，海外中秋月在门。
百万龙天齐问讯，何时回首照中原？

尽管父亲身在大洋之东，心却时时惦念着大洋彼岸。心心念念，无所寄怀，父亲只能把这些乡愁怀揣在心中，在夜晚孤寂之时独自忍受。但是在更多的时候，他都把这些对故土的无尽思念化作了实际行动。

在美三年，父亲不仅考察了美国，也时时刻刻关注着中国。他断定二十一世纪将是中国人的世纪，未来的经济中心要转移到中国。于是，他加强了与大陆亲朋的联系。他了解了在二十世纪五十至七十年代，国家历经了“大跃进”运动和“文化大革命”，社会遭到了极大破坏，生产严重滞后，人民也遭受了重大的苦难。改革开放前，城市的交通资源极为有限，代步的交通工具只有公交车和自行车。就算是北京这样的大城市，公交线路也不多，人们出行十分不便。为了节省布料，当时人们穿衣的原则是“新三年，旧三年，缝缝补补又三年”。而且，那时食物匮乏，票证盛行，人们营养不足，有些农村甚至还没有解决基本的温饱问题。这一时期票据种类繁多，除了粮、油、布票，还有糕点票、节日补助油票等。票证盛行的年代，也是物质短缺的时代，只有在逢年过节的时候，人们才能凭票购买一些糕点糖果、干货果品，而且分量都极少。可以看出，二十世纪六七十年代的中国，衣食住行各个方面都需要极大的改善。

面对国家百废待兴的困局，邓小平同志实施了改革开放，社会逐渐出现了新的面貌。父亲对于改革开放的政策，甚为支持。于是，为了国家和民族的复兴大业，他对在政权交替之际，祖父被判无期徒刑瘐死监狱的宿怨，也没有耿耿于怀，而是首先以大局为重，积极促进改革开放的顺利实施。一九八七年，为了重整中国的佛教文化，父亲特派他的常随弟子宏忍法师回国内考察宗教、寺庙、僧尼情况。后来，他为了促进国家经济的发展，又派在美国电话电报公司任职的弟子李慈雄，先带世界银行项目回国内，帮助经济建设，后又让其留在上海投资办企业，并传播西方先进的经营理念、方式和中国的传统文化。

李慈雄是父亲的长随弟子。他是一个很有历史责任感的人，他对中国传统文化的关注，早在台湾大学电机系读大二时就开始了。父亲与他结缘，是因为《论语别裁》这本书。上文已提到过，《论语别裁》一经出版，便受到大众的追捧，李慈雄便是其中一人。他不仅自己十分推崇这本书，而且还大力向他人推荐，经他推荐来买书的人特别多，于是父亲便对他关注起来了。其实，他学的专业并不是有关中国传统文化的，相反，是与传统文化毫不相关的现代物理学。他本想从中探求到宇宙起源的奥秘，没想到在所上的课中，根本找不到答案。无奈之下，他便想换一个方向来思考，即从人文科学方面入手。于是他就去拜访父亲，希望在父亲那里学习，得到一些启发。当李慈雄表明了自己想向父亲求学的愿望后，父亲看了看他，说道："你到我这里听课要交费的。"

李慈雄说："我家境困难，勉强交了大学学费，没有钱来这里听课。"

父亲慈祥地跟李慈雄讲："那你可以在我这里打工。"

李慈雄对父亲说："我不知能否干得了？"

父亲说："就是打扫厕所、擦地及倒茶待客这些杂事。"

李慈雄兴奋地说："这些我干得了。"

父亲问："什么时候开始干？"

李慈雄回答说："现在就干。"

李慈雄说到做到，当场就开始打扫卫生了。

对于那段时光，李慈雄曾回忆道："当时老师很严格，会趴在马桶旁边看里面有没有刷干净。我洗刷的玻璃茶杯，他会拿到太阳光底下看，发现杯沿不净处就要我再去洗。尤其是当我给客人倒茶，不小心洒水到茶杯外，他会当众不客气地说：'看，这就是台湾大学电机系的学生，茶都不会倒。'

我常常因此羞愧难当，下不了台。”

李慈雄说：“其实，我明白，南老师这样做，是想打掉台湾大学学生骄傲自大的习气，磨难我，考验我，让我动心忍性，增益其所不能。”果然，经过持续半年的测试，李慈雄没有打退堂鼓，依然坚持不懈地做那些再简单不过的琐碎之事。这让父亲备感欣慰，认为他是一个可造之才。

于是，半年后，父亲便决定开始教他第一篇文章——《史记·货殖列传》。

这却让李慈雄十分疑惑，因为他曾明确地告诉父亲他想学佛学，并不是想做生意，而父亲对他讲的却是《史记·货殖列传》。父亲看出了他的疑惑，只是对他笑笑，没有解释，还是依旧给他讲这篇文章。想不到十年后，李慈雄在美国斯坦福大学拿了博士学位，到美国电话电报公司工作，后来又到世界银行工作。一九八九年，他又在上海创办了斯米克有限公司，最终还是做起了生意，冥冥之中或有天意。或许父亲早就看到了这个天机，一直在默默助缘他吧。

国内当时正急需人才，父亲看到在美留学的中国学生很多，但学成后回国发展的却很少，十分担忧国家未来的发展。为此，父亲经常在兰溪行馆给这些学生上课。父亲常说，中国人不能忘本，不论身在何方都要心系国家，特别是在祖国经济困难的时候，更要施以援手，这是身为中国人的责任。而父亲自己，也常常为没能尽到对父母、家庭、民族、国家的责任而自责：

七十年来春梦尘，四恩未报客心惊。
云山家国愁千节，未转金轮愧此身。

二十世纪八十年代，国内掀起了“下海”热潮。虽然不少海外投资者都看到了商机，但国内的市场经济刚刚起步，很多投资者不敢轻易尝试。因为他们都认为现在还不是投资的时候，特别是国人的观念还未转变。甚至连商店里的货品也是不给挑选的，若谁准备挑选，站在里面的售货员会突然大声说："不许挑！你把好的挑去，坏的卖给谁？"在这种计划经济的氛围下，国内大多数人的观念都还未转变过来，这让绝大多数海外投资者"望而生畏"。因此，有很长一段时间，父亲都在向这些对国内怀有戒备心的投资者们剖析中国的前途，讲解投资中国的理念，希望通过自己的努力，能为祖国的发展做一点贡献。

商人重利，这是无可厚非的。商业投资向来都以赚取利润为目的，但也要冒与之对等的风险，因此拥有正确的投资理念至关重要。根据国内经济发展的情况和自身的经商经验，父亲提出了自己的投资理念，即"共产主义的理想，社会主义的福利，资本主义的方法和中国文化的精神"。

父亲以其敏锐的视角，犀利地指出了国内经济发展和政府治理的矛盾所在。他说："国内（与国外）政治制度不同，意识形态不同，对政令解释不一，而且法规矛盾。"由于这个时期，正是中国刚开始要尝试一种新的经济发展方式的时候，故而很多法律法规尚未完善，人民的思想也尚且桎梏于计划经济的体制下，对于怎样发展这种新的经济也还没有一个统一的看法，一切都只是在摸索着前进着。因此，投资者要想融入中国市场，首先要知道，中国是社会主义国家，人民利益至上，国家利益至上。投资者只有协调好个人、企业和国家的利益得失，才能够在中国市场长久受益。

父亲创办过老古文化公司、美国南岭国际（亚洲）投资有限公司等，也曾筹建过"光华教育基金"，投资修建金温铁路，开设太湖大学堂等，虽然遇到很多障碍，但他的一言一行都在实践着具有中国文化精神的投资理念。父亲的成功也证明了这一理念的正确性。

现将父亲的投资理念摘录于下，以飨读者：

中国开放发展到今天为止，我们的商业行为，现在走的是西方文化的路线。我觉得所有的商人，包括国家、社会，以及各行各业领导者，到今天为止，应该反省思考，我们的商业要走条什么路。对于商业的发展，我们现在学的是西方商业发展方式，很有问题。站在中国人的立场，以我的观点坦白来讲，现在商业的行为都是兼并别人资产的手段。我也常常问大家，研究工商，研究金融，研究经济的，对于五千年来自己本国历史中这一套学问，有没有看过、研究过啊？好像大家都认为只有西方才有这套学问，那么中国自己几千年是怎么过来的呢？难道那么笨吗？

据我所知，很多所谓的企业家，由跑单帮开始到做老板，从小生意到建工厂、办公司、办集团，累计到现在民间商业的资本，好像比政府的还多。可是大家是散漫的，换句话说，开放发展以后，我们一切都手忙脚乱，才有今天的“繁荣”。但这个“繁荣”是很浮夸的，必须“居安思危”了！我常常说，我们全体中国同胞要关起门来反省才行。

现在大佬们有了钱，目标看外国，一部分人把产品尽量地想办法外销，外销当然是好事，但是不懂什么是真正的国际贸易。我们做的工业商品销到国外，看起来是自己赚了钱，事实上人家赚得比我们多得多；自己所得有限，还很得意呢！这个账没有仔细算过。

赚了钱以后，又想办法把太太孩子送到外国去，乃至到国外搞商业，办公司，买房产。我说你们注意哦，这个时候要居安思危了！

而且你们的孩子送到外国受教育变成“香蕉”——外面肤色是黄的，内在意识是白的，不伦不类——三代以后，他们仍然是白种人里的五等公民，你们以为了不起啊？有人说在外国很自由。当然自由，你在别人的国家，坐在那里骂自己中国的人，谁管你啊？骂得越凶越好，这个很自由，但这不是好事啊！这是站在大的方面来讲。

大家自己没有计划、没有思考，这个财富的流失有多少？自己甘愿送出去。在国内一般商业界没有道德，非常奢侈。听说上海、北京，每餐酒席两万块，一个人一餐吃下来要一两千，相当于农村落后地区一家人一年的生活费用，这是一个什么社会？这是什么样的人民？什么样的心态啊？

父亲一心想要为中国经济的发展与崛起做贡献，对此，他有着先见之明。他认为，我们自己的国家，如果经济要持续发展，是万不能照搬西方国家的路线的。应该借鉴西方国家的经验教训，结合本国的历史传统，经济才能持续发展。中国人也不能盲目地崇洋媚外，外国终归是外国，如何会只因为国籍的改变就变成另一个国家的人了呢？人要懂得反哺，要为自己的国家做贡献，要返本溯源。

浙江省温州市的领导人知悉父亲在美的情况后，于一九八七年秋天，特地率团访问纽约及华府地区，专程拜访这位乡贤前辈，并希望父亲能返乡，为家乡的建设贡献心力。此时的父亲，在了解了国内近年来的改革开放政策后，对其颇为认同，尤其对国家重视农业生产的政策感到欣慰。他认为，改革过程须避免“向钱看”等弊病，而应实实在在投入资金，引进先进科技，切实达到经世济民之目的。

这次与温州市领导人会面，父亲谈到自己想向国内投资的事，也就是修建金温铁路的初步构想。父亲料想，未来的港口应该繁荣在浙江舟山、洋山那一带了。他指出：“中国文化经济的中心，春秋战国时是在齐国的临淄，即现在山东淄博，当时可是比现在的上海、纽约还热闹哦！南北朝的时候在扬州，所以你们看南朝梁人的诗句‘腰缠十万贯，骑鹤下扬州’。但到宋朝就不是了，宋朝的经济中心在漳州、泉州。上海从发达到现在最多一百年，以前是小镇，原来归吴淞道管辖。今天经济中心是上海，未来就不是上海了。这是经济商业的必然趋势，也是历史发展的必然趋势。”

除了与家乡亲朋联系外，父亲自然忘不了联系在四川的好友、学生，于是他就写信到成都。父亲在离开大陆赴台前，曾于四川度过十年的美好时光。无论是四川的峨眉山色、青城秋叶，还是岷江波涛、满城花开，无不令他梦牵魂绕；无论是跃马西南的凉山戍边、鹄鸣山的访仙求道、自流井的踏雪无痕，还是成都军校的战友长情、灵岩寺的修佛悟禅，莫不使他心怀系之……当然，最令父亲日夜牵挂的，还是对他谆谆教诲，令他悟道解禅的师父——袁焕仙太老师。一九四七年，与袁太老师成都一别之后，无论身在台岛，还是旅居美国，父亲无一时不惦念蜀中师友。可惜囿于彼时的特殊时局，音讯阻隔，父亲曾多次通过各种渠道打听师友下落，然皆无果。唯有将一腔牵挂化作缕缕诗情：

峨眉峰顶一轮明，照到人间未了情。
回首嘉陵江畔路，心随帆渡蜀山青。

父亲想找到抗日战争时的故旧，以慰多年来的相思之情。最要紧的是，找到袁太老师及维摩精舍的朋友们。虽然许多人都顺利联络到了，但可惜的是，袁太老师及其大夫人已过世，二夫人与他们的女儿尚在。父亲即对袁老二夫人的晚年生活设法照应，在她逝世后也安排丧葬等事。

在美国这两年多的时光，父亲不仅与大陆的亲人有所联系，与中国台湾的亲人也是用书信联络，急事则用电话联络。同时，他也时时关心着他在台湾的老古出版社、十方禅林等。那时，朱文光担的责任最多，内外都在忙着。也正因为有着朱文光的管理，父亲才稍微放下一些心。但是，毕竟这些都是自己一手创办出来的事业，自己如何能完全放任不管呢?

无论是为了中华民族的复兴发展、为了家乡亲朋的未来，还是对父母亲人的惦念、对自己事业的挂念，这些都一步一步催促着、推进着父亲返回故土的步伐。

十三、缘起缘灭不离他

中国古代的学说大多是重视实践而略轻于总结的，这也是中国传统思维与西方思维意识的不同之处。

一九八六年十二月二十四日是平安夜，本来应该是平安宁静的日子，但在美国华盛顿附近，却是暴雨倾盆。在隐隐之中，似乎预示着将有什么大事将要发生。父亲在美国的住所前有一座小桥，这座小桥是从对岸过来的必经之路。我犹记得，那天与父亲约好在他的住处过节的人有很多。直到傍晚时分，雨势并不见小，仍是暴雨倾盆。在客人陆续到达时，大家发现屋前小河的水位上涨，已快淹到桥面了。如果水位涨到桥面，父亲的客人们就过不来了。

看到此种境况，一直追随父亲的朱文光料到，父亲肯定为此十分担忧。为了能减轻父亲的担忧，让客人安全过河，他立刻采取了行动。他计划开车过桥到河对面，等待客人来临，以免客人因路面湿滑，过桥时发生危险。

门前的这条小河，平日几乎是干涸的，既浅又窄，乍看上去像是一条水沟，让人感觉根本不会有什么危险，于是小桥两边就没有修栏杆，桥也只是光秃秃的一块石板而已。在平日里当然不会有什么危险，可是那天，小河的水却罕见地涨满了。

朱文光知道必须抓紧时间，赶在客人到之前到达小河对面，等待客人，于是就动作很快地收拾好了。本来洪医师也想跟着他一起去接客人，但是由于穿鞋时少了一只，待找到那只鞋子穿上后，朱文光已开车走了，并没有等他。原先朱文光把车停在桥头，开了大灯照着对岸，希望提醒来车注意。过了一会儿，他可能觉得这样的效果不是最好，应该到河对岸，拦住所有来车，于是决定开车到对面。就在朱文光将车子开到桥上的一刹那间，河水突然暴涨数尺，转眼间就把人和车冲进了河中。

周围的人看到这个场景，都惊呆了，大声惊呼。待父亲出来查看时，才发现“救不回来了”，只得匆匆报警。

报警之后，警察迅速到达，并训练有素地展开紧急救援。在圣诞节的三天假期中，警察不停地进行打捞，车子最终捞上来了，里面有朱文光的眼镜和夹克，却始终找不到人。

大家猜测，朱文光可能是被冲到大海里了，因为这条小河虽如水沟一般，但是通往另一条大河，河水最终则流入大海。如果真是这样，那朱文光的遗体就更难找到了。警方打捞时间一般为七十二小时，因此，七十二小时之后，警局就停止了打捞工作。

朱文光就这样离父亲而去了，父亲与美国的情缘，也就到此为止，不久父亲就回到中国了。

朱文光是父亲早期的学生，是父亲十分信任的得力助手。

他的经历极为坎坷。一九三四年出生时，日本仍然占领着台湾。他四五岁的时候，正值日本军阀发动全面侵华战争。那时的台湾被日本人当作作战基地，又因为台湾盛产稻米，因此，又是供应米粮的仓库。稻米都被收去供日本人食用，而辛勤耕作的台湾民众只能以番薯为主食，还时常填不饱肚子，偶尔能吃一餐

兰溪行馆小石桥，朱文光就是被底下暴涨的溪水冲走的

米饭，就是极其奢侈的享受了。

朱文光的父亲朱石头，一直都在与日本侵略者做反抗斗争。朱石头在台湾宣传抗日思想，遭到日本人的残酷迫害。无奈之下，他便与一群台籍精英逃到广东，宣扬反日思想，希望能激起群众的民族主义情怀，合作抗日。终于，一九四五年抗日战争胜利了，日本从台湾撤走，台湾人民恢复了自由，朱石头也从广东回到台湾。他本来以为摆脱了日本人的压迫后，从此便可以与妻儿过上安宁平静的生活，却不料遭遇了“二二八”事件。此次事件发生于一九四七年的二月二十八日，是台湾人民反专制、反独裁、争民主的群众运动。这次运动遭到了残酷镇压，最终失败，朱石头也蒙冤被害。

朱石头蒙冤被害后，长久地殃及了他的家人子女。全家自此被列为“二二八列管家属”，生活在政治阴影之中，惶惶不可终日。朱石头共育有五子一女，朱文光排行第二。这时，朱石头的子女都尚且年幼，不能分担过多的家庭重任，于是，朱文光的母亲便艰辛地担起了一家七口的生活重担，生活十分困难。当时的台湾处于生产恢复的时期，工作机会十分少，他的母亲只有靠到市场卖菜赚取微薄的收入来养育儿女。朱文光那时十三四岁，十分懂事。他知道母亲的艰辛以及自己肩上的重任，于是每天下课就急忙赶往菜市，帮母亲卖菜。少年时的艰辛困苦，显而易见。还记得他曾经告诉我，小时候，他饿到跑到人家门口，偷偷地把门灯的灯泡转下来去换钱。年少失怙，那样的苦难，我也能感同身受。

朱文光大学毕业、研究所毕业，争取每一份奖学金，全是靠自己的能力做到的。一有空，他便推菜去市场，卖菜赚钱来供养母亲和五个兄弟姐妹。他的父亲去世早，供几个弟弟妹妹读书的重担就全压在他的肩上。他自己读书时，一个月只用十块钱，后来他一个月赚一千二百块钱，便全部交给母亲，母亲一个月给他一百块钱零用。虽然他自己也十分贫穷，但他依旧十分慷慨，还时不时地拿出自己的钱去救济别人。但是他用钱很有节制，知道哪些钱该花，哪些钱不该花。不该用的，一分钱都不用，该用的，十分慷慨，甚至借债来救济他人。由于年少时缺乏营养，又生活困苦，所以他的身体健康状况很差，所受精神压力也很大。又因为他的身世、遭遇、处境，从小就养成内向腼腆的性格，处处感觉自卑、不如人。他所处的环境和单薄的身体给他的影响太大了。他以前夜里睡在我们家里时，大多数是和我一起睡榻榻米的通铺。他会在梦中高声唱歌，比如泰山探险的歌，十分高昂有力，气势磅礴，这是他的真性情。但到了白天，却又恢复到木讷的样子了。

朱文光的专业是研究科学，头脑不简单，不会轻易上当。他做事极有分寸，能控制住自己的一言一行、一举一动。他是牛嘴的嘴型，口德最好，即使知道千万人的隐私，都不会说出去，就是把他打坏了，最多叫一声“哎哟”，也不会说。而且在道理上明白，要守语戒，不能说这些他人隐私事。他可以发难，但不妄发难，这是修行者需要达到的一种境界，也是常人很难做到的。父亲对他的性格和做事能力十分赞赏。

朱文光体弱多病，生活困苦，因此他对自己要求十分严格，这就使得他不自觉地把这种严格的态度带到别人身上，也要求别人做到，以至于无法很好与别人相处。他时常希望自己对别人能柔和一点，可是他总是做不到，但父亲知道这是由于他身体不好，心火旺盛的关系。后来他在父亲的教导下参禅打坐，等于换了半个人。身体不好的人需要调适的问题多，所以他生理上的感受、反应比任何人都灵敏，来得特别快。他跟着父亲到处走，听了很多，他本想把历年所听的，有关哲学、学术、修道，等等，都编成语录，但因身体不好，精力不够，一时无法编成。他说过，将来总有一天会分门别类地编成语录，父亲哪一天说过什么话，他都记得，这让父亲十分欣慰。

我的大学毕业照：一九七八年，南怀瑾（坐者）、李淑君（左一）、朱文光（右三）

朱文光有很多留学机会，如留德奖学金，他考取了，但都不去。他有很多科学论文都在外国发表。父亲曾说过，朱文光十分离不开他。朱文光说每次想到要离开父亲，夜里就哭醒了。他本想多跟父亲学几年，后来却因父亲骂得太厉害了，而且自己好像也想通了一些事情，便预备出去了。当时他的留日考试已考取，便想出去磨炼磨炼，觉得不能太过依赖父亲。父亲常说，朱文光研究佛学佛法，好像笨得很，但实在笨得可爱，呆呆板板地用科学方法论证。虽说他对父亲如此恭敬，但也会提反对意见，说这样不科学、那样不科学地评论着。许多说法，他要磨好久，今天不通，明天再来，非要把它弄通不可。朱文光与父亲的情缘如此之深，真是令人可叹。

一九七〇年七月十五日，禅学班真正开课了。开课不久后，朱文光回到了台湾。当时他已经得到美国伯克利大学的农业化学博士学位了。他本来是台湾大学农业化学系硕士，后来再赴美攻读博士学位。

看到他回来，父亲十分高兴。于是，在朱文光回来的第二天，父亲就请他到禅学班来讲演。因为他刚从美国回来，父亲便让他讲了讲有关美国的中国文化热一类的事情。朱文光虽然在国外磨炼了一番，但在讲演时依然保持着内向腼腆的表情。

朱文光也曾帮父亲整理《论语别裁》等，在博士毕业后，任东西学院秘书长，追随父亲共三十年。

他离开后，父亲好像失掉了自己的右臂一样，好多事都得亲自来担忧了。而他这一走，似乎也将父亲与美国的缘分带走了……

听闻朱文光在遇难前不久，他的作风和性情，忽然变得与平常不一样了。他本来是一个极温和极腼腆的人，遇到什么事都会极力忍受，不会大发脾气。以前，父亲经常责备他，但是不管父亲如何责备，他都知道父亲是为了他好，都会坦然接受，不会有所反驳，他对待朋友也永远是和蔼的，不会与他们有任何争执。但是，在他出事前不久的一天，父亲又像平常一样唠叨他事情没有办好，说他真是笨啊。这次他并没有坦然接受父亲的教诲，而是突然从房间里冲出来，对父亲吼着说："就算我什么都办不好，至少曾有一桩办得好吧，为什么老是骂我？"

父亲见此情形，也惊住了，就连忙说：“对啊！对啊！以后再也不骂你了！”

可惜，即使父亲再想骂他，也无处去骂了。

得知自己儿子出事的消息之后，朱文光的母亲一时不能接受儿子已死这个事实。因为他的尸体还没有找到，她的心里一直在祈祷着，希望能有什么奇迹出现吧。

就这样，朱文光的尸体一直没有捞到。直到一九八七年四月复活节的时候，在大河的入海口漂上来朱文光的尸体。听闻发现他时，他的身体仍然完好整齐，一双腿盘蜷着，像他平常睡觉的姿势一样，完全没有因为大水的冲刷而有所损坏。

因为父亲那时与纽约庄严寺的住持显明法师交往密切，于是朱文光的骨灰就安息在庄严寺的灵骨塔了。

没有人会相信朱文光真的走了，他给大家留下了无尽的哀伤和惋惜。他是那么地勤劳无私，那么地默默无闻。

父亲与朱文光的感情是很深的，但是自他离去后，父亲却没有对此有太大的表示。终于有一天，父亲说话了。在禅房里，父亲像是自言自语：“去吧！到你该去的地方，完成自己的事，不要再担心我们……”

父亲并不是对朱文光的离去毫无感觉的。或许他是觉得朱文光的一生太苦了，他的离去，是到了一个幸福的世界，一个没有苦难与坎坷的世界，去享受一个好人本该享受的宁静与幸福。

一九八七年，父亲写了一首悼念朱文光的述怀诗：

他方羁旅愁千叠，家国情怀感万重。
我亦藏身无处住，如何浅水走蛟龙。

羁旅之愁，乡土情怀，加之丧失爱徒的伤痛，父亲的心如何能不沉痛，如何还能在异国他乡停留不归呢？“兰溪”浅水，冲走爱徒，而父亲又有什么办法呢？一切都只为无可奈何，一切都只是无能为力。

朱文光去世前一年，父亲及他的学生们正忙着《怀师》书稿的集稿工作，朱文光当然也在帮忙收集稿件。世事难料，这本书的稿件还未收集完，朱文光就去世了。后来，在清理朱文光的遗物时，发现了他为《怀师》所定的未完稿。

父亲便将朱文光的未完稿交给了刘雨虹女士，并且附了一封给她的信：

雨虹道友：

文光稿是同学们在其稿件中找到的，真是未完的遗稿，由你加按语说明可也。并附上他出事资料的中英文剪报。原稿附语，是洪文亮当时在现场时所记。似有言未尽意之嫌。文光走了，我真难办事啊！

老拙

兰溪行馆

一九八六年十二月二十九日

父亲的这封短信，是在朱文光出事后的第五天所写。可见对父亲来说，朱文光是多么重要的一个人啊！他的离去，对父亲也是极大的打击，促使父亲的归来。

朱文光出事不久后，在一九八七年三月的时候，正值父亲七十寿诞。人生七十古来稀，这也是一件非常重要的事，父亲的幼年好友——远在温州的朱筱戡先生，在他生日时给他寄来一首贺寿的诗。父亲看了以后，对友人的惦念十分感激，但是由于工作繁忙，便来不及和诗。后来在六月的某夜，父亲工作完毕后，得到一个空闲，想到自己还未表达对友人的感激，便又把朱氏的祝寿诗再看一遍。因为朱氏的父亲朱味温先生曾教过父亲写诗，因此看到朱氏的诗，父亲就想起以前学诗的日子来了，不免诗兴大发，遂赋诗一首：

言寿方知奈老何，一生岁月尽蹉跎。
飘蓬原似屠羊说，浮海何须欢凤歌。
人误布衣干国计，自怜带发苦头陀。
深情多谢童年友，万里飞章敢不和。

父亲在诗后还自记如下：

筱戡兄乃先师味渊公之长公子，亦其入室之诗弟子也，放翁所谓父兼师者是矣。余不韵，且疏狂成性，一气呵成俚句四律，岂敢言诗，但抒枨触情怀已耳。

谈及祝寿，父亲便知道自己已然老却，感慨一生白白度过，就像《庄子·让王第廿八》中的屠羊说一样，似飘蓬般整日漂泊在外。“四海流浪漂浮，何须欢唱凤歌”（《论语·微子第十八》），从何而谈教化！

父亲他自己也不过是讲讲中国的传统文化而已，却被人误会为干涉国事，其实他不过是一个带发苦心修行的行僧。深情感谢童年的老友在万里之外寄诗来祝寿，怎么敢不唱和呢！

这年夏末，王启宗和陈世志先后来探望父亲，这时，《怀师》已经出版了。

因为朱文光的离去，父亲失去了左膀右臂，于是父亲见到王启宗，就建议他办手续移民美国，希望他能佐理一些事务。在此之前，王启宗夫妇二人并不愿移居美国，因为台湾毕竟是自己熟悉的地方，生活方便，朋友又多，有一种归属感，在外面就总是有一种羁旅漂泊的感觉，虽然他们的三个儿女都在美国读书、就业。但是因为父亲在美国，又亲自嘱咐，希望他们能来美，于是他们就申请赴美了，后来就在旧金山住了下来。他们本来是为了父亲来到美国，却没想到，不久之后，父亲又离开美国，搬去香港了。

在此之前，华府地区的德国镇有一个美以美教会的教堂出售，父亲觉得那个地方将来可以用作书院讲堂，就把它买下了。

这年的暑假，李文一家四口，一起到美国去看望了父亲。

李文希望父亲能去香港看看，并对父亲说，他已经把父亲在香港下榻的床都买好了，是一个古香古色的红木床。父亲很高兴，并向他许诺说，一定要到香港去看看。

一九八八年一月十三日，朱文光去世已一年了，几天后，陈世志又到了兰溪行馆。经过长途飞行，又加上时差之故，陈世志正睡得糊里糊涂。忽然，父亲把他唤醒，告诉他一个惊人的消息：蒋经国去世了。

蒋经国先生多年患有糖尿病，后来，慢慢地，他的视力逐渐变差，两腿也无法随意行动了。有一段时间，蒋经国先生曾三番五次地派人来请父亲去与他见面，但是不知怎么回事，父亲始终不肯。蒋经国先生可能是向父亲请教一些关于他病情的问题吧，父亲应该已把控制病情的方法告诉了那些来请教他的人。因为一九八四年，有消息说蒋经国先生进了医院，这似乎预示了有大事要发生，因为他平时都是请医生到家中诊病的。父亲听说这个消息后，自言自语道："不可能啊！按照我教他的方法，至少还可以再活两年啊！"可见，父亲可能真的给了蒋经国先生一些控制病情的法门。当然，那一年蒋经国先生的病只是有惊无险，他比父亲预测的还多活了两年。

其实父亲所教的方法并不是什么神通法术，而是现在科学界所研讨的生命科学。这门所谓生命科学的学问，并不是所谓的迷信，而是中国古人的智慧之处，这些早就存在于多种学说之中。无论是道家、佛家还是儒家，都有关于这方面的记载。但是大多数人在研究古代经典的时候，往往忽视了这些学说的实践性，而只偏重于思维意识，以致这些学术都仅仅成了哲学思想。如果加以实证，这些学说就进入了生命科学的领域。

父亲为什么有这些方法呢？其实，中国古代的学说大多是重视实践而略轻于总结的，这也是中国传统思维与西方思维意识的不同之处。因此，父亲只是在研究经典的时候，以自身做生命科学的实证，"格物致知"，将学问都运用到实处，并不像一般学者那样，只研究思想观念。孔子说："学而时习之，不亦说乎！"学了方法还要去实践，否则只停留在理论阶段，就成为口头禅了。由此可见实践的重要性。

朱文光的去世使父亲感到“兰溪”不是他的归宿，他再也无法心平气爽地住在这里，他乡虽好终是客，床前明月夜梦惊。

蒋经国先生的逝世让他倍加伤感。父亲虽因所谓的“新政学系”被迫背井离乡，但蒋经国先生屡屡礼贤下士，亲自光顾茅庐，甚至还屈尊借车促膝；而父亲并未能在蒋经国先生生命垂危之际相伴片时，担一丝重责，自觉愧对蒋先生在天之灵、三顾之恩，也有愧于台湾父老。

并且父亲少年离家，“漂泊平生负孝慈”，对大妈更是“劳君艰苦费撑持，辜恩有愧难为报”。在他离家的岁月中，尤其是祖父蒙难入狱以至去世后，整个家庭的重担都落在了大妈的身上，她不仅要照顾两个孩子，还要照顾婆婆。她曾到温州给人家当用人，一个月的工钱只有五六块钱。两个孩子虽然只有十几岁，也要出去做零工，挣钱养家。后来，因为做用人的地方离家太远，大妈为了更好地照顾婆婆，回老家摆小摊，艰难度日。

谋生的艰难都是次要的，更为严重的是，因为祖父的原因，她被扣上了“反革命家属”的帽子。一旦被扣上这个帽子，在历次运动中，都在劫难逃。生活的艰辛，政治运动的残酷，每日都折磨着我的大妈。如若她没有那种中国女性特有的坚强毅力，她如何能坚持到后来？如若她没有坚强的信念，她如何能独力支撑这整个家庭？如若没有她几十年如一日的细心照料，祖母如何能在如此艰辛的岁月里坚持活到一百岁？

“四恩未报客心惊”，父亲年逾古稀，不想留待几时，遗憾终生。而此时的大陆故土国门刚开，也需多方效力，父亲决定赴港定居。置身局外，旁观者清，也能平衡兼顾。

蒋经国先生过世两周之后，一月二十六日那天，刘雨虹在台北收到父亲的传真：

雨虹道友如见：

我约于三日后赴港，可能在彼度过旧历新春，如你能早日成行，或可在

港一晤，得以畅叙。临时或将约包卓立在港会面，但今未作决定耳。专此祝

平安

老拙

一九八八年元月二十六日

父亲离美去港，在从前购置的那个教堂挂起了“禅学讲堂”的牌子，在加拿大的三位比丘尼宏忍、永会、圆观，已来到这里安顿下来。他们也常邀人前来与华侨朋友们结缘。显明法师曾从纽约前来讲经，颇为轰动，洪文亮医师也曾前往讲演。

父亲于一九八八年元月二十九日从美国启程，因为时差，到香港已是三十一日了。旧年过后，父亲留在了香港，从此，再也没有回到美国。后来有美方人士又来邀父亲赴美，父亲总是婉言谢绝。美国的朋友当然也是朋友，但总会想到还有十一亿自己的同胞，希望能对他们尽些绵薄之力为先。

当年的上半年，李素美之弟在纽约证交所的内线交易案爆发，所有被他当作人头投资的账户都被查缉，包括父亲和许多学生的名字，全部被列入证交所黑名单，美国联邦调查局还派人到香港约谈。虽然父亲和许多无辜的人最后都没有什么罪名，而且因为李素美之弟缴付了巨额的法院罚金，以民事赔偿案件结束，许多列名管制的同学又可以再度进出美国，但是李素美之弟依旧被列为刑事通缉犯，至今还列名在美国联邦的刑事追缉档案中。在纽约与他合作的年轻人被判刑入狱，坐了近二十年的牢狱，人到中年才被放出来，一生前途就因为接受贿赂而毁掉了。今天国内的纪检单位努力地为国家前途奠基，所有这些好走捷径的人，正是需要引以为戒的。

父亲一生都能在千钧一发前，洞烛先机，这次如果没有在一九八八年年初回到香港，恐怕就要在美国面对多年的司法困扰，也不能更好地衔接上国内的改革步伐，许多的后续事务必将停顿。谈到这，也不得不赞叹父亲的预见能力了。

第五章

香江甘霖润神州（一九八八至二〇〇四）

一九八八年春，已逾古稀之年的父亲结束了漂泊海外的三年旅美生涯，到香港定居，自此之后，一住就是十五年。此时的大陆，改革开放已经十年，政治、经济、社会和文化等各个方面正在发生着亘古未有的巨变。身在香港的父亲，又开始了他新的讲学修道生活。只是台湾的朋友知道他到了香港后，非常高兴，时常拜访。而香港社会各界知道父亲住在香港以后，也陆续互传消息，接踵求见，以至于位于坚尼地道的寓所坐客常满。

由于改革开放的浪潮逐渐成形，父亲也时刻关注着故土家邦的发展，牵记着大陆的亲朋故旧。在港期间，他所做的第一件大事就是投巨资为家乡铺就了金温铁路。这条有一百三十五座桥梁、九十六座隧道，全线长达二百五十一千米的铁路历尽艰难险阻，最终顺利开通，也完成了父亲长久以来回报国家的心愿。之后，他又立刻功成弗居，还路于民。然而，“世间须大道，何只羡车行”。以古稀之身，老骥伏枥于香江立锥之地，他的宏愿和念力又岂止于此呢？

一、金温有梦唤五丁

父亲是把金温铁路当功业，而不是事业，更不是商业来做。

自改革开放以后，中国经济快速发展，吸引力逐年加强，二十世纪八十年代末九十年代初，不少外国投资者涌入中国市场，开始在各个领域投资建厂。但像铁路这样耗资巨大的公共工程，一般投资者都不敢轻易涉足，中央政府在政策上也不予开放。父亲投资修建的金温铁路，为中国开创了合资建设铁路的先例。他老人家说："这条铁路大家企望了八年，修了七次都没有成功，今天我决定一定要修，不是为我，是为了要开启一个大例子，中国政府的公共建设可以和各方合作。因为，不如此就不能加速国内的公共建设。我们不去打开这个关闭的大门，那么几十年都不会有人打开这个大门的。"父亲决意要为中国改革开放进一步打开大门，"既不是政治目的，也不是经济目的，只是开启一个例子"，铺一段路，开风气之先，让以后来中国投资的人能够走得更顺利。

这个决定是如此的正确。金温铁路的案例，在中国绝对是划时代性的，开风气之先，开启了以交通为首的所有公共建设引进各方资金的先例。自二十世纪九十年代初开始，短短十年之间，国内的高速公路，几乎都是利用各方资金建设完成的。正是这一建设模式，使得我国能够以最短的时间、最快的建设速度，迈向孙中山先生的规划理想，奠定了今天国家经济的基础。

自孙中山先生在《建国方略》中描出蓝图以来，八十多年过去了，金温铁路先后倡修七次，均以失败告终。机缘巧合，这个担子最后落在父亲身上。他倾尽全力，历经波澜曲折，磕磕绊绊，整整十年，才得以修建成功。自一九八七年温州市代表提出请身为乡贤的父亲出资修建时起，一九八八年双方正式商讨筹备，一九九二年方得到中央正式批准，是年年底开工，一九九七年八月八日全线铺通，直至一九九八年一月九日全线通车，金温铁路才终于修成。金温铁路不仅是一条推动浙西南乃至浙江省经济发展、带动沿线地区脱贫致富的铁路，也是一条开启合资建设基础设施项目的道路，更是一条砥砺人心、推动商业文明的道路。十年的时间，父亲为铁路修建费尽心力，他坚持不懈，沟通协调，不断地推动修建进程。其间的辛酸，在他给浙江省领导、地方政府、铁道公司以及贾亦斌等老朋友写的不下百万言的信函中，体现得淋漓尽致。

一九九七年八月二日，在听闻金温铁路已完工的喜讯后，父亲在回复浙江省副省长柴松岳邀请函的信中写道：

来示知悉。欣闻金温铁路全程铺通工程完成，首先敬贺省府诸公以及参与兴建诸位同仁，大功将要完成的莫大喜讯。但我因忙于另一件工作，比起修筑铁路的工程，还紧急重要百倍以上。年老神衰，昼夜不懈，致使身心疲惫不堪，实无法遵命亲自到现场观礼。今特托侯承业等三位代表祝贺。另外我有金温铁路全线铺通感言一首，并请教正。

铁路已铺成，心忧意未平；
世间须大道，何只羡车行！

金温铁路全长二百五十一千米，共计有桥梁一百三十五座，总长十四千米；隧道九十六座，总长三十五千米；沿途车站二十七个。它贯穿浙西南山区，始自金华市，南至温州而终，途经的地区占浙江省百分之五十七的面积，拥有该省百分之四十九的人口。全线地质条件差，地形复杂，特别是温州丽水段为山区丘陵与河网地带，温州平原地区又处于典型的软土地带，施工难度大，所以施工历时五年，花费近三十亿元。

为什么在金温铁路全线铺成之际，父亲仍然“心忧意未平”呢？

这还要从他尚在大洋彼岸的美国时说起。

如前所述，一九八七年秋冬时节，父亲尚在华盛顿居住，居所旁边有条小河，大家都称父亲的居所为“兰溪”。那时，他常为到美国深造的留学生讲述中国未来的前途，他提到此时此地要对国内投资，必须具备四项理念和认知，那就是“共产主义的理想、社会主义的福利、资本主义的方法和中国文化的精神”。他说，中国大陆现在所号召投资开发的内涵，需要的是真正投进资金和进步的精密科技，用以改进多年的贫乏和落后，并非如资本主义社会工商业自由市场式的投资，千万不要打可以一本万利或至少是一本十利的如意算盘。如果没有这种认识和意向，冒昧投资国内，无疑是“驱耕夫之牛，夺饥人之食”，不但是势所不行，理亦所不可。他准确地指出，当时中国的法律制度依然十分不完善，法制观念淡薄，“犹如一个古典大家庭式的社会，只要一个新媳妇进门，这个五世同堂的家长们，太公太婆、祖父母、叔伯、兄弟、妯娌们满堂，个个可以当家，也个个可以讲了不算，谁都有权有理看着新媳妇，要她端茶送果糖，要她独当十面，料理羹饭。致使新进门的媳妇受不了，不是狼狈回娘家，便是患忧郁症、恐惧症，积劳成疾而亡”。他经过研判总结，认为现在回国投资兴业，时机并未成熟，尚需时日。

不久，温州市副市长率团访问纽约及华府地区。父亲的一位在美国国务院任职的学生专门跑来向父亲报告，请示是否接见一下温州来的老乡。父亲欣然应允。

父亲在“兰溪”会见了方副市长一行。会谈中，副市长说温州的特色在于小商品制造业发达，他邀请父亲回国投资胶鞋等轻工制造业。父亲当即表示对此毫无兴趣。看到方副市长面露失望之色，父亲特地对他说，如果有钱投资国内，第一个要建的是电力公司，其次是钢铁公司或铁路、空运等交通事业，再其次便是发展医药。父亲最后说，这是他个人的理想，遗憾的是，他非拥有巨资者，只是空谈理想而已。这样的往访甚多，当时国内的情况也由此可见一斑：地方领导只能看到眼前，缺乏对前景的了解。所谓高瞻远瞩，就是见微知著，在国家开启建设的时机。而父亲当时就已经可以将未来的规划告知来访的人，毕竟这是他在台湾经历过的世面。

父亲不止一次对大陆来的留学生们谈起，如果大陆开放过早，就会变成地方诸侯经济，人民会失去礼义，只懂得向钱看，这必将贻害无穷。如果能一步一步有计划地开放，集体制还能对国家经济发展贡献出巨大的力量，国家就更容易走向富强。父亲常举历史上的两个例子来说明他的这个观点。第一个例子，南北朝乱了二百多年，人们生活穷困已经到了人吃人的地步，但隋朝统治不足四十年就把中华大地变成富国。另一个例子，唐末几十年大乱，人们没有东西吃以致易子而食，但到了宋太祖赵匡胤统治天下，不出二十年，全国上下连挂帐的钩子都是银制的。父亲总结说，国家穷困并不可怕，怕的是没有规律，人心无义。生活虽苦，但如果大家均能遵守法律，有道德观，又有好的风俗习惯，这个国家不出十年就能更上一层楼。

事实证明，在共产党的领导下，中国并没有因为二十世纪八十年代世界局势的变乱和国家经济的开放而失去方向，并没有像苏联一样突然失控而形成社会的动乱，而是如邓小平先生说的，“摸着石头过河”，谨慎小心地把国家经济带到了今天的地位。父亲的说法，加上历史的证明，令我不得不对那些没有私心、为国家和百姓付出过的领导人肃然起敬。

对于中国的前景，父亲是有自己的判断的。例如，他在《论语别裁》一书中曾经说过，近数百年来，中国是处于历史上最弱的时候。但时代在变，国运也在变，未来中国会有很好的机运，如果能抓住机会，好好发展，那到时中国会比唐朝开国时还要强盛。但事在人为，如果没有好好地抓住机会，也是产生不了作用的。

一九八八年一月二十九日，父亲从美国启程，由于时差的关系，三十一日到达香港，暂住在李文家里。闻风而来的旧识和学生，就像是被一块巨大的吸铁石吸引的小磁铁，越来越多地聚集在父亲周围。春节过后，父亲开始寻找新住处。他先是搬到了麦当劳道一层四居室房屋暂住，然后孙静源的夫人林美年也在同一幢楼的二十八层买了一套房子供父亲长期居住使用。

原本父亲并没想在香港久留，但是春节过后，他改变心意，打算暂时留下来，并且从此再也没有去美国。后来，不少美方人士来港邀请父亲再度赴美，父亲都拒绝了，他说："我是中国人，在台湾三十多年，儒、释、道三家学术都讲过许多次了，对得起台湾了。美国的朋友当然也是朋友，但总想到还有十一亿自己的同胞，希望自己将来能做些事情，我得先对他们尽些绵薄之力！"他始终有一份剪不断的民族情怀和中国读书人的责任。

作为一名曾受过传统教育的读书人，父亲一直希望能够为国家和社会真正做一些实事。他也从不认为慈善与公益是西方国家文明的象征，在《论语别裁》中，他便说过："中国古代有没有社会福利思想？假使有研究社会问题的，这个问题要注意，在中国历史文化里，好像找不出社会福利问题的记载，事实上有没有呢？有！社会思想早有了，社会福利思想也早有了，过去都偏重在个人做，以个人立场，做社会福利事情，这是中国人的道德修养。告诉人，有钱做做好事，修桥铺路，再不然就夏天在路上摆一些茶缸。我很小的时候就看到过。每到夏季，家里忙得很，天天都要烧茶，大锅大锅地烧，多少里一桶，放在那里，不要钱的凉茶，大家尽管喝。很多人家都是这样做的，这些都是社会福利。中国过去的社会当然是以农业经济为基础，由个人做社会工作，做社会福利，认为这是一种道德，所谓阴功积德。"

也正是在这种传统道德观念的支持下，父亲才能够以"虽万千人吾往矣"的气概，不计回报，排除万难，锲而不舍，最终将金温铁路建成通车。

到香港不久后，父亲逐渐与在温州的亲友们取得了联络。得知他们的消息后，他不胜唏嘘感慨，热泪纵横。过了一段时间，浙江省驻温州联络处处长李景山陪我二哥南小舜来港，多次跟父亲谈及金温铁路兴建七次而未成的事情，他说人民和政府殷切期望能够成功修建铁路。

后来，温州市委书记董朝才率团访问香港工商界，也曾专程与父亲晤谈。

董书记代表温州市方面诚挚表示，希望父亲能倡导修建金温铁路，为地方人民谋福利。父亲听了，很是动容，表示愿意出力，可惜自己撑持的公司，并无如此庞大的资金。父亲对董书记说：“据我所闻，在三四十年来，国内修建了许多前所未有的铁路，如青海到西藏、云南到贵州，乃至成渝铁路等，的确是对历史有交代，成绩斐然可观。同时我又听说中国为非洲修了一条铁路。当然，那是当政者从大处着眼，另当别论。但地方建设的铁路却迟迟难产，这自然是由于全面性的经济问题，不言而喻。”

董书记点头表示同意。父亲接着说：“距今五六十年的时代，我读过孙中山先生所著的《建国方略》，对他功成不居、专心从事国家建设、筹划铁路的行为印象深刻，不胜钦佩。这比之于清末一代状元张謇（字季直，南通人）只为家乡地方开发生产建设，当然更加伟大。但我们后继无人，及今还未完成孙先生所规划的大业，未免有太多的遗憾和感慨。孙先生对地方性铁路的构想，曾记有福州、温州、杭州连线的计划，这确有其高明的远见。如果金温铁路修建，再衔接福州到温州连线，甚至南线由闽南地区打通广州，便可使华南半壁江山一齐活跃飞腾起来。然后再扩展到华中、华北。有志者当如此着眼，才有意义。”

李景山处长说：“是啊，这条铁路不仅对温州和浙江，对于整个国家的现代化建设也有重要意义。”

父亲最后说：“说到国家现代化建设的立项，我认为我们国家，处在现代世界的国际局面中，落后不一定是坏事。过去落后，现在开始建设，应要迎头赶上二十一世纪的未来才对。建设国家与地方交通网，如铁路、公路，同时要兼顾到国防大计。人类社会的历史发展，永远不会三世不变的。未来的国际战争，是多方面的总体战，所以眼光要放远点，由落后而变为领先的国家，那有多么好啊！现实世界的事，都是要资源和人力结合才可成功。从中运用资源和人力的，便是用来沟通流动的货币——钱。有句古语说得好，‘无钱休入众’，现在我们需要的更是钱。过去七次未成，也就是缺一个钱字。”

这次会谈虽然没有达成什么实质性的协议，但经过与家乡的官员面对面直接交流，父亲得以了解国内的变化，看法与在美国时已经有了调整，开始萌生了参与修建金温铁路的初步想法。

到了当年的十二月二十四日，温州市计委主任章华表与建委主任陈敬之来香港拜见父亲，特别准备了资料向父亲报告，恳请父亲出面倡导修建金温铁路。这次会谈，父亲还特意安排李素美之弟及法国农贷银行负责人张先生参加。这次会谈十分重要，正是这次会议让父亲下定决心要全力促成修建金温铁路。让李素美之弟参与金温铁路的项目，应该是父亲希望给他一个坦荡荡的做事和投资的机会，让他有机会弥补自己在美国投机做股票内线交易的错误。父亲一生都尽量给人改变自己心性的机会。以前曾有人数次骗钱，父亲次次都给，就是为了济人之急，待人醒悟。这次他依然如此，所以才让李素美之弟参与这件大事。

父亲说：“非常感谢章主任、陈主任两位参加此次会谈，同时也感谢张先生对温州特别的帮忙。前天和章主任曾谈及金温铁路的事，因为无记录，章主任所讲的非常珍贵，所以请他再重复一次，以利在座各位了解。”

章主任回答道：“万分感谢南老师和在座诸位先生对我们的支持和理解，能够代表温州向诸位介绍，是我本人的荣幸。简单地说，金温铁路的建设对温州地区及浙江省非常重要。首先，温州本身是沿海对外开放的重要城市，如果铁路和港口接通，将使得温州成为贸易的转运中心。其次，浙江南部地区的主要物资如萤石矿、木材、煤矿等，及大量的客运，可通过铁路得到方便的运输，有利于经济的发展和人民生活。再次，金温线的建成，可减轻浙赣线的负担，分流浙赣线的物资及江西、湖南、安徽等省的物资，运至温州出口，缩短运输距离，比较方便。最后一点，能改善铁路网的布局。特别是福建省如果将铁路从福州连到温州，对东南沿海的运输将大为改善。”

这时，张先生问了一句：“南方的福州如何？是否有竞争？”

章主任回答说：“此线通车对福州有补足作用，事实上，福州还催促此线的完成。”

陈主任也作了补充：“福建方面也有几个方案。闽北由于建设较差，此线完成，靠海可以此线为出路；从全国纵横铁路网来说，此地区是个空白，一千三百万人口无铁路可用。”

章主任又说：“宁、温、闽地理上很接近，但无铁路，只是靠公路。”

父亲问道：“铁路的建设是温州九县加上其他多个县所期盼的，其实这也是孙中山先生的理想，如果铁路完成，以后再能连通福州、南安沿海而下广州，西接云南，则整个沿海的效益就很好了。但我们先谈这里的建设，有哪些问题呢？”

章主任回答说:“一九八五年年初，中央领导来温州视察，说先建设机场码头，然后再建铁路，原先建铁路的方案就搁置了下来。如今我们码头造好了，机场明年也可以通航，就把原方案又提了出来。原方案按国家铁路的要求，由国家投资设埠，概算要九亿元人民币，由于资金未落实，所以方案就搁置了。以后按照原铁道部长吕老的意见，叫‘固本简末’，先通后备，铁路还要快建，但由国家建设为主改为地方建设为主，标准降低，造价就减少。先搞大站，一些小车站可以暂时不建，这样可以减少很多个小站。原先在青田要搞水电站，它的淹没面积大，铁路标高一点，成本就多一些。现在暂不考虑电站建设，又降低了铁路的造价。由地方来施工，管理费用低，其他方面还可以想一点办法，不按照国家铁路的标准，如减少房道的面积等，也可以降低造价，所以总投资由九亿元降为四点五亿元。但是由于搁置期间物价上涨，今年六月再进行评估，估算需要六亿元。我们再考虑六月以后至施工时，造价还会增加，大概估计得八亿元。”

张先生问道：“您的计划是不是尚未批复下来？”

章主任回答说：“批复主要有两次，一是设计任务书，二是初步设计。譬如设计任务书，若是总投资定为八亿元，则照此设计，容许百分之十的上扬弹性；若超过则必须重新报批设计任务书，必须申诉理由。”

父亲很认真地问道：“由地方出资可以简化程序，加快进度，这样在预算上如何？若引进其他资金又如何？”

章主任回答说：“资金方面以原先的四点五亿元计，国家铁道部出一点五亿元，浙江省一点五亿元，温州市一亿元，金华市两千万元，丽水地区三千万元，这是考虑了运量与运价。按照国家铁路和运价，一吨/公里才零点零一八元多，以此计算，需要几十年才能回收投资。如今按地方造价，与公路运价一吨/公里零点二七元比较，铁路一吨/公里仅零点一二元，而且初期运量约有四百至五百吨，以此考虑九年可收回投资。”

张先生问道：“算法上可能要考虑成本，譬如火车的能源管理支出、物价指数等。”

章主任回答说：“这是静态考虑，未作动态的详细计算，譬如运价可调至零点一四元，煤炭运输每年有一百多万吨，沿线土地增值，火车站附近地皮等考虑开发，若引进其他资金，需考虑外汇平衡。”

李素美之弟问：“铁路是单线，长期效益如何？”

陈先生回答说：“运能上单线可达一千三百万吨，设计上还考虑将来电气化的可能，隧洞预留一定高度。”

父亲又问道：“若是成立合资的公司，分期的资金和铁路分段的考虑如何？”

章主任回答说：“合资有优惠条件，我们从长远来讲，哪怕不赚钱也要建铁路。照省经济规划院的讲法，第一年需一点一七亿元，第二年需三点八七亿元，第三年二点九七亿元，第四年九千九百万元。若建设抓得好，资金足，有可能三年完成。”

父亲又说：“由温州独立与其他资方合作可能吗？是不是阻碍较小？”

章主任答道：“独资不如合资，对铁路我们温州一家还不能说了算，还有丽水和金华，还要请示省里。我的看法是利益必须均沾，地方也出资，老百姓积极性高，其他资金投入对内有好处，对外也有好处。”

张先生问：“是否可成立股份有限公司，发行股票，集合大陆投资及侨资、台资等各方资金？”

章主任回答说："投资合股发股票的办法，为了减轻负担，还可以想办法用投资的外汇去进口国内生产急需的原材料，换回的人民币用来造铁路。投资取得的利润、股息，再去投资创汇的企业，获得外汇利润，对台资还可以考虑搞房地产开发。"

陈主任也补充说："按地方铁路来征地，土地的价格较低，如按此计算股份，则一般人民的价格压得很低，是不公平的，应该大家都公平地算价入股。"

章主任说："地方上要出资，因为老百姓也要入股，对造铁路大家积极性很高，车站附近土地可以开发。至于外方资金进来不一定要现汇，可以进口原材料，外汇可以按照平衡的外汇牌价，铁路投资可用人民币计算，我们外方有侨资、台资；大陆方面有温州、丽水、金华，还有浙江省都合起来，都成为股东，吸收当地的游资，搞一个铁路开发公司。"

父亲说："也许可以成立铁路银行，加快资金周转，发行股票，存放款，可以用信用社的形态。"

张先生说："目前物价上涨率超过利息太高，不大可能有人存款，房地产投资有所有权问题。"

陈主任说："大家买铁路股票，还有爱国爱乡的心态。搞土地开发可以像上海拍卖土地，只有使用权，没有所有权，使用年限一般五十年，最多七十五年。"

会谈过程中，双方十分坦率和诚恳。父亲对会谈结果表示满意，他总结说："我们今天大概有个了解，下一步也许要了解合资上如何提保证，必须考虑各方合作。由股东本身及银行组成，再接洽商业银行。这一次简单的谈话，大家都受益，我们今后各自研究，以后再作沟通。"

会谈之后，章、陈二位主任立刻向温州市领导汇报了详情。很快，在一九八九年一月十一日，父亲就收到了温州市市长刘锡荣先生的来信。信中对省政府有关规定的优惠方案作了说明，并感谢父亲对章主任、陈主任的款待与指导。父亲也在一月十七日回函给刘市长说："有关金温铁路一事，拟在近日缮写个纲要，或者事遂人愿，可能在初夏将亲偕数人返国，在沪上或在温州故乡与阁下诸公亲商大计，一有确定，当力函迅速实施。否则必遣得力分子前来候教，以定方针。”

为了实现上述承诺，二月二日，有事缠身的父亲特意请贾亦斌先生与贾宁、王伟国代表他，在浙江省驻沪办事处，参与专就金温铁路建设一事进行了近五个小时的座谈。浙江方面的与会人员为温州市副市长马云博、计委副主任陈敬之、浙江省驻温州联络处处长李景山和秘书等四人。

会上，马市长介绍了建设金温铁路的意义和工程的大体情况，陈主任和李处长作了补充说明。马市长请贾老会后向中央领导反映金温铁路筹建情况，希望尽快立案批准建设，请他向省领导说明有关情况，争取大力支持，并向父亲介绍内地情况。贾老说：“南老出于爱国爱乡之情，愿意帮助建设，但是我们不能把这样大的事情都压在他一个人身上，应有钱出钱，有力出力。”他传达了父亲的几点意见：第一，建设这条铁路，最好要合资，不能搞独资，要发挥各自的力量和优势，大家合作，共同把这件事情办好。第二，筹集建设铁路的资金要能够专款专用，建设工作能够强力进行，不受干扰。第三，资金问题要有明确计算，以便各自做准备。第四，要用高标准建设金温铁路，用现代的方法管理铁路，为国内铁路建设树立一个好样子。

座谈结束后，马市长立即返回温州，并决定由李景山处长赴港向父亲汇报座谈情况。

父亲听完了李景山处长的座谈情况汇报后，提出了修建铁路的几个基本原则。第一，要与温州市互相合作，单独设立一个铁道公司。“当然要遵守国家的建制，只是有它独立经营的自主权，希望不受层层约束而不能办事。”第二，铁道公司要独资经营。“但我所闻的投资，并非说像美国式的铁路私有私营的独资。我所谓独资的意思就是铁道公司的资金，要专款专用。希望假使投资建路，各方要‘高抬贵手’，不得以任何理由拦截挪作他用。”第三，侨资与温州市本身或其他任何地方性的资金，按照股份分配拥有一定的股权。第四，实行股份制。“当铁道公司开工作业时，同时必须采取资本主义股票上市，与社会主义的合作方法双管齐下，鼓励全铁路沿线的人们购买股票，逐渐推广而使这个铁道公司变为地方性人民所拥有的公司。这是我的理想和希望。”

最后，父亲还饱含深情地说：“我对家乡地方修建全民渴望已久的铁路，并非只是兴趣，实是愿望之一。假使是我的公司或其他公司与温州投资合作，创立一个铁道公司，我并不希望中央政府或省政府补助，因为明知国家的财政有困难，不然，国家人民的路，政府早已着手完成了。虽然如此，但我必须要求政府给予辅助与种种方便。假设仍然是假设，我对于资金的来源，到今天为止，还是没有把握。成功不必在我，我但愿有心人，能使此路成功。行者有其路，大家有路走，的确是功德无量。祈望金温铁路的修建，能尽快吉祥如意地完成，应是全民的福祉，不仅是关于一人一地的好事。”

父亲在谈话中表达了他自己的担忧和希望。但过了一段时间，见浙江方面没有积极反馈，遂于一九八九年四月二十八日，给李景山处长去了一函，说道：

天下事图难行易，往往不遂人意。图易畏难，每每成于意外。为金温铁路事，因弟台等动我以乡情，说陈其大义，使我偏私情谊，油然而生，故不揣力小而任重，才疏而谋大，但不知不觉而困于乡土温情之扰，愈缚愈紧，难脱层层障碍。不知弟及诸公，何以教我。昔人有言：“虎项金铃，谁能解得？”深望董书记、刘市长、章陈二计委策之为幸。

就在同一天，父亲又给温州市政府相关领导写了对于成立金温铁道公司的意向。全文如下：

董书记朝才、刘市长锡荣、章主任华表、陈主任敬之、李处长景山：

在一九八八年的秋夏之间起，直到现在一九八九年的春末夏初，足有半年多的时间，诸公与我磋商金温铁路的合资、合作等事，好像我们双方都在空谈而不切实际。但在我或我所主持的公司立场看来，实际上，不只是资金（钱）的问题，还是怎样可以建立一个可行性的办法问题。资金毕竟是人的智力所造成、所聚集的。无钱固然难办事，但无办法聚财和运用财，有钱也等于无用。对吧？

我的意见：

所谓我的意见，也就等于你们所习惯说的意向。同诸位一样，极希望金温铁路赶快及时修建成功。此其一。

但在此时此地，希望金温铁路快速修建成功的办法，在我及我所主持公司的同仁的意见，最好是与温州市共同合作成立一个专款专用、专业办理有关修建金温铁路的独立的股份公司。公司的名称究竟定名叫什么，这是次要的一个题目，须待真要成立公司时拟定。此其二。

这个独立的铁道公司的成立，必须经国内主管的铁道部，甚至最高层，以及主管省府与地方政府正式批准。此其三。

因此必须先由温州市方面呈报层层上级，请准合法步骤，取得批准公文，准予成立股份合资或合作的铁道公司，才是正规起步。不然，只是温州市与我方两个单独意向，未得上级高峰准许，那也完全属于我们一厢情愿的事，岂不永是空谈幻想。此其四。

关于资金投向：

金温铁路的完成修建，根据目前（一九八九年上季）的计算，约需资金人民币××，等于美元一亿一千万元。此其五。

但在温州市本身，力所能及，可以投入修建铁路的资金，估有约××元。

另及丽水××元，金华××元。这些部分还在未定之前，实在难以做落实打算。那我所主持的公司或同仁必须投进一亿美元左右，才算落实。

无论何种投资合作，一个人或一个公司投进生产经营，先不论股份怎样分配，对于投进资金的利益计算方法，如多少年可以还本，怎样保障还本，利润的计算怎样，必须有一个具体计划落实方案，才好切实策划。但我们到现在为止，实在都不知其详，所以无法肯定。此其六。

如果只需我们公司投资或信用合作，投进少量股份，例如出一百万美元到五百万美元或一千万美元，即可促成铁道公司的成立，不须全盘计划管事，既有利可图，又助人为善，那可以说是我们公司轻松愉快的事，又何乐而不为。

但如要一亿美元的投入，计划修建铁路，配合国家设计与全盘政策，无论在人事及建造与经营管理方面，多方皆需配合大量人才与资金运用，那么，本公司必须极端重视考虑周详。此其七。

至于修建金温铁路的开始与进程中，乃至铁路完成之后，沿线有连带关系的矿产及森林、木材，有落实资料的资源有多少，怎样开发，是否属于铁道公司的有权开发范围之内，必须经与主管矿产及森林资源等有关主管部门依法批准，准许配合。这些，在在处处，都是我们所未知其详的问题。

连带的，如铁路沿线的车站建设，及车站所规划的土地发展等有关问题亦是不详。

因此，我再三希望温州方面能提出详细计划及其要求，我们才好确定怎样办。

同时据我所知，本国铁路对于借贷其他资金来修建是绝对不许可考虑的事，那对于我们公司如要部分引进其他资金投入，亦势所为难，故不得不有所待，才能确定提出我们的至诚意向和可行性的办法。此其八。

总之，上述八点即是我们公司极愿投入共建金温铁路的真正意向与愿望。所难以得知可做肯定投入考虑的碍难之处，企盼示知为幸。

至于我们公司既然在此时此地，投身工商界的大时代巨流之中，虽不及多财善贾，长袖善舞，拥有大资本公司的力量，但商场如战场，也是“运用之妙，在乎一心”。请毋操虑。

从信中可以看出，父亲对金温铁路方方面面的考虑极其全面和深刻，对可能存在的问题和困难有着很精准的预判。他先于温州方面把各种问题提出来，特别是成立股份投资公司和资金投向这两个难题，希望各方认真思考，集思广益，提前把问题想清楚，把方案准备好，尽可能统一思想，达成共识。他提到这些问题并不是出于自身利益考虑，而是为了尽力促使铁路兴建，将来也能使铁路沿线的人真正受益。

虽说在商言商，在当时的环境下，投资金温铁路具有很高的风险，而且回报率低，回收成本周期很长，根本不适合投资。但是，父亲心意已决，一门心思想要推动这一远远超出正常商业逻辑和商业理性的行动，想要为中国建设打开一扇从来没有人出入的大门。所以，他在一九八九年十月二十日，派出尹衍梁及台北薇阁中小学董事长代表自己飞赴浙江，与浙江省代表进行商谈。派这两人，主要是因为他们彼此是长期的商业利益伙伴，而且在政商界关系都很好，懂得如何与政府代表沟通。

经过长达三天的深入研讨，双方在二十二日签订了意向书。浙江方面由马云博等二人签字，香港联盈公司尹衍梁签字，见证人贾亦斌与丁世祥签字。这份意向书的主要内容包含了铁路的修筑规格、合资方式、合资期限、后期管理和运营等方面。

父亲所属的香港联盈兴业有限公司，在签订了合资建设金温铁路的意向书后，迅速调配人员实地踏勘，制定工程预算。同时，公司对铁道部第四勘测院所提供的给浙江经济建设规划院的文件《金温铁路建设咨询报告》进行详细研讨。父亲还专门派尹衍梁与李素美之弟二人进行全线踏勘，和地方政府交流。

踏勘完成，尹衍梁向父亲汇报后，有些不解地说："老师，根据我们的亲身体验，我有个人看法，必须向您说明。铁路投资回收期按三十年计算，较一般投资偏低，再加上利率累进及通货膨胀因素，单就回报率而言，是不宜投资的。如果您非要投资，就不能单靠运费收益，否则回报会很差，必须加上土地资源开发，通过贸易来弥补，投资可行性才能增加。"

父亲听完，微笑着说："从商而言，你的说法不错。但是，金温铁路是关系到浙西南半壁江山的经济骨干工程，价值巨大，影响非凡，我已经决定参与投资，不会因为投资回报率低而作罢的。”

铁路投资的报酬，主要在土地资源，这是各国铁路发展的必然。美国西部大开发时期，主要的发展就是铁路。铁路投资公司要求政府规划铁路两旁若干千米的土地，都归铁道公司所有，同时路权也是私人拥有，政府不得干涉。回顾历史，许多的华人同胞被自己人“卖猪仔”般地运送到美国西部，以非人的待遇帮助建设了美国，累积了这些铁道公司的财富。这些铁道公司至今还是独立拥有铁路路权，政府不能不经协商而动他们的道路。例如因为城镇化的关系，如果铁道公司不同意，地方政府连平交道的设置与变动都无权进行。

尹衍梁和李素美之弟他们都在美国读过书，深知这段历史，自然把金温铁路看作是个会下金蛋的金母鸡，想要从中获取最大的投资报酬。但是父亲是把金温铁路当功业，而不是事业，更不是商业来做。正因为身边再没有不计利益如他的人，所以对于各方，他都需要花费心力沟通良久。

父亲投资修建铁路并不仅仅是一时冲动，他为此做了很多实事。父亲需要更多第一手的资料和分析，一九八九年十一月二十日至二十四日，香港联盈公司再派出七人小组，进行二次踏勘，由浙江省各县计委以及铁四院的人员陪同。七人小组与有关人员举行多次会议，了解铁道计划及沿线资源，并对投资计划提出许多问题和建议。回港后，七人小组向父亲提交了报告。

报告认为：首先，丽水至温州段尚未完成定线测量，且该区地形复杂，施工困难，加之温州地区又为软土区，预估费用会大量增加；其次，如以投资回报率来看，价值不大，且施工时间初步预估四年，是否能照计划完工依然存疑；最后，截至目前，很多资料尚不完备，政策上也有诸多限制，不具备可行性。

父亲感谢七人小组的辛苦付出，感谢他们给自己带来更加详细和真实的资料，但是他的心意并没有因为这份报告而改变，反而劝勉大家一起努力，实现一个超越普通商业价值的更大目标：“如果投资公共建设想一本万利，那我是永远不会去做的，尤其是铁路工程，它不像公路、轨道交通、电厂、钢铁厂、飞机场，它不是封闭式的，因为货运一定是由温州到其他铁路经过的城市为目的地，不能再由金华转运，费时，费力，增加成本。所以一定要同国铁有契约，大家协调，共同协助才能达到目的。加以国内法令规章尚未走向健全阶段，一切以人为出发点，所以一般人不会去投资的，不然，开放这么多年了，为什么没有人投资铁路工程呢！这次我们就是要开启一个例子，只要大家真诚去做，为一个大目标，我是可以理解与完全配合的。但是，什么话都要说在前面，不然开工了，一定会各说各话，伤了原来的和气与目标。”

就这样，为了浙西南的经济发展，为了给合资修建公共基础设施开启全新的合作范式，父亲决定由香港联盈公司参与投资修建金温铁路。

一九九〇年二月二十五日，浙江省政府地方铁道公司代表，与香港联盈兴业有限公司代表尹衍梁，及见证人贾亦斌、丁世祥，正式签订中外合资经营金温铁路的协议书。因为有这件事的参与，父亲也在一九八九年出任尹衍梁成立的光华教育基金会的会长，让润泰集团可以发放光华奖学金助学，后来还与北大合作成立光华管理学院。这对尹先生后来在大陆事业的发展，产生极好的效应，也是父亲对他的回报。

之后，香港联盈兴业有限公司立即聘请会计师参与研讨，父亲亲自指导，并交代清楚哪些事要立即开始，哪些事要准备洽商，由什么人负责，也订出了时间表。父亲对将来可能发生的矛盾有着十分清醒的认识和判断，他诚恳地对公司的同仁说：“我们作为境外资方，在中国目前的环境下投资铁路，恐怕会碰到许多巨大的困难。境外资方为大股东，国家政策会害怕公共建设为境外资方所掌握，所以浙江省会以人地熟悉及实地施工为由，提出作为主导人，我们只能答应。我们作为境外资方，向境外贷款，年息定为百分之六，太过苛刻了。另外，贷款由浙江省政府反担保应该问题不大，但是让中国银行担保，恐怕不会那么容易。即使这些问题都解决了，工程预算如果增加，也应早做决定如何处置，不然，恐怕会影响贷款，也影响工程，更影响股东权益。金温铁路这么大的工程，领导的人是成功的保障，要十分注意人选。浙江做主导，人选的事情不受我们左右。不管怎么样，事在人为嘛，大家同心协力，一起来开启这个史无前例的工作。”

父亲的决定是快速而坚决的，但国内的行政审批却拖延了很长时间。一九九〇年十月二十四日，浙江省人民政府方才送呈《关于浙江省利用合资建设金华至温州铁路的请示》给国务院与国家计划委员会。此时，距离共建协议书签订已经八个多月了。

一九九〇年十二月三日至十一日，浙江省计划经济委员会会同铁道部第四勘测设计院，与香港联盈兴业有限公司，对金华至温州铁路的初步设计补充进行审议。这次审议首先对初步设计主要技术标准、线路走向、站场布置、客货运量和经济效益等方面问题，进行了认真审查和交换意见，对沿线车站布置和近年来的客货运量进行调查核实，并对铁路的效益进行分析。

为了让浙江省政府早日完成金温铁路修建的可行性报告，并送呈国家计划委员会批示，一九九一年一月十九日，父亲专门出具了一份出资证明，作为保证投资之依据：

为完成总投资额约一点七二亿美元的合资兴建金温铁路项目，根据合资协议，本公司负责筹措合资企业注册资金以外，双方在境外贷款资金约一点二亿美元。资金的年利息现定为百分之六，还贷期约为十五年，其中宽限期为五年。

联盈兴业有限公司

董事长　南怀瑾

九月十六日，国家计划经济委员会对浙江省金温铁路可行性报告做了批复。终于拿到国务院的批文了，父亲心里悬着的一块石头总算落了地。从一九八八年开始协商起，到此时国务院批准，已过去近三年，公文与信函一封接一封，人员往来一茬接一茬，会议开了一个又一个，研讨乃至争论一次又一次，来来往往，反反复复，不可胜数，参与的人在变，国家的政策也在调整，但这些都没有影响父亲的决心。他的不少学生劝他说：“算了，老师，您看，别人都不着急，都觉得这事一定不能成，您又不打算从中获利，何必呢？”但是他忍受着普通人无法忍受的被误解的痛苦，一心要带领大家把这条命途多舛的希望之路修好。

父亲决定趁热打铁，把事业尽快推动起来。于是，在十月八日这一天，他致函浙江省副省长柴松岳先生，主动邀请浙江省方面来港商洽下一步事宜。

为了让联席会议开得富有成果，一九九一年十一月八日晚上十点，父亲在住所对大陆来港的温州市孔祥有书记与章华表主任说了许多话，请他们回去如实报告给各级领导。父亲在这次谈话中，对大陆部分机构拖沓的官僚制度提出了严厉批评。他说：“大陆，不能批评它没有制度，它有制度，但它那一套制度是不符合现代化的，不符合开放政策的。每一件事，签约也好，合资也好，你想做一件好事把钱汇进去，做好事都有困难。”他提到，设立温州南氏医药科技奖励基金会算是比较快的了，但也遭遇了银行汇款被压几个月的阻碍。而“现在我们这个铁路，让我很着急，可是拖了三年多啦”！虽然拿到了国务院的批文，但是离动工还早着呢，因为“报了以后还要通过审核，还要经审复，再来以后，后面的事情还多着呢！真正能够动工，起码要经过一年多”。宝贵的时间和精力就这样被浪费了！这样的制度吓退了许多有意回国兴业的华侨，他们实在受不了这个气。“这个受气不是说别的，要这里通过，要那里通过，一件事情要盖几百个章，怎么受得了！”

父亲以自己的弟子李慈雄在上海的斯米克公司为例，希望负责温州铁道公司的人能够吸取成功的商业智慧，既能勇敢地面对既定的社会环境，又能创造性地利用政策空间，推动铁路建设。“作为一个领导人，头脑要灵活一点，懂一点现代化，懂一点国际贸易，懂一点国际开发的应用。用钱跟用兵两个是一样的，会打仗的人呀，会以寡击众，以弱击强。我有一千块钱，我要做到十万块钱的生意，才有本事。一毛钱没有能做了事叫本事，不要有一百万还只做了三十万的生意，那是最笨的人。”

孔书记当即向我父亲提出了改变温州农业现状的设想，父亲听完，点头表示赞赏。父亲接着说："我们再搭一个架子，合资开发农业也可以呀！一路搭上来，对不对？要看人的脑筋动不动呀！"

父亲拿出上次共同签署的关于金温铁路建设的可行性报告给孔书记看，说："这个就是上次签的报告，孔书记你大概翻一下。这个是可行性报告了。这一趟来签的约，我希望能看到这几点意见的回音，不晓得我的表达讲清楚了没有？"

父亲转向章华表，说："你听清楚没有？"

章华表回答道："清楚了。"

父亲接着对章华表说："希望你去，请你做个私人代表，你抛开那个公务立场，以私人代表讲我的意见，那个录音带带给柴副省长、刘锡荣先生等，让他们再听一听。这个意见你看对不对？你看还有别的没有？"

章华表答道："孔书记也在这里，我到杭州把您的意思和录音带带回去，向省里汇报。"

父亲严肃地说："你要把我的意思讲出来，用我的录音带做补充，因为录音带是我讲的，不然大家误会了，说什么章华表呀……这样不好，录音是证明，我的意思是你有财经方面的才能，要动动脑筋，怎么做得更好。今年不行了（指铁路开工，及开工前做些灵活应用资金问题），争取明年春天能动起来。动起来我心里还有一个办法，是希望呀！不晓得能不能够做到。我这个年龄的人，过一天算一天，这个话是真话，人不会拿自己的生死来开玩笑的，我希望明年呀连我那个农业都带动啦！把农业发展计划带动了，那就更好啦！"

这就是我的父亲，他总是事先帮别人想好，避免别人受到误会而受害。所以从在香港开始，父亲便习惯要求每次的会议都要录音。

父亲也对孔书记说："你懂得我这个意思吗？所以我说包括加拿大的水力发电厂也带起来。"

父亲说的这个电厂项目是五天前，孔书记在会谈中提到发展农业时，连带提到计划开发温州栅溪水利枢纽工程，父亲听了很感兴趣，当即要求来自加拿大的学生帮忙向加拿大政府申请贷款。

最后父亲语重心长地说："希望政府头脑要清楚一点，那不只对温州有好处，对整个浙江都有好处呀。这是铁路、农业、水力发电都搞好，对不对？这不是谈生意的问题了。"

孔书记和章主任听完父亲语重心长的一番话，连忙站立起来，庄重地表示，一定将父亲的意见和想法，连同录音带，第一时间如实地向省里汇报。

此时已过夜半，孔、章起身告辞。父亲送走二人之后，并未立即就寝，而是一个人在书房里默默地坐了很久。这样利国利民的心愿，有谁能真正了解？这些事，对老百姓而言是生活的改善，对某些人而言却是利益的争夺。因为众人眼中只有利益，对不求己利的人，几乎无人会相信。就如同达摩祖师面壁不动时，也会有人拿针去扎他、去试他，因为他们不相信他。父亲如此心愿，众人在背后还是不信。父亲一生所教的，无非让人德才兼备，然而世人有德者无能，有能者无德，也没有人能够继承父亲的宏愿。此时的父亲，也唯有默然。

父亲知道，为天下苍生所做的，不过是为所当为，苍生不会有所感动的，因为这是有道之人的分内之事，又不是为别人的感激而做的。得到益处的人，很快就会将其视作当然，而且在已有的利益上，得陇望蜀，还期盼得到更多，哪里会有感激之心。所以大丈夫行事，但求无过，不求有功。故而圣人无名、无得、无知，才是做大事的态度。父亲心中深知，这事会显露出多少人性的缺失，将来必然有人因为其中的利益，因为自己的贪念而自受损伤。而父亲本人也会受人议论、受人攻击。当然还会有人说，这件事不是父亲之功，而是自己之功。虽然如此，父亲早就已达毁誉不计的修为，故而能安然为之。

按照父亲之前的邀约，合资会议原定于一九九一年十二月十八日在香港举行，但由于浙江省领导出境须呈报国务院批准，所以只好延期到第二年的一月十五日。不久，浙江方面寄来金温铁路合资草约。果然，草约的内容并未如父亲设想得那般顺利。合资修建铁路，兹事体大，父亲请公司负责人尹衍梁、陈定国等人，共同研读，各抒己见，达成共识。父亲在一九九一年十二月二十三日，修书给李景山处长，请他转呈浙江省柴松岳副省长等人，表达了自己对草约的看法：

温州联办李处长景山请转

刘锡荣先生

柴省长松岳先生钧鉴：

寄来有关金温铁路合资草约，经分别征求本公司有关负责人员尹衍梁博士、陈定国博士等人负责研读结果，各抒所见，对此草约稿件，或多或少，均提出贡献意见，俾供修改参考。因文繁字密，暂不一一寄上，唯将尹衍梁所提意见稿传供参考之一。其他如陈博士等意见，最主要者有二：一、未见明确提出借款担保者为中国银行。二、未能先行预订，讲铁路股权将来可以上市（即我往日所说：将来铁路股权，可创立在社会主义新模式、新架构之下，类似股票上市，俾沿线各地人民可以买卖铁路股权，共同拥有及维护铁路等利益）。有关上面第二项构想，事非不可行，只在经历经验及时机问题。我想，大家意识思想，尚未开通之前，似乎极为惊讶，不能想象。其实，实为轻而易举，由此先例，可供国内进展之最好参考，例如上海斯米克之事实。不过，亦可暂不写出，待双方会议时面谈。所以我预先说明收到各方意见之资料如此而已，并未定论。因此事尚需由中央了解同意，是为最要。

其次，有关省方与诸位莅港会商时间，我已知道势有所阻，不能照预期到达。此事可延迟一点无妨，且待贵方通知，另订日期，另办手续。

另外，我经闻不确传说，及所见各报章之报道趋势，如金温铁路之开建设由铁道部直接与省府及各方合办，亦是好事，“成功不必在我”。无论是浙江省府、温州市府，以及本公司或本人，只有一个共同愿望、希望，极诚恳的希望，只要国家好，铁路修得成功。不管是哪方面，或谁的成功，都是额手同庆，是天大的好事。所以说，如果铁道部有意接此案，我们可以重新讨论，促其早日完成。

近因事忙，未及随时与诸位联系，歉甚。今特此奉知。

即祝

新禧

南怀瑾

一九九一年十二月二十三日下午

最后附告：金温铁路，无论在任何情况之下，务必促其速成，在我并无丝毫退悔之意。此望了解。

在当时国内的政策环境下，父亲对金温铁路的看法显然是超前的。他一直希望通过股份制来募集资金，利用铁路相关县市特别是温州的民间资金来修此铁路。父亲的心愿并非仅仅是修建铁路，也不限于对铁路沿线相关土地、森林、矿藏等资源的连带开发和利用，以此来保障本息的支付，他更希望的是通过开创全新的合资模式，为中国的经济发展探索出一条可以借鉴、复制的路子。

父亲是在国内改革开放时期第一个提出使用民间资本，用股份制的集资方法来投资公共事业的。后来有些地方航空也用这个想法，顺利地让民间资本参与了运作，成为国内早期资本市场的成功案例。

终于到了双方正式商谈合约的日子了。一九九二年一月十五日，浙江省方面的代表悉数到港。毕竟此事已经谈了三年之久了，所以双方也不客套，开门见山。父亲、李素美、尹衍梁、陈定国、曾律师、王伟国、蔡世亮等人代表港方出席。一直不是非常支持这笔“包赔不赚”生意的尹衍梁博士率先发难，他严重质疑合同内容的合理性。

尹衍梁博士的语调有些激动，他质问道：“当初我们是同浙江省在协商，怎么签约时又变成同浙江省的一个地方铁道公司签约了呢？这不是降低了合作对象的等级了吗？我无法接受！”

看到浙江代表方面没有人回应，他停顿了一下，继续激动地说：“本来，按照投资回报率来说，修建这一条铁路需要二十年到三十年才能回本，这是国家应该做的事情嘛，绝不是一个投资者应该做的事。而且，按照我们之前的合意，如果不给合资公司车站前面的一千五百亩土地，以及相关的土地开发、贸易、矿业、海港的业物，二十年内都无法回本，这还有什么投资价值？现在合约里也没有这一条！如果这两个问题不解决，这个合同是没有办法接着往下谈的。”

港方的人听完虽然没有说什么话，但他们都支持尹博士，因为他们都知道，依照公司的专业评估，修这条铁路，以桌面上的这份合约而言，在商业价值方面，肯定是毫无利润可图的。囿于父亲的坚持，他们没有再说什么，不过他们的默默颔首已经表明了立场。而浙江方面的代表自然心知肚明，但是迫于一些现实的因素，他们知道自己能做的决定有限，无法给出直接的回应，所以都沉默无语了。

气氛一下子显得有些尴尬，甚至有些压抑和沉重。父亲逐个看了与会代表一遍，看得好些人都低下了头，过了一会儿，他站了起来，动情地说：

如果以投资的角度来谈，就绝不能参加，因为再笨的人也可以把钱放在银行生利息，也比投资这个铁路好。不过修这条铁路，不是投资，而是做一件社会福利事业，更是为中国公共建设开一个例子，它的意义就很大了。可惜我的学生们没有理解我的想法，就是浙江省政府的代表们也不了解，以为我只是为家乡修一条铁路，爱国爱乡而已。所以大家开了好几天会，还是在那里争来争去。我老实说，如果我明天死了，你们这条铁路还修不修？除了我，今天不会有一个企业家商人来投资的。所以你们好好把握住时间，我说过，这个合约我一定会签。可是你们也要知道，骗人也要点东西啊！什么事都站在自我的立场，没有想到我们是合起来成立一家公司来修好铁路的。现在不做好准备，开了工没有钱了，怎么办？我是在协助你们呀！怎么连这个道理都想不通，只知道这个要报批，那个要报批，为什么就不能负起责任，为国为民来做事呢？为什么什么事情都怕成这个样子呢？好像这条铁路是为我修的，天下的事，哪有这个道理呢？

我一生说出的话，一定做到，我做一件事，只问它应不应该做，该做的，我一定去做。这条铁路大家企望了八十年，修了七次都没有成功，今天我就决定一定要修，不是为我，是为了要开启一个大例子，中国政府的公共建设可以和其他资方合作。因为不如此，不能加速国内的公共建设。所以我们不去打开这个关闭的大门，那么几十年都不会有人打开这个大门的。但是如果我们打开了这个大门，以后的人就好走了，政府也就会修改法律，就不会这么批来批去了。创造一个新境界，领导这个时代在变的人，永远是辛劳的。我希望大家知道我的想法，我的目的，我不是在投资，我是在做一个笨人而已。你们说什么台商，就是不懂得宣传，我明明是港资，总要加上一点政治色彩。你们知道，修这条铁路，既不是政治目的，也不是经济目的，只是开启一个例子。你们看，送钱去，都得等三年来来往往的批文，这个大门，我们不去打开，谁愿意做呢？

父亲说完后，也不坐下，还是用他那含着深意的目光看着大家。大家一听完，犹如“醍醐灌顶”，仿佛瞬间超越了诸多的藩篱，心里透亮了许多，并且生出了一股勇气，决意要和父亲一起打开那一道道沉重的大门，开启一个伟大的具有示范性意义的例子。

接下来的十天时间里，双方会议代表在父亲的协调下，认真磋商，对合约内容字斟句酌，终于在一九九二年一月二十六日正式签了字。李素美总经理代表香港联盈公司签字，浙江铁道公司代表也签了字。父亲和柴松岳副省长作为双方的见证人也在合同上签了字。这是中国历史上第一个合资修建铁路的合同，自发起动议开始，历经三年有余反反复复的“公文旅行”，终于修成正果。它浸染了父亲无数的心血，具有十分重要的历史意义和价值。八十年前由孙中山先生开始规划的这个梦想，在父亲的不懈努力下，也终于照进了现实。

因为这份合同的签署，原先反对的商业代表们，反而成为国家进步的推手，他们在日后的中国发展中，深受优惠，得到各级政府和社会各界的敬重。父亲教做人，第一就是以“义”不以“利”出发，这些原先只知道计算利益的生意人，随着这个合同的签订，也得以提升了自己的品格。他们也因为金温铁路的投资，加速了中国整体经济的发展，并很快在市场上有了其他的回报。这也是父亲的为人，用迂回的方式，回报了那几位重利重得的随行者。

所谓好事多磨，金温铁路的建设正应了这句老话。双方签订了合同，按理应该进入实施环节了。但是，根据当时的政策，还须报送北京核批。为了尽快拿到批文，父亲专门派李素美总经理与杨先生一起进京，请求许鸣真先生大力襄助，尽快玉成此事（许鸣真先生与父亲的结交过程，我在后面再作介绍）。父亲连夜写了一封信，请李素美总经理代呈给许鸣真先生：

鸣真先生吾兄左右：

屡蒙存问风寒袭染之疾，至为感激。其实，身病尚轻，心病较重。四十余年家国，八千里地山河，彼此情怀，不言可喻。尤以我以衰暮之年，童心未泯，贸然承诺乡人修筑金温铁路一事，虽于春间病中草率签约，及今环顾国内情况，实多初所未尽周详，乃至葛藤不少，亟须料理，方可从事。但在国内我乏得力良友，唯吾兄诚笃长厚，可以输诚信任，故特命李总经理素美偕同马小姐上京面陈详情，恳请贤父子鼎力助予解决，则不但我个人之幸，亦可谓东南半壁之幸也。

溯自两三年前，初谈金温铁路投资，我已断定国内不是无力构建，实乃政策之不善所致。但因地方首长谬以十余县地方福利，一两千万人民渴望相勉，便慨然投袂而起，允为设法合资。初意待此铁路兴工，即将鼓动福建衔接而上，修筑福（福州）温（温州）铁路，先以沟通闽浙两省与国内联线，然后再加鼓励，由福建兴筑南回铁路以接潮（潮州）汕（汕头）至于两广川滇，便可全通。为此，则华南一带起步腾飞，逐渐影响国内各地。

此为当时狂心构想，如善策善筹，海外侨资，应当有人关怀桑梓，闻风而起。若以合资模式为之，或许不难。

但我所倡之合资修筑经营方式，虽名为公司，实非外国铁道公司相同，依我开始倡导，以“共产主义的理想，社会主义的福利，资本主义的经营方法，中国文化的精神”为主。待铁道公司成立动工之时，既以有价储蓄证券之股份方式，投销铁路股份于沿线人民。为此：一则，可以吸收个体游资，化为国家社会之经济实力。二则，铁路修成，我所投资之股份撤出，转移从事国内农业水力等所需兴办实业。倘能照此方式，则可一资多用，借力用力，所谓一举两得，三全其美。

此为距今三四年前构想，时至今日，国内个体存款，与日俱增，即为温州一市，闻已近十亿美元之数，固然未出所料。若果如此，则此类游资，不善为吸收，始终将成为社会之赘疣，徒见表面富裕而必实受不良之害。

为之，特恳贤乔梓鼎力相助，趁此铁路合资经营公文尚未正式批复之时，先与体改会部门，请示商酌，准许金温铁道公司有价储蓄券或股券在国内有条件发行，必当由此而带动市场，欣欣向荣无疑。

其实，初约我方与浙江省合资修筑，实亦我之大意失策之过。其实，应当邀请铁道部或如贵公司者有关部门，与省方及投资合营者通力合作，方为善策。如此举可行，趁此正式公文尚未批复之前，亦可妥善筹商，婉转变更，以期完善。此外，合约所列，有关矿业、房地产建筑及贸易等条件，实乃统为铁道公司成立后之整体利益而议，并非专为本公司投资获利设想，此乃我所一贯主张，望各主管部门，尤须了解。至如外经贸部有所疑问，应属此故，望予说明为幸。

此次与李素美同时上京，为金温铁路作说明者，尚有浙江省杨总经理等数位，希随时约见，以备咨询，并希指教。

近闻杨先生斯德欠安，便中盼代为致候。倘已康复，必关心老友，或可相助一臂。李素美亦与杨先生相识，请吾兄临时斟酌。临书，仓促，言文不详，高明如兄，当能体谅原意。余不督及，统由李素美面详。

肃此即颂

崇安

许鸣真先生收到父亲的信函后，复信说，经贸部总的态度是支持的。对合同中要求修改的条款有三类情况：其一为个别笔误；其二为文字表达不确切、不完整之处；其三为与国家现行法规不一致者。他表示，对第一、第二类问题，可同意做适当调整修改；对第三类问题，他打算进一步向经贸部做工作，争取在保留原合同确定原则的前提下，变通处理，尽量少改。

父亲收到信后，于四月二十二日回函，对所谓的“第三类问题”直言不讳自己的不满：

许鸣真先生左右：

日前彼此传真言金温铁路事，先生指示意见，均极正确。昨日陈定国博士返港，面告曾得浙江方面电话商改原签合约内容，听来多属主管不明大原则，且不顾国家所定律法，徒从本位立场，周纳挑剔，虽曰不无理由，终觉不详大计。千古公家办事官吏，皆不出此例，殊为可叹。唯承先生毅然允为指导。我等自皆信任无虞矣。诸望代为主持决议为幸。倘若有不通之处，我意暂可延搁，亦无妨碍，待先生南来，有所决定时，则一条铁路，反成小事一件，届时当可迎刃而解，光景更有大于此矣。专此即颂

安康

许鸣真先生深切地感受到了父亲在文字中透露出的焦虑，所以他又回了一封信详细地陈述了其中的困难，并表示自己将正视困难，尽力完成“先生嘱托”。

合同签署快四个月了，却迟迟没有收到中央政府的批复，父亲少见地表现出焦灼的情绪。五月十八日深夜，他写了一封长信给正在上海出差的李素美姐弟，给他们鼓励，让他们继续努力，不要放弃希望。其实，这何尝不是他给自己打气呢？他在信中坚定地说：“金温铁路必定要建造起来，这是我承诺了的话，言出如山，必须做到。除非国内政府政策不需或不许建，那

就作罢。”他叮嘱他们要认真、仔细、严谨地研究修订契约，并要求“合资公司的办事处或筹备处，对于公司的组织及人事的安排，尤其各阶层的职务及各职责的待遇，应立即建立会计的规模，立订条规”。他语重心长地希望他们切记：“我们都是中国人，中国人的好处不必自吹自擂。但中国人的劣根性，就是人与人之间相处，意见很难融洽，猜忌太深，自我太深。我一生在外做人做事，总勉励自己做到‘疑人不用，用人不疑’。我尊重任何一个人，希望自己做到‘严以责己，宽以待人’……现在我们既为了一个目标，如何做好金温铁路，造福社会人群，要心心相印，忘小嫌而顾大局，团结力量，争取成功，便是第一要义。”他鼓励大家：“任劳容易，任怨很难，望诸位争勉之。”

过了一个月，还是没有收到任何音讯，父亲又写信给许鸣真先生，再一次表明自己坚定不移修建金温铁路的心声：

许鸣真吾兄左右：

公等此行南来，彼此忙于大计，未及细谈衷曲，深以为憾！尤其有关金温铁路一案，实为此时此地我之心病，垂暮之年，童心未泯，颇深自责自悔。在一九八七年冬季，温州来人，商谈金温铁路，我曾提修建地方铁路浅见，惜因来人均因年少未深世故，未将我之意见呈报公议，致有以后一连串疑难。既往不咎，今不重复。

现在金温铁道公司一案，虽经国务院诸公批准，但有关合资确定契约，尚在与省方（浙江）沟通了解，我对国务院诸公特予批准的明智器度，公谊私情，均深感佩。

即此一举，我当特别声明，金温铁路的修建，言出如山，必定实行，此亦义无反顾的事。目前迟疑关键，唯在实行合资修建此一铁路的政策方针实在需要恺切商榷。

此举不但专为金温铁路着想，实亦为我国家社会进而修建各个地方铁路的先声模式，可以由一良好完善的规模，号召海内外及华侨回乡报效国家的先导。

国内政策，自开放以来，意愿回国投资修造铁路、水利、农业开发等根本国计民生的投资，直到目前为止，恐怕绝少其人其事。因所谓投资开发，必须具有商业利益，在私人或公司集团方面，谁肯在收回成本利益需要二三十年的时间，做此呆事。这是很明显的事实，但却居然有人要做此呆事，其故无他，因以我童心未泯的知见，认为历史事实，大多是呆人所倡导出来的，何妨一试。但在过去三年多屡次商谈中，我及公司同仁，认为不能沟通的要点始终有二：

一、以合资修建铁路，除本投资公司应该自备的投资资金以外，其余需合资公司贷款的，应由国家银行担任贷款保证。此事直到现在，还未鲜明落实，所以望而却步是理所当然的。

二、我在开始商谈铁路修建，提出民国初年经验，修建浙赣铁路时，是采用公债办法完成的。这一地方铁路如不用公债方式，而可以准许合资公司发行铁路储蓄券、保本有息的办法。等于铁道公司发行股票，但非一般商业股票。而且早在三年前提出意见，认为国内一定会有股票上市的一天。但在国内来人，因我年高，虽未嗤之以鼻，唯有报之以不可能的微笑而已。而今果然未出所料，事实俱在，幸而未失远见之明。

但过往不论，我今特别全权委托老友吾兄者，务望在本月二十二日左右，李素美晋京之间，恳请吾兄代表鄙人向相关部门进言，希望真能办好金温铁道股份有限公司的事。一个目标，三个请求。

所谓一个目标，即我一贯主张：共产主义的理想，社会主义的福利，资本主义的经营方法，中国文化的精神。

三项请求：

一、由中央或铁道、外贸、矿务等部门以及浙江省加入股份，重新签订合资股份有限公司契约。

二、准许发行金温铁路储蓄券。一则可以吸收温州等地过分发展的个体户的游资，以安定社会经济。二则使铁路建成之日，即将该铁路归之于国家人民所公有。所谓我个人领导的投资的公司部分，亦可功成身退，不负初衷。

三、金温铁道公司如需向外国贷款，应由国家银行担保。此举必须准备在案：

1. 因有几个外国银行已与我方接洽，极有兴趣与意愿。

2. 如铁道公司得到准许发行储蓄券办法，依我观察，极有可能不需向国外要太多贷款，但可与国外银行商洽以铁道公司贷款名义，转做其他有利于国家社会事业，岂非一举两得，三全其美。

总之，我为此事，确有坐立未安之感，故请吾兄鼎力为之周旋。倘有必要，我自必揣冒昧，望吾兄特此函晋见杨主席或江总书记，或邹副总理诸公，望赐从旁协助，惠予其成，则金温铁路沿途十六县地方两千万人民，当额首庆德矣。

肃此即颂

德安

南怀瑾拜

壬申仲夏一九九二年六月十九日

转瞬之间，合同签订已经八个月了。父亲托请许鸣真先生亲自出马，在北京四处奔走，终于让中央同意了合资修建金温铁路这一具有突破性的先例，而具体的合同细则还需要进一步协商讨论。正是由于父亲的不懈努力，相关人士的积极沟通，才打开了其他资方与政府共建铁路的这扇大门。这是中国历史上的一件大事。

许鸣真先生在七月十一日给我父亲写信，向父亲说明了他与董宏等人讨论的工作计划，请父亲定夺。

过了半个月，父亲又修书给许鸣真先生，表达了与许先生的深厚情谊，也感叹自己毫无私心修建铁路却被误解称为“原债务人”的无奈：

请转许老鸣真先生：

久未通候，系念为劳。每念清谈，神驰左右不已。上月末有绝句一首，未曾面呈，今特补述，可以想见此中情怀矣。

百年世事未能平，
造化无端苦弄人。
抵掌细谈天下事，
相知唯子许鸣真。

诗实不佳，但情怀真切，阅之当博一粲。

有关金温铁路一事，此次经董宏、王伟国等在京就教，复经董宏起补充协议稿五条，我即同意签字。孰料浙江省府方面仍在咬文嚼字，尚在拖延阶段。前日传来修改第五项利率，阅后不禁令人慨叹。不料所谓方面重寄诸公，于政治、法律的文字修养，如此颟顸，实在可笑之至。

今将原稿改涂原样奉上，借公知其末。涂改及批字，皆我亲笔所写。如“严格”“担保事宜”“仍”等，皆属不必要的衍文赘字，从事政法者，应当精练字句，不可只叫口号。

至于指乙方（我们）为“原债务人”，简直可笑可气。我们好心来为国家社会建设铁路，负责向外借款，是为公，不是为私，怎么可称为“原债务人”。如此舞文弄墨，如此不通，先认定为建设投资者为“债务人”，岂不令人寒心之至。

此事至今尚未落实，未落实之故，实对方处处不通时务。并望将我改之件交董宏老弟一阅，也博其一笑。

匆此祝好！

八月十二日，合资兴建金温铁路的合同经过反复修改终于敲定。

十四日下午，父亲又写信给许鸣真先生：

许老鸣真左右：

久未通晤，甚念，诸望保重。

金温铁路补充协议及修改契约等件，已由浙江省府签字寄来，我处再一审阅，约于一二日后签字寄去，到此阶段，再观后效，势必先行起步。凡有举动，必一一报告兄知，以便指导。

至于吾兄远行访友一事，依我之见，必待双方负责人有回复，方好成行。尤其小公司方面，书生主事，疑虑多端，更须以白纸黑字为凭方好。总之，处事方法，统因时间空间而因应，缓急轻重，各有妙用不同，但有时，须记水停百日则生蛆之古训也。专此即颂

时安

父亲看到了报纸上关于国有铁道公司化的相关报道，这是在法理上为金温铁路的建造做了背书，允许以前一向国有的铁路转化为公司运作。一知道这个消息，父亲连夜写信告诉许鸣真先生，并再次表达了对他的感激之情：

许老鸣真先生左右：

顷接八月二十二日《工商时报》消息：国有铁道公司化之传说，阅后深庆睡狮的中国，终于清醒了。可见诸公的晋言有力，政府的明智可嘉，只要国家先行富强起来，至于金温地方铁路等事，已属小事一件，况且成功不必在我，又何足道哉！情不能已，特此转致该报片段。并望便中代向当道诸公致敬。专此即颂

时安

一九九二年八月二十四日凌晨一点

有志者事竟成，一九九二年九月十八日，“中央政府”正式批准合资修

建金温铁路！香港联盈兴业有限公司总经理、金温铁道开发有限公司董事李素美，正大集团副总裁、合营公司董事陈定国，合营公司董事王伟国等一行五人，和联盈公司国内事务总顾问许鸣真，与浙江省代表丁世祥、马云博、俞邦飞、章华表、李景山等人，在杭州共同商议金温铁路项目实施方案。浙江省省长葛洪升、副省长柴松岳会见了与会者。会谈开始时，播放了由李素美带来的父亲的录音。此时，父亲的身份是联盈公司董事长、合营公司董事长。在录音中，父亲向与会者保证自己一定会按照承诺筹集资金。“既然我答应了就要做，世界上的钱是人找的，至于其他的钱向哪里贷款再讲。”他宣布，公司方面李素美是代表，老朋友许鸣真先生是自己在国内金温铁路的全权代表，也是文化事业公司的全权代表。

根据规定，合同签署后三个月内，第一期资金就应该到位，但是，实际上，为了表达诚意，尽力促成，还尚在合约修正之时，父亲就让联盈公司电汇一千万美元到温州办事处。在合约签署之后，双方均按照规定出了注册资金。万事俱备，可以开工了。经父亲亲自选定，正式开工的日子就定在一九九二年的十二月十八日。

开工前一个月，十一月十八日，金温铁道开发有限公司正式成立，父亲因为其他事情，未能亲临现场，全权委托许鸣真先生作为自己的代表，同时发来一篇长篇贺词，表达了对铁路即将正式开建的激动心情，也表达了对于修建铁路可能带来负面影响的担忧：

金温铁道开发有限公司成立大会，牌左为许鸣真先生，右为李素美小姐、柴松岳副省长

诸位首长、诸位来宾、诸位金温铁道公司同仁，以及乡亲父老、兄弟姊妹们：

首先我向诸位恳挚敬礼，我因事羁绊，不能亲自到场为今天的开幕盛会致贺，极为抱歉，敬请原谅！

我们的家乡温州，以及浙南等十多个县的群众，大家所期望修造的金温铁路，到今天总算是美梦成真，即将开工建造了。能够有今天的开始，其中艰苦，得来不易。我只能用比较轻松的古诗来形容："云里烟村雾里山，看之容易作之难"，以及"洛阳三月花如锦，多少工夫织得成"。

在三四年以前，我由美国初到香港，逼我出来倡建这条铁路，首先发动的，是浙江省在温州的联络处长李景山，他奉了刘锡荣市长（书记）的意图来向我做说客。后来，跟着有计委主任章华表、副主任陈敬之、温州市副市长马云博等人。甚之，刘锡荣书记亲自带人出境恳商。刘锡荣书记曾对我说："这条铁路修不成，我决不离开温州，而且死也不甘心。他的心愿，真鼓动了我，使我肃然起敬。"

后来，又有孔书记祥有、陈市长文宪，以及省里的上级主管柴副省长松岳等，都相继往返两地与我碰头，也都是尽心尽力，志行如一地为这条铁路奔走呼吁。人总不能忘本，饮水思源，所以我要特别提出这几位首长的苦心和辛劳。他们才是这条铁路的真正催生者。

到现在为止，联系促成这条铁路的修建，我所主持的联盈兴业有限公司的董事同仁们，也是最有助缘的功臣，将来再说。

在这段时期，其中辛苦备尝促进不懈的，要算王伟国、李素美，实在功不可没。至于为筹集资金而奉献的，还另有其人，将来再说。

还有我的老友许鸣真先生，一直默默无闻地为我在国内代劳，而且从今以后，更要劳烦他的事太多了，真有"情不能胜"之感。今天又蒙他不远千里来亲自代表我参与其事，除了一声谢谢，其余都尽在不言之中了。

……

以上所说的，是对修建金温铁路前行人事的实际报告，古人所谓："前人种树，后人乘凉。"这是先要告诉后来乘凉的人们，不要忘记先行种树的人的苦心和功劳。然后我要对温州和金温铁路沿线诸乡亲们奉献几句话：在二十世纪八十年代，我身在海外，已知道温州同乡抢先自行开放，以个体户来做工商业，非常成功，因此带动了温州的繁荣，成为全国注目的地方。现在温州已成为珠光宝气、争富斗艳的社会。但是社会的富有，虽已小有可观，而在人文文化方面，却还不尽如人意，固有文化中的“永嘉学派”与“金华学派”，甚之说“浙东学派”的实用经世之学，与勤劳、节俭、礼义相尚的风气几乎今不如昔了。古人说：“仓廪实而知礼节，衣食足而知荣辱。”我极诚心祈求温州的乡人们，应有切实文化反思的勇气，贫穷可悲，富有更可怕，贫穷使人没有活下去的勇气，富有如失去理想，更容易使人堕落造孽。

金温铁路是开始修造了，须知修造一条铁路，是为子孙后代造福的社会公益事业，能不能修得成功，是靠大家上下一心，众志团结来完成它的。我们同仁，凡是为金温铁道公司所力争的利益，只有一个目标，都是为修成这条铁路而争取一切利益，并非为了投资赚钱。如果大家认为铁路要开始修了，我们要赶快把握机会炒地皮，抢利益，不顾公众，而只顾自利，那便是我们为修一条铁路，变成为人民造孽，不是公益的事了。

就我个人的理想与希望来说，修一条地方干道的铁路，不过只是一件人生义所当为的事而已，我们真要做的事是要为子孙后代修一条人走的道路，那是大家真要做的大事业。什么是人走的路呢？让我借用宋儒张横渠先生的四句话来说便是：“为天地立心，为生民立命，为往圣继绝学，为万世开太平。”这样的目标，是我所期望来会诸公，以及金温铁路的同仁，并与故乡父老，兄弟姊妹们共同勉励的人生大道。

南怀瑾　敬礼

许鸣真先生、柴松岳副省长、李素美总经理分别在公司成立大会上讲话，无一不对父亲在促成合资修建金温铁路上付出的艰苦卓绝的努力表示敬意和谢意，也都表示各方将充分配合，精诚合作，同心协力，如期建成铁路。

终于到了开工的日子——一九九二年十二月十八日。十二月十六日，浙江省人民政府给父亲发来邀请电函，请父亲出席开工典礼。父亲收到邀请函后，自然是按照他一贯的风格，婉拒了这一邀请。在父亲看来，开工典礼虽然重要，但真正做起来才是更加重要的。他当即回电表示：

浙江省人民政府执事钧鉴：

顷接尊府发来邀请明电嘱于十二月十八日到缙云仙都参与金温铁路开工典礼，不胜荣宠之感。实因繁务羁身，未能如命为歉。此路今能开工上道，皆因尊府诸公决计之功，我当致敬致贺。余恕不赘。

复因来电未附出处，且未具名，故请陈市长文宪先生代转。请谅察。

南怀瑾叩上

一九九二年十二月十六日

与此同时，父亲也给在丽水的香港联盈兴业公司的各位同仁致电：

李素美转交许老鸣真先生或陈定国博士：

致金温铁路开工典礼大会贺词：这次金温铁路的开工上道，足见各级政府首长和部门的同志们为国家建设，为人民谋福利的决心和勇气。尤其是各地人民自动自发的欢欣鼓舞，给予我们更大的信心和谢意。由于政府与人民力量的结合，修建这条铁路的工程，必定是指日可待。为此，至诚敬祝大家后福无穷，功德无量。

南怀瑾敬贺

一九九二年十二月十六日

开工典礼前一天的晚上，父亲难以抑制内心的喜悦，给老友许鸣真先生拨通电话："我现在心情很激动，我知道明天就要开工了，我和浙江省的各级领导，和浙江省特别是浙西南铁路沿线的人民一起共同庆祝铁路的破土动工。我和家乡父老兄弟一样感到欢欣鼓舞。我和大家的心是完全站在一起的，我和大家的心是完全相通的，我们为了把这条幸福的铁路早日建成，促进浙江特别是浙西南经济的繁荣和发展，为人们的幸福做贡献。”

不管之前经历了多少曲折和波澜，金温铁路终于正式奠基了。当日，开工典礼分别在缙云、丽水、金华、温州等地隆重举行。十多万民众自发前来参加，竞相见证这一值得纪念的历史时刻。在缙云举办的开工典礼是由柴副省长主持的，父亲的代表许鸣真先生、浙江省葛洪升省长分别发表了讲话，最后由柴副省长宣布开工并奠基。

需要补充说明的是，选定十二月十八日作为开工典礼的吉日，是父亲的决定。在香港和台湾，开工、开业或者其他隆重庆典，都要看皇历，选择一个好日子，有些甚至请风水师算，这是中国一个传统习俗。不知父亲是否有意为之，但是从皇历上看，这一天并不是所谓的“黄道吉日”，当日上午，天气很不好，又是刮大风，又是下大雨，这让大家十分紧张，怕典礼无法按时进行。但是就在典礼开始前一会儿，风停了，雨也不下了，太阳高悬，碧空如洗，典礼顺利进行，皆大欢喜。但等到典礼一结束，又下起了大雨。父亲有无预知天象之“神通”，大可不必纠缠，不过，就典礼当日的天气变幻而言，倒与修建金温铁路的准备过程一样，前前后后充满着风云变幻，好在经过父亲和同仁们的坚持和努力最终拨云见日，旗开得胜。

从决定修建到正式修建乃至于修建过程中，按照现代商业规则而言，父亲所属的香港联盈兴业公司可以说不时打破商业成规，处处维护浙江省人民政府威信。这种合作模式，在当代西方成熟的法制体系和商业环境里，是很难想象，也是根本不可能实现的。那么，为什么父亲要坚持这么做，而且把事情做成了呢？其中的根源在于中国传统文化的信义为先的精神。父亲的真正高明之处在于，他以谋事在人的态度把中国传统文化与西方现代商业理念结合起来，融通汇合，而且慧眼识珠，安排得当，规划有序。金温铁道公司的宗旨、业务、组织、管理与指标、规划，凡此种种，父亲虽身在香港，却对之了如指掌，成竹在胸。这些在父亲写给金温铁道公司同仁的第一号函中体现得淋漓尽致。在信的最后，他激励大家精诚团结，共克难关，分享胜利果实："举一个譬喻来说，凡做一番事业，譬如一头狮子，要猎取食物，它都要以高瞻远瞩的眼光，细心谨慎的动作，所谓'大处着眼，小处着手'，当其决心动作时，无论对象是人，或是一只小老鼠，它都要施尽全力来博取。我们如懂了这个道理，与其分散力量，各自想求表现，拼命咬抓一只小老鼠，那所花费的精神能力，可以说：所得者少，所失者更多。如能集中群力，团结起来，抓好一个大目标，那就大功告成，大家可以分享成功的果实了。"

再者就是父亲从道家的"生而不有，为而不恃，功成而弗居"，儒家的"仁"，释家的"无缘大慈，同体大悲"的教导中演化出来的心性。他也曾在成都金陵大学社会福利行政特别研究部选读过，所以一生所为就是以众人的利益为利益。到目前为止，这条铁路，他本可以不参与，却为民参与了；签约对象由省政府变成一个地方公司，这样的毁约，他可以拒绝，却大度接受了；批准以后，又有多方牵制，他应该放弃，却刚毅坚持了；地方为了个别的利益，开发建设人事的安排，他无须顾及，却妥协退利于人了。因为名词虽可百变，却只有一个不变的宗旨，就是以苍生为念，所以父亲承担了这一重任。

二、为求妥帖心常苦

公司成立之后，父亲做了一个令人瞠目结舌的决定：交出大部分股权！

正在金温铁路的修建逐渐走上正轨，父亲开始松了一口气的时候，不料中途出现了一个“捐款门”的事件，让他不得不出面协调。

原来，温州市政府在开工之后，决定开展一项金温铁路配套工程，由于资金不足，便向海内外发动捐款。但由于没有说清楚，不少捐款的人打电话给父亲，说自己帮助他捐修了铁路。父亲听到后错愕不已，赶忙叫人核实。父亲对修建铁路的功劳自是不争，但流言纷扰，对为修建铁路付出极大心血的人而言却是极大的不公。父亲不能听任事态进一步往错误的方向发展，特意于一九九三年一月五日致函温州市长陈文宪先生：

陈市长文宪先生勋右：

顷接一九九三年一月一日传真函，宠蒙拜贺新年，愧不敢当。我因习惯旧年春节，故于公元节日，往往疏忽。又加年老力衰，诸事喜简畏繁。先生谦抑加礼之处，殊觉不安，谨此致歉，并望见谅。

所示温州市为金温铁路建设配套募捐事，本来原为一大好事，经先生鼎力提倡，殊属可喜，故于一九九二年十二月十八日晚电话与先生联络，只是贡献意见，请小心谨慎，务须一一登记清楚，以免后患。

但过了旬日之后，忽接温州及台北各方来电，都说某某也为你们金温铁路捐款了啊！其意主要报功，其次讨谢。听了真有啼笑皆非，左右为难之感。

如说金温铁道并未发动募捐，将何以对温州方面的事实？如说谢谢你们，在我及金温铁道公司立场，却不愿意作违心之答。因此联想此举本是好事，但人言可畏，一般社会与一般人民，素来不会深入事理，讲明究竟。正如古人所说："万事谁能知究竟，世间最怕是流言。"为了顾虑事态发展的后果，正欲筹思如何处理此一问题，好与先生仔细商量善后。

今得先生来函说明，此举乃温州政府为配合通水、排水、道路、通信、绿化等各项市政配套铁路的建设义举云云。由此使我想到温州如此，那么沿线各地如丽水、缙云、武义、青田、仙都，当然亦可按例而作。则其后果的募捐恶声，都由金温铁道背此十字架，未免太不公平。实在需要研究，如何才能两全其美，不可草草匆匆，随便造次从事。

总之，此事并非坏事，此举亦属善举，而且先生的创作，确有明快可喜之处，但由此经验，必须考虑前因后果，做好安排。

同时也可说我方与浙江省府双方，在洽谈合建铁路之先，缺乏经验，并未考虑及此。我意必须向浙江省府方面，提出建议，应做全面安排。而且如何说明与金温铁道公司并不相干，以免淆惑视听，徒滋困扰而发生不必要的误会，是为上策。

为此特请先生勿以此事介意，是为万幸。敬祝

新年安康！

浙江金温铁道有限公司　南怀瑾　敬启

一九九三年一月五日

大约一周之后，父亲再次致函陈文宪先生，这一次，父亲还特意引用了两则历史故事，希望陈先生引以为鉴：

陈市长文宪先生左右：

一九九三年一月八日传真函敬收，温州发起为金温铁路温州段市政府配套设施集资建设事，再次说明，致谢。

唯此事与金温铁道公司无关，乃温州市政设施，贵我双方都甚明白。不知究竟者是社会群众，必然易起混淆误解，将来会形成是非口舌无疑。凡事动起前因，料知后果，预先处好结局，方为善策。

当今我所急，务望能在报章及公开场合，说明其故，便皆大欢喜，当无后顾之忧了！

至于谁人传言误说，并无大碍，皆可置之不问，我今为先生举出历史上的两个经验榜样，当有助益。

昔日，宋代吕蒙正被提拔为宰相时，上朝向皇帝报到，有些同僚素来看不起吕蒙正，认为他是贫寒出身怎么能登居相位，便当朝在背后笑他讽刺他。吕蒙正头也不回，看也不看就走。

旁边有些靠近吕的人，颇为不平，对吕说：“要查查看谁在不服气。”

吕蒙正听了立即说：“切切不可！须知我辈度量并不太大，修养也不太高，万一知道是谁在批评我，心中必有芥蒂，以后大家同朝同事，就不好了。”因此，吕当政数年，公私太平，成为千古名臣贤相。

另一件事，也是宋朝的开国名臣赵普的事。赵普辅助赵匡胤建立宋朝政权为帝，赵普当宰相。他对以前有些看不起他、对不起他的人，都会趁机报复。赵匡胤知道了，便劝告赵普说：“如果在你我没有成功以前，别人都能事先知道我会当皇帝，你会做宰相，那么，天下的人与事，都可以早早认定了！过去已过去，你应放开胸襟度量嘛！”

先生现身在温州市长之职，在官言官，不大不小，亦为方面太守，但秉公办事，处置妥当即可。我素来很欣赏你的干练，且前途未可限量。今特不厌其烦为你进言，有点倚老卖老之嫌。其实，是真心为你好。余不赘言。祝公
绥

南怀瑾　启

父亲虽心中有块垒，但言辞之中未见呵责，相反，他苦口婆心，言辞恳切，宅心宽厚至此！但是，由于“捐款”是市政府的决定，箭已离弦，一时之间，事情没有出现转圜的信息。距离“捐款门”发生又过去了两个月，仍未见答复，父亲无奈之下，只好致函刘锡荣副省长，严正发表声明：

因为无法直接与万省长学远先生及柴副省长松岳先生联系报告，情急不已。今拟就一声明启事，准备向海外及国内各大报刊登，以正视听，特此先行报告，敬请见谅！

浙江金温铁道开发有限公司与香港联盈兴业有限公司联合声明启事

本公司及本人，从一九八八年动机投资修建金温铁路以来，准备最大坚忍心情，经多年酝酿，终与浙江省方面，互相同意，于一九九二年十一月十八日在温州开幕，十二月十八日于缙云等处开工，已是众所周知。但到目前为止，本公司绝无向外界募捐或发行彩券等行为。如有利用职权、假借名义募捐等事，借以制造事端，破坏本公司投资名誉，实为借故破坏原先合资契约，别有用心。本公司除依法提起公诉之外，并愿退出，统由握有权能者自行负责修建，何须借用开发资方名义，而又制造打击资方事故。特此登报声明，敬请各界鉴察。

香港联盈兴业有限公司　浙江金温铁道开发有限公司

南怀瑾

一九九三年三月九日

这封信终于起到作用。柴松岳副省长在三月二十五日回函给父亲，告知父亲省政府已令温州市停止配套设施“捐款”这个节外生枝的事宜。这起“风波”，总算是得到解决。

实际上，父亲的这份声明启事始终没有发出去。父亲把它寄出去，也只是希望捐款事件尽快得到解决。

父亲虽远在香港，但对一线员工的辛劳，无时无刻不挂念在心。开工后不久，春节就来了。父亲托王伟国给大家送去一份春节礼物，表示节日慰问。

一九九三年，时任浙江省省长的万学远先生致函给父亲，表示将尽力推动金温铁路的修建。父亲深夜回函：

万省长学远先生勋右：

二月四日遥颁传真，存问至殷，殊感荣宠。近因京中友好莅港，会商要事，加以俗务繁集，年老力衰，疲困不堪，稽答罪甚，敬请见谅。

有关先生之品德才能，早已闻之汪道涵先生等诸公言及，素所钦仰。今得来书，谦虚平实，尤加敬佩。可见我浙有福，能得先生治理，必当远胜前贤。

金温铁路有先生垂注，必可指日成功。顷已就便面告许老鸣真先生，后日返京，必将先生关心之意，及我之心声，面告江总书记、李鹏总理知之。或由鸣真先生亲到杭州，向先生禀知，以便详商，俾此路早日建成，亦先生在浙江之大功德也。

来书谦下，并及贱辰赐以祝辞，愧不敢当，我自少醉心出世法，早已忘年，至今童心未泯，故常做出超于常情外事，岂得言寿。先生高谊，唯有一声谢谢而已。

浙江民风，聪慧有余，宽厚不足，古称难治之邦。望先生有容有忍，必可胜任愉快。古人也有言："志心于道义者，功名不足以累其心。志心于功名者，富贵不足以累其心。"以此献上先生作为报赠之礼品，幸祈垂察为祷！

南怀瑾　拜

癸酉初春正月一九九三、二、十一深夜

开工之前虽已解决了一个又一个烦扰，开工之后却仍是麻烦不断，费尽了父亲的心神。前期资金是到位了，一点二亿美元的境外贷款也可以借到，但是怎么样才能还得起这笔巨款呢？父亲对联盈公司同仁提出，一定要尽快拿出方案，采取的基本方式可以是成立股份公司，也可以发行债券，采用国际通行的投资方法，最终要实现的理想是人民铁路人民建、人民铁路人民营、人民铁路人民用、人民铁路归人民，从而为中国的铁路建设乃至经济建设开创一个可供复制的典型范例。

为此，联盈公司办事处响应父亲的要求，提出了一个综合性的投资草案，并对具体的组织发行投资券的方式进行了详细的论证和研究。

父亲对此草案基本满意，不过由于兹事涉及收益归属等敏感问题，需要浙江省政府乃至中央政府的决策支持方得施行，所以父亲要求对此草案进一步研究和完善。

“看似寻常最奇崛，成如容易却艰辛”。铁路虽然开工了，但是怎样才能保证将铁路建好并经营好？父亲超前的设计思路并未被浙江省政府与中央政府所接受，就是联盈公司方面也一直有质疑乃至反对的声音。甚至，开工已近半年了，各项申请登记手续也没有正式办理完成。这其中的原因，最核心的就是资金问题。修建铁路的资金中其他资方占百分之八十，相应地，土地开发、经营贸易、矿业开采等所得收益自然要与投资比例相对应，这在当时的政策环境下不是谁敢决定和拍板的。但是如果不把这部分收益给投资方，那么铁路本身的收益要九年才能回本，这期间铁路怎么运营开支呢？如何支付融资利息和本金呢？父亲在不断地思考，不断地说自己的设想，但是迟迟没有得到其他方面的响应，更不要提落实了。

一九九三年四月十六日，惨淡经营之际，父亲任命许鸣真先生推荐的董宏为金温铁道公司的副总经理，同时发出了致公司同仁的第二道函：

……

为什么要修金温铁路？一九八八年我从美国到了香港。后来温州方面来人，和我谈及铁路的事。这是有关金温铁路的第一次会谈。我写了封很重要的信给他们，作为答复。在这封信里，我提出了四个原则，这是早在一九八七年，我在美国就讲过的，对中国大陆投资所要注意的四点：（1）

共产主义的理想，（2）社会主义的福利，（3）资本主义的管理，（4）中国文化的精神。这几句话，看来好像是口号、标语似的。实际上，简单浓缩来说，为了自己的国家、民族能走上太平盛世，在目前这个历史阶段，只有朝这个方向走。

当时我在那封信上还提过，一个国家要建铁路，有很多方法，即使是最穷的社会也可以修得成。换句话说，为什么这条铁路修不成呢？按照一般概念，都认为国家太穷，所以修不成。这个观念是错误的，是人为的不肯做、推托的话。不论一个国家，或者社会，乃至个人，即使再穷，只要肯用心、肯努力，不出几年，都会建设成新的面貌。所以说，不管什么事，做不好，就往“穷”上面推，是不对的。

不要把观念搞错了，认为我们国家没有钱，所以建设、经济各方面都没有弄好。真正的改革开放、经济开发，不是钱的问题。过去国家在政治的措施上，思想的领导上，以及其他很多方面，都弄了很多框框，把自己捆起来，捆得死死的。现在的改革开放、经济开发，就是把那些捆死自己的框解放开来，使自己活起来，这是主要的精神。可是现在我所看到的海内外的人，一提到改革开放，就归结到钱。这种思想是行不通的，这是错误的。钱是人找的。国家制度用活了，钱自然会来。钱不是天上掉下来的。实际上，世界上的财富都是有限度的。一个社会、国家富有了，不过是把财富的力量发动起来、集中起来，并且可以合理、有效地加以支配、运用。如果财富的力量没有发动起来，不能由你有效地支配运用，就只能是贫穷。

我在第一封有关修建铁路的信上，曾经提到过，为什么要修建铁路。真的是想帮助自己的国家、社会。讲好听一点，用佛学的话来说，就是救众生、救世界，让人们离苦得乐，尽量为社会解除一些痛苦，尽量让大家得到一些满足。不过，这些话说得太大了，没什么人相信的。

我常说，修铁路，是傻瓜才做的。以国内现在的种种条件，一条铁路修成，要好几年的时间。至于收回成本，快则十来年，慢则二十年。说到赚钱，那就是三十年以后的事了。除了命长，谁肯等那么久。尤其像我们七八十岁的人了，投资铁路，要想赚钱的话，除非神经病、疯子，才会干。

开始谈铁路的时候，大家叫我领个头。用国内现在的话，叫“牵头”。实际上，“牵头”真是很有趣的说法。所谓牵，就是拉，牵牛才用牵。用绳子把牛鼻子拴住，拉着走，这叫牵，或许这就是时代文化。这个不管了，反正牵头就是领头的意思。我当时也就答应了。我同时作了声明，我没有钱，但是，我既然答应了，这条路一定把它做出来。为什么我这么说？钱有什么了不起！钱是靠“人”想办法去找的。大家必须认清楚这一点。

今天我们这个铁道公司，公司里的同仁还要争取做其他生意，真正的目的，是赚了钱，回馈社会。所谓取之于社会，还要用之于社会。这个话，我平常懒得讲。但是，要和我共事，先要认清楚我的思想，这也是公司的目标。否则，你们会痛苦的。我要奉劝大家，慎重考虑，不要轻易加入。不然，会使你失望的。

我经常引用“志心于道义者，功名不足以累其心”，这里的“道义”，是个代名词，含义很广。凡是不为己利，不为私欲，真为天下利益的，对于将来个人的有名无名，有功无功，毫不考虑。境界再低一点的，“志心于功名者，富贵不足以累其心”。一心一意，想要成功，或者建立相当的名望的，对于物质生活上的财富，也就毫不考虑。至于说，其他那些“志心于富贵者，则亦无所不至矣”。如果一开始的目的，就是升官、发财，那就被列为最下等的层次，没什么好说的了。实际上这些人都是普通人，当然会如此想。对于一般人来说，求名求利，没有错，不过，我们今天不是为名为利，是为了贡献。希望公司同仁，认清楚我这个思想、目标，也认清楚公司这个发展路线。不论大陆方面，或者香港、台湾的同仁，如果对这个思想路线没有这个体会的话，是没有办法和我共事的。现在，铁路已经动工了，铁道公司的许多工作也都比较全面地开展了，所以我不得不讲这些话。

金温铁路从温州方面来人，开始商谈，后来经由浙江省，好几年才谈成。为什么拖了这么久？有两点原因：

一、双方在观念、习惯上有距离，所以拖了许多时间，才达成协议。

二、不论跟着我工作的学生，还是大陆方面官方的、民间的，对我真正的思想没有认识。经过了相当的时间与接触，现在大家对我比较了解一点点。我这是非常实在的说法，只能说：对我比较了解一点点。

照我那封第一次谈铁路的信上所说的政府，实际上是个省。像现在，温州有那么多的个体户，所积累的财富，修三条金温铁路都修得起来。更何况加上一个浙江省，这么大一个省的力量，会修不起这么一条铁路？

这条铁路从一九八八年开始谈，到去年年底一九九二年十二月十八日，浙江金温铁道公司在温州开工。接着十二月十八日，在金温铁路沿线五个要点同时动工。同一天，到各现场观礼的，据说总共有十几万人左右。打个折扣吧，也有五六万人。这是老百姓自发参与的热诚，可见一件事只要对国家社会有意义，自然有人响应，由此也可以看出人心的力量与趋向。

再说，到场的十万人假定是穷人，每人出五块钱，总也出得起，那么就有五十万元。如果像讨钱一样，再找多些人，每人讨十块、三十块的，一条路怎么修不成？所以我始终说，铁路不是修不成，引用孟子的老话：“非不能也，是不为也。”不肯做嘛，为什么我一牵头就行了呢？不是表功，我前面引用过，所谓“志心于道义者，功名不足以累其心”。我之所以提出这些事，是希望大家能体会到，天下事只要真正为老百姓，真正为社会、国家设想的，一定做得起来。何况这条铁路，还有钱支持。希望所有参与金温铁路的同仁们，好好珍惜这个机会，好好努力去做。

过去为了铁路的事代表我到大陆开会的同仁，有时候观念并没有弄清楚，也有时候讲话表达不好，譬如他们对房地产开发权及铁路沿线采矿权的争执等，引起大家的误解，这是大错特错，简直是错得一塌糊涂的想法。

请问铁路沿线究竟有多少值得开发的房地产用地？况且大陆毕竟不是香港、台湾，不是资本主义的社会。再说，即使美国，房地产也不好搞。台湾、香港都是特殊个案。一方面地少人多，一方面市场的幅度小，加上人为的操作，因此，隔几年就暴涨一次。在大陆，由于种种条件的不同，房地产方面，不会像港台那么好搞的。我常对台湾去大陆投资的人说，你们把台湾的做法搬到大陆去，是行不通的。再说，即使现在开始搞房地产开发，也要三四年后才能收回、赚钱。赚来的钱，即使半条铁路的一半也修不成。

这些都不管了，既定的方案，还是要尽力去做。浙江方面来香港开会时，曾经满口答应，尽快把沿线车站建设区的土地规划做好。你们要弄清楚，这不是为了金温铁道公司的利益做的，这是为了省政府、市政府、地方政府的建设，为了建设富强康乐的社会，为地方人民谋福利的规划工作。我无法想象负责规划的人是什么心态，直到现在，始终还没有与修建铁路配合运作，及早做出统筹的规划。如果不是别有用心，那便是不负责任、无能为力的官僚习气。

再看矿产方面，很多人都说，这条铁路沿线，资源丰富。这根本是笑话。这是书本上的话。我早在民国初年，就在书本上看到什么资源丰富这类的说法。所谓资源丰富，只不过是空洞的四个字。譬如说，铁路沿线的矿石，三月间，我们曾派人亲自去温州、青田等地，照所提供的资料实地去做了考察。铁路沿线一路跑下来，发现我们拿到的资料和事实距离太远。不要说矿产的藏量、质地有虚报不实的地方，连矿藏在哪里都没有弄清楚。那些数据报告，都是文字游戏，骗政府、骗老百姓的。

矿石方面，除了调查不确实外，技术也是问题；更严重的，还有运输问题。即使金温铁路建好了，还需要各个产业道路的配合，否则还是运不出来。所以矿产方面还有什么希望？但是我们还是尽量争取，尽量去做。做给自己吗？不是，还是给公司，还是为了这条铁路。这点一定要认清楚，要不，以为我们在做生意，那全错了。当然，铁道公司是在做生意，但不是为做生意而做生意。赚钱或做生意，都只是我们的手段，为的是要推动社会福利事业。所以，如果没有社会福利的精神，到我们公司工作，是格格不入的，日后会产生很多矛盾和痛苦的。

再说到贸易，一九九一年上半年，浙江省和温州市一些朋友到香港来，为了铁路的事，在与联盈公司商谈中，曾提出贸易权的问题，希望借着贸易的收益，补充一些铁路的经费，这点没有错。浙江方面也马上答应，全力支持，当时我就说："少吹了，我是浙江人，浙江有什么好贸易的！除了丝绸和茶叶两大项外，不知还有什么？产品品质、船期，统统是问题。要靠我们搞贸易赚钱造铁路，不要说几年，就是一百年，看来也不够造一条铁路。当然，做得好，可以给铁道公司一些补贴。"

虽然有上面这一样样的难处，但是这条铁路，还是要修。其实以浙江省的经济基础，配合政策的运作，是可以把这条铁路修成功的。只要你们真有这个心，真肯为国家、为老百姓尽心尽力，我愿意拿出两三千万美元，由你们去自由发挥。什么名，什么利，我都不要。所有的功劳归你们，所有的好处也归你们。我真正愿意做的是：为文化事业做出贡献。那比起这条铁路的价值，不知高出多少倍。这是无形的，但却是我真正的目标。

因此，这两天王伟国在香港，我让他草拟一份提案，想办法让铁道公司发行债券，或者股票，或者储蓄券之类，把铁路交给社会老百姓。

铁道公司之所以要发行债券或者股票，除了还路于民的理想与偿还贷款修路外，还有另外一个作用，为国内游资找出路。我们看国内的新闻报道，常常看到像某地区今年投资了多少亿等。其实这些都是数字游戏。但是，一般老百姓，尤其是个体户，却富了起来。这些民间的游资多了，如果不引导到正当的投资途径上，就可能影响到政治及经济方面的稳定。希望省级和中央政府方面，能注意这个问题，想办法把民间游资引到国家建设方面来。

今天你们看，铁道公司成立到现在，四个月了，除了修路，什么成果都没做出来。与其坐而怨天尤人，不如改弦更张。现在我可以告诉诸位七个字的结论："合则留，不合则去。"你觉得合适，做下去；不合适，请自便。很简单，为了个人的前途，应有安排。你出去，做出事业来，只要对社会有益，我也替你高兴。我希望参加铁道公司的同仁，对此有所认识，丑话讲在前面，不要见怪。

……到目前为止，我因在香港，有些经营的事羁绊，未能回国亲自参加工作。但我曾正式委托许鸣真先生代我在国内，为金温铁道公司的全权代表。希望大家了解，许老是老成持重、品德高超的长者，不是一般风头人物。他是我所尊敬的良友。以他几十年的为人处事，以及从事工作的经验上，都值得人们学习。我一生对人处事，看来马虎，其实自有严肃的一面。我并不轻许一人，所以特别提出声明，希望大家不可轻忽。

同时希望大家不要像台湾方面那样，猜测我承诺修建铁路的资金是由台湾方面出钱。事实上我毅然走出台湾的圈子，当然有我自己的观点，更不会依赖任何力量自重。台湾方面，在我答应浙江修建金温铁路时，也曾恳切表态，肯全力支持。但我也只当耳边风，哂然一笑而已。须知世上的人，在某种利害关键之中，最不能相信，不能为准。古人有谓："一行作吏便俗。"换言之，一个读书人、知识分子，一旦做了官，进入政治舞台，纵使平时有很高的情操，也很容易变成极俗气的人员，如果进入政治圈子，染世日深，但依然保持读书时代的质朴，那便是一个大英雄、大人物。这也就是古人说的"唯大英雄能本色，是真名士自风流"。

这次的话，是我诚恳的呼号，希望真能理解，实为至幸。祝
安康

南怀瑾

一九九三年四月十六日

父亲毕竟远在香港，不能亲临施工现场，所以他一直在物色对铁路工程、财务、管理、信贷等相关业务有丰富经验的人选，代表自己对铁路修建进行视察，对施工人员进行慰问，并承担起提出各项业务报告、向外借贷等事务的责任。一九九三年六月，侯承业来港拜访，父亲大呼："踏破铁鞋无觅处，得来全不费工夫！承业呀，你来香港协助我一下吧，这个工作比你的自动化更有价值得多呢。如果可能，七月一日就来报到，我任命你做总顾问。"侯承业欣然应允，不过请求父亲给予一个月的时间，以便完成手头的工作。父亲终于找到得力人手，自然同意。

父亲问侯承业："现在美国铁路上货柜车已是上下两层了，我们的设计，隧道那么低怎么能通过呢？"

侯承业回答说："是，我们的铁路将来只能用一层，如要改则花费过大，施工要延期，更大的困难是费用又得增加。"

父亲说："没有办法，经费预算不足呀。不过，隧道那么长，要注意施工安全，你最好亲自到一个山洞里去观察一下，并对他们致以慰问。工程虽然如此困难，但是工程质量一定要符合国家标准，应该由一个独立单位来做监督和检测工作。"

侯承业回答："好的，没有问题，我一定按照您的意见办。"

父亲最后说："人民铁路人民建，铁路利益人民享，我个人愿意交出所有股权，只做配合性投资，也就是由原来的主导性大股东变为一般性小股东，一切可由浙江省政府做主。我个人什么都不图。铁路沿线保留的土地将来肯定要增值，再加上合资公司对沿线的海港、矿业资源可以优先投资，我们不用只靠铁路的运输来回收成本，相反，利用各车站的土地兴建商场、办公楼、住宅区，做各种经营，加上交通运输的便利开发矿区，这样就可以回收投资了。我的设想是，在一九九七年以前，将公司股份分给沿线居民，推向市场，这样，铁路的利益就可以由沿线人民享用了。我不要等到股票上市自己赚大钱，我想提前把股份还给政府和人民。"

事实证明，侯承业是个可堪重任和值得信任的人。一九九三年七月三十日，他提前两天到香港，第二天就与李素美总经理等人去杭州，马上投入到父亲交代给他的各项工作中去。到杭州后的一个月时间里，公司连续开了两天四次会议，对铁路建设设计的方方面面进行协调与布置。

一九九三年八月十五日，侯承业从香港出发，去丽水收集资料，为起草向国外贷款的申请报告做准备。出发前，父亲问："承业，要不要我找个人陪你去？"

侯承业答："不必了，我一个人就够了，因为人多了，我还要分心照应他们呢！况且在工地，一切都是很简单的，而且很辛苦，我是过来人，可以应付的。"

父亲说："也好。你知道，'将在外，君命有所不受'，你看着办就可以了。”

侯承业答：“谢谢老师的信任，我就只有四个问题向老师请示，其他的我会负责的，老师可以放心。第一是，铁路要不要建？”

父亲答：“自然要建的。”

侯承业问：“第二，钱要不要借？”

父亲答：“自然也要借的。”

侯承业又问：“第三，还有多少现金可以投入？”

父亲答：“现金还有五千多万美元，不过不能都用到铁路上，总要留一点给文化事业才对。”

侯承业又问：“第四，要不要成立股份有限公司？”

父亲答：“那自然要，我已经提过好久了，但是省政府一直没有回音。”

侯承业说：“老师，我知道了。不过，如果成立了股份公司，我们的股份就要分给大家了，也就是由大股东变成小股东了，董事长与总经理的位子都要交出去了，老师认为可以这样做吗？”

父亲说：“我早就这么说过，自然如此。”

侯承业说：“老师，我的问题都问完了，大原则我都知道了，我会尽力办的，老师请不要挂心。我这就向您辞行吧。”

侯承业在工地一待就是两个月，前前后后给父亲发了十二次传真报告，内容从工程管理、财务报表、施工合约到施工进度控制表，十分详尽细致。父亲对侯承业很是嘉许，曾发传真对他表示感谢。侯博士，他的人品，可以说是“鞠躬尽瘁”，是忠义可靠的人。在铁路修建一事上，侯博士的参与是为山九仞，功不可没。

经过侯承业与合资公司同仁的努力，由侯承业负责拟写的《金温铁路融资申请书》终于完成。他回香港后，与在港的包卓立一起就申请书整理好英文本，交给摩根士丹利投资银行，申请书附件中有中文本以及各项批文、合约、施工报表和财务报表，全部资料叠起来厚达三尺。之后，李素美、侯承业、包卓立三人，参加与摩根的六人小组会议。三天之后，摩根同意金温铁道公司融资的初步申请，接下来只要得到中国银行的担保，浙江省政府做反担保，就可以进行贷款手续了。最终在一九九三年十月，摩根同意以年百分之六的利息，融资一点二亿美元，分十年还清。不知道是父亲有先见之明，还是历史的机运，百分之六的利息恰好完全符合原来的合资协议中由境外资方以百分之六的利息完成贷款的约定。这个利息刚好是美国利息的历史最低点，在一九九三年年初，最低也是年百分之八的利息。早一点，晚一点，都无法达到这预想的结果。

实际上，说服摩根同意贷款，相对而言并不是那么困难，因为一来侯承业等人做的申请报告十分翔实可信，二来父亲早就请李素美与包卓立提前把侯承业传真来的资料汇报给摩根，摩根方面早已有支持的意愿。至于百分之六的利息，其实也是父亲在背后锲而不舍推动的结果。真正的难题出在中国银行的担保上。一开始，为了取得中国银行的担保，父亲便写信请许鸣真先生与李素美、侯承业一起去拜见柴松岳副省长，希望他出面协商，早日批准担保。

柴副省长答应出面找中国银行协商，促成此事。不过，事实表明，尽管由浙江省政府做二次反担保，中国银行出于自身利益考虑，还是没有应允。父亲无奈，夜不成眠，又写信给许鸣真先生：

许老鸣真吾兄左右：

往昔管仲告齐桓公言：“唯敏捷与果断，成为事之要着。”唯此两点，岂只天下大事必须如此，人生些微小事，亦难离此。古人有言：“旁道筑室，三年不成。”此为指人多意杂，徒乱主意，不足以成事功。犹豫多虑，更所不可。天下事岂能尽如人意，故求相似是可便得。况你我皆逾古稀，时不可待，要了事处便了事，方为上策。目前我所希望的事，是金温铁道公司改股份制，获得国内集股成功，及早还路于民，立即交代出去，愈快愈好。

金温铁路事，如当道明智，能照我所望，“言听计从”必有大好影响，必得良好后果。如不能“言听计从”，我已于国于乡，尽心尽力，一点也不愧负自心。那么，必要时，我必不计毁誉立即放手不管，至于损失一两千万美元，并不影响我的根本，是毫不在乎！将来历史评论，眼下受损的，将是浙江方面与上下有关部门，使人不敢领教，裹足不前。因为我倘不能下此决心，长年累月，与官场上下打太极拳，推、拖、拉，岂不浪费我有限生命与有限精神，此中损失，岂只数目金额可论。

吾兄当知，例如某事，因主事者人谋之不臧，我说不管就不管，了无丝毫芥蒂于心。宁学张良、瑜弘景，千万不可学范增也。一笑。

夜来不寐，特此致意，望其见谅，速见有成为幸。耑此，即颂

平安

南弟怀瑾　启

一九九三年九月二十二日夜

历经各种波折，最后中国银行终于同意做担保，至此，合约中由其他资方向境外贷款，以年利息百分之六的利率融资一点二亿美元的目标，终于完成。

由父亲提议，浙江省柴松岳副省长等政府领导支持，一九九三年十二月十四日，经浙江省人民政府证券委员会批准，浙江金温铁道开发有限公司正式成立。之后，公司如期完成了各项章程、申请及招股报告等工作，又将核准的贷款工作交给金温铁道公司去办理。与此同时，温州市全力配合省领导的决定，各县市区都直接投入资金，真正实现了父亲的初衷与理想：人民铁路人民建，铁路利益人民享。

公司成立之后，父亲做了一个令人瞠目结舌的决定：交出大部分股权！按照合约协议与实际出资比例，父亲应占百分之八十的股权，但他把大部分股权交了出去，只余百分之二十五的股权，浙江省政府和地方、团体、群众共占百分之七十五。很多人不解，父亲只是笑笑说："我这样做不是为个人，也不是做生意，我只为中华民族的未来，为人民生活的提升和改善。国家经济要发展，首先要发展交通运输。我这样做，只是要让政府领导者知道

如何利用各方资金，来加快公共建设，尤其是交通工程的建设。我是在抛砖引玉，我抛一块砖，引来成千上万倍的玉，这个价值比生意有意义得多，功德大得多。”

在完成把公司变为股份制的申请之后，侯承业向父亲请示回美国。看着明显消瘦的侯承业，父亲很心疼，希望他回去后先休息一段时间，待将来有需要时，再召唤他回来。

虽然不少事情是侯承业、李素美、许鸣真先生等人在操持办理，但如果没有父亲持之以恒地费心劳神，倾尽所有，恐怕合资修建金温铁路这件事，在任何一个环节都可能偃旗息鼓，草草了事。父亲无一日不在牵挂金温铁路，这种对国家和人民的大爱，正应了他自己写的诗：

甘苦由来只自知，天心人事动悲思。
自怜独木支巨厦，眼底林园是嫩枝。

股份制公司成立后，父亲已不再是大股东，公司主要的事业就要靠浙江省方面了。父亲虽然把大部分股权出让，但他的目标和希望依旧很高远。他说：“我不是想做生意，我想为浙江省政府做一个经济、基础建设的带动者，我要让大家开阔视野和胸怀，我要让浙江省成为全国与各个资方合作的模范。”为了实现这个愿望，父亲在一九九四年一月三十一日写了一封长信给浙江省政府的主要领导，请他们把金温铁路修好，为人民造福。他引前贤“愚者暗于成事，智者见于未萌”之言，“不惮为直率之言”，告诫说：“金温铁路冲破重重阻碍，目前工程进行颇为顺利，各方且不乏颂扬之声，此诚可喜之事。惟在可喜之余，应知实有危机存焉。苟不力谋改正，恐不免前功尽弃之憾。”他见微知著，向省方提出了资金、铁路经营管理等至关重要的问题，提醒、劝勉省方未雨绸缪，预先通盘计划，做好长远发展规划。他倾诉说：“数年来，老拙为铁道而劳神苦思，甚至饱受流言蜚语困扰，亦在所不计，所为何来？谅诸公应有所知。但身为‘催生者’之压力，则诚非亲受者所能体会。”最后，他“希望诸公一致努力如期完成工程，抑且希望诸公进而使此路能长久造福人民。用特致赠二语，亦为此函之结束：‘世事正须高着眼，为官首要慎思民’”。

一九九四年四月二日南怀瑾先生（中）与浙江省柴副省长（左）在香港签约，右立者为陈定国博士

一九九四年四月初，浙江省常务副省长柴松岳先生、副省长张启楣先生一行特地来港，与父亲商谈二次改组的事宜。柴先生代表浙江省肯定和感谢了父亲长期以来对金温铁路建设矢志不渝的关心与支持。经协商确定，董事会由十一位董事组成，其中浙江省方面八人，香港联盈兴业有限公司三人，大家一致推荐父亲出任名誉董事长，浙江方面出任董事长、总经理，香港联盈兴业有限公司出任副董事长、副总经理。应父亲要求，浙江省方面表示尽力争取在该年七月一日前完成股份制改造。

但在股份制改造过程中，出现了一些不应该犯的错误。浙江金温铁道开发有限公司在给证监会的报告中，把股份公司等同于股票上市，把问题弄复杂了，结果没有获得批准。父亲了解情况后，觉得用股份制来筹集资金肯定来不及了，所以只好写信拜托汪道涵先生面呈国家领导，希望中央也参与。恰逢时任副总理的朱镕基先生到浙江省考察，朱总理对金温铁路建设问题做了重要指示。柴副省长与铁道部傅志寰副部长分别于五月二日和十一日在杭州和北京，就金温铁路建设有关问题进行商谈。商谈的最大成果是由铁道部作为第三方合资建设，占百分之三十的股份，并增派一名副董事长。由此，股份制改造终于完成。经过父亲的敦促，由香港、浙江省和铁道部三方组成的新一届董事会终于组成。董事会召开会议，确保金温铁路如期完工与经营。父亲也发了声明，主动辞去董事长席位，铁道公司的具体事务交由浙江省方面负责。

但是，事情的进展并不尽如人意。虽然工程进展顺利，但公司内部的法律关系十分混乱，浙江省方面也对铁路建设的管理颇有推诿之嫌，这令父亲很担忧。基于此，他在一九九四年十一月二十二日在香港召开的浙江金温铁道开发有限公司董事会上说了如下的话：

一、自一九八八年从美国移居香港，就有心为国家民族尽一份心力，但并不知具体做些什么。不久，温州的领导来提起金温铁路的问题，历经七十多年，五代地方政府领导想做都做不成，才恻然心动，同意出面做个“催生者”。想不到真是“善事难为”，好不容易在一九九二年十二月十八日开工了，但两年来种种意想不到的事情不断发生，令人困惑不堪；既不知政策是什么，也不知道浙江省政府方面究竟是谁管的。我们照原合同，经多方筹划努力，已洽好向外国银行贷款，但所得结果只是相应不理。又经多方筹划努力，期以债券或股份制方式“还路于民”，其结果是不蒙采纳，也白费力气。种种不可思议的情形，我过去讲过多次，有些讲话也写成了文章、文件，在此不必重复了。

二、今年四月二日，浙江省府方面，柴松岳副省长、张启楣副省长以及朱荣培副秘书长一行，来香港同我见面。他们表达一定要把铁路完成的决心，令人欣慰！因为建成铁路，造福地方百姓，完成七十多年未做成的事，实在是一项功德。这次见面，在很融洽的气氛下，签下了名为“有关金温铁道建设的会谈纪要”，实质是我方同浙江省的协议。我本想，从此可以放心；今后只要站在监督者的地位，从旁协助省政府尽力完成铁路的建设就是了。但想不到，七个月之后的今天，才发现协议归协议，麻烦的事情接踵而来，仍然使人困扰。

三、因为协议规定调整了股份比例，他方资金从百分之五十一降为百分之二十五。并明定在四月下旬应召开董事会，结束原董事会，产生新的管理机构，理顺关系。但决议后一直没有了下文。到七月下旬，也就是期限过了三个月，我们不得不以公司名义，发了一个正式信函给浙江省诸位领导，催促他们立即召开新董事会，我本人也声明“原董事会，既已实质停顿，若有结束手续办理者，以变通方法办理即可”，及“承蒙贵府厚爱，推老拙为名誉董事长……乃不敢推辞”。我们去函的意思很明显，就是要省府依“会谈纪要”协议，全权处理好一切法律手续及有关事宜。可是，这信函（一九九四年七月二十六日〔一九九四〕誊字第〇〇一号）发出后，又石沉大海。究竟省府方面怎样打算？令人莫名所以。

四、尤有甚者！近日，忽接浙江省有关先生来电告知，谓中国交通银行调拨一千多万美元经费给金温铁道公司，要我签名具领云。此事令我颇感意外。七月下旬既已去正式信函声明我只是名誉董事长，复有何地位立场签字领取中央拨下之款项？公家的事情要合法律的清楚手续，不能含糊的。此事被我拒绝不久，又忽接杨先生十一月十六日来函，说是“将有关浙江金温铁道开发有限公司董事会席位变化等情况，向您报告”云云，此函究竟何意，令我不明了。可能是，在浙江省府的观念，认为我仍然是公司的董事长，我在四个月前的声明无效；但既然知此，为何又不知会本公司杭州办事处的代总经理董宏？岂非自相矛盾？故令我不明。

五、综上所述，显然现在公司内部的法律关系十分混乱，省府方面也没有人主管。……

六、我既声明过自己已不是董事长了，但是他们却置若罔闻，好像硬把我还当董事长看待。啼笑皆非之余，趁你们几位都在香港之便，只好临时决定正式召开一次董事会。这也是我任内最后的董事会，做成法律上结束原董事会的决议，为新董事会催生，即是让浙江省政府今后更易理顺法律手续。我也顺便把前因后果讲清楚，希望浙江省政府从此正式负起全盘的责任来。

……

值得欣慰的是，铁路施工进展顺利。

三、为所当为岂有功

“借余生，我想为中国人修一条大路，这条路，就是文化大路。”

一九九四年七月二十六日，父亲再一次发函给浙江省政府，重申自己不是铁道公司董事长，不再承担相应职责和义务，但浙江省方面对此请求依然没有任何回应。

一九九五年三月三十日，父亲特地以董事长的身份，在香港召开金温铁道开发有限公司董事会会议，李素美、陈定国、王伟国、蔡世亮等联名在会议决议上签字，接受关于父亲不再担任董事长的辞呈，同时提议父亲担任下一届董事会名誉董事长。

是同年七月六日至七日，浙江金温铁道开发有限公司董事会在杭州召开会议，审定通过了《关于修改合同、章程的补充协议》，并就铁路建设和合营公司管理等重大问题进行审议。这次会议的主要成果是正式成立新一届董事会，共十三名董事，其中浙江方面六人，香港联盈公司三人，上海铁路局四人。会议一致推举父亲出任名誉董事长，选举杨某为董事长，聘任阮晖为总经理。会议还就合营公司的财务管理、职工待遇、机构设置、工程建设计划与管理、土地开发、工程总造价等问题进行研究并做出决议。

父亲与许鸣真先生在建设金温铁路这件事上，可以说是并肩战斗的战友。很多问题正是由于许鸣真先生在中央的沟通协调，加上父亲的不懈推动，双剑合璧，最后才得以一个个克服和解决的。父亲与许老对彼此都很关怀和感念，他们的情谊也在此过程中天长地久。许老先生在香港时，虽然身体挺好，但是精神明显不如从前了，父亲半开玩笑地对许老说：“你出家去吧！那你就会放下一切，身体就会好的。”许老没有多说什么，只是微微一笑，以为作答。

许老曾邀请父亲回内地定居，父亲在给许老的一封信中提到：

鸣真吾兄左右：

吾兄此行南来，谓衔诸公之命，诚邀北上，宠爱之情，溢于言表，铭谢奚似。数十年来，我以方外之身，处矛盾激荡之局，才识猥屑，只能聊保残命，未能对世局有所贡献。惭惶不已。但于国家民族情怀，一如诸公所志，始终未能释然。回归之心，无时或已。今因应法国学子十余年来恳邀，必须先行了此情缘，然后方得筹思归计，敬请代向诸公复命，并祈见谅是幸。近正因此积愫，口占一绝，附请斧正。

徒负虚名去住难，
谋身谋国两无安，
此生犹似巢空鸟，
只合穿云望眼看。

耑此即颂

旅安

南怀瑾

一九九四年八月十日

父亲此时可能已经预见到什么了，因此，为了许老这个一心为公的朋友的健康长寿，他把自己常年修炼悟得的方法倾囊相授：

许老鸣真先生：

自养自治原则：一、首先在意识观念上，切知四大皆空，忘身忘我。二、在空身空境界上，一念灵知之性的本人身，它是无病无痛。三、即此一念灵明知性，不随烦恼病痛牵缠过去，如此凝神寂灭，“内照形躯”，知痛即舍即空，知烦恼亦即舍即空，空空亦空，一切不随他去。

如此方为自治良药。太上有言：“上药三品，神与气精。”神即灵知一念清静之境也。望详参之！此致，祝

康复

一九九五年八月二十五日　南怀瑾

生死有命，许老不幸于一九九五年十月逝世，享年七十岁。以许老的智慧和悟性，他老人家应该走得很安详。

父亲听闻噩耗后，伤心不已。自己的战友和伙伴就这样离自己而去了，他的内心满是感伤和怀念。父亲送了一副挽联：

事求妥贴心常苦，

悟到因缘日已迟。

许老泉下有知，应该会感念父亲这个知音吧。

经过合资各方与沿线人民艰苦卓绝的努力奋斗，全长二百五十一点五千米的金温铁路终于在一九九七年七月二十六日全线铺通了。七月三十日，柴副省长专门发函邀请父亲参加八月八日举行的金温铁路全线铺通大典。父亲感慨万千，他回函婉拒了出席典礼的邀请。信函是这样写的：

柴省长松岳先生勋右：

来示知悉。欣闻金温铁路全程铺路工程完成，首先敬贺省府诸公以及参

与兴建诸位同仁，大功将要告成的莫大喜讯。

但我因忙于另一件工作，比起修筑铁路的工程，还紧急重要百倍以上。年老神衰，昼夜不懈，致使身心疲惫不堪，实在无法遵命亲自到场观礼。今特托侯承业等三位代表祝贺。俾可面聆金温铁道董事会诸公高论。为此敬请见谅是幸。此复即颂

公绥

一九九七年八月二日　南怀瑾

我有金温铁路全线铺通感言一首，并请教正。

铁路已铺成，心忧意未平。
世间须大道，何只羡车行。

父亲提到的比修筑铁路重要百倍的工程是什么，在信中并没有明说，但他信中赋的这首诗已经暗含他的意思了：虽然铁路修好了，通车了，但是铁路修建过程中反映出很多问题，这些问题既有体制性的因素，也有文化性的因素，而且看起来它们已经深入社会的肌体和骨髓了，实在令人担忧呀。中国要发展，确实需要先修路，加强交通运输方面的建设。但是，这就够了吗？远远不够的。最重要的大道，不在于车走的路，而在于人心的坦途，在于传统，在于文化。父亲正在做的，就是重整传统文化这项更加伟大的工程。在八月八日的典礼上，侯承业先生代表我父亲发表讲话，对父亲的诗做了解释："'铁路已铺成，心忧意未平'前两句，是说过去近一百年来，大家修建这条铁路共达七次，但是都没有成功。这次南先生以一位学者的身份，来启动这条铁路的修建，他老人家如何能有超越过去别人所遇到的困难呢？一个不可能的事，变成了放在世人面前的事实，他真的修通了。他老人家自然有着无比的感叹。早在修建开始的时候，他就说不能因有了道路，增加了经济上的效益而忽略环保，也就是要预防一切的污染，注意环境保护。而且他也想到铁路的修建要同时带动地产业、贸易、矿业的开发，那还有很

长的路要走呢！所以他心忧意未平。后两句‘世间需大道，何只羡车行’的意思，我想他老人家在说世间需有的大道，是一条通往人心的大道。《礼记》说‘大道之行也，天下为公’，《大学》也说‘大学之道，在明明德，在亲民，在止于至善’。这是说，这个无私的理念，就是修习道德的原始动机，也就是训练我们，找出我们心中原有的清清静静的善念，并且去影响旁边的人，也使他们除去自身的恶习，而同我们一样有着清明的心境。如果我们可达到这个境界，就要保持下去。所以南先生认为仅仅一条铁路，只是表示我们做了一件事而已，又有什么好羡慕的呢！”

典礼结束后一周，即八月十五日，父亲写了一封信给柴松岳省长，请求他同意香港联盈公司把所有股份悉数转让，真真正正还路于民：

柴省长松岳先生勋鉴：

因修建浙江金温铁路的关系，我与您的交往，好像先后已有七八年了。人生际遇，真难意料。希望我们在道义之交上，永远是好朋友。朋友，是中国传统文化的五伦之一，是极为可贵的。因此，友情需要珍惜。

有关金温铁路一事，我仔细反省，犯了很多错误，首先，我不应该被乡谊情感所自欺，不必先与浙江打交道，应该一开始就找中央交涉。那么，一切问题，就不会像现在那么复杂了。

金温铁路开始所签的意向书和第一次合同契约，都是我代表香港联盈公司与浙江省政府签约的。因为我太大意，信任太过，认为我是与浙江省政府合作，创办铁道公司。谁知后来变成只是属于浙江省政府地方所属的公司，真是莫名其妙。事实上，我是在外太久，不知道政府的体制组织，比起过往的情形复杂百倍。

但我的初衷，是很明白的，修建铁路，是根据我自己的四个目标：共产主义的理想，社会主义的福利，科学管理的方法，中国文化的精神。总之，金温铁路如由我的呼吁修建成功，我必须做到还路于民，使行者有其路。我所代表的联盈公司，必定退让出来，人民的路人民有，不可使它成为资本主义国家中的铁道公司，是属于私有的资产之一。

所以我在一开始，首先就提出借用境外资金，引进境外资金。这不只是为了铁路，也是为了国内的开放发展，使浙江方面起动。

其次，主张使铁道公司的股票或向民间暂借的建路券上来，吸收温州等个体户的存款，变成做社会福利的事业。最后修成了铁路，便还路于民。……

因此，我在本年（一九九七年）香港回归之前，当面向您提出，希望将我代表香港联盈公司所有的股份，转由贵省府设法收购，使我得以全身而退，就感激不尽了，如果您能赐予鼎力帮忙，使我代表联盈公司的股份，做到还路于民的原先理想，卖给沿线的平民老百姓股份作为铁路股东，那便是我最基本的愿望了。

今为此事，特别委托侯承业博士晋谒，请赐恳谈、指导。希望在本年（一九九七年）内，迅速得以解决。我如还老而不死，近则明年，必将为您的功勋，做点投以还报的事。

南怀瑾

一九九七年八月十五日

时值台风肆虐，柴副省长到浙江各地视察灾情，因此，这封信在八月二十六日才由侯承业面呈给柴省长。柴省长对父亲的远见、胸怀和付出表示无限的敬佩，他说："金温铁路的开通，南老的贡献无人能及，值得浙江人民永远纪念。"对父亲信中说到的一些问题，柴省长也做了回应和说明，最后他说："一切尊重南老师的意见。……南老师对这条铁路的贡献是无价的，这条铁路迟早要修，今日因南老师的领导，提早了好些年，也省下了很多钱，而对地方人民提高了经济效益，所以无论如何，我们都记着南老师的远见与贡献。"

九月十五日，浙江金温铁道开发有限公司董事会召开特别会议，专门审议侯承业代表父亲提出的转让其所有股份给浙江省政府的书面提议案。会议审议决议，尊重“南怀瑾先生功成身退，还路于民的一贯思想”，一致同意香港联盈兴业有限公司转让股权的提案。全体董事和代表都高度肯定了“金温铁路取得的一切成果，都离不开南怀瑾先生的催生之功和长期以来的殷切关怀、不懈支持”，赞赏“南怀瑾先生舍己为公、造福于民的思想和精神”，一致希望父亲继续担任浙江金温铁道开发有限公司名誉董事长。

一九九八年一月九日，金温铁路全线通车，从此，火车从温州经过金华，可以直达杭州了。首趟列车从温州直达杭州之后，各界人士纷纷向在香港的父亲发来传真，其中包括温州市委书记张友余、温州市人民政府、浙江金温铁道开发有限公司、金温铁路工程建设总指挥部等。

父亲收到信息之后，颇感欣慰。他一一回电，互致贺喜。不过，他也坦率地表示：“至于我之本心，对于铁路事，未能尽如理想，始终心有遗憾”。

铁路修好了，许多人邀请父亲回来看看这一条他倾注无数心血的路，亲自坐一坐，感受一下。父亲对他们的邀请表示感谢，但他摆摆手，淡然地说：“你们说想要建铁路，我帮你们把铁路建好了。借余生，我想为中国人修一条大路，这条路，就是文化大路。”

父亲常常感慨：“改革开放，温州老乡有了今天的发展，很了不起。但修铁路只是皮毛，文化才是根本。温州历史上是个有文化的地方，谢灵运、永嘉大师、王十朋、叶适等无数先贤是今日后学之楷模。但时至今日，浮躁与功利让温州文化的沉淀远不如前。没有文化之路，未来必将渺茫。”

父亲对家乡来的人说：“文化是靠一支笔。赶快劝温州人建设文化。不要总是说温州是商业开发的开路先锋，这个标榜已经过去了。今后的时代不是开发的问题，也不是经济的问题，是如何建设新的文化的问题，这是个根本大问题。”父亲一辈子要解决的就是这个根本大问题，修建金温铁路虽然是他人生伟业的一个里程碑，却远不是终点。

四、两岸圆缺香江潮

两个老朋友的久别重逢，揭开了父亲作为和平使者，与两岸高层领导人来往，沟通和促进两岸关系的序幕。

金温铁路的建成开通只是父亲在港几年的其中一件大事，除此之外，父亲还做了一件与此相比有过之而无不及，却鲜为人知的“大事”。这件大事也反映了父亲虽中立于党派之间，但绝不停留于“独善其身”，而时刻想着“兼济天下”的家国情怀。关于这点，亚太交流与合作基金会执行副主席肖武男曾在《亚洲周刊》上表示：“其实，南怀瑾先生最关心、最在意的还是政治。在两岸交流中，他扮演着积极的角色。”肖武男先生这样说是有原因的。当然父亲对国家民族发展的关怀，也就是秉承了传统中国读书人的精神，以天下忧乐为己任，自然会对政治关注，但是在他看来，政治的根本目的，就是要国富民强，文化卓越，最终使人民得利。

肖武男是一名虔诚的佛教徒，曾经多次探访父亲，两人经常促膝深谈，有几次交谈时间竟然长达四个多小时，更有意味的是，他们谈的不是佛教，也不是国学，而几乎全部是政治方面的话题，两岸关系是核心内容。每当谈到两岸关系发展时，父亲总是流露出惋惜的神色，接连说了好几个“可惜”。诚然，正如肖武男所说，父亲一直致力于推动海峡两岸和平统一，具有历史意义的“汪辜会谈”的实现也有他的努力，所以，有人说父亲是一位沟通两岸的和平使者。不过父亲从未接受任何官方的称号，但是，他为两岸和平统一大业做出的贡献却值得我们铭记。这还得从父亲刚到香港时说起。

一九八八年年初，父亲在香港刚刚安顿下来。二月五日凌晨三点钟，电话突然响了起来，打破了深夜的宁静。父亲起初以为是打错了，并没有立刻接听。谁知道电话铃声越来越凌厉，父亲只好拿起话筒："请问哪位？"

电话那头答道："我是贾亦斌。"

父亲顿时睡意全无，欣喜万分："喔，老朋友，真的是你吗？"

"是我。有件事，很重要……"

"什么事情那么重要？"

"三言两语，电话里说不清楚，见面细说吧。"

这位贾亦斌不是别人，正是父亲一九四〇年在成都中央军官学校（黄埔军校搬到成都后改名）的同事。当时父亲任政治教官，贾亦斌是战术教官兼区队长，两人结下了深厚的友谊。父亲后来离开大陆去了台湾，两人就再也没有见过面。这在前面讲述父亲在成都的经历时已经简单说过了。

那么，为什么阔别了半个世纪的贾亦斌先生会突然半夜给父亲打电话呢？这得从当时的两岸关系说起。一九八八年一月十三日，蒋经国在台北因病去世。父亲当年旅美，其中很重要的一个原因就是蒋经国对父亲的忌惮、猜疑和戒备。父亲这次回港，多少也与此有关。

大陆领导人对蒋经国的逝世深表哀悼，并于次日发表了谈话，肯定了蒋经国坚持一个中国，反对台湾独立，主张国家统一，为两岸关系的缓和而做出的努力。

同年一月二十二日，七十六岁高龄的全国政协常委、中国国民党革命委员会副主席贾亦斌，以探亲名义，再度访问香港。在为期半个月的时间里，贾亦斌接触了台、港相关人士约五百人次，多次与台湾老同事通电话。二月五日凌晨打给父亲的电话，就是其中之一。当天晚上，贾亦斌来到父亲位于香港港岛中环半山区的麦当劳道的临时居所。时隔近半个世纪，老友重逢，两人竟然激动得手舞足蹈，手拉手，彻夜促膝长谈。两人的话题从当年的成都同事之谊，彼此分别后的遭遇，到世事变化，再到海峡两岸关系，无所不谈。

其实贾亦斌曾经与蒋经国情同兄弟，但后来贾亦斌在国民党撤退到台湾时率部起义，为此，蒋介石曾大为光火，罕见地指责了蒋经国“用人不当”。蒋贾二人从此亦反目成仇，天各一方，四十年未曾谋面。

二十世纪五十年代，海峡两岸处于极为严重的敌对状态中。贾亦斌当时在宋时轮将军的九兵团，从事对外联络工作。后来，他主动申请赴香港工作。蒋经国得知这一情报后，立即命令情报特务系统的香港站站长王新衡，务必除掉贾亦斌这个昔日的兄弟。蒋经国还派出军舰在香港附近海域游弋，一旦捉到贾亦斌，就将他绑架到军舰上，押往台湾；如不能活捉，就采取“打闷棍”的方式将他处决。

那时的香港，国民党的特务活动十分活跃，贾亦斌可以说是如履薄冰，时刻都有生命危险。当时，他就住在香港九龙旺角西洋菜街。有一天，由于工作需要，他与国民党的旧部约好在尖沙咀的半岛饭店会面。他们还没谈几句，就发现饭店周围有一些形迹可疑的人。贾亦斌当即决定中止会面，迅速撤离。贾亦斌出了饭店就上了一辆计程车，发现后面有车跟踪，他指挥司机东拐西拐，接连换了三次车，才最终把“尾巴”甩掉。

改革开放后，随着两岸关系的发展，贾亦斌与蒋经国逐渐捐弃前嫌，自二十世纪八十年代初开始通过秘密通道进行联系。但是，造化弄人，蒋经国猝然去世，好不容易才建立起来的联系很快就中断了。

因此，贾亦斌这次来港，着急约见父亲的目的显然很明确，除了叙旧，重温老朋友之间的友谊，他最大的希望就是请父亲出面，为两岸和谈开辟新的通道。

贾亦斌如约登门拜访。老友相见，嘘寒问暖。父亲说：“有空过来吃饭，但不谈政治的事。”话虽如此，父亲还是抑制不住，自己先把话题扯到政治上去了：“中国民主的问题，时间不到，过早的民主，只会使人各自争取私人的利益，不会为整个国家社会的发展做贡献的。”

贾亦斌见父亲如此关切，便顺势请求他出面搭建两岸和谈通道。父亲在美国隐居三年，甫一到港，就接到经年未见的老朋友委托的重任，而且这个任务关系到两岸苍生，自然是慎之又慎。加上他此时对两岸的底牌并不十分了解，所以婉言谢绝道："你说是来看我这个老友的，但谈来谈去都是这些政事。如果你要我回台湾去为你们做说客，是不行的。我已经'跳出三界外，不在五行中'。一来我不在其位，不谋其政，根本不想这些事；二来我原就与蒋经国先生没有什么关系，现在是李登辉当家，我与你一样都是外省人，与他更没关系了。"

贾亦斌见状，怕父亲真的撒手不管，因此也不再遮掩："我们知道李登辉是很尊重你的。目睹两岸骨肉同胞长期分离，难道老兄能置身事外吗？你听我说，我找你是有理由，而且非你不可，非你莫属。第一，你是能与李登辉说得上话的；第二，你在两岸政治圈中有广泛的人脉关系，了解两岸的政治和历史；第三，你的社会地位和威望在两岸甚至在国际上都是有巨大影响的。你说，除了你，还有谁能担此重任呢？"

有人说，父亲在台湾政坛上一言九鼎，其实这是过誉了。父亲从来不主动结交政治人物，相反，是台湾的各界人物或者倾慕于他那备受推崇的"国学"，或者希望借助他的名望，或者出于其他目的，纷纷交好于父亲。父亲广开门庭，有教无类，桃李满天下。一九六六年，父亲应蒋介石、蒋经国之邀，在台湾各地巡回演讲，在高雄冈山"空军"基地讲《中庸》时，倾心儒学及王阳明学说的蒋介石亲临现场，"前设布窗，坐在幕后听"。这之后，拜父亲为师求学的人越来越多，而且多数还是党政军各界的闻人要人，诸如"总政战部主任"王升、"总统府秘书长"马纪壮、"陆军一级上将"刘安祺、"调查局局长"阮成章、"海军上将"崔之道、"海军总司令部政战部主任"萧政之等。不过父亲从来也没有说过谁是他的学生，倒是这些人自奉为"南门弟子"，在台湾政坛上形成了一股不可小觑的势力。

一九八八年年初，蒋经国去世，李登辉继任台湾地区领导人。父亲也从美国飞抵香港，并决定在香港住下来。李登辉甫一走马上任，政权尚未完全巩固，所以对父亲依然极为敬重。父亲也确实给了李登辉一些意见。父亲的初衷是希望台湾局势稳定，希望李登辉能做一些对台湾人民、对两岸同胞有利的事情。

有了在台湾的这些“政治资源”，此时贾亦斌找到香港来，自然是寄希望于父亲，希望他出面促成好事。

在接下来的一个月，父亲与贾亦斌先后晤谈了七次。父亲也已经答应尽力为两岸人民的福祉贡献一份自己的力量。两个老朋友的久别重逢，揭开了父亲作为和平使者，与两岸高层领导人来往，沟通和促进两岸关系的序幕。

三月五日，贾老带着自己在香港收获的“战果”回北京。临行前最后一次会谈中，贾老对父亲说：“我下次来港时给你带个重要人物。”父亲正色道：“我不认识的朋友，请你不要带来。”

一九八八年四月二十一日，贾亦斌如约带来一个新朋友介绍给父亲认识——时任中共中央对台工作小组办公室主任的杨斯德，曾经是中共中央军委联络部部长。

父亲起身开门迎客。杨斯德身形高大，站在贾老身后，一进门便对父亲鞠躬，用浓重的山东话自我介绍道：“南老，我叫杨斯德。”

父亲把客人请进门，说：“杨先生，我听说你是一个重要的人物。当然，你们这次一定是为重要事情来的。”

杨斯德说：“南老，北京有诚意与台湾通过和平谈判解决国家统一问题。”

父亲说：“你们对我谈统一问题，不可能的！你们还是去找毛泽东。”

杨斯德说：“老师，不要讲笑话了。”

接着，父亲对杨斯德讲起了近代历史：“当年大家一起发动辛亥革命，推翻了清政府，成立‘中华共和国’，旗帜是五色旗。后来袁世凯称帝，国民党不得不发动北伐。北伐胜利，国民党把‘中华共和国’改为‘中华民国’。其实，这是帝王思想在作祟，似乎非改朝换代不可。等到两党一起抗日，仍然在‘中华民国’旗帜下。毛泽东打败了蒋介石，把‘中华民国’改为‘中华人民共和国’。”

杨斯德说："南老，这是历史问题，我们不予置评。中央坚持和平统一，但是不承诺放弃武力。"

没有听完杨斯德详细阐释，父亲就说："现在你们说要统一，那除非是兵临城下，台湾不得不投降。如果你们现在硬要出兵攻打台湾，胜败尚不可知。即使你们拿下台湾，也将使二千万人变成一千万人，台湾成为一个荒岛，再不是美丽岛了。既然我们是朋友，希望两岸不要打仗。"

贾亦斌连忙说："不会打啦，不会打啦。小平同志有过批示，要和平解决统一问题，南老若不相信，我们下次带给你看。"

父亲这才平息了激动的心情，继续与杨斯德交谈。这次交谈对父亲的触动很大。他了解了中共最高层对台政策的基本原则。

一周之后，贾杨二人回京。其间，三人又多次见面。临别之际，父亲郑重表示，自己将竭尽全力为两岸和谈牵线搭桥。杨斯德与贾亦斌带走了一盒与父亲的谈话录音带，以便向有关领导汇报。

杨斯德与贾亦斌刚走，父亲就吩咐李素美即刻启程，飞赴台湾，将同样一套录音带送给李登辉。父亲还亲自打电话给时任台湾前"总统府公共事务室主任"的苏志诚："志诚，你告诉叔叔（指李登辉），那边有贾亦斌要带朋友来，你懂不懂朋友啊？"

苏志诚答："听懂了。"

父亲说："你告诉他，快派人过来。"

苏志诚说："老师，我们没有人去，香港不能去的。"

父亲说："你可以去找安全局长，他们做特务的什么身份没有，尤其是你现在要办多少个身份都不难，随时可来。不用怕，我会保护你的。"

可能是出于对大陆的不了解和畏惧，苏志诚还是没有来。

录音带送过去了，父亲却没有收到李登辉的回应。父亲原本以为有很大的机会促成双方的会面，但是，一来，父亲多少有些高估了自己的影响；二来，尽管双方代表密谈不算是特别重大的政治事务，但也不是小事一桩，时机也很重要，并非一时半刻就能促成的。父亲慢慢也想通了，这件事情需天时地利与人和，面面具备，才可能完成。

虽然两岸代表会谈这件事情暂时落空了，但是随着时间的推移，人事的沟通，父亲与大陆的关系日渐密切起来。其中，修建金温铁路这一件事就让父亲与大陆紧紧地联系在一起，前前后后长达十年之久。而金温铁路的建设，也有贾亦斌牵线搭桥、极力促成之功劳。

一九八九年十二月二日，父亲电告李登辉，请他让苏志诚设法来一趟香港，以便了解大陆谈判的意图。李登辉也迫切想要知道大陆方面的底牌。因此，过了年以后，在李登辉的授意下，苏志诚首次秘密赴港，传达了李登辉的邀请，希望父亲回一趟台湾，共商大计。

一九九〇年九月八日下午，父亲在阔别四年之后，终于重返台湾。当天晚上，父亲与李登辉会面，地点在李登辉的台湾“总统府”。李登辉把父亲请进自己的书房，仅留苏志诚一人作陪。

父亲也不客气，落座之后，便反客为主，说古道今，纵论天下，晓以和平统一的民族大义，也提出了许多具体的建议，滔滔不绝地讲了两个多小时。李登辉一改往日自己一言堂的做派，认真地听着，不时点头称是。

父亲最后说：“你先不要管大陆出兵不出兵。蒋家把天下交给你，他们是自己打下来的。你没有威望，要有德望。台湾现在‘外汇’存底有八百多亿美元，你先管内政。蒋经国先生有十大工程，你应好好利用八百亿美元为老百姓做点事。”

次日晚，父亲和李登辉在“总统”官邸再度会面，两人又深谈了两个小时。最后，李登辉夫妇把父亲送到门口说：“我就不到机场送行了。请问南老师最后还有什么吩咐？”

父亲意味深长地说：“我希望你不要做历史的罪人。”李登辉听完，甚是惊讶父亲会说出这样的话来，竟然不知道该怎么作答，一脸尴尬地目送父亲离去。

一九九〇年十二月三十一日，在父亲的引荐下，贾亦斌陪同台办主任杨斯德与李登辉办公室主任苏志诚在香港会面，国共双方重启会谈。会谈地点依然是父亲在香港的寓所。

一九九〇年十二月三十一日，贾亦斌、父亲、杨斯德、苏志诚（从左至右）在香港会谈

会谈在父亲的主持下正式开始。

杨斯德说："希望这是一次有历史意义的会见。"

苏志诚说："你们打天下时，我还没有出生，因此我们之间没有任何恩怨仇恨。这次来是想与各位交个朋友，希望深入全面地交换意见。"

会谈正式开始。苏志诚想方设法地赞美、夸耀李登辉，希望以此取得大陆对李登辉的信任。苏志诚还向对方透露，李登辉正准备终止"动员戡乱时期"。

杨斯德当即表示："这次中共中央对台工作会议已确定，以李先生为谈判对手。有许多台湾朋友来北京，我们也在帮李先生做工作，告诉他们，对本省人一概排斥是不会被我们接受的。"

这一次的会谈还跨了年，第二天就是一九九一年元旦，两岸双方继续在父亲居所里会谈。苏志诚首先应杨斯德的要求具体说明了台湾"国统会"、"陆委会"和"海基会"的职能，也介绍了"国家统一纲领"的构想。

苏志诚说："我到香港是以度假的名义来的，是需要冒很大政治风险的。但还是来见你们了，这也是一种诚意。我们准备在今年五月一日宣布终止'动员戡乱时期'，更是一种有诚意的表示。"

父亲说："台湾的意思，是希望在宣布终止'动员戡乱时期'之后，大陆方面应该有所回应。"

杨斯德回应说："苏先生，你看是单方面宣布终止'动员戡乱'好呢，还是双方共同宣布消除敌对状态好。我们不放弃使用武力，但是，绝对不是对台湾同胞，而是针对外国人的。两岸没有敌对了，为何就不能坐下来谈呢？与其零敲碎打，还不如从政治和军事上根本解决问题。只要你们愿意，五月一日前双方就可以谈。"

苏志诚没有表态。

父亲见双方又有无法继续的趋势，便说："我对李登辉说，北京派杨斯德来了两次都没有带方案，也不会拿出方案，只是讲统一。你也拿不出方案。你们两家碰面了，我编一个剧本，你们审查。我建议成立一个中国政经重整振兴委员会，包括两岸两党或多党派人参加，修改历来宪章，融合东西新旧百家思想，为中国文化特色的社会主义的宪法，国号、年号问题都可以在这个委员会内商量，成为全中国人的国统会。这是上策。中策是大陆划出从浙江温州到福建泉州、漳州和厦门一块地方，台湾划出金门、马祖，两岸合起来搞一个经济特区，吸收台港等地百年来的经济工商经验。有力出力，有钱出钱，做一个新中国的样板。最重要的是为国家建立南洋海军强有力的基地，控制南沙及东沙群岛，对东南亚太平洋海域建立管制权力。"

在座各位都说经济特区好。

父亲说："好是好，可是你们都做不到。如果真能做到，英国人、美国人也都会佩服我们了！"

父亲顿了顿，见大家没有话说，便继续说："所以只能是下策了。下策是只对两岸经济、贸易、投资与通与不通的枝节问题商讨解决办法。大家谈生意，交换煤炭、石油。"

大家心里面清楚，在现阶段，能在下策中寻求突破也算是一大进步了。

第一次密谈结束了，双方约定把会谈录音带回去，各自汇报，并把下一次密谈的时间定在春节。

在第一次会谈结束后，父亲分别给两岸写了一封信，信中说："我本腐儒，平生惟细观历史哲学，多增感叹。综观八十年来家国，十万里地河山，前四十年中，如阴符经言，人发杀机，天地翻覆。后四十年来，天发杀机，移星易宿。及今时势，吾辈均已老矣。对此劫运，应有总结经验，瞻前顾后，做出一个崭新好榜样，为历史划一时代之特色，永垂法式，则为幸甚！但人智各有异同，见地各有长短，一言兴邦，岂能望其必然，只尽人事以听天命而已。我之一生，只求避世自修，读书乐道了事，才不足以入世，智不足以应物，活到现在，已算万幸的多余。只望国家安定，天下太平，就无遗憾了。目前你们已经接触，希望能秉此好的开始，即有一好的终结。惟须松手放我一马，不再牵涉进去，或可留此余年，多读一些书，写一些心得报告，留为将来做一点参考就好了。多蒙垂注关爱，宠赐暂领，容图他日报谢。"父亲想及时抽身，乐观其成，但是两岸见事情好不容易有了点眉目，都不舍得丢弃父亲这个中间人，无不通过密使尽力挽留。父亲为天下苍生计，只得继续履行自己的历史使命。

一九九一年二月十七日，农历正月初三，进行第二次密谈。大陆方面贾亦斌会同杨斯德等三人，与台湾方面的苏志诚、郑淑敏和尹衍梁再次会谈。

苏志诚眼下最关心的，就是大陆方面准备如何回应李登辉宣布终止"动员戡乱令"。所谓"动员戡乱令"，是指国民政府于一九四七年颁布《中华民国宪法》后，随着抗日战争的结束，共产党力量的增强，蒋介石在七月四日向国民政府第六次国务会议提交了"厉行全国总动员，以戡共匪叛乱"的动员令，并于次日公布，从此全国进入所谓的"动员戡乱时期"。一九四八年四月，国民大会召开第一届第一次会议，通过《动员戡乱时期临时条款》一案：在宣告"动员戡乱期间"，就国家实施紧急权之程序给予特别之规定，使之不受《宪法》本文规定之限制。一九四九年十二月七日，国民党逃亡台湾后，该《条款》历经多次修订，继续有效。一九九〇年三月，台北爆发三月学运，提出废除《临时条款》和召开"国是会议"等诉求。同年五月二十二日，李登辉在第七任台湾地区领导人就职记者会上表示，计划在一年内终止“动员戡乱时期”并废止《动员戡乱时期临时条款》，回归正常宪政体制。

父亲自然清楚，这也是李登辉最想掌握的情报。终止“动员戡乱令”本来是蒋经国生前就决策好了的，却成了李登辉继任后做成的一件大事。如果大陆能给予积极回应，李登辉就能在台湾民众中赢得更多的支持和信任。

杨斯德当即直接表示，大陆高层方面对此不以为意。

苏志诚听完，甚是尴尬，一时不知该怎么接话。

父亲见状，起身对杨斯德说：“一旦台湾方面宣布了，北京没有及时回应，对李登辉来说问题很严重，内部会有反对意见。”

贾亦斌接了话茬，说：“最近，台湾‘行政院长’郝柏村说，结束‘动员戡乱时期’后，两岸还是交战状态。他这样说的目的究竟是什么？这就使我们很难表态。”

苏志诚急忙解释说：“郝柏村的话只是回答记者提问，他是一个军人，对大陆政策不了解，我们的决策是在一个很小的范围内，包括李登辉和李元簇先生在内只有六个人。如果你们想了解我方对大陆政策的依据，我可以念一份本月五日这六个决策核心人物的会议记录。这份记录是我做的。我来前曾请示能否读给杨先生听，是得到最高层同意的。”

苏志诚一字一句地念文件，大家都很认真地听。“当前政府正致力于宪政改革、并积极改善两岸关系。部分人士伺机自美返台，鼓吹台独，造成台湾内部政治社会不安定，增加海峡两岸的紧张情势。目前我们要有一个安全安定的环境，推动改革，推动大陆政策。不希望受到不必要的干扰和破坏。像某个人，政府邀请他参加‘国统会议’，他不参加会议，反而巡讲演说、作恶性宣传，企图造成台湾内部不安。这种人透过美国施压要求回国，对台湾绝没有好处。在‘动员戡乱时期’终止后，海峡两岸即将进入一个新的局面。追求统一，必须有耐心，必须花一定的时间，不能急躁。相信两岸如能建立稳定的关系，双方内部安定，我们就可以全力进行与大陆间减低敌意的措施，并鼓励民间往来。这样做，对中国统一必有帮助。不能忽略目前中共对台敌意并未明显消除，有许多统战措施。这是目前我们面临的困难，推动对大陆关系要说得少、做得多。尤其注意不让外国人支持台独人士。这样问题会轻松一点。”

杨斯德听完，要求复印一份带回北京，但遭到苏志诚的拒绝。杨斯德说：“我方需要了解台湾准备以什么方式巩固目前的两岸关系，希望对中共定位表明态度。我们将根据你方的态度，再确定回应方式。”他进一步解释说，“我们希望台湾当局把中共定位为友党，将来停止军事对峙、停止一切敌对行动、停止一切危害两岸关系和统一的言论和行动，达成秘密或公开协议。我建议，就我刚刚说的‘三停止’，我们双方可以先达成秘密协议，并得到最高层的认可。有了这个秘密协议，在台湾宣布终止‘动员戡乱时期’后，可以有两个办法回应：一个办法是台湾与大陆各自再同时发表声明，声明内容事先交换；另一个办法是双方发表公开联合声明，向全世界昭告，不允许外来势力干预中国人自己的事。”

杨斯德刚说完，苏志诚立刻追问：“你的这些意见是否向最高层报备了？”

杨斯德回答说：“报备了。”

郑淑敏一直在旁边记录。苏志诚核对了郑淑敏的记录后，问：“我再确认一下，你的意思是大陆方面希望签订和平协议，协议内容就是‘三停止’。是不是这样？”

杨斯德正色回答道：“正是如此。”

苏志诚说：“好，清楚了。我回去报告，我们会认真研究的。”

最后，苏志诚又说了一句很有内涵的话：“其实，我们宣布终止‘动员戡乱时期’后，杨主席表一个态，一句话就够了：双方共同承担确保台海安全的责任，派出授权代表商讨签订和平协议。然后我们就会呼应。”

杨斯德没有回应，苏志诚也没有再说什么。

第二次密谈就这样结束了。

一九九一年三月二十九日，星期五，两岸密使按事先约定来到香港，在父亲新购买的坚尼地道的居所里，杨斯德与苏志诚进行了第三次密谈。大陆方面到场的是杨斯德及其秘书，以及国务院台湾事务办公室的一位王姓先生，贾亦斌先生这次没有陪同。台湾方面依然是苏志诚和郑淑敏。

这次密谈不如前两次顺利。按照之前双方的约定，“三停止”秘密协议本来应该得到双方最高层认同，进而进入下一步更加深入探讨的。但是，事与愿违，就在几天前，郝柏村又捅出了大篓子。三月十五日，郝柏村在回答“立法委员”质询时公开宣称：“宣布‘动员戡乱时期’终止后，‘一个中国’的政策不变；反共的政策不变，中共现阶段还是台湾的敌人；‘三不政策’基本上也不做改变。”郝柏村此举令大陆方面十分恼火，对于李登辉的可信度和诚意也产生了质疑。

杨斯德明显带着火气来的，他一开口就是厉声责问：“你们的郝柏村讲，‘动员戡乱时期’终止后，反共政策不会改变，中共还是敌人，还是叛乱团体。这样的定性，叫我们怎么善意回应？这是继续坚持蒋介石的反共、反人民的内战政策。这是我们必须反对的。这次来，首先要解决定位的问题，否则下一步就没法谈。”

看到情势如此剑拔弩张，父亲赶紧说：“你们见了三次面，都是少数人知道，其他人都是在讲官话。今天双方如果争这些话，那是不会有结论的。”

苏志诚顺着父亲的话说：“我上次已讲过台湾对大陆问题的最高决策是六个人的会议，郝柏村不在其中，因此他根本不知道下一步会怎么走。”

父亲见杨斯德的神情依然充满警惕和怀疑，便宣布暂时休会。大家稍微放轻松以后，情绪也逐渐平复，毕竟任何谈判都需要时间，令双方逐步建立互信，何况当前的台湾局势也不是李登辉能完全掌握的。在当时，也没有人会揣测出李登辉仅仅是用这个机会，缓冲两岸对峙，然后好对台湾内部的国民党大佬下手打压。

会议接着往下开。苏志诚首先说：“现在双方对和平统一都赞成，台湾不赞成‘一国两制’，大陆领导人也不同意放弃武力。看来我们应该把分歧暂时搁置，先谈合作问题。”

父亲说：“合作方案最重要，台湾在等大陆拿出方案来。”

杨斯德说：“我方认为核心问题是定位，既然你们说郝柏村没有参与决策，请问你们最高层的最终意见是什么？”

苏志诚回答说：“可以说是竞争性的政党，竞争是正面的用词。你们对和平协议的构想如何？可行的话，什么时候进行？怎么开始？我方倾向签订公开协议，因为秘密协议没有效力。有了和平协议，接下来，两岸再就如何合作进行商议。”

杨斯德问：“你有没有带可行的方案来？”

苏志诚说：“上次你们提出的设想，我带回去后，最高层认真研究过，也征求过其他重要人物意见，大家都说大陆不会真的愿意做。”

杨斯德不高兴地说：“你们是怀疑我们的诚意。和平统一、一国两制是个坚定不移的原则。统一当然是统一到中华人民共和国，台湾只能是地方政府，这一点不能改变，解决办法就是‘一国两制’。不是单纯签订和平协议，而是和平统一协议。我上次提的‘三停止’是最低要求，目的是结束敌对状态。当然还应该有更高的目标，对历史有所交代。双方各自拿出草案，再正式签订，如何公开可以再商量。我代表中共中央正式邀请苏先生，或其他由李登辉指派的代表去北京，与我们当面谈。”

苏志诚见杨斯德亮出了底牌，自己又没有准备好怎么接招，只好说：“我们先讨论如何跨出第一步，看看怎么做。”

双方各执己见，想法南辕北辙，气氛十分紧张，眼见着就要不欢而散，无果而终了。父亲见状，怕拖下去只会越拖越僵，就发表了自己的意见说：“我只提一个‘和平共存、协商统一’的八字方针。统一是双方认同的目标，这八个字也没有说要台湾取消‘国号’，投降过去。大家先不要打仗，慢慢谈判统一。”这八字方针是父亲夜不成寐、反复思索出来的，双方听了，都同声称好。

父亲见事情有转圜的余地，便顺势提出：“你们对这个方针都叫好，那就签字呀！你们签了，回去双方领导认可就管用，就是条约；有一方不认可也没关系，这是一句文学语言，妙就妙在这里。”

父亲转向苏志诚，正色地问：“志诚，你签不签？”

苏志诚回答得倒是干脆：“拿支笔来，我签！”

父亲环顾了一下会场，说：“你们都拿出证件来。我是中间人，要验的。”

苏志诚拿出“总统府”工作件。父亲转身再问杨斯德有没有证件，杨斯德不搭腔，其余所有的人也都默不作声。

父亲的一番热忱像被泼了盆凉水，也就不再说什么了。

会议结束时，杨斯德再次问苏志诚：“你有没有可能秘密来北京？”

苏志诚答道：“要请示。”

双方不欢而散。

一九九一年五月一日，台湾宣布终止“动员戡乱时期”。作为回应，大陆高层决定由汪道涵、许鸣真、杨斯德和王兆国等四人组成项目小组，由汪道涵领衔，以李登辉为对象，通过父亲，在香港举行谈判。

六月十六日，两岸密使再度在香港会谈，地点依然是父亲的居所。台湾方面照旧是苏志诚和郑淑敏。不久之前，中共中央对台工作办公室和国务院台湾事务办公室合并，由王兆国出任主任，杨斯德不再担任职务。大陆代表的第一个任务是向对方通报这一人事改变，第二是说明中共中央台办负责人“六七”谈话是经中共中央最高领导人逐字逐句推敲的，授权以“对台办”负责人名义发表。这是回应台湾宣布终止“动员戡乱令”的一个正式文告。

大陆的戴代表总结说：“对台办负责人的三点谈话已充分表达了我方的诚意和善意。”他一再促请苏志诚去北京，直接面见中共领导人，承诺一定会高度保密、妥善安排。

苏志诚对此未置可否，只是反复表示：“签和平协定的事，希望你们严肃认真考虑。”

这次密谈没有达成具体有效的成果，父亲也没有多说什么。

一九九一年十一月间，尹衍梁来到香港，拜见父亲时说："北京有几个人很想来看望你，其中有一位老先生叫许鸣真。"

父亲问："这位许鸣真先生是何方神圣？"

尹衍梁答："许鸣真在中共元老及其子弟圈中被称为'许老爹'。许先生早年是陈赓大将的秘书。'文化大革命'时在东北的哈军工当校长。许多高干子弟没有饭吃都去东北找许老爹，得到他的照顾和保护，因此各家都很感激他。'文化大革命'结束之后，曾经出任国防科工委副主任。离休后来港担任某公司董事长。"

父亲说："他们来做朋友可以，再谈这件事，我已经烦了。"

过了几天，许鸣真先生登门拜访。初次见面，父亲和他却一见如故，大有相见恨晚之憾，从此成为至交好友。后来，父亲还全权委托许老作为自己修建金温铁路的私人代表。

几天后，许老再次来访，这次他还带来了一位新朋友——国防科工委主任丁衡高。父亲回顾了自己充当两岸密谈中间人的前因后果，对自己提出的各个议案最终大都没有得到落实感到十分遗憾。父亲十分坦诚地说："两岸密谈越谈越糟……我几十年旁观政治，军人、特务、政客都是好朋友，每个地方都买票不进场，所以看得很清楚。我要是进场就是参政了，但如果不买票，你们在里头做秘密事，我不能进门来看个清楚，就没有资格评论。我曾几次问杨斯德，谁能最后拍板？杨都含糊其辞……我提出的'和平共存、协商统一'这八字方针，如果双方签了字，就不至于拖到现在没有什么进展。两岸统一既是功劳，也是责任，有些人只想把功劳装进自己的口袋，却不愿意担当这个重任。两岸不透明，互相瞒着在做，总是拿不定主意。"

许老听得十分动容，真诚地说："这件事要办成功，需要想办法让最高层的领导人都知道才行。"

第二天，许鸣真就直奔上海，拜访汪道涵先生。

一九九一年十二月十六日，大陆海协会正式宣告成立。汪道涵先生即将出任大陆海协会会长，但他对曾有两岸密谈这回事一无所知。许老对汪老详细讲述了父亲为两岸密使会谈牵线搭桥这一段历史。汪老听到这里，连声说："这个重要，这个重要！"

一九九一年十二月二日，在父亲居所，许老与苏志诚第一次会谈。陪同前来的尹衍梁事先给苏志诚介绍过许老在北京的分量和地位，加上父亲对许老也表现出异于常人的信任和亲密，苏志诚再也不敢表现出一丝的怠慢，满口应承会把大陆最高层的意见如实向李登辉报告。

许鸣真往返京港，父亲居间与台北联络，两人如穿花的蝴蝶，又如织网的蜘蛛，准备组织新一轮的密谈。这一次，父亲从许老那里得到了北京最高层确切的意见，对李登辉也怀有希望，所以，他又重燃起热情来了，觉得大有希望。

一九九二年五月初，大陆方面决定由汪道涵、许鸣真、杨斯德和王兆国四人组成专案小组，由汪领衔，以李登辉为对象，通过在香港的南怀瑾谈判……

五月二十六日，尹衍梁到达北京，传递了李登辉方面同意秘密谈判的意见。

父亲从尹衍梁那里得知大陆方面将派出汪道涵、许鸣真和杨斯德三位元老与台湾会谈的信息后，心里十分清楚，大陆方面这次是高度统一，极有诚意的。因此，父亲对苏志诚说："你年纪太轻，地位不过是'总统府'的工作人员，你不要代表一切。李登辉如有诚意，为何不派年纪大一点的老前辈来？比如谢东闵也行！假如仍要你来谈，也要有李登辉的委任书。否则，将来台湾人骂你出卖台湾，你怎么办？我与你不同，我是站在公正立场，我不在乎啊！我对得起台湾，对得起大陆，对得起国家和民族。"父亲实际上是希望台湾方面拿出足够的诚意，改派更有资历和分量的人物前来香港参加双方会谈，以提高会谈的层次和效率。

一九九二年六月十六日，大陆派出汪道涵、杨斯德和许鸣真，台湾代表依然是苏志诚和郑淑敏，双方在香港的希尔顿酒店密谈。台湾方面并没有派来新的代表，父亲很是失望，但作为中间人，他还是参加了这次密谈。

一九九二年六月十六日在希尔顿酒店会谈的杨斯德（左二）、苏志诚（左三）、汪道涵（左五）、许鸣真（右一），以及父亲（右三）

会上，苏志诚邀请许鸣真秘密访问台湾，与李登辉面谈。许鸣真表示愿意继续保持联系，待回去研究后再做答复。双方接受了父亲的建议，敲定首次“汪辜会谈”日期，这可能是本次会谈的最大成果了。除此之外，密谈双方在实质性问题上都寸步不让。最后，双方请父亲总结讲话。

父亲说：“我重复一下我之前提出的三原则：第一，和平共济，祥化宿怨；第二，同心合作，发展经济；第三，协商国家民族统一大业。你们要是不反对，就签字。”

双方都表示对此三原则完全赞成，但谁都怕担责任，谁都不肯签字。

父亲早就见惯了这些政治上的“技巧”，也就见怪不怪了。接着，父亲从口袋里拿出一份材料，说：“这样吧，由我来写一封信，请你们双方回去交给最高决策者。三个月内，如果两边都不回信，也不签字。此议自此作罢，不要再找我了。”

父亲的信一式两份，一份给台湾，一份给大陆。双方都十分仔细地看完信稿。信中原有一句，双方“先后在此相商”，苏志诚十分敏感，怕万一密谈曝光，会被人说他出卖台湾，便要求把“相商”一词改成“相遇”。此举虽是此地无银三百两，父亲也不计较，当场改好。以下便是这封信的全文：

和平共济协商统一建议书

有关两岸未来发展问题，适逢汪道涵先生、杨斯德先生、许鸣真先生等与苏志诚先生等，先后在此相遇，广泛畅谈讨论。鄙人所提基本原则三条认为：双方即应迅速呈报最高领导批示认可，俾各委派代表详商实施办法。如蒙双方最高领导采纳，在近期内应请双方指定相应专人商谈以期具体。如未蒙批示认可，此议作罢。

基本三原则三条：

一、和平共济，祥化宿怨；

二、同心合作，发展经济；

三、协商国家民族统一大业。

具建议人　南怀瑾敬书

一九九二年六月十五日于香港

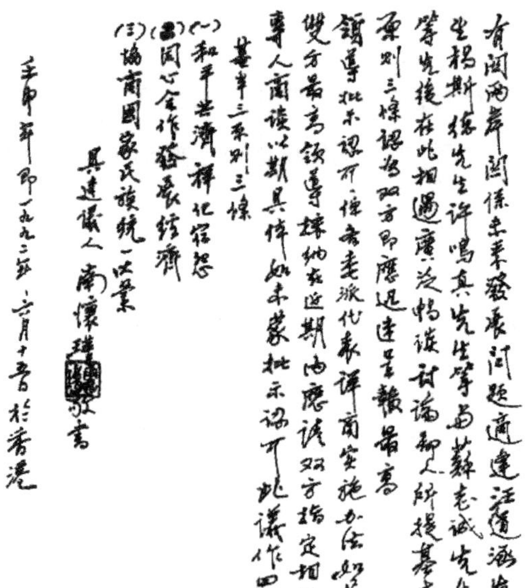

和平共濟協商統一建議書

有關兩岸關係未來發展問題適逢汪道涵先生楊斯德先生許鳴真先生等與蘇志誠先生等先後在此相遇廣泛暢談討論鄙人所提基本原則三條認爲雙方即應迅速呈報最高領導批示認可俾各委派代表詳商實施辦法如蒙雙方最高領導採納在近期內應請雙方指定相應專人商談以期具体如未蒙批示認可此議作罷

基本三原則三條

(一)和平共濟祥化宿怨

(二)同心合作發展經濟

(三)協商國家民族統一大業

具建議人 南懷瑾敬書

壬申年即一九九二年六月十五日於香港

一九九二年六月十五日父亲手书的“和平共济协商统一建议书”

双方分别把信带了回去。

可是，苏志诚作为父亲的学生，竟然阳奉阴违，私自扣压了父亲的信。父亲知晓内情后，既感到气愤，又感到伤心，从此不再理会他了。善于玩弄权谋的李登辉，更加过分，随后竟然通过报纸说，苏志诚、郑淑敏与大陆方面的会面是他们个人的行为，“不是我派的”。父亲对李登辉及其谈判密使的做法和品行十分失望，悔叹连连，正式退出两岸密使的会谈。就此，父亲与贾亦斌、许鸣真这两位至交好友努力开辟的两岸密谈渠道，完成了它的历史使命，关闭了。此后，两岸密使通过“汪辜会谈”这一新渠道继续着这未竟的事业。

许多人喜欢对外说是父亲的学生，实际上只是想暂时利用这个身份而已。在台湾许多政客曾经用过这个名词，后来两岸的商界也有人用，但是真正学习中华文化思想，又能身体力行的则没有。所以父亲曾遗憾地说过，他是没有学生的。

苏志诚这个人，有台湾人认为他是台湾历史上的李莲英。他原先是李登辉独子的同学，在李登辉独子过世以后，长期出入李家并获得他们的信任。在李登辉后来的发展上，与之形成政治共同体，为李登辉的权钱服务，直到李登辉下台，彼此间的利用关系结束，两人形同陌路，苏志诚本人也牵入司法案件才退出政治舞台。其为人，可谓嚣张粗鄙。我曾经与他在面馆一起吃过午餐，让我惊讶的是台湾的政治圈竟然有这样的权臣，其衰败可知。

在很长一段时间里，父亲闭口不谈密谈事件，也绝口不提苏志诚和李登辉这两个人的姓名。后来，父亲谈起此事时说：“做了一辈子学问，到七八十岁，还会被一个文化浅薄的李登辉和一个阳奉阴违的苏志诚玩弄拐骗，除了怪自己既愚且痴之外，我还能有什么话说！”话语之中既有自我嘲讽，也有后悔懊恼，听来令人心酸眼热。

现在回顾历史，李登辉的倾向一直是利用“台独”和台湾地方势力，以及国民党的残余影响力，把台湾拉向日本的怀抱。在他主政时期，台湾社会受到日本的极大影响，这样的想法，也延续到了他的继任者，致使今日的台湾定位模糊，实力几乎殆尽。这个建立两岸和平的架构，于李登辉而言，自然成为送上门的可利用的机会。他的这个背景，藏得很深，当然不是父亲那时所知道的。

虽然父亲不再是“渠道”了，虽然他说自己参与过的密谈到头来不过“是一场愚痴无智的诳语笑谈会，此乃我心裁决的结语”，但父亲并未彻底放弃两岸和平事业。

一九九五年春节前夕，时任中共中央总书记、国家主席的江泽民就发展两岸关系，推进祖国和平统一进程问题，发表了著名的八项主张，即“江八点”。汪道涵先生当即向江主席举荐父亲。同时，汪老邀请父亲回大陆，商谈台湾社情与推动两岸关系方略。

父亲对国共两党始终抱着“买票不入场”的态度，尽管汪老诚意拳拳，但父亲始终没有应承。后来，因为许鸣真病危，父亲十分牵挂，于八月上旬前往许老所在的上海医院探望。汪老抓住这个机会，与父亲深谈了四个多小时。父亲向汪老讲述了台湾的历史沿革、民心民意、政情党情社情，也讲到了国民党近来的动作与李登辉前后的变化。父亲说，两岸要和平统一，攻心为上，只有文化先统一领先了，才有可能解决政治上的问题。

一九九八年十月中旬，汪辜再次会谈，达成了汪老应邀访问台湾等共识。下旬，周瑞金先生应台湾“中央通讯社”的邀请，率领《人民日报》新闻代表团访问台湾。周先生从台湾访问归来，途经香港，受汪老委托，登门拜访父亲。

父亲见到周先生，笑着说：“南书房行走来了，欢迎。”这是双关语，既表明了周先生中央机关报主持言论的副总编身份，又戏称他今天登门拜访是到“南怀瑾的书房行走来了”。

周先生代汪老向父亲致意，并谈起自己此次台湾之行正是汪辜会谈的一个成果，此次登门造访，也有代汪老问询南老对汪辜会谈的意见，云云。

父亲直言不讳，说道：“现在两岸都说好，我看不会有结果。李登辉在台湾名声不好，这个人你们都没有看透。他在执政初期，权力基础未稳，利用密使会谈，缓和两岸关系，取得大陆对台湾地位的认可，得以腾出手来将李焕、郝柏村、林洋港等政敌消除掉，巩固自己的权力。现在，李登辉不同了，他会容忍汪道涵去台湾讲统一吗？”

父亲与汪道涵先生（摄于一九九五年八月六日）

事实证明，父亲的顾虑并非多余。一九九九年七月，李登辉悍然抛出“两国论”，不仅使得汪老台湾之行成为泡影，更使得好不容易有所改善的两岸关系堕入冰点。

父亲忧国忧民之心天地可鉴，他为两岸和平所做的贡献和付出的心血，历史自会给出公正的评价。

五、南禅七日众生缘

> “我回来，不要登报，不要宣传，不要排场，人间的荣华富贵，威风排场，我年轻的时候都享受过了，那都是没有道理的东西。”

福建省厦门市东南五老峰下有一座南普陀寺，始建于唐代，时称泗洲寺。元代时被废，于明代重建，改称为普照寺，并迁建于今址。因其供奉观世音菩萨，与佛教四大名山之一浙江普陀山的观音道场类似，又因位于普陀山之南而得名南普陀寺。寺内藏有明万历年间血书《妙法莲华经》和何朝宗的名作白瓷观音等珍贵文物。南普陀寺是颇有名气的道场，还办有闽南佛学院。闽南信佛教的人数众多，加之与台湾民间交往密切，南普陀寺香火尤其旺盛，吸引了二百多名来自全国各地的住众和学僧。

南普陀寺于一九八五年恢复丛林管理制度，另加上妙湛方丈的尽心主持，寺院渐渐重整清规，严肃戒行，一切事情都有条不紊。全寺住众和学僧自觉遵守丛林仪规戒律，坚持日常早晚课诵和参禅修学。不仅如此，妙湛法师还组织他们启建各种定期或不定期的普利法会，如创设宣弘佛法的通俗讲座，举办各项慈善公益事业等。在这一年，闽南佛学院也开始复办，妙湛法师任院长，在他的主持下，学院的教育设施、教学素质以及学院规模均有较大的提高和发展，成为全国僧人教育的重点学院。

二十世纪二十年代以来，南普陀寺在很长时间内都是海内外佛教交流的前沿和中心。太虚、圆瑛、虚云、弘一等诸位大师，均曾来寺传经弘教，并且中国各地的知名法师，如常惺、芝峰、蕙庭等相继来闽南佛学院担任教席。与此同时，有些原在南普陀寺供职的职僧和法师，也纷纷出国弘教。太虚大师前往西欧多个国家进行考察访问，并且弘佛传道。转道、转岸诸大师在民国初年即往新加坡创建寺院，开辟闽南汉僧南渡传教的基地。退居住持转逢和尚，曾行脚远赴印度、尼泊尔、缅甸、泰国，朝圣求法，后又经西藏往新加坡、马来西亚传教。二十世纪三十年代末，退居方丈性愿法师南渡菲律宾传教，成为菲岛第一代开山祖师。这些法师在东南亚各国广弘佛法，深得海内外佛教界人士的推崇。

大陆改革开放以来，到南普陀寺视察、朝参、访问的高僧大德和佛教界知名居士，络绎不绝。南普陀寺方丈妙湛法师和诚信、见性、了法、道赟诸法师，也曾分别应邀前往香港、新加坡、马来西亚、泰国及美国等地区和国家考察、访问交流。

父亲常对出家人说："现在的社会，在家修行的人很多，出家人会的（包括唱念敲打），在家人都会。但是在家人会的，出家人不一定会。这样一比，出家人就矮了半截，如何说法，如何度人呢？所以要赶快迎头赶上。"所以，他大力推动南普陀寺与高等学府如厦门大学、复旦大学等合作，培植僧侣的学养，提升他们的水平，以利弘法及修持。妙湛法师对这个计划十分支持，便与厦门大学签署了合作计划。后来，又延伸到更多领域的合作。厦门大学成立了海外中医科及针灸科，父亲在香港和台湾鼓励许多青年前往受训。台湾的出家人如宏忍、法光、亲证、圆观、禅定等，以及李淑君、吴美珍（陈定国夫人）、谢锦扬、陈照凤、吴振鹏、林世光、曾湘如等都曾前去学习。香港的林世光多次去进修，学成回来后便一直在香港开业。

台湾长庚医院脑神经内科主任朱乃欣医生，也曾前往厦门大学学习。朱医师毕业于美国密歇根医学院，在美国医院当医生，成就斐然，常代表美国到各国参加医学会议，后回到台湾，负责长庚医院脑神经内科。有一次，他与医学院同学陈定国博士一同来港拜访，父亲就劝他再学一些中医的知识，可助益医疗。他十分信服，专门安排时间到厦门大学去上中医课。

二十世纪九十年代初，妙湛法师曾多次前往香港与父亲会面，两人交流佛法，极其投契。祖母去世时，法师曾派人前往主持诵经法会，父亲深为感怀。

一九九一年，李素美和家人到厦门考察，曾到南普陀寺参观，并与住持妙湛法师见面。当时妙湛法师已经八十多岁了。交谈之中，法师说他此生有两大愿望，其一是修建一个禅堂，其二是想举办一次禅七。李素美回港后，立即告诉了父亲。父亲很支持，便请弟子们化募，筹集了经费，历时两三年，最终帮法师兴建了一座在当时现代化程度最高的禅堂。

一九九三年冬，禅堂即将完工，法师专程赴港，邀请父亲以贵宾身份参加新禅堂落成典礼，并请他主持新禅堂第一次禅七。法师说："新建禅堂当然要举办禅七，由南老师主七才是最圆满的。"

父亲说："你还是另请高明吧，我不去。"

法师来港之前，已经给父亲打了好几次电话邀请了，父亲就是不答应，他这才亲自登门邀请。见父亲还是不肯，法师哪里肯善罢甘休，继续劝说。最后，父亲抵挡不住法师为大众求法的愿力和诚意，终于答应了。

此时，宏忍、法光、亲证、德修、日鸿等几位比丘尼，仍在厦门大学学习，她们从前都是台湾十方书院的学生，听说父亲要来南普陀寺打七，都自觉自愿积极参与各项准备和协调工作。禅七的时间仍按照父亲的惯例，定在农历正月初二开始。

父亲与妙湛法师合影

一九九四年二月九日，除夕。本应是阖家团聚、共享天伦的传统佳节，但父亲再一次地"与天下人同亲"，和他们一起过年去了。对此，我们早已习惯了。我们所担心的是他的身体，毕竟，他已是七十多岁的老人了。可是他不以为意，执意让吴振鹏陪同自己先到厦门。妙湛法师亲自去机场接待，将父亲安顿在寺里。父亲临行前，嘱咐弟弟国熙代他在香港住处做主人，陪大家吃年夜饭，饭后还要遵循老传统，掷骰子玩赌钱游戏。

对于父亲赴厦门举行禅七，时任全国政协副主席、中国佛教协会会长的赵朴初居士亲自致函祝贺，时任中国佛教文化研究所所长的吴立民先生特赋诗志喜，中共厦门市委、市政府为此举办了大型欢迎宴会。

这是父亲自一九四九年去台湾之后第一次重新踏上大陆这片土地。斗转星移，白驹过隙，转眼半个世纪就要过去了。此时，大陆国学热兴起，父亲虽从不曾承认自己是国学大师，但是，说他“声名鹊起”是一点也不为过的。父亲这次重回大陆，面对着人们近似狂热的尊崇，他还是秉持一贯的平静恬淡，可是有几个人能够知道，他早就不为名利动心的内心真实呢？成千上万的人早就盼望着能亲眼见他一面，他却“衣锦夜行”，悄然而来，又悄然而去，只有少数几个人陪在身边。

父亲对待自己的名气，一如既往的低调。搞虚名讲排场的事，他根本没有什么兴趣。最高规格的接待礼遇，最高级的饭店和别墅，最高级的荣誉证书，这些东西统统不要。他说：“我回来，不要登报，不要宣传，不要排场，人间的荣华富贵，威风排场，我年轻的时候都享受过了，那都是没有道理的东西。现在我回来禅七，只是一个普通的老百姓，不花政府的钱。我悄悄而来，悄悄而去，如果有用得着我的地方，我一定会尽力的。如果你们一登报，一宣传，又给一个什么名誉教授的头衔，又是高规格的礼遇，万一今后我这个人做人做不好了，弄得大家都没有面子了。老实说，这种名誉头衔，我一辈子不喜欢，那么多外国大学要送我这个那个名誉头衔，都被我推掉了。”

听了他的话，有关部门也很通达，干脆“主随客便”，所以，一切礼遇都从简从便，结果大家相处得很好。

这次禅七活动本来没有对外公开，但禅学大师来做禅七的消息不胫而走，结果楼上禅堂的二百三十个座位和楼下讲堂的四百多个座位全部坐满，海内外近七百人参加，这还没算临时赶来旁听的。听众中年龄最大者已经八十岁，最小者还不到十岁。父亲看到这个海内外文化交流盛会有如此热烈宏大的阵仗，开玩笑地说："把我吓坏了，吓什么？我怕那个禅堂几百人在上面，双层的，也没有盖好，万一压下来，下一层的几百人就变肉饼了。我的心理负担多重啊！"

参加活动的人员中，有来自美国、法国、加拿大的，香港和台湾地区的人数也不少，但人数最多的还是大陆同胞。二哥南小舜和几位温州人士也赶来了。全国各地寺院来了不少老修行，也有不少老居士。最令父亲高兴的是，峨眉山的通永法师也来了，他可是父亲当年在峨眉山闭关的护关师兄，两人交谊至深，如今分别长达半个世纪，竟然又在父亲主持的禅七法会上相见，真是难得的福气和运气。而来自四川的人中，还有袁焕仙先生在维摩精舍带过的门人，以及张怀恕女士的女儿秦敏初。

南普陀寺里的出家众，只选出了部分人参加听讲，多数的都去做"护法"的工作了：做饭、烧水、沏茶、打扫，十分辛劳，却也功德无量。这样大规模的禅七法会，维护日常生活所必需的工作，如报到、住宿、饮食、禅房安排等事务，可想而知是非常庞大的。南普陀寺院的出家众了不起，竟然能够让出这殊胜的听讲机缘，发心为众生福慧做护持，这才是出家人真正的修行，令人感佩。

父亲此次主持的禅七的名字定为"生命科学与禅修实践研究"。因为中国传统的儒、释、道三家之学中，蕴藏着极为丰富的人体生命科学的内涵，父亲数十年来一直研究、探索如何使之在现代社会发扬光大。此次厦门之行，就是他以现代科学精神结合佛教禅七形式所进行的一次修持实践。科学在不断进步，科学界也开始了生命多边的研究。三十年前，美国哈佛大学医学院已有梦境研究室，禅定时的脑部及生命现象的变化，近来也成为科学界研究的热点，甚至有些美国大学还开设了死亡学研究课程。这些生命科学的研究与实践，与禅学有着紧密的关系，而父亲就是要把这层关系讲清楚。

在七天的禅修中，每天从上午八点到晚上十点，父亲都要亲自讲解禅修要义，并指导全体学员进行禅修实践，将自己毕生修学经验与心得再次倾囊相授。对于大陆的朋友们来说，这或许是以新时代的风格，不分教派，应机而说。但是对于参加过父亲以往禅七课程的朋友而言，这种不时参引佛道经典、古德诗文用以启迪学员，深入浅出、见地精辟的说法，正是父亲独特的禅七助道手段。为了教化实证，他有时还亲自做动作示范，生动活泼，引人入胜，令人浑然忘我，不知时光流逝。这种不同于传统佛寺经典教化的方式，呈现出禅宗佛法生活化的另一番新风貌。当然，父亲的方法，也可能就是以前居士林禅七的做法，只是相距五十年的巨变，传统的反而变成新鲜的了。

这次禅七由于参加的人数过多，场地拥挤，而且父亲并不了解参加学员的修为，也不知道这数百人的佛学程度，所以在讲解上，反倒是讲得多，讲得细，也想为学佛的朋友留下一个比较清楚的记录。现在在互联网上，可以轻易地找到这段视频，也成为许多有心人的学习助力。我小时候参加父亲的禅七，除了听讲以外，更多的是讲求修证。参加的学员，更是注重自身的行证，而父亲更多的是解证。南普陀寺的禅七是要与广众结缘，所以父亲真的是毫无保留地把学佛应该懂的都讲了。

禅七的一天晚上，大家在交流心得体会。通永法师带着浓重的四川口音对父亲说："我很想看到你抓几条鱼出来，给我们大家看看才痛快。"他的意思是说想看到经过父亲的讲道，出现几个当下开悟的人。

父亲会心一笑，故意用不标准的四川口音回答说："我也想啊！可是这些鱼都很滑，抓不住啊！"

按照父亲的标准，这次禅七能抓住多少鱼不好说，但它的影响是巨大的。禅修七日，人人皆有所得，许多人在不同程度上转化身心，开阔了人生境界，初步了知了人体生命的真谛。

一九九五年十一月七日，妙湛法师再次来港。父亲挽着老朋友的手说：

“你都八十岁了吧？又来干什么？”

法师说：“老师啊，我请求你再到南普陀主持一次禅七。”

父亲说：“请坐，不谈这些，你现在赶快回去，把方丈也辞掉，什么都辞掉，什么都不管，好好修持念佛。”

法师听了，就不再说什么了，站起来和父亲告辞，立刻就要回去了。

那一天，时任民政部副部长的阎明复正好来访，父亲就介绍法师与他相识，希望大陆政府善用宗教的力量，致力于社会福利工作，发挥潜移默化的作用。

妙湛法师回厦门不久，就传来他生病的消息。十二月初，赵朴初把法师接到北京治疗，诊断结果证实是癌症晚期。法师拒绝开刀，也拒绝化疗。

阎明复在十二月中旬去医院探望，法师已经不能多说话，但还是写了几个字给他：毋忘世上苦人多。在场的人无不动容。此时能不忘众人的苦，依旧不念己身，随缘受报，慈悲无我，显示的正是真正大修行人的风范。

在法师生病的这段时间，父亲和他通电话。在病床上，法师已经说不出话了。父亲在电话这头说：“老和尚，叫他们送你回南普陀寺去，落叶归根吧。”法师的两个小徒弟在病床边，把父亲的话讲给他听。法师也就决定回到南普陀寺，顺应自然，迎接一切。

十二月十七日，法师回到南普陀寺方丈室。次日晚上，法师的弟子打电话给父亲，请他和法师说几句话。父亲叫他的弟子把电话拿到他耳朵旁边，问：“听到吗？”法师手动了一下，表示知道了。

父亲接着说：“老和尚不要散乱。”法师念了一句：“南无观世音菩萨。”

父亲电话里说：“好好念，跟着走吧。”这是最后的话别。

翌日中午，法师右胁吉祥卧，安详地、平静地、有尊严地去了。

父亲听闻，虽然痛惜，但通透如他，自是能够抑制悲伤。他写了一对挽联，极好地评价了法师此生的行持，送了过去：

处变不惊数十载 密行止观悲愿 主普陀谁说蜀流无大德

临危不乱三星期 随时通话坚持 归丈室果知定慧有高僧

父亲一生对佛法禅理钻研甚深，而又能与禅、道诸学圆通交融，也常常对修持之事有独特见解，加之见多识广，又能见微知著，自然便带有一丝仙风道骨之气，故而很多人都说父亲有神通，但我倒不这么认为。不过有一件事确实颇有些奇妙的意味。在父亲香港坚尼地道会客楼房的对面，是个山谷，山谷下有一棵树葱郁峭拔，总有一二十只白鹦鹉停留其间，苍翠的树枝上，缀着一簇簇白，很是好看。父亲的学生说：“初来租这房子时，是没有这些鹦鹉的，后来越聚越多，也不知从哪里来的。”有一次父亲到别处去了几个月，鹦鹉竟也不见了，等到父亲回来，它们才又回来，也不知那些鹦鹉算不算是受了他“神通”的感召。

六、故居不立及老幼

"人如无贪，天下太平；人如无嗔，天下安宁！愿天常生好人，愿人常做好事。"

在乐清翁垟镇地团叶，有一片风格古朴的建筑群，掩映在依依垂柳之间。进入里面，长廊曲径通幽，曲转悠回，不时有三五老人摇着扇子围坐，或下棋，或闲聊，恬淡悠然。几个人在那儿练拳、耍剑，还有几个幼童追逐嬉闹玩耍，笑语欢声。

在这里休憩练拳，或是做活动的人都知道，这些建筑是南怀瑾先生捐赠的。

这个园林式的文化活动中心，就是父亲个人出资五百余万元，协助扩建的幼时旧居。它占地面积四点九七五亩，建筑面积一千余平方米，于一九九四年底竣工，一九九五年二月投入使用。一九九六年一月初，父亲慷慨地将它捐赠给乐清地方政府，作为"乐清老幼文康活动中心"，题写匾名并作《乐清老幼文康活动中心赠言》：

我生于此地长于此地而十七年后，即离乡别土。情如昔贤所云："身无半亩，心忧天下；读书万卷，神交古人。"旋经代嬗变五六十年后，父罹世变，未得藻雪，老母百龄，无疾辞世，虽欲归养而不可得，故有此筑。即以仰事父母之心转而以养世间父母，且兼以蓄后代子孙。等身著作还天地，拱手园林让后贤，以此而报生于此土长于此土之德，而无余无负。从今以后，成败兴废，皆非所计，或嘱有言，则曰：人如无贪，天下太平；人如无嗔，天下安宁！愿天常生好人，愿人常做好事。

南怀瑾书时年七十八

岁次乙亥冬月中旬即一九九六年一月上旬

一九九六年一月十二日，经温州市政府批准，乐清市政府接受了父亲无偿赠送的乐清市老幼文康中心（即老幼活动中心）房产。根据父亲的意愿，市政府将该中心转交翁垟镇政府及当地老年协会管理使用。

自一九四九年离开故乡后，父亲再也没有回过生养他的这个地方。至此，这个寄托了他对家乡无尽思念的活动中心，终于正式移交给故乡，得以“报生于此土长于此土之德”，了却他的一桩心愿。不过，人世间之功德，往往毁誉相随，这个中心的修成也经历了一些波折。

一九九〇年二月十四日，农历除夕，在温州的百岁祖母，吃完年夜饭后去世了。父亲没有回乡，他让弟弟国熙从香港赶回温州老家奔丧。

在此前后，地团叶村委会提议建设一个老年活动中心，添置一些健身娱乐设施，让辛苦了一辈子的老人老有所乐。这个倡议得到了全村人的广泛认同，大家都很支持，也愿意出工出力出钱。但是，核算下来，村里按人头捐献所筹集的钱，与所需资金之间的缺口很大。正在大家愁眉不展的时候，有人说，从咱们村走出去的南怀瑾现在名满天下，听说要捐好几个亿修金温铁路，可见有钱得很，请他为老家捐点钱，想来他不会拒绝吧。大家觉得这个提议很好。于是，村民叶乾奶、叶邦仁等人给父亲写了一封信，内容主要是盛赞他给村里和族人带来的骄傲和荣光，希望他反哺桑梓，捐点款修建老年活动中心，以老有所依、老有所养、老有所乐云云。

父亲回信说：“你们要修一个老年宫，我很赞成，但不如修一个‘老幼安乐宫’好呢！老年人替中年人照顾教导儿童，儿童学会侍奉老年人，这才是中国传统文化的好榜样，也更合理，你们说对不对？再说，你们要修养老年宫，却找我这个飘零在外的老小孩，未免太苛求了。我如见到乾奶，应该罚他喝两杯，打他三拳，可以吗？一笑！应当哈哈大笑。”

这样的信如此再三收到好几封，有以村委会名义写的，还有小时候的发小写的。盛情难却，父亲遂决定自己出钱，在老家建一个供大家“朝晖夕阴，风云之夜，闲谈讲古”的老幼安乐宫。他申明：“我乃五湖四海之身，势难老死故乡，且将劝亲人迁移他地谋生，故对地团叶的故居，只有怀旧之情，并无贪图世乐之念。”此外，他再三叮嘱：“今但先言收购及乔迁，希望在时间上、偿付代价上应有合理确立，尤其不可使一人有勉强抱怨之心。”心意已决，他马上电汇第一笔资金二十万美元给村里。

村里根据父亲的建议，成立了老幼安乐宫筹建会，并开始着手拆迁工作。在农村，不要说拆迁了，有时候哪怕是鸡毛蒜皮的小事，也要闹得鸡飞狗跳的，这种事情并不少见，何况当时的拆迁补偿款在一些村民看来实属“巨款”，又焉能不斤斤计较呢？

另外，筹建会对父亲的本意没有解释清楚，导致不少村民以为父亲兴建的是自己个人的乐园，却欺世盗名，以投资家乡的名义，占老乡的便宜，还把村里搞得鸡犬不宁。他们心里十分不爽快，颇有厌烦之情。

这些不满的村民把自己的想法写信告诉父亲。他们的来信倒是没有拐弯抹角，意见和要求都很明确。父亲对世事人心自有深刻的洞察，但是没有想到自己的初心竟遭到这样的误解，实在令他“骇异不已”。此时正值父亲为金温铁路建设遭遇挫折而四处奔忙、心力交瘁之时。他经过认真权衡，觉得自己分身乏术，决定放弃修建老幼安乐宫。他在写给村里的信中遗憾地说：“不希望有一家，或一人为此而不安，不然因为地方做好事，反成恶意，实非我愿。”

听闻父亲决定放弃老幼安乐宫的建设，村委会立刻出面进行解释与协调，许多父亲幼时的好友，如叶乾奶、刘圣金以及父亲的表弟赵永才，也纷纷来信，说明其中的误会。父亲把来自老家的信，重新翻了一遍，觉得村里人的淳朴、真诚和直接，还是很可爱的。其中也有一些因为沟通不良导致的误解，所以他决定继续协助修建安乐宫，并写信告诉村里，请村里务必向大家解释清楚自己的真实意图和发心，以免再造成什么不愉快。“自弱冠及今垂暮之年，誉满天下，毫不动心。毁随名高，亦从不在念。现在因一念存旧，兴建故居及图书馆，兼做老幼安养康乐等用，独自出资，并非为己，实欲由我这一小点提倡，引发地团叶发展，将来蒙其大利者，将为全村及乡镇的兴旺。”

父亲决定不放弃建造安乐宫，同时请大家不要责怪这些拆迁户，也不要责怪那些不了解实情的人。“请大家想一想，何以我在开始提议时，便提出不可使其一家，其一人，而有抱怨的心理？我话说得很含蓄，其实我深知此事一动，明大义者，或可了解我为地方兴福；不明大义者，背地里便有芸芸闲言闲语，如说有钱故意摆阔啊……但我仍愿为之，只有一念，我生身于此地，在我有生之年，能使此地兴旺，使村人后代多福，便了我愿矣！”

父亲没有放弃老幼安乐宫的建设，但是甚为可惜的是，他放弃了在家乡延造铁路的设想。父亲有一次提到，他原有意将金温铁路延伸至翁垟镇地团叶，他叫侯承业预算了一下开支，共需十三亿元。虽然这是笔真正的巨款，但父亲当时豪情万丈：“这些钱归我公司出。”然而，从家乡寄来的匿名信，让他放弃了这个初衷。

经过这个小波折之后，父亲继续汇款助造，前后汇去资金共折合人民币五百三十万元，终于在一九九四年，中心建筑工程全部结束，修建完成。父亲亲笔书写的碑文刻在一角：“人如无贪，天下太平；人如无嗔，天下安宁。愿天常生好人，愿人常做好事。”

对父亲来说，捐钱修一座桥容易，盖一栋楼也容易，开一条路也容易，难的是，将“人心的大道”铺设到每个人的心里，而这才是他一辈子最大的工程。所以，不管金温铁路的开通，还是老幼安乐宫的落成，他都没有出现在工地现场，也未曾到典礼现场接受欢呼和礼赞。《礼记》说“大道之行也，天下为公”，他投资修建老幼安乐宫，和他的所有努力一样，都是希望在人世间开辟一条通往人心的大道。

七、吟咏传唱续国魂

读经运动一定要用乡村影响城市的方式来做。

父亲移居香港后，他的居所就成了一块吸铁石，来自中国台湾、美国的门生故旧往来如梭，大陆政商界重量级人物也接踵而至，世界各地的参禅修道者更是鸿雁频传，络绎不绝。父亲一如往昔，广开门庭，有函必复，不辞辛劳。不过，自撮合两岸之后，他绝口不谈政治，唯以弘扬中华传统文化为己任，身体力行，以利益天下众生。

在回到香港后不久，父亲的著作掀起了一阵热潮。继北京团结出版社率先于一九八九年推出《静坐修道与长生不老》之后，上海某出版社在次年又隆重推出三部权威著作《论语别裁》《禅与道概论》《历史的经验》。最后一本书是讲演录，该书撷取赵蕤《长短经》、刘向《战国策》、桓范《世要论》的精华，参以历史兴亡成败之实例，精辟论述了治世、用人防邪、辨奸之道，并对《素书》《太公兵法》《阴符经》逐句串讲，辅以近一百五十则历史故事，经史合参，向读者传达待人处世之真谛。这几部著作出版后，立刻引起轰动，几经再版印刷，仍供不应求。后因种种原因，父亲终止了与该出版社的合作。转而与北京的东方出版社签约。近期东方出版社就会完成父亲全集的编修，以道义之心，行道德之推广。

父亲的稿费，是他用来支持所有公益事务的来源。在香港的时候，父亲依旧维持着每日免费两到三桌的晚餐，也就是很多人盛传的“南老师的人民公社”。每天的菜钱和人事费用，都是父亲用稿费支付的。有时候会听到某人在供养南老师之类的话，这都是不负责任的人说的不负责任的话。如果有人听了父亲的话而出钱做事，父亲必然会有所回报。然而父亲从来不说这些内情，连身边跟随的人都不清楚。所以这样的误解，就像当初建温州老幼活动中心一样，令人遗憾。

一九九一年冬，上海佛学书局刚刚恢复印刷，便推出了父亲的五部佛学专著：《如何修证佛法》《观音菩萨与观音法门》《一个学佛者的信念》《楞严大义今释》和《楞伽大义今释》。书局负责人周家俊先生在序言中介绍出版缘起时敬称：“南教授对佛学书局素有好感，有深缘。闻悉今夏上海佛学书局恢复，生大欢喜心，即委托老古文化事业公司向上海佛学书局联系出版事宜，以大法施供养有缘，以示对书局的庆贺和支持。上海佛学书局为满足广大信众的需求，为着弘扬正法，利益人生，亦努力促成此举。”

《如何修证佛法》等重要的佛学著述在大陆印行后，便深受大众读者与佛学界人士的追捧，书一经出版即被抢购一空，出版社不得不多次加印。为了更好地满足需求，老古文化事业公司于一九九三年再授权北京师范大学出版社以简体字印行《如何修证佛法》，出版后不到一年，又发行三万余册。

《如何修证佛法》原名《融会显密圆通修证次第》，因为这不是一部严肃的经论著作，父亲就将其改为现在较为浅显的书名，避免与其他经论混淆，也更加明显地突出本书的主旨。本书系父亲于一九七八年春在台北闭关静修期间，抽时间为海内外弟子所作的系列讲座，共二十八讲。这本书主要是父亲根据自身经验，讲解了实际学佛修证的具体步骤，循循善诱，对于初学佛者来说，实在是一本必读之书。尤为难得的是，此书不仅对学佛的步骤有所指引，更一一道破了一些修持路上可能出现的迷惑、歧路、错误，并且予以指正，而且还将《楞严经》所讲五十种阴魔境界所蕴藏的修行解脱的大秘密和盘托出，对学佛者确实弥足珍贵。一九八九年，本书在台正式出版，迄今为止，已印行了十几版，而且还会继续印刷，足以见其受欢迎程度之深。美国学术界对此书也有着极大的关注，美国著名翻译家杰西·克利里在本书出版后，就立即着手将其译成英文，在美出版。杰西·克利里的弟弟托马斯·克利里翻译的《禅与道概论》，也已出版。这些著作的英译本出版后，也对西方造成了巨大的震撼。

大陆各出版社竞相出版父亲的著作，如中国世界语出版社隆重推出了父亲的系列著作《易经杂说》《参禅日记》《易经系传别讲》《禅观正脉研究》《禅海蠡测》《禅话》《习禅绿影》《普贤菩萨与普贤法门》《观音菩萨与观音法门》，中国国际文化出版公司出版了《孟子旁通》与《老子他说》，北京燕山出版社印行了《道家密宗与东方神秘学》等，将大陆的“南怀瑾热”推向新的高潮。

父亲在大陆的名气直线攀升，有些出版社见有利可图，就挖空心思利用“南怀瑾”这个名号，胡乱编写，出版赚钱。后来互联网流行以后，更是有许多肆无忌惮的人，将父亲的名字视为摇钱树，擅加使用。今日中国文化的衰败，问题就出现在这些人身上。当然更遗憾的是，还有人觉得这样是推广，不是坏事，反而将其视为捷径。这种不思进取、只求方便的错误观念，让整个社会充满浮躁之气。今天我们到国外，看到其他国家对彼此的尊重，便反过来批评自己的国家，但是，我们却永远不会先从批评自己的行为开始。我们大多数人只会指责别人、指责社会、指责政府，却永远不会从自己开始改变。一个不会节制自我、尊重他人的个体，就是社会的癌细胞，就是病根。对这些无礼无义的人，我们应该拒绝接触，加以谴责并断其来源，就像去除癌细胞一样。

父亲虽有听闻，但对这种事情早已司空见惯，也不愿意为此诉诸法律，浪费宝贵的时间和精力。父亲此时“著作等身还天地”，著作在大陆大量发行，但他并没有扬扬自得，不可一世，他认为自己的著作是取诸天地还诸天地，从不计较个人利害得失。他继续奉行自己先前立下的规矩：不做促销广告，不请名人写序，不登自己的照片，不追究盗版，不把自己的著作权留给后代。

金温铁路建成时，父亲“因忙于另一件工作，比起修筑铁路的工程，还紧急重要百倍以上”，所以不能亲自出席典礼，便委托侯承业发表贺词。贺词中有一首诗：“铁路已铺成，心忧意未平。世间须大道，何只羡车行。”这首诗被许多人解读和分析过，不过，依我之见，重整中国文化断层，重建中国传统文化，就是比修铁路更“紧急重要百倍以上”的事情。他一辈子与天下人同亲，视家人为天下人，所有的努力和付出都是为接续中国传统文化根脉。具体来说，在这个阶段，他要做的事情，就是要依托民间力量，推动儿童读经运动。

父亲对近百年来中国文化出现断层有着十分深刻的危机意识，无论是在著作中、讲堂上，还是在与学生或友人的言谈中，他常说，如果一个国家和民族连自己的根本文化都亡掉了，就必沦为万劫不复，永远不会翻身。他还举犹太民族为例，自摩西出埃及，到现在两三千年来，犹太人在世界上始终是最优秀的民族之一，就是因为他们几千年来的教育自成一个独立的系统，始终保存自己的文化。可是世界上的人忽视了这一点，我们中国人更不注意。中国在进入近代以来，落后挨打，屡遭西方列强欺凌，一些知识分子矫枉过正，极端地、片面地把中国贫穷落后归罪于文化传统。更为严重的是，这种思想影响了二十世纪中国的历史进程，导致“旧文化”被推翻了，但“新文化”并没有建立起来，而且也没有形成“新文化”的统一概念。就这样，中国文化传统被拦腰砍断，“中华民族有着五千年的文化历史，如今却像个乞丐一样，向西方讨文化的饭吃”。

父亲多次意味深长地说，一个没有文化根基的民族是没有希望的。没有自己的文化，一个民族就不会有凝聚力，始终像一盘散沙，不会有创造力，只会跟在外国人的屁股后面模仿，且不会有自信心，也不可能得到外国人的尊重。

全盘“西化”的一个严重后果，就是彻底否定中国传统教育，提倡新式教育。殊不知所谓“新式”教育，不过是二手的“西式教育”，只强调对知识的普及，而忽视其背后的精神实质，流弊与祸害无穷。

半个多世纪以来，从大陆到台湾，从美国到香港，父亲漂泊天涯，艰苦卓绝，但一直苦心孤诣地为重整中国文化断层而奔走呼号。回到香港之后，他越来越强调文化重建要从儿童抓起。他说：“像我们这个年龄层，七八十岁的人快要死光了，将来要想靠我们承先启后、继往开来，把国家民族文化保存下来是几乎不可能的了。”他寄希望于儿童，寄希望于未来。他说，趁我们接受过传统文化教育的老一辈还在，极力培养下一代，把中国文化的薪火传下去，使得命如悬丝、危在旦夕的文化传统得以保存，进而发扬光大。说及此事业，他常常动情地说：“我是看不到小树长成的那一天了，但我相信，小树是一定会成长起来的。”

基于对“小树”的呵护，父亲着力推广的儿童读经运动，就是力图在儿童身上接续中国文化传统的一个民间活动。运动提倡教十五六岁以前的孩子读书、背书。读诵的内容，包括中国传统文化中的儒家、道家的基本经典，甚至也可以包括一小部分佛家的书。父亲说，不管四书五经，或是其他古书，任何一段，要教小孩子像唱歌一样，很轻松愉快地背诵，不需要给他讲解，偶尔稍稍讲一点。这样背下去以后，一辈子都有用，一辈子都忘不掉。不但中国文化要背，外文也可以背。教小孩子背书，这是中国人已丧失的基本教育方法，甚至于西方人也忘记了。人类原始的教育方法，只有一个，就是背诵。尤其是读中国书，更要高声朗诵。朗读多了，音韵和字义等因素都会逐渐影响读者，书读百遍，其义自见，慢慢悟进去，将来的学问就广博了。

金温铁路即将建成之际，听说王财贵博士在台湾倡导儿童读经的消息后，父亲决定将这个蕴藏在心中许久的想法付诸实践，开始在全球华人社会推动儿童读经运动。

王财贵博士是国学大师牟宗三先生的弟子，在台湾台中师范学院教书。他从一九九四年起就在台湾提倡儿童读经，四处奔走讲演。他将精选编排的经典文献标注拼音，教人以多种形式带领儿童在轻松愉快的氛围下，唱念背诵，在不知不觉中识字，拓展知性、悟性，陶冶情操，培养优美人格，继承中国文化传统。但是，当今社会，金钱至上，物欲横流，儿童读经运动进展缓慢，始终未能形成大气候。王财贵博士迫切希望能有一位德高望重的长者出现，一呼百应，以更好地推广儿童读经运动。

父亲从学生李素美那里听说王财贵博士的事业后，决定给予热情的支持。一九九七年秋，父亲把王财贵博士请到香港，举行一次公开演讲，讲述他的理念，介绍指导儿童读经的具体做法。演讲结束后，父亲决定将推动儿童读经运动作为他领导的国际文教基金会的一项长期任务。他指定李素美女士具体负责儿童读经运动的组织工作。父亲深知，儿童读经运动能否取得成功，取决于民间参与的广度和深度，是不能仅仅寄望于行政部门的。因此，父亲在香港运筹帷幄、调兵遣将，分别在台湾、香港和大陆推行儿童读经运动。

在台湾，国际文教基金会先选定在台北薇阁学校推广。这是所私立学校，在台北以其高质素的教学而闻名，父亲的学生、李素美女士的弟弟任董事长。薇阁学校从幼儿园的四岁小班和五岁大班起就设有读经课程，让孩子背诵四书五经等古代经典。如此一来，王财贵博士提倡的儿童读经就不再是孤军奋战，越来越多的家庭、社区和学校参与到这个运动中来，成效显著。

香港的儿童读经运动开始的时间也算是比较早的。一九九七年六月，天平儿童基础教育中心的主持人陈鸿远律师开办了第一个“经典文学诵读乐园”课程，当时他开办的课程只招收一到四年级的小学生，每个星期到中心上课一个半小时，由老师引导他们诵读《三字经》《大学》《论语》和唐诗等中国古代经典著作，这算是在香港最早展开的儿童读经运动。之后，天平中心协助马鞍山的泰白纪念学校和九龙的伍华小学开展儿童读经活动，并且为他们提供教育大纲，而且还为他们免费培训师资。经过几年的努力，读经运动逐渐扩散开来，从刚开始的天平儿童基础教育中心扩展到香港全社会。特区政府教育署的总督学知道了天平中心推动的读经运动后，就去考察了其读经课程，之后，对该活动大加赞赏，并且主动向其他学校推介，一时之间，香港弥漫着一股儿童读经的氛围。目前，读经活动在香港的大部分学校都有开设，不仅保良局属下的各个学校开展了读经活动，而且天主教会所属的各校也在课外开设了朗读中国文化经典的课程。中华传统文化的种子，正在社会的雨露滋养下茁壮成长。

中国大陆在经历新文化运动之后，尤其是经过十年“文化大革命”的空前浩劫，传统文化几乎被扫荡殆尽。这片养育了自己生命的古老而又逐渐焕发青春的热土，成了父亲推动儿童读经运动的最大阵地。不可否认，在大陆推动读经运动，所遭遇的困难最多，但几年下来效果也最显著，成绩最大。全国大部分省市都参与到了读经运动中来，直接参加读经的少年儿童已达数百万，受影响的成年人超过几千万。有些出乎父亲意外的是，不少地方政府的热情很高，不仅赞赏此项事业，而且有组织、有计划、自上而下地开展了许多活动。一些没有官方开展活动的地方，不少公立或私立学校也自发加入进来。此外，还有许多民间志愿者自办的大大小小的义务教学班。从一九九七年秋开始在大陆推广的儿童读经运动，有两条主要战线，一条是国际文教基金会李素美母女在大陆各省组织的“儿童中国文化经典导读”，另一条则是中国青少年发展基金会组织发动的“中华古诗文经典诵读工程”。

天津是李素美母女“依教奉行”在大陆开展运动的第一站，也是国际文教基金会推动儿童中国文化导读的起点。天津河西区上至区长、教育中心主任，下至校长、老师，无不高度重视。社区教育中心指派专职人员负责，并制订阶段性的实施计划。学校将每天二十分钟诵读排入课程表，对诵读情况进行检查和记录。针对这些成果，还专门编印了一本《河西区中国古代经典导读实验成果集》。

推广儿童读经比较成功的另外两个地区，是王财贵博士引领的武汉以及父亲的家乡温州。在温州，乡弟子刘煜瑞和我二哥小舜创立了“绍南文化中心”，积极推广儿童读经活动。二○○○年九月，他们举办了“温州古诗文朗诵音乐会”，三百名儿童登台朗诵《大学》等古代经典。后来又举办了“小状元比赛”，三百名儿童参加了背诵《大学》等七个科目的比赛。第二年，该中心邀请武汉余一彦博士到温州一带巡回演讲，推广儿童读经，听讲的师生和教育管理干部约有四千人。

正像父亲所预料和不断叮咛的：越是经济发达的城市，越是轻视传统文化，儿童读经运动也就越难开展，所以，读经运动一定要用乡村影响城市的方式来做。譬如，深圳当地人就以为推广读经就是在推销课本，开口就是“能给我们多少好处”。而在农村，则是另外一种完全相反的局面。有一次，李素美母女和赵海英博士去广东地区的连州山区推广，许多乡村教师跋涉了五六个小时，翻山越岭来听讲演，为的是给山区的孩子们带回更多的外界信息。这个山区每个家庭的年平均收入只有几百元人民币，但他们毫不迟疑地掏钱买导读课本。山里的孩子读书十分认真，真可以用“如饥似渴”四个字来形容。河南长垣县苗占乡马野村希望小学是一对农民夫妇办的民办小学，校长马文仲全身瘫痪，是个残疾人，但夫妻俩坚持带领全校二百个学生开展导读活动。当年中国革命取得成功，毛泽东先生采取的就是“农村包围城市”的战略，而今，父亲重整中国文化断层，接续中国文化血脉，走的也是从农村到城市这一条路。

推广导读活动的经验表明，要想成功，亟须一套适合现代儿童使用的教材。父亲列出书目，指定专人负责，选编一套《儿童中国文化导读》教材。编辑团队发挥专业特长，不负重托，迅速编成一套教材，经父亲亲自审定，于二〇〇二年由中国档案出版社出版发行。这套教材包括《大学》《中庸》《论语》《孝经》《老子》《庄子》等儒、道两家的核心典籍，以及《唐诗三百首》《笠翁对韵》《千字文》《弟子规》《朱子治家格言》《增广贤文》等古代家传户诵的童蒙读物。此版本的《儿童中国文化导读》，后来作为《太湖大学堂丛书》再版，也是太湖大学堂使用的儿童教育读本。在编成《儿童中国文化导读》以后，编辑团队又选编了一套《儿童西方文化导读》教材。

目前，由国际文教基金会推动的儿童中国文化导读活动，在全国各地已成燎原之势。在北京、天津、上海、武汉、成都、深圳、厦门、广州、福州、海口、兰州、沈阳、长春、连云港、昆明、西安、温州等地，甚至远到内蒙古的巴盟，参与这一活动的县市级单位至少已有上百个。这个活动的最大特点是，几乎各地的所有组织者都是民间的志愿者：武汉的余一彦教授、厦门的周鸿、吕丽委夫妇，深圳的许竹如先生，温州的刘煜瑞，山东烟台的刘建茹女士和我二哥南小舜等，他们都是真心赞同父亲的理念而投入这一文化重整工程的。

另外一条战线的主力是中国青少年发展基金会。早在一九九二年，父亲就向中国青少年发展基金会的“希望工程”捐款，并因此结识了温州老乡、青基会秘书长徐永光先生。一九九七年十月，为寻求“希望工程”工作重点的转移，徐永光先生又来港与父亲商讨。父亲当时正决定要推动儿童读经运动，徐永光当即主张利用青基会的力量大力推动这一运动。两人一拍即合。回到北京后，徐永光马上施行。他提出将儿童读经运动定名为“中华古诗文经典诵读工程”，认为这是一项继承和弘扬中国优秀传统文化、提高青少年道德文化修养的新的希望工程。

一九九八年年初，青基会决定推动“中华古诗文经典诵读工程”，组织孩子每天用十五到二十分钟的时间来诵读中国传统古诗文中的经典之作，用经典来充实、开发孩子们记忆力的黄金时代，让中华文化在新一代中国人中传承。青基会为此成立了“中华古诗文经典诵读工程”全国组织委员会，由青年学者陈越光先生担任主任，负责落实全国儿童读经的组织推广工作。

徐永光、陈越光和他们的同事组织北京大学、中国人民大学和北京师范大学等大学的专家学者，迅速选编了一套《中华古诗文读本》。这套十二集的读本，由编者从浩如烟海的中国传统文化典籍中精心遴选出三百余篇优秀古诗文构成，按天干地支的顺序排列，每篇文章配有汉语拼音和注释，作为中华古诗文经典诵读工程的基础读本。一九九八年，组委会开始针对北京、湖北的一千多名儿童进行三个月的试点工作，以便取得经验，全面推广。试点单位包括农村贫困地区小学、城乡接合部小学、城市普通小学、高校附属小学、民办学校、幼儿园和文化背景较好的街道社区七种类型。

试点成功后，一九九八年六月，“中华古诗文经典诵读工程”正式在全国范围内激活。组委会向全国青少年提出“读千古美文，做少年君子”的口号，确定以“直面经典，不求甚解，但求背熟，终生受益”的方针指导儿童读经。原先计划开展十年，组织全国的一百万孩子参加，但活动一开展，学校、家长、教师和政府官员热情高涨，发展速度大大超出预料，迅速在全国各地铺开，效果十分显著。

一九九八年九月二十八日，中国青少年发展基金会、香港国际文教基金会、台湾薇阁学校、澳门中华教育总会在北京共同举办了“中华古诗文经典诵读四地少年文化交流活动”。十四个来自台、港、澳的孩子与五十个来自北京的孩子参加了这次交流活动。一九九九年春节，在北京音乐厅举办十场“中国唐宋名篇音乐朗诵会”，北京八所小学的五百名孩子与艺术家同台表演，在社会上引起强烈反响。一些国家领导人欣赏了朗诵会，对儿童读经的成果予以充分肯定。二〇〇〇年十二月，“中华古诗文经典诵读工程”全国组委会在北京国家图书馆举行表彰大会，十六个省区的五十个单位和一百五十名个人获得表彰。儿童读经运动得到越来越多人的认同，社会影响越来越大。

儿童读经活动不仅在中国大陆、台湾、香港和澳门推广，而且还影响到东南亚、北美、欧洲的华人社会。在马来西亚、新加坡、印尼、美国、加拿大和荷兰的中文学校都开展了儿童读经运动。在一九九八年后期，父亲派遣王财贵、杨定一、王瑞华、童振邦等人深入这些国家，引导儿童读经。在杨定一博士的推动下，美国成立了“世界儿童智能开发基金会”，希望发展到英文及其他语言的经典导读，同时争取各项文化及国际组织的认同，以便推广到西方文化圈。

由于儿童读经运动在大陆的发展形势超出原定设想，青基会在二〇〇〇年又提出新的计划：准备用十年时间，直接组织三百万到五百万孩子参加，影响三千万成年人，通过每年搞大型活动和媒体宣传，使受影响的人超过一亿。这样经过十年的努力，影响了近十分之一的当代中国人，使他们接受中国优秀文化的熏陶。他们从二〇〇〇年三月起，又激活了“古文诵读工程百县计划”，准备花三年时间在一百个县实现全县推广。这个计划意味着儿童读经的参与者从城市向农村辐射，向闭塞的边远山区延伸，使广大农村儿童的素质得到提高。

父亲倡导的儿童读经活动，在家乡温州得到积极响应。温州民间的儿童读经活动，由二哥南小舜牵头和主持，刘煜瑞、吴震东等人一起开展。最为难得的是，二哥南小舜还正式登记了一个社会团体——“温州市绍南中西文化导读中心”，该中心从二〇〇〇年九月二十日正式开办，一做就做到了今天。这是全国第一家，也是唯一一家。

知道二哥在老家民间开展儿童读经活动后，父亲非常高兴，于二〇〇八年八月三日，通过传真，对温州绍南中西文化导读中心的成立表示了热烈祝贺。

二哥介绍说，温州绍南中心儿童读经的宗旨是：默默无闻，结合现代，面对现实，涓涓之水细细流，向社会接轨。从开办之日起，没有宣传，没有打广告，没有公开推广。来中心参加读经的儿童，都是家长知道后把孩子亲自送上门的。儿童读经经过十多年的推动，如今很多学校都已全面开展，中心也就很少做了，主要是提供一些读经的书籍。

推广儿童读经的效果显著，影响深广，大陆的一些其他机构和政府部门也闻风而动，开始加入进来。中国青少年发展服务中心和青少年彩虹服务基金会从二〇〇一年三月起，在全国开展“少年儿童中国经典文学诵读活动”。该中心在北京选定首批试点学校，然后向全国推广。北京儿童经典导读中心联合中国国家图书馆、中华慈善总会、中央教育科学研究所教育评价中心、比较教育中心，于二〇〇一年春节在国家图书馆的文津厅正式启动了“经典诵读工程”，计划在各地建立“儿童经典导读推广基地”，负责提供骨干师资培训，分发导读教材，提供宣传资料和活动指导资料。

二〇〇一年五月三十一日，由文化部社图司、北京儿童经典导读中心和中国儿童文学研究会联合主办的“庆六一・走向经典时代”大型联欢会在国家图书馆音乐厅举行。来自全国十几个省市经典导读代表队的三百余名小朋友应邀参加经典诵读汇报演出。六百多位中小学校长，部分两院院士，大学校长及文化部、中华慈善总会、中华炎黄文化研究会、国家图书馆等单位的领导和社会各界人士共计一千二百人应邀观看了小朋友的精彩演出。教育部也准备开展“小学读经教学实验计划”，用六年时间，在一百所小学实施，发动八万名儿童同时参与。同时，国际文教基金会和美国科技教育协会等机构已承诺协助这项计划的实施。

二〇〇一年二月二十五日，北京儿童经典导读中心又联合国家图书馆在国图贵宾厅举行了“经典文化建设推广理论研讨会暨经典诵读工程学术研讨会”。会上，来自北京大学、北京师范大学、北京科技大学、中央民族大学、中国科学院、中央教科所、国家图书馆等高等院校和科研院所的近四十名专家学者，济济一堂，高度评价了“儿童经典诵读”这一被父亲称为“再造一个中国”的工程。

父亲以儿童经典导读中心名誉董事长的名义，发给“经典文化建设推广理论研讨会暨经典诵读工程学术研讨会”的贺电，可以看作是他重整文化断层的纲领性说明。在贺电里，他说：“从儿童时期开始诵读历史经典名著，是我们一贯的基本教育方法。例如大家所熟悉的孙中山、毛泽东、周恩来、邓小平等诸位先生，又如吴大猷、苏步青等诸位先生，都是在幼年时期受过这种启蒙教育，有了中国文化的底子，然后又接受新时代的科学思潮，才影响了这段历史。”

他又说：“今天由国家图书馆和儿童经典导读中心所办研讨会的主题‘经典文化建设’和海内外近几年来倡导的‘经典诵读’，以及‘诗词诵读’‘儿童读经’‘读千古美文’等，都是各地推广人或团体因时间、地点、环境不同而提出的不同名称，实际上都是围绕人类文化重整工作的中心在转，它们也都产生了各自的影响和推动力。但听到这些名称，也许有人会误解我们要复古，要开倒车，实际上这是我所提出的中国文化断层重整工程，也是儿童智慧潜能开发工作，是人文科学与自然科学结合的一种教育。十二年前，我资助北京大学恢复中国文化的工作，就是以这个观念为出发点。引用宋儒张横渠先生的四句话作为目标：‘为天地立心，为生民立命，为往圣继绝学，为万世开太平。’这也是宋儒陈同甫所说的，为人们‘开拓

二〇〇二年父亲在香港寓所留影

万古之心胸’。”

在贺电里，他还对“诵读经典究竟是复古还是创新，是死记硬背还是智慧开发”作了十分清晰的解释：“需要说明的是，我们并非只偏重中国传统文化的学习，而是提倡中国文化、西方文化、算术（中英算）并进的教育方法。还需注意的是，儿童读经典不是注入式的刻板教育，而是启发式的活泼愉快地学习，是符合儿童身心发展特点，有益于儿童智慧开发的一种教育方式。也有人怀疑，背诵之后会不会忘记呢？我的答复是：会忘记的。可是在心灵纯净的童年时期记诵下来的东西，如同每天的饮食，会变成营养，成为生命的一部分。长大之后，会在学习、工作、待人接物中自然运用出来。至于成年后再来读这些书，因为有了先入为主的观念，犹如脾胃不健康的人，即使面对丰盛的美食，也难以吸收其营养了。《礼记·学记篇》中所提到的‘记诵之学，不足为人师’，也就是这个道理。”

父亲旗帜鲜明地表明了自己对读经活动的态度：“我们做这项工作已经四年了，据中外教育界等各方面的普遍反映，这种教育使儿童在人格、智慧、责任感、自制力等方面都有明显的进步。同时，也带动老师及其父母、祖父母，在学校和家庭形成了学习文化的风气。”

他最后在贺电里说：“我已经八十多岁了，但我常称自己是个‘老顽童’，随时同年轻人交朋友，随时吸收年轻后进的新思潮。我的心情与思想感情正如古人所说：‘风月无今古，情怀自浅深’。以此经验告诉诸位年老、年轻的朋友们，希望共同为此目标努力，共创国家、民族、人类和平世界的美景。”

这项轰轰烈烈的、响彻神州的重整中国文化断层的工程，经过十几年的推广，已经成燎原之势。父亲引用《易经·坤·文言》的“无成有终”一句，作为对这项工程的总结，他说：“我是个专门点火的人，现在既然火把点起来了，就靠你们年轻一代继续做下去吧！”

第六章

传灯祭酒觉有情（二〇〇四至二〇一二）

二〇〇四年，父亲从香港移居上海番禺路，住在一个名为“长发花园”的地方，这是大陆早期为了方便港澳台同胞回来居住，特别开发建造的公寓大楼。这里环境尚可，就是靠近番禺中学，每天清晨都听得到学校的早操讯号，不十分清静。他居住的楼层共有四户人家，靠里面的对门两户，就是父亲的住所。一户是他居住和看书办公的地方，另一户就是接待访客、招待友朋大众的地方。客厅与饭厅各自放着一个大圆桌，方便大家聚会。在上海的日子，主要的时间都是为江苏七都的“太湖大学堂”的筹建费心力。近三年的时间，太湖大学堂的建设总算有了初步结果，父亲也就马上搬到了苏州吴江庙港太湖大学堂定居。

在太湖的最后几年里，父亲一如既往，过着简单的生活。他从下午开始接待处理事务，晚餐完毕后与众人交谈，有时则讲讲课目，深夜便打坐、看书、写作。由于有了属于自己固定的学堂与居所，大家也就更喜欢亲近他，求学的访客也越来越多。父亲晚年栖居于太湖湖畔，但他构建的人文大道已经随着来自五湖四海的访客，延伸到中国的许多地方，文化的种子撒播到了广阔的中华腹地，中华文化的脉络也随之逐渐被重新串联起来。

一、月在波心说太湖

创办太湖大学堂不是投资，而是自己一生经营的文化事业。

旅美归来之后，父亲主持修建的金温铁路已经实现“还路于民”的初衷，他号召并主导的儿童读经运动也正如火如荼地在全国各地展开，但他仍不满足于此。他的心愿是构筑一条广阔的康庄大道，一条人文大道，一条继往开来的文化之路。在他看来，人文大道之推行，根本在于教育。

父亲对于当今中国的教育素有不满，此前也曾数次予以批驳，并试图通过建立东西精华协会、十方书院等方式，以一己之力改善这一现状。然而想要革新一代人甚至几代人对于文化与教育的观念谈何容易！父亲也深知，最根本、最有效的方式便是从对儿童的教育入手，要从小便教育孩子，建立自己独立而完善的人格。父亲曾说：“我们中国几千年教育的目的，不是为了谋生，是教我们做一个人，职业技术则是另外学的。而且教育要从胎教开始，家教最重要，然后才是跟先生学习。人格教育、学问修养是贯穿一生的。所以社会除了政治、财富力量以外，还有独立不倚、卓尔不群的人格、品格修养，作为社会、人心的中流砥柱。”正是为了培养新一代青年“穷则独善其身，达则兼济天下”“君子得其时则驾，不得其时则蓬累而行”的超拔志节，父亲才倾尽最后的心血，不舍昼夜地为中华民族勾画文化与教育的蓝图。

父亲所理解和倡导的教育，既不同于传统的教育，也不同于现在官办的应试教育，更不同于西式教育，而是具有独特价值、理念与模式的，具有鲜明的“中式”特色的新式传统教育。在父亲人生最后的旅程中，他始终没有一个稳定的居所，最重要的是他不在乎有什么场地，他是真的心无所住，无欲无求。很多人以为父亲办这个大学堂是为自己保留一个纪念，这便完全误解了父亲的意思。

其实初到台湾时，父亲就有一个心愿：建立一个居士林，让有心修行的朋友们有一个共修的场地。曾经有人承诺可以把这件事办成，于是父亲拿出钱请这个人去办这件事，结果是人财两空，再也没有该人的音信了。所以父亲修建太湖大学堂，实际上也是为了完成当时的心愿，父亲许下的诺言，一定会在生命里完成。可是在这个大学堂，虽然他可以心无旁骛地讲学传道，践行自己一生接续中华文化断层的宏愿，但是父亲对许多的人事并不满意。从一开始身边同学的杂音，到后来学堂的管理和发展，都不是父亲原先所想所愿，所以他曾告诉我们和身边的同学们，办太湖大学堂是他的一个错误的决定。而他本人也一直说他只是在那儿“挂单”而已，就是因为他知道这个事情，自开始就所托非人，所以大学堂注定以后也不能成为理想的居士林。

到吴江太湖边办大学堂，应该不是父亲的本意。在国内的许多事，往往取决于缘分吧。金温铁路正式通车那一年，即一九九八年，他先后去杭州、上海、苏州等地考察，最后才选定了吴江庙港作为将来的校址。父亲最初是想到杭州，毕竟这是他自小熟悉的地方，而且曾在那里学习、成长，且杭州又是中华文化的名城，文化底蕴极为厚重。遗憾的是，早先在二十世纪八十年代派过来的人，只是占利而没有替父亲在杭州建起学堂。后来父亲去上海也只是从权，不过上海的交通便利，各方朋友往来方便，这个优点却是其他地方所没有的，这也是父亲考虑在上海修建学堂的原因，当然上海的各种高额费用是最大的阻力。

吴江的缘分则来自当地领导的积极性，父亲虽然不愿意，却也只好随缘了。千里太湖，水光潋滟，远处的空蒙山色若隐若现。大堤（也就是现在的南公堤）上杉木参天，林荫蔽日，微风拂面，清新醉人，令人怠倦尽消，心旷神怡。父亲漫步在大堤上，流连忘返，心情舒畅，对身边的人说："这个地方我曾经见过。"听闻此话，大家无不啧啧称奇，赞叹这片风土与父亲实在有缘。父亲还指着无边的滩涂地和芦苇荡说："将来，到这里来骑着小驴子读书修行，一定非常好玩。" 听到这样的话，当时吴江地区的领导们就马上开始动作了，在父亲并没有决定去哪儿的时候，地方已经开始整理地籍和地面了。然后他们到父亲生活的居所，告诉父亲说，他们已经开始为父亲整地了，就等父亲来吴江了。

过了两年，父亲决定买下这一片三百亩滩涂地，准备动工兴建太湖大学堂。父亲这时候已经八十三岁了，按世俗标准，正是安享天伦之乐、颐养天年的时候。可是父亲虽已皓首苍颜，却仍毅然从头开始做这么一件大事，确实是毅力可嘉。由于这片土地是农业用地，父亲尊重国家的规划，先在香港成立了一个东西精华农业科技公司，然后参与投资建设，当然最后的意愿应该也像金温铁路一样，把取得的成果还给国家，以利大众。首先出资的是台湾润泰集团的尹衍梁，他把资金先打入李素美之弟的账户，然后才逐步使用到大学堂的开发上。

父亲不顾年事已高，仍然亲自上阵，从建筑设计到装潢设计，中外设计师的多个方案都不能令他满意，他就让人买积木来自己动手搭建建筑模型，最终由建筑师去画图落实，直到满意为止。从整体风格，到内部装潢，几乎每一个细节，包括房间桌椅的摆放，墙上字画的选择，其中的一草一木、一砖一瓦都倾注着父亲的理念和心血。父亲对太湖的环境固然喜欢，但是他深知太湖岸边湿气重，冬天的潮气也重，并不适合长期养身，所以他在建筑的设计上下了大功夫，要求地热和空调都要适当地保暖和排湿，尽量减除对身体健康的负面影响。为此，他还特意向哈尔滨工业大学的强文义教授请教，询问东北的建筑如何保暖。这些考虑都是父亲非常用心的设计，可惜今日这个学堂却被人用来当作交际会所，并不能让更多的学子到学堂参访，所有的设计和父亲的心血最后都毁于一旦，实在令人痛惜。

经过六年的辛苦努力，在围填湖沼后，原先荒芜一片、芦苇荡一眼望不到边的滩涂地上，竟然耸立起了几栋三层高的楼宇：一栋为古朴的白墙青瓦，另一栋则有西方钟楼的风格，其中两栋又以回廊相接，颇有中西合璧的韵味。当地人见到学校建成，无不为之赞叹，他们说之前这里建设任何建筑都极为困难，短短几年，滩涂地竟然变成了风水宝地，人人争相前来观瞻。面对来自各方的赞誉，父亲打趣说："以前这里是鸟不生蛋的地方，现在来了很多鸟争着在这里生蛋。"不过，父亲也正色说过："王勃有云：'人杰地灵。'一块地方好，'人杰'要排在'地灵'前面。"的确如此，再有灵气的地方，倘若没有杰出的人物彰显其华彩，最多也只能算是风景宜人，而谈不上钟灵毓秀了。

大学堂建成之后，父亲如倦鸟归巢，在这个他"曾经见过"的地方定居了下来。此后六年的岁月里，父亲在耄耋之年，公开授课五十余次，受惠者不计其数。如此日复一日，读书，立著，修行，育人，他一刻也未曾懈怠。父亲的心愿，是在这个地方播下传统文化的星星火种，并培育其扎根发芽，将来生长为参天大树，使古老的中华传统文化重新焕发生命力。

当初在决定创办这所学堂的时候，父亲在学堂的命名上颇费了一番心思。父亲计划创办的学校与传统书院极为相似。传统书院在中国历史上存在了近千年，最早出现在唐朝，正式的教育制度则是由朱熹创立，并在南宋时期得到大力发展。唐宋时期多为私人创办，以私人讲学为主，元明时官方逐渐加强控制，到了清代则完全官学化。传统书院一般只设山长（或称洞主、主洞）总理其事。书院的师生关系融洽，感情深厚，素有尊师爱生的优良传统。书院主讲往往学识渊博，品德高尚，又能热心育人，故而深受学生爱戴。山长则类似于现在的导师，天天和学生生活在一起，除了言传之外，更会身教生活中的一切大小事务。这就对学院山长有着非常高的要求，他们不仅要学富五车，在道德品格上更要率先垂范。

当代社会也出现过类似传统书院式的教育机构，但都存在几个极关键的问题。首要问题是师资。高楼大厦只要有钱就容易建起来，但书院不是挂个牌子就行了，还要有足够学识和品行的教师，他们还要能够天天与学生在一起，言传身教。这样的教师说不上凤毛麟角，但也确实是可遇而不可求。第二道难题是招生。当代中国几乎都是纯粹的应试教育，所有的学生上学目标极为明确，那就是上一所好大学，然后找一份好工作。在此过程中，学生的独立创造、自主思维能力几乎被一次次的考试消磨殆尽。传统书院的教学模式和现代的教育模式区别很大，绝大多数家长为了适应社会，为了孩子的将来，都不会把孩子送到这样一所传统的书院来学习。没有师生，书院就是个空架子，所以传统书院在当代社会一直不成什么气候。

父亲心之所属的学校，需兼具传统书院与现代教育之所长。他所创立的学校作为私人讲学的场地，自然要具备传统书院的特点。父亲就是山长，他老人家博古通今，知识渊博，一辈子教学传道，桃李满天下，许多学生都心甘情愿地追随左右。但是学校招收的学生是现代社会的学生，他们生长在全球一体化的时代，又赶上了互联网浪潮，所以他们不可能和过去传统书院的学生一样，被父母放在书院里，活在一个相对封闭的小圈子里，就此与世隔绝。大家都知道，由于历史的原因，中国传统文化出现了断层，现在学生的传统文化功底都很不扎实。有鉴于此，父亲清楚地知道，现代书院在今后相当长的一段时期内都不可能复制、重现古代书院的教育模式，但是根据时代特点，现代书院可以走分享、互动、共同成长的路线，将学生的自我教育和外部启发、熏陶相结合，使书院的师生相互激励，教学相长，在书院的幽雅环境中不断提升综合修养和经世致用的能力。

因此，父亲最终决定将太湖之滨的这所书院命名为"太湖大学堂"，而不是按照传统的方式命名为"太湖书院"。他希望这所学堂的教育方式能够既超越传统书院，又有别于现代教育模式。父亲决定顺应时代需求，不仅注重传统国学，同时也寻求通晓西方人文学科与自然科学等的人才，来支持、配合学堂的建设。大学堂力求融合中西方文化精华，其意在着眼于整个人类的未来，以补偏救弊于现代社会的沉疴宿疾。父亲的这个理想不是从太湖大学堂才开始酝酿的。早在几十年前他在美国创设东西精华协会时，就已经开始将自己这一理想付诸实践了。一路走来，每一步都充满艰辛和坎坷，然而父亲不计付出，默默耕耘，用毕生努力推动这一文化建设。太湖大学堂的建立是他的理想在更高层次的实现。

太湖大学堂

大学堂落成后，父亲给时任国家宗教事务局局长的叶小文先生写了一封信，信中写道，他立志“以传统书院之传习为基础，配合现代前沿科技研究方法，希望综合同志者之力，发掘固有传统文化之精华，在认知科学、生命科学主流方向上有所贡献，以冀为人类文化之前行，探寻一条正途”。在信中，他明确说明了自己的人生理想绝非对一宗一派的继承传扬，而是希望以传统书院为基础，继承发扬中国的传统文化，为人类文化之前行探寻一条正路。父亲虽被奉为禅宗大德，但他的这种理想和抱负又与中国传统士大夫的志趣不谋而合——“为天地立心，为生民立命，为往圣继绝学，为万世开太平”。

父亲与叶小文先生

关于大学堂的创办理念，父亲曾说过他的教育理念就是“三个结合”。首先要培养学生“文武结合”。这里的学生不仅要学文，还要习武。父亲年轻时是从浙江省国术馆毕业的高才生，还担任过军校的武术教官，一生练武不辍。习武可以强健体魄，但习武先习德，习武者必须要将练武和学文结合起来，德武兼修，这样培养出来的人才能对社会有更大的贡献。第二个结合是“古今合一”。学生不仅要学习现代的知识，还要继承中国古代的文化精神，为将来做一个真正博古通今的人打下良好的基础。如果只学习现代知识，就会忘记自己民族的文化。实际上，一个人现代知识掌握得越丰富，与古代文化的断层就越厉害，父亲对这一现象有着十分清楚的认识。因此，他要求大学堂的学生做到“古今合一”。第三个结合是“中外结合”。大学堂的学生不能只关注自己民族的文化，还要扩大眼界，学习国外的先进文化，做到古今中外的圆融并通，而不能有所偏废。这三个结合，是父亲对大学堂培养人才的要求。

太湖大学堂落成之后，父亲和工作人员根据大学堂的教育方式和学生的具体情况，结合当代社会的特征，制订了全新的运作模式。大学堂不同于一般的私人学院，它是开放性、合作性的，主动与中外大学或文化团体签约，基于特定主题进行合作，并制订特定人才的培养计划。合作单位包括中国人民大学、法国国立东方语言与文化学院、中国科学技术大学、复旦大学等一长串名单。大学堂致力于传统文化在新时代的重新诠释与发扬，倡导加强基础教育与社会教育，以培养能够从事各领域工作的“通才”，而不是只培养某一职业的专工。此外，大学堂还着力推动中西人文、科技的融会贯通。最

太湖大学堂合作机构

后，大学堂虽有禅学等方面的课程，但并不举办宗教性活动，其推行宗教文化的重点在于学术及实证，而不是简单地进行宗教文化的普及。

父亲开办大学堂，主要是为了弘扬传统文化，尤其是其中身心性命科学的部分。最后几年在大学堂的授课，他始终坚持围绕这个主旨来说佛法、佛学，探索发扬他所理解的传统文化精髓。

太湖大学堂竣工后，二〇〇六年七月一日至七日，父亲在这个梦想成真之所举办了他在大学堂的首次演讲。开讲当天，来自世界各地的文化人士齐集太湖之滨，听父亲讲解禅修与生命科学。讲解中他把生命哲学与禅宗修行结合起来，把中国古代和现代的学术变迁结合起来，详细论述了生命的终极价值。开课之际，父亲说："区区一条人间铁路算什么。现在这个地方，我想修一条'人道之路'开始的基地，再启动一下。"他接着引用两句诗句表明了初衷："百花落尽啼无尽，更向乱峰深处啼。"他说："传统文化的时代已经过去了，可是这个时代又很想挽回传统文化，所以要在庙港这个地方搞这个太湖大学堂。"

《礼记·中庸》有言："道不远人，人之为道而远人，不可以为道。"父亲始终主张，"道"并非是少数学者才能独占的"霸道"，而是天下的公道，因而对于这一"道"的教育便不能仅针对有学问的少数人，而要能够做到深入浅出，活泼易懂，让那些没有文化的人也能听懂其中的道理和学问。几千年来，中国的知识分子始终远离普通大众，他们的文章著述甚至日常话语，都像是在象牙塔中的孤芳自赏，阳春白雪，拒人于千里之外。对于自己的学术和著作能否让普通大众理解，他们既不关心，也不在乎。自近代以来，教育界和学术界更是几乎全盘接受西方的话语模式，"失语"而不自觉。父亲终生都在探索如何以普通大众喜闻乐见的形式来传播、发扬传统文化。他讲课也好，著述也好，无不努力做到"道不远人"的目标，并具有一种独特的亲和力与说服力，丝毫不像大多数学者那般酸涩死板，张口便透出一股腐朽的学究气。而且他还每每旁征博引，涉及到的内容古今中外无所不包，并浸透了他一生非常人可比的丰富阅历与经验，因而广为各个阶层、各个年龄段的读者和学生所接受与喜爱。父亲把自己这种授课方式延展到太湖大学堂日常教学之中，深受广大求学人士的认同。大学堂开讲时，他以拉家常的独特风格，令身心性命科学这个看似甚为庄重的话题显得无比自然而亲切，使得在场的人在轻松愉悦的气氛中，得到了启发和感悟。在这次开讲以后，父亲便全身心投入到太湖大学堂的传道授业中去了。

父亲在写书法

其实在大学堂筹建之初，父亲曾多次与魏承思先生商量，该如何充分利用这块土地。魏承思先生曾规划建设包括研究所、南怀瑾著作编译所、大讲堂、网上传统文化教学中心和海外汉学家进修中心等在内的宏大工程。然而无奈没有得力人手，两人便决定办一所国学专门学校，学制十年，每年挑选20名贫困地区的失学儿童，教给他们经史子集。十年后，这些学生中必定能成长出一些真正的国学大师。然而，当魏承思先生同苏州负责教育的朱永新副市长谈起此事时，朱市长表示这一想法虽好，却没有遵照教育部的教学大纲，因而是不符合《义务教育法》的。于是，他们决定，只好将大学堂作为私人讲学场所，向全社会开放。为了培养一批能够从根基上开始继承传统文化的接班人，二〇〇八年，父亲在太湖大学堂内又开办了吴江太湖国际实验学校。

“在这里，你们学习的内容是生活的教育，大的照顾小的，爱同学，爱团体。教育不是管理，而是影响。做人的根本是生活。”父亲在太湖大学堂给青少年讲课时如是说。多年以来，父亲一直在海内外提倡儿童中英文经典诵读，为的就是要利用孩子十三岁以前如初萌的种子吸取水分与营养般的强大接受力，在孩子们的记忆芯片里，存储东西方文化的经典，使之日后可随意提取，毕生受用。父亲还大力提倡珠心算。珠心算是数学的基础，而数学是自然科学的基础，通过学习珠心算，能够培养孩子们的数学与逻辑思维，为他们从小打下良好的自然科学基础。父亲希望通过这两个行动，让孩子们从小兼通人文文化与自然科学，完善他们的修养，在将来便可成为科学、政治、经济、文化等领域独占鳌头的人物，乃至成为能够支撑起这个古今交变、中西汇融时代的栋梁之材。

当然，这个基础只是存储于孩子们脑中的资源，而如何使用这些资源，则又有一番道理。父亲在推行读经运动的过程中发现，有些孩子的传统文化知识确实比较丰富，但也因此很容易骄傲自矜，变得恃才傲物看不起人，在做人做事上显得没有教养，而且缺乏生活自理能力。父亲说，有的人只通记诵之学，理论知识再丰富，如果不懂得将其应用于为人处世的方方面面，便也算不得是真学问；还有的人，只知一门心思地读经，而不下功夫学习现代知识和谋生技能，以致与时代脱节，毫无生存与自立的能力，这也绝对要不得；还有些人一味用功，每天都要连续数个小时读经，而不知劳逸结合，这便过度了，也有违他推行读经运动的初衷。鉴于这三点，再综合一些其他因素，父亲又创办了这个小学。

这是一所全日制的青少年寄宿学校，具有极为先锋的实验性质。除课本上的内容之外，学校还教授武术、中草药、书法等关于传统文化的课程，以培养青少年对传统文化的认知和理解。学校并不提倡死记硬背，课程中的中英文经典诵读只是其中的一小部分，学生每天专门用来诵读吟唱的时间只有二三十分钟，然而这短短的几十分钟经过日积月累，便会对他们产生极为可观的影响。父亲对于这所学校教学模式的设计是结合时代和社会做出的有益探索，本无意、也不可能成为绝对的标准，其中还有许多地方尚待改进。父亲辞世以后，种种因缘也与过去不同，教师队伍也发生了较大的变化。但是父亲的办学精神与思想，仍然很值得后来之人借鉴。

太湖国际实验学校开办之初，父亲请魏承思先生教孩子们《千字文》

和《幼学琼林》，以帮助他们打下良好的国学基础。学校的许多老师自身的古文功底也不是很好，魏先生便在每天放学后给老师和太湖大学堂的员工们讲授《古文观止》，大家都觉得他讲得生动有趣，效果很好。一天晚饭时，父亲说："现在很多人想读佛经，可是连起码的古文基础都没有，怎么读得懂佛经呢？不如我们办个国学经典导读讲习班，让承思去领着他们学点古文。"大家纷纷表示赞成，于是父亲便当场指派李慈雄做讲习班的"班主任"，处理一切行政事务。二〇〇八年十二月六日，讲习班在上海虹桥迎宾馆正式开学。父亲怕魏先生讲课太过学究，讲的内容太艰深，使大家失去了学习的兴趣，于是特地请了好几个在大学堂工作的学生来旁听，而且每隔一个小时就要打电话询问上课的情况。直到听说魏先生一口气讲了八个小时，学员们依旧流连不忍离去，父亲才终于放下心来，开心得合不拢嘴。这个讲习班坚持开办了一年多，无数学员从四面八方赶来听讲。

二〇一二年六月二十一日，在父亲逝世前三个月，太湖国际实验学校第一届的二十九名学生顺利毕业。晚上，他最后给学生作了讲话，未曾想竟真的成了"临别赠言"。父亲说："吴江太湖国际实验学校，'国际'就是要把国际文化的精华吸收进来；'实验'是因为不同于这一百年来的小学、大学的教育方法，我们主张文化教育要文的武的合一，要新的旧的合一，'实验'就是这个意思。你们学习的重点之一是生活教育。什么是'生活教育'？你们都很娇生惯养。而父母的错误观念，要想孩子考好学校，将来出人头地，换一句话，家长把自己一辈子做不到的愿望让孩子去负担，害了孩子们，这是我最反对的。不要以为拿个什么大学文凭、博士学位就好，那个并不算成功，你们要晓得教育的目的是成功做一个人。你们把这些年基本生活教育的精神带到社会上，我可以断定你们将来是顶天立地的人。生活的本质，一句话是'做人'。你们这样出去做人，一定可以影响社会。你说我当年只有十一二岁，六年级毕业，那个南老头子九十五岁还亲自跟我讲过话，这个资格别人买不到，只有你们有。记住，不要给老头子丢人啊。我今天对你们临别赠言，要你们记住，将来是不是念名校，有没有拿到硕士、博士学位，那都是虚的，怎么做一个完整的了不起的人，怎么做一番事业，对社会有贡献，才是你们的目标，千万要记住。” 这是父亲对学生的要求，也是对他们的期望。

父亲说一百年来的近代教育很多是不甚成功的，所以他要重辟一条路。他创办国际实验学校，就是要改革教育。“做一个对社会有贡献的人”，培养人的完美人格，这就是他的教育目标。这一目标看似平凡普通，却是中国几千年传统教育的根基。在国际实验学校里，他通过身教言传，传承文化，培育新人，为完成接续中国传统文化断层的宏愿耗尽了最后一滴心血。

太湖大学堂的学生们，无不深受父亲言传身教的影响，这些影响体现在很多细节上。学堂内，课间休息的孩子见到来访者，都会停下来，礼貌地点头鞠躬，然后轻声走开，秩序井然。电器开关旁，则插着写有“保护环境、节约能源，请随手关灯及空调，空调开放时，请关闭门窗”的中英文双语小纸片，时刻提醒学生养成保护环境的良好习惯。饭厅前，则挂着一张巨大的餐桌礼仪记录表，详细地列出孩子们每日的用餐是否合乎礼仪，上面满是孩子们做的记号。学生每天起床后要习武，中午要禅定，五六年级的学生还要学习烹饪、野营等生活技能。他们在学校里不许用手机、电脑，也不许看电视。“太老师说用一次手机折寿一年。”“太老师”是同学们对父亲的尊称。问太湖大学堂的学生“今天是什么日子”，他不但会回答当天的日期，还会说出当天的节气，以及饮食行事上应该注意什么等传统养生知识。这些都是受到父亲教育观念影响的结果。太湖大学堂的首批毕业生已经奔赴世界各地，父亲希望他们能够带着传统经典、生活技能和一颗沉稳的心，面对未来的挑战，为人类社会的发展做出自己的贡献。这些孩子，不仅能熟记古诗古文，还拥有驾驶独木舟、看天空辨方向、钻木取火等野外生存技能。父亲以耄耋之躯，在太湖边苦心孤诣、殚精竭虑、孜孜不倦地传播文明的火种。在父亲看来，这些孩子能够学有所成，便是对他最大的褒奖和安慰。

父亲百年之后，太湖大学堂陷于个人利益之争的局面。由于许多不实的误传，很多人都以为太湖大学堂是由某个人独资出钱建造的，这完全抹杀了父亲的发心，以及其他许多人的投入。对于这样的行径，竟然还有所谓的“南老师的学生”说我们这些做子女的不应该干预，难怪父亲曾非常清楚地说过多次，也告诉过每一个人，他是没有学生的。不过父亲从来没有说过他是没有子女的，所以我们这些做子女的就必须对这件事有所担当。

作为子女，我们的缘分自然与那些“学生”不同。我们完全能够不争不抢，也从来不会为了利益去忙碌；我们可以永远不出名，不计较这些世俗事务。但是父亲的所作所为乃是为了众生，不是为个人；而且父亲并不是出家人，依照法律，我们依法享有继承权。所以我们站出来，不是为了那些不存在的学生，而是为了能让太湖大学堂能够尽到它设立之初预想的用处，为其他愿意来此参访、学习、传承文化的人，争取他们的权益。

所幸地方政府对我们这些子女的行动还算支持，及时出面，干预把太湖大学堂私人化的行为。大学堂所在的七都镇申请将太湖大学堂列为文物保护单位，并将其建设成一个弘扬国学文化的基地，同时，在父亲生前捐出的十八亩地上建设“老太庙文化广场”和南怀瑾纪念场馆。十几年前，七都镇政府收了三百亩地的费用，但是只给了二百八十二亩地，多年来一直未曾履行合约，最后父亲就劝政府官员把旧有的老太庙附近土地算作是补偿的十八亩地。父亲不仅捐出这十八亩地，还发动太湖大学堂同仁共襄盛举，为广场的建设捐资三百五十万元，其中有一百万是他自己的稿费。他这样做是想让吴江的老百姓有一个真正的文化典范，更是为了让后世人懂得信义的重要。

父亲为七都老太庙文化广场的题字

父亲曾说过，创办太湖大学堂不是投资，而是自己一生经营的文化事业。大学堂所关注的不仅仅是中华文化断层的接续，还有人类未来的祸与福。在这种精神的引导下，太湖大学堂在传承和振兴中国文化方面一定会发挥出更大的作用。

父亲除了创办太湖大学堂之外，还鼓励他的弟子和朋友创建书院。

二〇〇六年，李慈雄提出，准备在上海建造书院，作为将来父亲弘扬中华文化的一个基地。父亲欣然首肯，并将之命名为“南怀瑾书院”。次年，父亲选定浦江镇恒南路作为书院地址，恰与友谊河和三友河相邻，与书院汇通东西文化及儒、释、道三友的宗旨相呼应，颇有意趣。书院请美国著名设计师Ken Jenkins主持设计，在父亲亲自审定后，交由斯米克公司负责建造。李慈雄想把这个书院建得尽善尽美，所以工程进展有些慢，父亲在二〇一一年对李慈雄说：“慈雄啊，房屋不重要，重要的是内容，赶快盖好吧！不要等公路修好时，车子已跑不动了。”父亲似乎早有先见，竟一语成谶。

早在数年前，父亲对太湖大学堂的李氏家人就已经非常不满，他决定越早离开太湖越好。对于慈雄所造的书院，他一再表示关心，而且曾公开说过等书院盖好就会搬到上海去。这样的表态，就可以知道父亲对李氏家族人的不满了，后来李素美之弟还因为此事，在众人面前对李慈雄有过非常粗暴的举动。

二〇一二年八月，书院历时五年，终于竣工落成。诸事完备，李慈雄准备在十月一日至十日，请父亲来书院讲学。这时，父亲已身体欠安，掩关谢客，无法前行。但是，父亲仍然把李慈雄叫到自己屋里，对他说："学院你先安排开始文化活动吧，待我康复后再去讲课也不迟。"

然而，这次父亲却未能实现自己的承诺。九月底，父亲与世长辞。无奈之下，李慈雄与朋友们商量，决定将书院更名为"恒南书院"。如今，书院谨遵父亲遗训，努力发扬中华文化，并结合现代科学，专注于对身心性命的认知调御方面的研究。

除了恒南书院之外，父亲协助建立的还有王红创办的女子德慧大学堂。细说起来，这个大学堂也有一个有趣的来历。

*二〇〇八年，时任欧美同学会秘书长的王红，到处寻找人来帮助同学会成员提升精神境界，最后把目标锁定在父亲身上。通过朋友介绍，她与父亲取得了联系。毕竟初识不久，她心里没有任何把握能够请来父亲给同学会上一堂人生课，但没有想到父亲爽快地答应了。

王红带领同学会一行四十多人排好队，翘首以盼，迎接父亲的到来。父亲到了之后，并不如他们想象般那样严肃，而是一直笑嘻嘻的，十分慈祥和蔼，还和他们一起合了一张影。在合影之后，父亲带领他们走进教室，开始讲课。那堂课整整讲了一个下午，晚上父亲还请他们吃饭。

之后几年，王红一直和父亲保持着联系。二〇一二年年初，父亲在太湖大学堂举办一系列关于女性修养的讲座，让王红过来听听。父亲分别于一月七日、二月十八日、三月十七日，连续三次讲"女性的修养"，这是前所未有的。父亲引经据典，沿着中国历史的脉络，从"西周三母"太姜、太妊、太姒的母仪天下，讲到明初女词人冯小青的"愿为一滴杨枝水，洒向人间并蒂莲"的大悲情怀。他说，作为孩子的第一位老师，母亲比哪个学校都重要；中华民族若要发展、强大，便需要女性先自立自强起来；未来的时代也需要女性站出来，这并不意味着一定要女性来统治国家，而是说女性也是社会的基本力量中不可忽视的一半，要想使社会真的获得进步，便需要培养

* 南怀瑾"骗"人办女子学校参考王国平：《南怀瑾的最后100天》，中国青年出版社，2014年版，第146-150页。

和建立女人的道德，并由此来影响男性，进而影响整个社会与世界。父亲认为，办女校，是为了培养真正德才兼备的女子，这样的女子，定能四两拨千斤，使社会向更好的方向转变、发展。

父亲让王红来太湖大学堂，是因为早就想好了一件重要使命想让她去完成。第一次讲座结束的第二天，即一月八日下午，父亲就对王红说：“有件事，要你去办，我想了几十年了，一直在找这个人，你是最合适的人，你去做。”

王红一听父亲这样正式庄重地谈一件事，甚是惊异，就问他：“什么事啊？”

父亲说：“去办一个女校，叫女子家职科技艺术学校，家职就是家政的意思，但家政在大陆叫成保姆了，所以就叫家职。”

王红听了之后竟也没有多想，毫不犹豫地就答应了。

当天晚上吃饭时，马宏达开玩笑地告诉王红：“你不知道，这是南老师给你的一个银元宝。”

王红听得糊涂，细问之下，父亲才说了关于“银元宝”的一段故事。抗日战争时期，美丰银行老板康心如请川盐银行的老总吃饭。大家就说，每个人讲一个关于有钱痛苦的故事。康心如就讲，他每天都很辛苦，晚上还要打算盘算账到很晚，老婆缠了小脚，每天做女红陪他。他们隔壁是一对做豆腐的青年夫妇，每天他们一边磨豆腐，一边说笑话，一边唱歌。康太太说：“你早点休息吧，那么辛苦干吗？你看隔壁两口子，没有多少钱，过得多开心啊？”康心如说：“我马上就可以让他们不开心。”康太太吓坏了，以为丈夫要做杀人放火的事。结果呢，只见康心如用毛巾包了一个银元宝，扔到隔壁家里。然后便听见隔壁传来了惊叫，跟着便没有声音了。从此，隔壁再也没有歌声，没有欢乐了。

父亲讲完这一典故后，马宏达开玩笑说：“这下子王红你该有得愁了。”

实际上，所谓“女子家职科技艺术学校”是父亲的意思，可是好像并没有说清楚。因为父亲先前提到的是保姆工作，他知道现代的家庭非常需要好的保姆，而好的保姆如果有教养，那么就能够对下一代人产生好影响。中国历史上有好几个故事曾经讲到帝皇的乳母，也就是现在的保姆，教育、成就了好的皇帝。我猜测父亲的意思或许是因为王红在英国读过书，有可能引进英国管家训练学校的教育模式，培养出具有中国式教养的保姆。当然这只是对父亲想法的臆测，王红的理解应该是她的直觉判断，所以后来成立的不是这方面的学校。

父亲在二〇〇七年应中国银监会、北大光华管理学院和中国人民大学国学院之邀，就金融、企业、经济、国学和传统文化等问题做过三次重要讲座。他说当初管理学是第二次世界大战之后自日本兴起的概念，再影响了美国，然后传遍世界。到台湾的初期，不是叫管理而是叫“家政”系，后来逐步改名为行政管理系，再到管理系。那个时候，父亲也好奇，这是个什么科系，同学们告诉他，这是等同于中国的总务，管一切的事。至今为止，英国的家政管理管家们依旧在延续着他们的荣耀。

关于女校的名字，经过他们反复考虑商量，最终确定为“中华女子德慧大学堂”。之所以称之为“德慧”， 就是要从女德入手，教年轻女孩子如何成为好妻子、好母亲。“中华女子德慧大学堂”的广告词是：好女子的终身课堂。

在王红的努力下，“中华女子德慧大学堂”于二〇一二年九月正式开课。刚开始，上课地点在上海，后来便开始在全国各地轮流开展，而且女德学堂并没有固定的老师，师资力量都是来源于社会上同样有志于培养女子德行的人。

女子德慧大学堂开办以后，父亲多次说办女校是他晚年最重要的一件事，同时还向王红表示了自己的歉意。对于办女校的目的，父亲说：“我们这次办女校便是要推广这样一个教育文化，是希望女性负担起男性没有做好的工作，女人出来，把推动社会国家文明进步的责任承担起来，承前启后，继往开来，以身作则，教育好下一代。”

王红帮助父亲完成了他晚年最重要的一件事，也为中国当代女性教育开创出一条崭新的路径。女子德慧大学堂一直沿着父亲最初的目的稳步前行。父亲若天上有知，定当甚感欣慰。

父亲晚年是在太湖湖畔度过的，他像一颗巨大的恒星，吸引无数的行星环绕在身边，同时又散发着无尽的光和热。他曾开玩笑地说："我现在住的地方，是太湖边的庙港，这不就是'太庙'吗？这里可以说是中国文化的太庙，我住的地方，是有文化的地方。"其言谬乎？正恰如其分吧。

二、桃李不言自成蹊

父亲关心的不是生命，而是慧命；不是生存，而是存在。

太湖大学堂是父亲在人生最后六年时光里讲学的主要场所，自二〇〇六年大学堂建成之后，父亲在这里举办了五十多次公开授课，而且还于二〇〇九年九月十三日至十九日，在太湖大学堂亲自主持禅七。

二〇〇九年六月，魏承思先生受复旦大学校友读书会和宗教研究所之邀，进行题为“禅与人生”的演讲。有趣的是，一九八九年的六月，魏先生刚好也曾以这一题目在复旦大学进行演讲，于是他便按照父亲的指示，以唐朝王播的两首诗作为开场白：“三十年前此院游，木兰花发院新修。如今再到经行处，树老无花僧白头。”“上堂已了各西东，惭愧阇黎饭后钟。三十年来尘扑面，如今始得碧纱笼。”演讲很是成功，结束后，听众们依旧不愿离去。他们希望能够到太湖大学堂学习禅修。魏先生向父亲说起此事后，父亲说：“如果他们答应三个条件：一、禅修七日每天坚持坐禅九支香；二、七日内专心禅修，不准使用电脑、手机同外界联系，脑子里还想着生意经；三、吃素七日。那么我就亲自带大家禅修。”魏先生转达了父亲的条件后，复旦大学的学生们当即表示一定遵守。

九月十三日，一百多人来到太湖大学堂进行禅修。父亲虽已年过九旬，依旧不辞辛劳，每日从早到晚在禅堂中亲自带领大家修禅，耐心地观察每个人的神态，不厌其烦地纠正大家的姿势，学员们休息时，父亲也不放松，而是端坐于前，为大家讲法开示。禅七第一天，父亲播放了两段录像，一段是在中国寺院里，僧人们歪歪扭扭地修禅打坐的场景；另一段是日本寺庙，其中打坐的僧人无不坐如磐石，气宇轩昂。看到如此鲜明的对比，在场之人皆羞愧不已。父亲痛心地说："禅宗本是中国传统文化的一部分，如今东瀛邻国还保留着，难道在中国到了我们这一代就要失传了吗？"说到悲切处，父亲竟是老泪纵横，学员们见此情景，无不为之动容。

这是父亲最后一次亲自带领大家打七。或许正是因为深感文化传承大任的紧迫，父亲虽已是九十岁高龄，却并未闲适地颐养天年，而是依旧在讲台上、言行中、谈笑间诲人不倦。不只是他的学术和思想令人豁然开朗，便是身为九旬老人依旧不辞辛劳地传递薪火一事，就可让无数听众从中获益。

每次公开授课，来自世界各地的求学者就会齐聚太湖大学堂。六年来，有数千名中外学生聆听过父亲精彩纷呈的演讲。每次公开授课，讲授内容都各有不同，从东方文化到西方文化，从中国传统生命哲学到当代认知科学、生命科学，从中国传统文化到现当代经济管理学、大众传播学、金融监督，从现代工商到人文管理，从中学西用到新旧文化企业家的反思，从中国古典到中医科学，从当代教育问题到女子德慧修养，从佛学经典到儒家思想等，包罗万象。所讲内容涉及各行各业，同时教化男女老少、中西精英、三教九流。每场演讲，父亲都没有一本正经地死板说教，即使是对于以严正著称的儒家思想和佛学知识，父亲也是以他的智慧通达，用一种幽默风趣的风格来讲述，使来自不同国度、种族、年龄、职业、性别的听众都如沐春风，深受启迪。许多听过父亲公开授课的学生都说，父亲的讲座，"一次聆听，终身受用"。

公开授课是父亲向大众普及中国文化与西方文化的通俗方式，每次都会带来很大的轰动。在公开授课之外，父亲每天都要接待来自不同地方不同职业的拜访者。在晚上的茶叙时间，父亲隔三差五地会为这些远道而来的朋友讲上一个多小时的课。这些课是类似于拉家常式的谈话。父亲会根据来访者的具体情况随时调整讲课内容。他从来不备课，每次都能娓娓道来，引经据典，随意自然，老妪能解，宛若香山居士（白居易）再世。

父亲在太湖的讲学，日复一日，年复一年，莫不如此。

父亲的言传身教不仅表现在大学堂的讲座以及平日与朋友或来访者的言谈之间，他还经常身体力行，带领学生为全国文化教育事业的发展提供资金和人才，并积极建言献策，以此来表达自己对民族文化发展命运的深切关怀，从而引起国人对中国传统文化的担忧与关注。例如，父亲长期支持希望工程；支持设立光华教育基金会，并帮助改进了大陆三十多所大学的教育；资助在北京成立的桂馨慈善基金会，成立“桂馨·南怀瑾乡村教师奖”来鼓励乡村教师；支持厦门大学培养中医人才；支持复旦大学新闻学院培养新闻人才；支持上海交通大学培养秘书人才；支持中国人民大学建立国学院；支持江西宜丰“东方禅文化园”建设，捐建八十余尊罗汉雕塑；支持上海道生医疗科技公司与上海中医药大学合作开发中医数字化“四诊仪”的研发与应用。此外，父亲还派古道法师支持禅宗曹洞宗的传承，帮助他们培养本宗人才，重建洞山祖庭。父亲的这些行动影响的不仅是大学堂中的一小部分人，所谓“桃李不言，下自成蹊”，父亲身体力行，为传承中国传统文化倾注了无尽的心血，也培养教化并影响了无数的人。

曾担任中国科技大学和南方科技大学校长的朱清时先生，是国际知名的化学、物理学家，在分子局域模振动、单分子化学等国际科学前沿领域都取得了十分突出的成果。他主持的南方科技大学被称为“中国高教改革试验田”，他本人也被誉为“教育改革路上的独舞者”“中国高校改革第一人”“一位走在中国教育改革最前沿的教育家”。乍看来，朱清时先生和父亲研究的领域没有什么直接的关联之处，但是机缘巧合，与父亲的一次会谈，竟然让朱先生的研究领域得到突破性的扩展。

二〇〇四年，朱清时校长来访。见面时，朱先生自报家门。父亲当时马上念出了唐代杜牧的诗：“清时有味是无能，闲爱孤云静爱僧。”朱先生十分佩服，说：“我见了那么多人，极少有人能把我名字的出处讲出来的。”两人相见恨晚，当下即结为挚友，引为忘年至交。

是年七月，太湖大学堂尚未建成，朱清时先生当时还是中国科学技术大学的校长，他代表中国科技大学和父亲合作，举办了一个以生命科学和认知科学为主题的研讨会，历时十天，主要讨论佛学和自然科学的关系。其间父亲讲了许多唯识学的理论，这对朱先生触动很大。会议结束后，朱先生十分认真地说："我现在发现人生的目标就是要把自然科学和佛学加以比较，吸收佛学等传统文化，来开辟自然科学研究的新思路、新方法，同时用自然科学来解释佛学道理，来启迪新的思维。"朱先生通过探索科学和禅学的关系，认为现代物理主流学说与佛家思想存在密切的关联。二〇〇九年，朱清时先生在世界佛学论坛上发表了《物理学步入禅境》的演讲。

朱清时先生还从自己的亲身体验出发，提出禅定十分有利于科学家突破创新。他说："一个彻底的科学家，到了一定程度，都会发现人的认识是有局限性的，人类只是生物进化的一个阶段。科学家要想办法突破这个局限，首先必须提高大脑的感知和认识的能力，而佛法能够让人在禅定的状态下安静地思考，这个状态下大脑就成了超导体，能够感知很多新的东西。这种时候，最有可能产生突破性的思想与发现。"

父亲去世之后，在一个纪念父亲的论坛上，朱清时先生又发表了"量子意识"的新观点。他从量子力学的角度，发现粒子活动会产生一种量子意识。他以这一现代物理学的新成就来证明佛学的一个重要思想"心物一元"——物质世界和人的意识是一回事，而非二元对立。朱先生提出量子意识论，打破了长久以来哲学上唯物主义和唯心主义两者间的界限，产生了很大的震动。经过现代物理学的发展，"心可转物"这个佛学中的重要思想，已在量子意识的理论与实践中得到了印证。

朱清时先生是难得一遇的科学家，他的科学发现自有因由。朱先生也是谦谦君子，对父亲十分尊重，许是在与父亲深入交流佛学禅意的过程中，父亲的思想与修为对他有所启发。所以朱先生曾谦虚地说："南怀瑾是目前对中国传统文化研究最精深、知识最渊博的人，他是我的老师。"父亲对朱先生也十分尊重，虽较朱先生年长近三十岁，却也从不以老师自居。如果他们能早些相识，看到朱先生是个如此有学习精神的年轻人，父亲也许会破例，收下这位高足的。朱先生的夫人谭廉志女士，在佛法上的了解也是不遑多让的，也算是一对神仙眷侣。

不过用科学来看佛法，了解的只是一部分佛家的基础理论，并不是佛法的真实本体，许多人在这个科学认证佛学的过程中，过度兴奋于另一个假有，往往又走上了一个不自觉的法执，这是真正修行人必须注意的。现在的理论物理、天文和心理学，都已经在不同程度上受到佛学的影响，其所谈的内容已经回归到理论，然后再努力依照理论，利用各种手段来证明理论的真实。若是无法验证理论的真实性，科学家就会调整手段，直到验证出来为止。

言归正传。父亲虽从不收徒，但他讲学传道几十年，影响过的人不可胜数。这些人散布在世界各地，实践、传承、宣扬、传播着父亲的精神。父亲一生的心血没有白费，无数受他影响的人正在为传承和发扬中国传统文化而努力，为人类未来的前途和命运做自己力所能及的贡献。

上海斯米克集团董事长李慈雄先生是父亲的常随弟子，他在父亲推行各种善业的过程中出了很多力，捐了不少款，做出了相当大的贡献。太湖大学堂建成之后，李慈雄就成了大学堂的常客，每天只要没有重大事情，他都会从上海赶到这里，与父亲共进晚餐。这让他的家人略有微言，好在其家人也自小就视父亲为父辈，与我们子女算是世交，对国学的专注也是从小培养的，也就不会在意过多了。

大学堂的宿舍以类似禅房的设备铺设，每一间住房的陈设都很简单。房间内基本不设卫生间，淋浴和卫生间都是共享的。床铺比一般的略窄，是木板床加被褥，比一般住家的床硬。房间没有空调，可是窗户都有纱窗，晚上可以放下蚊帐防蚊。屋内是没有电话的，一切的联络与需求都要到前台办理。初期，慈雄每次饭后，就在一间来宾的房间内静坐修行；后来干脆直接住到禅堂的通铺去了，这就是他发心修持的努力。他在闭目修行时，没有人会在意他的社会身份——中国建筑界的“地砖之王”。在父亲的学堂，除去少数锱铢必较的人自认是大学堂的拥有者外，大家人人平等，没有人不是去修行的。

当初，李慈雄是斯坦福大学的博士，父亲在美国时，他正好在世界银行工作，职位很高，薪资丰厚。父亲却对他说："我看了美国，不行，遇到问题第一个开除的，一定是东方人，而且是中国人。你赶快辞掉，在你巅峰的时候、最好的时候辞掉，回大陆去。"父亲之所以想让李慈雄到大陆发展，是因为当时的中国正值改革开放初期，各方面人才极为匮乏，尤其是像李慈雄这种经济领域的精英更是屈指可数，如果他能回到大陆，在上海闯荡出一番事业，势必会带动一批海外人才归来，对中国的经济发展做出巨大的贡献。然而李慈雄的岳父曾经是反共主将——当时台湾的"政治部主任"萧政之，这无疑令其在大陆的发展困难重重。不过他还是毫不犹豫地按照父亲的建议，辞去了世界银行的高薪工作，卖掉别墅毅然回上海，白手起家，一手创建了斯米克集团。

李慈雄离开美国前往上海的时候，父亲语重心长地对他说，经商的秘诀就是诚实、信用，并且让他把这个理念带到大陆。父亲还送给他四个字——"胆识"和"器量"，并说："你出去做事，如果没有对事情的真知灼见，不够深入，是不可能有所建树的。只有有真正的见解，深入，高瞻远瞩，才会有真正的胆识。"而后又补充道："一个人的成就，除了胆识之外，更关键的取决于他的器量。"在父亲的劝勉下，经过多年的打拼，现在李慈雄已经成为中国商界名副其实的"地砖之王"。李慈雄常说，原来他拜师是为学佛，但父亲偏偏让他研读《史记·货殖列传》，他现在取得的商业成绩，或许早在父亲的预料之中。

但是慈雄的成就不只是商业上的，他从大学时代便开始学习中华文化，跟随父亲长达三十多年，而且是少数能够做到"依教奉行"的学生。他不单对父亲恭敬如自己的亲长，而且学习也非常努力，对父亲的教导和要求，从来没有怨言，只是尽力去做。当年他听从父亲的建议，毅然决然地回国，正是他的魄力和远见创造了今日的辉煌。许多其他的人可能也听过父亲的劝告，却没有依教奉行，反而失去了参与大陆建设的大好机会。与许多人不同的是，慈雄并非单身归国，而是举家返国。单身回国的，主要是来看看自己能在中国得到些什么；但是举家返国，就是义无反顾地回来贡献了。他的内心也一直有着一个中国读书人的理想，就是为这个民族做点什么。在那个全世界的投资者纷纷退出大陆的时候，他举家归国，正是出于无比的信念与爱国的情怀，我不得不再次赞叹慈雄对父亲、对民族、对文化的信念。也要赞叹他的夫人肖女士，她支持慈雄举家返国的决定，也是一位标准的女中豪杰。

父亲还有一个有名的学生，还是一名洋学生，他就是彼得・圣吉。彼得是美国麻省理工学院的教授，被誉为现代管理学大师，他的专著《第五项修炼》曾轰动西方管理界，并被奉为经典。中国近年来提倡的“学习型组织”“学习型社会”等概念，就出自他。

一九九五年，一直十分仰慕父亲的彼得前来拜访父亲，向他请教如何进一步提升自己，以及如何解决当前科学发展的局限。出乎他的意料，父亲并没有讲太多高深的道理，而是让他每天花一小时坐禅，还介绍了《大学》《中庸》《管子》三部中国经典让他认真修习，并告诉他这是指导个人修身正心、立身处世的宝典，人类最高的管理哲学和政治哲学也在其中得以体现。而通过研读这些经典，使自然科学与人文哲学相结合，使西方的思想与东方的学问相结合，才有可能拯救人类所面临的现代文明的危机，解决这一时代的根本问题。在学习了这些经典后，彼得深受启发，认为自己真正找到了东方文化的老师。从此以后，他每年都来向父亲求教，并多次率领管理层的团队来聆听父亲授课，从中获得了扎实的收获与心性的成长，他带来的学者们，也从父亲涵盖广泛的讲述中，找到了许多契合管理学发展的内容。

父亲辞世后，他特地从美国赶来大学堂悼念父亲，并表示自己一定要让西方，甚至整个世界了解父亲的学问和著述。他说，中国文化不仅是中国的精神财富，对于西方甚至全世界都是很有帮助的，尤其是在当今这个时代，世界和人类正值生死攸关之际，正需要学习和借鉴中国传统文化中的宝贵思想。就拿管理学来说，如果只是寄托于规则和利益来控制别人，进行管理，而不是以人与人之间的内心观照和各自的修养为立足之本，就不是真正好的管理。回美国前，彼得表示，自己回国后要立即着手组织人手翻译父亲近年来的演讲内容，包括《二十一世纪初的前言后语》和《原本大学微言》等，并将其出版成小册子，尽快送到美、英和欧洲主要国家的高级官员、专家学者等精英人才手中，让他们都能了解父亲提出的解决当前世界所面临危机的方案，并从中学习和体认东方智慧。

基辛格事务所的副总裁雷蒙（Joshua C. Ramo），也曾深受父亲言传身教的影响，甚至“雷蒙”这个名字，也曾经由父亲修改。

一天，雷蒙和许多拜访者一样，围坐在太湖大学堂的餐桌前，一边吃饭，一边同父亲讨论。在讨论结束、准备离席时，父亲突然转头对雷蒙说：“雷蒙是一个好名字，谁给你起的名字？”雷蒙以为父亲听错了，便恭敬地纠正道：“实际上我的名字是雷默。”并解释说，“雷默”和他英文名字的发音相近，且反映了“雷声”和“沉默”这两个对立统一的概念。父亲听后便立刻说：“你这不是对立统一，是矛盾。两个都不是，不可能有沉默的雷声嘛，也不可能有雷鸣般的沉默，这对你是个阻碍。你应该叫雷蒙。”

雷蒙听完此语，虽是一头雾水，但也受命奉行。随着跟从父亲学习的时日渐久，他慢慢体会到，父亲当时并非只和他讲名字，而是要他懂得“正名”这一中国哲学中最基础的概念。《论语·子路》中便有“名不正，则言不顺；言不顺，则事不成”之语。很多时候，一个名字不仅仅是个标签或代称，也反映出了一个人待人接物的思维和态度，从而影响其命运。父亲总是能够通过那些纷乱的符号，看透事物的本质。

后来父亲与雷蒙一起吃饭时，每次大家讨论问题，他都会不断向雷蒙追问他的名字的意义及内涵。他追问的并非某个单词的表面含义，也不是西方语言哲学中所谓的概念的精确，因为语言作为一种表达的符号，永远也不可能达到真正的精确。父亲所追求的那种精确，是一种更深层次的、内蕴的精确，这是任何文字都无法表达的。而父亲这种独特的教学方法和见微知著的思想，无疑令雷蒙获益匪浅。

当然像彼得和雷蒙这样的外国学生，父亲一直都有。早在二十世纪六十年代就有美国、法国、比利时和其他国家的学生来到父亲的学门。一般到中国只是学武术或是语言的外国人，大多不是高级知识分子。能对中华文化真正下功夫研究的，他们本身也需要有与之相当的知识学问，所以才会想要了解为什么这个民族可以断而不绝，存而不灭。有趣的是，以往的外国学生，也有成为教授的，或是外交人员的；但是他们对佛学的修持，至今仍在不断精进，也有翻译过父亲书的，也有继续来中国与父亲的法弟子们修行的，但他们一般都很低调，不会为了名利而去做事。

二〇一一年中秋，身居太湖大学堂的父亲收到一张礼单。礼单上赫然写着：呈送人，正泰集团董事长兼总裁南存辉。南存辉自己在安吉九亩山上种了些有机蔬菜瓜果，趁着中秋佳节，摘了一些给父亲送来，还列了一个小清单。父亲认真地看了看礼单，说南存辉是自己看到的第一个会用礼单的人。父亲十分高兴，当场送给他一尊佛像作为回礼。南存辉开始并不明白为何一张列满了蔬菜瓜果的礼单能让父亲那么高兴，后来父亲告诉他，现在的中国人虽然依旧流行送礼，却已没人写礼单了，每次面对一大堆礼物，都不知道哪些是谁送的，想回礼都没有办法，自己每次都对此大为头痛，无可奈何。古人每次送礼物都会附上礼单，礼单上清清楚楚地写了礼物名称、件数、送礼人的姓名等。这是中国古时礼仪文化的一部分，可是现在的人为了图方便，把这一传统丢了。南存辉这时才明白，正是因为父亲在他这个晚辈身上看到了中国传统文化的印迹，所以才会那么高兴。南存辉无意之中得到表扬，此后，更时刻提醒自己要注意传统礼节。

这位南存辉与我们南家算是同宗同村，因为父亲早年便离开大陆去往台湾，后又在世界各地游学，所以之前他们并不相识。一次偶然的机会，南存辉陪同乐清市的一个领导去香港拜访父亲。此前南存辉已读过父亲的《论语别裁》，很是受益，现在有缘得见作者本人，心中自是激动万分。见面之后，父亲见南存辉还挺年轻，又听说他是乡里的同宗子弟，久在异乡的父亲乍闻乡音，自是欣喜万分，就要南存辉叫自己“爷爷”。之后，他们便叙起了家常。交谈结束时，父亲特意交代：“以后到香港来，晚上七点回家吃饭，不用在外面吃。自家人，不必客气。”他完全把这个初次见面的年轻人当成自家人来看待。

第二天回到温州，南存辉收到父亲发来的一份传真：“昨晚很高兴，忘了排辈分，我比你父亲年长，你可称我伯父。”按南氏族谱字辈“嗣元应德光，常存君子道”的排序，南存辉是“存”字辈，与我同辈分而已，父亲谱名讳常泰，属“常”字辈，比他大一辈，故而南存辉当称父亲为伯父。

二〇〇六年太湖大学堂建成后，南存辉多次来大学堂探望父亲。后来南存辉因为自己的父亲去世，有一段时间没有再来大学堂。两年之后，南存辉再来拜见父亲，父亲一见面就责备他过了这么久才来看望自己。南存辉解释后，父亲这才知道缘故，原先责备的语气瞬间消失。父亲让南存辉坐下，突然问他几岁了。南存辉答：“四十五岁。”父亲的语气又瞬间变得严厉起来：“四十多岁，正好学习，过了这个年龄就学不进了，迟了！”父亲认为一个人研修学习打坐最晚要在四十八岁之前，再年长些，想要学习就会非常困难辛苦。受到一番责备之后，南存辉开始正式跟着父亲学习研修。

二〇〇九年底，正泰电器即将上市，南存辉和公司董事会班子都在忙着准备公司的上市路演答辩。就在上市过会前的一个星期，父亲亲自给南存辉打电话，要他参加自己在太湖大学堂“南禅七日”的开课，为期一周。父亲要求，在此期间必须切断与外界的全部联系，不能用手机，不能会客，不能请假，放下一切，静心潜修。电话里，父亲特别强调：“做不到，不用来！”

南存辉接完电话后，很是为难。证监会没有请假的先例，如果错过路演答辩，正泰的上市势必会受到影响。然而此时父亲已是九十高龄，如果错过此次授课，可能就很难再有这个机会了。思量再三，南存辉向董事会做了说明，董事会也很是理解，经过协商最后决定向证监部门申请推迟过会时间。

在这七天的研修里，南存辉将公司所有事情全部委托给各位副总，自己则不参与任何事务，心无旁骛地修习禅法。七天后，他以经过调整的身心，带领董事会班子赴北京进行路演答辩，很快，正泰电器便顺利过会，成功上市了。

南存辉还曾向父亲报告说，在乐清家乡的宗亲想修一下宗墓，有人提议把周边的无主坟墓平掉，把新近入土的坟墓迁走。父亲听了连连摇手，说道："地上拆迁已经够遭罪了，不能再搞二茬罪，死人入土为安，死人世界是平等的，有钱人没钱人都是死，不要再分三六九等了，我们的宗姓要与外姓和谐相处，都迁走了太冷清，要修就大家一起修才是。"

二〇一〇年，南存辉随国家领导人出国访问，因着凉而头痛，到了欧洲后再加上时差原因，休息不好，更是头痛欲裂。他去过卢森堡、德国的不少著名医院，医生都看不出有什么问题，就让他吃止痛药，可是没效果。无奈之下，他发短信向父亲求助。父亲回信："要命，速回！"南存辉听从父亲的要求，提前结束行程回国。当他出现在太湖大学堂时，父亲欣喜地连声说："回来就好，回来就好。"随即颤巍巍地从长衫斜襟里掏出一瓶药，吩咐他赶紧服下；又拿来帽子、围巾，将南存辉捂得紧紧的，再拿一件高领棉袄给他穿上。"你现在开始，哪里都不允许去，老老实实在这里住几天，好了再走。"父亲说完，又给他推拿、放血。

父亲"治疗"完毕，又问："现在知道命重要吧，该放下了吧。什么时候回来学习？"南存辉答："事情交代好就回来。"父亲一听，很是高兴："交代好就来啊。"

后来，因为各种原因，南存辉还是没能"放下"一切，回来静心学习。因此，父亲多次批评他"财迷"。虽然如此，在跟随父亲学习之后，南存辉还是获得了很多教益。自从跟随父亲学习了打坐修禅之后，南存辉学会了调理身体，精力自然比之前好了很多。后来我也数次见过南存辉本人，却依然感觉他就是个商人，在心性上并无太多的改善。

受父亲影响的还有许多人，这里就不一一列举了。不过，再介绍一些父亲关于经商与管理方面的思想观念还是有必要的，因为它们是父亲留下来的重要精神财富。

父亲在学术研究上向来重视古为今用，而且往往另辟蹊径，比如《资治通鉴》本是为帝王讲解治国之道，父亲却推荐李慈雄等从商的弟子学习，并让大家结合实际进行讨论。父亲说，管理一个企业，和治理一个国家并没有什么区别，作为一个公司的领导，假如懂得了《资治通鉴》里那些帝王的用人之道，以及人臣将相间的应对之术，就可"治大国若烹小鲜"，游刃有余了。

父亲讲，"文景之治"是中国历史上很有名的太平盛世，这与当时的统治者"内用黄老，外施儒术"的治国方略密不可分。历代君王治国，都要懂得"外圆内方"的黄老之术。假如一个人为人处世处处棱角分明，走到哪里都磕磕碰碰，那么一定会受人打压，空有一身抱负而无处施展，所以为人外在要圆，而内方则是指待人接物要讲原则有底线。做企业同样如此，既要灵活机变，积极适应市场和社会需求，主动调整计划方案，更要坚持原则和底线，坚持公司的大方向和大战略，承担起应负的社会和历史责任。

父亲认为，赚钱虽难，但用钱更难。如果在饮食男女等低层次的享乐上肆意放纵心欲，胡乱挥霍，那算不上会用钱，只有用钱来做好事，才是真的会用钱。做好事，也不是向穷人撒一把钱就可以的，而要讲求机缘，有时甚至还要水磨工夫。在一次演讲中，他讲到，布施有两种，一种是钱财的布施，另一种是智慧的布施。他还改编了范仲淹的一首诗，以警示在商海浮沉之辈：

世事循环望九州，前人财产后人收。
后人收得休欢喜，更有收人在后头。

父亲曾在面对民营企业家的讲座中说："民营企业家的幸福指数很低，辛苦指数很高，发财了不幸福，发达了不快乐，白天当老板，晚上睡地板，中午还要盯牢创业板。追求目标物质化，其实是文化贫乏，中国的市场经济如果缺少文化干预，缺少文明指引，就成了西瓜皮，滑到哪里算哪里。”他希望企业家不要过分追求财富，而要有责任担当。他认为：“现在绝大多数人做的不是事业，他们只知道赚钱。中国文化对‘事业’的定义很艰深，《易经》有云，举而措之天下之民，谓之事业。像现在随便开个公司赚点钱，那只能算作职业。真正的事业，是为‘天下之民’的利益干的，否则都是职业而已。因此我们为何要修炼？为何要反思？我们就是要追求并非只为了生活，而要追求生命更深层次的东西。”

父亲说，儒、释、道三家是中国文化的精髓所在，中国将来要想兴旺，文化是极为重要的。商人要认真做企业，也要想着如何善用自己和企业的力量，把中国的传统文化弘扬好，继承好。

父亲劝从商的弟子们更要淡泊名利，这样才不会行恶事，也不会为恶人所骗。父亲在讲“老子他说”时曾讲到，白居易既学佛，也学道，按照道家的思想来修养人生，所以他能享乐一辈子，老了仍然在享福，真是不枉“乐天”的名号。白居易在读《老子》后，曾经写下一首七律：“吉凶祸福有来由，但要深知不要忧；只见火光烧润屋，不闻风浪覆虚舟。名为公器无多取，利是身灾合少求；虽异匏瓜谁不食？大都食足早宜休。”父亲加以引申阐释说：“人生的遭遇，得失成败、吉凶祸福都自有缘由，何必用那么多的负担来困扰自己呢？如果想不开，想不通，那就会产生各种忧虑哀愁。”父亲以此劝大家，不要把钱财看得太重，不要把名利看得太重，否则就会像吃多了匏瓜，最后肠胃也会受不了的。

父亲还常举明末清初《解人颐》一书中的一首诗，来说明人的欲壑难填，是产生患祸的根源：

终日奔波只为饥，方才一饱便思衣。
衣食两般皆具足，又想娇容美貌妻。
娶得美妻生下子，恨无田地少根基。

买到田园多广阔，出入无船少马骑。
槽头扣了骡和马，叹无官职被人欺。
县丞主簿还嫌小，又要朝中挂紫衣。
做了皇帝求仙术，更想登天跨鹤飞。
若要世人心里足，除是南柯一梦西。

父亲解释说：“人的需索是无止境的，追求目标的同时也要有所节制，不要让自己的心被欲望所禁锢，无法自拔。”

上述粗疏点滴，不足以表达父亲日常言传身教之万一。而今我把它们记录下来，无非是想借此向大家说明：父亲的众多弟子中，确有不少名商巨贾，然而父亲对他们的教授、指点和关心，与对其他弟子并无二致。不过“富贵修行难”，虽然父亲对他们愿意付出心力，但是这些商贾人士仅有极为少数的能够不为物欲所惑，多数的依旧是身不由己，随着磨盘打转而已。

在父亲身旁，听过课，却觉不对门路，后来去依赖别的宗教者，有之；学习别派的法门者，有之；回过头来批评父亲者，亦有之。这些都不重要，因为所有的缘分，都是双向的，是当下的，是需要智慧的，如果缘分不足，那么赶快去学能够让自己生慧的方法，也就是了。在学习一事上，必须按照个人的能力，一步一步学，超过智慧的学习，就像对小学生讲博士生的课，课业本身并没有对错，但是对象必定是不适合的。

莫说是父亲的学生，便是我们这些做子女的，也未必能恰当地领悟父亲的教诲。从他对我弟弟国熙的接引中，便可见他对我们的良苦用心。

父亲对弟弟的脾气个性极为了解，所用的教导方式也更为激烈而直接。有一次国熙去探望父亲，父亲对众人说：“这个是我孩子，读了西点军校，有学位，无学问。”弟弟当时便瞠目结舌，被这一杀威棒打得满眼金星，绝不输于禅七的香板。

然而父亲对国熙的关心远远超过弟弟自己所能了解的。后来弟弟加入基金管理企业，父亲曾打电话给他，劈头就问他在做什么。弟弟回答：“在做基金管理。”父亲又问：“做基金管理又如何？”弟弟答道：“这个行业让我认识很多有钱人。”父亲再问：“认识很多有钱人又怎样？”弟弟道：“我可以赚很多钱。”父亲接着问：“那你赚很多钱以后又怎样？”这句话问得弟弟哑口无言，他从未想过这个问题。于是父亲接引他道：“儿子，你是一个没有人生观的人，你还不如去讨饭算了，讨饭也可以活一辈子。”说完便把电话挂了。

后来听到弟弟说起此事，我不由得感慨万千。父亲关心的不是生命，而是慧命；不是生存，而是存在。父亲是为启发大众智慧而生的，自己的儿子既是亲因缘，又是增上缘，自然要设法点化。父亲用如此禅门宗风的手法接引国熙，是我从不知道的。我告诉他，希望他有一天会了解父亲对他的爱有如此之深。

我还和他说起另一件事。几年前，我去太湖大学堂探望父亲，父亲把我单独叫到房内谈心，这还是比较少见的。他对我说：“如果你弟弟将来修行，他的成就会比你好。”听闻此言，我很是感动，原来父亲一直在关怀国熙的慧命，还主动让我不要只顾自修，还需留心弟弟将来的成就。于是我告诉父亲，我一定会从旁助其入道的。其实自二〇〇五年来，我就发愿修行，人我无二，父亲既出此言，我自会受教奉行。

除了感动外，我还心生大喜悦。因为父亲之言，表明弟弟可以入道，只是机缘尚未成熟。其实国熙素来心善，却常常一场心火烧掉了功德林。他对我们家族中人，无论亲疏远近、辈分高低，几乎都能做到有求必应，甚至会主动帮忙。父亲之所以对弟弟如此用心，也是知道他有善念，有气魄，有顽强的执行力，不服输，这些都是修行人所需要的个性。只是我辈愚钝，经父亲如此接引，还未能完全领悟他的深意。

有人说，怀瑾先生府上“往来无白丁”，这是对父亲极大的误解，父亲实际上与不同层次的人都有往来沟通。父亲一生与政治的关系，大概可以归结为他自己说的“只买票不入场”，他始终与政治保持距离。父亲一生未在政界中担任要职，但是他并不避讳与政界人物来往，而且以自己的精神力量影响着政界中的人物，仍然秉承劝行仁政的宗旨。父亲在台湾时给政治高层讲课，在香港搭桥促使两岸会谈，这无不体现了他“治国平天下”的情怀。

三、天南海北故人来

半个世纪的人生蕴含着太多的变化和沧桑，翩翩青年如今也垂垂老矣。

在父亲近百年的人生旅程之中，袁太老师焕仙先生对父亲的佛学修养来说，起着决定性的作用。可以说，与袁太老师结缘，是父亲人生的一个至关重要的节点，从此他的人生之路彻底改变了。

不过，袁太老师对父亲的影响不仅限于禅宗方面，他在做人和做学问方面也时时不忘对当时年少自负的父亲进行开导和教育。据卞毓方先生回忆，当年父亲在中央军校学习，闲暇之时曾拜商衍鎏为师，学习古文诗词。商衍鎏是清末的探花，担任过翰林院编修，文章、诗词、书法均有很深的造诣。在跟随商衍鎏学习一段时间之后，父亲感觉自己的文章写得很不错，于是就选了一篇自己认为字字珠玑的文章让老师看。商衍鎏把文章看了一遍，只是微笑着不停点头。父亲有点丈二和尚摸不着头脑，便问："如果这篇文章在科举考试之中，老师觉得能考上吗？"商衍鎏一听就明白了他话中的意思，就说："没问题，没问题，凭这个水平，不说举人，考个进士都不成问题。"父亲一听，心里美滋滋的，很长一段时间内都对自己的文章颇为自负。

后来父亲上了灵岩山，追随袁太老师。在学禅之余，父亲并没有放弃自己的文章写作。之前的文章已经得到了商衍鎏先生的赞许，父亲觉得自己经过这一段时间肯定又有所长进，所以又选了一篇自己认为水平不错的文章请袁太老师指教。袁太老师接过，大眼一扫，扔到一边，不管不问，没有一句评语。父亲满脸的惶惑，不知道袁太老师到底什么意思，也不敢细问。

过了几天之后，一心想求得老师认可的父亲又拿了一篇文章去请袁太老师指教。结果和上次一模一样。父亲这次再也忍不住了，就恭敬地请问袁太老师到底怎么样。袁太老师扫了一眼旁边的父亲，不屑一顾地说："就这水平，还配写文章。"

父亲很不服气："老师，之前商衍鎏先生还说我的文章写得好呢。"

袁太老师把胡子一抹，冷笑一声："这事我听说过，你还真拿他的客套话当真啊？我问你，《伯夷叔齐列传》你读过没有？"

父亲回答："读过，不仅读过还能背呢。"

袁太老师说："能背就真正懂了吗？"

听袁太老师这样反问，父亲连说不敢。

袁太老师说："回去，给我读上一百遍，读完再来见我，我再告诉你。"

父亲只好听命回去把这篇文章找来重新读。父亲不知道袁太老师到底有什么想法，但还是规规矩矩连着读了三五遍。突然，一种拨开云雾见青天的感觉油然而生，之前书中很多不是很通的问题一下子都解决了，同时也发现了很多之前没有发现的问题。父亲大喜，真的就读了一百遍，然后去找袁太老师讲自己读书悟出的道理。袁太老师微微一笑说："不需再讲了，我相信你懂了，这样读书才能掌握历史文化的精髓，然后写出的文章才能独具慧眼。"父亲日后的学问和文章的造诣，与袁太老师最初的当头棒喝是分不开的。

袁太老师不仅是一代佛门宗师，在文学和戏剧方面也有极高的造诣。他虽常年参与军政，然而并未因此而消磨掉自己不凡的才情，他曾以《水浒传》中"鲁智深醉打山门"的故事为原型，写了个川剧剧本《醉后之光》，豪气干云，文采斐然。

父亲说，当时灌县有位叫作师竹君的老先生，是当地有名的耆宿，一九一五年，他曾和申介屏、官玉章、贾克卿以及袁太老师等人共同参与反对袁世凯的“护国战争”。回到灌县后，师竹君当了县城里袍哥的舵把子，并在南街开设了灌县最早的公堂（川剧堂子）“石公堂”。这家公堂办得风生水起，远近闻名，甚至成都府中也有不少人知道它的名头。师竹君常常在锣鼓喧天中登台献唱，好不悠游自在，也常去灵岩山与袁太老师及父亲相会。

一九四二年秋天的某日，袁太老师在灵岩寺中摆下素筵，邀请师竹君一道，在秋水长天间把酒临风，慷慨悲歌，击节演唱《醉后之光》：“开大步，迈出了天王宝殿，三门外，铺遍了锦绣江山。碧澄澄，江天高，晴空如练，风洒洒，过桥西，夹道楩楠。近溪头，水清浅，游鱼出现，池塘内，浮睡鸭，交颈而眠。望广陌田畴片片，耸高林，红叶翩翩，木落惊秋鹰眼乱，猿猴戏树打秋千。行上了山垭越岩畔，衰草如茵，石若磐，就磐石放下了身心一片……”师竹君虽已年过古稀，唱腔依旧潇洒清逸，绕梁不绝，激扬顿挫，字正腔圆。父亲后来回忆，当时他和杨光岱、释通宽等在座之人，无不听得“如醉如痴，如万壑鸣风，如银河泻影，如游钧天，如一切，总如而总不如”。说到这里，父亲还当即扣案唱道：“佛座拈花余贝叶，樽前含笑看人头（哇）。琴剑埋光易，英雄寂寞难，西风黄叶交乱，等闲吹过了十二栏杆……”

“琴剑埋光易，英雄寂寞难”不仅是父亲对袁太老师所作的川剧《醉后之光》最刻骨铭心的记忆，也是对袁太老师以及他自己一生的慨叹。

一九四七年，父亲与袁太老师在成都告别。一九四九年春，父亲迫于时局，辞别家乡，只身赴台，从此与袁太老师天各一方。但是，老师的教导之恩，让父亲一直铭记于心。无论身在台湾，还是旅居美国，父亲无一时不惦念他的老师。可惜囿于彼时时局特殊，音信了无，父亲虽通过各种渠道，极力打听袁太老师下落，然终皆无果，无奈之下，父亲唯有将满腔思念化作缕缕诗情，聊表自己对老师的一番心意。

在台湾时，父亲常常因思念袁太老师而夜不能眠，于是在一个个冷僻孤寂的夜里，写了不少怀念袁太老师的诗，如《无题》：

又是春回二月天，百花供养住三禅。
灵山万里归初地，虚室祥光照大千。

还有另一首《无题》是这样写的：

事业名山道不穷，更无妄想念真空。
只缘一会灵山后，犹堕慈悲烦恼中。

而父亲在与友人交谈时，当谈到与袁太老师有关的事，他也往往会触景生情，牵起对袁太老师的丝丝牵挂。有一天，父亲的某位客人来拜访父亲，他们交谈时，不知不觉就谈到了国际形势。当时，父亲就被那位客人的一席话触动了，他又回忆起了恩师袁焕仙曾经说过的“处处人呼癸，山山鹿养茸”之句，于是有感而发，遂为一绝句云：

江山犹是霸才空，何处林泉鹿养茸。
呼癸万方多难日，为谁独步妙高峰。

随后，父亲开始尝试着以书信方式与亲人和故交联络。当时父亲已逾花甲之年，仍不遗余力地打听着老师的下落，他写信给张怀恕女士，希望她能帮忙打听老师袁焕仙的下落。张怀恕是五通桥人，她曾经参加过四川第一次县长考试。虽然张怀恕没有考第一名，但是也考上了，后来做了某县教育局局长。当年父亲从峨眉山闭关下来，找不到去处，有半年多时间就住在张怀恕家里，她家里有《古今图书集成》等很多书籍，对于嗜书如命的父亲来说，这是莫大的恩赐，于是父亲就在她家里一边住，一边看书，学到了不少知识，还认识了她正在读高中的女儿秦敏初。可见，父亲与张怀恕女士也是有着十分深厚的情谊的，而且张怀恕女士一直在四川，可能对袁太老师的行踪有更多的了解，父亲便想到希望她能帮忙打听一下恩师及各位老朋友的下落。

父亲将信发出去后，便日日盼望着收到回信。岂料，近半年过去了，连半点消息都没有。就在父亲又感到要无果而终时，竟意外收到张怀恕女儿秦敏初的回信，她在信中说到她的母亲已经去世了，而且家庭也不是原来的那个住址了。之所以这么久才回信，是因为她刚收到信。原来父亲写的收信人的地址，是他凭记忆写出的以前自己在四川时张怀恕家的地址。这么多年过去了，张怀恕一家也多次搬家，自然不是以前那个住址了。不过，父亲的信最终还能送达，不得不感谢那位极其负责任的成都邮政工作人员，要不是他经过五六个月的辗转查访，父亲怕是又要失望了。要不是邮差的认真负责，父亲不知要多久才能再次获得蜀中朋友的音信。多年以来，父亲一直深深记着这个素不相识、不知姓名的邮差，一直感谢着他的负责。

话说当时秦敏初收到父亲的信后，非常高兴，毕竟是几十年不见的老友了，她十分乐意帮父亲的忙，就立即帮父亲打听很多老朋友的消息。

秦敏初女士不负父亲所望，很快就打听到了他恩师及一些老友的消息。她告诉父亲，袁太老师在父亲离开两年后左右，即新中国成立后，便不在灵岩寺了，而是回老家休养。那些慕名前去拜访他的人不在少数，袁太老师也一一为他们解惑。在“文化大革命”前夕，袁太老师溘然圆寂，享年八十。袁太老师生平所写的日记数百册，诗、文、词及楹联千百章，皆在“文化大革命”动乱中散失，而父亲他们整理的袁太老师的著作和问答集——《维摩精舍丛书》，也遭到了破坏。其第一函雕版亦毁，第二函尚未及汇刻。父亲听后十分痛心，为了能及时保留住老师的心血，父亲便以手中留存的原《维摩精舍丛书》第一函为母本，在台湾重印于世。而现所见到的所谓《维摩精舍丛书》第二函，是由冯学成先生收集资料编辑成书的。

秦敏初女士不仅打听到了父亲的恩师袁焕仙的情况，还打听到了其他许多老友的联系方式，通过这些联系方式，父亲先后联系到了最好的朋友杨光岱和维摩精舍同学邓岳高、李绪恢、傅渊希等。得到了这些好友的消息后，父亲自是十分高兴，但是苦于自己已年老体衰，不能亲自去拜访他们。于是，为了表达自己对蜀中友人的想念，父亲就每年都从美国和香港汇款给秦敏初，希望她能代表自己，于端午、中秋、春节等时节去看望和拜访朋友，包括袁太老师的三位太太和他的女儿袁淑平等人，给他们一定的资助。同时父亲也资助贾题韬等人，十多年来，都未曾中断。直至近年，蜀中友人集体商议请父亲不要再寄钱了方止。

父亲虽已逾古稀之年，门下弟子学生甚众，自己也已名动四海，但始终不忘尊师重教，自成都一别恩师后，便无时无刻不感念恩师对他的照顾和教导。因为袁太老师在“文化大革命”时期去世，当时社会动荡，于是他的骨灰便没有被好好地安葬，直至当时，他埋骨何处也杳无音信，父亲对此一直耿耿于怀。

后来，父亲回大陆定居，并建立了太湖大学堂。在太湖大学堂讲习期间，父亲依然没有放弃寻找袁太老师的所葬之处，他一直在通过各种渠道打听其灵骨的下落。

* 二〇〇六年，时任中国科技大学校长的朱清时先生慕名前来拜访父亲，他们就佛学与科学的关系，相谈甚欢。朱先生十分尊崇父亲的学问，待到临走之时，朱先生仍意犹未尽，他表示，若有机会，一定要引荐几位四川的年轻名僧来太湖大学堂拜会，希望他们能在父亲的教导下，开创出新时代的禅佛传承，促进禅佛的发展。

二〇〇八年国庆节，朱清时先生果然信守诺言，偕同成都文殊院住持宗性法师到太湖大学堂，拜访了父亲。席间，父亲得知宗性法师是文殊院住持，便谈起抗日战争时，他在成都任教于中央军校，其宿舍恰在北校场后门，隔邻即是文殊院前门。同时，他也忆起了自己与文殊院方外之友之间的交往，还有辅助袁太老师在成都三义庙创办维摩精舍之过程，以及与传西法师、印华法师之因缘等旧事。往事仍历历在目，但如今却已是沧海桑田，不

* 南怀瑾与朱清时先生交谈参考王国平：《南怀瑾的最后100天》，中国青年出版社，2014年版，第136-144页。

禁令人唏嘘感慨！尤其是谈及寻觅袁太老师灵骨隐迹一事，父亲深为之憾！

因为宗性法师也是四川人，父亲便想，可能他会知道一些袁太老师灵骨的消息，于是父亲就问宗性法师："俗家原是哪里人？"宗性法师答："我是潼南玉溪口人。"父亲一听大喜，真是得来全不费工夫啊，想不到他竟然就是玉溪口的人，随即说道："哎呀，玉溪口我住过的，那时是跟焕师一起，回到他第三个夫人的家乡玉溪口，我记得是过年去的。玉溪口是潼南重镇，潼南县是傅真吾的家乡，也是杨尚昆的家乡。我在四川边区担任凉山垦殖公司总经理的时候，还是用的'南玉溪'这个名字。所以听到你是玉溪口人，真是心头一亮，这一下找到对象了。我有件事情能否麻烦你帮忙查一下，听说袁太老师的骨灰在潼南玉溪口，就在我师母家宅旁的菜园子里。如果能把袁太老师的骨灰找到，我想修一个灵塔作纪念。"

宗性法师听说是要为袁太老师修灵塔，觉得是一件功德之事，于是十分爽快地应承了下来，回川后便立即四处打听袁太老师灵骨下落。虽然他俗家是玉溪口，与袁太老师骨灰可能存在的地方很近，但是若要真找起来，也是颇费艰辛。他历经千辛万苦，辗转数度，寻访多人，最终才了解到，原来袁太老师去世后，骨灰刚开始本来是放在成都家里的。但是不久之后，"文化大革命"开始，袁太老师的骨灰如果还放在成都家里的话，肯定会遭到破坏。为了保护袁太老师的骨灰，袁太老师的三太太陈雪萍就委托亲戚李成武，将袁太老师的骨灰坛子背回潼南玉溪口，让他好好保存。

之所以要将袁太老师的骨灰送回玉溪口，一是因为陈老太太娘家就在玉溪口，对那里比较熟悉，而且放在那里有亲戚可以帮助埋葬和守护，不用担忧外人破坏；二是因为袁太老师与玉溪口也有着渊源，他为玉溪口做了很多好事，玉溪口的百姓都很感激他，他生前与玉溪口的感情也极为深厚；三是袁太老师在潼南和玉溪口有很多朋友和学生，他们都对袁太老师十分尊敬。如潼南县长高登海（号柱东）、议长田肇圃皆是袁太老师的好友。《维摩精舍丛书》第一函中，曾收有袁太老师致高柱东的书信两函，并有诗《玉溪口舟行经红岩嘴夜抵潼南口号》记之："一苇红岩后，微微夜色升。疏林传暮鼓，渔火接风灯。水落舟行碍，潮平渡幸能。莫愁云黑夜，恐是有龙兴。”后来袁太老师离开潼南时，也曾以《别潼南诸子》一诗告别潼南诸位好友：“不可别君日，舒怀强赋诗。何堪春冷冷，况对柳丝丝？飞鸟营巢急，归车载道迟。殷勤报桃李，珍重未开时。”可见，袁太老师与玉溪口有着极深的渊源，其骨灰只有放在那里，才可以保证不受损坏。

李成武既受陈雪萍之托，便觉得一定得找一个可靠的地方，将袁太老师的骨灰好好保存。当时，李成武夫人的娘家就住在潼南青石坝，李成武认为将骨灰放在岳父家应该不错，于是他便先将袁太老师骨灰放在青石坝岳父家中。无奈岳父家人认为家中无故放着别人的骨灰很是不吉利，让他赶快重新找一个地方放置。于是几天后，李成武又将骨灰背到了玉溪口古溪镇（原名红花乡）陈老太太的姐姐家。为了不被他人发觉，当天晚上，陈老太太的姐夫就将袁太老师的骨灰背上山，找了个地方好好地埋葬了，并委托儿子李成卓和李成群守护。其实，早在一九八〇年间，成都维摩精舍的后起弟子们感念袁太老师的无上恩德，就来到玉溪口，希望将袁太老师骨灰请回成都供奉。但是当时情况尚未明朗，陈老太太不愿轻易将骨灰交给他人，于是没有同意，弟子们就失望而回。陈老太太及家人担心骨灰被弟子们私自取走，又在一个夜里，另外在家宅旁的菜园子里挖了个坑，将骨灰埋了起来。

在得到袁太老师骨灰埋在潼南玉溪口的确切消息后，二〇〇九年二月，宗性法师就马上致函父亲，希望父亲当即就到潼南玉溪口将袁太老师灵骨迎出来，建墓纪念，他在信中云：“……另向您老提一建议，关于袁老夫子墓地事宜。袁老夫子在佛学上的造诣和禅学修为，在四川佛教史上是应记下一笔的。现袁老夫子的灵骨栖隐（潼南）玉溪，愚见以为，当修葺墓地，树立墓碑，立墓志铭，以供后世凭吊……”宗性法师认为袁太老师于佛教功德无量，希望父亲修灵塔后，最好能修建墓碑，将其功德刻于碑上，以供后人凭吊。

父亲当即回函：“……法师来函，提示吾师焕公遗蜕，尚在潼南玉溪，应需建纪念塔一事，忽而使我如见当时同参同学中，有一故友之感。但此事，惟再请法师代觅一潼南当地善信，能发心对此任劳任怨者为之，如是玉溪镇或潼南本地之出家人或善信居士更好。所有经费，统归我负担……”

虽然知道袁太老师的灵骨就埋于潼南玉溪口，但是，当时埋骨灰的陈老太太的姐姐和姐夫都已去世，所以并不知道那个所谓的埋骨灰的菜园子在哪儿。只有辗转联系其他相关人员，方可有些眉目。宗性法师历经千辛，才和陈老太太的侄儿李成卓、李成群取得联系，李成卓、李成群就是当年守护骨灰的人，他们两人最有可能知道骨灰到底埋于何处。但是，他们一听说是成都来的人想找灵骨时，就不同意相见，十分排斥。后来，宗性法师又辗转找到当年背骨灰回去的李成武，李成武便陪着宗性法师去了玉溪口。加之当地镇党委书记又是宗性法师的朋友，为了证明宗性法师不是骗子，党委书记便派了一个村支书陪宗性法师找到李成卓、李成群。宗性法师本想通过他们的带领就去寻找袁太老师的骨灰，但是李家说，袁家还有后人，他们没有来，这件事情就不能动。于是，宗性法师马上给袁太老师的外孙张谷打电话，张谷了解到事情的前因后果后，当天下午就赶到了潼南。第二天，宗性法师带了袁太老师的照片、袁淑平的回忆录等出示给李家的人，李家的人终于消除了疑虑，告诉了他们埋骨灰的菜园子，并同意他们挖骨灰。

征得同意后，宗性法师他们就开始在一片菜园子里挖掘盛放骨灰的坛子。但是由于时间过于久远，旧宅也早已无人居住，菜园无人打理，李家人都不记得具体埋在什么位置。从上午十一点开始，直到下午四点才找到斜埋在菜地里的骨灰坛子。说来也奇怪，早在十多天前，宗性法师一次上殿时，就在心里暗暗道：“袁公啊，你都是很有成就的人了，你的事情办得不顺利，你可否给一点提示？”结果，当天晚上宗性法师就做了一个梦，梦见袁太老师骨灰坛子是斜着放在一块菜地里的，周围很脏，还有粪土，居然与十多天后的情况非常吻合。

更令人感到惊奇的是，宗性法师受父亲委托到潼南办理迎启袁太老师灵骨事宜，都是他自己一个人做的，并未向文殊院内诸人提及。但是，当他办理完事情回到文殊院时，文殊院内一名叫宗华的青年比丘来请他解疑，那个比丘说他做了一个奇怪的梦，在梦中，他梦见文殊院的所有年轻僧人皆在餐厅服务，侍奉宾客，好像在操办一件十分重要的事，后来，他又看到寺中树林内走出送葬队伍，有很多人手捧牌位随行，而且他居然见到了袁太老师及章嘉活佛的牌位。

在袁太老师灵骨回迁那天，宗性法师感慨于寻灵骨一事的艰辛迂回，于当日说有一偈：“无来无去法界游，云水生涯牧白牛。归来拈出南泉句，春光遍野满枝头。”

其实，寻回灵骨一事，确实有着不小的渊源。此段因缘的初始，是由朱清时校长介绍宗性法师拜访父亲而引出的。当时朱清时与宗性法师的结识，乃因拜访看望住在成都的袁太老师之女袁淑平，袁淑平讲起父亲有部分文稿当在文殊院，希望朱时清能代为查看，朱清时于文殊院查访时，便结识了宗性法师；再其后，朱清时又引荐宗性法师拜访父亲，这才有了父亲托宗性法师寻找灵骨一事。而后来当宗性法师应请袁太老师灵骨抵达文殊院的次日，朱清时恰巧再来文殊院访宗性法师，遂礼拜了袁太老师灵骨……如此看来，一切事宜或许冥冥之中自有因缘。

经过诸多磨难以及各方相助之后，袁太老师的灵骨终于从潼南玉溪口搬回到成都。父亲对于寻灵骨一事，终于可以放下了。

虽然袁太老师的灵骨已经顺利迁到成都了，但是已九十二岁高龄的父亲还得考虑将袁焕仙灵塔建设于何处。他想到了好几个地方，他首先想到的是灌县灵岩寺，因为灵岩寺无论于袁太老师还是自己都意义非凡，毕竟这是父亲向袁太老师拜师学佛的地方。后来他又觉得不妥，认为昭觉寺似乎更加合适，最后经多方考量，他最后决定让袁太老师灵骨安息故里盐亭凤灵寺。这也是父亲经过多方思索，考虑了各方事宜后才决定的。

决定好灵塔修建地址后，袁焕仙灵塔建设工作就全面展开了。父亲身为袁太老师的大弟子，自知责任重大，于是就倾尽心思，全力以赴地为建塔一事尽自己所能。他曾说：“维摩精舍之友及同学等，亦皆见证于丛书所列名字。而今看来，最后尚在人间者，唯我一人而已。故我对焕师灵骨安置，实亦义不容辞，义所当为。”

二〇〇九年八月，为了保证修建灵塔有足够的资金，父亲拿出稿费五十万元，安排老古文化事业公司汇入宗性法师账户，希望宗性法师能代理自己监督建塔。后父亲想到修建资金可能不够，为了不让宗性法师自掏腰包垫资，遂又汇去二十万元以补不足。宗性法师知道父亲的意思后，当即表示，如此功德无量之事，即使垫资也是理所当为。故收到二十万元后，他只是用了其中十万元作为灵塔维护费用，另十万元作为贫困大学生的助学金，以圆满完成此一大事因缘的功德。袁焕仙现仍在世的女儿袁淑平及其子张谷，也是从旁出力出钱，欢喜助成此事，实亦功不可没。

除了提供灵塔修建资金之外，父亲对灵塔的设计也有所提点。父亲为了让灵塔建得更加有美感，更加科学，便请他的弟子、国际著名建筑师登琨艳先生找来诸多佛门灵塔资料，最后选定了灵塔样式，并请登琨艳先生做了袁焕仙灵塔模型。

做完这些工作后，父亲本想亲自赴盐亭为袁太老师勘察灵塔建设地形，却因年事太高，行动不便，力不从心，不得不于八月十四日午后，委托登琨艳前去勘察。登琨艳飞抵成都后，就和宗性法师以及盐亭凤灵寺方丈正祥法师共同会商灵塔建设事宜。下午，登琨艳到德阳勘选灵塔建筑石料，当晚赶到盐亭。次日上午勘察灵塔选址，勘察地形后，确定在凤灵寺右边，即以当地所谓凤凰头右侧平地为基地，修筑灵塔。又于当日下午赶回成都，与袁太老师外孙张谷会谈灵塔建造事宜。

二〇〇九年十月二十八日，袁太老师灵骨移葬盐亭灵塔地宫，张谷携妻韩宁平代表袁太老师家人参加，我弟弟南国熙及弟媳何碧默，以及马宏达、乌慈亲、登琨艳代表父亲参加。仪式由宗性法师主持，盐亭凤灵寺正祥方丈率僧众二十余名及当地居士数十名参加，盐亭县委书记胡安虎及政协相关领导也参加了移葬仪式。袁太老师弟子邓岳高之子邓觉新兄弟、伍心言之孙伍丕庆赶来参加仪式。

在仪式上，张谷代表他的母亲袁淑平等家人致辞。

父亲虽然未曾亲自参加灵骨迁移仪式，却写了情深意切的颂辞，由我弟弟南国熙、弟媳何碧默、马宏达、乌慈亲、登琨艳同颂，颂辞曰：“叩告先师袁公焕仙先生法鉴：法乳深恩，未报万一，造此灵塔，永式古今，蜀道艰辛，衰暮难行，特遣子弟，叩拜法身。”

之后便是宗性法师致辞：“精舍榴窗分外晴，灵岩昨夜雨纷纷。淡白深红黄叶坠，屑语酬答接后昆。恭维袁公焕仙先生，昔游法海，彻悟真空。眼明手快，语出心宗。此缘难尽，胜因隆丰。嗣裔并门下弟子等，寻真骨用酬深恩，建灵塔而彰师道。巍巍乎仰止弥高，浩浩乎源远流长。既今灵骨奉安一句，又如何举扬？拈出夫子一指禅，双林华白已无言。”

致辞结束后，张谷、南国熙手捧袁焕仙灵骨坛放入灵塔下面的地宫，封盖。接近中午时分，仪式圆满完成。

随后，宗性法师虽然教务繁忙，但是他仍尽心督建灵塔工程一应事务，尽心尽力，全力以赴，始终如一。父亲在寄给宗性法师的回信中，曾由衷赞叹道：“法师真信人也。在儒而言，有受人之托，忠人之事之德，在菩萨行而言，则有言行利他之道也。”“法师青年有为有守，能尽心为人，诚为此时此世不可多得之胜范。”

二〇一一年中元节，袁焕仙灵塔工程终于圆满完成。灵塔为六角形，线条流畅，气度非凡。

袁太老师像

早在二〇〇九年，父亲便亲自撰写了袁焕仙灵塔上的所有文字，尽管父亲当时已九十二岁，但为表达其对恩师的尊敬和想念，他仍然亲自撰写。此情此景，不免让人感动。

灵塔的塔身正面为浮雕袁焕仙像。背面为父亲亲撰“维摩精舍先师袁公焕仙之灵塔”。塔身左侧面为父亲亲撰颂辞：“灵山一会，俨然未散。高山拥县，佛火封龛。心光焕发，莲开千叶。及门弟子南怀瑾拜颂。”塔身右侧面为父亲亲书《先师焕公示众警句》：“业识奔如许，家山到几时。漫言精进我，羞对天人师。五蕴明明幻，诸缘处处痴。藏珍谁可拟，之子欲何之。弟子通禅妙一书己丑冬日时年九十二。”其余两面为建设人员名单。

父亲说，早在很多年前，袁太老师就曾为盐亭紫岩寺写过一副对联，最后两句为“高山拥县，佛火封龛”。谁能想到，袁太老师竟一语成谶，真的魂归故里，在盐亭凤灵寺安息了。

袁焕仙灵塔建成，父亲的夙愿终于完成了。但是，父亲对恩师的思念与崇敬，岂是建一座灵塔就能展现的呢？一日为师，终身为父，父亲已将袁太老师当作自己的父亲来对待了，他们的师生情将会如流水般，长流不息。

父亲不仅与袁太老师感情颇深，而且与袁太老师的女儿袁淑平女士也是交谊深厚。父亲当年在跟随袁太老师学习禅宗时，结识了袁太老师的女儿袁淑平。袁淑平自幼受家庭佛教氛围的影响，六岁时就在母亲的引领下于古佛寺中皈依，开始正式礼佛。袁淑平一生礼佛不断，晚年于佛法研修更加精进，这也使得她的性格很是随和，十分豁达与乐观。

说起袁淑平和父亲的初次相见，时光还要倒回到当年袁焕仙闭关之时。那是在一九四二年的夏天，袁太老师在灵岩寺闭关，袁淑平和她的母亲还有外婆一块去山上看望。山路崎岖，加之袁淑平是一个一直在家读书礼佛的女孩子，所以体力消耗很大，脸上满是疲惫。终于到达灵岩寺，袁太老师见到女儿如此疲惫，心疼地说：“女儿真是难为这双腿了吧。”这时，袁淑平才注意到，自己父亲身旁有一个个子不高却英俊潇洒的青年。不用说，这位青年就是父亲了。这便是他们的初次相见。

一九四三年，袁太老师在成都成立维摩精舍，父亲成为他的首座弟子，并辅佐他宣扬佛法和禅宗知识。其间，袁淑平经常去维摩精舍听课学习。父亲也经常往返于袁太老师家里。于是，一来二往，袁淑平和父亲逐渐熟识起来，两人便以兄妹相称。父亲作为袁焕仙的大弟子，于禅学佛法方面颇有造诣，于是他就在禅宗知识方面给袁淑平以启迪，袁淑平在生活上给他以照顾，两人互帮互助，这份纯真的兄妹感情一直保存到彼此老去。

一九四三年五月，父亲离开维摩精舍去往峨眉山闭关阅经，后来又远赴康、藏寻求佛法，再后来又只身赴台，讲经说法遍及全岛乃至海外……从此父亲便与师门远隔大海，直到袁太老师去世后两师徒都没有再见到一面。当父亲离开维摩精舍的时候，他何曾想到，这一次离别竟成为与师父的永别；他又何曾料到，自己和师妹袁淑平竟然要分隔半个多世纪后才能再次重逢。人生苦短，世事无常，或许，这便是命运使然吧！

半个世纪的人生蕴含着太多的变化和沧桑，翩翩青年如今也垂垂老矣，但是心中最初的那份感情却像老酒一样清醇和浓烈。在父亲和袁太老师以及袁淑平分别之后的日子里，他一直没有忘记这份经历和感情，一直没有忘记袁太老师对他的教诲和恩遇，一直没有忘记与袁淑平的兄妹情谊。

二十世纪八十年代初，在历经千辛万苦后，父亲和袁淑平终于取得了联系，相隔半个世纪的老人，在得知对方尚且健在的消息后，无不热泪盈眶，感慨万千。他们多想当时就和对方相聚相谈，以慰半个世纪以来的思念之情。但是迫于种种原因，两人最终未能得以见面。即便未能相见，两位老人也经常电话往来，相互关怀。

又过了将近二十年的时间，二〇〇七年，父亲在太湖大学堂举行准提法灌顶，邀请袁淑平参加。接到邀请之后，已经耄耋之年的袁淑平欣然前往。在分开半个多世纪之后，在太湖大学堂，已是鹤发苍苍的师兄妹才得以重聚。袁淑平老人在太湖大学堂小住三日，与父亲情深意切一如当年。后来，她赋诗一首纪念与父亲的情谊：

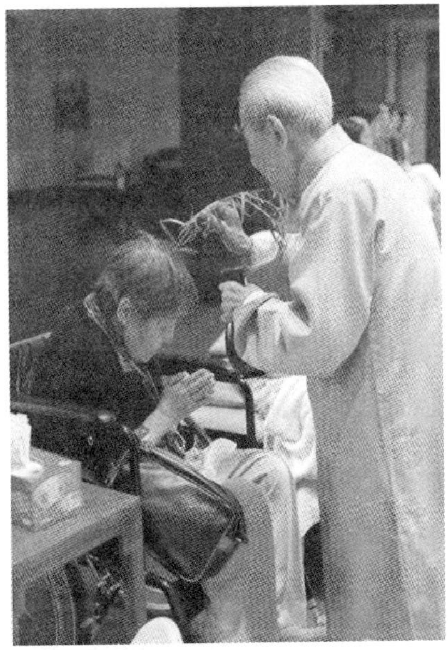

父亲在为袁淑平女士施礼

我年十九便逢君，玉树临风二五春。
异姓兄妹隔天涯，落地便是骨肉亲。
七十年离多相见少，会面总是谈诗文。
天南海北也谈论，口舌生花举座惊。
无须记录长相记，心情愉悦系天伦。

分别时风华正茂，再见时却已白发苍苍。他们见面时谈笑自若，情谊依旧，宛若当年，时光似乎没有在他们的心里和身上留下什么烙痕。当时在场的人无不为他们的情谊备受感动。

谁也没有想到，此次相聚竟是兄妹二人人生中最后一次相会。二〇一五年三月二日，在父亲仙逝三年之后，袁淑平老人辞世，寿终正寝，享年九十三岁。老人家临走前嘱咐家人，荼毗后将自己的骨灰分撒在盐亭凤灵寺、都江堰灵岩山。也许，她的心愿是要踏入时光隧道，重新回到那段尘封多年的难忘岁月吧。

除了父亲与袁太老师家人的情怀，父亲的老学生叶曼居士也是由我重新牵线搭桥，让她有机会再回到父亲的学堂。这件事要从二〇〇三年谈起了。

我从小便认得叶曼居士，当时我都是称呼她田阿姨的，因为她先生姓田，当时是外交人员。有时他们回国，我也会到他们家去玩，还记得第一次看到玩具火车，就是在他们家。那时候我们还住在龙泉街，所以田阿姨开始学佛修行也是在二十世纪五十年代，这点我在前面的篇章说过。虽然后来与他们接触得少，但他们毕竟是我心中的长辈。田阿姨的文学底子深厚，是北大的高才生，又精通外语，在许多国家帮助夫婿折冲樽俎，生活阅历极为丰富。后来她在杂志上发表许多文章，从女性问题到文化、修行，许多题材都有涉及。她用的笔名是"叶曼"，也因为她睿智的文笔，很快就名扬台湾了。从此大家多以她的笔名称呼，而不提她的本名或是夫家姓氏了。

二十世纪七十年代，叶曼居士移居美国洛杉矶，在有"小台北"之称的华人社区附近办了"文贤书院"，继续讲学的功业。她讲传统的四书课程和

《道德经》，都非常受欢迎，后来也逐渐开始讲述自己的学佛过程与心得。二十世纪八十年代，文贤书院在洛杉矶的所谓华人的东区地段哈岗社区更是茁壮发展。那儿曾经是她的家，前院非常宽广，有可供多辆汽车停放的停车位和进出的环形道路，后院更是有许多的大树，林荫蔽日，枝叶密布，绿意盎然。在院中还把游泳池改建为一莲花池，加了观音菩萨像，是个适合修行的住家兼教室。

二〇〇三年，我经由身边好友联络上叶曼居士，就随同一起到她的周六课堂，听她讲课。我的初心是想见一下故人，同时也非常好奇她的讲课内容是什么。我从小便形成了一个习惯，对父亲的学生们都稍微接触，认识一下每一个人学习到什么，叶曼居士是我的长辈，以前没有机会了解，现在可以从她的讲课里了解一下，岂非乐事。田阿姨这时已经九十一岁，还能在讲坛上讲课不辍，她的愿力和体力真是多年修持之功。多年的分隔，好像没有带来什么距离，我们依旧亲近，只是出乎意料地发现，她似乎与父亲久未联络了，这倒是一个意外。每每谈及父亲在中国的发展，她都会有些羡慕之意，渴望自己也能回归国内，继续教化的工作。

接下来的日子里，叶曼居士数次谈及回大陆的意愿，这让她身边的学生都颇为担心，认为以她的年龄实在不宜再做居住环境的改变，也不需要再继续为文化搏命。可是她本人有一个宏愿，就是此生一定要站在讲坛上走完，所以回大陆成为她的一个动力。这件事我与她的学生张先生谈过几次，我说父亲在上海，她是不会去上海的，毕竟老师在那儿讲课，学生自然不宜在同地方授课，就如我们子女一般，父在子不言。那么何如去南方比较温暖的地方，离香港和台湾都近，可能更便利她各地的学生探望。我们还为了她的事去珠海看了环境，只是这些最后都另有因缘。她在二〇〇六年回到北京，那是她成长的地方，也是她最想念的地方。

这个时候，太湖大学堂已经初步完成，父亲也移居吴江。许多有心亲近的朋友们，也都是想方设法地想到大学堂一见父亲。由于叶曼居士与我父亲已经多年未有互动，她也想去，但是也知道我父亲那儿门规森严，因而不得其门而入。由于那时帮助叶曼居士回到北京的朋友圈中，也有认识我的人，他们向我问起能不能帮这个忙，我知道我若是开口，父亲必然应允。在这几年的接触中，我已经了解父亲为什么还在讲学，也清楚无人可以为父亲代劳，不过基于自小的感情缘分，我就在二〇〇六年的十一月向父亲开口，说叶曼居士想来太湖大学堂看他，父亲毫不犹豫地说："好吧，你告诉宏达一声。"

宏达也把这事按照规矩来办，先要求提供来访人士名单，因为一般情况下都需要过滤一下的，避免父亲过于劳累。于是我把这个讯息告诉了北京的人，由他们列出名单，交由我送给大学堂安排。我一向是介绍以后，就不再参与，也不居功，但是许多人总是将别人帮忙做到的事当作自己的功劳，在外糊弄更多的人。没想到这次也是乱成一团，许多不在名单上的人也随着出现，甚至来访时还带着媒体人员，这也让我了解到大学堂对接待者进行严格要求的必要性，也对这样的无礼人事感到无奈。

十一月十九日，我和朋友先在南京路上的功德林素菜馆接待田阿姨他们吃午饭，非常惊讶地看到竟然还有媒体朋友出席，整个探望行程，变成了宣传过程。我只好赶快将当时的大致情形告知大学堂，请大学堂准备一下，毕竟这样未经认可的事，是非常不尊重的。因为场面有些混乱，功德林的素菜并没有应有的功德，大家匆忙结束，打道上路去吴江。那个时候，上海到吴江的直通高速也还没有完工，这么一群人折腾了好一阵子才到大学堂，我总算让叶曼居士和父亲再次会面了，当然高兴的还有一群自北京南下来见父亲的仰慕者。

经过这次会面，父亲就让叶曼居士可以和大学堂直接联络，后来她好像又去过几次，这样的缘分也是老朋友间的福分。我衷心祝福，也相信叶曼居士可以完成她的大愿力。

在以往，常有友朋要求我带他们拜见父亲，基于对父亲劳累的考量，我多半予以拒绝。有时我也好奇地问他们，见我父亲做什么？其实大多数人仅仅因为好奇，并不是真的读过他的书或真有什么困惑需要解答，所以我不觉得见一面有什么意义。其间也有若干真心求道的朋友，在美国通过各种渠道找到我，说有修行上的问题，需要父亲帮助，对于这样的缘分，我自然是尽力相助的。记得有一位在拉斯维加斯赌城工作的朋友，找到我，谈起他的修行问题，我叫他写出来，表示一定交付给父亲。这位朋友写了好几张纸，我寄到国内托人转交给父亲，并且把缘由禀告父亲知晓。此事因缘已了，我就放下了。后来听父亲说到，该人的问题他都一一回答，知道那人是个厨师，父亲还邀请他到大学堂帮厨，只是因缘不具足，那个人当时决定留在美国。后来我自己心量转变以后，对那些有要求的人也比较体谅，固然他们只是追星一族，但是如果因为见得一面，或许可以转得福慧因缘，那么我也应该似父亲般发心，尽量帮忙了。

四、行居坐卧禅无住

父亲一生在忙碌，他却不是废寝忘食般不顾自己的身体健康。

“花有重开日，人无再少年。”父亲年纪真的大了，但以他的修持，对所谓的年纪似乎浑然不觉，依然不知疲倦地讲学传道。所幸的是，大学堂成了父亲的栖息之所，他不再奔波，绝大部分时间都在这里过着忙碌而又恬淡的日子。父亲是一个有童心的真性情之人，追随过或者受过他教诲的人，都说他德高望重，学富五车，举手投足之间即给人以感化，使人如沐春风。他们可以从他的一言一行中见到他的真性情，从他日常生活中的一些细节得到启发，有所领悟，有所习得。但是，对于一些无从得见父亲庐山真面目的人来说，父亲就像偶像一样，浑身散发着耀眼的光芒。也有些人因为无从了解父亲的真实生活，难免偏听偏信，因此产生了各种不必要的传言和误解。木秀于林，或毁或誉，本是十分自然的。如今，父亲虽已仙去，世人对他的议论和评价却一刻也不曾停止。我在这里摘取他晚年生活的点滴，并不能复现他真实人生之万一，不过，或许对于想了解他的人来说会有所裨益吧。

父亲不是医生，但他对中国传统医学十分熟稔，他既用它来养身，也用它为人祛病，积德行善。他的会客厅中有一个大玻璃壁柜，里面分很多层。这不是书柜，而是中药柜。柜子里面摆满了各式各样的中成药。这些中成药大多来自海峡两岸的各个制药厂，其中主要的是台湾顺天堂的产品，里面还有几味中药没有生产厂家，那是他自己配制的。

就在这个貌似药店的会客厅里，他接待过无数来自五湖四海的学人，与他们交流对中国传统文化的理解。中药是中国传统文化的重要组成部分。中药讲药理，药性分“阴阳”，治病有“正治”，还有“反治”，用药讲“中和”，可以说，中药学的高级层次就是中国传统哲学，尤其是道家文化哲学。父亲精通儒、释、道，在中药学和中国传统养生学领域的造诣也颇深。父亲善望诊。他参透身心性命科学，又阅人无数，很容易看出对方身体是否健康。每当他诊断出对方的身体不适，就会从身后的玻璃柜中取出备放的中药慷慨相赠。

“人溺己溺，人病己病”，父亲看不得来访客人患有疾病，一旦发现有人患病或身体不舒服，他一定会伸出援手。他自己有一套眼睛按摩保健法，效果非常好。在一次和朋友聊天的茶会中，他看见王学信先生眼睛充满血丝，精神有些颓萎，便乐呵呵地向大家讲解他自己的眼睛按摩保健法。在座的人看了一遍没有全学会，他就根据大家做的情况兴致勃勃地进行第二次示范，直至所有人全部学会，他才露出满意和开心的笑容。

民间有种说法，春捂秋冻，不生杂病。很多人对此深信不疑，奉为圭臬，但是父亲不以为然。多年的人生经验使他养成一个习惯，那就是戴帽子。在离开台湾以后，每次天气转凉，他出入都会戴上帽子。他有两顶帽子，一顶是象牙白的圆形小帽，一顶是灰黑色的船形帽。他会根据出现的场合，不时轮换，别具风度。他经常对大家说，天冷时一定要戴上帽子保暖，否则元阳之气易从头顶散失，诱发感冒或引起肠胃不适。父亲关于戴帽子的说法，得到了现代科学的支持。据试验数据表明，人在静止状态下不戴帽子，从其头部散失的热量，在外界温度为15摄氏度时，占人体总产热的三分之一；当外界温度为四摄氏度时为二分之一；而当外界温度降至零下15摄氏度时，可散失四分之三。父亲从博大精深的传统中医养生学中汲取了许多智慧的法门，但他从不独擅其美，而是大方地用这传统的营养滋润着每一个和他接触的人。

“饮食男女，人之大欲存焉”。饮食，本就是人生之大事，一日不可或缺。又有人言，“参禅不如吃粥饭”，可见一粥一饭中也有禅机。父亲被许多人奉为禅宗大德和文化大师，访客自是络绎不绝，父亲一如既往地热情接待。父亲待客有个特点，那就是常常要与访客一起吃饭。因此，日常饮食变成了交流的一个重要场合。在他的会客餐桌上，每天的晚餐几乎必定会出现两小碗粥，这是他饮食的一个习惯。盛粥的碗很小，并且每一碗都是八分满，三四口就能喝完。他有时喝两碗，有时只喝一碗，剩下的一碗则送给身边的人“代劳”。这粥不是什么燕窝鱼翅粥，也不是什么海参鲍鱼粥，而是清清淡淡的小米粥，有时候放些红薯，味道才丰富一些。在香港的时候，有一次封小平先生从外地回来，带来几个大南瓜，父亲连续吃了好几天南瓜粥。一天晚上，他吃得津津有味，边吃边赞叹道：“这个红薯粥不错。”大家听了全都笑了起来。父亲一脸诧异，大家这才说：“这是南瓜粥，不是红薯粥，您都吃了好几天了。”父亲一听，也跟着笑了起来，说：“我怎么现在还觉得就像红薯粥呢？”

父亲的饮食并不是为了满足自己的口腹之欲，相反，他特别注意根据季节的变化以及人体的特征来选择吃什么，吃多少。通常情况下，他晚餐会吃小米粥或者是红薯粥，但是当天气转凉的时候，他就吃薏米粥了。薏米又叫薏苡仁，《本草纲目》称其“健脾益胃，补肺清热，祛风胜湿”，堪称食疗佳品。对此，父亲也并未多食，每餐依然是那八分满的两小碗。有一天，他的一个朋友想给他换换口味，就拿来了一坛子云南酸菜。这种云南酸菜很有地方特色，它是用昆明郊区盛产的两尺多高的苦菜腌制而成的，又酸又辣。那个朋友把酸菜切成小碎丁，做了一盆热气腾腾、鲜香酸辣的酸菜汤，端上桌。父亲身边的马有慧女士给父亲盛了一小碗。他尝了两口，连声赞道：“这个好，这个好。”这餐饭，父亲吃得十分舒畅，由于汤很是酸辣，所以父亲鼻尖上都沁出一层细细的汗珠。当晚，父亲破例没喝稀饭，而是连吃了两碗酸菜汤泡饭。

父亲被人称为当代禅宗大德，所以，很多人误以为他和出家人一样，不食荤腥。实际上，父亲一辈子都不是出家人。对于那些属于佛家“五净肉”

范围内的肉，即“不见杀、不闻杀声、不为我杀、自死、残食”的肉类制品，他并不拒绝，但他每次并不多食，只是稍微品尝一下，适可而止。

南方多雨，气候潮湿，患关节炎和风湿病的人很多。父亲的食谱里有一道牛肉汤，专门祛湿，他很钟爱，而且自己还会做。一天，窗外正下着绵绵细雨，马有慧女士笑呵呵地邀请大家快去品尝一下父亲的手艺。等他们赶到厨房一探究竟的时候，发现父亲正在亲自下厨，炖牛肉汤。他做的牛肉汤香味四溢，牛肉炖得很烂，汤很鲜美，而且清而不浑，大家都说味道好极了。喝完牛肉汤，大家身上暖烘烘的，浑身舒畅，纷纷赞叹：“老师不仅厨艺高，而且寄养生于食疗，妙处多多。”

父亲会客的餐桌上菜品都比较丰富，而且荤素搭配适宜，但他自己主要还是吃一些素菜。菜品不论荤素，都是父亲熟悉的，偶尔也会加入一两个新菜。一次晚餐，餐桌上多了一道冷盘——五香酱猪肘，薄薄的肉片码放得整整齐齐，酱红色的肉皮泛着油光，看得大家嘴馋。父亲自然也看到了这个菜。他微笑着打量在座的每一个人，最后把目光停在刘雨虹女士身上。刘雨虹女士呵呵一笑，说：“这是台北正宗京味五香酱猪肘，早晨买时还是热的。这家字号是北京人开的，每天都要排长队等候才能买到，去晚了就卖没了。几十年了，天天如此。”果然如父亲所料，这道菜就是刘雨虹女士专门从台北带来的。听她如此一说，在座宾客更是食欲大增，纷纷举箸品尝。父亲也夹了一片，慢慢吃着，夸奖道：“不错，不错。”大家尝了后也觉得这酱肘确是名不虚传，滋味鲜美，肥而不腻，且酱香浓郁，刀工、火候都非常地道。

父亲这一尝，就和上了瘾了一样，连续两个晚上，他都让厨房做刘雨虹女士从台北带来的酱猪肘。不过，同样是酱肉，我的一个表弟从上海带来的酱蹄膀可就没有这么幸运了。表弟来看望父亲时，特地从上海带来一盒酱蹄膀给父亲尝尝。他带的这酱蹄膀，虽外观齐整，酱色美观，但是感觉像是火候不到，内外都偏生，而且肉丝老而粗硬，嚼不动不说，口味也很一般。晚餐的时候，父亲尝了一口，但是肉实在太硬，咬不动，只好悄悄地搁置一旁。同桌有人点评这道菜不好吃，父亲一听，赶紧把话题转移开。父亲心里十分清楚，表弟的本意是想带美味回来让他尝尝，却没有想到一番心意竟然弄巧成拙，心里一定羞愧万分。父亲就是这样爱护别人，从不让人因无心之失而引起他人的指责。

父亲门下的弟子自然是尊师重教的，他们遵守长幼有序的师道伦理，比如说，一起吃饭的时候，一定要让父亲先吃，然后自己才动筷子。不过，有时候人一多，难免出现一些"事故"。有一次，刘雨虹女士来看望父亲。在她的建议下，她和其他的同学一起做了一顿红焖羊肉。当时正值秋冬之交，羊肉"益气补虚，温中暖下"，中医学上讲"医食同源""药食同源"，红焖羊肉既补益，又美味，此时做可谓正合时宜。晚餐时，一小锅又香又嫩的红焖羊肉端上了餐桌，父亲边吃边夸赞："这个羊肉做得好。"大家见父亲喜欢，也纷纷伸筷子，一番下来，等到父亲站起身准备再夹片羊肉时，发现锅里已空空如也，只好坐回椅子上。大家这才发现老师意犹未尽，便觉得十分愧疚，停住了筷子。父亲见此情状，赶紧笑着说："没事没事，下次多做点。"

父亲小时候在温州老家长大，作为一个土生土长的南方人，他却喜欢吃北方的水饺。有一次晚餐，赵海英博士和几个朋友一起做了一顿水饺，父亲一口小米粥都没有喝，却连着吃了十多个水饺。父亲可是极少一次吃那么多的。见父亲如此喜爱，大家大受鼓舞，又做了几次，有一次包的白菜馅儿，由于白菜水分太多，等到饺子下锅时，大部分的水饺皮都破了，煮成了一锅饺子馅汤。父亲端起一碗来，边吃边不停说："吃着香，吃着香。"包饺子的几个人本来心里惴惴不安，一听父亲这样说，也就稍微放心一些了。

父亲也喜欢吃馒头、花卷和烙饼等面食，但他在晚餐中吃得最多的还是那两小碗小米粥，只是佐餐小菜时有变换，或韩国辣白菜，或广东豆腐乳，或温州黄泥螺，或半个咸鸭蛋，也有宁波的糟鱼，云南的酸菜。这些小菜父亲都爱吃，不过每餐都只吃一点点。

有一次，餐桌上摆了一盘看起来像是泥鳅的菜，父亲自己吃得津津有味，其他人迟迟不敢下筷，都不知道是什么东西。父亲见状，笑眯眯地说：

“这是浙江海泥鳅，腌制的，这种东西在台南的高雄海域里也有，台湾当地人叫‘活跳’。你们尝尝，好吃。”实际上，这道菜偏咸，还有相当重的土腥味，并不是所有人都能接受的。父亲吃得那么有味，多少可能因为它是家乡的特产，有着家乡的记忆和味道。父亲不时会在餐桌上说：“当年妈妈烧的菜最好吃。”这话从一个老人嘴里说出来，真是别具一番滋味，听者无不动容。

父亲虽然九十多岁了，但是从来不喜欢麻烦别人，吃东西也基本都是自理。偶尔有学生为他夹菜或者剥虾壳、剔鱼刺，父亲每次都会客气地道谢。但是我知道，他更喜欢自己动手。父亲一生足迹踏遍千山万水，对各地的饮食都了如指掌，对于面前的菜肴只需一品尝，高下立判。但是，我听王国平讲过父亲对厨师只会赞不绝口：“这个鱼味道不错！”“这个茄子烧得很好！”“羊羔肉做得很嫩！”即使菜品的风味不佳，也从没见他责怪过。

饭桌上，多数人都是怀着恭敬之心来拜会父亲的，所以大多比较拘谨，说话不多，基本都是父亲一个人在滔滔不绝地讲话。因为这些人之所以千里迢迢来看他，就是想听他说说话，为自己答疑解惑，所以他不说话不行啊。父亲常常无奈地自嘲是“陪吃饭，陪聊天，陪笑脸”的“三陪老人”，但他总是以佛家的慈悲语、和善语、柔软语对待这些来来往往的人，使其生喜乐之心。

因此，刘雨虹女士曾说：“其实，这些年来，南老师没有吃过一顿合胃口舒服的饭，因为十天之中九天有客人，有时生张熟李，前来的各方豪杰志士们同桌进餐，老师酬酢应对，哪有工夫吃啊！因为客人都是来拜望老师的，老师晚上九点多甚至十点才回到自己的地方，发现有些饿了，吃什么呢？也只能胡乱将就吃一些作罢。”

有一天晚饭时，刘女士绘声绘色地给我们讲了父亲吃消夜的趣事：“说到南师吃东西的事，有一次真是太有趣了。老师是每天夜里工作的，有一天到清晨三四点钟，有点饿了，在冰箱中找到一包生水饺，他那个智慧的头脑，突然感觉水煮没有蒸得快，就在电锅中蒸。结果蒸了一个小时仍是硬的……怪不得爱迪生有两只猫，他就在墙上挖了一大一小两个洞，大猫走大洞，小猫走小洞。所以头脑极不平凡的人，做法就是特别。”

后来父亲到底用什么填了肚子，大家便不得而知了。后来，刘雨虹女士常跟父亲打趣说：“老师啊，我的福气比你好，因为我自己会做啊。”其实，并非无人照料父亲的饮食起居，只是他素来不愿让他人劳累，所以即使有人问他想吃些什么，他也总是说“随便吧”，大家只好凭自己的猜测为父亲准备食物了。

与父亲有一定接触的人都知道，他有抽烟的习惯，而且简直可以称得上是嗜好，无论是喝茶时，与客人晤谈时，还是看电视时，茶叙时，都会看到他手上夹着一支烟，有时，就连上课他也要抽上一支。“抽烟有害健康”，他当然是知道的，可是谁也挡不住他抽烟。有人劝他别抽，他总是报以微笑，像个任性的顽童。为什么父亲这么爱抽烟呢？前文已经说过，父亲在峨眉山大坪寺闭关阅读大藏经的那三年中，过着几乎与世隔绝的生活。关房环境清幽，人迹罕至，在那里清修可以说是“不食人间烟火”。出关后，走到接近人群的地方，他便觉得有一股很重的“人味”扑面而来，一下子难以适应，只好以烟驱味。他说：“这是真的哦，《西游记》里的妖精就能闻出人味儿。这人味儿很难闻，只好抽抽烟，用烟味儿驱赶驱赶。其实，我并不往肺里吸，只是在嘴里转一转，就吐出去。”父亲抽烟确实和一般人不同。他抽烟不是为了获取快感，纯粹是一种习惯。普通人抽烟越久，抽得越多，咳嗽得越厉害，身上散发的味道也越呛鼻难闻。父亲抽了一辈子烟，但并不咳嗽，痰也不多，身上也没有那么重的烟味。有一次，在香港大学任教的赵海英博士对正在抽烟的朱守正先生说：“这真的是很奇怪，南老师抽烟就不觉得呛人。可您一抽，不知怎么，坐在旁边就觉得呛。”朱先生是父亲寓所的常客，他在香港一家外国银行当经理，抽的一直都是上等名烟，而且抽得并不多。周围的人也试着对比了一下，发现确实如此，都觉得有些不可思议。父亲淡淡地说：“是吗？那你（指朱先生）以后可要少抽点儿。”

俗话说，烟酒不分家。父亲虽抽烟，却不喝酒，至少也有几十年不喝酒了。家中放了许多中外名酒，有的还有些年头，不过这些都是用来招待客人的。在与客人共餐时，他历来以茶代酒，欢迎来客。大家都知道父亲的这个习惯，出于尊重和爱护，从没有人强行要求他喝酒。不过凡事总有例外。一次，有位客人从西安带回来了几瓶“稠酒”。这种酒其实更像是饮料，酒是乳白色的，甜中略带些微酸，酒味极淡。亚视新闻总监魏承思先生一再说这种酒度数低，味道好，营养价值高，力劝父亲品尝。父亲拗不过，闻了一下，这才饮了一小杯。这就算是破戒了。

父亲基本上算是不沾酒的，但每天都要喝茶，而且只喝一种既没有名，也不贵的“老茶”。其实，父亲身边有好多茶，品种繁多，而且多为名茶，如滇绿、西湖龙井、福建花茶等。但是，这些茶他都不喝。为什么呢？父亲曾解释说，自己当年闭关阅藏经时，“穿上僧衣，住在庙子里，一切都是禅林里的规矩，每日一餐，过午不食。到了晚上，嘴里淡淡的，又没有东西吃，便泡茶喝，用高山上的雪水煮开后泡清茶，染上了茶瘾，把胃也喝寒了”。如是之故，父亲从此只认这种有暖胃功效的“老茶”了。我小时候，偷喝过父亲杯子里泡的茶，发觉非常苦。每天晚上父亲都泡一杯浓茶，放很多的茶叶，然后带到书房，一边看书一边喝着提神，那时候他泡的茶，主要就是为了提神用。从关房到书房，父亲跟茶有不解的缘分。

父亲一生在忙碌，他却不是废寝忘食般不顾自己的身体健康，相反，他有一套自己特定的用餐时间和习惯，而且多年以来一贯如此。父亲在大学堂时依然和从前一样，每天都不吃早餐，午餐只吃少许自家厨房炒的、略放些盐的花生米，每天晚上七点半则是父亲的“人民公社”几乎固定不变的用餐时间，其实，他真正吃的就只有这一餐。每到用餐的时候，宾客们就会自觉来到餐厅。会客的餐桌大，座位多，不用催促，也不必等待，来晚了加把凳子就可以了。父亲的客人很多，经常有从世界各地回来探望他的学生，所以，父亲的餐桌上总是宾朋满座。前面说过，父亲当年在台湾就已经开起了“人民公社”餐桌，到华盛顿、香港也都是如此，现在是把它搬到了太湖畔，用餐人数还是那么多，氛围还是那么轻松愉悦。

在香港因地制宜，父亲考虑周详，为大家准备了两个圆形餐桌。圆桌上杯盘齐整，荤素搭配，坐的都是来自世界各地的客人。父亲自己主要是吃素，但并不要求客人也吃素，相反，他非常尊重别人的选择权。荤素自由选择，大家自由自在，不会因为吃饭问题产生不必要的尴尬。两个桌子有时都不够，随身的学生和香港本地的学生，就会看情况让出主桌位置，这样的生活就像一个大家庭用餐似的。

在香港的时候，一般出家人都不会和大家共食，到了吴江，因为可以坐的餐厅范围大，出家众就可以与众人同厅用餐，只是从来不上父亲的主桌，依旧保持出家和在家的分际。平时用餐，都是以自助形式来办，菜色也是偏于素食，只有晚餐时会保持盘菜形式，而且因为父亲饮食偏重口味，故而常常是四川厨师主厨。父亲招待客人的餐桌上，菜肴丰盛，加起来有十几种，但是他总是只挑几样稍微品尝一下，主要是吃主食——两碗红薯小米粥。学生和朋友从各地带来的地方特色小菜，他也会少量地尝几口。父亲自己用餐量少，但是他会不停地招呼大家添菜加饭，唯恐大家因拘束而没有吃饱。晚餐时间大约四十分钟，大家边吃边谈，偶有客人晚到，随时可以加入进来。大家吃得满意，父亲就会显得很高兴，如果有谁没有吃好，父亲就会视为己过，颇为自责。不过，一般情况下，在这种轻松热闹的环境中，大家都吃得很好。

太湖大学堂的晚餐基本上都是六点开始的，父亲非常准时，不喜欢任何人迟到，除非是远地的客人。在直通七都镇的高速公路修好之前，去大学堂是一件苦差事，驾驶不熟悉就很容易在农村的乡间小道中迷途。我那时去太湖大学堂都依赖别人开车，靠他人指路，好几次带朋友去探望父亲的时候，外地的司机总是迷路，本地的友人也对那些曲折交错的小路不熟，几乎我带朋友去都会迟到，而父亲总是在等着我，我每次心里都像淌血般难过又感动。虽然父亲会不高兴地骂我怎么老是迟到，但是他心里清楚我也是没有办法。虽然迟到，父亲却知道我一定会来，每次都等我一下，而且让我固定坐他右手边的座位，在桌上也一定会向来宾介绍我。有趣的是，没有人看得懂我们父子间的互动，我也自然是保持微笑缄默的时候居多。

[*]在饭桌上，大家除了向父亲请教一些问题外，还经常天南地北地聊一些轻松的闲话。有一次，大家说到了“英雄”这个话题，在座之人有不少血气方刚的盛年男子，讨论得自然热烈了些。父亲也为这种气氛所染，加入了讨论的行列：“我为什么不想当英雄呢？那是因为我看了川剧之后就不想当了，我才明白了什么叫英雄。”于是父亲顺势便谈起了川剧，还即兴用一口“川腔”唱起了七十余年前他在四川时听过的川剧段子。

父亲说，川剧的语言非常幽默，充分体现了四川人的风趣幽默和他们的人生观。接着他便讲起了一次看戏的经历。那次演的是山大王。第一个山大王刚一登场亮相，便唱了一段开场白：

独坐深山闷悠悠，
两眼盯着帽儿头。
若要孤家愁眉展，
除非是——

唱到这里，父亲微微一顿，随即又眉飞色舞地接道：“除非是——豆花拌酱油。”然后他解释说“帽儿头”是指一碗盛得冒尖的白米饭，接着又说：“你看四川人好幽默，怎么才能让我愁眉展，只需要有一碗豆花拌酱油就行了。”

接下来第二位山大王出场了，脸谱勾得甚是威风。父亲学着他的腔调唱了起来：

小子的力量大如天，
纸糊的灯笼打得穿。

* 南怀瑾与众人唱议川剧参考王国平：《南怀瑾的最后100天》，中国青年出版社，2014年版，第76-78页。

开箱的豆腐打得烂，
打不烂的——

父亲又卖了个关子：“打不烂的是什么呢？你们可能猜不到。”随即父亲猛然起身，双手握拳，右拳举过头顶，左拳横于胸前，很是入戏地唱道：“打不烂的——除非是豆腐干。”唱到这里，他又是一阵大笑：“呵呵呵，把我笑安逸喽，我恍然大悟到四川人的幽默哲学观，古往今来的英雄豪杰，称帝称王，他原始的人生意义，第一是为了吃饭，所以伟大的本领和成就，不过是‘纸糊的灯笼打得穿’而已。”想来父亲一生对于名利的云淡风轻，定然也是受了四川人这股怡然自适的闲散之趣的影响吧！

饭后，撤去菜肴盘盏，摆上各色水果、点心和糖果，再给每个人倒上一杯热腾腾的红茶，这就开始进入餐后的茶叙时间了。对许多人来说，晚餐意味着一天的结束，但是对父亲而言，晚餐结束正标志着忙碌的一天的开始。

大家松散地围坐在圆桌旁边，边喝茶，边谈论世界各地的新闻和趣闻，气氛轻松愉悦。如果有新到的客人，父亲一般会请他们讲讲当地的风俗人情。父亲从来都不是正襟危坐、不苟言笑的专家型学者，相反，他十分随和，而且随时愿意当任何人的忠实听众。在大家纷纷谈论当天或客人当地新鲜事的时候，父亲就会点燃一根香烟，慢慢吸着，面带微笑地倾听客人侃侃而谈，有时会冷不丁地插两句话，逗得在座的客人哈哈大笑。父亲也会放声大笑，他的笑声十分爽朗，极富感染力，餐厅的每一个角落都充溢着笑声，气氛温馨而祥和。

茶叙时间大家聊的多是些奇闻趣事，但是绝大部分访客是不会满足于此的。他们从世界各地来到这里，为的是听父亲讲授人生、禅宗或者他传奇的人生经历。如果父亲愿意讲课，那么茶叙往往会在九点之后就结束。当然也有不讲课的时候，茶叙便会持续到十点半左右。一般来这里就餐和听课的人都知道父亲的这一习惯，所以，每到此时，客人们就会陆续告辞。送完客人之后，父亲自己又一个人开始工作、学习和写作。

在太湖时，依据父亲身边学生的说法，父亲总是到了子夜时分，才回到睡房。他先洗漱，然后休息一阵，之后便开始施食。施食是他每天必行的一项日课。这是父亲自青壮年时期起就誓愿在做的，他许愿施食分享各道生灵，发菩提心。父亲的这一日课，数十年如一日，从不稍辍，更不假手他人。日课之后，父亲便诵经禅坐，在定境之中自净身心，深入空灵，体证禅家真空妙有之殊胜境界。父亲偶有闲暇之时，写过不少记述定中情境的诗，描绘自己在此过程中的心境和启迪。他写过一首《闲居杂咏》：

勘破荒唐是大雄，
开怀一任往来风。
多情原是菩提种，
人在圆明微笑中。

还有一首《秋夜定起》：

眼底云山似绮罗，
星辰日月掌中过。
诸天花雨当空定，
信手拈来供佛陀。

这些诗中的诗情禅境，精妙入微，不可思议。其中妙境，实不足为非过来人道也。

坐息之后，父亲便开始进入繁忙的工作之中。很多事情他都要亲力亲为才可放心，譬如他要阅读和回复无数来自世界各地的信函，还要审读一批将要在大陆和港台不同出版社出版的书稿。在这众多的信件中，有很多是来自亲朋故旧的，更多的是素昧平生的人写来的。需要父亲亲自挥笔作答的，父亲当夜就会把回信写好，其他的则由秘书室统一复函。这些信件中，有一类最难回复，便是那些要拜师或者问佛的信。听过父亲讲课的人难以计数，有些人听过之后就写信要拜师求法，但是父亲从不收传统意义上的徒弟。还有不少信是专门询问佛学上的很多问题的，实际上这些问题在父亲的相关著作中都有详细而精确的讲解，可见这些人并没有对其加以认真阅读，当然，对一些人提出的十分荒诞不经的问题，父亲自然也是不会回复的。

希望向父亲拜师学佛的人很多，但是父亲从不鼓励或提倡人们去学佛。他知道，在很多人眼中，学佛就是整日打打坐，参一参话头，有什么困难的？若真要让他们学起佛来，不仅连最基本的清规戒律都守不住，更不用说能对博大精深的佛法有所体悟了。父亲常说，学佛是大丈夫之事，非帝王将相所能为，并且一直劝告想学佛的人先踏踏实实地做一个真正的人，然后再谈学佛。否则，一切都是妄谈，还是免谈的好。父亲并非不希望将佛法发扬光大，他只是不想让一些没有慧根的人，把时间白白浪费在了学佛上，最后落得个一无所得。但是，又有多少人能懂得父亲的一片苦心呢？

夜深人静的时候，绝大多数人都已进入梦乡，对于父亲来说，却正是忙碌的时候。处理完一天积攒的信件之后，他便开始读书，直至黎明，常常一夜就读完几本书。父亲珍藏了几十万册中外古今的藏书，但是他求知若渴，常常苦于无书可读。于是他身边的工作人员常去书店买些新书，或者从各种报刊上剪下一些科技新知识和各类资讯，送给父亲阅读。因为知道父亲爱书，所以来访的客人也会带些自己的新作或最近出版的著作送给他。这是父亲顶喜欢的礼物，他几乎都会照单全收。

每天早上七点左右，父亲才放下手头的工作，打坐休息。在日常生活中，父亲很少以睡眠的方式进行休息。中午十二点前后，父亲休息结束，之后他又忙于各项事务，直到下午六点左右，才又回到自己的会客厅，与来自各地的客人见面。日复一日，年复一年，周而复始，忙而不乱。

父亲不是一个不苟言笑的严肃呆板之人，相反，他十分幽默。有一次，一位北方的客人来访。父亲喜欢抽烟，一根接一根地抽。一开始，他抽出一支烟冲着这位客人说："来一根？"这位客人性格沉默，不太爱说话，没有接茬。父亲长吐一口烟，向在座的其他人介绍说："你们知道吗，他很厉害，是中国有名的铁板神算。"周围的人就接着这个话题，问一些关于算命的问题。父亲说："我们中国老祖宗传下来的东西很多，这个预测学也算是古人留下的一门高深的学问。南方人有抽签算命的，他们北方有按生辰八字测算的。他的这门技艺叫铁板神算，在中国的北方盛行，已经有很长的历史了。"被父亲称作"铁板神算"的客人不停点头，表示首肯，谦虚地说了一句："是我的师父传给我的。"

这位客人走后，父亲便向周围的人说起其中的因果。有一年，父亲去北京，请这个人算过一次，当时他说父亲有过牢狱之灾，骑过马打过仗，而且家里老人过世得早。他还预测说父亲本有八十七年的寿命，如果这一生做过修桥补路的事，那就会弥补很多恶缘，生命可以延长二十多年。父亲说完这些后，笑着对大家说："这个人啊，真厉害，那时金温铁路已经建好，虽说不是我建的，但我也算是出过力的。所以，我九十三了还活着，要不早死了。不过，按照他的算法，我要活一百多岁呢，那不成了老妖怪了。"话未说完，他自己先呵呵笑了起来，周围的人早就笑得不能自已。父亲最后说："他一个河北乡下的农民，哪里知道我是谁啊，我也是初次到北京，一个朋友说请个人给算算，觉得好玩，就来了。"

还有一次，一个朋友来访，晚上开着空调依然觉得热，原来是被子太厚了。这个朋友对工作人员说："谢谢您的招待，一切都好，就是这被子照北京话来说就是'皇帝他妈'。"工作人员一时没有反应过来。父亲知道后，用温州话说："皇帝他妈——太厚！太厚！被子太厚了！"大家听了之后，这才明白是一句歇后语，都忍不住笑了起来。

有一次晚餐，有几位是父亲的老朋友。用餐时，父亲不停地调侃老友，逗得大家哈哈大笑。餐桌上一个喜欢佛学的朋友对父亲煞是尊重，开口便说："您是一代宗师……"父亲不等他往下说，就笑着道："什么一代宗师，是一代终死。"父亲说话带有浓重的温州口音，在场的很多朋友并没有理解他的意思，于是他又一字一顿地说："是终将的终，死亡的死，哈哈，还不明白，吃茶去！”后来，那个朋友又接二连三地向父亲请教了好几个问题，父亲脸色突然一沉，假装严厉地说：“吃茶去！”把这位朋友吓得愣住了。父亲见状，忍俊不禁，大家这才明白父亲是在开玩笑，一起大笑了一阵。

二〇〇六年八月，父亲应邀到上海，给当地的媒体人讲了一堂“中国传统文化与大众传播”的课。课上，为了说明媒体人要对社会负责，父亲提起当年自己在四川《金岷日报》做编辑时自编自导的“征婚启事事件”。这事在前面第二章已经简单交代过了，这里补充一些其他细节。父亲当时编的征婚启事大致内容是说自己是一个小姐，来自杭州，因为日本人打到杭州，没有办法逃到这里，现在家破人亡，无家可归，谁要娶她，条件是什么，等等。启事一登出去，报社就收到了好多信。社长对他说，这次你犯了一个错误，看你怎么收场吧。父亲着实费了一番脑筋，又在报纸上登了一条广告，说这个小姐前几日去重庆，不慎跌入江中淹死了。父亲本来是想幽它一默，没有想到弄巧成拙，最后想尽办法弥补，才算是平息了这桩无端的风波。父亲借此告诫在场的媒体人，做新闻事业、做出版业，一点都不能马虎，要对社会负责任，要时刻记着自己是个文化人。幽默可以，但是要分场合和对象，不能肆意任性。

许多人到了父亲的面前，往往因为心里那份崇敬之心，坐在父亲的对面却一句话都不敢说。明明心里有些问题想问，但是到了面前，又怕人家笑，又怕老师骂，自己越想越害怕，反而特别沉默。我就有这样的朋友，在去见父亲之前，我告诉他们要多说话，否则岂不是让父亲来讨好他们，让父亲为大家找话题吗？所以讲讲笑话、时世、个人故事，问问题都好，就是不要拘谨。但是原本活泼的，到了饭桌上也变得安静了，所以父亲常常说他是陪客的人，真是辛苦啊！不过有几位文化程度不高的友人，反而特别放得开，和父亲互相敬烟不说，交谈时也是笑话不断，让父亲高兴得还特别写了字送他们。

除了幽默、开朗之外，父亲给人的另外一个深刻的印象便是他的大度了。虽然大家都称父亲为知识渊博、学养高深的文化大师，但他从不以此自傲，相反，他对自己周围的人和很多素未谋面的人，始终拥有一颗仁厚、博爱的心。

二〇〇六年，张中行先生去世，上海的《新闻晨报》首先登出了这个消息。不过，与文章搭配的照片却不是张中行先生的，而是父亲的。不少文化界的朋友看到消息后，纷纷打电话询问。后来报社也发现了这个重大错误，报社领导赶忙带着那位犯错的年轻女编辑来向父亲道歉，并带来了两万元作为精神赔偿。等到弄明白他们的来意之后，父亲哈哈大笑起来，说这只是趣事一桩，并对报社领导说千万不要为了这件事为难那位年轻女编辑，年轻人难免粗心大意，会有错误，以后多注意就是了，有了这次错误，以后就会更谨慎细心。看到父亲如此大度，报社领导和那位年轻女编辑又是羞愧，又是感佩。至于那两万块钱，父亲当然是不收的。

父亲一生所为，没有因为地点、年纪、生活环境而有所不同。他习惯每夜静坐、看书，每日接待、应对，都是用时无心，无心正用。

最近一再听到有人说到父亲一生辛苦，我实在觉得有必要解说一下。对于那些凡事都依财物来衡量生活的人，他们活得战战兢兢，不但看自己是用钱来衡量，看所有人也都是如此，于是，就算有好机会、好缘分也看不出来，也会漏失。孔门七十二贤，属颜回最贤。其贤处就是“一箪食，一瓢饮，在陋巷，人不堪其苦，回也不改其乐”。何苦之有？父亲亦如是！父亲万缘放下，哪里还会有辛苦可言？每次去探望父亲时，晚上用餐，我都坐在父亲右手边。每当听到有人说父亲辛苦，我会转头看看父亲，他的那一抹微笑，岂有知音可解！

五、一无所长无所是

预测学是一门很深的学问。对于这种学问，父亲的态度十分明确——可以研究，但不要盲目。

在中国几千年的文化中，有一种文化长盛不衰，那就是我们常说的包括看相、算命、测字、看风水等活动在内的术数文化。这些术数文化，是从道家文化中逐渐剥离出来的。虽然在科学日渐昌明的今天，术数文化的神秘面纱逐渐被揭开，但就目前为止，这种文化在民间依然有着顽强的生命力。在大街小巷，在人群集聚的公园附近，甚至是在路边，我们还是经常会看到一些自称能通晓古今的人在招揽生意。其实，这些人所掌握的术数，是十分“低端”的，与几千年前相比，并没有太大的改进，而与真正的道家文化精髓，自然也毫无关系。

但是，随着时代的发展变化，这些“旁门左道”也“与时俱进”了，换了一张新的面孔，披上新的马甲，继续纵横江湖。现在，社会上提倡学习国学，因此，有人便利用“国学热”的效应，打着《易经》的旗号，到处做宣传、办培训班。于是，一些在古代很简单的知识，甚至一些民间信仰，经过别有用心之人的包装，摇身一变，成了所谓的“科学”，成为牟利的工具。这基本上就是利用人的贪念和心理学，进行的财物或是人事的欺骗。真正穷苦的人是不需要任何未来预测的，因为他们别无选择，每天必须努力生活。但凡有了财产或是地位的人，就开始有了恐惧，害怕失去，正好让人有可乘之机，本来不会受到损失，反而因为想多得而多损。

其实，无论是看相、算命、测字、看风水，还是民间流行的据说能够包治百病的气功，或是各种所谓的特异功能，无一例外，都是道家文化衍生出来的东西，历来都被归为“旁门左道”。对于这些东西，父亲基本上都做过研究，无论是看相、算命还是看风水，只要他愿意讲，就能讲得头头是道。但是，父亲和中国古代大多数的文化人一样，虽然不一概否定，但也并不提倡这些东西。

一方面，他认为，这些东西经过数千年的发展，其中一些内容是有一定道理的。

比如说《易经》这门学问，现代人只能偏重于其中的术数应用，而不能真实地去探究它的原义，这是我们文化上的一大损失。父亲在《易经杂说》里，提到古人对易经的看法是“洁静精微，易教也”，据说这是孔子整理《易经》所做的评语。这句话点出了《易经》的真实性，既富哲理，又符合科学，不过现代人只能用到它的极小部分，同时思考上又被文王著的周易所限制了，这让老祖宗的智慧沦落为街头小道，甚至有人误以为它就是占卜学说，可悲可叹。以我的了解，我们必须回归到易学的起源，重新思考它的理象数问题，必然可以对后代的中国心理、科技做出更大的贡献，因为真理实相是万变的根源。

不过，《易经》作为占卜之书，其中一部分预测还是有道理的。因此，父亲的意见是，我们不能把这些东西一概归于迷信的行列而完全加以排斥。

另一方面，父亲不做看相、算命这些事，也屡屡劝诫别人不要迷信，更是坚决反对有人用这些东西去赚钱牟利。

父亲虽然对于这些术数文化颇有研究，但他总是谦虚地称自己“一无所长，一无所是”，下面，我就谈一下父亲对于这些术数的研究和运用，让大家了解一下父亲的博学多识。不然，不了解他的人，真就要被这句自谦之语所“蒙蔽”了。

在这些术数文化中，预测是一门流行至今的学问。预测学并非中国所独有，古今中外，都有这方面的著作和学说。前些年在全世界流行的世界末日理论，就是源于南美洲的玛雅文明。而美国的未来学家约翰・奈斯比特，以《大趋势》一书名扬世界后，又相继写了几本关于预测的书，这些书也无不风靡一时。与西方相比，中国的预测学，对人们日常生活的影响似乎更大，而研究这门学问的人中，道家中人尤为擅长。平民百姓津津乐道的所谓“参透天机”“通晓古今”，都源于预测之学。而与预测学相随而出的，有许多预言之书，如《推背图》《马前课》《烧饼歌》《梅花诗》等。父亲遍览中国古籍，这些书他都有收藏，于他而言，自然并不陌生。

父亲虽然从来不提倡这些东西，但是对道家的学问却极为推崇，特别是《易经》中的预测学问。因为正统道家学说，是在宇宙万有和性命修身上，别有所长，而且是中华文化百家源头。我们的文化本来没有什么家门派别的，只是战国时代，因应不同理论游说，才有区别观念；而《易经》本来是不分什么道家、儒家的，是中华古文化里每一个读书人都会研读的理论学说。所以父亲也精通《易经》，偶尔用《易经》里面的方法来进行预测，而且每次都能应验，这让我们惊叹不已。不过，父亲从来不讲预测的过程或者方法，他一般只讲预测的结果。因此，我们只能莫名惊叹，却无从知晓这些结果是怎么来的，也不了解父亲是如何运用《易经》来进行预测的。只是听他提到“去年是‘雷水卦’，流年不利，今年是‘未济卦’”之类的话，但都是点到为止，语焉不详。因此，对于未曾真正读透读懂《易经》的人来说，父亲的话依然是不知所云，听起来一头雾水。

有一次，父亲和他的朋友们谈到中国未来发展的走向，很多人对中国发展过快表示十分担忧。父亲却不这样认为，他笃定地说，中国改革开放以来的这些年，是中国近代史上，一百多年来最好的时候。从鸦片战争以来的一百五十年间，中国的内忧外患一直不断，而最近几十年的发展给中国带来的巨大的变化是从来没有过的。父亲信心满满地告诉大家，从现在开始，中华民族将有二百年的好运。但是好运能持续多久，还是需要靠我们自己，需要我们自己很好地把握住。谈话结束之后，大家都望着他，回味着刚才的谈话，却没有人追问为什么，因为大家都知道父亲只讲结论，不讲预测过程。或许是天机不可泄露吧，唯愿父亲的预测能够成真，更愿这个民族能够恢复雄风，把两百年变成五百年的兴盛。

父亲不仅预测大事，有时候，对一些小事也会进行预测。之前，父亲曾于香港办了一个公司。公司自然是以盈利为目的，这和其他的公司一样。当时，公司以进出口贸易为主要业务，同时兼营房地产生意，也投资股票、黄金、外汇等业务。二十世纪八九十年代时，香港的房地产、股票市场受政治和国际形势等因素的影响很大，经常大起大落，在很长一段时间内，股票和房地产行情普遍不被看好。在大家对这类生意一致否定的时候，父亲独具慧眼，认为此时买入这类股票，日后必定会赚钱。于是，他就让周围的人大胆吃进，果然，跟着他大胆买股票的人，后来都大赚一笔。

不过，父亲终究只是预测，所以“失算”也是在所难免的。有一次，父亲在谈论到某只股票时，对其颇为赞赏，认为将会大涨。有人听到这句话，就跑去买了那只股票。结果，事与愿违，股票渐跌，那人被死死套牢了。后来，那个人见到父亲，忍不住埋怨他，说早知道这样就不该听他的话。父亲听闻此言，微笑着说自己又不是先知，谁叫他听的。说完，他和那人都笑了起来。实际上，即使父亲真有这种“通天”的能力，他也是不会投入过多精力在这些小事上的。所以，把父亲的每一句话都当作金科玉律，拿着它去寻求利益的人，也只能“自求多福”了。

父亲对大事、小事都有一定的预测能力。这种能力对于父亲来说，是平常无奇的。但是对于常人而言，这哪里是平常无奇，简直是神乎其神了。所以，父亲在众人面前预测事情，从来都是极为慎重的，生怕言者无心，听者有意，最后导致听者误解了本意，生搬硬套，生出是非，平添麻烦。

因此，每次茶余饭后，父亲要预测什么事情时，都会在开头先加上一句“现在我讲一点迷信的话，根据《易经》”云云。如此一来，父亲首先表明自己的预言不是凭空乱说，而是有依有据的，而且不管自己做出什么预测，都会因为事先的“迷信”声明，而免去了责任。其实，倒不是父亲怕事，而是他历来对于预测之事持慎重的态度。有时候，在讲完之后，他还会开玩笑地说：“这是我们的‘党内秘密’，大家不要出去乱说。”他说的这个“党内”，自然是指当时在座的一班人。当父亲根据《易经》讲今年是什么卦，明年是什么卦的时候，显然只是把它作为一种参考，并非当作金科玉律。这是需要听者去自行分析和判断的。但不知道是因为某个“党内”成员过分崇拜父亲，把父亲的话当圣旨，还是因为“党内”有人无法“保守秘密”，总之，父亲的说话内容，最终大多都会“泄露”出去。因此，有时外面一些流言满天飞，但是其意已与父亲的本意相去十万八千里了。

预测学是一门很深的学问。对于这种学问，父亲的态度十分明确——可以研究，但不要盲目。这是一个科学的态度，“可以研究”，那是少数人的事，哪怕研究一辈子却一事无成，也不会对社会造成影响，毕竟那只是少数人的事；“不要盲目”，一旦盲目的人过多，则就变成多数人的事了，便很可能造成社会的混乱。

父亲曾结合孔子在《系传》里的“易为天地准，故能弥纶天地之道”一句来具体阐释过自己的态度。父亲说，中国过去在科学上，以天文法则看天象的演变，就是除了天上的气候、宇宙气象的演变有一套法则之外，我们的文化，也没有找出孔子所说“易为天地准”的道理；所以，我们推崇《易经》，但也不要推得那么高。孔子说“故能弥纶天地之道”，就推得太高了，等于说，宇宙里任何法则，人事物理，一切事一切理的原则，没有超过《易经》的范围。父亲的这个态度，不仅早就写在书里，而且经常挂在嘴上，但是他的意思是孔夫子的说法，还没有得到更实在的验证，我们还没有找到可以支持这句话的论证，并不是完全否定孔夫子的说法。

在父亲的影响下，周围的朋友和学生大多认可父亲对预测的态度，但是还是有人过度迷信，执念难除。有一次，一个学生拿着一篇阐释《黄蘖禅师诗》的文章，不远万里来向父亲请教。那个学生很认真地说：“这篇文章很好，解释清朝十个皇帝的事都很准确。”然后，他请教父亲，台湾会怎么样，自己该怎么办？父亲十分生气，狠狠地将他批评了一番。父亲说：“你怎么越学越迷信了，不要相信这些乱七八糟的东西啦，我一辈子不搞这个的。你问我台湾会怎么样，我怎么知道？至于你怎么办，你该怎么办就怎么办，来问我有什么用？”

父亲不迷信预测，因为他清楚，《易经》并不是每次都能准确预测未来的事情。但是，他还是能根据各种信息，对所面临的事情给出一个近乎完美的推论，这就使得父亲在别人眼中成了预言家。事实上，父亲几乎每次都能预测准确应该有以下几个方面的原因，而这几个条件，又是常人所不容易完全具备的。

首先，父亲极度熟悉中国历史，人生阅历十分丰富，在对国内外大局形势走向和待人处世上，有足够多的经验可以借取。他可以站在一个常人难以企及的高度，高屋建瓴地去审视眼前的事情，拨开云雾见青天，而不会被眼前的“乱象”迷了眼。因此，国内外很多重大事件发生的时候，很多人对此感到突兀，而父亲早就看透了前因后果。于是，我们经常会有这样的感觉，好像生活中没有什么事情能使父亲吃惊，什么事情都在他的预料之中一样。

其次，从对待人生的态度上来说，《易经》上讲人生，基本上可以用四个字来概括，那就是“吉、凶、悔、吝”，人生中如意事不过只有四分之一，而大部分时光都是在痛苦中度过的，人生中的任何事都无法逃脱这四个字。而这些人世的喜乐哀苦，父亲早就尝遍了，甚至可以说，他早就跳脱出此岸的苦海，至于荣辱得失，更是早就不记挂了。父亲超然物欲之外，做事不是为了个人的私欲，因此在面对这个错综复杂的现实世界时，他能做到冷眼旁观。

再次，父亲一生做事遵循“尽人事而听天命”的原则，做事时追求完美，要求事无大小都要尽力做好，但是对于结果就不刻意追求完美，凡事随缘就好。这是他律己则严的个性使然，当然我们子女也自小受此熏染，脾气个性也多与父亲相似——在对人要求上，固然希望有等同个性的人来相应，不过经过生活的历练，自然也能够做到豁达和潇洒。在我看来，父亲在面对人生中大大小小的事情时，总能迅速做出判断，这虽然看起来不可思议，实则是因为通晓情理的结果。

最后一点，父亲在和朋友日常交往的过程中，谈古论今，畅所欲言，对很多事情进行预测。如果说得准了，朋友就会把话不自觉地传播开来，倘若说得不准呢，朋友们也没人会把话记下来，将来与他当面对质。于是，不知不觉中，大家就把父亲看作是预言家了，认为他预测得非常准，而忘掉了其实他也有预测不准的时候。

至于看相，父亲也有自己的心得。和预测一样，看相也是贯穿中国几千年历史的一门学问，到现在仍然有很强的生命力和市场。父亲虽然很少公开给别人看相，但是历史上的各种相书，无论什么派别的，他都研究过，而且还会运用“麻衣相法”“紫微”和“子平”等各种相法。识人相面之书不可胜数，而父亲只对其中两本书颇为推崇。一本是曾国藩的《冰鉴》。该书记载了曾国藩自己识人的各种技巧，提出“功名看器宇；事业看精神；穷通看指甲；寿夭看脚踵；如要看条理，只在言语中”。曾国藩的这几句总结，深得父亲之心。父亲认为这些话很有道理，而且比较科学。因为看相是古代的形名之学，本质上就是一种研究人的科学。另一本是曹魏时刘邵的《人物志》。父亲说，这部书比起国外的“人物管理”和“职业分类”等学问要高明许多。因此，在日常的教学过程中，如果涉及识人看相的学问时，父亲就会要求学生去读《冰鉴》和《人物志》。

看相虽也被列入“旁门左道”，但父亲不轻易地把它斥为迷信，而是认真地把它当作一门学问来研究。经过多年的学习和经验的积累，对于看相，父亲已经形成了自己的见解和方法，并且在平常的处事待人中，经常加以运用。

父亲相人，主要基于两点：一是个人的长相，二是个人的举止仪态，包括衣着边幅。一个人的长相是天生的，无从改变。而举止仪态则不同，是后天形成的，也是可以改变的。但是很多人，包括一些官员，对举止仪态似乎都没有给予足够的重视。而这，正是父亲在评价一个人的时候很注意的一个细节。父亲出生于民国时期，从小接受的教育学问就是从“洒扫、应对、进退”开始的，这些礼仪经过几代人的革命，已经逐渐消失了，到了今天，几乎荡然无存。普通人的举止仪态，或许不算是大事，但是在官员身上，它的影响就大了。现在传媒高度发达，公众人物的所有细节，无时无刻不暴露在民众面前，无所遁形。这时，一个人的举止仪态，更能清晰地反映出一个人的性格和修养。

帝王将相有他们的相，平民布衣也有自己的相。父亲既给别人看相，作为一介草民，也被人看过相。父亲小时候就被一个相士看过相，这在前文已经提及。后来，父亲老了，也有人给他看过相。大家都说父亲的相很好，给他最普遍的评价是“仙风道骨”。父亲个头不高，体重不足一百斤，是一个瘦小的老头。但是当你站在他面前时，就会有一种特别的感觉。父亲不怒自威，身上散发着巨大的魅力。同时，父亲慈眉善目，具有很强的亲和力。虽然面相是先天形成的，但父亲的仪容仪表，同他一生修禅学道也有很大关系。港台一些有名的相士，还有父亲的学生中懂相法的人，都给他看过相。父亲听了他们的论断，一笑置之。在他看来，真正的相法，眉毛、鼻子、眼睛都不看的，主要是看这个人为人处世的态度和条理。

父亲有一个相士学生，是台湾大学毕业的，在台湾很有名气，人送外号“刘神仙”。他看相算命要价很高，一次要好几万块钱。有一次，他得空要来看望父亲。彼时，父亲还在香港居住，于是他就从台北飞到香港。他刚一见到父亲，没说几句，就开始滔滔不绝地聊起了看相算命。父亲劝他不要再从事这类事情了，收摊去做更有意义的事情吧，如今时机不错，可以到大陆投资做生意，自己可以帮助他找路子。但是，这位“刘神仙”对于父亲的提议，完全听不进去。他继续谈论自己的老本行。在整个谈话过程中，讲得头头是道。最后，他对父亲和周围的人说，给大人物看相算命，更容易成名。对于他的侃侃而谈，父亲并没有放在心上，而是礼貌地再次劝他就此打住。

父亲对他说，历史上有名的相士，最后都没有好下场，正所谓“察见渊鱼者不祥”。父亲为此举了两个例子。一个是东汉之时的易学大师京房的例子。京房与他的老师焦延寿创造出“京焦易”，能未卜先知，言无不中，以至于连皇帝有什么事都要去问他。他的老师说，京房把我的易学都学通了，将来必死于易学。后来，京房果然因学问太精，遭人嫉恨，被捕处死，死时年仅四十一岁。另一个是关于北宋大儒邵雍的。邵雍是“北宋五子”之一，宋明理学的奠基人，对易学研究很深，写了一本《皇极经世》，并创作了预言性质的《梅花诗》，学问很大。但邵雍的命运也并不好，一生隐而不仕，生活清苦，六十七岁便病逝了。父亲举这些例子，规劝“刘神仙”，希望他能及时收手，莫要将来后悔。但父亲的一番好意，却没有劝动他，他的兴趣还在算命看相上。

过了一年，父亲听到消息，说他的那位学生因为突发脑溢血，送到医院没有抢救过来，去世了，才刚过五十岁，也算是暴死。真应了父亲对他说的“察见渊鱼者不祥”那句话。这些所谓的“神仙”，究竟能否“察见渊鱼”，我们无从知晓；但他们为了个人私利，绞尽脑汁去糊弄别人，以至于心力交瘁，却是事实。

父亲在香港时，还有一个学生也对看相测字诸事颇感兴趣。有一次，这个学生听说从内地来了三个不寻常的人，其中有一个是“神医”，还有一个是“相士”，据说本领都很高。于是，就向父亲询问，能否请这三个人过来聊聊。父亲那一天正好没有要紧的事做，就高兴地答应了。随后，那位学生就开车将三人接来了。那位相士来了之后，和父亲寒暄一番，提出要给父亲看相，父亲没有同意，让他给其他人看。于是那相士就开始挨个给在场的人看相，而父亲就坐在旁边，静静地听着，偶尔插上一两句“有道理”“讲得对”。那一天，在场的人共有二十多个，大家听了相士的话，都觉得颇有道理，于是在相士临走时，大家一起包了个一万港币的红包塞给他。对此，父亲就一直坐在旁边，默不作声，不置可否。等三人离开之后，父亲才长叹一声，说：“唉，跑江湖的，也不容易。”大家这时才明白，原来父亲并非真的认为那些人讲得对，只是给他们面子，不去点破罢了。

平日里，有很多人要给父亲算命、测八字，对此，父亲总是笑呵呵地说：“我的八字早就算好了，叫作生于忧患，死于忧患，我们这一代都是这八个字。”这一句话说得看相人和周围的人都哈哈大笑起来。

不单是看相，只要是有关人身秘密的探测，大家也都会拿父亲做实验。有一次，在东莞寮步镇办学校的姚海奇在晚餐以后，拿着父亲的手把脉，父亲也让他把了两只手的脉，然后问他，怎么样？海奇回答得很妙，他说：“老师的脉是六脉纯阳，非仙即怪。”惹得大家哈哈大笑，父亲也是笑得开怀。其实父亲身体的各种状况，他是非常清楚的，对于气脉的流通，气息的起伏，气机的运转，父亲自己都有数的，不需要外人多叙，随着机缘让大家开心一下就是。

当时，父亲虽然身在香港，但有很多内地的事情要去处理，很多投资和文教基金项目都需要有人去管理。父亲自己没有时间，也难以安排出人来做这些事，于是只好靠内地的朋友向他推荐人。对于朋友推荐的人选，父亲一般会让对方交三样东西，以此来决定这个人的去留：一是本人的一张照片，二是本人的笔迹，三是本人的姓名。拿到这三样东西之后，父亲很快就会决定到底用不用。父亲说，照片可以看出一个人的气度；笔迹可以看出一个人的性格，就像西方的“笔迹学”一样；至于一个人的名字，一般都是爹妈起的，从生下来就有，一般都暗含着父母对子女的寄望，而人在成长过程中，多少也会受到自己名字的影响。凭这三样东西，父亲往往都能选出合适的人选来担任相应的职务。当然，父亲这样的选择也会有失误的时候，有时做事的结果证明用人不当，甚至有时所选的人在他眼皮底下坑蒙拐骗。不过，父亲明察秋毫，一经发现，立刻就把他们开除掉，因此也没有给公司造成太大的损失。

如果父亲要去从事看相算命这些旁门左道的事情，一定也会是个“活神仙”。父亲自己也曾说过，这些旁门左道的东西，他都不玩；他要是去玩，赚个几百万是很容易的事。父亲此言并非吹嘘夸大。但是父亲并不玩这些东西，而是把对这些东西的研究运用到为人处世上，应用到人际关系方面，而这远比他从事看相算命对社会的贡献更大。

除了预测和看相之外，父亲对风水也颇有研究。

风水，又称堪舆。（堪，《淮南子》云：“堪，天道地；舆，地道也。”堪舆学即天地之学。《史记》所记堪舆家，本有仰观天象，俯察山川水利之意，后世以之专称看风水的人，曰“堪舆家”。）它和看相算命一样，也是一门源远流长的学问。经过千年的发展和流传，直到今天，这门学问则更加系统和完善，甚至传到了国外，包括一些经济发达的国家。国外的一些媒体曾介绍过中国这门古老的学问，把中国古代的风水学和西方现代企业管理理论结合起来，形成一种新的管理理论。比如，公司的选址，公司大门的朝向，办公室的布局，甚至桌椅物件的摆放，都有讲究。桌椅的朝向，桌上应该摆放什么物件，哪些物件不应该出现，实际上蕴含了风水学的一些道理。但是，这桌椅摆放的讲究，算是迷信还是科学？这个问题其实并不容易回答。如此一来，风水理论逐渐风靡全球，近年来，连许多堪称天生商人的犹太人老板，也对此产生了兴趣，他们纷纷花大钱，聘请华人命相家、堪舆家，对他们的公司布局选址进行指点。

父亲曾告诉我们，他在幼年时期，就对风水学产生了很大的兴趣。父亲认为，中国的传统文化中，读书人一般都要懂得三理，即命理、医理和地理，“中国文化讲究孝道，这需要我们懂得命理，父母岁数大了，什么时候是个关口，自己出远门能不能回来，都要事先心中有数。第二就是父母病了，要懂医理，知道怎么治疗。第三就是父母不幸去世，要懂地理，找个好地方安葬”。父亲祖籍温州，当时这个地方很重视风水，住宅（阳宅）和坟地（阴宅）选址都是必须邀请风水先生的。父亲说，他小时候曾跟随风水先生跑过路，煞是有趣。从小的所见所闻，令父亲对风水学说逐渐产生了兴趣。

和其他钻研风水学的人不同，父亲对这些知识虽然精通，但是并不迷信。父亲懂风水，但是并不拘泥于所谓的风水理论。年轻时，他以好奇的心态涉猎风水学，探索把玩，疑信参半。等到年事日长，他说自己“涉猎既多，恍然而悟”，对这些东西就不再有任何的迷信了。

当时，有朋友对父亲说，他的办公室座椅的位置不对，不能那样坐。但父亲置若罔闻，他说：“我不需要鬼神来帮助我，一生行事无愧无怍，了无所憾，所以什么都不怕。”

父亲认为，风水学是我国古代质朴的科学研究，可惜两千多年来，中国人只把它用在阴阳住宅的选址之上。后来，这门学问在民间广泛流传，逐渐被加上许多妖妄之言，这实在是一个大错误。父亲一直在劝诫别人，不要迷信风水，因为风水并不像传说中的那样，能够改变一个人或者是一个家族的命运。父亲说，老一辈的风水理论里就有一德、二命、三风水、四积阴功、五读书之说，只改变风水而置积德、读书于不顾，也是没有任何作用的。父亲希望那些迷信风水可以改变人生命运的人，可以从这个理论中醒悟过来。

父亲经历过两件与风水有关的事，这两件事也体现了他不迷信风水的态度。

第一件事是力保天文台不被拆。蒋经国晚年时，曾患过一次很严重的眼疾，对此，他曾向一个风水先生请教。那个风水先生勘察了“总统府”周围的环境之后，说蒋经国之所以患眼疾，是因为风水不利，都是被“总统府”前面的那个天文台所“冲”，应该把它拆掉。听闻此言，管事的人大吃一惊，如热锅上的蚂蚁一般，坐卧不安，陷入两难之地。因为如果相信风水先生所说，就需要拆掉天文台，而这个天文台是美国人帮忙建造的，且刚完工不久，一旦拆除，很有可能会酿成一起严重的“外交”事件。更何况，宋美龄一生信仰基督教，根本不相信风水先生所言，想要说服她相信风水先生的话实属不易。但倘若不相信风水先生的话，如今蒋经国已经病成这样，万一那风水先生说得有道理，却置之不顾，耽误了蒋经国的病情，后果也十分严重。

这个管事的人左右为难，正不知如何是好的时候，突然想起了父亲。于是，管事的人就来拜访父亲，恳请他亲临天文台，看一看风水究竟如何，出一个主意，到底该如何是好。父亲本是不想管这件事的，因为他根本不迷信风水，更不相信蒋经国的病和天文台会扯上联系。但是，管事的人和他是老朋友，这个忙不好不帮。于是，父亲就答应下来，说会想办法的。待那人走后，父亲随即招了一辆出租车，不动声色地去天文台附近看了一圈，又叫自己的一个学生，拿上罗盘，到台湾“总统府”前面有模有样地勘察了一番。等到勘察完了，父亲就给那人捎去一句话：“告诉蒋经国先生，不碍事的；不过，为了把事情办得妥帖一点，最好还是给那个风水专家送一笔钱，叫他不要再吭声。”那个管事的人听取了父亲的建议。最终，天文台保住了，而蒋经国的眼病，还是请了医生去治疗。

第二件事是关于买四合院的。父亲曾托一个朋友在北京帮他物色买一座四合院。这个朋友收到委托后，跑了不少地方，经过仔细的筛选，终于选出了一处，觉得挺理想，那个四合院不仅地段好，面积大，而且价格合理。于是，这个朋友就向父亲报告了考察结果，催促他赶紧买下来。随后，父亲就派了一批学生前去看一下，并交代他们如果觉得好就赶紧买下来。大家到那所房子看后，大多数人觉得十分不错，但其中有一位学生提出反对意见。这位学生跟随父亲多年，自己又花了很多时间钻研风水的学问，自我感觉很有心得。他看完这所房子，就对父亲的那个朋友说，他觉得这里风水不好。他说这所房子的右边也就是西边，是一幢大高楼，根据风水理论，“左青龙，右白虎”，右边这座高楼一挡，风水就不好了。而白虎坐镇，将来必是小人当道，女人当道。听到这句话，另外一个自以为对风水有研究的人更是添油加醋地说，这所房子的门牌号是“一九四号”，这个号很不吉利，“一九四”同“要就死”谐音，寓意谁买下来谁就死。这个人一说完，把父亲的朋友吓坏了，担心如果买下这座房子，万一以后真有人出事，自己可担当不了那个责任。因此，这个朋友就赶紧打电话，向父亲报告“险情”。父亲一听，笑着说：“你不要管这些了，你不懂，赶紧把房子买下来就是啦。”后来，因为各种原因，这座房子最终还是没有买成，不过绝对不是因为风水问题。

父亲除了对以上诸学有所涉猎外，对咒语也进行过研究。和风水学一样，咒语也是旁门左道中的一个分支。咒语本来自佛教，梵文称之为陀罗尼，意译为总持。故密宗说：“一切声音，皆是陀罗尼。”可见，咒语在密宗里，是一种修持的方便法门。实际上，咒语不仅在佛门里有，在其他宗教里也有。父亲曾在自己的一些佛学著作里介绍过，也曾给学生传授过一些咒语。比如，观音菩萨的六字大明咒，念的是“唵嘛呢叭咪吽”。父亲说，《济公传》里面的济公和尚，一辈子念的就是这个咒。小说传记上描写济公每次遇到妖魔鬼怪便拍一下后脑，念一句这个咒子，赫赫光便出现了，降妖伏怪，无往不利。

父亲注重结交人，同社会上的三教九流都有过交往。早先，理教在黄河以北地区较为流行。这个理教，有个“五字真言”咒语，不同于佛法中的“五字真言”，是教内秘密，据说“六耳不同传”，意思是有三个人在场，就不能传授这个咒语，只能两两相传，由一个人传给另一个人，悄悄地贴到耳朵上传。得到传授以后，也只能在心里默念，不能出声。只有在大难临头之时，才能念出声来。比如，犯了法，临刑之时，大声念出这个咒语，就能保你不死。那么这个“五字真言”到底是什么呢？

有一次，父亲认识了一个理教徒，便问他理教的这个“五字真言”究竟是什么。那人故作神秘，左顾右盼，确定四下无人之后，悄悄地伏在父亲耳朵上，一字一顿地说出了那个咒语。说完，还捂住了父亲的嘴巴，示意他不要说出来。

听完那五个字，父亲暗自发笑，但碍于情面，只好忍住了笑。后来，父亲告诉大家，那五个字就是“观世音菩萨”。父亲说，这多么可笑，但那么多人就是相信，真诚地信，真是不可思议。父亲后来听说了理教的另外一个咒语，也觉得很可笑。原来，那个咒语就是曾子《大学》开头的那段话：“大学之道，在明明德，在亲民，在止于至善。”

风水学和咒语，都是中国古代典型的“旁门左道”，其中夹杂着很多迷信的成分，而这些成分逐渐掩盖了它最初质朴的学问。父亲对这些“旁门左道”都有过深入研究，但他并不迷信这些东西，而是积极寻求其中科学、合理的部分，让它们在当代社会发挥应有的作用。因为父亲通晓这些学问，故此，父亲的学生和他的一些读者中都有不少人认定父亲有神通，他们也都想跟着他学一些神通之术。试想，我等俗人凡身，如果见着哪个人有神通，是一定会崇拜敬佩得不得了的。可是，父亲真的有神通吗?

要回答这个问题，我们要先搞清楚什么是神通。佛经里面的所谓“神通”有六种：一、天眼通；二、天耳通；三、他心通；四、宿命通；五、神足通；六、漏尽通。父亲的一部分学生认为他是有“神通”的，是个得道的高人。

不过父亲却从来没有说过自己有什么神通，对于一个修行人，嘴上挂着这些词语都是不到位的，如果被人说是有神通也都是有问题的。所以每当有人问我：“听说你父亲有神通，是不是?”我一定记住要远离这样提问的人。父亲也一再说过，喜欢谈神通的，必然离神经不远。我们人生来就是神通具足的，眼、耳、鼻、舌、身、意识，哪个不是神通?把自己搞清楚明白以后，现有能力自然会更有能量，本是本体功能，不要当作什么特异功能来看。不过一般人对父亲的所谓有“神通”的看法，也就是一种钦佩的态度，所以无须苛责。

不过父亲却也有些常人难以理解的故事。比如，父亲对于一些老友、亲朋的去世，都会有心灵感应。例如，父亲的表兄在去世前一个月，因病住院，虽然病情反复，主治大夫却认为有好转的可能。对此，父亲却断言：“不可能的，过不了下个月的八号。”到了次月八号的晚上，他便写好一副挽联，通过传真发到医院，而这时，他的表兄情况还很稳定；但仅仅过了几个小时，到了九号深夜两点钟，他的表兄就溘然长逝了。

虽然那么多人认为父亲有“神通”，但是父亲自己从来不承认自己得道，也从来不承认自己有“神通”。佛门有语“制戒神通”，禅宗里也有“以神通惑众者，迁单”的戒条，此外禅宗还有“荷担慧命者，则不言神通，以平实为人，做人天表率”的训诫。父亲作为禅宗大德，对此自然烂熟于胸。所以，他对那些想跟着他学“道”学“神通”的人，是极力反对的。当有人说他有“神通”、有“道”时，他就会说：“我有什么道?我有食道、尿道。”他还常说“神通”和“神经”只差一字，没有得到神通不要紧，变成神经病了就麻烦了。

当然，对于人们通常所说的“神通”，父亲是不赞成大家去追求的。但是，父亲始终认为，人有无限的潜能，如果通过某种方法，把人类身上的潜能充分发挥出来，那么这就是极大的神通。在这个意义上说，历代禅宗大师有神通是确定无疑的。但是佛经明训，公开演示神通是违反佛门戒律的。所以，由此看来，神通是世俗中人无从窥见和习得的。可惜的是，当今社会上有些无德之徒，以神通为幌子，招摇撞骗，甚至谋财害命，已经完全背离神通之原意。父亲对这些人是极为反对，也是极为鄙薄的。

六、维摩宣唱梁皇忏

现在父亲对大家最后的话，就是“平凡”，如是而已。

父亲的身体一直以来都是安好的。他多次说过，自己是不会进医院的。然而或许正如父亲自己所说，龙年对他流年不利。二〇一二年年初，父亲做了白内障去除手术后，他的生活起居逐渐受到了影响。他曾想请当年毛泽东的眼科医生唐由之以“金针拨瞳”的传统方法为自己治疗，无奈唐老年事已高，实在力不从心。父亲也只好采用西医的方法手术，却也没能使视力恢复多少，便又请张仁医生为他针灸治疗，这才渐渐控制了病情。

父亲一生用眼超时，到九十五岁依旧阅读不倦，他自年轻时起，就知道不断为眼睛做保养，但是不论修行养身的努力若何，每一个人都无法违背身体的自然规律，所以父亲在眼睛的问题上还是需要医生的介入。由于对中医的信任，他先请唐由之医生针灸，不过唐医生已经是八十六高龄，而且这“金针拨瞳”的手法也久不施行了，于是同学们又帮忙请了上海名中医师张仁来诊治。由于白内障摘除以后，父亲的视网膜有黄斑病变，视力逐步下降，所以找张医生来治疗。张医生说，如果早期治疗可能效果好些，现在只能尽力控制情况了。父亲也不强求，就笑着对张医生说：“控制就好，控制就好。”不过张医生还特别告诉父亲，可能会因为刺破小血管形成熊猫眼，父亲也不计较，轻松地说：“不要紧的，我现在也没讲座。就算是讲课也没关系，我可以找个墨镜一戴，蒙混过关。”就这样，父亲开始了几个星期的针灸治疗。

为了感谢张医生的援手，父亲送了他两本收入“太湖大学堂研读丛书”，由父亲亲笔题写书名的唐代著名医药家孙思邈的经典著作：《备急千金要方》和《千金翼方》。张医生也在父亲的中药房里为他配制了一些调理的中药，用以维持疗效。六月下旬，张医生全家三口，带着女儿一块儿到太湖大学堂参观，也在父亲有名的“人民公社”餐桌上用晚饭。晚餐结束后，父亲送他们到门口，父亲双手抱拳对张医生说：“张医生，这扇门一直对你敞开，什么时候来我都欢迎。”只是谁也不知道，这就是他们的最后一次见面了。

二○一二年八月，父亲的身体出现不适，但他拒绝前往医院。为此，常随父亲身边的人只好请了一个大医院的医生来给他看病。医生建议父亲去医院做检查，但是父亲仍旧坚持不去医院。因为一直以来，父亲都是自我调理，药物大都是自己调的，只是偶尔才吃一些中成药。

八月中旬，父亲自我诊断后，决定闭门休养，不再接待访客。八月二十七日起，父亲不再去办公室，交代大家，如果有什么事情，就上楼报告请示。当时，在温州的二哥小舜和在香港的弟弟国熙得知后，都赶来看望父亲，恳请父亲去医院，但都被父亲拒绝了。

父亲服用中药一段时间后，病情未见好转。九月十四日午时，父亲突然咳嗽不止，应是十分痛苦难受。过了很久，情况仍未见缓解。当时正轮到宏忍法师值班照料，她关心地问父亲：“老师，要不要改变方式，到医院去？”

父亲努力克制住咳嗽，微微笑了一下，说：“好吧！你要通知大家。”

于是，宏忍法师马上通知了我哥哥和弟弟，并联系了李素美、郭姮妟和马宏达等人。宏忍法师与李素美、何碧默（国熙妻子）、郭姮妟四人，在救护车上陪着父亲前往上海的医院。而牟炼、许江和郭彧嘉（郭姮妟弟弟）另外驾车随行。在动身前，父亲曾说了一句话：“此时要借用一下西医了。”父亲平日里特别不愿意麻烦别人，也一直拒绝前去医院。但看到自己生病这一段时间以来，学生们跑前跑后，十分辛苦和不安，父亲内心十分不忍，于是决定还是住院为好，一来可以不让学生们身心疲倦，二来也适时做一下改变，尝试一下西医。

救护车在路上行驶了两个小时，到达医院时，已经是下午六点多了。医生先给父亲做了初步检查，接着安排住院。在此期间，父亲服了医生开的消炎、化痰、利尿的一些药物，不久，他的咳嗽症状有所缓解，还上了几趟小号。此时，父亲的脸色好了一些，不忘开玩笑地说："到上海来，就撒了三泡尿！"

第二天上午，国熙夫妇赶来，见到父亲，十分关切。国熙为了让大家的情绪不那么低落，故作轻松地说："鸠摩罗什也害病啊，而且病了很久。"父亲听了，微笑不语，轻轻地拍了拍他的头。当天国熙弟打电话到洛杉矶，告诉我父亲进医院了，情况不是很好。我立刻查看了护照，发现签证刚刚过期，需要马上再次申请。除了准备第二天去中国领事馆之外，我也立刻静下心，默诵心经和大悲咒，为父亲祝祷。

二哥小舜随后也从温州赶到医院了。父亲静静地看着国熙和小舜，忽然说了一句："我对不起你们。"他们紧紧抓着父亲的手，哭着说："爸，不要这样说，都过去了。"父亲多年来视家人为天下人，视天下人为亲人，公而忘私，不免对我们兄弟姐妹几个有所疏离。而他的对待，让外人误会南老师不喜欢自己的子女，或是与子女根本不亲，更有人对我们的态度也冷淡疏离，所以父亲这句话，只是告诉我们他是明白的，我们也应该了无挂碍。说来不可思议，每次国熙弟来大学堂看望父亲，照样是要交住宿费的，好在大学堂的餐饮费用是父亲供养大众的，我们也随众免除了。不过能与南老师结上子女的亲，毕竟是有些华严因缘，本来就是万缘不缠一身轻的，这样的对待，就是一种助道的方式，让我充满感恩之情。

听弟弟说，在医院里，护士们看到父亲的不舒服，马上取相对应的药让父亲服下。服下西药后似乎立竿见影，父亲的病况好转了很多。这时，大家心里头稍稍放心。父亲也不愿耽搁麻烦大家，就让李素美之弟回台湾去了。

而国熙当时也感冒了，父亲以怕传染为由让他们夫妇二人不要作陪，即刻回香港。

住院第三日，父亲状态转好，一上午都与前来探望的人闲谈，还特别嘱咐郭姮妟赶快回去照看实验学校。可是，到了傍晚，父亲的身体又开始不太舒服。不过，父亲宽慰大家说："没有什么，不要担心。"

第四日上午，父亲喉中有痰，呼吸不畅。国熙他们赶忙又从香港飞过来，而之前回去的许多学生闻讯又赶回来，马有慧、彭嘉恒夫妇也从香港赶来了。我这时已经订了机票，排了行程，即将赶赴上海。

医生经过初步检查之后，对父亲呼吸不畅的情形，建议必须进一步检查，查找病源，才能正确诊断，彻底治疗。父亲同意了，并于当天下午做了核磁扫描检查。次日，检测报告出来了，显示肺部有真菌感染，另有一小处有阴影，看不清，无法判断是什么。医生说，如果要彻底查清楚，还需再做切片检查，但老人家一来年事已高，二来太瘦，怕无法承受那种痛苦和手术，所以医院方面不建议做。医生最后说："我们的能力到此为止了。"

听到这样的决定，马宏达心痛地对父亲说："老师，接下来要靠您自己了。"

父亲这时候已经无法说话，就用笔写下："明白，好！" 听弟弟说，随后又有学生们来去，父亲就再写下两个字："平凡。"我可以了解，这就是父亲一生修行的总结。社会上关于父亲的言论很多，有神化的，有妖魔化的，有赞美向往的，有顶礼膜拜的，最多的还是真实懂得修正自己的，所有的反映就是镜中的倒影，自家的心性而已。现在父亲对大家最后的话，就是"平凡"，如是而已。

此时是下午三点钟左右。

住院这几天来，父亲不像别的病人，他极少躺着，和在家里一样，坐在床上，有时候盘腿，有时候不盘。父亲听了医生的"告知"，写完字后，开始活动颈部、腰椎，继而安静地坐下来。半个小时以后，相同动作再做一次。如此反复三次，终于稳坐不动，姿态与平日打坐并无二致。大家安安静静地，围侍在病房周边，没有人说话。

从傍晚开始，父亲始终保持这样的姿势，安详从容，气定神凝。

是夜，宏忍法师等人继续守护。

次日，也就是十九日，早晨六点四十分，一缕缕阳光照进病房。宏忍法师正在准备为父亲洗漱，忽然听到父亲身体里传出一个像开关突然关了一样的声音。她连忙上前，试了一下父亲的鼻息，没有呼吸了！再摸一下脉搏，极其微弱，近乎没有了！

宏忍法师急忙通知医生。医生第一时间给父亲做了心电图检查，屏幕显示已经没有心跳。所有人紧盯着屏幕上那一条直线，它似乎没有尽头，毫不理会大家焦虑担忧的心情。病房里只剩下仪器的嘀嘀声，偶尔屏幕上那条直线凸起一点点，大家都齐刷刷地转头望向医生。医生摇摇头，灭掉了所有人心里头的一丝希望。

不一会儿，国熙夫妇、宋钏、小舜哥、李素美、郭姮妟、阿驾、马宏达、彭嘉恒夫妇等人陆续到来。

医生和小舜哥都检查了父亲的眼睛，发现瞳孔并未变大。于是大家商议，决定在下午两点护送父亲回大学堂。收拾停当，准备出发前，小舜哥又一次检查了父亲的眼睛，瞳孔依然没有放大，而且他发现父亲的脸颊现出红润的光泽。大家看到了，谁都不说话，只在心里默祷。

父亲回大学堂坐的是大学堂的商务车。据说马宏达和王洪欣（大学堂拳术老师）分别坐在第三排座位两侧，他们的腿上铺放上软垫，父亲躺在垫子上，周围用软枕垫着。第二排座椅向后转，与第三排相对，阿嘉、小牟、小乌和马有慧四人面对着父亲，一路护送随侍。车子由小许驾驶，郭姮妟坐在副驾驶位。

十九日下午两点多从医院动身，四点多回到大学堂。大家把父亲放躺在卧室的床上。卧室外是书房，书房外是医药室，医药室门外是通向走廊的楼梯，这个门是父亲出入之门。

当晚，三人护持，各在一间屋中，两班轮值，共六人。从那时起，每一晚都有人护持，学生们的愿力是，父亲是入定的，依旧有随时出定的可能，大家更要加倍用心。此时每一位都是家人，都是学生，这两者名称之间，已经毫无界限。

国熙弟在电话里语带哽咽，断续无常地告诉我说，这次父亲真的是要走了。我们以往曾经谈过父亲往生方面的问题，弟弟此刻低落的表达，虽然说得不清楚，但是我了解父亲转化的时候就要来了。这确实是我们始料未及的，在心里我们相信父亲应该是要过三位数的年纪以后才会走的。如今要走了，应该是度化大众的缘分已了。父亲自从开办东西精华协会以来，大致有四十五年，也和本师说法的时间差不多。因为当时美国的生活变化，我有一年多未赴中国探望，需要再签证和买机票，时间上非常紧迫。弟弟不禁叹说，你大概来不及见父亲一面了。

挂了弟弟的电话，我先立刻放空，让全身释去触受，让心安住一会。这个人世间做子女的，最大的、最后的、最伤情的时刻，最是考验个人的修行。母亲去岁辞世，姐姐们和我，虽然悲痛抠心，但是都可保持正定，除了在心口意念着心经，祝祷母亲有情接引之外，我们时而步出室外，放声抽泣一阵，但是只要回到母亲的身边，必然微泣助念。清清楚楚、明明白白地安排所有世法的程序，顺顺利利地送母亲往生。现在我远在他乡，知道父亲周边，视父亲如父如亲者众，其情伤不下于子女。此刻我与天下人同亲，与天下人同悲，与天下人同心。数刻更漏之后，将心来用，用之则行。先是规划申请签证，然后订机票，安排家事。

洛杉矶时间的九月二十日，国熙弟再次来电话，关心我的行程，并告诉我父亲已经自上海回到庙港，他和二哥一路伴随。我是在洛杉矶二十一号下午拿到签证，然后即刻飞上海的，但是到达时也是国内日期二十三号了。当天晚上，我赶赴七都大学堂，一到学堂就进入父亲卧室拜见，不禁垂泪黯然，心中依旧佛号不止，行三跪九叩之礼。出来后，与几位愿意交谈的学生谈了各自的想法。众学生做主，认定父亲是在定中，仍然需要等待。这样的认知是我没有想到的，多年禅宗的熏习，我个人对父亲的了解，应该是像古代的大德们，来去绝不拖泥带水的，我深信父亲的修为亦然如是。平常在与父亲的谈天中，如果有人打岔了他的话，他就会停止下来，等到纷纷扰扰过后，他也不会再续原先话题，一切活在当下，了无牵扯挂碍的。现在大家愿意如此相候，静待变化，我自然无需多言，以同体大悲之心，接受大家的心意，暂时不做认定。

次日，哥哥、弟弟和其他家人们都赶了过来，经大家商议，我和刘雨虹女士、宏忍法师、李素美、马宏达、李慈雄、吕松涛先组成七人护持小组。

经过连续几日的观察，大家还是无法达成一致。大致分成两派观点。一部分人认为，医生已于十九日上午宣告“不建议作进一步检验”，而且心跳、呼吸和脉搏都没有了，说明父亲已经仙逝了，现在应该处理后事了；另一部分人却提出，父亲的瞳孔并未放大，气住脉停很有可能是父亲进入禅定的表现。他们提供的证明是说，父亲二十世经七十年代在台湾入定时，医生测试过，也是气住脉停，心电图也是呈直线。所以，父亲没有死，是入定了。

由于父亲住院，甚至已经过世的消息，已然外传。此刻争论不下，也总要对外界略做交代，所以最后决定先发布消息，宣布父亲在禅定中。此刻亲自经历众人的不舍，也看到做一个大众名人，确实是没有自我的，自己在往后行径中，更需要注意安排。

我的心里是多么期盼父亲就是在禅定中啊！守护的人多日来的报告，总是一再强调一种观点：父亲看起来和平时没有任何异样。以我之见，如果能够按照古代那样，停灵七七四十九天那就更好，只是现实中这显然是不可能实现的。

二十八日傍晚，父亲的朋友林德深、李丹夫妇从香港来到大学堂。林德深是国际知名的遗传医学专家，李丹是神经科专家。在对父亲进行详细检查后，二人于当日晚在主楼会议室与大家见面，讲了他们的看法。他们说，父亲究竟是入定还是死亡，应该分成两步来看：首先，检查是否有生命现象，如果没有生命现象，必须再做第二步：检查是否有死亡现象。二者都具备，才算是死亡。

父亲离开医院时，虽然没有生命现象，但不能判定为死亡。现在需要做第二步检查。他们带来了一些医学仪器，为了讲解测量方式和结果，我自愿充当假体，戴上仪器接受检查。这样大家都有了一个概念，也希望第二天的检查可以确定父亲身体的现况。

二十九日上午十点半左右，这对医生夫妇用仪器给父亲做了检测，用时三个小时。其间，宏忍师、国熙弟与小舜哥陪同在侧，与医师们一起看仪器检测过程和结果，我和其余人，则焦急地在主楼会议厅里等待着。等到下午，林医生等人出来了，下到一楼，他悲声地宣布："南老师已经没有生命的迹象，部分身体已出现死亡迹象，身体不可再用了。"林医生说到这里，忍不住大哭起来。大家也悲伤得难以自抑，纷纷落泪。

下午四时，本地的法医确认了父亲的死亡诊断。

为了让大家吃好晚饭，等大家用膳完毕，我们七人小组在餐厅正式宣布，父亲去世了。

大家强忍住悲痛，商定于三十日晚，在太湖大学堂院中火化遗体。三十日恰好是中秋，本该是人月两团圆之夜……能在这样的日子送走父亲，也是圆满了。

先前在二十六日的下午，四川成都文殊院的方丈宗性法师突然到访，而且带了十二位法师一起到太湖大学堂。这是一个极为特殊的示现，早先我们也商量过，有何人选可以为父亲主持化身仪式，大家一时没有头绪，此刻顿时明白，这事早有安排好的因缘。

宗性法师约四十岁左右，年轻时出家，曾经是四川佛学院招考时，排名第二的高才僧生，现任中国佛学院的副院长。因为袁老师遗骨的事务，和父亲结的缘。父亲曾经以玩笑方式说过，宗性法师是以前维摩精舍的同学。这次宗性法师说，前天夜里，他梦到父亲与他坐在一起，对他笑了笑，醒来后，他立刻知道父亲有事发生，所以即刻搭飞机前来太湖。交代完毕，宗性法师进到父亲的房间，静坐两个小时，出来以后告诉大家，一切均能圆满解决。在往后的会议中，大家总算达成共识，决定请香港两位西医，并且熟知佛学的同学过来，经由他们两位鉴定父亲的状况，是可以得到所有同学的认可的，此事到此步向圆满。

父亲的大事由古道师操持，谢福枝协同安排。早在二十日起，古道师就按照以往寺庙里大德起行用的化身窑为标准，和谢福枝两人雇工人开始建造了。化身窑盖在主楼外右前侧的绿地上，隔着学堂的环道就是太湖堤和太湖，非常开阔。整个化身窑用红砖垒砌而成，然后敷上水泥封填缝隙。化身窑后上方建烟囱，前方开了门口，方便灵柩进入，同时装设铁门一副，紧密度甚高。门下设通风口，方便初火时通风加热。我在化身窑即将完成的时候，曾走入窑中，心中所想则是希望此窑是为我，而不是为父亲而设，如果我能替代父亲而走，那真是我的造化，更是苍生之福。

下午我和沈主任一起去看灵柩的准备，沈主任和谢福枝他们也用最好的木头，定制了盛大体的棺椁，沈主任一再叮咛，并亲眼看着师傅认真地用榫头接起片木。见此情景，我心里对这些与父亲感情如此深厚的学生们的感激之情瞬间有如泉涌。父亲自幼就教我生命的认知智慧，授予我诸缘并了、诸亲并断的法理，此时此刻，正是用时。

九月三十的中秋夜，晚上七时左右，父亲的大体先是由二哥、弟弟、我和在床边的学生，抬放到准备好的棺木中。我们将父亲抬出他的房间，然后交由子侄们，也就是父亲的孙子辈们，他们谨慎地接手抬下二楼，安稳地放置于有滑轮的医院推车之上。扶棺的安排是由大哥、二哥在前，王伟国表哥和乡弟刘煜瑞在中，干弟张谷与我在后，分别立于棺之两侧，以手扶棺。而国熙弟则立于正后方推行，踽步前行。缓缓地推着走出主楼大门，转经大楼门口的右侧步道，与门外前行的八位礼仪人员会合。我们扶推着棺椁，亲友、学生、大众踽步随行。步道两旁站满出席的学生与家属们，所有人念着“南无本师释迦牟尼佛”的佛号，心口意诚，佛号不断，就这样送父亲的大体直到化身窑边。化身窑入口处，多位亲近的学生接手，将父亲的大体抬送入窑。中秋皎皎明月高照，一路短途送行，子女和所有学生受众，动静之间，都是两眼清流，涂面不干，可是大家也都能摄心一处，口宣“南无本师释迦牟尼佛”佛号，泣而无杂音。

父亲荼毗仪式：宗性法师于化身窑前诵经文

父亲荼毗仪式：化身窑封

父亲荼毗仪式：南师头骨舍利

父亲荼毗仪式：捡骨殖舍利

父亲的大体入炉后，化身窑前，我们兄弟一字排开，首先进行了世法程序，宣读国家大人的吊唁文，由政府的代表先致辞，我随即代表家属致辞，父亲的好友周瑞金先生也代表所有学生致辞以后完成。先由宗性法师带领举行佛教祭拜仪式，再由各方代表致辞。时任国务院总理的温家宝先生发来的唁电如下：

惊悉怀瑾先生仙逝，深表哀悼，先生一生为弘扬中华文化不遗余力，令人景仰，切盼先生学术事业在中华大地继续传承。谨向先生亲属表示慰问。

温家宝

二〇一二年九月二十九日

世法了矣，佛法启动。接着由宗性法师引领全体大众，诵念心经七遍。此时，我大起悲心，俯身拜榻，泪流满面，全身搐动不已。心经诵念完毕，我们依法师指示，依序行至供桌香炉前，拈香祝祷，拜行告别父亲。然后宗性法师做开释语，并做共勉歌，亲自吟唱：

勿成迷，勿着相，来来去去了旧账，
秋风拂面太湖水，碧波后浪涌前浪。
何用悲，何来伤，南师自己有主张，
辛勤耕耘春复秋，无生灭处是故乡。
莫私语，莫喧闹，心灯相续最重要，
金粟轩里青青秀，同愿同行菩萨道。
不可言，不思议，月圆天心在秋季。
今朝撒下菩提种，他日龙华共相遇。

法师吟罢，右手举火，高声喝道：“诸行无常，是生灭法；生灭灭已，寂灭为乐。俄而一梦，是梦非梦，梦里梦外，梦！梦！梦！梦！”接着斜举火杖，大喝道：“烧，烧，烧！”将火杖送入窑口，刹那间金蛇蹿起，四周天华并落。看到宗性法师的威仪，听到法师的法语，不禁欣喜有此出家人，佛家法脉有续，特别感谢能有如法的，以禅门宗风为父亲送行，当下清明祝祷父亲乘愿复返。

三十日晚八时举火，大众跪拜念诵佛号不止。火起风烈，白烟浓密直上虚空，为了要让炉中尽燃，路口的铁门外，还需要加砖砌上。古道师、谢福枝、王洪欣和多位学生又携手封上炉口及风口。此后几日，日夜都有学生主动守护炉旁。

十月五日凌晨四点半，忽接到通知，要家属到化身窑炉处，举行开炉大事。

开炉也是一件非常耗体力的工作，谢福枝主导整个过程。首先要把窑门的封砖逐块拆除，然后再把铁窑门取下，最后将窑门所凭借的砖墙全部拆除，暴露整个化身窑的正面，这时方可不着痕迹地将内含的金属底盒完整地拉出来。这是古道师和谢福枝他们的用心细密，对父亲的遗骨做最全面的保留，供大家在捡骨殖的时候，无所遗漏。

因为燃烧的热度极高，火化的纯度也非常细致，所以所剩骨殖颇为细碎。但见父亲头颅骨依然完整，也还有其他舍利，形状不一，诸多学子和家人都戴上手套，以虔敬无比的心念，仔细地搜寻残存的骨殖片，经大众捡拾以后，全部密封装坛。父亲的颅骨完整，并有一条长满鲜明白色刺花的条状物，自颅骨后腔枕骨左右的位置，横空而出，几达颅骨前腔，非常殊胜不同。在此做详细说明，只是让读者知道，确有此事，固然有同学以舌根不烂来形容，我并不希望有任何人做神迹看，只是叙说事实。

之前，父亲曾多次说过，自己不愿留下任何遗骨舍利，就是不希望有人以相为是，又着相失智了。二〇〇六年，他在一封写给峨眉山通永老和尚的信中，还曾专门说明此事。目前我们并没有遵从父亲的意愿，但是待父亲所有遗物处理清楚以后，我觉得以父亲意愿来处理所有遗留骨殖是必须的，此事也必然将如此处理。

特将父亲写给通永法师的信列注于此：

通永师兄道席：

近年经常接到你的弟子们告知你的景况，知道你健康情形很好，良慰。

师兄，你今年九十六，我亦八十九，故旧之情，峨眉之胜，无日不在念中。清代遂宁诗人张船山的诗说："云山历历谁无梦，风笛遥遥倍有情"，你我亦同样有此心情。我在昔年的诗中，也有"长忆峨眉金顶路，万山冰雪月临扉"，你就可想而知我是如何情系峨眉了！

最近听说你要在山上选地，为我预先筑藏骨之所，这是不是谣言谎话？如果真有这事，师兄，你就要吃师弟我一顿香板了。

学佛参禅求道之人，早已明知四大无我，哪里还有为生死事所困，更不要说还留情在死后一堆朽骨了。从前俗士有说："求仁得仁复何怨，老死何妨死路旁。"何况你我是学佛之人啊！

世尊在涅槃前，吩咐出家弟子，不要注重舍利（遗骨）之事，那是只供后世起信者的玩意，不是佛道的正经事。所以除世尊故意留舍利子以外，只有一般小乘罗汉们才有留舍利子供人起信的事。你当明白，从来没有哪个大菩萨留下舍利子供人供养玩弄的。除非仅有极少数的出家菩萨，偶尔留下全身舍利，供人起信而已。

至于我呢？本来只是一个"一无所成，一无是处"的凡夫，只是欺世窃名，虚受人间十方信施的幻景而已。万一随时随地死去，最好有人将此残留污染之身，碎为微尘，撒下虚空大地，供养一切众生，以还此身混世吃喝几十年的老账，就算万幸；哪有妄想如一般俗人，预先构造埋骨之所，留作后人谈笑，岂非天大笑话，更是罪过不小。

师兄，我希望这些话，只是你弟子们传闻失误的谣言，不是真实的事。但你我师兄弟浮生此世，已过耄耋之年，都是意外的幸运，你可千万不要老来忽动妄想妄情，为我多作一桩罪过也。

专此驰函相告，务请注意为祷。此致 祝

安康

二〇〇六年二月十二日　丙戌元宵　白衣弟　南怀瑾　百拜

据说目前在大学堂七号楼一楼，曾是父亲和弟子们用来修行打坐的地方，现在成了父亲的灵堂。灵堂正中是一张大相片，相片中的父亲白衫银眉，手持香烟，慈眉善目，如此安详。相片下方是一个祭台，祭台正中是一座名为“行走中的禅”的佛像，六根蜡烛长明，周围放满了一束束鲜花。

为什么只能说是据说，因为如今的大学堂，已经不是原先的太湖大学堂，所有父亲身边有道的学生和长期随行的学生，都被迫离开了这个本来是父亲建立的学堂。

《金刚般若波罗蜜经》曰：“一切有为法，如梦幻泡影，如露亦如电，应作如是观。”当一切都如露如电般逝去之后，大家重新回过头来重温与父亲一起度过的时光时，才恍然大悟，原来父亲在辞世之前已经多次示寂。

二〇一一年六月，父亲在一次讲课时，引用苏东坡的七律《和子由渑池怀旧》，讲了前四句。当时后四句父亲背完了，但学生们却写不下来。父亲借题发挥，突然提高嗓子大声说：“‘老僧已死成新塔，坏壁无由见旧题’，你们不懂啊！不懂啊！”这是父亲第一次示寂。

二〇一二年，父亲过生日时，曾说：“净念相继，往生净土。”待到在端午节时，他又很感慨地说，不晓得今年中秋人在哪里，仿佛已有所暗示。

二〇一二年六月二十六日，王国平到太湖大学堂拜访父亲，当时，他正在做父亲的口述传记工作。父亲见到王国平，说：“国平啊，我们这个（口述）工作要抓紧时间做，我可能就最近一两年了，很可能你的采访还没有完成，我就死啦。”这又是父亲的一次示寂。

二〇一二年暑假，父亲的弟子陈峰到太湖大学堂看望父亲。父亲严肃地对他说：“以后再没有人骂你啦！”

父亲最后一次“示寂”，是在太湖国际实验小学第一届毕业典礼上的讲话。父亲一向是老顽童的性格，幽默地说自己的讲话是临别赠言，他跟这批刚毕业的学生说：“以后不能靠太老师了，要靠你们自己了。”

父亲是禅宗大德袁焕仙最为得意的衣钵传人，当无异议。父亲的学生遍天下，只是先前一代，尚有文化底蕴；后来一代，则仅有文化爱好了；其间差异似微，实则极巨。虽然父亲在辞世之前，没有指定自己的衣钵传人，但是，有诸多弟子在世界各地继续发扬父亲的精神，父亲已撒种子，已垒沃土，但看将来苗生何处，花开哪时就是了。旦复旦兮，他开拓修建的文化大道，必将更加广阔舒畅。

中国有句古话，叫作盖棺定论。如今，父亲已仙逝，关于他的地位和成就的争议逐渐扩展开来。父亲身前身后遭受的毁誉，非常人可以想象，也非常人可以忍受。不少人尊父亲为当代大儒、国学大师、禅宗大师。不过，也有不少人视父亲为高级策士，“在学术上经不起推敲”，“是个骗子”，诸如此类，不一而足。

对此类争议，不论是赞誉，还是毁谤，父亲根本就不以为意。早在多年前，父亲就作了一首《狂言十二辞》来概括他的一生：

以亦仙亦佛之才，处半人半鬼之世。
治不古不今之学，当谈玄实用之间。
具侠义宿儒之行，入无赖学者之林。
挟王霸纵横之术，居乞士隐沦之位。
誉之则尊如菩萨，毁之则贬为蟊贼。
书空咄咄悲人我，弭劫无方唤奈何。

父亲在病榻最后告诉诸生的话，唯有两字：“平凡。”

信哉斯言！

附录一

南怀瑾先生大事年表

一九一八年	一岁	三月十八日出生于浙江省温州市乐清县柳市翁垟镇地团叶南宅组。
		父，谱名光裕，名正裕，字仰周，号化度，一八八八至一九五七。
		母，赵氏，一八九一至一九九〇。
一九二三年	六岁	启蒙。
一九二八年	十一岁	乐清县立第一小学就读，插班读六年级。
一九三一年	十四岁	小学肄业，私塾读书自修。
一九三二年	十五岁	自修，暑假从学朱味温先生。
一九三三年	十六岁	于乐清县井虹寺玉溪书院自修，其间受叶公恕先生指导。
一九三四年	十七岁	结婚，妻王翠凤，一九一六至二〇〇九。
一九三五年	十八岁	长子南舜铨出生。
		赴杭州，入学浙江省国术馆。
		西湖孤山文澜阁内初读《四库全书》。
		里西湖闲地庵圣士和尚赠《金刚经》《指月录》。
		得入秋水山庄阅读史量才藏书。
一九三六年	十九岁	杭州之江文理学院中国文学系旁听。
一九三七年	二十岁	次子南小舜出生。
		浙江省国术馆第一名毕业，同时获得武术教官资格。
		浙江省学生集中训练总队技术教官。
		由杭州赴四川成都。
		结识莫逆之交钱吉（钱宗本）先生。

一九三九年	二十二岁	创办“大小凉山垦殖公司”，经营一年后结束。
一九四〇年	二十三岁	任四川宜宾《金岷日报》编辑。
		任成都中央陆军军官学校政治指导员。
		于灵岩寺结识袁焕仙先生。
一九四一年	二十四岁	成都金陵大学研究院社会福利系肄业。
		中央陆军军官学校政治研究班（第十期）毕业。
一九四二年	二十五岁	九月于成都灌县灵岩寺参加袁焕仙先生主持的禅七。
		随袁焕仙先生至重庆，会见虚云老和尚，暨密宗贡嘎呼图克图。
一九四三年	二十六岁	参与筹创维摩精舍。
		记录袁焕仙先生讲课内容，整理、编撰《维摩精舍丛书》。
		五月入峨眉山大坪寺闭关。
一九四四年	二十七岁	闭关潜修，多阅经藏。
一九四五年	二十八岁	秋后转至乐山五通桥多宝寺闭关，阅《永乐大典》《四库备要》等经史典籍。
一九四六年	二十九岁	元旦后转至多宝寺（大坪寺下院）闭关潜修。
		十月三日起主持大竹县文昌阁禅七。
		应邀赴昆明讲学。
		远走西康、西藏，参访密宗各宗派。
		年底，自昆明转至杭州。
一九四七年	三十岁	二月返乡回到乐清老家。
		修南氏家谱。
一九四八年	三十一岁	护佛法，搭救巨赞法师。
		赴台考察三个月后回到杭州，归隐于杭州天竺。
		批阅《四库全书》与《古今图书集成》。
		江西庐山大天池短期闭关。
		任杭州武林佛学院教师。
一九四九年	三十二岁	二月只身赴台。
		任台湾《全民日报》社论委员。
		结婚，妻杨晓薇，一九二八至二〇一一。

		与温州老乡创建“义利行”。
一九五〇年	三十三岁	“义利行”商船被国民党征用，三船货物被烧，生意失败，陷入困顿。
		长女南可孟出生。
一九五一年	三十四岁	应詹阿仁先生等人的请求，到基隆佛教讲堂讲佛法。
一九五二年	三十五岁	次女南圣茵出生。
一九五四年	三十七岁	二月四日起，主持台北观音山凌云寺禅七。
		三子南一鹏出生。
一九五五年	三十八岁	三月十二日起，主持七堵法严寺禅七。
		《禅海蠡测》在台湾出版。
一九五六年	三十九岁	应杨管北先生邀请，讲佛经。
一九五七年	四十岁	四子南国熙出生。
一九五九年	四十二岁	讲《楞严经》。
一九六〇年	四十三岁	一月二九日起，主持新北投居士林禅七。
		《楞严大义今释》在台湾出版。
一九六一年	四十四岁	台北寓所掩门写作。
一九六二年	四十五岁	二月六日起，主持新北投居士林禅七。
		《禅宗丛林制度与中国社会》在台湾出版。
一九六三年	四十六岁	一月二十六日起，主持新北投居士林禅七。
		受邀到辅仁大学讲禅宗和哲学。
		婉拒“教育部”特批的“教授资格证书”。
		任台湾“中国文化大学”研究所教授。
一九六四年	四十七岁	任台湾“中国文化大学”研究所教授。
一九六五年	四十八岁	二月四日起，主持北投奇岩精舍禅七。
		《楞伽大义今释》在台湾出版。
		兼任：陆军理工学院机械化工车辆物理系、辅仁大学、台湾中国文化学院哲学系教授。
一九六六年	四十九岁	应蒋介石、蒋经国邀请到台湾“三军”各驻地巡回演讲。
		兼任辅仁大学、台湾“中国文化学院”教授，台湾“中国文化学院”佛学研究所顾问。

一九六七年	五十岁	受聘“中华学术院”研士。 兼任辅仁大学、台湾“中国文化学院”教授，台湾“中国文化学院”佛学研究所顾问。
一九六八年	五十一岁	一月三十日起，主持台北禅七法会。 《禅与道概论》在台湾出版。
一九六九年	五十二岁	受邀到辅仁大学讲《易经》《中国哲学史》。 受邀到台湾师范大学讲《国学概论》。
一九七〇年	五十三岁	开设禅学班。 受邀到成功大学讲《二十一世纪的文明与禅学》。 《维摩精舍丛书》在台湾出版发行。 担任辅仁大学兼职教授。
一九七一年	五十四岁	一月二十八日起，主持禅学班禅七。 创办《人文世界》月刊。 东西精华协会易址至莲云禅院。 担任辅仁大学兼职教授。
一九七二年	五十五岁	一月一日起，主持东西精华协会禅七。 担任辅仁大学兼职教授。 讲授《论语》《庄子》《参同契》《楞严经》《瑜伽师地论》和中医医理等国学课目；开设国乐、国画、书法、太极拳等课程。
一九七三年	五十六岁	二月四日起，在莲云禅院主持禅七。 应杨管北先生邀请，讲《金刚经》。 应电视台邀请，讲《论语》。 《静坐修道与长生不老》《禅话》在台湾出版。 担任辅仁大学兼职教授。
一九七四年	五十七岁	应“恒庐”邀请讲《论语》（一九七四年四月至一九七五年三月）。 十月于高雄佛光山讲《丛林制度》。 将东西精华协会迁至信义路。 讲《难经》。

一九七五年　五十八岁　一月二十七日起，在佛光大悲殿主持禅七。
应“恒庐”续请讲《历史与经验》《易经》《革命哲学》。
于台中东海大学历史研究所讲《隋唐五代文化思想史》。

一九七六年　五十九岁　自三月到六月，应台湾“中国广播公司”邀请讲《易经》。
创办老古出版社，出版《习禅录影》《论语别裁》。

一九七七年　六十岁　二月于台北寓所闭关。
出版《新旧的一代》。

一九七八年　六十一岁　于台湾佛光别院讲《融会显密圆通修证次第》。
《南氏族姓考存》《正统谋略学汇编初辑》在台湾出版。

一九七九年　六十二岁　一月二十九日起，主持新正禅七。
香港洗尘法师敦请主持十方丛林书院，为出家众讲《禅密要法》《佛教佛法与中国历史文化》。
讲述《大圆满禅定休息清净车解》《宗镜录》《大乘要道密集》《楞严经》《大比丘三千威仪》和诗学。

一九八〇年　六十三岁　东西精华协会会址迁至信义路二段二七一号复青大厦九楼。
老古出版社改组为“老古文化事业股份有限公司”。
十方丛林书院成立，为书院开设定期课程。
一月底主持辛亥路救国团活动中心禅七，十二月二十七日起，主持十方丛林书院禅七。

一九八一年　六十四岁　主持十方丛林书院教务。
在元宵节举行南氏宗亲新正祭祖大典。
创办《知见》杂志。

一九八二年　六十五岁　主持十方丛林书院学员新春特别修定训练。
与来访的美国斯坦福大学教授哈门谈全球性经济问题。
兼任政治大学中亚研究所教授，讲《中华文化大系》。

一九八三年　六十六岁　主持十方丛林学院。
出版《定慧初修》，此书列名与袁焕仙合著。
兼任政治大学中亚研究所教授，讲《中华文化大系》。

一九八四年　六十七岁　二月二日起，主持东西精华协会新春精进禅修，持续六周。

		会见美国来访禅学大师卡普勒先生。 与英国来访学者李约瑟讨论道家学术问题。出版《金粟轩诗词楹联诗话合编》《孟子旁通》《旅台南氏家族纪要》。 《静坐修道与长生不老》英译本*Tao and Longlive*在美国出版。
一九八五年	六十八岁	年初主持禅修课程。 七月四日离台赴美。 八月在美国东部的天松阁寓所，讲《圣经启示录》。 《历史的经验》《道家密宗与东方神秘学》《观音菩萨与观音法门》在台湾出版。
一九八六年	六十九岁	移居到美国弗吉尼亚州麦克林市的兰溪行馆。 成立“东西学院”。与温州朱璋（筱戢）学生书信联络，得到朱味温先生诗卷。 《习禅散记》《中国文化泛言》《一个学佛者的基本信念》《禅观正派研究》在台湾出版。 《静坐修道与长生不老》意大利文译本*Tap Elongevita* 出版。 《习禅录影》的英译本*Grass Mountain*在美国出版。
一九八七年	七十岁	于美国弗吉尼亚州麦克林市的兰溪行馆讲《中国未来之前途》。 讲述《密宗大手印》《佛学大纲》《佛说入胎经》《易经》。 《老子他说》《易经杂说》《中国佛教发展史略述》《金粟轩纪年诗初集》在台湾出版。
一九八八年	七十一岁	一月离美赴港。 贾亦斌先生来访，与贾亦斌先生谈两岸关系。 于香港佛教图书馆讲《唯识》。 与温州政府代表洽谈修建金温铁路事宜。
一九八九年	七十二岁	二月六日起，主持新年禅七。 确定金温铁路建设意向。

讲《庄子》选篇。

《如何修证佛法》在台湾出版。

一九九〇年　七十三岁　九月应李登辉邀请返台谈两岸事宜。

十二月三十一日于香港寓所重开两岸密谈。

讲《三十七菩提道品》。

指导《大智度论》研究工作。

《论语别裁》《历史的经验》《禅宗与道家》在大陆出版。

一九九一年　七十四岁　讲《百法明门论》《肇论》和传授静坐要诀。

《易经系传别讲》在台湾出版。

一九九二年　七十五岁　正式签订金温铁路修建协议，并成立修建金温铁路的合资公司。

六月十五日拟“和平共济协商统一建议书”。

讲授“准提法门、准提法与如何修证”。

《圆觉经略说》《金刚经说什么》在台湾出版。

一九九三年　七十六岁　六月至十月讲《生命科学研究》。

《静坐修道与长生不老》在大陆出版。

《如何修证佛法（上）》英译本*Working toward English*在美国出版。

一九九四年　七十七岁　主持厦门南普陀寺禅七。

讲《生命科学研究》。

《如何修证佛法（下）》英译本*To Realize Enlightenment*在美国出版。

《道家密宗与东方神秘学》中“道家易经与中医医理九讲”部分的法文译本*YI KING*在法国出版。

一九九五年　七十八岁　二月二日起，主持新正禅修。

接待美国彼得·圣吉教授。

赴欧洲参观考察。

《药师经的济世观》于台湾出版。

《禅与道概论》中“禅的部分”英译本*The Story of*

		*Chinese Zen*在美国出版。
一九九六年	七十九岁	个人出资修建“乐清老幼文康活动中心”。
		《禅海蠡测》在大陆出版。
一九九七年	八十岁	二月八日起，主持新春禅修。
		在香港光华文化中心，为彼得·圣吉教授等人主持禅七。
		八月八日金温铁路竣工，九月提出“功成身退，还路于民”。
		《中国佛教发展史略》英译本*Basic Buddhism*在美国出版。
		《易经系传别讲》韩文版在韩国出版。
一九九八年	八十一岁	《原本大学微言》在台湾、大陆出版。
		《如何修证佛法（上）》法文版在巴黎出版。
		《易经杂说》韩文版在韩国出版。
一九九九年	八十二岁	应邀于吴江宾馆与吴江政府代表商谈文化投资事宜。
		捐资设立“温州南氏医药科技奖励基金”“温州南氏农业科技基金会”。
二〇〇一年	八十四岁	创设东西精华农科（苏州）有限公司，并担任董事长，开始文化投资项目。
二〇〇二年	八十五岁	二月十三日至二月十六日主持新春禅修。
		《布施学》在台湾出版。
二〇〇三年	八十六岁	于浙江义乌双林寺主持禅修。
		《现代学佛者修证对话（上）》在台湾出版。
二〇〇四年	八十七岁	移居上海。
		《现代学佛者修证对话（下）》在台湾出版。
		参加中国科技大学举办的“中国传统文化与认知科学、生命科学、行为科学”专题研讨会，同时也在吴江七都讲课。
		于上海讲“读书和工商文化”。
		于上海国家会计学院讲“大会计”。
		《金刚经说什么》英文版*Diamond Sutra Explained*在美

		出版。
二〇〇五年	八十八岁	个人出资资助《仓央嘉措》拍摄工作。 于上海四季酒店讲“人文问题”。 于上海宛平宾馆会议厅讲“中国传统文化与经济管理”。 为美国学者讲“企业之道、管理要义、修行入门、认知科学”等。 《花雨满天维摩说法》于台湾出版。
二〇〇六年	八十九岁	创办吴江太湖文化事业有限公司。禅与生命科学的实践研究文化项目启动。 八月四日于上海发表对新闻出版界的演讲。 上海美仑大酒店会议厅，对新闻出版界演讲（八月四日）。 接待彼得·圣吉教授及国际跨领域领导人。 《庄子諵哗》《南怀瑾与彼得·圣吉》在台湾出版。
二〇〇七年	九十岁	创办吴江太湖大学堂教育培训中心。 解答法国参学团关于“道家、观心法门、医疗与养生、生死”等问题。 应净慧老和尚邀请，为《序说虚老年谱》和《虚云老和尚全集》题写书名。 江苏省吴江市政府授予“荣誉市民”。 《南怀瑾讲演录二〇〇四至二〇〇六》《与国际跨领域领导人谈话》《人生的起点与终点》《答问青壮年参禅者》在台湾出版。
二〇〇八年	九十一岁	一月二十二至二十八日，参加国际教育研讨会。 创办吴江太湖国际实验学校。 创办太湖大学堂经史合参班并对第一期学员讲话。 为香港瑜伽团队讲课。 查找袁焕仙先生的灵骨下落。 《小言黄帝内经与生命科学》《禅与生命的认知初讲》《漫谈中国文化》在台湾出版。
二〇〇九年	九十二岁	托宗性法师修建袁焕仙先生灵骨塔。

		九月十三日起，主持太湖大学堂禅七。 与彼得·圣吉教授等数十位学者研讨“科学与哲学、宗教、人性、社会”等问题。 在太湖国际实验学校学生家长研修班发表演讲。 《我说参同契》《老子他说续集》在台湾出版。
二〇一〇年	九十三岁	为太湖大学堂经史合参班第一期学员授课；数次与太湖国际实验学校家长和教师讲教育。 《声音法门》《声音与疾病诊断》答疑，指导“华严字母”学习。 自助修建吴江庙港老太庙文化广场。 《列子臆说（上、中）》在台湾出版。
二〇一一年	九十四岁	太湖国际实验学校新生家长讲话。 《列子臆说（下）》《孟子与公孙丑》在台湾出版。
二〇一二年	九十五岁	讲《女性修养教育》《子女教育》《母仪修养》。 太湖国际实验学校第一届毕业典礼致临别赠言。 对太湖国际实验学校家长发表演讲。 答复中国航天员科研训练中心航天员外太空健康维护问题。 《瑜伽师地论——听闻地讲录》《二十一世纪初的前言后语》《孟子与离娄》在大陆出版。 九月二十九日辞世。

附录二

南怀瑾先生著作、述著和选集目录

以下为台湾出版书籍：（大陆的出版名单未列入）

- 《禅海蠡测》　南怀瑾　一九五五年八月
- 《楞严大义今释》　南怀瑾　一九六〇年八月
- 《禅宗丛林制度与中国社会》　南怀瑾　一九六二年七月
- 《楞伽大义今释》　南怀瑾　一九六五年十一月
- 《禅与道概论》　南怀瑾　一九六八年十一月
- 《维摩精舍丛书》　袁焕仙、南怀瑾合著　一九七〇年八月
- 《静坐修道与长生不老》　南怀瑾　一九七三年四月
- 《禅话》　南怀瑾　一九七三年九月
- 《习禅录像》　南怀瑾　一九七六年一月
- 《论语别裁（上）》　南怀瑾　一九七六年五月
- 《论语别裁（下）》　南怀瑾　一九七六年五月
- 《新旧的一代》　南怀瑾　一九七七年九月
- 《参禅日记（初集）》　金满慈著　南怀瑾批　一九八〇年七月
- 《定慧初修》　袁焕仙、南怀瑾合著　一九八三年十月
- 《参禅日记（续集）》　金满慈著　南怀瑾批　一九八三年十一月
- 《净名庵诗词拾零·佛门楹联廿一副·金粟轩诗话八讲（金粟轩诗词楹联诗话合编）》　南怀瑾　一九八四年三月
- 《孟子旁通（一）》　南怀瑾　一九八四年六月
- 《观音菩萨与观音法门》　南怀瑾　一九八五年六月

•《历史的经验（一）》 南怀瑾 一九八五年六月
•《道家密宗与东方神秘学》 南怀瑾 一九八五年六月
•《中国文化泛言（序集）》 南怀瑾 一九八六年十二月
•《一个学佛者的基本信念》 南怀瑾 一九八六年十二月
•《禅观正脉研究》 南怀瑾 一九八六年十二月
•《历史的经验（二）》 南怀瑾 一九八六年十二月
•《老子他说》南怀瑾 一九八七年十二月
•《易经杂说》 南怀瑾 一九八七年十二月
•《中国佛教发展史略述》 南怀瑾 一九八七年十二月
•《中国道教发展史略述》 南怀瑾 一九八七年十二月
•《金粟轩纪年诗初集》 南怀瑾 一九八七年十二月
•《如何修证佛法》 南怀瑾 一九八九年八月
•《易经系传别讲（上传）》 南怀瑾 一九九一年四月
•《易经系传别讲（下传）》 南怀瑾 一九九一年四月
•《圆觉经略说》 南怀瑾 一九九二年七月
•《金刚经说什么》 南怀瑾 一九九二年八月
•《药师经的济世观》 南怀瑾 一九九五年六月
•《原本大学微言（上）》 南怀瑾 一九九八年三月
•《原本大学微言（下）》 南怀瑾 一九九八年三月
•《佛法禅修参行·神仙道学旨要》（平装/线装） 南怀瑾选辑 一九九九年七月
•《南怀瑾谈生活与生存》 南怀瑾 二〇〇二年八月
•《布施学——毘耶娑问经》 南怀瑾 二〇〇二年十月
•《南怀瑾谈心兵难防》 南怀瑾 二〇〇三年六月
•《南怀瑾讲述论语中的名言》 南怀瑾 二〇〇三年八月
•《现代学佛者修证对话（上）——美国·西藏的密宗修行经验》 南怀瑾 二〇〇三年十月
•《现代学佛者修证对话（下）——学佛修行与五蕴解脱》 南怀瑾 二〇〇四年一月
•《南怀瑾先生答问集》 南怀瑾 二〇〇四年一月
•《南怀瑾讲述庄子中的名言智慧》 南怀瑾 二〇〇五年一月

- 《花雨满天维摩说法》（上、下）　南怀瑾　二〇〇五年三月
- 《南怀瑾讲述老子中的名言智慧》　南怀瑾　二〇〇五年一月
- 《南怀瑾谈领导的艺术》　南怀瑾　二〇〇五年十一月
- 《南怀瑾谈性格与人生》　南怀瑾　二〇〇六年五月
- 《庄子諵哗》（上、下）　南怀瑾　二〇〇六年四月
- 《南怀瑾与彼得·圣吉》　南怀瑾　二〇〇六年十月
- 《南怀瑾二〇〇四—二〇〇六讲演录》　南怀瑾　二〇〇七年一月
- 《与国际跨领域领导人谈话》　南怀瑾　二〇〇七年三月
- 《人生的起点和终站》　南怀瑾　二〇〇七年五月
- 《南怀瑾谈说话的艺术》　南怀瑾　二〇〇七年八月
- 《答问青壮年参禅者》　南怀瑾　二〇〇七年十一月
- 《小言黄帝内经与生命科学》　南怀瑾　二〇〇八年一月
- 《禅与生命的认知初讲》　南怀瑾　二〇〇八年七月
- 《漫谈中国文化——金融、企业、国学》　南怀瑾　二〇〇八年十二月
- 《我说参同契（上）》　南怀瑾　二〇〇九年三月
- 《我说参同契（中）》　南怀瑾　二〇〇九年五月
- 《我说参同契（下）》　南怀瑾　二〇〇九年七月
- 《老子他说（续集）》　南怀瑾　二〇〇九年十月
- 《列子臆说》（上册）　南怀瑾　二〇一〇年八月
- 《列子臆说》（中册）　南怀瑾　二〇一〇年九月
- 《列子臆说》（下册）　南怀瑾　二〇一〇年十月
- 《孟子与公孙丑》　南怀瑾　二〇一一年四月
- 《瑜伽师地论——声闻地讲录（上）》　南怀瑾　二〇一二年四月
- 《廿一世纪初的前言后语（上）》　南怀瑾　二〇一二年五月
- 《廿一世纪初的前言后语（下）》　南怀瑾　二〇一二年六月
- 《瑜伽师地论——声闻地讲录（下）》　南怀瑾　二〇一二年七月
- 《孟子与离娄》　南怀瑾　二〇一二年九月
- 《孟子与万章》　南怀瑾　二〇一二年十二月
- 《宗镜录讲略（一）》　南怀瑾　二〇一三年六月
- 《宗镜录讲略（二）》　南怀瑾　二〇一三年九月

- 《呼吸法门精要》　南怀瑾讲述、刘雨虹汇编　二〇一四年六月
- 《孟子与尽心篇》　南怀瑾　二〇一四年六月
- 《太极拳与静坐》　南怀瑾　二〇一四年六月
- 《孟子与滕文公·告子》　南怀瑾　二〇一四年十月
- 《话说中庸》　南怀瑾　二〇一五年二月

附录三

参考书目

练性乾著：《我读南怀瑾》，复旦大学出版社2003年版。

刘雨虹著：《禅门内外——南怀瑾先生侧记》，东方出版社2013年版。

魏承思著：《南怀瑾的故事——在跟随怀师的日子里》，大山文化出版社有限公司2013年版。

侯承业编著：《南怀瑾与金温铁路》，东方出版社2013年版。

胡方松主编：《怀师！怀师！——深情缅怀南怀瑾大师》，线装书局2014年版。

南怀瑾著、林曦注释：《金粟轩纪年诗》，南怀瑾文化事业有限公司2015年版。

南怀瑾讲述：《漫谈中国文化——金融·企业·国学》，东方出版社2008年版。

《点灯的人——南怀瑾先生纪念集》编写组编：《点灯的人——南怀瑾先生纪念集》，东方出版社2013年版。

刘雨虹著：《东拉西扯：说老人·说老师·说老话》，东方出版社2014年版。

查旭东主编：《明月依旧：南怀瑾先生与太湖七都》，上海书店出版社2014年版。

周瑞金、张耀伟主编：《南怀瑾：一代大师未远行》，台海出版社2014年版。

周瑞金主编：《大道向南 慎终追远：纪念南怀瑾文集》，道南大学堂编印。

刘雨虹编：《云深不知处：南怀瑾先生辞世周年纪念》，上海书店出版社2013年版。

裴高才著：《两岸密使贾亦斌、南怀瑾："九二共识"搭台人》，载《名人传记》2013年第5期。

后 记

写书，本是不落言筌的事，有时文字虽然会有障蔽本来面目的结果，世间的事功，却仍需传唱，好让后世来者从字里行间探得智慧，不得不为，但又岂能尽如人意?

父亲是“视天下人为子女，视子女为天下人”，此即做到了《礼记·礼运》中所说“人不独亲其亲，不独子其子”，追其深意，则是民胞物与，天人合一。这对于自小就受教的我而言，视为当然；此故，今日为文记述自己父亲的二三事，也是自然。不过自二十五岁起，我即远赴重洋，离开父亲身边，尔后很长时间，与父亲亦是聚少离多，许多的后续发展我并未能亲身见闻，幸而父亲身边有一群尊师且重道的学子和朋友，使他得以顺遂心志，为国筹谋。

自父亲大行以后，许多学子因怀念而传述父亲的教诲，部分友人也将自己与父亲的交往化为文字；更有私淑向道的社会贤达，循其书稿而载录父亲的德行，宣扬其理念，这些也都出版成册，为父亲那些鲜为人知的故事细节，提供了翔实而宝贵的参考资料。在此感谢众人在父亲故去之后，依旧热忱不辍、矢志不渝地弘扬其志事。

为使父亲的形象更加立体全面，在本书的写作过程中，我也综罗参考了诸位友朋的著作，特别是刘雨虹、李淑君、练性乾、王国平、古国治、张德光和许多其他诸子的记述，在此不一一列名。他们巨细无遗的叙述和真诚的笔触，使我接续了解父亲近三十五年的事功。在此也感谢侯承业先生对金温铁路修建过程的详述，更感动于侯博士用生命参与铁路建设的信义，还有魏承思先生对于和谈过程的记录，这些都为我在写作中全面呈现父亲的行止提供了方便。这些列举的人名，不是全部，诸多其他学子的表述，或取一二，难免挂一漏万，在此一并致以诚挚的感谢！

正是在大家的怀念中，我得以还原一个较为完整的人师与父亲合一的形象。作为一本较为全面陈述父亲生平的传著，笔下必然有不如人意之处，然而父亲的一生本就无法定义，父亲的行迹亦无法尽述，每个人心中都有一位南老师，每个人也都有他与南老师的独特故事，或是欢喜，或是哀痛，千江之水，自有千江之月而已，这些亦不过是世间诸相的过往之事。在今天，至为重要的是，传承父亲南师的精神遗产，这是一份未竟的事业，唯愿诸君能继续发心努力，共期中华文化的复兴。

在本书出版过程中，我要特别感谢徐茹女士，感谢浙江人民出版社叶国斌总编辑，以及本书的责任编辑，是你们的一腔热忱及认真的工作，使本书得以顺利出版。另外，囿于本人才学及资料的局限，本书的不足，诚望大家指正，唯有诚恳的意见，才将使本书在再版时得以完善。

父亲曾经手书“照人依旧披肝胆，入世翻愁损羽毛”，书成，不禁有感，此刻心境随口自吟：“非因酒醉鞭名马，更将身手搊虎求；前行万尺悬绝地，笑语龙天信步游。”

感谢您的览阅，合十。

南一鹏

二〇一五年九月

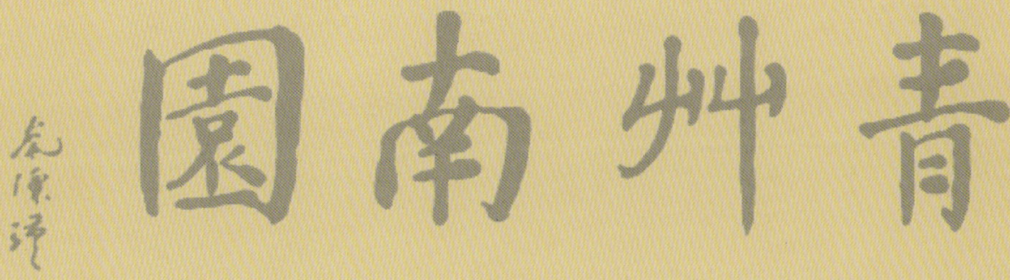

父亲南怀瑾书法

▲全家出游荣星花园

▲出游荣星花园父母合影

▲父亲与姐姐和我的朋友们合影

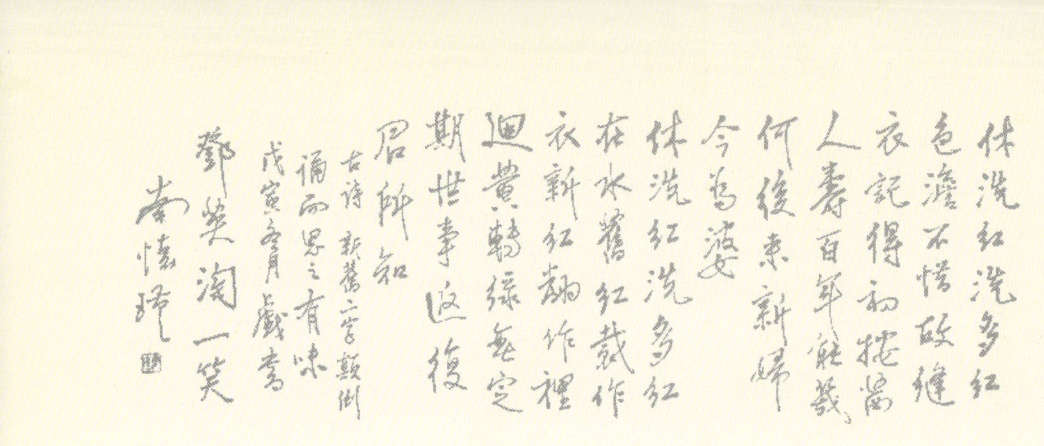

▲父亲南怀瑾书法

▲与谢福枝（左一）和首愚法师（右一）机场合影

▲在机场与闫修篆先生合影

▲与王凤峤先生（右二）和李蔚亮（右一）合影

▲父亲送我赴美

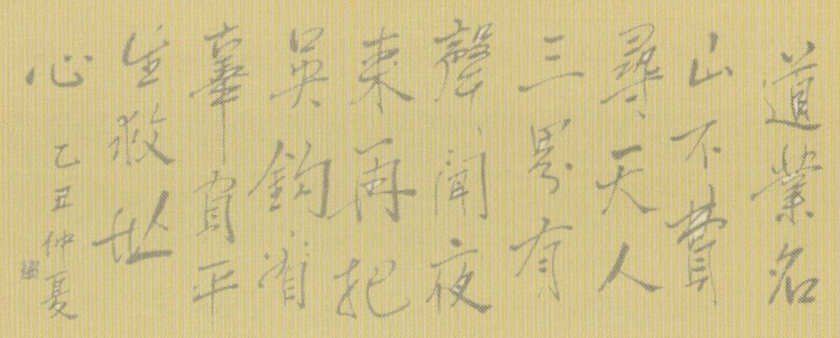

父亲南怀瑾书法

父亲生活照（一）

父亲生活照（二）

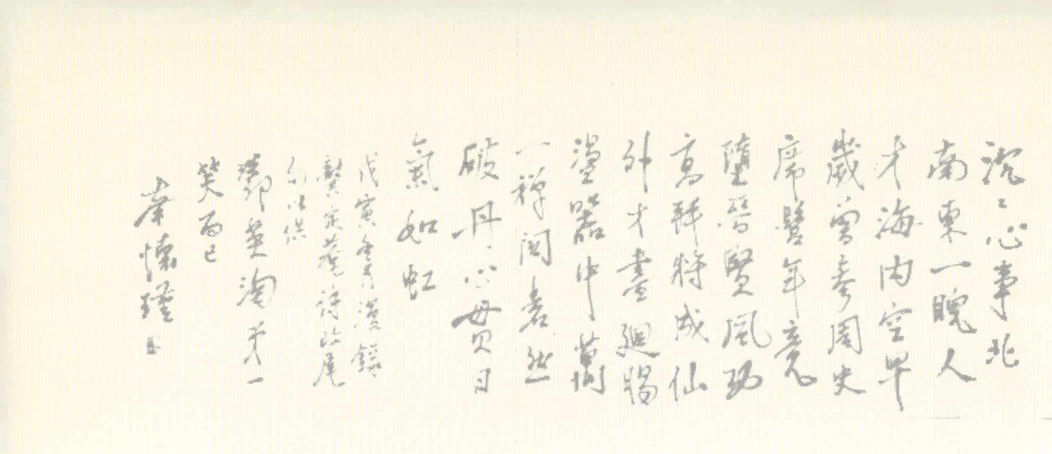

◀父亲南怀瑾书法

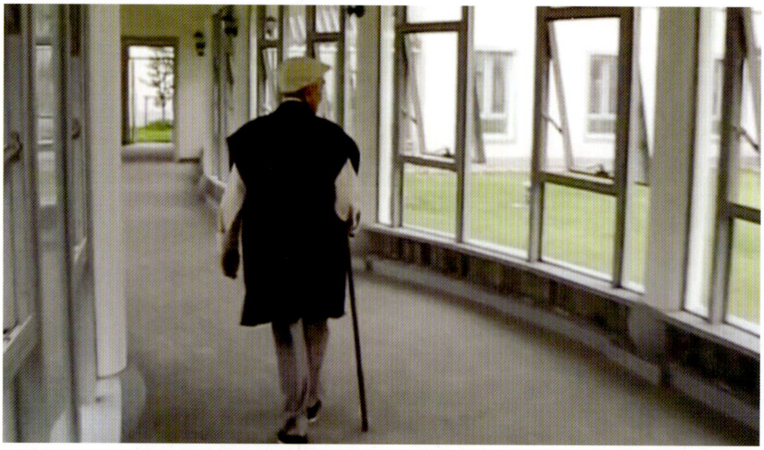

▲父亲生活照（三）

▲父亲生活照（四）

◀父亲南怀瑾书法

▲一九八九年回温州探望家人，与大妈（左二）及大哥南宋钏（左一）、二哥南小舜（右一）合影

▲一九八九年于香港探望父亲

▲与父亲在太湖大学堂合影

父亲南怀瑾书法

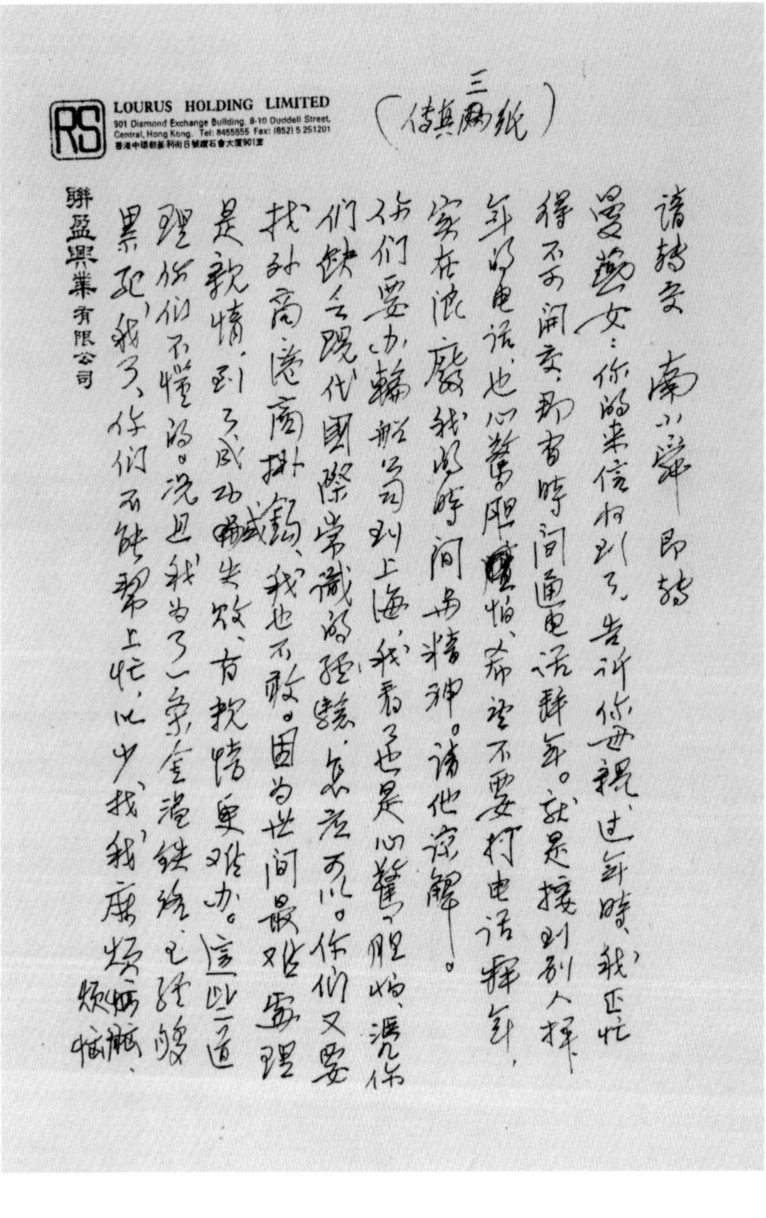

LOURUS HOLDING LIMITED
901 Diamond Exchange Building, 8-10 Duddell Street, Central, Hong Kong. Tel: 8455555 Fax: (852) 5 251201
香港中環都爹利街8號鑽石會大廈901室
聯盈興業有限公司

（傳真三紙）

請轉交 南小舜 即啓

曼藝女：你的來信收到了。告訴你母親，過年時，我正忙得不可開交，那有時間通電話拜年。就是接到別人拜年的電話，也心驚膽怕，希望不要打電話拜年，實在浪費我的時間與精神。請他諒解。

你們要办輪船公司到上海，我看了也是心驚膽怕。況你們缺乏現代國際常識的經驗，怎么可以。你們又要找外商港商掛鈎，我也不敢。因為世間最难处理是親情，到了成功或失败，方知情更难办。這些道理你們不懂的。況且我為了一条金溫鐵路，已經够累死我了，你們不能幫上忙，也少找我麻煩煩惱、

父亲写给二哥南小舜的信（一）

父亲南怀瑾书法

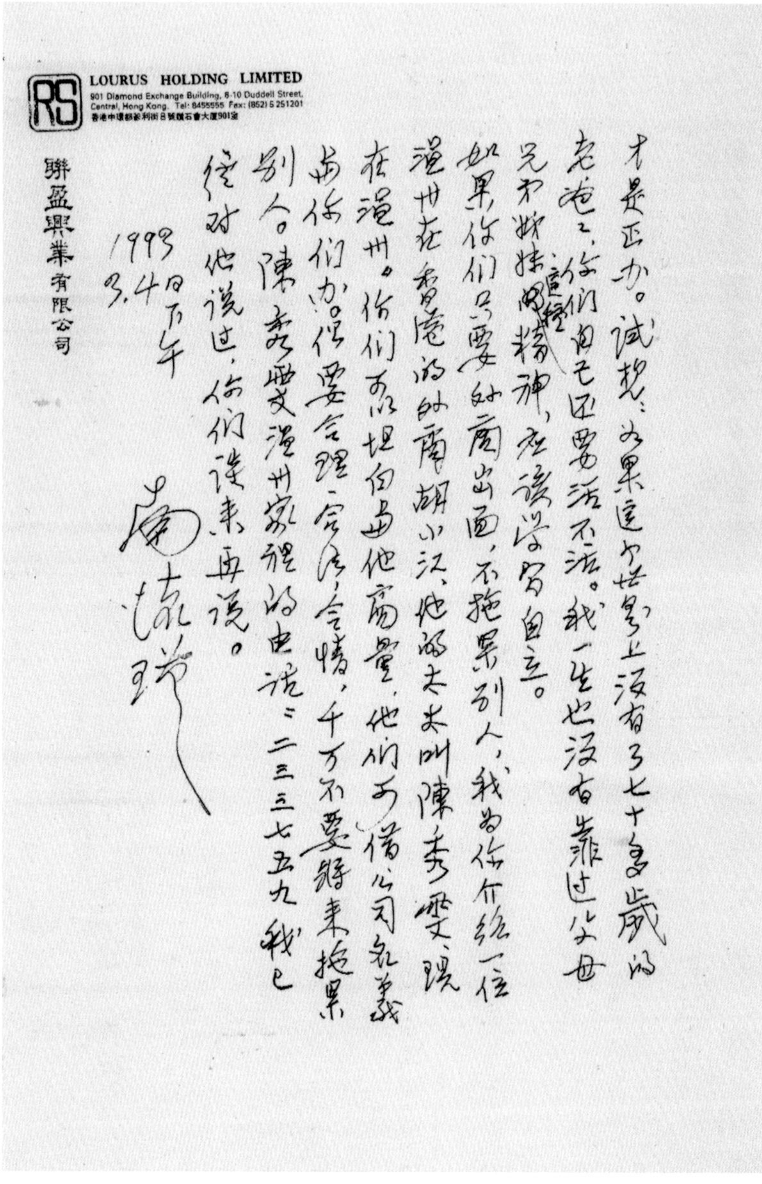

LOURUS HOLDING LIMITED
901 Diamond Exchange Building, 8-10 Duddell Street, Central, Hong Kong. Tel: 8455555 Fax: (852) 5 251201
香港中環都爹利街8號鑽石會大廈901室
聯盈興業有限公司

才是正办。试想：如果这个世界上没有了七十多岁的老爸爸，你们自己还要活不活。我一生也没有靠过父母兄弟姊妹，这种精神，应该学习自立。如果你们只要以商出面，不拖累别人，我为你介绍一位温州在香港的以商胡小江，他的太太叫陈秀雯，现在温州。你们可以坦白与他商量，他们可借公司名义与你们办。但要合理、合法、合情，千万不要弄来拖累别人。陈秀雯温州家里的电话：二三三七五九。我已经对他说过，你们谈来再说。

南怀瑾

1993 3.4日下午

父亲写给二哥南小舜的信（二）

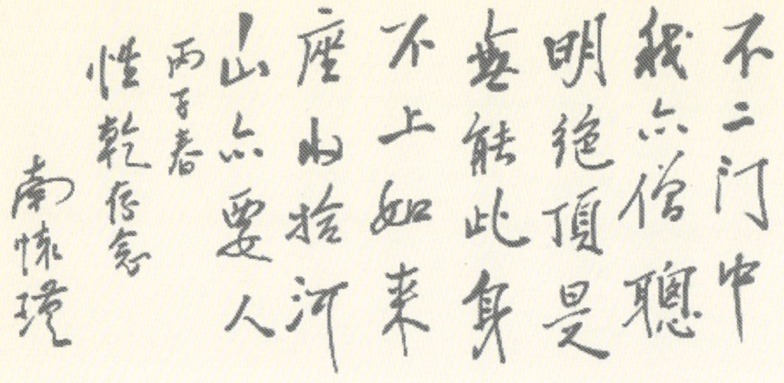

◀父亲南怀瑾书法

▲父亲演练示范照片

父亲南怀瑾

南小舜 题词

父亲南懷瑾

上

南怀瑾第三子
南一鹏 著

浙江人民出版社
ZHEJIANG PEOPLE'S PUBLISHING HOUSE

图书在版编目（CIP）数据

父亲南怀瑾 / 南一鹏著.— 杭州：浙江人民出版社，2015.9（2016.1重印）
ISBN 978-7-213-06885-0

Ⅰ.①父… Ⅱ.①南… Ⅲ.①南怀瑾（1918～2012）—传记 Ⅳ.①K825.46

中国版本图书馆CIP数据核字（2015）第210131号

自 序

父亲，两个字，看似普通，因为人人必有；叫着困难，因为不是人人都有。

每个人来到人世间报到后，都需要学习理顺自己一生的人际关系，而父母是所有关系发展的源头。想要了解自己，必须先了解自己的父母，无论有无，接受自己与父母的缘分，然后才能从根源上奋起。近百年来，西方心理治疗的根本理论，也是从这个源头开始，去理顺所有人生关系的。

父子的情分不是子女出生就完成了的，是需要经过传授与承接才能够体会的。传授须有心，承接必有能，否则看似有缘，却是无分；名为父子，实同陌路；许多家庭中父子的关系仿佛若是。子若不教，就是授者无心，自然父子情薄；学而不解，就是受者无能，纵有门第书香亦枉然。

人的一生时间有限，成就就在于如何分配时间。如果把时间精力分与公众，那么多半会伤及私情。曾国藩的家信书，诸葛亮的《诫子书》，都是因为父辈常年不在家，只好用书信教育子女。名人背后，多半是没有长久的父子生活的。所谓功业需要专注，专注必有所择，舍家而报国，大丈夫是矣。然而家道所以不衰，是必须继起有人。曾文正有次子纪泽，成其家教之善；窦禹钧以五子登科，永铸燕山之名。但若子女不具无惧智慧、天下胸怀，亦是不得持续先人齐家之德。凡是后继有人，方得彰显先翁，始得家道不衰，家门不辱，家风德馨。

家父往生三周年间，旧交新友发表过许多的怀师记述，也体现父亲的一生行果，颇为感人。父亲老友周瑞金先生，以“认识南怀瑾，弘扬南怀瑾”的公开讲述，立一代宗师之名，讲稿化为文字，更是遍覆网络，增其教化。然而，怀念父亲的读书人非常多，只是半为耳闻，半为崇敬。熟读其书者多，能修其德者少；崇敬其行者多，愿行其道者鲜。固然，坊间也有发心修整其言其行者，许多未曾亲炙其教者，亦写作出书，转述父亲的故事。然而综观市面，依旧未见可传述家父生平全貌的书籍。或有早期报道，多出于媒体人士之手，对其学术唯能赞叹，却又不能信服；对其为人，当作时尚分析，却无解语之智，偏差远矣，只能视为发扬其名的新闻记录。感念于此，得徐茹女士的发心鼓励，集父亲友朋学子和众人的过往回忆，加诸自己的种子因缘经历，以父亲心愿行修为纬，世间功业为经，成此黄卷记载，以供后学览阅，也是敢竭鄙诚，戮力为之。

文章可成，端赖文字，我等为文，皆抄袭仓颉之智，本无新意可言。此书内容亦如是，谈及父亲的行述，多有借鉴诸生怀师文章，冀望诸生释怀，东风可借。历史往事，虽未亲侍其侧，可谓神临其境，若有小瑕，必当往后修正补足。论及父亲的言教，则以甲子岁月缘分，同心阐述，除非文义错植，所诉可以当作大众了解父亲的参考。

自甲午年初，时常往来沪杭两地，缅怀父亲行脚，概述父亲教化。对其青年时期在杭州的追风情怀，也有无限遐思。有幸驻足杭州数宿，适逢居住的旅店伏于西湖北山之阴，推窗揽景，即可闻山雀花香，漫步院中，便可抚参天古木；步道幽静，芳草铺地，池鱼添色，楼阁清爽，虽非洞天，已是福地。更甚者，此山即父亲年少时逐仙之处，问道之所，又是我日日健行之地，得以接近父亲弱冠行止，岂非天意。

乙未年，春夏之交，杭城多雨，我依旧卯时入山，徜徉诸岭。时而细雨吹面，思亲思绪如山径盘桓回旋，随情境神隐活现。待出得抱朴葛岭路，随步即可至秋水山庄，此时西子湖岸荷花初发，在雨雾中摇曳。念及父亲曾于闲地庵读书，或许也曾见此美景，不禁有感，叹曰：“微雨北山伤情路，新荷秋水念斯人。”当下依稀可见，仍是百年前的青山秀水，有着少年风发湖畔挥剑的父亲屐影。

受到外在环境的影响，追求不凡似乎是社会教育的普遍目标，以父亲怀瑾先生所做的思想和对社会的贡献，绝对是继往开来的不凡事迹；但是父亲总结他的人生是“一无是处，一无所长”，并没有把世间的成就看在眼里，这是何等胸襟。尤其在即将往生时，告诫诸子，训以“平凡”二字，正是回归中华文化的精微奥妙之处。让事务以简单的方式呈现，需要非常复杂的思考策划；让人生在平凡中完成，没有抱怨苦痛，这才是真实的不凡。

书稿粗成，付梓在即，忆昔鹄鸣山背剑寻仙的少年，灵岩寺练剑访师的青年，峨眉山舍剑闭关的发僧，阳明山执香板如剑的禅德，南普陀持慧剑扫浊世的智者，以三万六千顷太湖之水洗剑的南师，我言父亲一生遂其心愿，已经是，掌中剑气映如虹，修得光寒四十州。如今父亲挂剑西行，其慧如如，愿所施种子萌发茹茹，为我民族之再兴而筑基，敢将思念成一短引，以承父志：

“北山郁郁南水芊，初阳昀昀抱朴间。思亲定里龙华会，葛岭传灯又寻仙。”

南一鹏

九月三日写于洛杉矶

目录·上篇（一九一八至一九八〇）

第一章　天纵清净本来身（一九一八至一九三五）

一九一八年，正在新文化运动的健将们急切地想要打倒“孔家店”，清算那“吃人”的礼教传统，为再造一个“新文化”中国而革故鼎新的历史关头，在浙江省乐清县翁垟镇地团叶，初春时节的农历二月初六，小镇上的人们像往常一样，又开始了为生存而奔波的一天。也正是在此时，南家一处宁静的院落里，一个男婴满系全家的欢喜，呱呱坠地，开始了他一生的尘世因缘。他，就是我的父亲，也就是后来为世人所熟知的，以传播传统文化为己任，以再开三教生面为毕生志事的修行者——人人尊崇的南老师，我的父亲怀瑾先生。

第二章　更向云山寻旧路（一九三五至一九四九）

时间到了一九三五年。这年年初，日本侵略者对中国军民步步紧逼，蓄意挑起了“察东事件”，要挟国民政府达成《大滩口约》；五月，影片《风云儿女》风靡一时，救亡抗日的民族类情绪持续发酵；六月，长江发生大水灾，十几万人不幸罹难，哀鸿遍野……全中国似乎都笼罩在这样不安的气氛中。

“男儿何不带吴钩，收取关山五十州。”身处这样波谲云诡、民族危亡的时代环境中，父亲的个人命运自然无法置身事外。

第三章 端坐蒲团传薪火（一九四九至一九八〇）

随着在战场上的节节败退，国民党在大陆的统治已是日薄西山。彼时，见势不妙的“党国”要员、商业人士，以及对时局迷茫的知识分子，纷纷溜之大吉，携妻儿老小，坐飞机、轮船，迁往台湾或是香港；当兵的或机关的下级人员，大部分只身随着部队或机关一起过去；还有一些人，因为全家一起走太不容易，要卖家产凑路费，但兵荒马乱，谈何容易，只好一个人先行，等安排好之后，再接全家老小。那些动作快的人，早早地就把全家搬到台湾安顿下来；而动作稍慢一点儿的，就只得与家人天各一方，望海兴叹了。

下篇　（一九八一至二〇一二）

第四章　西出阳关啸东风（一九八一至一九八八）

在此之后，父亲又相继到台湾的“中国文化大学”、辅仁大学等高校担任国学教授，并经常受人邀请到各地讲学，影响力也随着学生数量的增加而水涨船高。父亲讲学范围很广，除儒、道、释三家学说，还曾为工程师学会讲过中国建筑之特色及庭园艺术等，也曾向一些青年企业家讲授中国的企业管理之道。

尽管父亲常常自谦为“个人一得之见，不入学术预流”，然而，其对经典的解读自成一家，毫无矫揉造作的陈腐学究气，故而每次讲座，台下都是人山人海。其中以《论语》讲得最久，而在父亲的众多著作中，《论语别裁》也最为畅销……

第五章　香江甘霖润神州（一九八八至二〇〇四）

一九八八年春，已逾古稀之年的父亲结束了漂泊海外的三年旅美生涯，到香港定居，自此之后，一住就是十五年。

此时的大陆，已经改革开放十年，政治、经济、社会和文化等各个方面正在酝酿或发生着亘古未有的巨变。

身在香港的父亲，又开始了他新的讲学修道生活。由于改革开放的浪潮逐渐成形，父亲与此同时也时刻关注着故土家邦的发展，牵记着大陆的亲朋故旧。在港期间，他所做的第一件大事就是投巨资为家乡铺就了金温铁路。

第六章 传灯祭酒觉有情（二〇〇四至二〇一二）

二〇〇四年，父亲从香港移居上海番禺路，住在一个名为“长发花园”的地方。在上海的日子，主要的时间都是为江苏七都的“太湖大学堂”的筹建费心力。近三年的时间，“太湖”的建设总算有了初步结果，父亲也就马上搬到了苏州吴江庙港太湖大学堂定居。

在太湖的最后几年里，父亲一如既往，过着简单的生活。

他构建的人文大道已经随着来自五湖四海的访客，延伸到中国的许多地方，文化的种子撒播到了广阔的中华腹地，中华文化的脉络也随之逐渐被重新串联起来。

父亲南怀瑾

南小舜 题词

上篇（一九一八至一九八〇）

第一章

天纵清净本来身（一九一八至一九三五）

一九一八年，正在新文化运动的健将们急切地想要打倒“孔家店”，清算那“吃人”的礼教传统，为再造一个“新文化”中国而革故鼎新的历史关头，在浙江省乐清县翁垟镇地团叶，初春时节的农历二月初六，小镇上的人们像往常一样，又开始了为生存而奔波的一天。也正是在此时，南家一处宁静的院落里，一个男婴满系全家的欢喜，呱呱坠地，开始了他一生的尘世因缘。他，就是我的父亲，也就是后来为世人所熟知的，以传播传统文化为己任，以再开三教生面为毕生志事的修行者——人人尊崇的南老师，我的父亲怀瑾先生。

一、河洛香火八百年

即便是那些并没有所谓大富大贵的光鲜的历史人物，他们始终也以耕读立本为源，以德行立身行事，为后人点了一盏灯火，照亮了行远自迩的通途。

作为一个地道的温州人，父亲对家乡有着异常深厚的感情。他的许多著述，不经意流露出对故土温州的浓浓情愫。

改革开放以来，温州的市场经济影响了一个时代。个体经济兴起，温州人吃苦耐劳创业，声望鹊起，几乎传遍全世界。被誉为“东方犹太人”的温州商人在当代中国的改革开放大潮中创造了许多经济奇迹。人们虽然对温州商人精明的商业头脑印象深刻，但对这座城市的历史和风土人情所知甚少，似乎并没有觉得这块土地有什么出众之处。然而，父亲常常是以超出一般俗世成见的独特视野，来忖度和丈量这块土地上根深土厚的文化传统。如此一来，在父亲娓娓的述说中，温州就自有它的超拔高妙之处，特别是对于中国文化史而言，其历史地位更是非同一般。例如，父亲曾在一篇题为“山川人物与永嘉禅师”的文章中这样看待温州的文化地理意义：

我是温州府乐清县人。我从小对这个国家很有感情，想为国家做一番事业，所以对本国的历史、地理、文化特别关注。我们当年，国人如对自己国家的历史、地理、文化不熟悉，是一件羞耻的事。尤其是我个人，比一般人的个性更顽固。

关于地理，讲一个有趣的事。大家知道，世界的屋脊在喜马拉雅山，在小乘佛经里，喜马拉雅山就是须弥山，大乘佛经里的须弥山不一定指喜马拉雅山。须弥山是地球的中心，也是屋顶。喜马拉雅山下来，在北方，新疆一带过来，北部高原，叫冈底斯山。中东、印度、中国，河流山脉的源头，在中国讲，都发源于昆仑山。昆仑山是喜马拉雅山的一股，一大股，中国人素来以昆仑山为标准。中国的山脉分三条大山脉，昆仑山主山中脉，到青海高原、甘肃、陕西、山西下来，古代称之为中龙山脉，像一条龙，阴阳风水叫龙脉，从空中看，山势的走动就像一条龙在滚动。中龙山脉青海、甘肃、陕西下来，过了太行，是中条山脉。最后，一路下到淮泗，淮河流域、泗水流域，到海边下海，震泽湖。龙下来一定要喝水，到震泽湖下海，龙在喝水。这一条龙脉，在海里抬头，就是日本。

由昆仑山脉向北走，过新疆、青海，经过内蒙古和蒙古，到东北，鸭绿江下海，在海里抬头，就是朝鲜，这是北龙山脉。

南龙山脉，从昆仑山出来，进西藏，向南到云南贵州，向东到两广，广东、广西，经过湖南、江西，一路到福建。当然它有分支。江浙、福建都是它的分支，到福建下海，就是台湾。

把中国的山川气脉分类，大概是三条龙脉，不同的山川气脉出的人物都不同。拿历史来对照，差不多三代以前了不起的人物，尧、舜、禹、汤文王、周公、孔子，成功的人物，大多是北龙山脉出来的。北龙山脉的人出来，天下太平。他们稳重。秦汉以后，以至唐、宋、元、明，都是中龙山脉的人，大多是太平盛世。

南龙山脉出名的，好像文化思想、哲学、禅宗、佛法，成仙成佛，大多是南龙山脉的人。南龙山脉出来的人可以做宰相，聪明有余，稍欠浑厚。一百多年来的历史际运，站出来的都是南龙山脉的人。

温州在地理上属南龙山脉的分支。浙江的括苍山脉，由杭州那边起，青田、丽水一带下来，又是一条龙脉，到温州下海。括苍山脉从古到今出了很多人，风景很好；同仙霞岭山脉连起来，一下来就是天台。天台是历史上有名的出神仙、出仙佛的地方，换句话说，是出哲学家的地方。温州在历史上素来是仙灵聚居之地，山水秀丽，如有名的乐清北雁荡山。

温州一带，春秋战国、秦汉以前是蛮夷之地，同福建一带称闽越，温州是南越；汉朝的南越是指广东、广西，温州叫瓯越，是独立的一个系统，文化也不同。汉朝以前是东瓯王，古书上说，百越文身之地。百越包括广东、广西、福建、江西，等等。温州真正归入中国版图，是在汉武帝的时候。温州文化慢慢开发起来，山川之秀丽渐渐为人知道，是在东晋阶段。雁荡山原来几乎没有人知道，到了东晋，谢灵运（康乐）出守温州，任地方首长，他喜欢爬山，喜欢游山玩水，才发现雁荡之美。据说，雁荡山是释迦牟尼的弟子、五百罗汉之一的诺巨罗尊者的道场。对此，只能说事出有因，查无实据。佛的五百罗汉弟子那时候怎么能到达中国，除非他有神通。这个就难说。佛经上常说，佛以一音说法，众生随类得解。佛讲一句话，世界上一切众生都听懂。那好，他老人家当年用梵文讲经，中文为什么没有记录，为什么后来还用翻译？为什么不用中文讲出来、不用后人翻译？佛以一音说法，众生随类得解。当年，有人对我说：你悟道了。我说没有，我讲出一句话，别人听不懂，还没有到佛的境界。

温州的文化在唐以前，没有出什么很大的人物，只有一位，是佛家的永嘉玄觉禅师，在文化史上占很重要的地位。这个人不但影响了唐代的禅宗，还是禅宗和天台宗两大派同出的最重要人物。

温州人物在儒家、文学上出名的，在宋朝比较多。宋朝形成一个学派，叫永嘉学派，是儒家理学的一个支流，与浙江的金华学派、宁波的甬上学派，都是儒家的派系，在学术、文化上，叶水心（叶适）出了名。我觉得温州很奇怪，佛道两家出了些人。宋朝一个道士林灵素，温州人，拿现在的话说，就是有特异功能，可是他的法力很大，影响了宋朝的皇帝宋徽宗，宋徽宗拜他为国师。一个温州人，画符念咒，影响到皇帝。宋朝这几个皇帝很奇怪，从真宗以后，大多是迷信的大家。看他们的谥号，死后得的封号，宋真宗，真假的真，好像很好听，实际上是特异功能的崇拜者；神宗、钦宗受林灵素的影响很大。金人南下，打到汴京（开封），最后用道家的符咒法力抗拒金人，不但不能打胜仗，父子两人还做了俘虏。这个林灵素，历史上只一笔带过，因为他是道门之人。

永嘉禅师是正宗的禅宗，温州人知道他的并不多，知道林灵素的则更少。对林灵素这一段仔细研究起来，皇帝迷信道教、画符念咒到这个程度，这个国家非亡不可。我们温州人林灵素对北宋之亡倒有很大的功劳。后来，温州还出了一些汉奸，同山川风水的影响很有关系，这是很客观的，不要站在温州人的立场，尽是出好人，不出坏人。不过，其他地方也出坏人。到了宋朝，乐清考取了一个状元，叫王十朋，乐清人一提起王十朋，都觉得了不起。

温州的永嘉禅师的著作影响到一千多年来的学术思想，尤其是禅宗，他的分量有那么重，价值是那么高，文字之美就更不用说了。我觉得，讲温州人物，最光荣的一位就是他。

可见，处在南龙山脉上的温州，在历史上素来人杰地灵，特别是唐以后，随着文化重心的南移，英杰辈出，灿若星河，而父亲却独对永嘉禅师推崇备至。一方面是出于一个后来者对这位出自家乡的杰出先辈的高山仰止之情，另一方面恐怕还是源于他这一生都与佛学结缘，私淑于永嘉禅师的禅学造诣，自然也就对这位禅宗大师顶礼有加，遥相感应。

有趣的是，我自小听父亲说起雁荡山的美景，说一进山口，就会看到展旗峰，巍然独立，非常壮丽。然后父亲又说，山里有两个瀑布，因为水势不是很大，当地人叫它们作“湫”。大的叫“大龙湫”，那个小一点的，其实是细一点的水柱，当然就叫“小龙湫”了。喜欢山的我，听了他的描述以后，心痒痒的，对从未一睹的家乡，充满着向往。后来，我去了温州，极为兴奋地到了雁荡，登上了展旗峰，摸到了龙湫水，好好地享受了这一方山水。回到上海以后，急着想和父亲交流一下我自小怀想的雁荡，没有想到，父亲竟然告诉我，他是听我祖父说的，他自己从来没有去过。虽然没有去过，父亲对家乡也如同我一样，应该是魂牵梦萦的吧。

温州的南姓族人，三代以上，基本都出自同一个地方：乐清市黄华镇南宅古村。南宅，顾名思义，自然是以南氏家族群居而命名的村落。此地虽然是南姓族人的聚居之地，但是长久以来，并没有多少人知道这个名不见经传的小地方。然而在今天，随着父亲弘扬传统文化的声名远播，拜访求学者纷至沓来，或临门合影留念，或寻访他少时的足迹，俨然已是“名胜”。按照传统的说法，也算是“光耀门楣”“光宗耀祖”了。然而，父亲在世时对此种行为很不以为然。按照他自己的说法，他这一辈子“一无所成”“一无是处”。他也喜欢引用白居易的诗句——“白头宫女在，闲坐说玄宗”来形容自己的一生，意指他不过是述说前朝繁华、过往之事的“上阳白发人”，断然不能与祖上那些先贤大德媲美比肩的。

南，作为姓氏，并不见于收录了四百多个姓氏的《百家姓》，其历朝历代都不属于什么名门望族，但随着近些年来父亲声名鹊起，人们开始对“南”这个姓氏产生了好奇，不禁要寻找一些历史上与这个姓氏相关的蛛丝马迹。一个人一旦有名了，大家便要刨根问底，比如看看南氏族谱上有没有什么历史名人，一旦找到，便发出“原来系出名门之后”之类的感慨。如果没有，哪怕是穿凿附会一下远古神话或传说，即便与逻辑不符，也是无伤大雅的。毕竟，谁也不会去较真于盘古到底有没有开天辟地，女娲是否真的造了人。这大概是中国人源于血缘氏族这种认同模式而来的一种独特的宗族情感和认祖归宗的思维模式。既然如此，那么简单说说这个姓氏的前世今生，满足一下读者诸君的好奇心，倒也无妨。

关于南姓，最早的记载来自太史公的皇皇巨著《史记》。《史记·夏本纪》载：“太史公曰：禹为姒姓，其后分封，用国为姓，故有夏后氏，有扈氏，有男氏……”司马贞曾在《史记索隐》里，引用先秦古籍《世本》，注释“男”作“南”。如按此说，南姓便来源于姒姓，与大禹同宗。这种可能性是存在的，就像我们中华民族，大部分中国人也都可以算是大禹的子孙。我依稀记得小时候查《中华姓氏大辞典》，好像看过这个姓是大禹第十四子，封在“南”，故以封地为姓。

此外，唐朝宰相、诗人张九龄在《姓源韵谱》中则认为：商朝盘庚妃子梦龙入怀生子，取名南赤龙，郡望在汝南，曾孙为周朝大夫南仲。在《诗经·小雅·出车》中，颂赞的正是奉周宣王之命讨伐玁狁胜利而归的统帅南仲：

我出我车，于彼牧矣。自天子所，谓我来矣。召彼仆夫，谓之载矣。王事多难，维其棘矣。

我出我车，于彼郊矣。设此旐矣，建彼旄矣。彼旟旐斯，胡不旆旆？忧心悄悄，仆夫况瘁。

王命南仲，往城于方。出车彭彭，旂旐央央。天子命我，城彼朔方。赫赫南仲，玁狁于襄。

昔我往矣，黍稷方华。今我来思，雨雪载涂。王事多难，不遑启居。岂不怀归？畏此简书。

喓喓草虫，趯趯阜螽。未见君子，忧心忡忡。既见君子，我心则降。赫赫南仲，薄伐西戎。

春日迟迟，卉木萋萋。仓庚喈喈，采蘩祁祁。执讯获丑，薄言还归。赫赫南仲，玁狁于夷。

然而，在《古今图书集成·氏族典》里，郑樵的《通志》又是这样说的：“以字为姓。南氏，姬姓卫灵公之子，公子郢，字子南，以字为姓。或言周宣王南仲之后……或言（春秋时）晋国高士居隐于（山西）南乡，因以为氏。此以乡为氏者。”

三种完全不同的说法，无助于我们了解南氏的源头到底属于哪一支脉，只能让我们感慨中华姓氏文化的深奥精微。但是，可以肯定的是，温州南氏家族的始祖是确定无疑、其来有自的中华后裔。南氏族谱上记载分明：南狎乃河南洛阳人，曾为徐州签判，于靖康之难时护从宋高宗即位应天府，“公贤劳王事，尽瘁干旋”，后又跟随宋室南迁临安，之后临安沦陷，君臣只得沿海南航。“公携家追随，不避艰辛”，最终逃难到温州，之后便告老归隐，因其功被敕封为“护驾功臣”。至南宋绍兴末年，南狎之子把全家从磐石再搬到黄华的海滨定居，于当地耕读繁衍，其繁衍之地被乡亲们称为南宅。一九九九年，重修南氏宗祠，父亲应约寄去一副楹联：“百代渊源，河洛东南留一脉；千秋忠义，神灵海上有孤臣。”颂扬的正是这位千年前迁居到温州的祖宗。汝南、洛阳都在河南，想必，父亲应该认同南狎是南赤龙后裔这样的说法吧。

根据族谱，温州的南氏从南宋南狎的南宅开始，历经八个朝代，繁衍生息八百多年。就像父亲曾在《山川人物与永嘉禅师》里说的那样，温州确实出了不少有名的儒家名士。如被宋宁宗敕封“横塘福佑将军”的五世祖南增顺、南敬顺两兄弟，官至大理寺左寺丞加授奉政大夫的十世祖南昱，被明英宗赐予“文杰”美名的南升（家族以“旨赐文杰”制匾立牌楼，为此南宅又叫牌楼村），清道光年间刻有“弌难千古”碑的南元照等。直到父亲这一代，文化香火袅袅不绝，绵延至今，太湖大学堂的创办，遂蔚为大观，自成一派风范。中国古人历来有“道德传家，十代以上；耕读传家次之，诗书传家又次之；富贵传家，不过三代”的说法，强调文化的传承对一个家族的重要性。可以说南氏历史上这些筚路蓝缕的先辈，正是秉持了这样的家族信仰。即便是那些并没有所谓大富大贵的光鲜的历史人物，他们始终也以耕读立本为源，以德行立身行事，为后人点了一盏灯火，照亮了行远自迩的通途。想必父亲之所以津津乐道于温州文化传统的深根厚土，都是出于对南氏先辈们的感佩，对温州这块地域培植了如此深厚可观的文化土壤的礼赞，因为正是有了这些滴水穿石、不辞细壤的力量，方才有后人生根发芽、永续薪火的契机。

二、起复新旧裂变时

无论外面如何思潮激荡，他所处的相对封闭的乡土社会仍然是一个遵从传统习俗的社会。

温州自古以来都较为富庶，称得上是鱼米之乡，但父亲出生之时，却正值饥馑之年，乱世之际，乐清县地团叶和附近的几个村子都很穷，加上自然灾害频仍，收成很不好，不少人都出去讨饭。南氏家族在当地虽也算得上是一个比较大的家族，但到了我曾祖父这一辈，却已经家道衰落了。

我的祖父仰周先生，一八八八年生人，属“光”字辈，名讳光裕，字仰周，号化度。若干年后，当我知道祖父的号以后，不禁感叹，原来父亲立志高远，其来有自。了解祖父取的号，可见他老人家也是注重心性之人。

祖父照片

祖父是个遗腹子，幼时就开始练武，所以身体还算强健。说起来，祖父自打十二岁起，就挑起了这个大家庭的重担，也是人中俊杰了。祖父毅力顽强，从不服输，很小就跟着人学习经商，经营一家杂货店，既卖米，也卖布。就这样努力打拼，一点一滴积攒，最后总算让全家过上了还算殷实的“小康之家”生活。这在那个艰难的时世，凭借自己的勤劳能够达此成就，是极不容易的。后来，祖父从老宅搬家到地团叶，重新开店做生意。这个村绝大部分人姓叶，很少有人姓南。由于祖父为人正派，思想行为方正持重，又极为乐善好施，广结善缘，于是逐渐为当地人所接纳。又因曾筹资修建陡门（蓄水放水的水闸），防御水害，累积的嘉言美行颇为当地人所敬重传颂，在地方上声誉很高，甚至被推选为乡长。

父亲曾讲过一个祖父在抗日战争时的故事。刚烈正直、威武不屈的祖父，曾经与在乡里滋扰生事的日本兵发生过冲突。当时，面对日本兵的暴行，祖父义愤填膺，出面制止。日本兵拿起刺刀不由分说直刺过来，祖父徒手握住刀刃，日本兵不能移动分毫！据二哥告诉我，当时大哥年纪虽小，但是已经有些懂事了。他飞快地跑到日本宪兵队，向日本人比画起来。后来一个军官随他赶到现场，及时制止了日本兵，祖父因而躲过一劫。祖父手掌被暴徒割裂，流血不止，不过日本兵也灰溜溜地收兵，不再逞凶了。祖父之英勇刚烈可见一斑，此事曾在乡间被称颂一时，大长国人志气。

到了结婚年龄，祖父便娶了当地赵氏女为妻。几年后赵氏病逝，祖父便续娶了她的妹妹，也就是我的祖母。祖母虽识字不多，但为人颇为和气，慈悲仁爱，一直活到百岁高龄。所谓“仁者寿”，看到祖母，我方知此言不虚。南家人丁不甚兴旺，祖父本就是遗腹单传，家族很期待祖母——第二位赵氏女儿，能给南家续上香火，添丁加口。岂料祖母嫁过来两三年，却不见什么动静。这在当时“无后为大”的社会，可不是一件什么光彩的事情，人前人后，闲言碎语日渐增多，祖父母都不得不面对传宗接代的“家族使命”压力。“母以子为贵”的传统观念，使得祖母更是每天都不得不顶着巨大的舆论和自责心理的双重压力。于是，祖母——一个原本并不礼佛的人，每天风雨无阻往庙里跑，虔诚祷告，烧香许愿，希望送子观音能早赐儿女，了此心愿。也许真的是心诚则灵，在默诵几年“南无观世音菩萨”之后，佛菩萨心生垂怜，终于给她送来了一个孩子。

一九一八年三月十八日，在她二十六岁“高龄”时，祖母终于生下父亲——怀瑾先生。父亲的出生，使得家里人既倍感欣慰，又兴奋忙碌。亲戚朋友都来随礼道贺，家里喜气洋洋，笑语盈门。还因为父亲是祖母诚心诚意求神拜佛求来的“佛子”，亲友们来了无一例外都要多看两眼，多抱几下。奇怪的是，祖母从此再没有生育，因此，父亲既是头胎，又是独子，还成了单传，这在当时特别重视人丁兴旺、多子多福的年代，也算是极其罕见的现象了。按照南氏家族“嗣元应德光，常存君子道”的辈分排序，父亲属“常”字辈，谱名讳常泰，别号玉溪，是南氏家族的第二十五代传人。

祖母照片

父亲出生时，正值军阀混战、内外交困的北洋政府统治时期。在他周岁时，也就是一九一九年，爆发了中国历史上影响深远的五四爱国救亡运动。当时既是中国历史上第一个解除党禁、报禁，西学东渐，思想解放，各种思潮风起云涌，彼此追逐角力的时期，同时也是旧道德、旧伦理遭遇空前危机，传统文化遭受全面否定的时期。实际上，从一八四〇年第一次鸦片战争开始，中国便屡遭西方列强侵略欺凌，呈“人为刀俎，我为鱼肉”之势态。先是经济深受殖民主义之害，后是主权直接受到挑战。直至五四运动之后数年，北伐的黄埔军校健儿们推翻了北洋军阀统治，至少在形式上实现了政治上的独立统一。然而在文化意识形态领域，传统文化渐次呈现出倾颓之势。来自西方所谓的新观念，未必适合中国国情，但势所必然，不得不改；有识之士们纷纷壮士断腕，与传统一刀两断，其决绝之意，愤懑之情，亦颇为悲壮。因为许多反传统的文化精英，如胡适、鲁迅等，本身就是受过良好旧式传统教育的典型；对他们而言，否定传统需要莫大的勇气和信念。但是以五四新文化运动为代表的“反传统”，多少有些矫枉过正了。一些留学欧美和日本归来的学者，以西方的视角和观点，对中国历史文化进行了颠覆性的批评，有些甚至主张“全盘西化”。

毋庸置疑，新文化运动对当时封闭的中国而言无疑起到了引进西方文明、推动思想解放的重要作用。只是有些个别偏激的人，甚至鼓吹铲除中国历史文化的根本载体——汉字。这种极端的思想和主张在中国历史上是极其罕见的，正所谓“三千年未有之变局”。但是，由于它彻底否定中国传统文化，这种自毁长城、自断民族文化命脉的思想，引来许多有识之士，包括学贯中西的辜鸿铭等名士的极力反对。不幸的是，这种“逆潮流”的思想在当时毕竟是少数，辜鸿铭等人的声音完全被湮没在嘈杂的“先进思想”汇成的潮流中，未能形成主流的意识形态。究其原因，还是自从被半殖民地化以来，经济、军事长期被动，天朝大国的旧梦被击得粉碎，老大帝国的自信和尊严被严重地伤害了。于是，历史和时代错误地将之归罪于中国传统文化，并将其置于“愚昧、封建、落后”的罪名之下，严刑拷打，批判扫荡，兰艾不分地将之一股脑全投进熊熊烈火之中，欲将之消灭而后快。在这个“中国历史文化亘古未有之变局”的背景下，中国文化中的温柔敦厚、中庸和合之道被消磨殆尽，相反地，尖酸刻薄、偏激极端的言行蔚然成风。

自此之后，中国成了西方各种思潮的试验田，你方唱罢我登场，各领风骚三五年。中国人也在种种思潮的激荡中，失掉了根脉，求索伴随着困惑，争论伴随着痛苦。

西学东渐的大时代背景下，焦虑与希望并存，每一位觉悟于时局的有识之士都必须经受中西方思潮之间的撕扯。有倾心于西学者，如胡适；也有从一开始就醉心于中学者，如章太炎；更有先热烈倡导西学而后回归中学者，如梁启超、马一浮等。总之，但凡身处于彼时，就不免置身于中西矛盾纠葛的历史选择之中。然而，这些对于尚是一个乡间少年的父亲而言，未免过于遥远宏大，他没有选择亦无须选择，一切都是理所应当，按部就班。因为，无论外面如何思潮激荡，他所处的相对封闭的乡土社会仍然是一个遵从传统习俗的社会，一直以来支配漫长古代社会的乡规民约仍然在发挥着它的惯性力量，“诗书传家久，忠厚继世长”的家族古训仍然深具支配力量的权力话语。简单地分析一下，一方面，他生活的地方远离时代的潮头，既遥远又闭塞，没有多少机会接触到这些西方的“鲜花”和“毒草”；另一方面，更为重要的是，他从小接受的主要是来自祖父母深具传统意味，却也别具一格的家庭教养。

父亲诞生时，祖父已经年过三十，在当时足以称得上是“晚年得子”了。祖父母对于父亲这个来之不易的“心头肉”呵护备至，有求必应，尽可能什么都给他最好的。祖母生下父亲后，为南家续上了香火，母以子贵，自是大功一件，在家里和族里的地位高了不少，腰杆子也硬了些，在管教孩子方面自然也就获得了不少的话语权。比如，在给孩子吃多长时间奶的问题上，祖母就显得很有掌控力和发言权。母乳喂养，一般孩子一两岁时就断奶了，极少有吃到三岁的。因仅此一子，祖母又疼爱有加，所以父亲迟迟没有断奶，一直吃母乳到七岁！一来是祖母没有再生养，所以没有断奶；二来是对这个“佛子”爱得不得了，割舍不下，始终下不了断奶的决心。等到父亲上了私塾，课堂休息的时候，同学们都回家吃点点心垫肚子，他跑回家，为的却是在祖母的怀里吮几口奶。加上父亲的小名叫银奶，因此老是遭到同伴们的讥笑。祖母和父亲却并不以为意，依然“我行我素”，直到祖母无法继续供给母乳为止。现在想想，应该是因为祖母一直在哺乳，所以生理上降低了再次怀孕的概率，也导致了父亲没有兄弟姐妹。

作为家中独子的父亲，因为没有兄弟姐妹共同成长，他的童年毕竟还是稍显孤寂的。所以，在我小时候，每当父亲看到我们兄弟姐妹高声混战、嬉戏打闹时，就会感慨地说，这是他永远都没有，也不会了解的经历。

三、童蒙养正有家风

他的爱不是娇生惯养，不是现今社会流行的毫无原则的溺爱，而是洒扫应对、事无巨细地严加管教。

幼时的父亲，天资聪颖又思想自由，精妙的鬼点子特别多，也因此常常犯错误。尽管祖父只有这一个孩子，对他钟爱有加，但他的爱不是娇生惯养，不是现今社会流行的毫无原则的溺爱，而是洒扫应对、事无巨细地严加管教，在许多牵涉到“原则”的问题上，一点也不含糊，从不肯轻易让步，姑息纵容。这种身体力行，有为有守的风格，在后来父亲教育我们时也常有体现。当然每一个孩子和父母的缘分天生不同，我与父亲的缘分，有亲有敬，但是自己从来没有依赖，所以能够感受到父亲亲近而严厉，刚强而柔和的爱，很有《论语》里说孔夫子“温而厉，威而不猛，恭而安”的意思。

祖父的家教严格如此，幸好祖母是父亲的“观世音菩萨”，每次有难，菩萨就显灵，总算能安然度过，化险为夷。

听说有一次，父亲同邻居的孩子吵架，双方互相骂到彼此的祖宗。父亲当时嘴快，一时骂错了，骂了自家的祖宗，在当地这是被看作有辱家门的事。祖父得知后大发雷霆，不由分说，一把将父亲推到门前的小河沟里，不让他上岸。周边众人急忙劝说，同时马上去找“菩萨”。祖父的“凶脾气”名不虚传，坚持要用家法。就在千钧一发之际，“菩萨”现身，祖父这尊怒目金刚也只好低眉作罢。一个影响中国文化复兴的思想家，就这样由慈祥的祖母救了下来。即便父亲是独子，祖父都可以舍亲情不由分说去严加管教，也许这样的严父，才能造就他这样的孩子。不过父亲一生不会游泳，不知道是不是受这个经历的影响。

在调皮捣蛋、突发奇想方面，我似乎遗传了父亲的基因。记得在我小学六年级时，春节期间，大家来我家拜年，我把一种两头有线，中间藏着小火药包，叫作拉炮的小炮，绑在两扇门的门锁两侧。客人一到，我只将门微开，等着客人轻轻一推门，随着一声“嘭”的巨响，小炮立即炸开。此炮虽小不伤人，但是惊吓效果极大。男宾们被吓到，事后拍拍我的头就算了；但是女宾们，有的惊叫，有的甚至被吓哭了。这下我可惨了，虽然是新年，父亲还是马上严厉地使用家法藤条，让我这辈子都记住这并不是一件好玩的事。那也应该是我这一生最后一次恶作剧了。

祖辈的家庭是典型的“耕读之家”。家里只有几亩薄田，农务并不算很重，祖父的剩余时间就都用来经商和读书。在传统的观念里，士农工商，商人排在最后一位，但由于祖父很小的时候就通过经商挑起了家庭的重担，因此，在从小就开始做买卖的祖父看来，只有经商才是世上最好的职业，生意做好了，发了财，连官府都要上门攀附。看样子，这是温州地区的人文特色，祖父也是耳濡目染，身体力行地以商为贵了。

祖父只读过几年私塾，深觉遗憾，因此寄望于父亲这根独苗。希望他能专心念书，做一个知书达理的读书人，一面经商，一面耕作，平平静静，安安稳稳地度过一生。却不料，父亲自觉地走上了一条更为艰难也更有意义的人生旅途，当然这是后话了。

父亲很小的时候就被祖父送到私塾接受启蒙教育。私塾是中国沿袭几千年的旧式教育形式，学生学的是四书五经。记诵是主要的学习方式，不求理解，只要熟背牢记即可。私塾先生摇头晃脑地吟诵，小孩子们虽然不知道念的是什么，但也学得有模有样。正是这些吟读记诵，奠定了父亲传统学问的基础。就这样上了好几年，后来总算在县小学插班上了最后一个年级的课，接受了一点新式教育。所以父亲后来说，自己一辈子连个小学文凭都没有拿到，勉强算是小学肄业。

一句谦虚的玩笑话，却是有心人说事的工具。好笑的是，现在有人拿这个所谓的学历来批评父亲，真是不知怎么能让戴上冠的猴子说人话。在有新制学堂前，所有的读书人都没有现在所谓的学历，而且若是要说有学历才有学问，真不知春秋战国时代的夫子们，怎么才会得到这些只看文凭的人的认可！这个世间办第一所学校的人，不知在哪儿上过学，怎么会有这么宏伟的见解办学。必须靠学校来认证的学问，也就不是创见，或是新知了。必须靠文凭来彰显的人群，更像是自工厂贴了品牌的产品而已。还好，这样的声音在中国是极为少数的，我们这个民族的智慧毕竟是深厚的，是有传承的。

人有“困而知之”“学而知之”“生而知之”等不同的学习层次，在我看来，父亲就是那种生而知之的再来人。我很小的时候，就听父亲说过，袁枚感慨黄庭坚的聪明，说了那句“书到今生读已迟”的名句。黄庭坚成年后，知道他前世是一个极有才华的女子，所以他自幼就是所谓的神童，聪慧过人。而父亲认为自己比黄庭坚更早清楚了自己的这种前世因缘，而且有过目不忘的能力。

尽管父亲天赋异禀，却算不得是一个乖孩子。他很调皮、贪玩。祖母护犊心切，如果不是祖父每日督促教导，严加管教，他也不可能打下这么坚实的国学底子。私塾里念的四书五经不管懂不懂，他都能背下来，几十年后也没有忘记。父亲自己也常说，自己“这点墨水”，都是小时候打下的基础。其实父亲有读书的习惯，且每天都不间断。私塾的经历不过是个起步，读书于他而言正如饮食一般，每天都要看书思考。另外他也每天静坐养息，这样的习惯，也是每日不离道的实在表现。

当时在私塾教书的先生，都是清代的遗老，大都曾考取功名，至少也是举人，很多还做过官。上课时，先生们坐着讲话，父亲和其他学生便恭恭敬敬地站在一旁听讲。后来北伐战争爆发，有次老先生们听到学生的议论，纷纷笑道：“你们这些年轻人乱听这些，书不好好读，什么开始北伐，军事是北伐，政治是南伐！”

当时在那些学生中，父亲算是年纪比较小的，听了先生们如此说，自然便按捺不住，大着胆子问："先生啊，什么叫'军事北伐，政治南伐'？"

那位先生说："你看，这些革命党，他们懂什么？就是拿到政权，做官做事都没有什么经验，拿到政权以后，用的都是清朝的遗老遗少，一切规矩都没有变动，只是表面做得很好，实际没有内容。"

父亲年纪尚幼，自然还不能理解这其中的道理。不过正是先生的这一番话，才促使他日后去探索了解中国文化中那些不曾因时势而变动的部分。

父亲有个同伴叫叶也青，两人小时候同在一所私塾念书，是十分要好的玩伴。叶也青先生对父亲小时候的事也记忆犹新，他曾回忆道："我父亲当时是地主，他的父亲是商人。我喜欢吃饼，他喜欢吃花生米，我俩常常换着吃。"他没有学拳，父亲则南北拳都练过，功夫很好。他学四书五经等古文，只是不知其意地读，父亲则逐字逐句推敲，弄明白才罢休。父亲很喜欢讲笑话，还喜欢出对联。"我看到对联就头痛，他出了上联，我对不出来，他就批评我。"叶也青先生还说，"南常泰儿时是有一些骄傲的。"父亲当然也不曾忘记这个儿时的玩伴，曾经给叶也青写过两封信，在其中一封里，讲到了自己拜师的经历。小时候自学期间，有一次，他在和伙伴们闲逛，逛进了一个寺庙，由于他当时已经学过一些关于诗词歌赋的内容，而且自觉对此颇有造诣，当他看到寺庙的"门对"时，觉得其中有的字用得并不好，也想出了替代的字，就去向住持说明。住持听后，觉得确实如此，又见提出建议的是这么小的一个孩子，就觉得这个小孩了不得，很有悟性，若再加以辅导，日后定会有所成就，便将他收入门下，还教了他一段时间的武功。

祖父特别注重家风，不仅自己身体力行，还要求父亲学行一致，知行合一。摆在桌上的《朱子治家格言》就是祖父布置的课业。父亲早晚都要向祖父背诵，不仅如此，祖父还要求他照着书上讲的内容如实地做："黎明即起，洒扫庭除，要内外整洁；既昏便息，关锁门户，必亲自检点……"

有时候父亲在阁楼上的书房里念书，祖父便会悄悄地从楼下上来，看到他念书十分认真，浑然不觉有人到来，便觉得宽慰，但还是引用"三更灯火五更鸡，正是男儿读书时”之类的诗句，正色告诫他夜里不要贪眠。父亲则乖乖地垂手听训，点头称是。祖父转身下楼稍作停顿，依旧不动声色，静静地听着，直到楼上传来读书声，这才满意地离开。

祖父布置的课业对父亲的影响是一辈子的。父亲后来在讲课或者与弟子们对话时，常常引用《朱子治家格言》的最后两句话：“读书志在圣贤，为官心存君国。”读书求学问的目的，并不是只为了学好技术，找一个能填饱肚皮的工作，而主要是先完善自己的人格，以成圣成贤为目标，技能只是附带的。若是为官，便要心存国家，“居庙堂之高，则忧其民；处江湖之远，则忧其君”。在祖父身正为范的引导和影响下，父亲从小树立的心志，正是这样的高远志向和宏大目标。

幼年读书，对于读书何为的思考，父亲也曾受到曾祖母偶然的点拨启示。有一天他坐在曾祖母的床边读书，曾祖母突然停下手中的针线活，说：“孩子啊，读书可以，千万不要做官哪！”恰好父亲当时在看《三国志》，正在为辅佐君王的事而心潮澎湃呢，一听之下，惊诧万分，便大声问：“为什么啊？那我读书干什么呀？”曾祖母回答说：“一代做官九代牛。做一代官，就做了很多不好的事，要九辈子做牛做马，回报给老百姓。所以呀，孩子，读书可以，不要做官！”曾祖母的这句当地俗谚后来常常被父亲讲课时引用，用以告诫大家读书不是为了做官，教育要有更大的目标。可以说，这样一句简单的叮嘱从那时起就改变了父亲读书为官的庸常初衷，决定了他日后“不问禄位问功德”的修行之路。

须知中国的读书人，一生所追求的人生目标，是以精通人性为学问，尽忠人事为做人。儒家的圣人，道家的至人，佛家的慧人，都是一个出处。从小诵读朱伯庐先生的治家格言，自然会“读书千遍，其义自见”，这点在父亲身上随处可见。父亲读书是可以用到生活里的，是可以用行为验证的。尤其是朱伯庐先生在临终时，遗嘱有言“学问在性命，事业在忠孝”，十个字，道尽中国读书人应该有的努力。同时我也看到，父亲是以他的一生来践行这个理念。

祖父还有一种特殊的教育方法——功过格。祖父在书房里贴了一张纸，画一百个或者三十个同等大小的格子，这些格子就叫“功过格”。祖父要求父亲每天睡前读完书后，想一想今天有没有犯错误，如果有，就拿黑笔在格子里点个黑点；再想一想有没有做好事，如果有，比如送一块糖果给没有糖吃的小朋友，就拿红笔在格子里点个红点。就这样，他每天都要对自己的思想行为进行自我检视和反省，一张“功过格”填满了，新的一张“功过格”就又来了。祖父会根据“功过格”的红黑比例，给予他相应的奖惩，不断地督促着他塑造止于至善的人格。这种“吾日三省吾身”的传统教育，使得父亲从小就特别懂得经常观照自己的内心，早慧于是非善恶的分野，养成了努力精进、自我督导的习惯。

这个“功过格”督导自身心性的方法，应该是数百年来民间教育的传统。明代的袁了凡先生也用这个方法，要求后代子孙审视自己的所作所为，是一个简单易行的反省手法，或许可以再次推而广之。

祖父白天打理杂货铺的生意，晚上一消停，便拉一把摇椅坐在父亲的后面，监督他读书。对于父亲而言，在这长久的教育环境里，读书成了必不可少的习惯，不被监督也不会偷懒，不过有时候他也喜欢看看闲书。当然他不敢当着祖父的面看，常常偷偷在书桌下面的抽屉里放一本《红楼梦》，得空的时候瞅几眼，翻几页。祖父自己也爱读书，在摇椅上摇，轻声吟诵：“……尘世无繇识九还啊！……”这是祖父最惬意的时光。祖父的读书是“玩索而有得”，是极大的身心愉悦和享受，“咏歌之不足，不知手之舞之，足之蹈之”。这种读书之乐的态度和方法，对父亲潜移默化的影响也是极大的。他一辈子反对死读书、苦读书。特别注重把书真正“读”出声来，通过吟诵歌咏发现文字的音乐之美，画面之美。他也强调读书的乐趣，在玩味思索之中得到享受和启发。他后来所热烈倡导的“儿童读经运动”，其目的也在于此。

祖父打拼下来的家业，让南家虽然算不上是大富大贵的人家，但方圆几里之内，也称得上是衣食无忧的小康之家了。家里雇用了不少人，还有跟随祖父学做生意的学徒。但一到冬天，夜里下了大雪，一大清早，天才蒙蒙亮，祖父准会把还在睡梦中的父亲叫起来扫院子。祖母心疼得要命，埋怨道：“何必呢？家里有用人啊！夜里读书那么晚，就让他多睡会儿吧？”祖父很固执，认准的事情绝不改变，何况是要贯彻自己教育原则的事情呢！非要父亲出来扫不可，向祖母说道：“你不要娇纵他，不然长大了没得出息，不知道人事的艰苦。用人固然有，为什么他该享受啊？”父命难违，父亲只得起来，睁着惺忪的睡眼，穿好衣服，拿起扫把，一个人扫起雪来。祖父甚至还特意不让他戴手套，他的手冻得都肿起来了，像螃蟹一样。虽然祖父看着心里也疼惜，不过还是静静地看着他完工，方才让他吃早饭。

祖父自己经历坎坷，饱尝人情冷暖、世态炎凉，全靠自己打拼才在那个举目无亲、无依无靠的小地方得以立足，赢得了地位和尊重。他曾告诉过年幼的父亲两副对子，父亲一生铭记。一副是这样说的：“富贵如龙，游尽五湖四海；贫穷如虎，惊散九族六亲。”祖父解释道，一个人有钱有地位就会像一条龙一样，自由自在，游尽五湖四海，所以富贵很重要；一个人穷了就像老虎一样，亲戚朋友见了都害怕，认为是来揩油的，躲避唯恐不及。祖父借此告诫父亲：“孩子啊！小心节省，一文钱逼死英雄汉啊，一块钱会逼死你，最难是一块钱。”另一副对子则是：“打我不痛，骂我不痛，穷措大肝肠最痛；哭脸好看，笑脸好看，田舍翁面目难看。”穷措大，就是穷小子；田舍翁，相当于现在的有钱人。人只要活了一定年岁，对人间事阅历多了，再来看这副对子，就会认识到的确是世间的真实写照。父亲从小接受祖父“天下无如吃饭难”之类的教育，年少便只身行走江湖，深知“壮士穷途一饭难”的个中滋味。所以他后来在开堂讲学之时，开了“人民公社”，广开门庭，不分尊卑贵贱，只要愿意谁就都可以来家里用餐吃饭。

对于钱这个物事，父亲从来没有当回事，自小告诉我们，只有用掉的才是曾经拥有的。父亲也告诉过我：“在这个世间，能用钱解决的事情，都是小事情。”这话听是听了，左耳进右耳出，哪里在意啊！何况在年轻的时候，觉得钱不是万能的，但没钱真是万万不能。对于这样的话，实在是无法体会的。几十年以后，经历的生活体验多到足够了解这个说法，才知道这个世间有钱而不能解决的事情太多了。每天在法院，在医院，在人情上，在家庭里，有太多的事情都不是钱可以解决的。许多的事原来是要用生命去解决的，照顾该照顾的，偿还该偿还的，这些事真是大事啊！智慧，不是因为年纪而增长的，而是因为经历而启发的。父亲对钱的看法，实在是豁达又智慧。

父亲小时候，祖父的生意尚可，从来不需要为钱这事烦恼。祖父在柜台后面置有一个有点深度的大盘，每次找来的细碎零钱，都会往盘中丢，渐渐就累积了非常多的铜板子。父亲有一次想去买糖果，找不到大人，就自己跑到店里，在盘里抓了一大把铜板子。因为没有口袋，就把衣摆掀起兜着铜板，然后就往后院跑。伙计们看到，也当小少爷调皮，没人去说他。可是他回到后院，却遇到祖父正面走来，当时吓得双手一松，铜板滚了满地，也就少不得一顿说教了。

我记得我们家里，也有这样的钱桶。我是最喜欢接近父亲书桌的孩子，常常都会有惊喜。我很小的时候，在父亲书桌下面挨着墙的角落，发现过一个长条的薄铁皮直桶，不大却很重。我好奇地打开一看，原来都是一角到五角的铜板子，那个时候吃碗面就是几角钱，这些铜板可值钱嘞。就是因为我拿了铜板子去买小人书，后来被父亲责罚了一顿，也因此听到他讲自己的故事了。

父亲一生做什么事情都是专心致志、诚心诚意，待人接物也非常古道热肠、侠肝义胆，这些也都与祖父的言传身教，以及他从小养成的高迈人格有莫大的关系。所以后来在抗日战争、国共内战，以及到了台湾以后的做人做事上，都一再地表现出这样的性格。

现在很多大学生毕业后，做人做事不能心诚意正，总是自命过高，急于求成，很少愿意到一线工作。即便到工厂做事，也绝少诚心干好一件事，干个一年半载的就要跳槽，越跳得快，薪水就越多，然后再读个硕士，薪水就更多了，拿个博士，薪水再加上去，并没有真正诚心地在学东西做事情。

过去师徒之间并不是这样的。在祖父家里，徒弟学三年只管给饭吃，只给一点零用钱，没有薪水，三年以后开始起薪做伙计。当时家里有个布店，招了个学徒，做了五六年，祖父对他说："你行了，开个布店去吧！"学徒说："不行啊，那我不是对不起你，跟你抢饭吃吗？师父，我不能走。"祖父说："不要紧，我鼓励你，给你本钱，你到别的地方去开一间同样的布店。"这个学徒才勉强告别，去做老板。以前的师徒关系，纯正如此；以前的人，忠义如此，恐怕现在亦不多见了吧。这些都是只有在中国传统文化的浸染下才有的人格魅力。

祖父还有一种特殊的能力——看人。具体地说，是会看老人还可以活多久。有一次祖父告诉父亲说："你那个私塾先生我看是'不久之客'了。"所谓"不久之客"，意思就是在人世做客的时间不长了，活不了多久了。父亲听不明白，旁边人也不懂，于是就有人问他："你怎么知道的？"祖父说："他的神已经松张开了，像花一样张开了、散了，看到人茫茫然，所以就不久了。"祖父这种略带神秘色彩的观察人世的方法，可能也激发了父亲洞察生死、化度众生的初始渴望。

父亲幼时，祖父家里经常有一些修道的朋友一起清谈参禅，父亲总爱在旁边跟着听。那些人讲的话总是让人听得莫名其妙，譬如："若要人不死，先要死个人。"年幼的父亲听得云山雾罩：难道是要想学到长生不死之法，先要把自己变成死人吗？还有这样的话："未死先学死，有生即杀生。"实际上这些都是修行方法，是参禅的话头，只是，父亲当时还太小，根本不懂背后的含义。但他就是不肯放过这些生涩的话题，于是就按照字面上的意思暗地里琢磨。"未死先学死"，依着葫芦画瓢，他就每天晚上睡在床上先学死，装死人。听说有个生命的窍在某个地方，他就东摸西摸，什么上丹田、下丹田，全都摸了个遍。由心窝子以下到肚脐以上，这一带有条腺体，叫青春腺。这个青春腺一觉睡醒了，如果真恢复了会得乐感，会发快感。这种快感和乐感在十一二岁晨起时更容易获得。结果，按照父亲自己的话说就是"玩索而有得"，这个机锋最终也误打误撞地被他参透了。他后来说，自己几十年来问了很多人，询问他们有没有感知到这条青春腺，只有三个人答复有。他认为这三个人都是修过道的，真正参透了这个话头。父亲一生重视体验修行的方法，对传统文化的弘扬也多归宗于佛法，想必这些都与幼时就对这些话头机锋感兴趣，并能够早早地觉解和“参悟”不无关系。

祖母也信佛，虽并不大懂得什么佛理，不过常常会有一些惊人之语，影响到了父亲。有次父亲问她：“妈妈，菩萨的眼睛为什么半开半闭？为什么不张开眼睛？”这个问题实在不好解释。可是祖母却以她的理解，不假思索地给了一个精彩的回答：“世界上的人太坏了，菩萨只好半闭着眼，不看为妙，如果张开眼睛一看，这么乱糟糟的世界，那真要气死了。”父亲一听，哦，原来是这样子的啊！如此解释好像也符合现状，还蛮有意思的。

还有一回，当祖母在烧菜时，突然看到酱油没了，便叫父亲去到隔壁店里打一碗回来。父亲以前从没买过酱油，为了圆满地完成祖母交给他的任务，很是谨慎小心。他交了钱，打好酱油，准备往回走。他看到碗里的酱油一晃一晃的，感觉要溅出来似的，于是他就小心翼翼地边走边看着手上的碗，不让酱油洒出来。然而事与愿违，他越是小心，碗里的酱油就越是摇晃，结果却因为碗端得太紧，竟把整碗酱油都晃出去了。看到自己小心呵护的酱油竟然一点面子也不给，全洒了出来，一想到前功尽弃，功亏一篑，他气得直接把碗摔到了地上。过了一会儿，还得回去交差，只能空着手回家复命，准备接受祖母的批评。

祖母深知父亲的脾气，一看他垂头丧气，就知道他准是把酱油晃没了。令父亲惊讶的是，祖母并没有生气，也没有骂他，只是叫他重新拿一个干净的碗再去打，并嘱咐他，不必害怕，不必看碗，只管打来就是了。听了祖母的话以后，父亲就改变了策略，不再像之前那样，而是买了酱油，头都不低，看都不看，不把酱油放在心上，也不怕它晃出来，只是昂首挺胸地走着，很快就走回家了，而且酱油一滴也没有晃出来。父亲后来回忆起这件小事时，总觉得这其中蕴含着深刻的道理。他解释道，事情就是这样，你越在意，就越紧张，反而就更易失去。对于这一点，练过武的人应更能体会个中三昧，重要的是不刻意勇猛，而是自在欢喜，静坐也一样。其实，这和人的自我心理暗示有关，紧张与担忧会造成暗示作用，那么结局就会偏向于已经忧虑的可能性发展。对于某些东西，就如手中的沙子，你攥得越紧，就越容易丢失，不如放开心去，自在豁达，可能收到意想不到的效果。这个也就是美国人喜欢说的“墨菲定律”，其实就是我们俗话说的“心想事成”，好的事，坏的事，都可能因为心理暗示而发生。

后来有人问父亲：“你那个碗打掉了，为什么头都不低，看都不看一下呢？”他说：“都已经掉在地上了，再看它干吗？如果平常我们打翻了一瓶酱油，大概要在那里看个半天，一直感到可惜，然后去捡那瓶子，摸摸酱油，却又把手弄脏了，往身上一擦，反而将油迹沾在衣服上，气在心里，心里直骂该死，这不是很笨吗？破了就破了，盯在那里自怨自艾，何苦呢？”

祖母对他的这些提携，都是极为日常之事，可能并非有意为之，父亲却铭记了一生。一直以来，父亲对普通老百姓的智慧十分敬重，在他的讲演中也多用些伦常日用的例子，这不过都是些随机度人的方便法门。更重要的是，他认为，在看待世界方面，专家学者不一定就比贩夫走卒或荷锄老农来得深刻，同理，在生活中，前者也不见得就比后者过得幸福愉悦。真正的智慧都是朴素平常的，父亲常常用这些朴素的智慧现身说法，这大概也与祖母的教导有直接的关系。

祖母应该是个非常圆融智慧的人，对父亲的疼爱也是非比寻常，可是他们母子一生的相处缘分却只有十数年光景。祖母耳顺之年还因为海峡两岸的分隔状况，受尽屈辱折磨。在经历儿子远走他乡，丈夫客死异地，乡亲的争斗，到孙辈的砥砺成才，所有的苦难遭际，都没有改变祖母乐观积极的人生观，她老人家到了九十多岁依旧能背《千家诗》。节俭的习惯，让她总是把洗脸水留下来，用来洗假牙，年纪虽然大，每日三餐都还是吃干饭，身体非常健朗，过世时也年过百岁了。

祖父母一向和睦要好，可是有一次不知道因什么事吵了起来。父亲正看书看得痛快，听到两人吵架，一下子升起了无名火。他往两人中间一站，大声说："不要吵了，你们两个人吵什么东西！吵得我不能看书了！"说完这话，自己都感到莫名其妙，不知道为什么有勇气发了这通脾气。祖父母被父亲吼得一下子愣住了，两人之间的争吵也随之停止。

父亲当然知道这样对长辈吼是不对的，心里十分羞愧和后悔，却不知道为什么会这样。结果当天晚上，祖父却主动告诉他说："孩子，你终于长大了，现在你犯错误，我不会打你了，只给你讲道理。"听到祖父这番话，父亲再也控制不住，眼泪哗啦啦掉了下来，只觉得这似乎是很严重的一个问题，却讲不出一个道理来。祖父看见他掉眼泪，欣慰地笑了，赶紧把他的眼泪擦掉，说："去读书，好好看书去，没有事。"语气罕见地和缓温柔。这件事对他而言更像是一次不期而遇的成人礼。通过这件事，父亲也明白了祖父之前的严厉并不是没有道理：对待懵懂小孩有对待懵懂小孩的方式，在他们少不更事时，事无巨细地"耳提面命"，是因为孩童之气未脱，无法对自己的所作所为负责；而当他们一旦显露出成人的情感，就必须即刻换一种教育方式了。父母的权威并不在于一味地压制子女，而是在他们尚未脱离稚气时引导他们，在他们已然有了独立认知之后，尊重并辅导支持他们。也许这正是祖父通达独到的教育智慧。

父亲小时候就显露出一些天分和才气，有些是无师自通，有些是误打误撞，有些是机缘巧合，有些是潜移默化，有些甚至还有早慧开悟的意味。但毫无疑问，教育也是一种因缘，有着相当材质的人，也需要在合适的时候遇见合适的施教者，为他创造合适的成长环境，这样才能不断地启发他、造就他。如果说父亲这一生有所成就的话，那么，可以肯定的是，祖父母的缘分和爱护为他奠定了厚实的基础。

今天许多人提起我的父亲，都认为他是国学大师，肯定是受了些异乎寻常的教育，殊不知他的国学才华大都是自修而来，少有师承。童蒙时期的从学经历使他从一开始就异于接受完整新式教育的人。所以，他一直强调自身参验体悟的学习方法。因而，一般学者讲究引经据典，刻板地要求毫厘不差，却常常是了无新意；亦有大儒学者，通一经之论或以某家师承为念，解说不出古意，只是局限一格，不能突破。而父亲对儒释道的贯通圆融，对经典的诸多解说，本质上是对世间万事的通彻明了，而非拾人牙慧、拘泥古人的枝末功夫，实乃明心见性、直指本心的本体功夫，而这正是鸿儒所为，引用古文不过是为方便行事罢了。

四、总角情谊无尽期

在他的心里，久别未重逢的林梦凡始终占据着特殊的地位，有着不一样的分量。

父亲十一岁时，被祖父送到县第一小学上学。二十世纪二十年代的中国，虽然距离清王朝被推翻已有十余年了，这时的中国，才刚刚从第一次国共合作，北伐成功，东北易帜，进入到全国统一的局面。

但新的国家并未实现真正意义上的政治统一，文化和教育观念更是处在新旧交替、异见杂陈的时期，教育总体上缺乏统一的格局，表现为地区差异极大，什么样的形式都存在。在父亲上小学之前，北洋军阀从直皖战争到直奉战争的不断争战，也影响到浙江一省。第二次直奉战争的前哨战，江浙战争就曾经让浙江成为江苏和福建军阀的攻击目标，只是战乱区域，多在北部和西部山区，温州并没有太多被波及。可是这样的动乱，也影响到当地的教育。乐清地处偏僻，现代教育观念和形式尚未普及，整个县城只有几所小学，最好的就是第一小学。县里的名流和乡镇里的乡绅，但凡开明点的家庭，都把自家的孩子往第一小学送。所以上第一小学在当地是一件了不起的大事，也是件新潮的事。大概那个时候的小学毕业生，相当于过去的秀才吧。

父亲从小上的是私塾，读过四书五经和许多其他古书，但对现代教育的算术、化学、卫生等科目的知识，可以说是未曾接触。祖父在教育上从不含糊，于是想方设法，托人情送礼物，花了不少气力才把父亲送到县第一小学，插班读六年级。

第一小学在城里，主要是为县城里的孩子办的，所以不能寄宿，家里也没有人可以在县城陪读，祖父便拜托城里一位林姓朋友，让父亲借住在他家里。林家经营一家小面馆，风味不错，生意挺好，家境称得上殷实。这位朋友与祖父相识既久，也是急公好义之人，自然满口答应。

总的来说，父亲在第一小学的时光还是很开心的，毕竟换了一个新的环境，结交了新的朋友，学了新的课程，就连老师授课的方法都与私塾大不相同，什么都新鲜，什么都有趣。唯独令父亲有些郁闷的是，在学校里，他个子小，老师便把他安排在第一排，排队就让他排在最后一个，加上他是乡下人，常常受其他小孩的欺侮和嘲讽。虽然父亲从小学过武，但从不记恨欺负过他的孩子，从来不睚眦必报，也未曾施展过功夫对谁打击报复。

林姓朋友的儿子也在第一小学念书，叫林梦凡，也是独子，性格很好，几天下来，已经与父亲成了亲密无间的好朋友。林梦凡的母亲对父亲也很好，就像对自己的儿子一样，有林梦凡吃的、用的，就有父亲的一份。两个小伙伴同吃同睡，一起上学下学，情同兄弟，自此结下了深厚的情谊。

有一次，父亲和林梦凡相约去赴一个喜宴，两人一路谈笑风生，嬉笑追逐，一个举着旗子的麻衣相士突然出现在路前方。当时游方的相士很多，其中不乏江湖骗子。两人停了下来，商量了一下，决定测试一下，看这个相士究竟是不是冒牌货。两人便赶忙走上前去将他拦住，请求给看个相，卜问一下个人的前程。

那相士一看，是两个小孩子，以为他们是在胡闹，便随口说："算不了，算不了。"

父亲一听，讥讽道："什么算不了！是不会算吧！要不然我给你算一卦吧！"

相士觉得这小孩子说话异于常人，这才停下脚步，上上下下、前前后后、仔仔细细地把两个孩子看了个遍，认真地问：“孩儿，你们知道自己的生辰八字吗？”

二人见相士一脸严肃的样子，反倒觉得不好意思了，赶紧报上自己的八字。

相士拿出一本泛黄的旧书，翻看了好一阵，才缓缓地把书合上，半天不说话，只是一会儿抬头看天，一会儿低头看父亲。

父亲被看得心里没有了底，连忙问到底怎么回事。

相士说：“天机不可泄露。你们走吧。不要你们的钱。”

父亲一听，乐了，说：“你什么都没有算出来，还好意思提钱哪！你要是算得好，我自有钱付给你。”

相士或许是见不得两个小孩轻贱自己，便对父亲说：“好吧，那我送你们一人一卦。你是有大福报之人，日后必定名垂青史，堪比伟人。”接着转向林梦凡，长叹一声，说：“你一生注定如闲云流水，名利与财富都留不住。”说完就走了，没有再提卦金的事。

两个小孩子听了，似懂非懂，也不以为意，继续开开心心赶路吃喜酒去了。小学毕业后，父亲在家里自修了几年，最后离开家乡去了杭州，从此走上了求道传道的别样人生道路。林梦凡后来在南京中央政府谋了个文职秘书之类的差事。

国共内战快结束的时候，父亲准备去台湾。临走之前，父亲找过林梦凡好几趟。父亲苦口婆心，陈说利害，特别诚挚地希望林梦凡能与自己一同登上去往台湾基隆的轮船。但林梦凡说，自己只是文职，没有开过枪，没有杀过人，将来新政府应该不会为难自己，况且自己的妻儿父母都在，拖家带口远渡海峡难度太大，即便到了那边，无亲无故的，一切从头开始，连生计都是问题。林梦凡坚持自己的选择，留在了乐清。父亲劝说无果，只好嘱咐善自珍重，便匆匆告别。不承想此次一别，直至父亲去世，两人竟再也没有见过面。这是父亲一生常常提起的一个遗憾。

新中国成立之后，林梦凡当过小学教员，也曾受过批斗。平反后，他的教员身份得以恢复，之后便过着看书、习字、钓鱼的平静生活，直至二〇〇三年无疾而终。财富与名利在林梦凡身上未曾留下过多的印记，冥冥之中似乎应验了那个相士的预言。

虽然两地相隔，但两人并非从此完全断了联系。大陆改革开放后，父亲借用各种关系，终于与林梦凡重新取得了联系。之后两人一直鸿雁传书，以信件传达老朋友彼此之间的关心和情谊。父亲始终不忘林家旧日对自己的恩情，多次电汇美元资助林梦凡家用，而且每次新作付梓出版，都会第一时间寄给他，并在每一本书的扉页上写下“梦凡吾兄教正”之类的话。

一九八七年父亲旅美期间，曾亲笔写下一首诗赠送给林梦凡，诗中描述的正是两人深厚的总角友情：“总角交情七十年，一生岁月乱离天。心空玉树临风相，才薄中流逆水船。早识劫余（书法作品中是“馀”）当高隐，如何老去犹行颠。呼童且换修罗手，百代清平可息肩。”

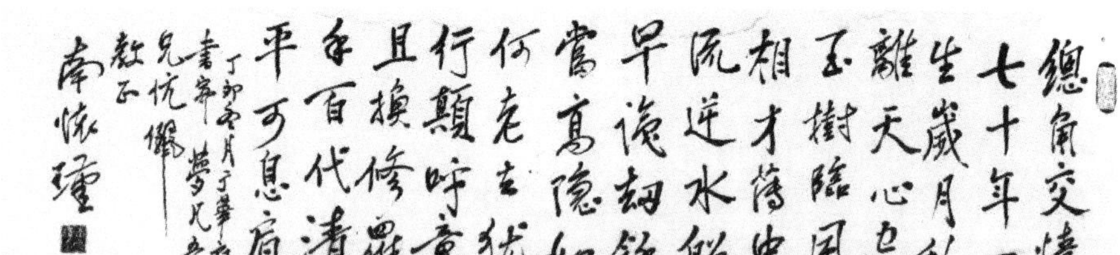

父亲送给林梦凡的书法作品

在后来一封写给林伯伯的亲笔信中，父亲还直抒心怀，把自己内心最真实的感情和想法毫无保留地向他倾诉，其中有一段话这样写道：“我的事，非一般世俗中人所能了解，除非有一天能坐下写回忆录，至少可达百家言之谱，然后世人方得知其始末因由也。我亦年迈，常在身心煎熬中过日子，只是能忘身忘生为人谋，为国谋，尽片微躯，不记成败而已。”

父亲是把林梦凡这个发小当作至交知音的。“有朋自远方来，不亦乐乎”，这是父亲的交友信条，所以他的朋友之众，涵盖的行业之多、地域之广，少有出其右者，但在他的心里，久别未重逢的林梦凡始终占据着特殊的地位，有着不一样的分量。如那位相士说的那样，父亲已经“名满天下”，但他始终对这位失散多年的总角之交十分感念，正所谓“相识满天下，知心有几人”。

五、家变异数祸兮福

一个人在“福报”很好的情况下，不要把“福报”一下子都用完了。修得了“福报”，也是要慢慢用、省着用的。

个人、家庭的幸福与否往往与整个社会、国家息息相关，国家富强，则“远者来，近者悦”，国势倾颓，则“远者避，近者苦”。二十世纪二十年代，处于内忧外患的中国就更是如此了。在那个视人命如草芥的时代，个人往往频遭厄运，无数家庭也因人祸天灾而凄惨度日，无以为继。

一九一二年后，中国政局持续动荡，国力逐渐衰败，政府无能，但随着通商口岸的打开，沿海经济和航运业得到了一定程度的发展，然而，彼时军阀混战，生产屡遭破坏，田园荒芜，民不聊生。于是，流民之中或为匪或为盗者日渐增多，中国东南海域的海盗活动再次猖獗起来。常常有沿海地区船只被劫、邮包被扣、船员被伤等消息见诸《申报》等报端，海盗之患成为一个社会热点问题。一九二〇年十月，《申报》发表时评称：“时届冬令，每多盗匪劫掠之事，故官中名之曰冬防。实不知其何以至此。然至冬时，劫掠之案自多于他日，即以租界各地而论，亦已可证。意者冬令于需食之外，又需御寒，需用既多，故贫困之徒，不能不为盗贼欤，抑或冬时富有之人，多所收入，为盗贼者视其时为合宜之时……”很多海盗实际上是由军阀内战时的散兵游勇组成的。

同样的历史也在明朝发生过，因为张士诚的兵败，加上日本军阀的争斗，日本社会也有许多浪人散兵，他们与中国海匪结合，引发中国沿海一带冲突不断。整个明朝都没有真正处理好海盗问题，甚至到了明朝灭亡之际，还是由海盗出身的郑成功家族，在台湾短暂地继承了明朝的正统，这也是奇事。唯一不同的是，明朝的海匪应该是有比较高强的海军技术的，毕竟那是中国曾经称霸海上的辉煌时代。可惜的是后来开设海禁，加上我们民族安土重迁的观念，中国没能真正成为海权国家。而几个世纪后，英国的维多利亚女王就利用了他们的海盗，打击了西班牙和葡萄牙的舰队及商业利益，进而称霸世界。

民国时期，海盗主要集中在江苏、浙江、福建和广东等海域，他们的主要活动区域包括吴淞口的铜沙洋面，闽浙交界的温州、台州洋面，闽省的厦门附近和广东的汕头、汕尾海域。关于海盗的传闻，祖父是做生意的，消息灵通，自然有所耳闻。但是，毕竟自己的家离温州洋面还有相当距离，海盗主要劫掠商船，一般不会到岸上活动，所以也并没有什么防备。谁料，家里竟然招致了海盗劫掠这种无妄之灾。这件事情还得从头说起。

父亲在城里小学读了半年，到了年关放寒假，学生们都回家过年了。他提前给林家人拜了年，就兴冲冲地往家里赶。新春佳节快要到了，家家户户不管收成好坏，岁入多寡，也不管政局多么混乱，辛苦劳累了一年，一家人总要热热闹闹、开开心心地吃顿团圆饭，从正月初一到十五元宵节，天天走亲访友，招待客人，忙得不亦乐乎。本来单是过年就够热闹的了，当年恰好又赶上给曾祖母做六十大寿，祖父是个大孝子，打算好好为曾祖母过个生日，热闹热闹。所以家里不免天天开十几桌的席，宴请亲朋好友、左邻右舍和乡里乡亲。祖父在乡里本来人缘就不错，加上他刚刚捐修了一个陡门，更是受四邻乡人的敬重，因此前来祝寿的人特别多，其中来“蹭饭”的，肯定也不少。就这样，声势浩大、热火朝天的宴席一直持续到正月十五元宵节。

生日宴好不容易才结束，此时离开学的日子还有好几天。然而，宴会结束后的第二天一大早，父亲突然从梦中惊醒，直直地在床上坐了好一会儿，不知道在思索着什么。早饭时，父亲突然向家里宣布：“我要走！不能待在家里了！我要上学去！”态度异常坚决果断。

祖母就问：“为什么要这么早去上学呀？离开学不是还有好几天吗？现在不能去！”虽然祖母再三劝阻，也没拦住执意要走的儿子。

祖父最近一段时间忙着给曾祖母做寿，累得很，也没有心思管他了，就发话同意让他走：“走可以，你自己一个人去吧。”

父亲鬼使神差地一心只想赶紧离开家，到县城里去，没人送也不在乎。他收拾好行李就上路了。一个十来岁的小孩子独自步行几个钟头，进了城，还是住到林家。父亲给林家大人拜了晚年，送了祖父让带的礼物，放下行李，就和林梦凡到城里逛去了。这个时候，年味已经渐渐淡了，不过两个小伙伴依然玩得十分开心。

第二天上午，有人大声地敲林家的门。林父打开门一看，原来是祖父从家里派来的用人。来人急匆匆地说，南家昨天夜遭海盗抢劫了。父亲一听，吓出一身冷汗，怔怔地站立不动，一句话也说不出来。来人塞给他一张纸，叫他到县里报案。父亲这时才清醒过来，打开一看，原来是祖父写的状纸。林父赶忙到县衙报了案，县里接了状纸，说会尽快处理，先回去等候。林父怕父亲一个人回家不安全，便亲自带着他回到乡下老家去一看究竟。

到了乡里，远远地就看到南家门口围了一大圈人，七嘴八舌，议论纷纷。进了家门，只见锅碗瓢盆散落一地，柜子桌椅倒的倒，散架的散架，还有一些衣服也被扔在地上，房顶上挂着的大红灯笼也被戳破了，咧着个大口子。父亲毕竟是生平第一次遭遇这样的剧变，一时无所适从，张口结舌，呆立一旁，说不出话来。

见林父带着自己的独子出现在家门口，原本一脸颓丧的祖父母这才稍显欣慰。祖父招呼林父坐下，把父亲叫到身边，这才慢慢地道出事情原委。

原来，经过多天的热闹嘈杂，昨天晚上，南家人好不容易才把家里收拾停当，便早早地歇下了。半夜时分，突然传来一阵打砸门窗的声音，祖父从睡梦中惊醒。祖父的杂货店，前面是门脸，后面是住屋。细听辨认，声音是从商店那儿传过来的。祖父当下判断，很可能是海盗来打劫了。他赶紧把大家叫醒，让大家不要管家里的东西，赶紧逃跑，自己光着脚先从后门跑出去求援搬救兵。家里一阵慌乱，有些人还迷迷糊糊的，不知道发生了什么事情。这时候，门被撬开了，一群拿着刀枪的人冲进里屋来。祖母急中生智，把戒指耳环摘下来，拱手交给带头的人，说："主人都跑掉了，我是他家的用人。这是主人的首饰，都给你们。"祖母平时就很朴素，穿着本就不怎么讲究，也不爱打扮，夜里又看得不是十分真切，海盗便信以为真，放过了她。海盗们肆无忌惮地翻箱倒柜，把家里和店里值钱的、能带走的东西席卷一空。临走时，一个海盗看到厅堂里的大红灯笼还亮着，就顺手用枪把它扎破一个大口子，这才满意地走了。可幸的是，海盗志在钱财，并无意伤人，抢劫时祖母和用人们都没有抵抗，所以没有人伤亡。等到祖父带着一群"盐兵"赶到时，那帮海盗早已不知所终了。

遭受海盗的这次洗劫，祖父的财产损失极为惨重，辛苦半辈子的心血几乎全部付诸东流了，但好在全家人的性命都保住了。祖父天性豁达，深信"留得青山在，不怕没柴烧"，倒也看得开。最令他宽慰的是，孩子竟然神奇地逃过一劫，毫发无伤地出现在他身边。林梦凡的父亲也以"破财消灾""钱财乃身外之物"之类的话语为祖父排解忧愁。

经祖父一说，父亲听得心惊肉跳，自忖身为南家独子，若在家中，恐遭不幸，必遭海盗绑架勒索。幸而一个莫名其妙的念头让自己避过这场祸端，现在想想，大概是天意吧。祖父不想让他过多操心家里的事情，便托林父继续把他带到城里等待开学。

从这个偶然事件上，父亲后来竟也悟出一番终身受用的道理。他经常说如果不是因为祖父大肆操办曾祖母的六十大寿，可能也不会招来海盗；祖父的小康之家还能细水长流，平平安安。所以，在中国传统文化中，不轻言做寿。拿佛学的道理来讲，一个人在"福报"很好的情况下，不要把"福报"一下子都用完了。修得了"福报"，也是要慢慢用、省着用的。也许正是因为童年时代的这个经历，父亲一生都淡泊名利，发善心善缘，却从来都是"为而不有"，不居功自傲。真是应了那句"满招损，谦受益"的老话了。

尽管神奇地躲过一劫，但此事对父亲的一生似乎都有着深刻的影响。他没有把它看成一桩有惊无险的飞来横祸，而把它当作一个值得铭记终生的教训。我们子女自小就听从父亲说的“财不露白”的训示，随时检点自己，不喜欢张扬。

也许正是因为童年的这些经历，虽然父亲才华横溢，但为人处世时，无时无刻不放低自己的身段。对人，他谦逊平和，不管是对待达官贵人、富商巨贾，还是对待贩夫走卒、平头百姓，都是同心同理同等对待。对己，他谦而不溢，低调行事，即便后来名声日隆，也从未轻狂恣肆。他总说自己最不喜欢别人像看明星那样对待他，他一生自知肩负着普通人无法理解也无力承担的重责和使命，从不为外在的功名利禄而发善心善缘，讲学著述非但不为“稻粱谋”，而且稍得余钱便常常乐此不疲地扶贫济困，秉持着“为而不有”的菩萨心肠助力公益，且功成弗居，急流勇退。他从来都是把自己当作普通的修行之人，远离名利之场、富贵之地，一生修行不辍，与天下人无碍，以期度化普天下的普通人，从不高高在上。如果说父亲有什么不同的话，现在看来，或许就是童年的这些遭遇使他早早地觉醒了自己的慧命吧。

六、师事诗馋朱复翁

他重视举一反三，反对死板灌输，喜欢采用赏识激励的引导方法。

父亲十二岁就会写诗了，这原本没什么稀奇的，因为他天资聪颖，平日里读诵的又全部是古诗文，私塾里教的也都是传统的作文方法，训练得当，对写诗有自己的独到体悟，因而，会写诗就成了自然而然的事情。但是，他的诗作得好，不仅在文采上超出同龄人许多，而且在意蕴上也别具一格，这其中很大的一个原因，就是他有一个学问了得、功力深厚的启蒙老师——朱味温。名师出高徒，作为知名的民国诗人，朱味温先生精心教授出来的弟子自然不会逊色。

朱味温（一八七四至一九三三），榜名朱鹏，字加煊，号味温，一作味渊，晚年又号复戡，出生于现在的温州乐清市黄华镇岐头三村。朱味温十八岁时就读于乐清县城里著名的梅溪书院，师从“东瓯三先生”之一的陈黻宸与当地名士黄鼎瑞。朱味温学问很大，不过生不逢时，考功名时官场黑暗，自己一没有钱财贿送，二没有人疏通关系，自然是落了榜。心怀愤懑的他到处游历讲学，结识了不少名士，也培养出了许多人才。那个时候的文人都有经国纬政、学而优则仕的理想，朱味温也不甘心只当个教师，一直在寻找机会从政，希望有朝一日能够大展宏图，施展自己的满腹才学，为国为民谋福利。后来，他担任过一个县级小官，还从过军，当过军官。不过在这条道路上，他并没有取得可以骄傲的成就。历经清末和民国，朱味温从教、从政、从戎，阅尽人世沧桑、世事变化，谈论起时政来，针砭时弊，愤世嫉俗，意气万丈。乡里人都把他看作奇人高人，对他敬重有加。不过，他最大的成就还是诗歌和教育。朱味温酷爱写诗咏诗，自号“诗馋”，曾将诗作结集为《台江骊唱集·天南鸿爪集》《严江吟草》《雁荡吟》《南行续集》等。他去世后，弟子集资刊其诗集《复翁吟草》。朱味温的诗现存共四百多首。后来，父亲也专门给这位启蒙恩师出过诗集，下文会有详细说明。

在多年的教学实践中，朱先生总结出一套行之有效、符合教育规律的教育方法。他重视举一反三，反对死板灌输，喜欢采用赏识激励的引导方法。他的弟子朱镜宙后来在《朱复戡先生传》中写道：“先生每以时论课诸生，反复设问，务使各尽其才，偶有未安，为点易数言，稍可，则密圈似连珠，使后生不知有学文之苦。若得佳制，曼声朗诵，抵复至再，往往摇首击节，唾咦四溅而不自觉。”朱镜宙对这套激励机制十分受用，觉得受益良多：“镜宙亦因先生循循善诱，才思焕发，畅言毋隐，一洗其畴昔局促之态。”朱味温的这种教育思想与教育方法，即便放在现在也是非常先进的。

朱先生在上课时，全身心投入，满腔热情，肢体语言十分丰富，可以称得上声情并茂，感染力极强，这种方式非常有利于提高学生的学习积极性。他的弟子黄式苏在《朱君复戡行述》中形容说：“予任温州师范学校监督，延君主国文讲席。君口讲指画，涕唾横飞，或曼声高诵，手足舞蹈，见者窃笑之。”

父亲也对朱先生这种教育方式十分钦佩，认为朱先生这种言传身教的态度对学生的影响特别深刻，感慨道：“何以受其滋培影响而如此亲切者，此无他，即古所谓言教不如身教。”

朱先生始终秉承这种教育精神和方法，春风化雨，润物无声，培养出一批又一批杰出的弟子，不仅深受弟子的敬重，而且成为浙南名师，许多大户人家争相延聘。朱先生走到哪里，就在哪里栽培弟子，所以他的弟子遍布浙南，其中佼佼者，乐清有朱镜宙、林佛性、先父怀瑾、郑哲民、洪式闾，瑞安有伍叔傥，永嘉有柯逢春，鹿城有徐堇侯，青田有陈诚、叶迈，人称“朱门十大高徒”。父亲后来说自己与国民党政要陈诚师出“同门”，指的就是同朱先生的这一段师生因缘。陈诚是浙江青田人，朱先生曾在青田教过陈诚，在古时讲究师从关系，受过同一个老师的教诲，就称“同门”。其实，父亲比陈诚小二十多岁，一辈子同这位隔空“师兄”也没有直接打过什么交道。

机缘相合，虽然时间短暂，父亲依旧可以称得上是朱先生的关门弟子。一九三二年暑假，父亲在温州读中学的表兄王世鹤回来度假。王家是当地大户人家，听闻朱先生是久负盛名的名师，便延聘他来给王世鹤补课。祖父因为家中刚刚遭遇海盗洗劫，一下子无力缴付昂贵的中学学费，为了不至于让父亲荒废了学业，便把他送到王家随从受业。王家与南家交情不错，自然也乐意送个顺水人情。

朱先生并不是只给父亲的表哥和父亲两人授课，还有其他一起随堂听讲的学生。不过，在听课的学生中，父亲是年龄最小的，也是朱先生最照顾、最喜欢的。父亲特别喜欢听朱先生讲解古诗词。朱先生“曼声高诵”，或慷慨激昂，或悲天悯人，或娓娓深情，妙语连珠。前来受教的学生们深受感染，都喜欢上了诗歌。父亲开蒙很早，《唐诗三百首》等早已在祖父的督促下倒背如流，打下了良好的诗词底子，再加上对古诗文有天然的领悟能力，很有灵性，因此深得朱先生的喜爱。

一日，父亲看到朱先生的书桌上摆放着一本吴梅村的诗集，便随手拿起来翻阅，低声吟咏，完全沉浸其中。不知过了多久，才从诗中跳脱出来，发现朱先生正坐在旁边的椅子上看书。他立马放下手中的书，摆放回原处，站到老师的旁边，等待训示。不过，朱先生并没有训斥他，还为他用地道的古韵吟诵了吴梅村的《琴河感旧》：“白门杨柳好藏鸦，谁道扁舟荡桨斜。金屋云深吾谷树，玉杯春暖尚湖花。”

朱先生吟诵得抑扬顿挫，绕梁三日，父亲听得入神，连声称赞：“先生，您读得真好，真好听！”

见他欢喜，朱先生继续念道："见来学避低团扇，近处疑嗔响钿车。却悔石城吹笛夜，青骢容易别卢家。"一连四首，朱先生不紧不慢地吟诵着，父亲也听得入了神，跟着摇头晃脑，轻声附和。

此时的父亲尚且年幼，对诗中表达的缠绵悱恻的爱情并不解其中滋味，但能隐约感受到诗歌声韵之美。看到父亲一脸痴迷，朱先生也不禁莞尔，便随手将书桌上的一卷清诗借给他读。

正是从这次朱先生不经意的指引开始，父亲开始通读清朝名家的诗作。他发现，清诗虽然比不上唐诗的华丽、大气，但胜在坦然、深刻，独具一格，自成一宗。以前私塾的老师教导他，学诗"须先习盛唐，宗法李杜，方为正规，如清初诸家，不可学也"。在读了大量清诗之后，他觉得这种说法值得商榷。自此，父亲对清诗情有独钟。他总结说，清朝的诗"寄意遥深，托情典故，殊非唐初盛晚诸世旷达疏通所可及者，宜乎情之切近于衰乱哀思而尤擅其胜场也"。有了朱先生的点拨，加上自己童蒙时期的训练，父亲在诗歌上的造诣自然日渐登堂入室，真可谓是"向来枉费推移力，此日中流自在行"了。

在这个短短的假期里，朱先生"每日讲解古文辞有关经史之文一篇，溽暑长夏，小楼一角，轻衫靸履，修髯清癯，把卷吟哦，声达户外"，父亲仰着头听得入迷，从心底里佩服敬爱这位老师，发愿要读遍经史子集、诗词歌赋。自此以后，父亲一辈子再也离不开古诗文。可惜的是，暑假结束了，表兄要去上中学了，朱先生的授课也告一段落了。虽然父亲在朱先生门下受教的时间稍显短促，但他后来心怀感恩地自述道："性喜多门，好学旁骛，数十年间，文武师友，泛泛者数当百计。但于诗学而得启迪其蒙者，首当推重朱师味温。"可见他对朱先生的教导印象之深，感念之至。在父亲的著述里，经常可以看到他援引改写吴梅村、钱谦益、郑板桥、袁枚、赵翼和龚定庵等清朝名家的诗句，对于清诗的兴趣恐怕还是受彼时朱先生对他的启蒙影响。

自此之后，父亲总盼望着朱先生来年暑期还能继续来表兄家传道授业。

不幸的是，第二个暑期还没有来到，一九三三年四月下旬，已经连续两天咯血的朱先生，在艰辛地走完一个甲子的轮回后，凄然离世，享年六十一岁。第二年，朱先生下葬于今黄华镇岐头山，墓上刻着他临终前自拟的“门墙罗列三千士，江国流传一卷诗”。这对句十分精到地概括了他的生平，虽然踌躇满志而不得起用，但又成果斐然。出殡之日，“四方会哭者千余人”，一时传为佳话。

父亲一辈子深铭师恩，非常感念师从朱先生的日子，想为恩师出版几本诗集，聊表弟子之意。父亲和朱老先生的儿子朱璋有过多次书信往来，并两次出版朱先生诗选集，一本是《复翁吟草选集》，一本是《复翁诗集》，共收录四百余首朱先生的诗作，但仍然有遗漏，父亲对此深感遗憾。另外，父亲还写下《复翁吟草选集前记》《重印复翁诗集赘言》等文，深切缅怀这位对自己来说意义非凡的启蒙老师朱先生。

七、习武弃医初立志

要多交天下朋友，多交有知识、有学问、有道德的朋友；有钱了，要多买书，多读书。

父亲小的时候，祖父曾告诫他："仗剑需交天下士，黄金多买百城书。"意思是要多交天下朋友，多交有知识、有学问、有道德的朋友；有钱了，要多买书，多读书。父亲少时，确实就已读了很多书，比如《资治通鉴》，在十三岁以前，他就已经圈点过三次了。古书没有标点，他一边读一边圈点，每一遍用不同颜色的笔，不懂的地方就拿去请教老师，读得多了最后都能背下来。以前读书是读书，现在读书是看书。以前读书，像现在朗诵白话诗一样，是要朗声念出来的，是要唱出来的。一本书圈点过了，再这样读下来，印象就会特别深刻。他当年在书房里读书，大声诵读，读了三遍以后就不看字，开始唱了。放学的时候，和同学们一边唱和着古诗词，一边你打我一拳，我打你一拳，嬉笑玩闹，很是调皮。

父亲常说小时候读书都是高声朗诵的，这样读了，几十年都忘不掉。父亲的这个经历也正印证了英国哲人休谟的一句话："想要除掉田野里的杂草，最好的办法就是种上庄稼。"的确，人的头脑就是一块良田，与其让它长满杂草，不如让它结满果实。对孩童而言，好的东西不去占据头脑，那么坏的苗头就会乘虚而入。同样，如果头脑中没有这些深邃文雅的诗词歌赋，那么头脑很可能就会被一些糟粕的东西占据。今天的孩子们嘴边经常是一些毫无文化内涵的口水儿歌，甚至是电视里的那些广告词。相较而言，古人让童蒙记诵诗词歌赋的做法不知要高明到哪里去。而且，经过年少时的读书训练，父亲的记忆力更是十分惊人，到了晚年讲课，《资治通鉴》信手拈来，甚至这段文字在哪一页、哪一段，都还记得。

年少时的读书时光总是快乐的，一辈子也忘不了。不过对于从小身体不太好的父亲而言，少年时的欢乐相比其他同窗要少一些，更多的时间他是在生病吃药中度过的。他生来多病，六岁到十二岁，身体一直非常弱，加上正餐不好好吃饭，喜欢吃零食，三天两头生病。十二岁以后，像伤风感冒之类的小病仍然不时光顾，不过一辈子却也没有得过什么大病。

读书、练武是父亲少时生活的二重奏。虽然体弱多病，他却喜欢练武功，一心梦想着有朝一日做个侠客，行侠仗义，快意恩仇，真可谓是“学书未成先习剑，用剑无功再读书”。他曾偷偷地叫人到上海，买了许多有插图的武术书——大概是二十世纪初期的一些武术著作，真假也无从考证了，那些书后来也都没能留下来。没有老师，他就一个人待在书房里，趁家里没有人的时候，照着书上的图案，一招一式地依葫芦画瓢，倒也练得有模有样。有一天，他读完了书，照着书上的某个图案，倒挂在梁上，两条腿倒转来勾着，支撑不了一会儿，便气力不支，哐当一下掉到地上，发出很大的响声。祖父在楼下听到，赶忙上来问：“出什么事了啊？”只见父亲直挺挺地摔倒在地上，叫也叫不出来，动也动不了，只是不停地流眼泪。祖父不敢扶他，只是先拉个椅子坐下等着，过了许久，看他动了一下，才伸一只手把他拉起来。祖父既痛惜又爱怜地说：“你要练武功，不是这样的，光照着书上的图案比画是学不会的。”说完他把长袍解开，打了一套拳，亲自示范给父亲看。父亲这才知道，原来自己的父亲武功很高，拳法也打得很好，真是身在福山不知福，舍近求远，拜错了老师。不过，他还是很不解，为什么祖父上来后不直接把他拉起来。祖父告诉他，跌倒了，尤其是老年人和小孩子，没有哭出来或者不出声，千万不要去抱，也不要扶他，跌倒马上去扶起来是很容易受伤的。父亲后来常常以此例告诫别人。这是个常识，可惜许多为人父母者或者为人子女者都不懂。

自从见到祖父显露了身手，父亲就不时地纠缠着他要教自己武功，可是，祖父却不肯答应，无论怎么样也不亲自教导他学武功。这是因为中国传统的教育理念是要“易子而教”——自己的儿女不能自己教，而是要交付给朋友，请朋友来教。因为亲不责善，只有这样教者才能无所顾忌地施教，学者才能全心投入学好。早在《孟子》中就已有这样的教育理念。公孙丑曾问孟子：“君子之不教子，何也？”孟子回答：“势不行也。教者必以正；以正不行，继之以怒，则反夷矣。‘夫子教我以正，夫子未出于正也。’则是父子相夷也。父子相夷，则恶矣。古者易子而教之，父子之间不责善，责善则离，离则不祥莫大焉。”这就是说，易子而教是为了防止父子因相互责善而关系交恶，从而影响了教育的效果。

父亲后来也继承了祖父的这种传统观念，常说做父母的不要把孩子盯得太紧，易子而教才好。父亲对我们这几个孩子的教育理念也是这样的，他在国熙弟年少时就将他送往美国，由他人教导，不可谓用意不深。同样，父亲虽然精通武术，可是他在我们五六岁时，还是延聘拳师教我们国术，并没有亲自教导，就是秉承祖父的教育理念。

祖父见父亲习武心切，只好找一个当地的名医来做他的武术老师。这位名医姓林，父亲叫他林伯伯。林伯伯此前从不教授别人武功，平时穿长袍，走出药店就是个白面书生，很少有人知道他其实也是一个“武林高手”呢。他一开始怎么也不肯教，但在祖父三番五次的请求下，只好“敬谢不敏”了。他白天忙于治病救人，便答应夜里来教父亲武功。随着时间的推移，也许是因为父亲学武时的领悟力高，一点就通，所以这位林伯伯觉得教人习武也蛮有意思的，就持续了下去。后来，祖父叫上邻里的四五个孩子，陪父亲一起练武，林伯伯也首肯了。

林伯伯是个有远见卓识的人，他虽然教导父亲武术，但更希望父亲也跟着他学医，最好能悬壶济世。他说虽然学武术可以强健身体，但是练武的人毕竟是少数，是独善其身之法；得病的人总是更多，需要救治，是兼善众人之术。况且如今武功再高也抵不住子弹，要想有所成就做个“大人物”，治病救人才是最好的途径。他引用范仲淹的话“不为良相，即为良医”——这是范仲淹年轻时候立下的志向，意思是说，如果自己将来做不了一个治世济民的宰相，那就做一个治病救人的好医生。他还告诉父亲，在范仲淹眼里，出将入相跟做一个名医，功德是一样的。祖父在一旁听着，觉得林伯伯说得有道理，就叫父亲平时也要多读医书。父亲听从了教导，一边习武，一边连着几个月读《黄帝内经》等古典医学名著，偶尔还到林伯伯的医馆里辨识一些中草药，看林伯伯开药方，学习了不少医学上的知识。后来，父亲很少求医看病，大多都是靠自己的医学知识制药调理，有自己的私人药房，或许就与这段习武学医的生涯渊源颇深。

其实父亲在教育我时，也时常复制祖父对他的教导。我记得在台北有位光熹公公，应该是在南氏家族里与祖父同辈分的长者，所以我要称呼他为“公公”，这可不是清朝连续剧里的“公公”。光熹公公在台北迪化街的一家中药行做事，管着药铺，也会切药、抓药、配药的技术。父亲曾经叫我去迪化街的药铺，向光熹公公学认识中药。我去了好几天，他都很忙，没有时间教我什么，只是叫我去库房看药材。可惜我那时真是不懂事，没有好好掌握机会去辨识药材，只会偷吃用蜜炮制过，非常好吃的黄精一味，惭愧地辜负了父亲的心意。

父亲体弱，刚开始学拳，走的是刚猛硬拳法，对他的身体并非适当，常常练完拳后有头脑昏沉的感觉。因为从小想要行侠仗义，也就勉强自己继续练习。后来负笈四方，遇到的技击能人很多，也碰到许多懂神通的有道之士，父亲都及时顶礼，叩拜为师。他说在二十岁前，拜过的师父，有南宗、北派的；有长拳、短打的；连兵器都学过至少十四种；甚至还学过蒙古摔跤、“西洋”的拳击等搏击，各门各派，累积起来师承八十余人，可见父亲对中华武术和道功的喜爱。

中国国术主要倡导人和奠基人张之江先生曾在浙江省国术馆主办全省性国术比赛，父亲也曾参与其盛，以姿势优异取得拳型的冠军。如此好武的父亲，并没有因为这些经历而自满。他自忖所学不够精到，不过是略为看到门径而已，所以后来进川，决心继续寻师访道。

八、青灯一盏暖书香

生命的自性里头具备一切智慧，正如六祖开悟了以后说的，“何期自性，本自具足”——真正开悟了，自性里头便具备了一切。

父亲十三岁时，私塾已经念完了，插班的小学也读完了，却拿了小学倒数第一名的成绩——那时候叫“背榜”，也就是拿到了一个肄业证书。接下来怎么办呢？按理来说应该上中学，但乐清县那个时候没有中学，要读就只能到温州去。可是，那时候供养一个中学生也并不是一件轻松的事，生逢乱世，人人疲于奔命，去大城市上学的费用不是一般家庭所能承受的，更何况家里先前还遭了海盗的洗劫，度日艰难。没有办法，祖父就让他跟着当地一位远近闻名的木雕艺人学手艺。在祖父看来，“天下无如吃饭难”，只要有手艺就有饭吃。父亲一听，心想若只是学着玩玩，倒是很乐意，但倘若是作为吃饭糊口的手段，他才不愿意一辈子干这种事呢，于是坚决不干。没有办法，祖父又叫他去学生意，到隔壁人家商店里当学徒，他也不干。他当时年纪尚小，虽然不能自主选择自己的前途，但是潜意识里他觉得这不是他想要的职业和人生，所以他拿起唯一的武器——眼泪——表示反抗。祖父说了三次，他大哭三次，坚决不去学生意。祖父拿他没有办法，只好由他去。虽然当时家里突遭变故变得贫穷，但无论如何一个小孩子还是养得起的。祖父决定让他在家里读书自修。后来又想法子让他随王家表哥一起，跟着朱味温先生读书。

虽说是随从朱味温先生读书，但父亲同朱先生的师生因缘，只有一九三二年那个短短的暑假，算下来也只有一个多月，真正一对一教诲的时间恐怕就更短了，毕竟朱先生是王家聘来教自己孩子的。一九三二年到一九三四年这三年时间里，父亲大部分时间都是在家自修读书。

在这三年里，他读书的范围更广了。家里有不少藏书，《史记》《文选》《纲鉴易知录》，还有唐诗宋词等，他都翻出来读了个遍。《红楼梦》《三国演义》《水浒传》以及各种武侠小说，甚至前面提到过的“武功秘籍”之类的“闲书”“野书”，他也都想方设法，或借，或买，一定要弄来看。祖父对这个独子十分严格，在培养的问题上很用心。在这段自修期间，祖父还给他请来一位老师，不定时地对他进行辅导。这位老师名叫叶公恕，古文底子好，又知道不少现代的学问。叶老师一个月来家里两到三次，从他那里，父亲算是比较深入地了解了孙中山和康有为，也大概知晓了外国的林肯、华盛顿、兴登堡和卡内基等人的传奇故事。

虽是请了老师帮助在家自修的父亲提高学问，但一向管教严格的祖父认为，在家里自修，环境过于优越，容易致人懒散，于是决定把他送到家庙里去读书。南氏家庙叫作井虹寺，建在附近的山上，离家有五六里地，庙内安放南氏先祖的牌位，每一代里选派一人看管。家庙平日里人寥寥无几，少有人去。只有在过年过节或婚丧嫁娶的时候，才会有后代到庙里去祭拜祖宗。祖父把父亲送到家庙读书，平时不准他回家，让他每过三天回家一趟，将祖母给他做好的几日馔食，装到篮子里，自己提到庙里，吃完之后再回来拿。

按照常理，一个十四五岁的少年，而且是独子，任何家庭肯定都不舍得让他一人在偏僻的家庙里无人陪伴，孤寂苦读的。也许正是祖父这种独特的不骄纵的严厉管教方式，形成了父亲日后特立独行、坚毅自持的人格特质。

祖父之所以十分推崇这座家庙，以至于竟然狠心把自己的独子“流放”到这里自修读书，是不无原因的。南氏家庙始建于宋朝，已经有几百年的历史了，其间曾出过诸多高僧大德，里面还有位高僧写的对子：“得一日粮斋，且过一日；有几天缘分，便住几天。”道出了“做一天和尚撞一天钟，和尚去了庙子空”的洒脱境界。倘若人生真能有如此豁达的心境，那么对自己一辈子的因缘际遇，便能处理得非常美满了。祖父一定是看上了家庙里这股通古幽思的典雅气氛，正适合一个少年在这里勘落习性，磨炼性情，这才决定将父亲安排在这里。

居于山上的家庙，环境自是很好，庙里一片幽深，古柏掩映；庙外则有清澈的溪流、烂漫的山花，还有美丽的翡翠鸟。如此一来，在这里自修读书的效果想必是很好的。当然，对于一个少年来说，这样的环境多少有些过于孤寂了。庙里面陪伴父亲的只有一个又呆又瘸的老和尚和一盏琉璃灯，后面还堆了四十口空棺材，气氛确有些阴森可怖。父亲管这个老和尚叫公公。晚上公公独坐在枯灯前面念经：“南无阿弥陀佛……”诵经之声更显得周遭寂寂寥寥。父亲就紧紧地跟在后面，拉他衣服，颤抖地说：“公公啊！你快一点，我怕鬼啊！”过了一段时间，慢慢习惯了以后，他胆子也逐渐大了起来，即便到了夜里，也不那么害怕了。晚上一到无事可做，就大声念书，倒也痛快。

佛家修行有个法门，就是专门到坟头墓地等场地，或是做处理遗体等工作，帮助有心人看破身体的假象，可以解除对于什么是“我”的误解。父亲在家庙的这段经历应该是对他后来能无惧无畏、看破生死有一定的帮助，这又不得不感谢祖父的决定了。

祖父告诉父亲，虽然那个南姓的和尚公公大字不认识一个，诗却作得好。父亲不信，有一次就偷偷抄了一首和尚的诗给祖父看，说是自己作的。祖父看了一眼，严肃地说：“你也会作诗啊？是你自己写的吗？”

父亲答说：“对啊！”

“是你从那个和尚本子上抄来的！”一下子就被祖父揭穿了。

传说，这位和尚原本真的大字不识，出家不念经也不打坐，就拜佛，天天拜，拜了九年，不拜了，跑去睡觉，右侧而卧，一个姿势睡了三年。一个师弟跑来对师父说："这个师兄死掉了。"师父答说："你不要管，不要乱讲，你倒一杯水放在他身上，过三天你去看看。"过了三天，那杯水一点儿也没漏出，可见他根本没有动过，仿佛石头一般。按照佛家的讲法，他其实是已经到了身定的境界了。他这样睡了三年，忽地一日醒来，诗文什么都会作了，经文什么也都会念了。父亲后来在讲课的时候以此为例说，生命的自性里头具备一切智慧，正如六祖开悟了以后说的，"何期自性，本自具足"——真正开悟了，自性里头便具备了一切。如此看来，父亲很相信这位和尚公公是开悟的。

父亲在家庙里读到了放焰口的经，经书里的句子让他颇有感触。后来他又读了莲池大师的《七笔勾》，什么"五色金章一笔勾""富贵功名一笔勾""风月情怀一笔勾"等，也特别喜欢。回去后他跟祖父讲："公公他们念的那个经，里头有些文章很好。"

祖父就问他："你看了什么？"

"就是那个放焰口里的。"

祖父又问："那些好的，你晓得谁作的？"

"不知道。"

"苏东坡作的。"

父亲惊叹道："怪不得！是苏东坡这个才子作的啊。"

经书里的文章是否真如祖父说的出自苏东坡之手，父亲一辈子也没有去考证，但他因此集中接触到了佛学，开始了学佛的因缘，却是无疑的。

父亲心无旁骛地在家庙里读书，内容涵盖历史、地理、人文各个方面，尽情地在书的世界里自由徜徉。当时的社会虽然整体上混乱不堪，但许多地方依然是封闭的、传统的，父亲生活的这个小地方更是平和、宁静，这应该感谢祖父为他刻意营造的世外桃源。外部世界风起云涌的革命风暴，战乱频频的动荡时局，很少能搅扰到这里的静谧。父亲似乎也在这静谧中沉潜入定。虽然读书很多，对时局却知之甚少，但儒家传统的"内圣外王"的理想已经开始渗透进他的心灵。他暗暗下定决心，立志要做一个有风骨的读书人，但究竟会有什么样的传承，他自己也并不十分清楚，全待因缘的际遇。

一日，又该回家去拿馔食了，取完返回的路途之中，父亲突然诗情勃发，写下了下面这首诗：

暑期自修于井虹寺（政洪寺）玉溪书院早归

西风黄叶万山秋，四顾苍茫天地悠。
狮子岭头迎晓日，彩云飞过海东头。

这首诗后来收录于《金粟轩诗纪年诗初集》。

父亲一气呵成，对自己作的这首诗十分满意，回到家后就把它记录了下来。当时正好暑期在表兄家随从受业，就拿给朱先生过目。朱先生看了他写的第一句，连说：“好诗！好诗！可惜啊，太衰老了！你年纪轻轻十几岁的孩子，诗却写得这么可怜。”

父亲接着写第二句，并解释说，“西风黄叶万山秋”，是指自己回家去拿菜回来，“四顾苍茫天地悠”，是回家途中的有感而发。（他那个时候大概还没有看过“念天地之悠悠，独怆然而涕下”。）

朱先生听了，摸着胡子，更是大摇其头：“你怎么搞的？好诗！可还是太衰老了。”

他接着写出下面两句。朱先生沉默了一会儿，然后问：“你怎么作的？”

他回答说：“我在庙里读书，早晨时候回家去拿菜，天刚亮，太阳刚出来，正是‘狮子岭头迎晓日’，从家拿菜回去庙里，路上便又看到了‘彩云飞过海东头’。”

朱先生还是说：“好诗！就是太衰老了。”

在父亲看来，这首诗竟一语成谶，因为他后来修道，到了台湾，台湾就是在“海东头”。有一次，父亲也对人说：“其实年轻时作的诗，这个叫什么？诗谶。自己作的诗已经断定自己的命运了。”

九、许折东南第一枝

他面前是未知的远方，而未知总是吸引人的。

有人说十七岁是父亲修行历程上的一个里程碑，我更愿意说这一年是他人生的一条分界线。因为在这一年，父亲结婚了，而且有了自己的第一个孩子，大哥南宋钏。

漂泊平生负孝慈，劳君艰苦费撑持。
辜恩有愧难为报，松柏春阴应较迟。

上面这首诗作于一九八一年端午节前，写在父亲给青梅竹马的结发妻子，即我的“大妈”王翠凤女士的一封信中。父亲的原配夫人王翠凤，比他年长几岁，实际上也是他的姨表姐，他们的母亲是亲姐妹。在父亲还只有十来岁的时候，两家就订下了这门亲事，可谓亲上加亲。以现在的观念来讲，这其实并不符合优生学理论。不过当年，表兄妹结婚在温州并不少见。婚后，他们先后生下了宋钏、小舜两位兄长，所幸二位兄长都很健康。只是父亲长期不在身边，两人均未受过完整的学校教育，加上时局不济，家道艰难，宋钏哥很小的时候就外出打工谋生，常年不在家乡。小舜哥在家陪侍祖母和大妈，后来自学中医，成了温州小有名气的医生。宋钏大哥、小舜二哥兄弟俩，一个为人豁达，爱讲笑话；一个严肃沉稳，刻苦自励。后来父亲与大妈还生了一对双胞胎，可惜夭折了。父亲对大妈一直非常感激，称她为“观音菩萨”。

大妈为人善良、孝顺，父亲离开家乡后，一直是她在照顾祖父母和两位兄长，彼时的大陆常年战乱不休，而后的数十年又经济落后，物质匮乏，个中困难，可想而知。除了大妈为操持一家人的生活付出的艰辛外，还有一件事，颇令人动容。祖母生前，大妈每天都要为她梳头洗脸，每次梳完头后，都将她散落的头发细心地收藏起来。后来，大妈将收藏的这些发丝交给发绣艺术家魏敬先先生，他用祖母这些散落的头发绣了一幅祖母的肖像。当父亲看到这幅绣像并知道其来历时，感动万分，失声痛哭，在祖母的像前长跪不起……

一九九〇年大妈王翠凤女士与南小舜（左）、南国熙（右）在香港的合影

父亲自己十七岁离开家乡，其后只回来过两次，在外面漂泊了几十年，没有机会孝敬父母亲，全靠留在大陆的大妈侍候公婆，抚养孩子。特别是在新中国成立以后，祖父蒙冤入狱，供养整个家庭的重担就都落在了大妈王翠凤的身上，她到温州给人家当用人，一个月赚五六块的工钱。为了补贴家用，两个只有十几岁的孩子，也要出去做零工。后来，大妈为了更好地照顾祖母，辞去了在温州的用人工作，回到老家摆小摊维持生计。

然而比谋生更为艰难的，是她头上有一顶可怕的帽子——“反革命家属”，这顶帽子让她在历次政治运动中屡遭劫难。要不是中国女性特有的坚强毅力，她也很难活下来；要不是她独力撑持，她的孩子、家庭不知会落到什么境地；要不是她的细心照料，祖母根本不可能活到一百岁。对大妈的恩德，父亲自觉难以报答。两人五十多年的夫妻，真正相聚的时日太少，满打满算也只有两年。之后在香港再相逢也只有两周，家国之变，个人遭际，都已是沧海桑田，唯一不变的是两人的相逢一笑和彼此理解，这些都不禁令人唏嘘感慨。

当然，这是后话了，还是接着说说十七岁的父亲吧。

也许是书读得多了，见识也广了，他开始不愿意局促在家乡这个小小的地方，隐隐有了想要出去闯天下的想法，觉得自己要干一番非同寻常的事业。这是所有有志青年懵懂的憧憬，而在他那里这个意念如此强烈，以至于以后的一切似乎都是冥冥之中的安排。这还得从一桩事情说起。

十几岁的时候，父亲在家乡附近的一个道观抽过一支签；过了几年，又在另一个庙里抽了一支签。抽签这种东西，讲得好听一点，是神秘学的范畴，可信可不信；不好听的话就是迷信骗人的东西，本不足以拿来当真的。但奇就奇在他在不同时间、不同地点抽到的这两支签，竟然完全一样，毫厘不差。这个巧合确实很难解释。两支签语都是这样说的：

脱却麻衣换绿衣，恰如杨柳遇春时。
飞腾要取蟾宫桂，许折东南第一枝。

这个签语对父亲一生产生的影响，也许是非常重大的。他不是一个迷信的人，但签语中的取“蟾宫桂”、折“东南第一枝”，对一个踌躇满志的青年人，无疑是一股强大的动力，鼓舞着他，鞭策着他，以这首诗中的说法自励自警。甚至几十年后，父亲仍经常向人谈起这个签语，颇有几分津津乐道之意，说自己的一生经历都被这个签语说准了。“脱却麻衣换绿衣”一句，大概就是指父亲去中央军校做教官的那一段时间，由一个麻衣平民，变成了绿衣军人。“要取蟾宫桂”，或许是说父亲的才学出众，独占鳌头；而“东南第一枝”，想来许是暗指父亲后来在祖国地理上的东南部，独辟一脉，传承中华传统文化之事。

正在他满怀壮志、雄心勃勃而无处着手用力的时候，一位在外地做事的同乡回乡度假，他便趁机前去打探外界的消息。这位同乡阅历很广，也有见识，见父亲对外面的世界充满好奇，便鼓动他到杭州的浙江省国术馆去，说国术馆是公费，不要钱，还管吃管住，两年毕业后，就会被分配到各地当武术教官。当时正是抗日战争前期，数年前发生了九一八事变，东北已经沦陷，再加上次年的“一·二八”淞沪战役，上海也沦陷了。

战争的风云，让全国武风维扬。国术馆是教授武术的学校，将来还能成为军官，听起来正合了他痴迷武艺的心意。男孩子向来崇拜羡慕《三国演义》《水浒传》《说岳全传》和武侠小说里的各路英雄豪杰，现在机会摆在面前，当然要把握。将来学会十八般武艺，走南闯北，当一个英雄好汉，行侠仗义，方才不枉此生。

家里听说他要远走杭州，起初自然是反对的。祖父管教严格，一直让他在家自修，最终的目的无非是要让他学会做生意，过上安定平和的耕读生活。祖母也希望爱子能够留在身边，但对于他将来做什么，倒也没有太多的主意。无奈父亲去意已决，祖父母也知道他倔强的脾性，便不再拦他。这时候家里还没有从遭海盗洗劫的损失中恢复过来，连盘缠都凑不齐，只能找亲戚筹措，祖母给他打好包裹，带上一盒亲手做的饭菜，依依不舍地送他走上奔赴杭州的路。眼看着父亲如脱缰的野马、出笼的猛虎一般奔赴外面的世界，祖母放心不下，泪眼婆娑地一路目送着他，祖父安慰她：“随他去吧，随缘吧，该他享的福他就享，该他受的苦他也得受！”

由于孙传芳被北伐军打倒，浙江的部队一垮，把浙江银行里的钱全带走了，家里的存款也一无所有了。父亲说这样的经验，让他一辈子都不信任银行，到老都不用支票或是信用卡。更因为是独子，从小用钱是一把抓，不用数数的，所以父亲一直不会数钞票，而且只喜欢用新钞票，旧的嫌脏，都不太愿意去摸。他那时还带着一些富家子习气，以前在外面买东西的时候，都把钱交给同学来付费，有没有找回钱，找回多少，都搞不清楚。后来有学生跟随，父亲也都把财务交给学生处理。现在要出远门，既然不相信银行，钞票就不得不自己带了。

父亲说他从小出门的时候，曾祖母会打好几个黄金的戒指给他。多半是一钱左右的小分量戒指，小得像耳环一样的，放在袋子里，再把袋子拴在腰间。曾祖母说："孩子啊，注意，这是救命的钱哦，不准随便用。在外面遇到困难的时候，黄金都不能换饭吃的，你拿出一个戒指给人家，或许可以换两个馒头，还可以救命。这是救急救命用的，要记住啊！"后来在抗战时期，父亲就真的经历过这样的困境，老人言就是阅历的智慧啊。

父亲不会想到，他这一走，便开始了一生的修行之路。他只是凭着"少年不识愁滋味"的万丈豪情，辞别父母，立志要走出乡关。他面前是未知的远方，而未知总是吸引人的。他无所顾忌也无暇回顾，从小养成的独立果敢的性格驱使着他不断去寻找那属于他的因缘命途，步履不停。

十、龙虎磨盘梦亦真

童年的梦，预示了后来人生的一些轨迹和经历，这似乎是不可思议的事情。

父亲小时候虽然练武，但依然体弱多病，而他的思想又极度活跃，读的书也多，情绪和想法自然比同龄人多得多。也许是“日有所思，夜有所梦”，他夜里做梦特别多，常常从噩梦中惊醒，又哭又闹，弄得全家不得安宁。不过，他童年时做过那么多的梦，大多都忘记了，只有三个梦记了一辈子。每次给人家讲自己的故事，他总会讲到这三个梦，而且总是说：“这三个梦预示了我一生的命运。”

第一个梦：祖母抱着他到海边玩。海边离家不远，也就几里路。他站在海边，放眼东望，茫茫一片。忽然，乌云密布，海浪翻腾，天空中出现了几百、上千条龙。数不清的龙在空中飞舞，他伸出手去抓，抓住一条，用双手一扯，把龙扯成两段，扔在地上。再抓一条，又扯成两段扔在地上。到最后，空中的龙几乎被他抓光了，只剩下一条龙，一条巨大的黑龙，在空中张牙舞爪。他伸手去抓，却怎么也抓不住，又气又急之下，惊醒了，才发现原来是一个梦。

第二个梦：他小时候很怕黑，也很怕鬼，但又喜欢听鬼故事，听完不敢一个人睡觉，十几岁了还跟着祖母一起睡。老式的床很大，像一间小屋，他睡在里头，祖母睡在外头。有一次，他梦见自己一人来到一个很黑很黑的地方。慢慢地，前方现出一线光明，忽然，半空中出现一只浑身黑色的大老虎，扑在了他身上，却并没有伤害他。但他被吓坏了，一下子就醒了。

第三个梦：一次，他梦见自己不知怎么就站到了一个磨盘的上面（石磨，是当年温州一带家庭常用的东西，农村几乎家家必备）。他站在磨盘上，磨盘在转，也没有人推，就是兀自在不停地转。磨盘的周围，挤满了豺狼虎豹各种凶恶的野兽，个个龇牙咧嘴，张着血盆大口。他站在磨盘上，面对如此恐怖的场景，无路可逃，一下子被吓醒了，吓出了一身的冷汗。

这三个梦，故事情节都很简单，无非都是吓人的噩梦。究竟这三个梦是怎样决定了父亲一生的命运？他自己并没有做太多的阐述。

关于第一个梦，父亲说没有答案。但父亲正是在二〇一二年辞世，二〇一二年是壬辰龙年。他曾对友人说：龙年有劫，于他流年不利。果若如此，父亲的仙逝原本就是在此梦中注定了的。

第二个梦，后来应验了。据说峨眉山大坪寺的开山祖师松月老和尚，大概是明末避世的得道高人，出家以后，独自住在中峰绝顶的茅草丛中，同猴子、老鸦和蛇为伍，还有一只为他巡山的黑虎。由于没有吃的，只能吃乌头，乌头有毒，而这个老和尚吃了居然没事。后来，大坪寺每年冬天，全体僧众都要吃一次乌头，来纪念松月老和尚的苦行精神。父亲后来曾到这样一个地方“闭关”，他的勇气，他所面临的困难，是常人难以想象的。

大坪寺山下有一个“山王庙”。山王，山中之王，大老虎也。“山王庙”中供着一只泥塑的、浑身黑色的大老虎。相传就是保护松月和尚的那只黑虎。父亲进到庙里，第一个感觉，好像自己来过这个地方。他童年时代的第二个梦，在这里得到了应验，梦中趴在他身上的那只大黑虎，同“山王庙”里供的这只大黑虎一模一样。父亲后来说，命中注定他要到峨眉山“闭关”，而他的闭关一定是顺利的，因为有这只大黑虎保护。

第三个梦，父亲未曾挑明。不过，他在谈到毁与誉时，多次强调“谤随名高”，也提到孟子说的“不虞之誉，求全之毁”，大概是与这个梦有关系的。不揣冒昧，我窃以为，“磨盘”也许象征着那些外在的名望地位，当你被名位所累，站在了“磨盘”之上的高处，是非乍起，褒贬毁誉之声也会随之而来，就如同梦中被那些张牙舞爪的豺狼虎豹包围一样。磨盘在转，你无法脱身，只能与之保持一种相对的平衡，这意味着只有做到德位一致、名实相符，才能够平心静气地对待那些近在咫尺的肆虐咆哮，对那些居心叵测的“捧杀”安之若素。父亲一生也正是这样做的。如此看来，这个梦可谓是大有深意。

关于梦与现实的关系，父亲的认识与常人不同，他有自己独特的解释。例如，他在《唯识与中观》中说：

譬如我告诉你们我的经验，像我年轻的时候，我没有见过的人，我没有经过的地方，我早就经过了，因为梦中我都看过了。所以我十几岁出门，坐车坐到前面，哎，我说那个地方要转弯了，转弯了就有一座桥，因为我梦中来过。所以我到了峨眉山去闭关，那个庙子还没有到，我已经到这里了，爬上山，看到一个小土地庙，嘿，我说我知道了，前面是什么、什么、什么……到了庙子给当家的讲，我说这一边是个山坡，那一边下去是悬崖，还有条小路。那个当家说：你怎么知道？我说你不管，有没有条小路？他说你怎么知道？！我说师父你不管嘛，你告诉我有没有这条路？他说这条路我们封锁了一百多年了，从来没有……是停掉的，木栏杆钉掉了，你怎么知道？我说，哦！是这样啊，那我是幻想出来的嘛！我故意跟他讲，其实我梦中来过。

后来我叫他把木栏杆打开了，那条路我还自己下去走走，走到某一座山峰，我常常躺在那里玩，那儿很舒服。一条小路下去，两边都是悬崖，路是这样子的，掉下去没有命。可是脚踏在那个路上啊，那个舒服啊！走在沙发床上面一样，几百年来那个树叶子、草烂了的，烂下来，就是沙发棉花，嘿，一脚踏下，软的、香的，路上是香的。很多的花香都埋在里头。然后过了这条路有个山峰的顶，下面尖的，上面有个莲花一样，人坐在上面、躺在上面，哎呀！大概天人看得见我啊，鬼是看不见我。那舒服得很！脱掉衣服晒太阳，我把自己脱得光光的，那个时候什么都不怕，四顾无人，除了空中的飞鸟，或者天人从上面过才看得见。

梦有一种是阿赖耶识种子爆发的——“引起梦”。就像我年轻时候的经验。未来的事情、未来的人还没有见过，哎，看到这个人，我心里晓得了——哦！这个人见过的。哪里见过的？一边跟他谈话一边在想。“哦！梦中见过。”所以这个人好与坏，对我怎么样我都晓得了，那么这个是引起梦。就是说，我们本性里头能知过去、能知未来的作用，这个本性的功能，阿赖耶识种子功能包括过去、现在、未来。所以呀，定中的境界有许多是这个东西来的。

梦，在父亲看来，不过是储放在意识中的种子发了芽，这样告诉大家，要我们注意到在意识田里不要乱种东西，要做减法，而不是加法。他在《南禅七日》中也说：“这是跟你说明，梦，不但梦过去，还能知未来。所以说大家修行，得定了，它的心性功能含藏起来，有这个种子功能。因为你修持不到，这个生命功能就发不起来作用。”童年的梦，预示了后来人生的一些轨迹和经历，这似乎是不可思议的事情，但在父亲看来，这些都在自己身上应验了。在现实生活里，许多人都会有所谓的预感。毕竟生理的感应并不局限在五官和四肢，心理的感应更是辐射得广远，只是在个人的存在上，我们习惯了以近距离的感受为准，反而失去了较大的感知能力。这就像古德们说的那样，人们的“心性”被隐蔽了。所以，在父亲的故事里，很多事情在许多不明就里的人看来，无疑有些“传奇”，甚至显得“荒唐”，但是，在父亲的应世，却都是其来有自的真实，只是有的人缘分不同，无法理会。提到这些故事，只是因为是过往的发生，所以叫作“故事”，并不是用来述说迷信，只是分享关于父亲的以往经历，与大家结缘。

不过在此提醒广大朋友，如果说梦到南老师指点的人，这些多半是精神衰弱的人。庄子有至人无梦之说，父亲讲的是他小孩子时会乱做梦，成长以后绝口不提，因为这是修行未到，心性出问题而有漏的状况。阿赖耶识有“能藏”功用，因为个人的混乱，一再把精神上的错乱认知交付储藏，然后又因为夜间缺乏控制力，这些混乱思考的“所藏”变成自编自导的梦境，形成自欺欺人的画面，这就是痴人呓语，与正定时，所得示现不同。

许多听到阿赖耶识的人，又会把这个言论当作帽子戴在头上，已经忘了《心经》告诉我们的“无识亦无得”。特别在此提醒读者，常常梦到南师的，是心智有漏，赶快修正。我在父亲身边看到这类喜欢讲神通而发神经的不在少数，不要让这些自己骗自己的人，最后骗到你。其实相信特异功能，相信卜卦算命的，都显示出自己已经愿意受制于人，已经是身不由己，不由自主了，绝对是精神上有依赖的人，这是修行的大忌。

第二章

更向云山寻旧路（一九三五至一九四九）

时间到了一九三五年。这年年初，日本侵略者对中国军民步步紧逼，蓄意挑起了“察东事件”，要挟国民政府达成《大滩口约》；五月，影片《风云儿女》风靡一时，救亡抗日的民族类情绪持续发酵；六月，长江发生大水灾，十几万人不幸罹难，哀鸿遍野……全中国似乎都笼罩在这样不安的气氛中。

“男儿何不带吴钩，收取关山五十州。”身处这样波谲云诡、民族危亡的时代环境中，父亲的个人命运自然无法置身事外。

一、不负如来不负心

他总有一股强烈的求知欲，锲而不舍地读书、习武、求道，从来不允许自己闲下来。

这年夏天，刚满十七岁的父亲，跟着那位见过世面的同乡，离开了长期生活的家乡，先到温州坐船去上海，接着又转坐火车到杭州。一路上多亏了这位同乡悉心照应，总算是平平安安到达目的地。这是他第一次出远门，第一次坐轮船，第一次见到大都市，第一次坐火车，第一次接触到家乡之外的世界，什么都没有见过，什么都觉得新鲜好玩，就像刘姥姥进了大观园，东看看，西问问，生怕错过什么新奇的事物。虽然舟车劳顿，他一路上却津津有味，乐在其中。故乡的一切开始渐渐模糊，一个全新世界的幕布在他眼前徐徐拉开，他感到莫名地精神抖擞、心情舒畅。对他而言，真正意义上的独立生活开始了。

父亲一来到杭州，就喜欢上了这处“人间天堂”。杭州风景秀丽，与苏州并称“苏杭”，素有“上有天堂，下有苏杭”的美誉。杭州是历史文化名城，诸多著名的文人雅士都曾在这里生活过，留下不可胜数的人文古迹，以及无数传诵至今的诗词文赋。在杭州，西湖最为著名，以湖中孤山、白堤、苏堤、杨公堤将湖面分隔为外西湖、里西湖、西里湖、小南湖及岳湖五个部分。习惯上，称孤山、白堤之北的湖为里西湖。父亲所在的浙江省国术馆就坐落在里西湖。

六年前（一九二九年），杭州曾举办西湖博览会，其间组织了一次规模空前的全国性武术擂台赛。当时，国内武术名家云集，杨式太极拳宗师杨澄甫等二十六人担任擂台赛评委；南拳名师萧聘三等三十七人担任监察委员。比赛期间，来自全国各地的武术名家纷纷登台献艺表演。不过最吸引人的还是真刀真枪、拳拳到肉的擂台赛。为了争夺武林擂主，一些武术名家甚至辞去评委之职，转而报名打擂。擂台赛规定：除不准使用挖眼、扼喉、抓裆等伤及性命的动作外，没有其他限制，参赛者甚至都不用任何防护器具，连拳套都不戴。现场搏击十分激烈，吸引了无数观众驻足观看，喝彩声不绝于耳。这届西博会与擂台赛动静很大，影响也很广。博览会结束后不久，当时唯一新建的展览馆——工业馆（口字厅）就挂上了"浙江省国术馆"的招牌。

尔时正值多事之秋，国家倡导"国术救国"，脱掉"东亚病夫"的帽子，因而以"术德并重，文武兼修，强种救国，御侮图存"为口号，在南京国民政府建立起了全国国术馆体系，浙江省国术馆也应运而生。建馆之初，就聘请了苏景由、杨澄甫、刘百川和萧聘三等武术名师，以及在擂台赛上技压群雄的多名武林高手齐聚西子湖畔，担任浙江省国术馆的武术指导教师。第二年，浙江省国术馆师范班开始招生。千百年来，武林讲究的都是师父带徒弟，而师父对徒弟一般都留一手，导致不少绝技失传。将各门各派集中在一起，博采各家之长，以办学的方式传授武术，浙江省国术馆在近代史上可谓开风气之先。

父亲到杭州时，浙江省国术馆刚刚开办几年，这一届招的学生并不多，总共只有七八个。一路舟车劳顿，终于来到这个慕名已久的地方，父亲一下子如潜龙入大海，顿时焕发无穷活力，全身心投入到习武中去。他学得很认真，也很努力。每天上完八小时的课程，别的同学已经累得四仰八叉了，他还觉得意犹未尽，给自己加码。深知自己从小体弱，武功底子也不像有些世家弟子那么好，所以他告诉自己笨鸟先飞才能出人头地。他每天清晨四点钟就起床，一个人先到西湖边上练拳舞棒，练一两个小时，才回到宿舍，和刚刚起床的同学们一道吃早饭上课。在同班同学中，父亲年纪最轻，个头儿最小，但每门功课、每种武艺，他学得最快最好。因此，同学们羡慕他，老师们也对他青睐有加。

父亲在习武

学校的武术老师有十几位，既有武林中已然成名的长者，也有崭露头角的新秀，个个都身怀绝技。内家拳、外家拳，少林、太极、武当、峨眉，各门各派，人才荟萃，刀枪剑戟十八般兵器无一不备，俨然是英豪汇聚的武林大会。更加可贵的是他们不但武艺超群，而且侠气干云。其中一位老师叫刘百川，功夫很高，外号“双刀刘”，传说他只要用手轻轻拍一下，就很少有人能吃得消。还有一位姓田的老师，文质彬彬，气质儒雅，外表看起来实在不像是习武之人，却是内家高手。父亲经常到田老师家里拜访，发现他家里满是字画书籍，丝毫没有赳赳武夫的做派。还有一位教少林拳的老师，人格品行也同他的拳法一样阳刚磊落。父亲对这些老师很是敬佩，几十年过去了，还会不时提起。这些武术教师不仅传授武功，平日里也会不时提点学生做人的道理。其中一位少林拳师就常常双目圆睁，对学生厉声训话：为了国家，要练好身体，不要沉迷女色，谁要是沉迷女色，就不要来学武功；特别要记住“好兔不吃窝边草”，哪怕身边有最好最爱的女人也不要动。诸如此类鲜活的人生经验和教训，教师们都会严肃地教给学生。几十年后，父亲还不时拿这些武学宗师的话来教育自己的学生：要做事业，就不能沉迷于女色；尤其是当了单位领导，当了公司老板，如果与身边女性有染，大家会攻讦你，她也会控制你，往往搞出难以收拾的局面。

国术馆除了武术训练外，还开设有一些较为基础的文化课程，如国文、历史、生理卫生，等等。父亲素喜读书，这些文化课自然也学得津津有味。

不过，这些课程对他而言未免太简单了些，只学这些内容实在不过瘾，于是他便决定抽点时间去“正宗”大学里“蹭课”。选来选去，父亲决定先到附近的之江大学旁听。之江大学是基督教美北长老会和美南长老会在中国杭州联合创办的一所教会大学，也是中国的十三所基督教大学之一，是当时众多学子心向往之的名校。后因中国高校院系调整，院系拆分至浙江师范学院、浙江大学、复旦大学等，之江大学便宣告解散了。父亲在那里听了几节文学系的课，并没有很多收获，觉得大学教授的学问也不过尔尔，名不副实，就没有再听下去。其实，当时的之江大学正处鼎盛时期，教师中颇多名噪一时的文士，如郁达夫、王震、刘平候、黄式金、蒋礼鸿、廖慰慈、李笠，等等。可能是父亲当时运气不好，没有遇到名师，抑或是老师在课堂上讲授的内容不符合他的口味，总之，他很快结束了旁听生活。此外，他曾试图学习外语，参加过社会上的外语补习班，但也没有坚持下去。这次父亲倒没有怪老师，而是觉得自己小时候没学过外语，没有外语基础，如今已经过了学习语言的最佳时机，想学会外语要花费太多精力，不值得，还是先把中国文化学好更重要，于是就放弃学外语了。从那以后，父亲再也没有贪心地想要学习外语，他一辈子仅认得几个英文字母。

或许是由于年纪尚浅，阅历不够，对于究竟要学什么，将来要致力于何种事业，父亲此时还没有明确的目标和方向。当然，有一点是可以肯定的：他到国术馆求学，并不是想要毕业后做一名武术教官，那只不过是走出家乡、见识世界的一个借口和权宜之计。但是父亲的抱负是明确的：要学一身本领，做一个叱咤风云的人；即使不能权倾朝野，做一方之首长也不错。他的这个梦想，或者说是野心，在他少年、青年时代的很长时间里，都挥之不去。也正是由于有这个梦想的支撑，他总有一股强烈的求知欲，锲而不舍地读书、习武、求道，从来不允许自己闲下来。国术馆的课程本来已不轻松，父亲却还给自己安排额外的任务，尽可能地搜罗所有能够找到的书来读。当时，商务印书馆编了一套“大学丛书”，内容讲的是电、光、航空这些现代科技的专业知识，他觉得有意思，便一股脑儿全都借来读。

杭州西湖孤山南麓有个文澜阁，初建于清乾隆四十七年（一七八二年），是清代皇家为珍藏《四库全书》而建的七大藏书阁之一。当时，《四库全书》编撰完成后，先抄四部，分藏紫禁城文渊阁、圆明园文源阁、奉天文溯阁、热河文津阁“内廷四阁”。后乾隆皇帝因“江浙人文渊薮，允宜广布，以光文昭”，又命续抄三部，分藏扬州文汇阁、镇江文宗阁和杭州文澜阁，是为“江南三阁”。现“江南三阁”唯文澜阁及所藏《四库全书》存世，成为“东南瑰宝”。父亲想办法拿到了一张借书证，每个星期天都跑到文澜阁，借出几本，就在那儿翻阅。按照规定，这些书是不能借出来带回家的，所以他也就无法进行细读，但经过这一番“囫囵吞枣”，倒也收获颇丰。第一次亲手触摸、诵读到如此壮观宏大的皇家藏书，他不禁心旌摇曳，对中国传统文化精华有了更加深切的感知，从此更加痴迷传统文化，暗暗发誓要博览群书，做一个博古通今的读书人。

身在西子湖畔美妙仙境，身心爽朗，父亲在这里练就了武艺，也读了不少书，自然不会放过游山玩水的机会，得空便四处游荡，杭州的名胜古迹他全都跑遍了。这自然是年轻人爱玩的习性使然，不过，对他而言，更重要的是求仙访道。

杭州庙宇道观众多，传说中出过不少神仙高士，父亲一门心思想要寻访到一位当世得道高人，学一身济世救人、天下无敌的本领。国术馆附近有一处名胜，称葛岭，相传东晋时著名道士葛洪曾于此结庐修道炼丹，故而得名。岭上有抱朴道院，现仍尚存炼丹台、炼丹井、初阳台等道教名胜及古迹。岭巅初阳台，是晨观日出之佳境，著名的钱塘十景之一的“葛岭朝暾”即在此处。葛岭上有一座庙，父亲经常光顾，希望有朝一日能碰到一位指引自己得道的高人，结果是一次又一次满心欢喜地去，伤心失望地回。有一次，在去的路上看见一个长相奇特的和尚，父亲就小心尾随着。跟着跟着，和尚进了一个又小又潮又黑的山洞。父亲挨着山洞往里一瞧，一领破席，一捆稻草，就是和尚的全部家当。父亲觉得此种情境特别像武侠小说里的世外高人，便赶紧进去向和尚请安。和尚坐在破席上，看都不看他一眼，一声不吭。父亲以为是自己声音太小了，和尚没听见，就连着提高嗓门问候了好几声。和尚还是没有听见似的，静默不语。无奈，父亲只好悻悻而归。

葛岭寻访高人不得，回来后不久，父亲却在西湖边上遇到了第一次让自己有所了悟的“四眼和尚”。有一次，父亲在西湖边上练拳，邂逅了一位和尚。和尚见他练拳虎虎生风，力道遒劲，便问了句：“你练的是什么拳法？”父亲停了下来，与和尚攀谈起来。交谈几句后，和尚便请父亲到庙里去坐坐。

这个和尚何许人也？他法名圣士，宁波人，斯斯文文的，戴一副眼镜。他的庙位于里西湖，名为“闲地庵”，非常清静幽雅。之后父亲就经常到这儿来，教和尚打拳、练剑，同和尚聊天。而和尚则供他吃喝，还借书给他读。熟稔之后，两人成了好友。父亲开玩笑叫和尚“四眼和尚”，和尚也不生气。一天，父亲去看他，发现桌子上正摆着一本装帧精美的《金刚经》。和尚说：“这本书借你念念吧。”父亲翻开《金刚经》一看，读了几页，顿时有一种说不出的亲切感。父亲就说：“送给我吧。”和尚很爽快：“好啊，你要就拿去。要念，不要只是看。”

回到国术馆后，父亲就抽时间坐在学校会客室的角落里，拿起《金刚经》从头开始念。他按照和尚的要求，不是看，也不是默念，而是真正地念出声，老老实实地大声念出来。平时，父亲住在学校宿舍，每天早上固定四点钟起床去操场练功夫，练完了再钻回床上，和大家一起睡到吹起床号再起床。现在早上又多了个念《金刚经》的环节，他就一个人躲到会客室里去念。那个时候，他还担心别人嘲笑自己老土落伍，居然诵起佛经来，只好躲起来，以免让人撞见。一下子念不完就早晨念一半，下午或者晚上再念一半，自己合个掌，把经立起来念。念了不到一个礼拜，有一天，他念到“无人相、无我相、无众生相、无寿者相”，突然之间，似乎遇到了一道坎儿，怎么也迈不过去，便把经一合，愣在那里，不念了。过了一会儿，父亲想起“四眼和尚”或许能够解心中迷惑，便赶快跑到闲地庵找他。

和尚开了门，看到父亲这个样子，愣了一下，笑一笑说：“怎么样？”

父亲回答说："你那本《金刚经》我带回去就念，今天念到'无人相、无我相、无众生相、无寿者相'，就找不到我了，我的身体也没有了，什么都没有了，经也念不下去了，不要念了，不是不肯念，是没有念头可起了，也没有文字可找了。"

和尚合个掌说："恭喜你。你真了不起！人家修行几十年都做不到，你念了三天《金刚经》就达到这种境界，你就是再来人。"

父亲满头雾水："什么再来人？有什么可恭喜的？念经还念得昏头昏脑的！"

和尚说："这就对了！我也不过只到这个样子。"

父亲说："什么你也只到这个样子？我不再念了！"

和尚不以为意，淡淡地说："那就不必念了。"说完转身进去，拿了一套书出来递给父亲，说："这个拿回去，《指月录》。"《指月录》共有三十二卷，又作《水月斋指月录》，由明朝瞿汝稷撰，收于《卍续藏经》第一四三册。书中记述了自过去七佛、西天祖师、东土祖师至大慧宗杲等凡六百五十禅门诸宗匠之历略及机缘语句，辞理奥妙，发人深省。父亲当时并不了解，只知道又拿了本"奇书"。回去后，他用同样的方法念。不过，这本书对当时的父亲来说太难了，太深奥了，他硬着头皮才总算把它读完。父亲曾说，他平生最怕的就是这本书，怎么看都看不懂，不过，又很好看，觉得非常可爱，好像有很多的宝贝，好像懂，又好像不懂。

"再来人"，在佛学里指的是得道悟道的人。当时和尚说这句话时，父亲也没有在意。当时他的佛学基础不够，面前的这个和尚可能就是指点他的高人，却没有认出来，也是修为不到，机缘未到。但好歹也与和尚交往颇深，也算是一种机缘。父亲后来回忆说，其实那时自己已经有所悟了，只是自己不知道，后来几十年走了很多弯路。

父亲与佛法的因缘，大概就是起于《金刚经》和《指月录》了。他说，抗日战争八年，出门在外，跟家里双亲分离，生死不可知，那时的他只有一个愿望，就是每天晚上睡觉以前，一定要给父母念《金刚经》《心经》。他说，这是他的秘密，他心中的愿望，外人不知道，可是他的经验上知道，感应力量其实非同寻常。

“四眼和尚”所在的庙并不是名山古刹，庙里还挂着一张史量才的遗像。闲地庵实际上就是史量才的家庙，隔壁是秋水山庄，是史量才为他的二太太沈秋水修建的别墅。别墅和家庙有一扇小门相通。史量才是中国近代史上的一位著名人物，虽然有许多关于他的文字资料，但父亲讲出来的故事或许与这些资料有些不同。父亲讲到的是这样的：史量才是一个贫穷人家的孩子，为了减轻家庭的负担，不得不一面读书，一面给报馆送报卖报，为家庭赚取微薄的补贴。而沈秋水是上海滩的名妓，她天天看见史量才送报，觉得他是一个勤劳好学的人，是个可造之才，如果加以资助，日后定会学有所成。于是沈秋水就资助、鼓励他好好读书。在沈秋水的帮助下，史量才果然学有所成，还创办了《申报》。而沈秋水与史量才两人也在相互交往中互生情愫，后来就结婚了。十几年的光景，史量才的《申报》越办越好，成了上海滩上的名人，势力也日益增大，连杜月笙、蒋介石都敬他几分。

史量才不仅学识渊博，武艺也很高，于修道方面颇有造诣，师父就是一个道家人物。他曾经说过：“国有国格，报有报格，人有人格。”他就是因勇于为民之喉舌，不屈不挠地追求言论自由而成功。不过若是一再强调自由，就很容易被所谓的“自由”绑架，许多言论不论真假，往往披了自由的外衣，引导社会形成错误的认知，同时也会为自身带来危机。后来，在一次情况危急之时，史量才的师父告诉他有危险，叫他连夜逃跑，但是史量才没有听从师父的话，结果第二天就遇害了，死在国民党特务的黑枪之下。父亲虽然从来没有见过史量才，但自从认识了“四眼和尚”后，史量才的家庙闲地庵便成了他读书的好地方，这也算是他与史量才的一种缘分吧。

因为史量才勤奋好学，酷爱读书，所以家庙里藏书很多，尤其是道家的书，有些秘本都是别的地方见不到的。这对父亲来说，自然是天大的好事。父亲后来跟人说：“史量才大概没有想到，他搜集的这些道家的书等于为我准备了。”而父亲读了史量才为自己“准备”的这些书后，更是获益良多。这也为父亲后来到康藏求道，参拜密宗上师，赢得密宗上师们的赏识奠定了极好的基础，父亲就是用这些知识来获得密宗上师们的认可，上师们才把藏传佛教里的奥妙传授于他，让他此后在佛教上有了更深的造诣。

二、城隍山顶话剑气

只是当时已立志学文兼学武，俾能经世济时，而长年累月这样练剑，必然诸事分心，心不专一反而一事无成。

父亲听人说，杭州城隍山上有一位老道士，据传曾是清王室公子，须眉皓齿，童颜鹤发，神采奕奕，在城隍庙那个道观修道。有段时间，据说他神仙也不想当，佛也不想成，一心只想当剑仙，两手指一比，一道白光就射出去了。父亲一听说有这个老道，就想办法去拜访。

过去，这个城隍庙是道家一个很大的丛林，老道是方丈，见他是很难的一件事。父亲跑了八趟，影子都没见着。一位佛教法师跟这个老道有点交情，父亲托他引见，这才算见到其庐山真面目。初次见面时，老道从里面走出来时的风度，直接折服了父亲。所谓白袜云鞋，原来就是老道的穿着：白的袜子，黑的鞋前面绣个云头。老道走起来大袖一挥，体态轻盈，山风吹起长长的须发，简直飘飘欲仙，神仙般气象！那个悠然自得、超然物外的气度，看得父亲心驰神往，痴痴的像醉了一般。

主客落座。老道很客气，请喝茶，然后就贵姓啊，府上哪里啊，很有礼数地问了一遍。父亲恭恭敬敬地回答。然后，老道就问："为什么一定要找我呀？"

父亲赶快跪下了，说："我想拜您做师父。"

老道从座椅上下来，瞬间把父亲搀起来："不可以叫师父，哎，请起，不要客气，不要客气。你另有名师，我不够做你的老师，不过我吩咐你两件事。你既然那么诚恳找我，我要贡献你一点东西。”

父亲看老道的动作那么迅速，眼睛都直了，怔怔地盯着他看。

老道看到父亲的神态，不禁莞尔：“第一点，你啊，眼神不要那么露，年轻人眼神要收敛。你会不会看花呀？”

“花怎么不会看？当然会看呀！”

“唷，你不会看花的！”

父亲就问：“那要怎么看？”

老道说：“一般人看花，看任何东西，聚精会神，将自己的精气神，都倾泻到花上去了。错了，要花来看你。”

父亲第一次听说这种说法，兴致盎然地问：“花怎么来看我呢？”

老道像说绕口令似的说：“会看花的人，只是半觑着眼，似似乎乎的，反将花的精气神吸收到自己身中来了。眼神像照相机一样，一路照过去，把花的那个精气神吸到心里头来。用眼光把花、草、山水、天地的精神吸进来，不是拿我们的精神去看花，要把它们的精神吸回来。”

父亲第一次听到这种说法，如坠云雾，似懂非懂，不知道该说什么，只好继续听下去。

实际上，老道在这里说的是修炼精神的方法，吸收了一切植物花草的生力，借着练神成气，还精返本，其本质就是“与天地精神相往来”原理。父亲后来总结说，自己一辈子看那么多的书，老了也不戴眼镜看书，这与从老道那里学到的“花看我”的方法很有关系。父亲一辈子看书，无论看过多少次的古籍，拿出来都是干干净净的，从不乱画乱写；但是读当代出版的书籍时，因为纸张印刷的改进，读到重点他也会像朱味温老师一样进行圈点，有感想或是心得，也会在书页留白处记录下来。他看书之前桌面一定用帕子擦拭过，手也要洗干净，看书是端正着看，从来没有支着头侧看过，也从来没有躺下来看过。要睡觉就将书摆放好，怕把书弄坏了，还夹条子放在里头。父亲说，恭敬书是恭敬自己，不是对书本而是自身的端正。父亲那些精装本的书，多作收藏之用，他常常开玩笑说，觉得这些书是装饰墙壁用的，不是真正阅读用的。父亲常说，书是最贵的墙壁装饰，买书不读书，实在是浪费。

他也看电视，感兴趣的就让人把录像带收齐了，七八个小时，一下子连着把它看完，懒得牵挂。他看小说也是一样，常常坐着看小说，夜里一坐到天亮，天亮还在看，一部看完了拉倒。父亲说：我的眼睛怎么没有看坏呢？那是因为我看电影也好，看小说也好，我要叫电影跑过来，叫书本摆在眼里，叫书过来，把神回收看东西，我不要两个眼睛跑到电影里头去，不是把这个精神外散，跑出去了。这些都是后话了。

老道接着说："第二点呢，我们的心脏只有拳头那么大。我看你前途很辛苦，你将来出去会做很多很多的事，责任很大，这个心只有这样大，什么事情都不要装进来，痛苦也好，烦恼也好，得意也好，都不要往里头装。会迸开来的！痛苦、烦恼、得意，统统丢出去，都丢出去，什么事情这里一过就丢出去，永远丢出去，你一辈子就受用无穷了。"其实这个就是道，心里不装事。

父亲跑了几趟求见他，光是这两段话，这一辈子就受用无穷了，老了仍然感谢他。但那个时候，父亲听了虽然很佩服，可是觉得老道这些话神乎其神的，不是什么可以模仿的方法，也不知道有没有效果，所以还是要些实际的干货来得更管用。于是，父亲又扑通一下跪在地上："师父，你总要传我个剑术秘诀嘛！"

老道矢口否认："这个我不懂，这个不懂。你走吧。"

父亲赖着不肯走。老道旁边那个道童，来催了老道好几次，这是在下"逐客令"了，然而父亲心意已决，就是不走。据说这位道长每逢有人求剑术，都推说不会，但是愿意教人画梅。二〇一五年年初，我有机会在杭州灵山探梅，听得好友一席"梅说"，胜读百卷。以我现在的了解，梅姿以"探"为上，其伸展上下，纵横复杂多变，若是从画梅入手，应该先学用腕使笔，以意画梅，也是剑术初级课目吧。

老道被父亲的执着所动，就问道："曾习何剑？"父亲回答说："学过青萍、奇门等。"于是道长只好说："你把你的剑法练给我看看。"老道叫那个道童把剑拿来。父亲接过剑来，把平生所学的本事都使出来了。舞完一套剑法，父亲双手把剑奉还，自信满满地站在一旁等候评价。

老道看了看，只是微微一笑，淡淡地说："这真的只是儿戏，不可再练，徒费光阴，还是以读书为好。"

父亲当时很是自负，但在老道看来，这些都不过是花拳绣腿，不说是跑江湖卖膏药的把戏，就已经很给面子了。

见父亲不以为然的样子，老道又说："不要搞这些啦！这个时代用不着了，你剑术再高，一颗子弹就完了。"

父亲虽然嘴上不说什么，但意志坚决，不为所动，语气十分坚定地说："还是有用的吧！"

老道见他不以为然的神情，突然十分严肃地说："你所听说的一些小说书上说的白光一道、口吐飞剑这类的话，在世界上并无其事。剑仙虽有，但并非如同小说上所描述的那样。你暂且试练一下，每天晚上把门窗紧闭，房间内不点灯，使内室漆黑，仅点香一炷，尝试用剑劈开香头，手腕着力，而臂膀不动。等练到一剑劈下，香成两半时，才进入第一阶段。第二步，黄豆抓一把在手里，丢一颗，凭空一劈就对开；然后再劈绿豆，绿豆比黄豆小，你都劈得开时再来，我再教你。"

听老道这么一说，父亲一下子泄了气，不想学了。他心想这实在太难了，倒不是没有这个能力，只是当时已立志学文兼学武，俾能经世济时，而长年累月这样练剑，必然诸事分心，心不专一反而一事无成。"鱼与熊掌，不可得兼"，看来练成剑仙这一条路已经被封了，走不通了。

老道看父亲的神色，莞尔一笑，再看一眼徒弟，徒弟就把茶拿过来，请喝茶。这是老规矩，端茶送客。父亲这下不再缠磨，赶快站起来，鞠躬告辞了。

虽然暂时断了当剑仙的念想，然而父亲对于学拳仍旧勤劳，照旧每日凌晨起床练拳，两三小时后，再沐浴更衣。当年杭州西湖一带，武师甚多，父亲朝夕浸润其间，跃马佩剑，臂缚铁环，腿绑铁砖，也相近于“太保学生”了。他后来访遇了许多和尚道士，皆各有专长，但所说练习功夫的方法大抵与城隍山老道所言相去不远，皆非三五十年之功不能得大成。虽然对这一漫长练功要求倍感失落，但父亲在国术馆就读时期，练功少有间断。

三、真心无惧人行假

宁愿相信好人是大多数，有些人做坏事也是迫不得已，从佛理上讲，也是一种因果。

在国术馆的两年中，父亲不仅练武、读书，还到处游山玩水、寻仙问道，生活过得极为潇洒。但是他也有着诸多不顺心之事，最大的不顺心是缺钱。去杭州之前，听说这国术馆是公费的，所以家里人才放心地让他去好好学武，准备的钱也十分有限。却不想，来到学校之后，才知道因为经费困难，从他这一期开始，许多费用都要学生自己负担了。家里经济本来就不宽裕，给的钱又有限，才过了一个学期，父亲就要为下学期的费用操心了。经过一学期的花费，兜里只剩下八块大洋了，得考虑如何才能挺得过寒冷的冬天，连冬天的棉衣都没有，还需要自己买。就这点钱，如何能支撑得下去呢？偏偏在这个时候，又出了一件离奇的事。

正在父亲担忧钱的问题时，一天，一位同学匆匆跑来告诉父亲，西湖里捞起一个跳湖轻生的人，自称乐清人，是父亲的同乡。父亲一听是自己的同乡，赶紧叫同学带路来到湖边。只见湖边坐着一个中年男子，浑身湿透，显然是刚从湖里捞起来，十分可怜。父亲见状，赶紧上前一问究竟。中年男子一边抹着泪，一边凄惨地诉说。他原本是个生意人，从乐清来杭州做生意，却不想赔光了钱，现在连回家的路费都没有了，没脸回家了，只好投湖自尽，了却此生。周围的人听了他的遭遇后，议论纷纷，有的认为他十分可怜，有的却表示怀疑，其实冬天的西湖水并不深，他跳下去不一会儿就被好心人救了上来，根本没受到什么伤害。父亲总是乐于助人，看到他一副可怜的模样，就顾不了那么多，把那人带回学校，拿了自己的一套衣裳让他把湿衣服换下来，还到厨房给他弄了点吃的。然后，不顾自己也是泥菩萨过河——自身难保，还是从仅有的八块钱里，拿出六块钱给他，叫他赶紧回家过年。父亲觉得，虽然自己也囊中羞涩，但是资助同乡回家也算是做了一件好事，心里依然十分高兴，就算自己受苦，也不会后悔。过后，他在信中把这件事告诉了祖父。祖父在回信中说：这个人是个骗子，已经骗了不少人了；不过，你这样做也没有错。这是父亲一生中第一次受骗上当，让他明白了这个世界的人并不都像自己那般单纯，那样言行一致、表里如一。不过，他并不因此便对世界产生怀疑，认为人人都是骗子，相反，宁愿相信好人是大多数，有些人做坏事也是迫不得已，从佛理上讲，也是一种因果。

父亲所剩无几的钱被这个同乡骗子骗走了，正琢磨着怎样渡过难关时，天无绝人之路，钱的问题竟然很快就解决了。被骗后不久，一日，父亲在西湖边上练武，无意中捡到一沓票子。一数，居然整整五十块钱呀！这在当时是一笔数目很大的钱，够上好多年的学了。父亲是个正直的人，虽然很缺钱，但捡到钱后他一直站在原地，等失主来寻找。时值深冬，他在雪地里站了两个多小时，却始终不见失主的人影。几十年后，当父亲给学生们讲起这段往事的时候，每每引得大家哈哈大笑。有人说，这是天意，上天看到他专做好事，就给一个出其不意的回报。

后来，几十年下来，找上门来骗钱的骗子也不知道有多少，尤其是在他经济状况比较好以后。父亲曾经对我说过："有时候明知这个人是个骗子，他来向我借钱，我还是会借给他。他向我开口，说明他有难处，我能帮忙，为什么不帮？"父亲的这种思想和作风，常人无法理解，当然也鲜少有人学；即便追随他多年的学生有时候都不能理解，但他照样知行一致，不计后果地周穷济困。我想也许只有不问动机的慈悲心，才称得上是真正的菩萨心肠吧。曾经有一个潮州朋友告诉我，广东话俚语有一句"真心不怕假和尚”，就是施恩不必求报，还他个因缘自在。

在浙江省国术馆的两年学习生活中，除了学校安排的课程表之外，父亲还有一个自己的日程表，什么时间做什么事情，排得满满当当。他严格按照自己订下的日程表执行，每天只睡四五个小时。对自己的时间掌控得非常严格，那时候养成的勤奋且作息规律的习惯，一辈子都没有改。

一九三七年，父亲以第一名的成绩，从浙江省国术馆毕业，获得武术教官的资格，但他没有像计划的那样谋得一份差使。不久，卢沟桥事变爆发，标志着抗日战争全面开始。国难当头，当时，父亲尚不满二十周岁，正满怀壮志，一腔热血，想干一番惊天动地的事业。由于他的志趣此时不在军政上的功名，所以他并没有马上投身行伍，上前线拿枪杀敌。他还是习惯单身匹马，走一条自己的路。他到处求仙学道，一心想闯荡江湖，学一身功夫本领。这也是当时不少年轻人的梦想，他们都幻想着学会一手飞剑本领，直取日本侵略者的首级。父亲从来没有上过抗日前线，没有机会与侵略者正面对断杀，但他在文化传承上开辟了另外一个战场，终其一生苦心戮力，孜孜于接续传统血脉，重振文化大业，其功德当不在毙杀多少侵略者之下。

四、蜀道初登一饭难

要知道人生的艰难，春风得意之时，也要保有忧患意识。

一九三六年暑假期间，父亲曾经短暂地回过一趟家，住了一个月。经过一年的习武，他长高了些，身体也壮实了许多。家里人总算把他给盼回来了，免不了嘘寒问暖，问长问短，对他在杭州的见闻，大家听得目瞪口呆。很快地，大妈就怀了第二个孩子。暑期过后，他又到杭州学习去了。这一走，直到十一年后，他才第二次，也是最后一次回到家乡。

一九三七年五月，拿了毕业证的父亲并没有回家，此时他已经有两个孩子了，祖父母不停地催促他赶紧回家照料看顾。他在杭州的这两年，一直听人说四川一带有不少剑仙大侠，还有许多高僧大德，而且这些人都非常厉害。经过两年的习武和寻仙问道，他开始慢慢领悟到，武功的最高境界在本质上和儒、释、道的追求目标是一致的，都是一种修道，都是为了更好地提升自我、服务国家、反哺社会。父亲后来说，当时他的内心深处被一个神秘的声音牵引着。这个声音告诉他，往西南方向走，那里有他想要实现而且一定可以实现的东西。就是这样一股莫名的冲动让他抛下家人的牵挂和期盼，从杭州出发，经九江、汉口、重庆，最后到达成都。

这时，七七事变爆发，国共两党暂时摒弃前嫌，偃旗息鼓，一致抗日。不过，日军谋划多年，有备而来，武器精良，训练有素，很快就占领了中国大片领土。日军所过之处，如蝗灾过境，饿殍遍地，民不聊生。虽然时局十分危乱，但父亲一路上倒是相当顺利，既没有遭遇战乱，也没有遇到土匪。不久，南京就被日军占领，国民政府整体迁往重庆，大批难民随之涌向西南大后方，而他在难民潮到来之前已经安然抵达四川了。

然而，父亲十分清楚，虽然自己幸运地避开了战火，但在祖国遭受侵略和欺凌的时候，任何中国人都不可能置身事外，独善其身。父亲曾动情地回忆起在报纸上看到的一则新闻：一个母亲带着两个孩子逃难去重庆，路上母亲生病，怕耽误孩子们赶路，便设法自杀身亡，临死前还嘱咐孩子：“快走，不要管我！”两个孩子只好就地把母亲掩埋，继续赶路。父亲每次谈起此事都情难自禁，说那是一段让人无法释怀的岁月。

对于抗日战争的痛，对于国仇家恨，我自幼感同身受。小时候在台湾，当局制作了一部抗日战争的黑白纪录片，不是做宣传用，而是让国民清楚地了解日本侵略的暴行。当时父亲带我去电影院看这部《中国之怒吼》的黑白纪录电影片，看得我义愤填膺，热泪盈眶，回头看父亲，此时的他更是黯然神伤，频频拭泪。这毕竟还只是我受的教育，还只是一种间接的经验，但于他而言，却是无比真实的惨痛经历，亲人和同胞罹难，民族与国家共殇，这样的切肤之痛，这样的耻辱遭遇，闻者足戒，必须记取。

作为艰苦抗战年代的亲历者和见证者，他后来还将清代词人李玉的昆曲《千钟禄》第十二出《惨睹》的一段唱词改编成《去大后方》的诗词。李玉的《千钟禄》，描写的是燕王朱棣攻占南京后，建文帝朱允炆与翰林编修程济化装成一僧一道，辗转千里流亡四川的故事。父亲在战火中一路西行，与建文帝当年西亡的历史背景虽大相径庭，然其所见之惨景，所感之悲怆，实无二致。于是他将这首词略加改编，以抒己怀。后来，这首词成为纪录片《去大后方》的主题曲。词云：

收拾起山河大地一担装

去后方

历尽了

渺渺途程

漠漠平林

垒垒高山

滚滚大江

似这般寒云惨雾和愁苦

诉不尽国破家亡带怨长

雄城壮

看江山无恙

谁识我一瓢一笠走他乡

亡国之辱，丧家之痛，全国各界集体往大后方迁移，一路上战火纷纷，难民如潮，哀鸿遍野，颠沛流离。父亲虽然没有亲眼看到和经历这么多不幸，但这样的消息通过报纸和广播，深深刺痛了他。他生平第一次意识到，个人的命运是无法与国家、民族脱离开的，每一个寄身于此的中华儿女都无法做到无关痛痒地置身事外。他视人之患若己之患，国之疴若己之疴，暗暗确立自己的人生使命，发誓有生之年，必当殚精竭虑，以承继中华几千年的传统文化为立国之基，不得懈怠。

初到成都时，无亲可投，无友可靠，父亲也不着急，先把成都转了个遍，最后才在贵州会馆落了脚。为什么会选择这里呢？一来，会馆里有一个成都佛学社；二来，贵州会馆里供奉着唐代名将南霁云将军的神像。南霁云是魏州顿丘（今河南清丰）人，唐朝玄宗、肃宗时期的名将。他出身农民家庭，因排行第八，人称“南八”，骁勇善战，勇武过人。他曾在“安史之乱”中，协助张巡镇守睢阳，屡建奇功。后睢阳陷落，南霁云宁死不降，慨然就义，一时传为佳话。姓南的人本来就不多，能在他乡遇到同姓的先人，也是一种缘分吧，所以父亲就在这里住了下来。父亲是在抗战爆发前几个月入川的，后来一些朋友随着政府迁都，辗转也到了四川，相遇时，也都说父亲有先见之明。其实父亲那时只是一心一意地想到峨眉学剑，还没有放下成为剑仙的心愿，才得以提早到了抗战时的大后方。

一次偶然的机会，父亲结识了同在会馆里寄居的钱吉（钱宗本）。很快，两人就成了莫逆之交。钱吉是四川彭县人，有一段非常惨痛的人生经历：彭县乡下，封建思想极为浓厚，容不得半点恋爱自由。钱吉与同村的一名少女偷偷地谈恋爱，结果被女方家里知道了，家族群起反对。两人情真意切，意志坚定，相约离家出走。还没有走多远，那个少女就被赶来的族人抢了回去。钱吉赶紧跟着回去，带着家里人上门去提亲。没有想到的是，女孩已经被她的族人野蛮地活埋了！钱吉悲愤难抑，一股无名怒火从心底升腾而起，只想着杀人放火，为少女报仇雪恨。正当钱吉想要动手时，遇到一位高僧。经高僧点拨，他看破红尘，出家为僧。钱吉的父亲去世得早，他是个大孝子，不忍心抛下老母，便带着老母一起，住到成都贵州会馆成都佛学社里，一边修行，一边侍奉老母。

父亲听说钱吉的故事后，对其更是增添了一分同情与敬佩。同是天涯沦落人，两人结成患难之交。钱吉帮助父亲在成都安顿下来，在生活方面对他十分照顾，还帮他认识了不少佛教界的朋友。有一天，钱吉写了一首诗赠送给父亲：

侠骨柔情天付予，临风玉树立中衢。
知君两件关心事，世上苍生架上书。

父亲读书多，一眼就看出钱吉这是在借用古诗来夸赞自己。当时的父亲心高气傲，见钱吉这样理解自己的志向，更觉得他是个难得的知己。父亲当时才二十出头，钱吉“知君两件关心事，世上苍生架上书”两句诗，竟判定了他的一生行谊，确实是高山流水，知音之言。

父亲闭关之后，从此两人再也没有见过面。半个世纪过去了，到了一九八六年，身在美国的父亲逐渐同成都的老朋友联系上之后，着重打听当年这位朋友的下落。但是，造化弄人，任凭花费多少人力，就是找不到钱吉的踪迹，就连当年他们共同栖身的贵州会馆，也因城市的扩建而无迹可寻了。后来有人写信告诉父亲说，在“文化大革命”期间曾见到过钱吉一次，他在街上卖旧衣服，境况大概不是很好。父亲看完这封信，眼角湿润，当即写下一首诗怀念这位患难与共的至交好友：

蜀道初登一饭难，唯君母子护安康。
肯知苏季非张俭，不信曾参是项梁。
徒使王陵有贤母，奈何维诘学空皇。
千金投水淮阴恨，今古酬恩枉断肠。

正如诗中所言，父亲刚入川时，生活上极其窘迫，甚至到了“一饭难”的境地。这个“一饭难”的滋味是很不好受的，一般人大概一辈子都没有尝过这个滋味，但父亲尝到过。在从宜昌到成都的路上，他同表叔两人，盘缠已经用光了，整整三天没有吃过一顿饭。饭馆酒家里飘出的美味佳肴的香味，馋得他们口水直流，但身上一分钱都没有。实在饿急了，父亲就在一个馒头摊上偷拿了两个馒头，一人一个，所幸没被抓住。后来，父亲讲课时，多次引用古人的诗句“美人卖笑千金易，壮士穷途一饭难”，来告诫人们，要知道人生的艰难，春风得意之时，也要保有忧患意识。在台湾的时候，他对很多家境清寒的学生，总是寄以极大的同情，尽量给予资助，因为自己尝过“一饭难”的滋味，不想让他们也有这种没有尊严的经历。

钱吉母子同父亲萍水相逢，伸出援手，帮他摆脱困境，“唯君母子护安康”，令他没齿难忘。对父亲而言，钱吉母子犹如漂母之于韩信，报恩无门，只能“今古酬恩枉断肠”，徒留遗憾了。

父亲在成都住了一段时间，虽然有钱吉做伴，但他怕自己无所事事，荒废了青春年华。于是，他再次出发，雄心勃勃地想要去闯一番事业。一九三九年，他来到川康边境大小凉山地区，在那里办了一个“大小凉山垦殖公司”，自任总经理兼自卫团总指挥。钱吉在母亲的动员下，还了俗，跟随父亲来到这里。说是垦殖场，实际上主业并不是农业，究其本质可以说是一支小型的自发以保家卫国为己任的地方武装，而且没番号，不在编制里。当时父亲看着自己拉起的这支队伍，心里十分自豪，写了下面这首诗，以此表明他整肃时局的雄心壮志：

东风骄日九州忧，一局残棋尚未收。
云散澜沧江岭上，有人跃马拭吴钩。

父亲的这个举动，在当时颇引人注目。自称父亲学生的王启宗回忆道：“几乎已是半个世纪以前的事了。记得那时正值日本军阀对我方发动侵略，全国上下奋起抗战，一般爱国青年无不热血沸腾，纷纷投笔从戎，救亡图存。当时我也投身军旅，于役重庆，一日见报载：‘有一南姓青年，以甫弱冠之龄，壮志凌云，豪情万丈，不避蛮烟瘴雨之苦，跃马西南边陲，部勒戎卒，殚力垦殖，组训地方，以巩固国防。迄任务达成，遂悄然单骑返蜀，执教于中央军校。’”

父亲的垦殖场办得风生水起，还被当地报纸报道，足以见其影响之大。不过，其实报纸对他的垦殖场的性质或许有些误解。报纸上说“任务达成”，其实，这个垦殖场并不是为了完成某个组织或者某个人给父亲的任务，因此说“任务达成”也就无从谈起了。小时候记得父亲说过，垦殖场的前身本来是一群凉山里的流民，平时做些强取豪夺的事情。父亲和若干朋友，在一个机缘之下，将他们说服，改编为类似屯垦的单位，有枪有武力，足以自保，但是并不属于任何体制，所以也没有完成什么任务可言了。

当时，国家有难，父亲作为一名热血男儿，正值血气方刚之时，一时热血沸腾，远赴凉山，戍边保国，确实是“壮志凌云，豪情万丈”。但是，其实父亲当初设想的垦殖场规模远不止于此，后来垦殖场也没有获得特别大的成功，父亲还是有些失望的。报纸所言可能有“以示嘉奖”的意思，希望能有更多的人为国家贡献一份力量。不过，据父亲回忆说，就这么一个地处穷乡僻壤的小小垦殖场，在当时复杂的政治环境下，还是引起了一场不大不小的风波。当时，四川一直处在地方势力控制之下，蒋介石的中央政府入渝之后，矛盾更加尖锐，控制与反控制的斗争非常激烈。父亲在这里突然拉起一支队伍，由于他浙江人身份，当地的地方势力便以为他是国民党派来的。而重庆的国民党特务机关发现自己眼皮子底下突然冒出来一股来历不明的武装，也想方设法地要收编他。他左右不讨好，政治压力很大，坚持不到一年，就放弃了垦殖场，回到成都。他曾把这一段经历写成《西南夷区实录》，但令人可惜的是，这本书没能保存下来，所以，他办垦殖场以及最终放弃的具体细节无从得知。晚年时，他忆起这段峥嵘岁月，开玩笑地戏称自己在四川“还当过一段时间的土匪头子”。

从垦殖场回到成都以后，过了一段时间，就到了一九四〇年，父亲找到一份在宜宾《金岷日报》的编辑工作。当时的社会环境，要找一份正经工作并不容易，不过，他的这份工作找起来倒是非常简单。父亲为了挣碗饭吃，觉得自己读了不少书，应该找份与文字相关的工作，便找到这家报社。进了门，没有几个人，柜台前坐着一个老头，父亲以为是掌事的，便上去请安，问能不能在这里找到一份差使。老头子打量了他一下，问：“你是哪里人？不是日本人吧？”

那时候的人都很怕日本的特务或汉奸。父亲连忙说：“我是浙江人，逃难到这里，想找一个差使，好有碗饭吃。随便什么事都行，倒茶扫地也干。”

这时，从后面走出一个中年男子，叫父亲进去，说：“你有什么事和我说，我是这里的老板，姓许。”

父亲作了个揖，说：“许老板好。我叫南怀瑾，流浪到这里，举目无亲，没有饭吃。希望在您这里谋个差使，讨碗饭吃。”

许老板很爽快：“那好啊，你来上班，我们缺一个工友，扫地的。”

就这样，父亲当天就在报馆上班了，做的是洒扫之类的差事。

父亲有板有眼地扫起地来。许老板就在一边看着，过了一会儿，便把他叫过去，说："看你的样子不是干这种事的人。"父亲以为自己做得不好，要辞退自己，心里十分紧张。许老板却问他会不会写文章。他不敢说大话，只说自己在私塾里念过一些书。许老板马上出了一个题目，叫他写一篇文章。父亲遂拿起笔来，一挥而就。许老板看了非常满意，当即决定让父亲当报社的副刊编辑。父亲当时身无长物，囊中羞涩，见许老板如此爽快，便大着胆子问道："一个月的工资有多少？"许老板说了一个数目，在当时弥漫着硝烟战火的乱世，也算是"高薪"了。父亲又问："现在我有两个朋友生病，等着要请医生，没有钱，能不能先借一个月薪水？"许老板也是一个爽快侠义之人，毫不犹疑地答应先借两个月的工资给他。于是，父亲用预支来的工资去请医生给那两个朋友看病，随后就去上班了。

报社人少，总共就几个人，分工其实没有那么明确，所谓编辑，不仅要看作者的投稿，还要经常写些文章，此外，还要干很多杂事。对落难的父亲来说，吃这点苦根本算不了什么，重要的是总算有一个立足的地方，有碗饭吃。这些活儿都算不得什么，他干得游刃有余，心情也舒畅。

有一次，当天的报纸排好了，还空一小块地方，拼版的师傅要父亲找一点东西凑上去。然而他手头确实没有什么现成的东西，又不能不帮忙。他灵机一动，当场编了一份征婚启事，印了上去，解了燃眉之急。谁料想，报纸登出几天后，便收到了好多封来信。报社好久都没有见过这么多信件了，打开一看，原来大部分都是看了那则无中生有的征婚启事来应征的。父亲后来同别人谈起新闻工作的职业道德时，说自己也干过新闻这一行，指的就是这一段。其实，这段时间十分短暂。

五、鹊鸣川蜀访剑仙

无论在什么时代，总存在着高明的骗术。若不是在心理上故弄玄虚，就是在道具上虚张声势。

一九三七年七月七日，日本挑起卢沟桥事变，全面发动侵华战争，也开始了有组织的全面抗战。淞沪会战临近结束时，日军把战火烧向临近上海的浙江。由于当时中国军队主力大部分布防在上海地区，浙江的防卫极其薄弱，在日军猛烈的攻击下，枫泾、嘉善、平湖、嘉兴、海盐、杭州等城市相继沦陷。日军入侵杭州地区后，杀人放火，奸淫掳掠，强抓挑夫，强抢粮食，大批难民冻馁而死。不久之后，日军攻陷南京，犯下了惨绝人寰的“南京大屠杀”滔天罪行。尽管国民党军队的许多官兵进行了英勇的抵抗，但正面战场的战局非常不利，先后丢失了华北、华中的大片领土，国民政府也被迫迁都重庆。

父亲入川途中，不时遇到涌向西南大后方的难民，其中还有不少浙江老乡。老乡们听说父亲提前离开杭州，都说他能先知先觉，幸运地免去了战乱之灾。父亲十分同情他们的遭遇，对日军犯下的令人发指的罪行深恶痛绝。他极其挂念家乡的亲人，逢人便打探消息。他想过回浙江找亲人，不过，当时江浙一带已经沦为人间地狱，无论如何也回不去了。他心中十分懊恼，悔恨自己没有将亲人一起带出来。他突然想起“四眼和尚”送给自己的《金刚经》，每天早晚诵念，为亲人祈福。

二十世纪三十年代，还珠楼主李寿民所著的武侠小说《蜀山剑侠传》和《青城十九侠》风靡一时。和很多人一样，父亲也很痴迷还珠楼主的小说，神魂颠倒，梦想着自己寻访武林高手，拜师学艺，将来惩奸除恶，杀敌抗倭，成为一代奇侠。入川路上，他遍访青城、峨眉，参拜仙观佛寺，虽寻访高人未得，但多少也排解了一些对家国的忧愁。

父亲后来回忆说，入川途中，他一路寻访得道高人，到湖北汉口之时，曾遇到两位异人，一道一俗，道者红光满面，俗者跛其一足，手中均捻弄铁弹，笑容蔼然。他见此二人相貌不凡，心里觉得定是高人，便小心翼翼地尾随其后。自黄鹤楼前绕到后山，僧俗二人一直走，头也不回一下，直到下坡时，才回头问父亲："奇怪！年轻人，你跟我们到这里干什么？"父亲本想将访师求道的心意如实相告，但忽然升起一股警戒之心，觉得天下骗子甚多，倘若在湖北只身遇骗，那就麻烦了，便对二人说自己只是游山，随便走走。他们又问他将往何处去。父亲说打算去四川。道人仔细看了他一遍，然后说："甚好！你应该去四川，我们后会有期，但是今天你不要再跟着我们了。"道人还留了以后见面的地址，然后分别。父亲听了也不以为意，停下脚步，目送两人飘然远去。后来与我们说起，这两人举止奇异，神态不凡，那次的相遇也让人回味无穷。

在成都任编辑期间，每逢假日闲暇，父亲便芒鞋竹杖，遍游蜀中名山大川，访求高僧奇士。青城派道士王青风，就是他在这段时间结识的一位剑术高手。

四川名胜鹄鸣山是东汉时期道教祖师张道陵隐居之地。一九四〇年前后，山上住着一位名号王青风的道士，他是四川境内传说中的剑仙。父亲曾经上山寻访他，屡次而不得。皇天不负有心人，多次寻访之后，终于见到了本人。一见之下，父亲目瞪口呆，这不就是在汉口遇到的那位道人吗？机缘巧合，竟被道士预先说中了。

王道士哈哈一笑，亲切地拍拍父亲的背，直接告诉他说，世界上并无飞剑这种谬事，但剑仙却是有的。他的说法与杭州城隍山的老道所说稍有不同。他说，剑为一种“气功”，所谓以神御气，以气御剑，百步之外可以御敌。又说，剑有五类，大体区别为有形、无形两种。

父亲听说这么神奇，便告诉王道士，自己十分仰慕“金光一道”的剑术，希望有朝一日可以练成此术。王道士告诉他需铸备一寸三分长的金质小剑，再以道家方法习练，便可练成。父亲追问：“什么是道家的方法？”王道士说：“道家炼丹之法，可将黄金炼化成液体，并可服饮，若中了毒，道家有解此毒的药。”对于道家炼丹服药的方法，父亲并不是马上接受的，可是他对王道长还是非常礼敬，经常往来互动。

几番交往下来，两人之间的交往日益频繁，关系也愈加亲密起来。父亲在王道士的指点下练了一段时间，彼此交情比较深厚后，有一次，父亲自己练完后，大胆地请求王道士表演剑气。王道士竟然也不推辞，答应了他的请求。王道士站在山头上，用手一指，数米外的一棵老松即应手而倒。父亲童心未泯，惊讶地问他何以无光。王道士说：“我早已经告诉过你并无此事。不过，欲练至有光，另有一番道理，我就不同你讲了。”这时，他的大弟子正好在旁边，父亲也请他表演。但见他用鼻孔吼气，只见站立之处，周遭山土转眼变成尘土飞扬起来。父亲目睹王道士师徒二人超凡的表演，更加确信中华武术的神秘莫测，假以时日的确可以练到出神入化的至高境界。

不过，在与王道士深交之后，父亲却逐渐打消了当剑仙的念头。他想，练成剑仙，估计要花一辈子的时间。况且，时代变化了，现在科学昌明，枪炮及炸弹等威力无比，传统的武功和利器都没有用武之地了，苦练这种剑术还有什么用呢？中华武术再神奇，也挡不住日军的钢枪铁炮！如果只是为了强身，自己已经知道许多方法了，足以保健，何必浪费时间在这方面呢？基于这些考虑，父亲始终未能下定决心坚持练习，最后还是决定放弃。如果意志始终未能专精坚持，那宁愿选择放弃，这是父亲的自我要求。

父亲在成都遇到的第二位奇人，是在四川的自流井（在四川南部自贡市境内，原属富顺县，一九三九年自流井盐场与荣县的贡井盐场合并成为自贡市，是中国最大的井盐产地）。这一次，他不是一个人去的，而是由以“厚黑学”闻名的李宗吾先生介绍的。李先生是自流井人，当时已经是花甲之年，不过性格幽默开朗，特别愿意结交年轻人。父亲在自流井遇到李先生，两人顿成忘年之交。闲谈之中，李先生告诉父亲说，在附近赵家仑乡下，有一位八十多岁的老先生，尽得武当内家武功真传，尤其是轻功最厉害，已经到了“踏雪无痕”的境界，如果随他学习，只需三年的时间便可有所成就。听说这位老人的师父是浙江人，为报师恩，打算将自己的独门秘籍传授给一个浙籍弟子。李先生知道父亲是浙江人，故愿代为引荐。

于是父亲和李先生选了个日子，坐上“滑竿”（南方山区特有的一种供人乘坐的传统交通工具，用两根长竹竿绑扎成担架，中间架以竹片编成的躺椅或用绳索结成的坐兜，前垂脚踏板。乘坐时，人坐在椅中或兜中，可半坐半卧，由两轿夫前后肩抬而行）就到乡村里去拜访。相谈之下，互相之间竟也觉得十分投缘。父亲也不遮遮掩掩，直接对老人请教到底有无“踏雪无痕”之类的轻功。见父亲心存怀疑，老人正色道：“你等我一等，便知道了！”老人随即像正常人一样，悠然起步，疾行一里多路，又快步走回来。这时刚好新雨初晴，地上泥泞不堪，老人脚上穿的一双白底新靴，一趟回来后，鞋底竟然一点儿都没有被泥水弄脏！

父亲看得瞠目结舌。老人笑着问道：“欲见走壁的身手否？”话音刚落，没有任何起手势，只见他举重若轻般快速起身，张开双臂，瞬间双脚离地飞身一跃，双足在岩壁上飞速行走，左右臂晃动配合，力尽之处稳稳落地，毫无勉为其难之色。父亲此时已拜服至极。

老人说：“你现在相信了吧！亦愿学否？”老人接着说，学这些功夫并不难，只有七十二诀，归纳成七十二字，一字一诀，一字一姿势，循序渐进，无须广场，仅楼阁之上，即敷应用，若愿住三年，即可示教。

考虑再三，父亲还是担心自己志趣不专，不能坚定意志，绝技没有学到，反倒弄得一事无成，无法施展抱负。虽然他很想学，但是没有办法，只得委婉地推辞，至此他彻底打消了学做剑仙的念头。老人意兴阑珊，挥手送客。

从自流井回来之后，父亲一直代老人寻觅可做传人的青年。也许是机缘未到，一直没有找到合适的人选，总是觉得对不起老人家。

无论在什么时代，总存在着高明的骗术。若不是在心理上故弄玄虚，就是在道具上虚张声势。小时候我曾听父亲说起辰州符、祝融科等事，增长了不少见闻，也听过他的一些因探索而遇到骗局的故事。父亲在成都时，曾听说有一位会画符的道长，便兴致勃勃地跑去拜访。见了面，父亲就开门见山地请他展示一下符箓的效用。这位道长也没有推辞，只是让父亲必须到城北某个布店，买回上好黑布若干，尺寸齐备，他才好用来作法。

父亲一听，这个容易，就是准备材料嘛，当即表示一定照办。于是他便到城北的指定布店，买足了作法的黑布带回来交差，以为终于可以一睹符箓作法的场面了。道长接过了布匹，也没有多言，约定了一个日期时间，准备一显神通。

到了日期，父亲兴冲冲地赶赴郊外两人约定好的作法之处，但见几根长竹旗杆将数面黑布四面高高挂起，道长足踏七星，香烛缭绕，口中念念有词，手中法器锵然作响。几番运作以后，他以笔画符，令其燃烧于空中，同时口中大喝“急急如律令”，霎时间四面所挂黑布尽皆烧起，四面空中好似有金笔龙蛇的字飞舞着，场面着实惊人。许多参观者见状，马上就信以为真，对着道长参拜起来。看到这，父亲已然心知肚明，立即起身离开，头也不回地走了。

我们都追问为什么？父亲说，这样的骗术，也就是一般乡下人的玩意儿，那些黑布都经过泡制，在特定的地方用了糯米水或是其他物质浆过，平时看不出来，可是着火以后，这些浆过的字画就会显现片刻，达到骗人的效果。那位道长之所以指定布店购买，就是因为他们是同一个骗人的团伙。

社会上总有这些无穷无尽的骗术，它们总是随着人性而长存。即使到了改革开放以后，这类的故事也时常是新闻头条。骗术之所以如此猖獗，其根本原因不是那些骗子的骗术多高明，恰恰是人们喜欢受骗，常常自欺欺人罢了。

六、也将身赴细柳营

父亲是一个正直不屈的人，不会为了升官发财而向他人卑躬屈膝，巴结讨好。

父亲在成都中央军校时期的旧照（一九四〇年）

在报社干了几个月以后，父亲辞掉了编辑工作。经人介绍，他在成都中央军校谋了个公职，在军官教育队里任政治指导员。第二年，也就是一九四一年，他先是在成都金陵大学社会福利行政特别研究部选读，接着考入了中央军校政治研究班第十期学习。这两次学习都不是正规的学历教育，所以，在他的履历里一般很少提及。

中央军校的前身是黄埔军校，校长由蒋介石担任。因为蒋介石是军校的校长，因此，从军校出来的人，绝大多数成了蒋介石的嫡系，在国民党的派系里势力最大。中央军校在当时是总校，在其他地方还有分校，当时位于成都的北校场，规模相当大。父亲到军校任教，是少校军衔，名义上是政治指导员，但是实际上教的是武术。父亲从小就有当军人的梦想，这也是他第一次正式穿军装，对他来说，心愿终于得到了满足，这令他十分高兴。父亲花了两年时间在浙江省国术馆专门修习的各种武艺，正无处使，未曾想在这里派上了用场。

当时，父亲只有二十几岁，教的是高级军官教育队，都是曾任团长、旅长的军官。上课时，他们端端正正地坐在下面，眼睛睁着，好像听得很认真，实际上都在愣神。父亲见他们的神情麻痹，精神不太集中，就偶尔抛出一个“荤段子”，把大家的精神引起来后，才又继续讲课。

不过，他在成都军校当武术教官的时间并不长，父亲是一个正直不屈的人，不会为了升官发财而向他人卑躬屈膝，巴结讨好，于是，结果便可想而知。他升官无望，入党无门，始终没有成为蒋介石的嫡系，并且此后也再没有端过国民党的“饭碗”。虽然官场的黑暗可能会让父亲十分不舒服，但是他重情重义，因为这一段经历，他已经在感情上默默地将自己同许多军校朋友紧密联系在一起，这也深深地影响了他以后的人生选择。父亲后来常说：“对蒋老头子，尽管我好多地方不赞同他，但我见了他还是要敬礼的，因为他是我的校长。”由此可见，他是一个极其注重师道尊严的人，恪守着传统文人士大夫的一些精神准则，尽管这些准则有时候看起来有些守旧固执，但正是这样的坚持，使得他更富有人格的魅力。

中央军校后门对着的就是文殊院，父亲当时就住在武担山，山很小。教官住的地方在皇城里头，皇城一半是军校，一半属地方。中央军校真枪实弹不多。一个星期天，父亲当值勤官，带了十七八个学生值勤，闲极无聊，看着没什么事，就准备出去转转。学生们说：“南教官，您忙您的，我们值就是了。”于是父亲就到军校对面的街上走了走，觉得没什么意思，就换了个地方转悠。刚到街口就看到许多老百姓站在街两边看热闹。只见五辆人力车拉着一些人正在街上飞奔，第一辆人力车上有人高举着一面杏黄旗，写着四个大字“替天行道”，后面跟随的车上各色彩旗飘扬。父亲便问看热闹的人：“那些人是做什么的？”有人回答说：“遂宁来的，想当皇帝，正打算攻皇城呢……”父亲一听，恐怕出个什么事，急忙赶回皇城。

果不其然，刚到皇城门口，就远远看到这五辆人力车飞速地往皇城大殿冲。过了不一会儿就听到枪响了。匆匆赶回的父亲忙问守卫的地方部队：“怎么回事，你们怎么开枪了？”回答说：“他们冲过我们的防线，我们就开枪了，先把人打死了再说，情况不明啊！”父亲进去一看，冲进去的人都被打死了。这些人手无寸铁，痴心妄想，为了登上龙椅做皇帝的无妄美梦，竟然冲动痴狂至此，实在令人匪夷所思！父亲对着这些因痴嗔而遭受灭顶之灾者的尸首，心生无限悲悯。

父亲在成都军校的时间并不算长，却结识了一位同事，两人建立了深厚的友谊。这位同事就是贾亦斌。贾亦斌比父亲大六岁，上校军衔，教军事战术课。

贾亦斌是一个颇具传奇色彩的人物。在成都军校执教后不久，贾亦斌便离开军校，上前线打仗去了。因为他英勇善战，很快升到师参谋长，领少将衔，后又进陆军大学深造。在别人的介绍下，他于一九四六年投在蒋经国麾下。蒋经国对他赞赏有加，并让他当了副手，担任“国防部预备干部局”副局长，很多重要的事都交给他做。不久，他还接替蒋经国任该局代局长。一九四八年，蒋经国在上海“打老虎”，一时间搞得热火朝天。其实蒋家政权的“四大家族”才是最大的贪污腐败集团。虽说蒋经国表面上大义凛然，但是根本不愿也不敢触动“四大家族”的一根毫毛，他只“拍苍蝇”而不“打老虎”。刚开始时，贾亦斌也对蒋经国此举深表赞同，并且寄予厚望。但是后来，贾亦斌慢慢看清了蒋经国的真实面貌，认识到他并不是真正想要为人民谋利益，便对他死心了。由于政治理念上的差异，贾亦斌终于与蒋经国分道扬镳，秘密加入了中国共产党。

一九四九年四月，贾亦斌率领“预干团”在浙江嘉兴起义，加入了共产党领导的人民解放事业。“嘉兴起义”在当时造成了极大的轰动，在众人眼中，贾亦斌是蒋经国的左膀右臂，而“预干团”也被认为是蒋经国的嫡系，谁也不会想到他们会发动起义，因此这次起义在当时被认为是“从蒋家的心窝里反出来了”。当时的国民党统治早已民心丧尽、风雨飘摇，再加上这个从“心窝里反出来”的起义，其统治受到了巨大的打击。新中国成立之后，贾亦斌还是长期从事统战和对台工作，担任的最高职位是全国政协常委、民革中央委员会名誉副主席。

父亲与贾亦斌共事的时间并不长，但两人秉性脾气相投，成为难得的知己。后来，父亲没有在仕途上求发展，很快就离开了军校。时隔四十多年后，他们才在香港重逢。世事变化，渡尽劫波，再见时已是鬓发斑白、年逾古稀的老人，“烈士暮年，壮心不已”，携手为中华民族的繁荣昌盛、为祖国的统一大业，尽心尽力，谱写了一曲壮丽的“夕阳红”。他们的故事，容我在后面再详细交代吧。

在一般人的印象里，军校的生活是很严格的，不过那是对学生而言的。作为教官，相对要自由许多。从家乡传来消息，家人并无大碍，父亲稍为宽慰。由于没有家庭负担，平时除上课之外的时间可以自由安排，因此，他又像在杭州那样，充分利用课余时间，到处求仙访道。军校后门外不远的地方有一座庙，那是父亲平日里经常去的地方。他同庙里的老和尚谈经说佛，切磋武功，成了好友。每逢周末或者节假日，他更到处游逛，访贤问道。军校与其说是他的工作单位，不如说是他的一个落脚点，除上课之外他在军校的时间并不长，他早出晚归，结识各界朋友。后来，他结识了禅宗大德袁焕仙，便干脆辞去了教官的职务，跟着袁老师学禅去了。

七、焕师解疑方识我

太老师袁焕仙这么坦率、这么严肃地指出父亲性格上的弱点，在父亲的一生中，恐怕是第一次，也是唯一的一次。

袁焕仙先生像

成都附近灌县（今都江堰市）有座青城山，“诸峰耸蔚，俯瞰万流，极趣清幽”。山上有一座寺庙叫灵岩寺，父亲得空的时候就往这里跑。灌县离成都比较远，远离尘嚣，每次都坐汽车去。这条路弯曲狭窄，路况很差，夏天雨水多，到处坑坑洼洼的，汽车时开时停，速度慢不说，坐在上面被颠得七荤八素的乘客时不时还要下来帮忙推车。当时在四川大后方流行一首诗，是根据古诗改编的，说的就是这段烂路。原诗是这样写的：“一去二三里，烟村四五家。亭台六七座，八九十枝花。”经过当地人一改，就成了：“一去二三里，抛锚四五回。前行六七步，八九十人推”。

灵岩寺之所以在中国文化史上享有盛名，很大程度上得益于传西法师。传西法师是灵岩寺的住持，不是一般人，曾与汤用彤、梁漱溟、蒙文通、姚柏年、黄树因、王恩洋、熊十力等人同为当时的佛学大师欧阳竟无先生的弟子。传西法师本人极富才学，精通唯识法相之学，交往的多是名士、学者。二十世纪四十年代，华西大学派滑竿师傅将他请下山，聘为教授，给学生讲授佛学，他一直不肯应承。后来，在朋友们大力催促下，他才下山。谁也没有想到，在课堂上，传西法师突然将讲课内容改为“情与爱的哲学”。一个出家人竟然在一群大学生面前“谈情说爱”，一时引为奇谈，甚是轰动，都上了当地的报纸。

传西法师曾经邀请李源澄先生来此创办书院。李源澄，四川犍为人，字俊卿，又作俊清，师从廖平、章太炎、欧阳竟无、蒙文通等先生，先后在四川大学、西南师范大学任教。李源澄当时在灵岩寺的下院铁佛寺办了一个书院，就他一个老师，“艰苦卓绝，始终不退”。

燕京大学著名教授郭本道也在这里修习，他还把燕京大学图书馆的全套线装《道藏》搬到这里，以免被日本人抢走。本来父亲是没有多少机会看到这些书的，这次机缘巧合，一下子看到了这么多的书，心里自是十分欢喜。

冯友兰先生当时也在山上住了三个月，在灵岩寺读了《指月录》，下山后去教书，并在重庆出版了《新原人》，此后便走上中国哲学史的研究路途。

父亲的老朋友净天老和尚，也在灵岩寺待过，一直都称父亲为“南教官”。老和尚一生修行持戒，修音声作佛事，以梵呗供养诸佛菩萨，为四川培养了大批优秀的梵呗唱念的法师。净天和尚于二〇一二年十二月二十一日，以成都文殊院首座的身份，在六合楼圆寂往生，享年九十九岁。

灵岩寺本来是座小庙，并非什么千古名刹，“山不在高，有仙则名”，之所以小有名气，是因为传西法师邀请而来的众多名士汇聚于此。抗战时期，避难的文化界朋友纷纷到这里投奔传西法师。灵岩山住的和尚不多，却住进来一批文化人，也是奇景一桩了。冯友兰、钱穆、袁焕仙、贾题韬等人，当然也包括我的父亲，他们都欠传西法师一份大大的人情。这些人的吃和住，被传西法师全包了。他们心存感激，打趣他不供养和尚，却专门供养文人。法师因为这些文人济济一堂而十分开心，根本不计较庙里的收支是否平衡，回答他们说：不管啦，我还非得要供养你们不可。这些人物后来都为中华文化点灯传薪做出巨大贡献，法师的胸襟和眼界令人钦佩赞叹。

传西法师还邀请钱穆、蒙文通、王恩洋和傅真吾等人来此读书，邀请川北大德袁焕仙至此闭关，邀请至交——我的父亲来此游玩，于是才有了“灵岩‘禅七’法会”，才有了父亲与袁焕仙的相识。传西法师虽然出家了，但一直十分热衷结交名流雅士。他让这些人住在灵岩寺，尽力给他们提供最好的环境。在那个兵荒马乱的年代，灵岩寺这么一个清静的去处，对这些文人来说，无疑是一个“谈笑有鸿儒”的世外桃源。

一座庙里住着那么多的名人高士，自然引起父亲极大的兴趣。虽然路途遥远艰难，这里还是成了他经常光顾的地方。一九四二年夏天，被誉为“盐亭老人”的一代禅门宗匠袁焕仙先生，来到灵岩山掩关禅寂。或许，袁焕仙在上山之前，很可能就“去何处闭关参禅”一事请教过十方堂住持昌圆法师，昌圆法师就建议他去灵岩寺，因为早在一九三七年，昌圆法师就曾与其弟子能清和尚住持过灌县灵岩、般若两寺。

一九四〇年暑期，父亲借休假之机，背着一把长剑悄然上了灵岩山，前去看望至交好友传西法师。在这里，他结识了袁焕仙先生，很快就结为忘年之交，后来，敬拜袁先生为授业恩师。不过，他刚上山的时候，并没有马上见到袁先生。此时，袁先生已在山中闭关了一段时日。

太老师袁焕仙，名其章，号世杰，一八八七年出生，四川盐亭县麟瑞乡龙顾村人。少有逸才，倜傥不羁，健谈论，善画，工书，早年以辞章闻名。清末时应童子试，年十三岁名列前茅，先宿震之。辛亥革命后，毕业于四川法政学堂。一九一六年后，曾任越西县知事、盐边县知事及直、鲁、豫十四省巡阅使署及川康绥靖公署高等顾问。一九二六年，广州革命政府在北伐进军中，委派杨森为国民革命军二十军军长，驻防万县。杨森委派太老师袁焕仙署理夔关监督，兼任联军总司令部军法处长。当时，朱德任杨森部团长职务，与太老师袁焕仙关系很好。一次，在朱德性命攸关时，蒙太老师袁焕仙出手相救，朱德逃过一劫，因此，他十分感激，一直称太老师袁焕仙为“焕哥”。新中国成立后，太老师袁焕仙给朱德写过信，朱德对他也有所照应，助他度过比较平静的晚年生活。

袁太老师素来信奉佛教，精研内典。四十岁时，见国家多难，人心缘溺，于是弃政从佛，先后师从吴兴吴梦龄、鄂之翘楚秀空、苏州李印泉、穹窿山道坚，后皈依报国寺印光大师。袁太老师曾经在成都十方堂禅院大殿内，苦参“德山小参不答话”句，连日废寝忘食。一天夜里，大殿插住的大门“哐当”而开，他豁然大悟。后来，袁太老师焕仙声名日隆，人称“大禅师”“大居士”，受邀上灵岩寺之时，他已与佛门大德虚云大和尚齐名。

袁太老师当时在灵岩寺闭关，对经常登山造访传西法师的父亲已有所闻。他发现父亲虽然年纪尚轻，但绝非等闲之辈，遂有意传道于他。不过，当时正值袁太老师闭关禁语，每周只有周日一天解禁。

高人近在咫尺却无缘拜见，父亲当时拜师心切，大发感慨：“朋从我思，繁兴我疑，无由启迪。”

传西法师见他学佛之心甚诚，便说：“我去禀告袁师，请求他对你的疑问以笔作答，如何？”

父亲喜而合十道：“太好了！有劳！”

于是，传西法师出面征求袁太老师意见：禁语期间以笔作答，解禁时则口头讲授，袁太老师欣然同意。于是，短短数十日中间，两人的对答都可以写成一本书了。

[*]有一次，父亲问道：“什么是‘六根’‘六尘’‘六识’？”

袁太老师回答：“石头就是六根，柱子就是六尘，‘琢棒’就是六识。”四川人把打人木棒习称为“琢棒”。

父亲听了，十分茫然，说：“先生如此‘漫言’，学生不能领会。”“漫言”，意思是散漫不羁、不着边际的戏言。

---

* 南怀瑾与袁太老师对答语录参考王国平：《南怀瑾的最后100天》，中国青年出版社，2014年版，第49—52页。

袁太老师说：“你如此‘漫问’，谁要你领会？”

父亲仍未领悟袁太老师的深意，又问：“佛教中说，‘眼耳鼻舌身意’为六根，对应‘色声香味触法’六尘，根尘相接，生出‘眼耳鼻舌身意’等识，称为六识。如今你却说六根即石头，六尘即柱子，六识即琢棒，这岂不大大违反佛教教义，不符合佛典吗？”

袁太老师见父亲拘泥于书本不能警悟，非常生气，于是提笔写道：“你既然已明了教义，贯通道理，即自己解脱可也，又何必到我这里来唠唠叨叨？”写罢，便掷笔于地，寂然在定。

父亲见状，只得无语潜退。

第二天，父亲再次参见，问：“即不许作如是道理会，然则学人浅机从何得入？”

袁太老师答：“汝是何年何月何时何地出的？”

父亲默然不语。

袁太老师说：“既未出入，何为出入？既无当下，一派圆成。谁是浅机？谁为深学？咄，无疾而呻，无病而药，释迦老子亦救汝不得也。”

父亲问：“学人于此上不得，下不得，取不得，舍不得，尽平生力忘不得，计不得，祈师慈悲方便接引。”

袁太老师答：“好好，恐汝虽如此说，未到此地，果届此也，恭喜贺喜，好消息将到矣，谛听谛听！当人于此千万不可退步，不必作必悟想，不必作不悟想，不必想不必不想，行时坐时，醒时眠时，朋友交接时，妻儿子女会合时，但略略管带，自然坛子内走不脱鳖。”

父亲问：“学人疑情不起奈何？”

袁太老师说：“只为你要信。信不立，疑何驭？疑信两忘，复是何物？此第一彻头也，千万莫要放过。”

父亲问：“疑信两忘，就学人分上捡之，却无一物。”

袁太老师说：“瞎汉！说却无一物者。是有一物邪？无一物邪？好看好看。此释迦老子、三世诸佛及一切贤圣入德之门也。这个彻头，尽大地是我口都赞不及，慎勿失之交臂。”

又有一次，父亲问：“世上既有真假，那什么是真？”

袁太老师说：“汤圆煮油锅。”

父亲问：“如何是假？”

袁太老师说：“油锅煮汤圆。”

父亲更觉茫然：“如此谈话，益增迷惘。请老师剀切直示，解除学生迷惑。”

袁太老师说：“咄，你何不说迷惘益增，你学生来解除老师我的迷惑？”

父亲良久无言，似乎有些领悟了。

又一天参禅时，父亲问：“学人参情紧切，或觉大弥虚空，或金光闪烁，或显赤白黄绿等光，大如月轮，小如豆粒，或如电光闪烁时，未审何至，属优属劣，未知何从？祈示。”

袁太老师说：“概属光影，汝但不着，亦许胜境，若欲取之，翻成大患，何也？盖汝之本体无相，无空无不空也。”

父亲问：“正参话头时，忽觉虚空粉碎，大地平沉时如何？”

袁太老师说：“咄！我说汝白昼见鬼，何也？虚空无形，汝从何碎？且不说粉，赵公山高，灵岩山低，汝从何平？且不说大地非大地。”

父亲问：“参话头不能虚空粉碎，大地平沉邪？”

袁太老师说：“恭喜恭喜！虚空粉碎也。贺喜贺喜！大地平沉也。细检细检！”

一九四二年冬，父亲搜箧残简，找到部分当时的对答语录，认为“此千圣之心灯，入德之梯航也”，不敢藏私。于是选择了其中“其言显，其义幽，其理约，其事质”的语录，“爰出鸿爪，飨我同仁”，辑成一册《灵岩语屑》。其中有许多“禅机警语”，对父亲一生影响巨大。据父亲回忆，记录这些文字时，“灵岩红叶，正满山也”！当时，袁太老师笔示口授的内容比《灵岩语屑》多出数倍。父亲后悔当时“固忽而轻之”，以至于袁太老师当时口授部分几乎没有保留下来，所幸还有笔示部分能够部分保存在残纸上。因此，当父亲整理这些纸片时，一读再读，汗泪交倾，不由得感叹："此狮子一滴乳也。"

后来，父亲曾对传西法师、杨光岱、马白眉等说："这是一段奇缘啊，倘非国变，何缘入川？倘不入川，这一段提不起放不下的公案，从何处了？仔细思量真是令人汗泪交倾不止。"

袁太老师出关后，两人这才正式见面。一见面，袁太老师先打招呼："南教官，你好！"父亲赶紧还礼，忙说："师父在上，请受一拜。"袁太老师说："哪里哪里。我看你武功很高，向你拜师。"见老师的确对武功很感兴趣，父亲只好却之不恭，先当起了师父的"师父"。袁太老师叫父亲教他太极拳。父亲说："不敢说教，陪你玩玩。"后来，袁太老师真的跟父亲学了一阵子太极拳。

太极拳流传甚广，流派极多。父亲曾经练过的是陈式与杨式的太极拳法，这是太极拳里的两个大家了，学的人也最多。不过后来父亲弃武学禅，记得的就是杨氏太极架势了。在成都，父亲也遇到过一位河南籍拳师，教过父亲一套"十三大法"，也是从太极招式里演化出来的十三招架式，招招致命，如果没有武德，练好的人只怕会伤人害己不浅。

其实，父亲初次听闻袁太老师的时候，只知道他是个大名人，并不知道他是位禅宗大师。当时，父亲对禅宗的了解还比较有限。父亲拜在袁太老师门下之后，所学所想影响了他的一生。对那些旁门左道的东西，他已没有太大的兴趣了，军校武术教官的工作也不放在心上了，转而专心致志地跟袁太老师学佛参禅。

袁太老师又在灵岩寺盘桓多日，与诸多名人雅士互相交流切磋。好一场文化盛会！这些美妙的时刻，父亲自然不会错过，他或在旁倾听，或适时插语，或激昂陈词。这些名士大多觉得父亲虽年纪不大，但机敏聪慧，很有见地，对他青睐有加。据袁太老师的弟子杨光岱先生介绍，太老师在下山前曾为灵岩寺正殿撰有一联：

溉数万顷良田，在山泉水清，出山泉水清，好个比邻秦太守；
揉千七则藤葛，不说话亦堕，欲说话亦堕，拈与胡僧阿耆多。

该联既表达了袁太老师对都江堰修建者李冰的由衷赞美，又蕴含了他对佛学的无限向往。

袁太老师弟子众多，却对父亲最为器重。我从小就受父亲教诲，对长辈称呼需要恭谨，也要恭敬，很小就听过袁太老师的故事。现在，父亲的学生们，提起袁焕仙先生的名字，也都很恭敬地称呼他为“袁太老师”。下面一段文字，题目叫“示南怀瑾”，由袁太老师口授，父亲笔录：

怀瑾谛听

在山数十日，切见诸禅德巍然自拔，有独立振衣之概，老人至喜也。摄其众向道，导其徒回车，风其俦化行方国者，实为怀瑾。而怀瑾律己过严，责人如己，老人至虑也。律己严，可也；责人如己，不可也。何也？律己严，过必远；责人严，众必减。众果减矣，汝纵口如河沛法若雨，其谁辅汝绍隆玄化而导行天下？古人所以有遇风而息之惧也。谚曰：不痴不聋，不可作翁。班子曰：水太清则无大鱼，圆悟勤又尝以示大慧杲者也。统此故，纸怀瑾阅卷自悉，无庸老人重拈。今社会非古也，朋友可借援而不可期以辅汝绍隆玄化，古有之普化克符吾宗家范，今恐无必以无，而现诸有于内则多咎于外，必多尤，咎尤交倾，进程必碍，先哲所谓欲速则不达者也。余意然千圣之心灯，续四生之慧命，不必外期友朋，要在自育一期超士，所以孔子道行，内有颜闵曾仲，不假外交伯玉。原让怀瑾此后念头当改，不然，徒滋烦忧耳。

从这段文字可以看出，袁太老师认为父亲“禅德巍然自拔，有独立振衣之概”，确实出类拔萃；另一方面，他也指出父亲身上有缺点——“律己过严，责人如己”。这是他最担心的——“老人至虑也”。同时还告诉他，“水至清则无鱼”。太老师袁焕仙这么坦率、这么严肃地指出父亲性格上的弱点，在父亲的一生中，恐怕是第一次，也是唯一的一次。“律己过严”，父亲的这个“毛病”一辈子也没有改掉，他始终对自己的一言一行一丝不苟；但“责人如己”的确是彻底改变了。如袁太老师指出的，父亲早年的确是一个十分严厉的人，很多人都说他以前脾气很大，常常把对自己的苛刻态度延续给别人，于是总给别人留下一个严厉的印象。小时候，我也会觉得，何苦要去得罪别人呢，现在才了解到父亲的良苦用心。所谓禅宗的临济喝、赵州茶、德山棒，皆是功德，雷霆雨露，皆是慈悲。就得看听者有意无意，能不能懂。严厉的手法也必须用在合适的对象上。往往才气高，不服气，挨骂又不会离开的，就适合。好颜面，脾气暴，没有心量的，就不适合了。严师出高徒，徒弟本身必要有高处，只待点拨成器，像袁太老师直指父亲的缺点那样。但倘若严厉的手法碰到一般才智的，就会得罪人了。父亲在晚年时对学生们是越来越和颜悦色了，也许在他看来平和接引更能发挥效果，强求因缘往往并不得法，所以还是客气点好。

一九四六年，袁太老师当选为国民大会代表，到南京参加制宪国民大会，并在南京成立首都维摩精舍，盛况空前，许多国民党政要如陈诚、陈立夫、周宗岳等时常前来参叩，执弟子礼。袁太老师只以佛法供人，不及其他。有些人强询以政，袁太老师不得已，发表《我之国是》，主旨在于希冀全国团结以御外侮，安息以厚民生。他曾赴台湾地区讲学。中国台湾省及日本等地大德均希望他留在台湾弘扬佛法，太老师袁焕仙固辞，一年后返川。随后常往来于内江、重庆、潼南、盐亭、中江各地，讲授佛学。一九四九年后，袁太老师回盐亭老家休养，一九六六年“文化大革命”将起之时，哂然圆寂，享年八十。

袁太老师著述宏富，曾写日记数百册，记录诸多懿言嘉行，极具史料价值。又作诗、文、词及楹联千百章。遗憾的是，这些无比珍贵的文献都在“文化大革命”中散失了，《维摩精舍丛书》第一函雕版也被毁了。丛书第二函未及汇刻，现在尚存的仅有《心经》三讲、《释通禅与王恩洋》、《东方学术之函讨》和《说庄子齐物论序》四部而已。

八、灵岩七日座为首

这些在灵岩寺所经历的人和事，对于父亲来说无疑是十分重要的。

*一九四二年九月，正是灵岩山云高气爽、红叶遍山之际，袁太老师专程为父亲举行了一场禅七，特别指定父亲为首座，并负责敲引磬、木鱼，担任维那。

禅七，源于佛陀在菩提树下，七日证道。禅宗丛林，每逢冬日农事已了，更无其他杂务，便举行克期取证的修行，以每七日为一期。禅七的目的是为了开悟，见性成佛，利用七天的时间，在禅堂中静坐参禅，使执念心逐渐净化，化除贪瞋痴等习气烦恼，进而开启本具的智慧，以期心定、心明，身心清明。这些身心的变化和感应，就像锻铁过程中的火花，但是火花只是过程，不是永远，所以有“打禅七”之谓。

维那，又作都维那。在古代丛林，维那是寺院中的纲领职事，掌理众僧的进退威仪，非但要佛门的规矩熟，而且要喉咙好，资格老，正如戏台上挂头牌的角色，一切的节目都要靠他安排。今日寺院的维那，则仅于举行法会、课诵时，担任众僧的先导，掌理举唱、回向等。若遇法会，由维那点到

* 禅七活动参考王国平：《南怀瑾的最后100天》，中国青年出版社，2014年版，第52—57页。

并维持秩序。两序出班上香时，维那要独趋炉前揖请住持上香。旧执事卸任或新执事上任举行法会时，由维那唱称礼赞。

父亲后来多次谈及此事。他说，当时他对于参禅“打七”等佛门规矩几乎一无所知，只是因传西法师极力举荐，加之袁太老师特别指定父亲担任首座，便只好于茫然中依教奉行。父亲后来回忆说：“过后回想，真似一出焕师编导的梦幻大戏。”

参加此次禅七的，除父亲外，还有灵岩寺住持传西法师、潘子玉、杨光岱、王延鹤等近十人。在当时禅宗凋敝、时局动荡之际，此举正如庄子“飓风起于萍末”之言，实在是不可思议，引起了海内外尚佛人士的广泛关注。这次禅七，不仅成为现代四川佛学界的大事，同时也标志着中国现代禅学“维摩禅”的兴起。

在参加灵岩禅七法会的人中，最有名的除了父亲，还有释通宽和杨光岱。他们被誉为“三大元”，也是袁太老师门下成就最高的弟子。

其实参加禅七，最大的收获，除了听袁太老师说法外，还有袁太老师恰到好处的提点。灵岩打七法会的第三天，袁太老师手持戒板，指着传西法师问：“是什么？是什么？快说，快说！”

传西法师无语。袁太老师摇头数下，笑道：“又放走一个。”

随后，袁太老师又以戒板指我父亲问：“是什么？是什么？快说，快说！”

父亲亦无语，袁太老师却点头数下，亦笑道：“你很好。”

袁太老师随即至佛前，问道：“当时我叫你快快道来！你为什么无语？”

父亲答：“我当时不知要说什么？所以无语。”

袁太老师问：“你现在心中有一个什么吗？”

父亲又是无语。

袁太老师遂令我父亲大喝，刚喝了三声，便道：“停。你看你有个什么？”

父亲答：“现在觅我心中无有个什么。”

袁太老师说："此千圣之心灯，当人之慧命也。无再滋疑，快拜！快拜！"

父亲于是跪拜，袁太老师随后便禁止父亲言语，谓其出言，如同儿戏。大家见状，都惊讶不已。父亲也不知所措，虽然表面上依照师命行事，实际上却怀着满腹疑问。

打坐了一会儿，父亲实在憋不住心中的疑问，便站起来问道："既然说学人有个入处，说胡一计生死，便尔前途茫茫？"

袁太老师厉声斥道："丑！你看你说的什么，生死未了的那个分上是有生死是无生死，是前途茫茫是后路茫茫？"

父亲闻言，当下即释然，遂礼拜在地。

当时，参禅的众人正在瞑坐沉思，父亲之位正与传西法师毗邻。他四顾之下，见诸人坐禅，皆似无疾而呻，无韵而哦，而传西法师亦正凝神打坐。父亲一时内心不受约束，忍不住轻声嗤笑。袁太老师见状，振威大骂道："放肆！怎么如此不懂事！"

父亲当时听到袁太老师一阵痛骂，但觉汗如雨下，如梦初醒，遂愧然敛笑，遂尔收神，与传西法师等寂坐参禅。

又过了二天，一位道士来到灵岩山，在袁太老师室中与之掩门闭户，围炉夜话，潘子玉、王子赛两位先生及袁太老师的其他弟子皆围炉边。父亲虽与众人远隔重楼，却能清晰地看见先生室中一切情景，仿佛窗户、墙壁都是透明一般。父亲十分惊讶，事后恭请袁太老师到祖殿谈起此事。袁太老师听后大骂道："我还以为你是个人，竟然会做这样的见解？"从古至今，无论学佛或习武，常常有许多人将注意力集中于神异之事，反而走入旁门左道，以致越迷越远。这件事对父亲的影响甚大，他后来也常说："神通与神经是两兄弟。"因而，父亲声名渐隆后，虽对种种神秘之事亦颇有了解，但谈及此类事情时，却往往慎之又慎。

是年冬，虚云大师自曹溪来到陪都重庆。成都的佛界尊宿纷纷聚于文殊院，并邀请昌公老法师与袁太老师前往陪都，同时迎接虚老来成都。父亲陪同袁太老师叩见虚云老人。袁太老师将父亲那晚所见奇事通报虚老。虚云老和尚叹道："嘻！若不是袁老居士手疾眼快，你就非常危险了！"

话题又扯远了，还是继续说禅七法会吧。

"三大元"中的另外两位，也有着极好的悟性与修行。其中，释通宽是浙江永嘉人，与父亲素为同窗好友，后亦投身军籍。然兵戎刀剑之间终不是他的去处，大病一场后，释通宽方明了自己的归所，遂皈依于峨眉山大坪寺，拜释普明师。一九四二年，释通宽来到灌县灵岩寺，与传西法师和我父亲日夕参究佛法。

灵岩禅七法会开始后，释通宽每日都在敲击木鱼，连续四天，依旧无所进展。第五天夜里，他手持钢针，跪于韦驮像前，以针自刺双臂及两手，哭诉道："通宽不悉往昔所造何种恶业，四恶未报，一性愚顽，今于佛前僧前法前痛悔前非，不造后恶，倘有所入，毕此身心，誓宏大法。"言语已毕，鲜血、眼泪交融，如注般滚落在地。

父亲见状，怜悯之心顿起，于是便将他扶起，问道："老兄如此这般，所求何事？"

释通宽答："求佛。"

父亲问："兄是何人？佛是何圣？求是何心？"

释通宽无语。父亲以掌击释通宽，释通宽仍然无语。于是父亲连打他数掌说："青天白日，胡思妄想干什么？"

至此，释通宽似乎有所省悟。

第二天天刚亮，袁太老师来到堂中，一见释通宽，就拉着他手，命他拜于佛前，说："快拜！快拜！前途尚有十八滩在。"

父亲等人闻悉后皆大惊，认为袁太老师勘人之能不逊色于宋代临济宗的大德妙喜禅师。后来，袁太老师前往成都，释通宽也下山赶赴李子方七会，与袁太老师在成都少城公园相见。一见面，袁太老师便审视释通宽良久，然后问道："哪里来的魔气这么深？"释通宽正想回答，袁太老师又厉声道，"不是。"

写到此处，不禁在文字间都感受到袁太老师的威仪，而修行众轻易失念，知空智不空，竹篮打水依旧空；多少游学子，名相不舍，宝山盲行啊！

杨光岱是四川广汉三水关人，毕业于绵阳高中。二十四岁时，因病来灵岩山修养，见此地风景清幽，便准备在此长久居住。袁太老师对他很是同情，便命他念文殊五字真言，杨光岱虽唯唯称诺，内心却不以为然。不久，袁太老师在灵岩山举行禅七法会，便让杨光岱一道参悟学习。

灵岩打七进行到第三天，杨光岱依然心神不宁，无法潜心修行，准备偷偷地走掉。哪知刚到门口，突遇猛犬拦路，杨光岱便大声呵斥，好一会儿才将猛犬赶走。此时，杨光岱再反观身心，竟觉脱然若释。

第二天，在佛堂上，杨光岱将昨日所感告知袁太老师。袁太老师说：“不不！快拜！快拜！”

拜完后，杨光岱自语道：“从今而后，乃知喜怒哀乐之未发谓之中。中也者无一物也。”

袁太老师厉声斥道：“何不道发而皆中节谓之和。和也者，有一物也。”

又一天，杨光岱同我父亲来到参禅佛堂，父亲一掌将他掀翻在地，说：“是什么？快快道来！”

杨光岱说：“你青天白日，遇到鬼了吗？如此胡闹做什么？”

随后袁太老师亦来到佛堂。袁太老师问：“你从什么地方来？”

杨光岱无语，遂跪地礼拜。

袁太老师道：“不是不是，好好学佛，莫错认贼赃。”

杨光岱亦无语，复拜。

袁太老师厉声说：“向你道不是，礼拜个什么？”

杨光岱仍无语，再拜。袁太老师满意而笑。

这些在灵岩寺所经历的人和事，对于父亲来说无疑是十分重要的。父亲后来回忆说：“记得我在灵岩山下来后，师友皆说我明白了此事，我自己也觉得对了。果然在此后，什么都容易懂了。这一点是根本智、无师智。凡是什么新旧学问，疑难杂症，不懂的，到了心中，只要一念回光，什么都众流归元，就都懂了。如石头投到大海中，连个波纹都不见，提起即用，放下便休。”

九、维摩精舍立道场

袁太老师在维摩精舍的讲课，内容非常丰富，涉及儒释道三家学问，父亲和其他学生一起，认真记录下来。

一九四三年，袁太老师闭关结束，离开灵岩山，来到四川省府成都。蜀中硕彦大竹县萧敬轩、巴县朱叔痴、荣县但懋辛、潼南傅真吾、山西洪洞贾题韬等众百数人，以袁太老师为主导，共建“维摩精舍”。其内部分工是这样的：袁太老师负责法部，傅真吾负责财部，贾题韬负责学部。

根据《维摩诘经》记载，维摩居士（维摩诘是音译，详称为维摩罗诘，或简称维摩，旧译净名，新译无垢称，则为意译）自妙喜国土化生于娑婆世界，“虽处居家，不着三界；示有妻子，常修梵行”，为法身大士。他教导娑婆众生，当下照见心灵净土，创造美好世界；阐说不可思议的解脱法门，强调“烦恼即菩提，不离生死、不证涅槃”的不二法门，为修行的人提供治病的妙药良方。

维摩精舍相当于佛门禅宗的一个道场，设在当时的成都提督街三义庙。父亲辞去中央军校的教职，追随袁太老师。开始时，只有他一人追随身边。后来，随着追随袁太老师的弟子越来越多，许多人的年龄甚至比父亲大十几岁、二十几岁，但都称父亲为大师兄。袁太老师在维摩精舍的讲课，内容非常丰富，涉及儒释道三家学问，父亲和其他学生一起，认真记录下来，编成《维摩精舍丛书》。父亲漂泊几十年，这本书总是带在身边。后来，等他有了自己的出版社，就把恩师的这本书出版，使之流传。时至今日，维摩精舍的弟子们早已是花果飘零，垂垂老矣，但他们一提起父亲来，仍谨守师门次第，尊称他为大师兄，从未稍有懈怠。

后来，贾题韬的学生冯学成先生于成都文庙旧书摊发现《片香集》及《法鼓》，维摩精舍将此二书以及《维摩精舍丛书》未能收录的文本合编为《维摩精舍丛书》（第二函）。

现摘取《维摩精舍丛书·黄叶闲谈》章中之“缘起”片段，以管窥袁太老师与父亲等人弘法之情境。

第一讲 缘起

维摩精舍第一届行七已，诸子日集，每兴难问。

若曰：“向上一路，千圣不传，然则入者何入？趋者何趋？百工之术尚有径循也，矧单提之的旨，万有之至行，可以入而无户，由而无道乎？”于是咸趋座下礼问。

先生怫然而起，翻然引去。诸子自恣，莫岸其涯。如是数日数问，莫闻其旨。中秋之前夕，庭桂宵馥，砌兰夜芬，共茗月下，中间如前。

先生曰：“凡有言说都无实义，何有吾宗？”

进曰：“若然，无言无说即实义，即宗旨，即阶道欤？”

曰：“有且非，况无邪？”

进云：“行人但有言时不作有想，无言时不作无想，即实义，即宗旨，即阶道欤？”

曰：“有有有无，益增乃病。”

进曰：“噫！我知之矣。有无不拘，一派圆成出主人奴，法尔如幻，的实义，的宗旨，的阶道矣。故六祖能曰：‘有无皆不立，长御白牛车。’如何？”

先生曰：“止！止！学般若人慎勿如是戏论，如是谤言，如是恶口。倘不自悛，讵曰遗讥君子，实亦果遭迂曲。”

问者大惑，益阻，复礼而叩曰：“学人愚昧罔测幽遐。愿先生哀我赤忱，并矜来学，令未入者思入，思入者能入，能入者升堂及寝而得入，用光前烈，为章后世。”

如是数请，先生以手拈须，以目顾众，久之乃曰：“此事人人具足，个个圆成，不趋己入，说个直超，早已成了接引之言，方便之语。何也？所谓法身、化身、报身、秽上。净土、实报庄严土、常寂光上，一切一切已举未举，无不等现，法尔圆成，不从人得，不因师授，不以己求，实无修证，千圣所由，诸佛共履，而当人偏偏要入许多，知许多，见许多，奇特不奇特？到他分上遂弄成人人不知具足，个个不悉圆成，于是乎入不得入，信不自信。奇言妙义兴也，魔外邪正之立，三藏十二文字语言，非文字语言兴也。实际理地哪有如许多事来？先圣悯之，为设檀度；上中下乘，为利初机；戒定慧学，乃诠共德。就自肯之浅深，假立阶梯；因入德之难易，权称顿渐，实无实法，宁有要门？当人果能于此一觑觑破，一了了却，不但一切经，一切论，一切临济三玄，曹洞五位，沩仰圆相，云门鉴咦，一切是法非法，胜法劣法等皆成话柄，而当人自身亦成话柄也。人从何入？趋从何趋？果有入路，或有趋程，诸子诸子，入未入来！”众无语。

《维摩精舍丛书》

先生复曰：“苦言能入，龟毛千尺；若言不能入，不特佛法无灵，而且兔角万寻。”

“然则究竟一句毕竟如何？”

先生曰：“向汝道：木樨花开八月秋。”

诸子复请未已，久之。

又曰：“余已罄量敷陈，脱体开说，而犹云云者，何邪？百无可已，于是以四讲而权开一门，假说五法，择拣先圣伟言，略附个人鄙意，如说成帙，且曰善用我法，踏毗卢顶上人；或泥己私，必系驴橛下客。倘不自契乃心，终是吾瞎汝眼：若曰即明本性，方知不从人言。把叶作金，咎固我也；因指认月，义岂他哉？勉之，勉之。”

关于上述的“缘起”，如果单是这样读，可能有人未必懂得到底说些什么，作者不才，尽量尝试翻解文字，聊表心意。不过不是逐句逐字，而是略微翻为白话大义如下：

维摩精舍第一次禅七结束以后，参加的学子每天聚会，彼此互相辩经问难，兴致勃勃。大家谈到学佛修行的方法，依旧认定其中必然有道可循，有径可走。所以又齐聚到袁太老师座下，以弟子礼，向先生请教。

袁太老师听到学子们的问询，以愤然而起，转身而出的接引手法对待，然而大家却依旧是心念浑浊，找不到北，不知其意。可是大家也没有放弃，仍然每天向老师请教，一连几天，都不得要领。这样挨到了中秋左右，夜晚兰桂飘香，袁太老师和大家一起在庭院里喝茶庆中秋，一起赏月。

太老师说：“只要是用言语可说的，都不是真实的佛法实意，还有什么要说的？”

弟子答问：“那么无语不说就是实义，就是宗旨，就是可循的阶梯吗？”

太老师曰：“有都不是，怎么无会是？”

弟子答问：“我们修行人，在有话说的时候，不把它当作是有；在无话说时，也不把它当作是无，这样就是实义，就是宗旨，就是可循的阶梯吗？”

太老师曰：“把有和无，当作事理来谈，迷惘的病情更加剧烈了。”

弟子答问：“知道了，不可拘泥于有无，本来是一切圆成，不取则做主，要不就为奴；都是幻象无凭，这样就是实义，就是宗旨，就是可循的阶梯。就是禅宗六祖说的‘有无皆不立，长御白牛车’，这样对吗？”（此处须知《牧牛图》之意。）

太老师大声严正地说：“不要乱说，不要乱讲。学无上智慧的人，不可以胡乱地陈述自己不懂得的智慧，像你们刚刚说的，就是在诽谤佛法，就是在说恶口。如果不赶快悔改，岂止是贻笑于有道之士，实际上会有不良的果报的。”

这个时候，提问的人更是一头雾水，就向袁太老师行礼叩首，说道：“我很愚昧地随意揣测佛法的深义，请求先生开示，怜悯我的一片热忱，也鼓励后进，让没有体会的，能够想学；让想学的，可以入门；让入门的可以深入，并且学得真心实意；这样承继前人的智慧，也能让后人有个榜样。”

说完了，又向老师行礼，连续数次请法开示。袁太老师用手抚摸着胡须，眼光环顾着众人，很久以后，才说：

“这个，本来是我们每一个人都具备的，也是每一个人圆满成就的，本来就在门内，何须入门。直截了当地告诉你，先前说的都已经是引导你，用简单方便的话接待引导你的。怎么说呢？

“所谓一切佛法名相，已经列举和还没有列举的，都是借机说法。而法尔圆成，不是因人而得，不是依赖上师教导，不是为自己来求的，也没有什么执着的修行验证方法，这才是所有成就智者的途径，共同的了解；可是学人却偏偏要找个门路，猛学知识，建立许多知见，远离真意，你说奇特不奇特？轮到了自己，就学成一个不知道自己已经具足圆满成就的人，连个门路都找不到，自我信心尽失。

“佛家学说，奇言怪语好似妙义纷纭，魔乱外道好像正邪对立，所有经典多如牛毛，可是真实法理哪里有这么多好讲的？前辈怜悯智慧未发的人，假设方法解说；讲上中下三乘，是让初学易懂；讲戒定慧三学，是解释共法基本德行。但看个人了解的深浅，假设不同的学习层次；因为个人领悟的快慢，暂且叫它是顿悟或是渐修；事实上根本没有什么方法，那么还有什么法门吗？

“如果学人能够当下看破这个，当下放下，不但经律论，所有禅宗祖师和一切的教育法则，都不过是个话语工具而已，当然也会看到自身亦如是也。要不然你要从哪里进入？往哪里趋前？果真有门路可入，或是有途径可走，各位啊，各位，你们找到了没有，进来了没有？”

袁太老师说完，问完，所有弟子安静无声，没有人回答。

袁太老师才又说："苦苦地找能入门的方法，像是找乌龟身上的千尺毫毛；但是说没有入门方法，就像说佛法不灵验，极大的兔子头上长角一样。"

弟子答问："如此而言，究竟告诉我们一句话，该怎么做？"

袁太老师："告诉你们：木樨花开八月秋。"

大家此时还是不明白，又请老师再讲解讲解。等了许久，袁太老师方才又说了结尾数语。

袁太老师曰："我已经尽力去说明白，为大家做这样脱离本体的开示，喋喋不休，是为了什么呢？没有办法，只好讲了四次法，权且为大家开个门，假借五法来说事，讲述先前得道者的感悟忠告，稍微加上一点自己的了解，这样大致成为一堂课。如果你们中有听懂而善得我所假说的，就是可以站在智者顶上而超脱的人；如果还是抓着我执法执不放，那么必然根器不足，仍是那个绑在拴驴杆上的。倘使我说教不能唤醒你的智慧，就怪算是我遮蔽你的自知之明吧；若是明白了本来面目，才会知道是靠自己了悟的。我把枯叶子当作金叶子，是我的偏差；用指指月让你看，是要你见月不见指啊！大家共勉吧。"

《维摩精舍丛书·黄叶闲谈》章中之"缘起"一段记录，就写到此吧。希望各位不计较文字，能接受我的用心。文字主要是把话语平铺直叙，话中的真实义也不想再落言诠，就待有缘吧。只是与父亲的因缘，平生多见驴橛满客，登堂少有。现在重读袁太老师的话，原来是代代如此。

凭借袁太老师与父亲等人的努力，维摩精舍后来与著名佛学居士欧阳竟无先生主持的支那内学院（因古印度称中国为支那，佛教自称其学为内学，故名。支那内学院一九二二年成立于南京，其宗旨为"阐扬佛学，育材利世"）一道儿成为长江流域两大居士弘法团体，袁太老师与父亲于此居功甚伟。

在维摩精舍一年有余的时间里，父亲就住在袁太老师家里。承蒙袁太老师一家的悉心照顾，父亲深感其恩。一九六六年，袁太老师仙逝。据袁太老师的女儿、父亲的师妹袁淑平女士回忆，二十世纪八十年代初，父亲探知此事派人万里到成都，拜见她的继母陈雪倩女士，送来经费为她养老，就像是袁太老师的亲生之子。其间，父亲还给了袁淑平女士一大笔钱，还要送给她妹妹袁季平和妹弟刘福雄，但他们二人未收受。他们说自己是袁太老师的女儿、女婿，伺候自己的父亲是应该的。父亲还派一位女弟子给袁淑平送了一箱子书——大部分是父亲的著作，也有《维摩精舍丛书》，还有很多佛经。

袁淑平女士说："其实，南兄当年住在我们家，我们并没有给他很好的照顾。当时家里并不富裕，顶多将就得过。但是在他修行有成、誉满天下之时，却始终不忘师恩。虽然我父亲去世了，他却将这份感恩之心用在了恩师的家人身上，辗转托人寻觅。最终找到后，虽不能亲赴成都，却不仅一次性给予资助，而且每逢春节或者有便人来成都，必托人捎钱捎物或书籍刊物。"

父亲与袁淑平相聚

父亲为建袁太老师的灵骨塔尽心竭力。袁淑平女士说："父亲焕仙先生去世后，继母把骨灰送回潼南继母的侄儿家去埋葬，师兄邓岳高、李自申等多次去取都不得还，后经宗性师父帮忙，从中斡旋才把骨灰取得，又经宗性师父协助，兄出资七十余万元召集不少工艺、匠师、工人等，为我父亲在盐亭凤灵寺动土造塔，修七尺灵塔，埋我父亲遗骨，使我家感恩铭德，无以复加。"

父亲与袁太老师家的缘分还不止于此。他后来还认师妹袁淑平女士的儿子做义子。袁淑平女士说："师兄回国后，我儿子就更方便去看他了。交往多了，师兄越来越喜欢我儿子，并主动提出收为义子，这也是师兄一生第一次收义子。听说他在去台湾前，在温州老家一个好朋友的腹中之子，曾指认给他做义子，但是他从未谋过面，所以，我儿子就是他唯一的义子。当我得知师兄收我儿子为义子时，心里非常高兴，表面看是对我儿子的认可，实质上是对师门的看重和回报……无论是见面或是电话、书信联系，随时随地都能感受到他对我父亲焕仙先生的尊重，对焕仙先生亲人的恩惠，无论是送钱送物，还是财施法施，处处让人体会出他对师门的报恩情深，甚至在传我儿子心法后，他还戏称：'你外公教我的，我还给你了哈！'"

袁淑平女士这样评价父亲与袁太老师的师生情谊："师兄与我爹爹的师生之谊，他一生都非常珍视，并且用他的实际行动来践行中华民族尊师重道的美德和传统，真有'法乳一滴恩，涌泉报到今'的君子风范。"

十、峨眉古刹封关顶

父亲第一次进到这个庙里，感觉自己好像来过这个地方。细想起来，原来是他童年时代“三个梦”当中的第二个梦，在这里得到了应验。

父亲一生中做的一件大事，一件常人很难做到又很难理解的大事，是在一九四三年秋天，他事先没有打招呼就离开袁太老师，一个人悄然上了峨眉山“闭关”去了。“闭关”一词，最早见之于《易经》复卦象辞，“先王以至曰闭关，商旅不行，后不省方”，指的是斋戒安身静养的意思。后来的闭关，又称掩关，这个名词和风气在印度没有，中国也是到元朝之后，甚至到了明朝，才看到有这种修行方式的记载。《禅林象器笺》中说：“自入元，始有闭关之说。自入明，乃有闭关学道之事。”

古代禅宗中流行一句话：“不破参，不住山；不开悟，不闭关。”或者说：“不破本参不入山，不到重关不闭关”。对禅僧来说，必须等开悟后，才能有资格闭关，否则，闭关不是一无所成，便是入了魔障。闭关修行能够放下杂务，杜绝外缘，是专事修行的最佳方式之一。但是，必须具备许多因缘条件，一者是关主的禅定功夫，二者得有寺院愿意成就，所以非常不容易。

峨眉山地势陡峭，风景秀丽，有“秀甲天下”之美誉。它抚弄星辰，积蓄云雨，神秘无比。它层峦叠嶂，山势雄伟，景色秀丽，气象万千，素有“一山有四季，十里不同天”之妙喻。峨眉山自古就有“普贤者，佛之长子；峨眉者，山之领袖”之称，文化遗产极其深厚，是中国佛教四大名山之一，为普贤菩萨道场，被誉为“佛国天堂”。

大坪寺为峨眉山古刹之一，位于峨眉山中峰。清顺治八年（一六五一年），由明末避世的得道高僧松月法师开山主持修建。因居山之顶，又是一个土坪，故得名“大坪”。大坪寺地处悬崖陡峭的孤峰之上，只有“猴子坡”“蛇倒退”两条崎岖的山路可通，一般人根本上不去。所以，这里常年很少有游客或者香客。山上无水，所用只靠一个蓄水池积存雨水和冬季的雪水。此地人迹罕至，是一个闭关静修的好去处。

传说松月法师出家以后，独自住在中峰绝顶的草茅丛中，同猴子、老鸦和蛇为伍，还有一只为他巡山的黑虎。没有吃的，只能吃乌头。乌头有毒，他吃了居然没事。后来，大坪寺每年冬天，全体僧众都要吃一次乌头，来纪念松月老和尚的苦行精神。大坪寺山脚下有一个“山王庙”。山王，山中之王，大老虎也。“山王庙”中供着一只泥塑的大老虎，这只浑身黑色的大老虎，相传就是保护松月法师的那只黑虎。

大坪寺高处中峰之顶，和尚们的粮食给养全靠两位苦行僧从山下挑上来。这两位苦行僧，一位又聋又哑，和尚们都称他为哑巴师兄，据说聪明绝顶；还有一位叫通永法师，贵州苗族人，早年投身行伍，不通文墨。他比父亲年长，同父亲结下了深厚的情谊，他们两人之间，互称师兄。通永法师俗姓董，名明开。五十年后，父亲到厦门南普陀寺主持禅七，也把通永法师请去。这是他们分别了半个世纪后的第一次见面，当时通永法师已是八十多岁的老人了，身板还很硬朗，精神矍铄，思维敏捷，记忆力超乎常人。他一生参禅念佛，真修实证，为人极为自谦。通永法师还是武功高手，继承了峨眉派功夫，尤以猴拳见长。民国时期，他曾多次代表峨眉山前往成都参加武林擂台赛，力克众多武林高手，并与海灯法师切磋武艺。二〇一〇年，通永法师于峨眉山报国寺安详示寂。

父亲第一次进到这个庙里，感觉自己好像来过这个地方。细想起来，原来是他童年时代“三个梦”当中的第二个梦，在这里得到了应验：梦中趴在他身上的那只大黑虎，同“山王庙”里供的大黑虎一模一样。父亲后来常对学生说，命中注定他要到峨眉山“闭关”，而他的闭关一定是顺利的，因为有这只大黑虎保护。

据父亲后来在《金刚经说什么》中的讲述，这里的和尚特别信奉众生平等，这也是特别吸引他的一个原因。老和尚对信众都称居士，甚至包括动物也是如此。老和尚看到猴子归来，就说猴居士来了。蛇来了，就说蛇居士来了。“从没有说猴众、猴徒、蛇徒，没有这样说的！老和尚的声音使人一听肃然起敬。看一切众生平等，这个是佛法的精神。”

父亲上了峨眉山之后，与印华法师结成挚友。正是印华法师提议，他才起了在大坪寺闭关的念头。印华法师为当时川西尼众中之翘楚，父亲在“关房”闭关期间，他是虔诚发心供养的外护之一。父亲曾在一首忆印华法师的诗中写道：“印心促膝记当年，定起绳床月满天。几点腊梅花欲蕊，经窗相对两无言。”生动描述了当时的修持生活，也表达了对同道至交的深挚友情。闭关者住的房子称为“关房”，一般都建在僻静处，关房必须具备一定的生活条件，如有小阳台能让闭关者晒到太阳，内有厕所，等等。在闭关期间，以不出关房为原则。所以在关房外，必须有人护持饮食、医药等事，称为“护关”。

父亲在峨眉山皈依的是普钦大法师。普钦大法师曾经刺血写了一部《华严经》，共八十卷，前后写了三年。据父亲回忆，普钦大法师刺血写经时，先经行几步，然后坐下，用金针在舌上刺，血出后接在一金杯里，用生姜将血研开，使其不凝固。刺血写经时不吃盐，因为盐会使血色变黑。普钦大法师两个指头燃了供佛，只剩下八个指头。燃指供佛时，用棉花包起手指，放在油里泡，然后用火点燃供佛，跪在佛前，声色不动，其虔诚礼佛之心，令人肃然起敬。

由于大坪寺藏有全部《大藏经》，又有挚友印华法师的提议，以及普钦大法师的首肯，父亲便决定选定此处闭关了。

为说服寺庙支持他闭关阅藏，在一天夜里，父亲当着僧众发宏誓愿——

弘扬儒释道诸子百家，接续中国文化断层，为此请普贤菩萨做证明：自己所证悟对否？刚才所做施食（与降服）方法对否？上峨眉山闭关阅《大藏经》，将来出来弘扬三教百家，接续中国文化断层，对否？父亲话音刚落，只见夜空下幽暗的山谷突然灿如白昼，还伴随轰隆裂空之响，这就是菩萨对父亲发愿的回应。面对如此回应，在场僧众无不震撼，无不对父亲表示赞叹敬佩！对此种场景，爱吹嘘的人肯定早就到处吹嘘自己是如何厉害。但是，父亲却没有这样做，当时，父亲严嘱在场诸位务必守口如瓶，不要泄露天机，否则恐会有不祥祸端。

大坪寺为我父亲举行了隆重的闭关仪式。寺院的僧人集中在大殿，维那师举香赞，念“南无大悲观世音菩萨”三称，《大悲咒》三遍，《心经》一遍，“摩诃般若波罗蜜多”三称，唱观音赞“菩萨号圆通”。父亲恭谨地行十方礼，感谢寺院成就他的修行，祈求佛菩萨加持。接着，唱“观音菩萨妙难酬”八句偈，僧众念观世音菩萨圣号，每人拿一炷香，送“关主”父亲到关房前。在关房前预设香桌，方丈和关主共同拈香，接着敲引磬三阵，方丈说法，说明闭关的重要意义，劝关主珍惜这殊胜的因缘，在关中努力修行。说法后，方丈说“请”，父亲进门，回首礼谢僧众，三拜关门，僧众回大殿念回向偈。就这样，父亲正式闭关去了，暂时与世隔绝。

在大坪寺闭关时，父亲独处幽室，与外界断绝了一切联系，暂时避开了红尘的纷扰，让他有了一个极好的读书修习的环境。在此期间，他埋头细细研读《大藏经》。《大藏经》并非普通之书，单就字数来说，就不是一般著作能媲美的。虽说近年来，海峡两岸都影印出版了《中华大藏经》和《敦煌大藏经》，但是又有几个人能静下心来，仔仔细细读完这部皇皇巨著呢。即便是不少颇有名气的法师，也从未涉猎过《大藏经》。而父亲在峨眉山闭关时，把整部《大藏经》从头到尾读了一遍，细细研究，品味其中真谛，以经为法，印证个人修持所得，为他日后被奉为“禅宗大师”奠定了极深厚的基础。

据后来台湾首愚法师在《七俱胝佛母所说准提陀罗尼法门之简介》中描述，父亲是在峨眉闭关期间蒙文殊菩萨教授佛法，方才醍醐灌顶，清明通透的：

“今南公怀瑾上师所传之准提法仪轨，乃师昔年于四川峨眉山闭关下山后，再掩室于嘉定（乐山）五通桥多宝寺期中，蒙文殊师利菩萨显现亲授，内涵性相融通及即身（生）成就奥秘。师誓愿如世缘过百龄，得机而宣说其中全部内密，再正式传授传法上师之正式灌顶。不然，没身而已。平常不易轻传仪规灌顶，只恐慈悲生祸害，方便出下流之故。”

首愚法师的这篇《七俱胝佛母所说准提陀罗尼法门之简介》是他多年行持本法的亲身体验，为接引系心佛道、切愿深入如来法性大海的十方佛友所拟，为求慎重，曾请父亲二度审修方才完成。可见，父亲对此中关于自己的说法是认可的。

父亲虽未受戒，但在大坪寺闭关时完全同出家人一样，也是“过午不食”；吃的菜叫作“万年菜”，就是辣椒、盐巴和干菜；初一、十五，有一点豆腐吃，就算“开荤”了。每年农历十月以后，大雪封山，好几个月寸步难行，父亲用两句优美的诗句描述当时的情况：“长忆峨眉金顶路，万山冰雪月临扉。”

其间，袁太老师特地上山看望这位与之心心相印的弟子，并在大坪寺为僧众们举行了一次禅七，还欣然命笔为大坪寺作了一副禅意隽永的对联：

此地即普贤道场，来天末雁，看岭外云，数遍色色尘尘，都是晴空一亘；

何处觅秀头和尚，饮赵州茶，读慈明榜，历尽山山水水，依然秋月半轮。

父亲一生有两次闭关，这次在大坪寺闭关是第一次。当时他只有二十多岁，却做出了一般年轻人难以想象的事情。父亲在闭关期间，留下了好几首诗，从他的诗中，或许能看到一点当时的心路历程，其中一首是这样写的：

云作锦屏雨作花，天饶豪富到僧家。

住山自有安心药，问道人无泛海槎。

月下听经来虎豹，庵前伴坐侍桑麻。
渴时或饮人间水，但汲清江不煮茶。

父亲的这次闭关，在他的一生中留下了深刻的印记，现在家乡有的人，一提起父亲，就说他是个老和尚。其实他一生中并没有真正当过和尚，只有这一次“削发为僧”的经历，应该算作是短期出家修行。父亲当时已经成家，他有妻子儿子，但为了修证佛法，到这里闭关。寺庙的规定，在庙里闭关必须是出家众，要削发，要穿僧衣，父亲接受了，只是没有受戒。

父亲下山后摄于成都，一九四五年

一九四五年秋后，父亲转而来到五通桥多宝寺闭关潜修。由于闻讯而来访者日见其多，遂移至乐山弟子张怀恕女士家书楼安居，除禅修打坐外，便埋头于书丛之中，批阅了全套《永乐大典》《四库备要》等经史典籍，收获甚丰。

此抗战胜利之时，父亲仍在读书禅修，坐穿冷板凳，不赶热灶头；而在四川的下江人（外省人）和国民党党政军各界官员，见抗日战争局势已经彻底扭转，都忙着回乡或者复员，熙来攘往，谋求升官发财之道。他写了一首五言律诗，表达了希望回到家乡的心声：

乙酉岁晚于五通桥张怀恕宅

去国九秋外，钱塘潮汎悬。
荒村逢伏腊，倚枕听归船。
戍鼓惊残梦，星河仍旧年。
人间复岁晚，明日是春先。

一九四六年元旦以后，父亲再次转移至多宝寺（大坪寺下院）继续闭关修炼。闭关结束时，寺院为父亲举行了隆重的仪式。出关后，他回到成都，住在维摩精舍后面的一间偏房里。

父亲的修行之途漫长悠久，修行的地方也是辗转变换，但是峨眉山大坪寺对于父亲来说，确实是一个非常重要的驿站，在此期间的修行，给他留下了一段抹不去的记忆。几十年后，父亲虽已年老，但是在开始同内地亲朋好友联系时，仍不忘关怀曾与他朝夕相处的大坪寺师兄弟们。再后来，师兄弟们计划修整大坪寺，重续大坪寺的佛灯香火，但是苦于没有足够的资金，于是就希望父亲能出资协助。没想到的是，父亲却没有答应他们的请求。父亲这样做自然是有自己的考虑。虽然在别人看来，这对于父亲来说是一件极简单的事情，因为凭借他的声望，只要他开口，定有无数人捐款，如此一来，修整大坪寺毫无困难了。但是父亲却不是这样想的。他认为自己虽然悉心钻研佛学、传播佛学，积极促进佛学的兴盛，但是这并不代表自己属于宗教界人士，也不想涉足宗教界，不热衷于纯粹的宗教活动，因为这样就与他的初衷相违背了。父亲虽力促佛学复兴，但终其一生，始终与世俗的宗教活动保持一定距离，不被纯粹的宗教活动束缚行动和思想。此外，他也考虑到，如果出面募捐重修大坪寺，加上已有的名气，世人就会误以为他是要为自己树碑立传。他从来不搞个人崇拜，也不希望别人盲目崇拜，所以拒绝了这个请求。后来有人提议重修他的故居，他也是基于同样的考虑拒绝了。

十一、参学虚云老和尚

普度众生的路本就千条万缕，所同者无非是一颗无执无我的法忍初心，虚云如是，父亲亦如是。

虚云老和尚，祖籍湖南湘乡，生于福建泉州，一九五九年秋圆寂，世寿一百二十，僧腊（僧尼受戒后的年岁）一百〇一。虚云和尚一生虔诚奉佛，志大气刚，悲深行苦，“坐历五帝四朝”，“受尽九磨十难”，为法忘身，年高德劭，堪称佛门一代高僧，千秋典范。自鸦片战争以来，迄至二十世纪五十年代末，佛门衰落，宗风沦坠。虚云和尚皈依后，承担起振兴佛教的历史重任，如法如理，应时应机，为近现代佛教的振兴做出了巨大贡献。

虚云老和尚像

二〇〇九年，适逢虚云和尚圆寂五十周年之际，其弟子净慧长老主编的《虚云和尚全集》由中州古籍出版社出版。在此之前两年，净慧长老亲自拜访，请父亲为《虚云和尚全集》题名并作序。净慧长老同时赋诗五首，谦虚地请父亲“斧正”：

拜谒南公怀瑾老维摩于太湖大学堂感怀，并呈审政

（一）

怀疚来参金粟身，湖光波影四时春。
重重楼阁从头看，一派清风迥出尘。

（二）

维摩丈室雨花天，指点乾坤处处禅。
生活菩提原不二，何妨一念入三千。

（三）

三千一念事圆融，火里莲花老更红。
聃也犹龙游大泽，五洲翘首沐春风。

（四）

三教经纶别有天，和光同俗祖师禅。
我来问道将何似？多谢先生为卷帘。

（五）

满怀忧教老婆心，面壁求贤想古音。
天下禅林重抖擞，清修何惧毒龙吟。

净慧初稿二○○七年六月一日于北京法华精舍

诗中似有所指，其中寓意似与虚云老和尚多年前做的三首《辞世偈》中的第三首暗暗相合：

吁嗟我衰老，空具报恩心。
宿债无时了，智浅业识深。
愧无成一事，守拙在云居。

诵子喫饰句，深愧对世尊。
灵山会未散，护法仗群公。
是韦天再世，振毗耶真风。
自他一体视，咸仰金粟尊。
中流作砥柱，苍生赖片言。
末法众生苦，向道有几人。
我负虚名累，子应觉迷津。
佛国时欣慕，香光拟近趋。
谨留几句偈，聊以表区区。

此偈显然是一首预言偈，是专对父亲说的。

父亲与虚云老和尚交往深厚，对净慧长老的“求教”自然心领神会，于是写下一篇充满了感情的文章，追忆了与虚云老和尚的交往经历。该文作为“序言一”，被收录于正式出版的《虚云和尚全集》中：

洎及抗日战事军兴，全民奋起御敌，国无宁日，遍地无安。德、日、意联盟，而引发世界第二次之大战。致使全球鼎沸，弥漫战云。日军夜郎自大，竟至爆发“珍珠港”事变，意在打击英、美而无暇东顾，迫使中国再也无力抗衡，即可囊括华夏而霸权东亚矣。

际此时期，有人传称日人乃启动“高野山”之密宗高僧而修“降伏法”，故敢有此举动。因之而使国民政府之“党国”元老，如戴传贤（字季陶），国府主席林森（字子超）等人，佥向领导抗日之最高统帅蒋中正（字介石）晋商，以易辞之“神道设教”而施之以佛道治平。故有以国府主席林森名义，邀请虚老到重庆而举办“护国息灾法会”之举。

时在岁次壬午年腊月，至癸未年正月之间，即一九四二年至一九四三年，民国三十一年岁末而接三十二年正月之交。正当虚老一百〇四岁之时也。此时亦即我随袁师焕仙先生，代表成都四川佛教会邀请虚老莅蓉城而未果，但得亲与虚老对话而参学皈依，同时又与密教上师贡噶活佛，亲聆大手印法语之时。

而当时所谓之“护国息灾法会”，举办地点是在重庆南岸狮子山慈云寺。法会共有显教与密教两坛。上午显坛，乃虚老所主持。下午密坛，乃贡噶呼图克图所主持。两坛盛况，正如俗言，人山人海，万头攒动者。如欲皈依显密两大师而得觌面亲授，犹比面见如来而亲得教诲者尤难。

我因随焕师，并有林子超主席及戴季陶先生之特殊因缘，每可在两上师稍暇之时，随时入室而亲聆参诲，且及兼闻诸多外间所不知之事。同时，因此而识当时参与法会而任虚老首座之显明法师。法师乃天台宗传人，后又代表中国佛协而参加青年军，为有识者之所敬佩。

三十年后，与其在台湾再见，我为其办赴美国弘法之事，继而就任美国纽约大觉、庄严两寺方丈。人生际遇因缘，真非思议所料。同时得遇献身战地而收养敌我两方孤儿之弘伞法师，及修黄教密宗之能海法师之师弟能是法师……弘伞法师者，乃弘一法师之师弟，安徽人，闻系北洋时代之将官而出家。其人其行，卓荦不群，故与之交情颇笃。总之，当此战时陪都，有此佛教大法会之盛事，凡僧俗参方知名之士，云卷雾散，不期而遇，随缘来去者，大有其人。

此时，我虽随焕师与虚老聚首三四日，但须随时过江到重庆，处置俗事。山路崎岖，轮渡拥挤，昼夜身心均介于佛法与俗务之间，颇有劳倦之感。一日傍晚，赶上轮渡过江，恰于船旁得一座位，即欲闭目养神，不意江岸华灯，闪烁于开眼闭眼之际，忽而进入醒梦一如之境，大地平沉，豁然夜空一体。

唯天色虽黑，船已靠岸，即举足前行。忽见虚老亦孤身一人，走在我前。沿途坎坷不平，乱石烂泥犹多，我即趋步上前，手扶虚老右臂曰：“师父，太黑了，危险，我来扶你。”虚老顾我微笑，即脱臂而出，曰：“前路暗淡，你我各走各的，不必相扶。”只好依命同行，但加留意而已。及抵慈云山门，方各自回寮。此情此景，我在台湾以后，传闻虚老遭遇，方忆当时此话，岂亦偶中乎！

护国息灾法会后之两年余，在我国全民长期浴血抗战八年之结果，竟得日本无条件投降之事实。虽曰国际人事之变化，抑亦天庥中华而不致沦堕于魔手乎！然而外祸既息，同室阋墙之难方萌。“祸兮福之所依，福兮祸之所伏”，诚为万古至理名言。

在此期间，我曾于成都、重庆，经云南而返乡探亲，且亲至南京观风。即于民国三十七年（一九四八年）夏秋之际，转赴庐山天池寺之圆佛殿专修静虑，并思如何自处而得暂可栖身之域。秋后下庐山，再到杭州中印庵与通远师弟晤面，经其介绍而认识巨赞法师，并在灵峰寺借住。此处乃法师所主持之武林佛学院，放鹤亭即在默林之中。同时，再由巨赞法师得识住在黄龙洞之印顺法师。彼二人者，皆为显教学者之义理法师，乃当今教下之僧才，实亦难能可贵者也。

巨赞法师且邀我为佛学院僧众讲授禅修之课，即便应命结缘。但其时国事紊乱如麻，人心已甚惶恐而极不安定。故我已决志拔足东流，将赴海外。一日，巨赞法师邀我丈室与言曰：“阁下乃不世之士，禅门健者，况相交知心，今有事不得不直言相告。不出三五日，我即将为有关当局杭州站拘捕，或即此断送性命。君住此间，恐有牵连，故不能不坦言也。”

时我闻之诧然，即问之曰：“法师固为彼中人乎？我是无任何偏倚之身，但与其中当道者，颇有方外道义之情，如法师直言相告内情，或可助君一臂之力而脱困也。”法师即曰：“我非彼中人，但已决心为维护佛教而已与对方联络输诚，并得虚老同意，虚老自称为应劫之人，决不退避。”

我闻即曰：“此事想必是陈铭枢鼓动虚老且为牵线。”法师笑答：“所料不差。”我再问曰：“法师等说为维护佛教而不得不如此，固为真言而不妄语者乎！”师即合掌作答曰：“决非别有异念也。”我即起而言曰：“既如此，我于今夜动身到南京，后日即返，望君多福。如我友许衡生在京，必可使我面见当局而为法师乞留一命以完心愿也。”

此事，果如我所预期，虽费两昼夜奔走于京、杭之间，但得保存巨赞法师而度此危机，且亦因闻虚老亦已心许故也。后闻巨赞法师出任全国佛协副会长，不知为保全虚老是否有所作为，此亦我与虚老有关之另一公案，故又随笔及之。

旋于一九四九年，我到台湾，初则蛰居基隆陋巷，四壁无依。一日，忽梦一老人向我挥手，身旁有一牢笼，有流血之病狮向我猛吼，醒而异之，不数日，传闻虚老有云门事变之事。

虚老乃一代高僧，行化因缘，犹如多面观音，非凡夫之所知。民国以来，不但禅宗，即如整体之中国佛教，皆遭新文明撞击而没落。虚老眼见佛教与禅宗之劫运，故不辞疑谤，并承五宗而书写付法帖以传人，实亦明知其不可为而为之，此所谓拟“继先圣之绝学”，义所不辞也。其坚修苦行如头陀，实有合于达摩祖师之四行门，且修难行能行、难忍能忍之菩萨道，足为后学楷模，当之无愧也。虚老一生于禅门规矩，大多是注重护持，恪守传统遗风，是为最要。

我曾闻虚老有言曰：“将来事，将来自有人做。我等都做好了，后人还做什么？”此语足可留为师法。

狮子山慈云寺之护国息灾法会，主持显、密两坛之虚老与贡噶呼图克图，皆为吾师。而今二老皆以应化善逝，且当时与会之相知诸公，亦皆随缘物化。唯显明法师尚在美国，今已一百〇二岁矣。但群生之劫浊、见浊、烦恼浊等，亘古依然，尚祈此会之慈悲愿力，仍当永护中华。

二〇〇七年（岁次丁亥秋）八月二十五日南怀瑾

此外，在《维摩精舍丛书》中，父亲也记述了自己得到虚云老和尚指点的经过：

法会毕，虚老邀焕师（指袁焕仙居士）夜谈，怀瑾侍：且曰法会已终，彼此无事，可以冲冲壳子，甚不必拘拘律仪也。

焕师曰：善，虽然，和尚西来，君虽明惜相非良辅矣，五十日法会波波，未免水里画纹，空中书字。

虚老曰：何谓也。

焕师曰：良辰难值，良机易失。

虚老大笑，复曰：老居士与显明法师过从否邪？

焕师曰：不但过从，而且甚密。

虚老曰：有说乎？

焕师曰：有。

虚老曰：何说？

焕师曰：教渠踏踏实实与和尚作侍者，三年必摸着向上机关。渠曰，摸不着时如何？余曰：瞎瞎，你来成都觅一个啄棒打发你。

虚老大笑且曰：成都学佛朋友如何用功？

焕师曰：有三种朋友落在难处，不可救药，所以望老师刀斧也。

虚老曰：云何曰三？

焕师曰：一云悟后起修报化；一云一悟便休，更有何事；一云修即不修、不修即修。

虚老曰：嘻！天下老乌一般黑。又曰：以此道兴替论，贵省之盛甲全国，而犹云云，况余乎？此当机所以不许徇情，而贵眼正者也。

焕师曰：唯、唯。

虚老曰：比来一般魔子，酷嗜神通，并以之而课道行高下，成都朋友有如是等过患否乎？

焕师曰：有、有，还是天下老乌一般黑。

语已，指怀瑾而谓虚老曰：此生在灵岩七会中亦小小有个入处，曾一度发通，隔重垣见一切物，举似余。余力斥之，累日乃平言未卒。

虚老曰：好、好，幸老居士眼明手快，一时打却，不然险矣危哉。所以者何，大法未明多取证，一分神通即多障蔽本分上一分光明，素丝歧路，达者惑焉，故仰山曰，神通乃圣末边事，但得本愁末也。

彼时纵谈，声震瓦屋，极尽其趣。

焕师骤起礼拜，虚老手扶曰：居士作么？

焕曰：丁行之日，昌圆法师托焕仙问和尚一语云，如何是定相？彼时焕仙即欲答言，已问和尚了也，旋以祸不入慎家之门，胶口至今，乞师一语毕来命。

虚老曰：本来非动，求定奚为？永嘉云：二十空门原不着，一性如来体自同，若起心求定，是为魔境，定境既魔相，安有是？若有是处，皆功勋边事也。请语昌师，决不相诳。

焕师笑曰：诳也、诳也，起退。

虚老挽曰：住住，年惟今日冲壳子心甚开阔也。夜虽深，余力尚能支。又数十分钟退，此第三度会语也。

滇代表戒老和尚，虚老同参也，共王九龄君谓焕师曰：虚老能到蓉滇，即不难速驾，然此老极徇情，且重先生，若辱跪求，必如愿，如何？

焕师知不可，然以为法为友，慨然偕怀瑾长跪俯请，虚老手之令起曰：老居士起、起。

焕师仍伏地，虚老曰：老居士愿虚云多活几年，即请起，明岁之冬的来成都，不然，与老居士道谢辞行矣。

焕师悚然而起，挽以住世。

虚老颔之，于是亲书一偈，并南华小志一册，自像一纸，赠焕师偈曰：

大道无难亦无易，由来难易不相干，

等闲坐断千差路，魔佛难将正眼观。

复赠吴梦老偈一像一，复蓉中诸贤信多函，托焕师转，明日回曹溪之南华。怀瑾侍焕师趋潼南之玉溪。

乐清南怀瑾敬辑中华民国三十二年六月吉日

在《习禅录影》一书中，父亲又专门讲述了与虚云老和尚交往的两件往事：

虚云老和尚，这位禅宗的大德。我也是他的弟子，我常常讲：师父啊！你不要变成讼棍。怎么讼棍？一辈子跟人家打官司，到处打官司。为什么打官司？庙子被坏人占了，不肯搬出去，他没有办法，只好去告他，又把庙子盖起来。他发愿要重新修成一百二十个庙子，每个旧庙子，他都要把它修过，大陆上的旧庙子被军阀和坏人占去了，他要把这一批人赶出去，所以到处跟人家打官司。

那个时候，我说：“师父啊！你发心到处盖庙子，要盖就盖好一点嘛！马马虎虎的不行。”他说：“你这个孩子，我们都做完了，后来的人做什么事？”嘿！这有道理，我们做得那么好，后来的人光享福，还做什么事啊！

以前在重庆的时候，人家请他去做护国法会。那个时候，政府里很多人都是他的皈依弟子。有一次，天黑了，一下码头，我搀着他，怕他跌倒。他把手一推说：“不要扶了，以后，我们各走各的。”这句话就告诉我，两个人的道路不同，他剃他的光头，我留我的头发，各走各的路。

父亲在厦门禅七期间，曾经说过：“虚老，抗战时候在重庆做法会，我们都常在一起的，老师父，活了一百二十多岁过世，在江西云居山，那时我在台湾。他还给我留下话来，这是讲笑话。貌似戏言，实有所指。”

作为“不二门”的有发僧，父亲对佛法大道的弘扬走的正是维摩居士所径。诚如虚云老和尚所言：“前路暗淡，你我各走各的，不必相扶。”不相扶只因前路莫测，各遂其志罢了。本来是殊途同归、万法归一的道理而已。普度众生的路本就千条万缕，所同者无非是一颗无执无我的法忍初心，虚云如是，父亲亦如是。

十二、远走康藏学善财

在父亲心中，就算有再好的待遇，也不是长久居住之地，他曾说："梁园虽好，决非久住之乡。"

一九四六年，父亲闭关结束。他"出关"后，在成都佛学界已有相当的声誉了。当时，抗战已经胜利，在四川的外省人纷纷东迁，或回归阔别多年的故里，或为自己的前途四处奔走。因为当时父亲已经小有名气，所以很多人都希望他能留下任职，如当时的四川省主席王缵绪就劝父亲留下来，许他官职，但父亲推辞不任。曾任四川省财政厅长的甘典夔也十分赏识他，大方地要把自己在百花洲的别墅让给他住，也被婉言谢绝。在父亲心中，就算有再好的待遇，也不是长久居住之地。他曾说："梁园虽好，决非久住之乡。"

这时，国民党准备召开国民大会，四处宣扬"民主政治""制宪"等口号，一时成为热议的话题。父亲有两个朋友，一位是曾担任四川大学哲学系主任的傅养恬，一位是中央军校教官、留学苏联的叶道信，两人都被蒋介石免职了，只是因为他们在报上发表唱和毛泽东所作《沁园春》的词。被免职之后，两人觉得国民党并非真正民主的政党，认为此时正是另组新党、参与国事的大好时机，于是在成都西门外茶馆里开讲座。叶道信向百姓讲社会革命方面的相关内容，傅养恬讲《大学》《中庸》等中国传统文化的内容。当时听他们讲课的大多是普通百姓，他们的课受到了极大的追捧，声势浩大。

他们觉得此时已经有能力组织一个新党了，但是还缺乏有大才的核心人物。之后他们就想到了父亲，认为父亲年轻有为，而且具备入世间、出世间的学识修养，十分适合出任党魁，便极力邀请他加入。但是父亲一直无意仕途，对政局有着十分清醒的认识和判断，自然是不会让自己卷入政治“火海”之中的。不论他的两个朋友如何劝说，他也只是哈哈大笑道：“你们是我的好朋友，真想把我抬到火炉上烤啊！”

父亲在十月三日起开始主持大竹县文昌阁禅七。禅七过后，他在成都一带的名气就更大了，前来拜访的人也越来越多，甚至影响了他的生活。于是，他决定不在成都久留，但也没有想着立即返乡。正好，有朋友邀请他赴昆明讲学，他就离开了四川。

昆明讲学期间，在神通俱足的风了和尚陪同下，父亲远走西康、西藏，参访密宗各宗各派。风了和尚为他护法并安排行程，满空法师为他担任藏语翻译，四川高等法院首席检察官谢子厚大居士则供养他红教（宁玛派）、白教（迦尔居派）、黄教（格鲁派）、花教（萨迦派）等多种秘藏法本。

密宗，在中国佛教中，被列为十大宗派之一，又称喇嘛教，因为藏语称密教僧徒为“喇嘛”，所以便以此名代指密宗。密宗在中国分为两类：盛唐时，印度密宗大德善无畏、金刚智、不空三藏，世称“开元三大士”。密宗传入中国，至明朝永乐年间，有些信徒被放逐到东瀛日本，被称为东密。初唐贞观年间，西藏王松赞干布遣僧留学印度，于是便有寂护师弟、莲花生大师入藏，密教逐渐遍及西藏，随后又再传至内地，统称藏密。

根据藏密的传说，释迦佛的一生，所传授说法的重点，都是可以公开讲说的，所以称为“显教”。至于具有快速成佛的秘密修法，释迦恐怕说出来会惊世骇俗，所以终生不肯明言。他涅槃后八年，为了度世而决定传授密法。因此，他以神通显化，不再经过母胎出世，而是在南印度的一个国度里，在御花园一朵巨莲的花蕊中化作婴儿之形，即后来密教的教主——莲花生大师。长大以后，他娶妻生子，继承王位，施展神通治理国政。后来他舍弃王位周游传法，到过尼泊尔，发现那里的国王暴虐严酷，遂取而代之，整顿好尼泊尔的国政后，又飘然而去。至唐太宗时代，他入西藏传授密宗教法，使西藏成为佛国。传法大任完成后，他乘白马升空而去，返回世外佛土。

藏密曾一度秘密地固守在西藏的封疆，一直到一九二四年以后，汉、藏之间互通款曲，显、密二宗才渐渐有了往来，许多知名的喇嘛大师也亲自到内地传教，藏密便在内地逐渐流行起来。

当时，父亲虽然并没有在政府任实职，但是拥有西康行辕公署少将参议的虚衔。这个虚衔让他在康藏一带一路畅通，行经各处，都能得到周到的安排和热情的接待，并有得以参透密宗各派奥秘的方便。他参访了贡噶活佛、根桑活佛等，得到多位上师的印证。他们承认父亲为合格的密宗上师。后来，贡噶活佛还在成都古刹大慈寺，特地为他传授了显密大小戒律，并亲手书写了藏文传法传戒的证书交给他。

父亲曾在《宗镜录略讲》里描述过他在西藏学习密宗的过程：

我们当年学“大”密宗的法，很痛苦！求法就求了好几个月，天天到上师面前磕几十个头；天天供餐，上师始终不理你，几个月后总算答应了。据说要与大法有缘的才能传，一百多人报名登记，只圈定二十多个有缘的人。传法前，上师本身在坛城内念经念咒，手中的铃杵叮叮咚咚，比唱歌演戏还要忙；坛场从早到晚供佛的檀香、沉香不断，庄严得不得了，修七天七夜，要修到护法神现身。譬如道场的护法若是韦驮、关公，那硬是修到韦驮、关公站出来让你看，这个坛场才可以传法。

到传法时严重了，前门上锁，后门上锁，有卫兵站岗，二十多个人，膝盖早已跪酸了，也不敢抬头，偷望一眼，上师宝座依然是空的。最后终于等到上师出场，坛场庄严肃穆，这下可传大法了！搞了一百多天，花了那么多钱，老人家一上座，静悄无声，桌子一拍“啪”一声巨响，半天没有开口，再偷偷一看，上师不见了！莫非上师有隐身术？原来进房间去了，是上师不高兴吧？然后我们央求大师兄再恭请上师，上师上座说：“大法已经传完了，没有懂吗？”他骂了一顿。好，大法不懂，比大法差一点的传给你们：“我就是佛，一切不管，好了！”又下座进去了。两句话，花了那么多钱，磕了那么多头，这个大法传完了！这是大密宗，你看厉害吧！实际上他传了吗？真传了！你们当中有敢相信自己就是佛吗？除非发神经。如果你不发神经而相信自己是佛，那就差不多了。但是凡夫多是不信自己是佛，或者信成发神经。

接着下一句“一切不管”，你做到了你就是佛。你能一切不管吗？样样要管，阿弥陀佛，那个茶壶、杯子；阿弥陀佛，你对不起我；阿弥陀佛，他欠我十块钱……真做到一切不管即是直下承当。所以，真正的大密宗在哪里？在中国的禅宗，我即是佛，一切不管，求人不如求己。问题是你做不到一切不管，假如能做到一切不管，何须管他定不定、慧不慧？两腿一盘，我就是佛，死了也不下坐，一切不管做到了，两腿就不痛了！因为做不到，所以腿是腿、我是我、佛是佛，那只好走渐修的路子，修法、修定、修慧。

父亲历尽艰险曲折，终于修得大成，正是前世因缘使然，有其诗词为证：

云水萍飘岂偶然，九年足迹遍西川。
管他鬓到秋边白，落得人间月似烟。
肠空转，事难全，又入阎浮欲界天。
樽前酒醒荒唐梦，君向潼南我向滇。

十三、收拾河山亦要人

他既没有走上仕途，也没有遁入空门，既非入世，又非出世。

作为家中的独子，父亲在战火纷飞的岁月里多年漂泊在外，杳无音信，家乡的祖父、祖母和大妈自然对他极为挂怀。中日刚开始交战时，祖父便得到消息，父亲已不在杭州习武，而是投笔从戎到了四川。抗战胜利后，祖父迁到殿后村开店，有一天，突然收到一个尺寸不小的航空挂号件。祖父很是诧异，将其拆开，里面只有一张棕色的蒋介石近照，落款为："南怀瑾同志惠存，蒋中正题。"

祖父见到此相片，心中顿时犹如泼下一盆冷水，不由得开始担心起儿子如今身在何处。抗战已然胜利一年有余，儿子依旧音讯全无，只收到这幅照片，想来定是凶多吉少。

这样忧心忡忡地过了好些日子，祖父终于收到了父亲的来信：某月二十四日，从昆明登机飞抵上海。看到单薄的纸页上熟悉而清晰的字迹，祖父这才放下心来，默默计算着儿子的归期。

一九四六年底，父亲结束在昆明的讲学后，从昆明坐飞机到杭州。这是他第一次坐飞机。也许是命运的垂青和眷顾，他逃过了一次劫难。在昆明时，他已经买好了飞机票，过两天飞上海，也给杭州的朋友发了电报。这天，几个朋友正在客栈为他饯行，其中有军队的朋友。大家商量着在父亲离开之前，一起到石林玩一趟。这时来了一个电话，说一架军用飞机明天去杭州，还有两个座位，问有没有人搭乘。父亲听闻，当即请军队的朋友把座位留给自己，第二天就走。朋友们都劝他再多待一天。但是就像小时候非要提前去城里上学，结果免遭海盗洗劫的灾祸一样，冥冥之中似乎有一股力量催着他走，谁也留不住。第二天，他搭军机，飞越崇山峻岭，平安到达杭州。过了两天，他原来要坐的飞往上海航班，撞山坠毁，机上乘客九十三人，有九十二人罹难，唯一幸存的是一个八九岁的小孩。

祖父看到上海空难的消息，刚因父亲即将回到故里而感到欣慰的心情，转眼又陷入了惊吓，直到父亲跨入家门才恢复。

一九四七年二月，春节。时隔十年，已接近而立之年的父亲终于回到乐清老家。这是他离开家乡后第二次回家，也是最后一次回家。祖父母看着这个远方归来的游子，已不是十年前的青涩模样，不禁唏嘘落泪，感慨万千。所幸祖父母身体还很健康，家里的事情都能照料。不过时局不好，生意上一直没有太大起色，没有恢复到遭灾前的水平。大妈温柔贤惠，孝顺老人，疼爱孩子，即使父亲常年不在家，极少尽到丈夫的责任，也从不抱怨。见父母妻子都安然无恙，父亲心中稍感宽慰，不过，他还是觉得非常对不起他们，满心愧疚。

父亲一进家门，马上落地跪拜祖父和祖母。当下是感慨万千，但是大家都热泪盈眶，却不在这喜气时刻哭泣。祖父手持一个十字灯，在喜悦中一晃，把灯罩晃掉了。灯罩落地摔成碎片，祖父马上说道："平安吉祥，落地生华。"祖父用吉祥话来调节气氛，毕竟父亲的归程充满了数次惊险，这一刻，祖父不愿再多想了。

亲朋故旧闻讯纷纷赶来看望，有为他接风洗尘的，有专门来听他讲外面故事的，总之热闹了好一阵子。趁此机会，他决定为南氏家族修家谱。家谱修完之后，他告诉家里人，这个地方太小了，在家里待不住，自己无论如何还是要走的。家里人已经习惯了他在外漂泊流浪，见他心意已决，也不再勉强挽留。

可是，去哪里呢？八年抗战结束了，国民政府也宣布准备"制宪国民大会”，原本以为可以过上太平日子了，可是没过多久国共内战开始，战火重燃，平民百姓安居乐业的希望又落空了。父亲结合所见所闻，觉得神州四处已无清静之地可以立足，便萌发了离开大陆的念头。他把这个想法告诉祖父，祖父没有反对也不支持。父亲希望家人和自己一起去香港、台湾地区或新加坡，可是祖父母都不愿意离开生活了一辈子的土地，大妈很孝顺，要照顾两位老人和孩子，也不能和他一起走。

重聚时间是那么短暂，父亲又要独自离开了！他的父母妻儿虽然已习惯了这种骨肉分离，但到了真正分别时，“执手相看泪眼”，伤心欲绝，难舍难离。父亲去意已决，含着热泪离开了这个生养自己的地方。

一九四八年，他先是一个人去了杭州，再经上海坐船到台湾。这一次去台湾，他并没有直接留在台湾，而是考察了三个月后回到杭州，旋即归隐杭州天竺，细细批阅了浙江省立图书馆所藏文渊阁《四库全书》与《古今图书集成》。其间，还当过几天杭州武林佛学院的教师，继而为了避开这乱哄哄的人世，干脆跑到江西庐山天池寺，搭个茅棚，归隐清修去了。

父亲再次出门的时候，大妈已经怀孕了，后来不足月生下一对双胞胎，一个是死胎，另一个生下来时还有微弱的生气，不过没能救活。这事他后来才知道，心中又增添了一份对妻子儿女们的愧疚。

一九四九年二月，父亲再次只身一人去了台湾。这一年，他虚岁三十二。我二哥后来去“杨八洞”——祖父自我修行的地方探望祖父时，祖父附耳问二哥，可还记得灯罩打碎的事？同时说，见面时有这样破碎的异象，他已经知道这是家庭离散的征兆，这是多么令人心酸的分别。

在去台湾之前，父亲的经历已经颇富传奇色彩了。他既没有走上仕途，也没有遁入空门，既非入世，又非出世。出世入世这两条路，他都不走，确实出乎许多人意料。如果他的理想是出将入相，那完全可以循着军校教官的路子往上走。他的朋友很多是国民党要员，如果他愿意，很容易得到推荐甚至拉拢，凭他的能力、才干和人缘，平步青云指日可待。实际上，二十几岁时，“同门师兄”陈诚曾推荐他给蒋介石当秘书，被他推辞了。父亲一辈子始终也没有走仕途这条路，道家“薄帝王将相而不为”的思想观念或许是一个很大的因素。那么，为什么他学了那么多年的佛法禅宗，而且年纪轻轻，就被认为是得道开悟了的高人，却没有踏入空门，出家为僧呢？我想，虽然他从不想着要出将入相，却有着儒家内圣外王的崇高理想。他一辈子没有踏入空门，是因为他还要为这个世界做更多的事情。一九四七年，父亲写了两首《自题照影》，很好地映射出他这个时期的际遇和理念。诗云：

其一

前因后果问如何，眼阔心空且放歌。
浮海十年家国事，闲情留取付梨涡。

其二

不二门中有发僧，聪明绝顶是无能。
此身不上如来座，收拾河山亦要人。

父亲说要“收拾河山”，日本侵略者已经被赶出中国，所以肯定不是一般意义上的收复失地了，那他到底要收拾什么样的河山呢？这个河山出现什么问题了，需要他来收拾？他又是要如何去收拾的呢？结果收拾得怎么样呢？终其一生，父亲都在回答这些问题。在此过程之中，他抛却骨肉亲情，特立独行，践行着自己的理念。他最终变成一盏明灯，既照亮寻找光明和前途的迷途羔羊，也召唤无数有志于文化复兴的仁人志士。

十四、施援种子护佛法

搭救巨赞法师，虽然求了不少人，欠了不少人情，但是为了朋友情谊，为了弘扬正道，父亲愿意舍弃骄傲和尊严。

父亲在第一次去台湾途中，路经杭州时，顺道拜访了中印庵的通远法师，无意之中成就了一件善事。

中印庵在中印峰西侧，是隋朝时西域僧人千岁宝掌禅师所创。中印庵四周山峦叠翠，茂林修竹掩映，环境幽静，小巧精致，藏而不露，别有洞天。

虚云大师的弟子通远法师就在中印庵修行。到了前辈弟子修行的宝刹，父亲当然要去拜访一下。袁太老师门下弟子众多，时人称其门下成就最大的门人为“三大元、五仙人”。其中的“五仙人”，是指峨眉大坪禅七会上的通禅、通宽、通远、通超、通永五位法师。因此，细论起来，通远法师与父亲也算是同门师兄弟。

通远法师也久闻父亲的大名，两人一见如故，交谈甚欢。一天，通远法师同我父亲去灵峰寺游玩，正好碰到灵隐寺的住持巨赞法师。灵峰寺位于湖州，和杭州的灵隐寺相距不远，所以巨赞法师经常来此参加佛法活动。

巨赞法师俗家姓潘，本来是个小学校长，因为不满国民党政府的统治，经常领导教员们罢教，结果被国民政府下令通缉。逃遁过程中，他到杭州灵隐寺落脚，本来只想避避风头，没有想到在研读了一阵子佛经后，居然开悟了，便在寺中剃度出家，法名传戒，后改为巨赞。

杭州中印庵

巨赞法师精通佛法，父亲便常常和他在一块儿喝喝茶，谈谈禅，甚为投机，相互引为知己。当时巨赞法师正在灵峰寺主持武林佛学院的相关事宜，乘父亲来访之机，便请他为寺里僧众讲授佛学。

一天，巨赞法师请我父亲移步到他的禅房一叙。父亲本以为他要和自己谈禅，没想到巨赞法师关上门窗，十分严肃地说："我和先生交好，如今有事不敢相瞒。不过几日我就会下狱，也许性命不保。先生住在这里，恐怕会受到牵连，我告诉先生，让先生小心为是。"

父亲听了，一开始十分诧异，不过，根据他对世事的敏锐判断，直觉此事定与政治相关，便问道："是国民党军队还是共产党军队？"

巨赞法师平静地说："国民党军队。"

父亲低头沉思一下，又问："你为什么偏向共军一面？"

巨赞法师回答："别无他求，不过是为了维护佛教，保护佛法。"

父亲听后沉思半晌，说道："我要到南京走一趟，或许我可以帮助你完成心愿。"

于是，父亲当天就启程去了南京，找到好友许衡生。许衡生与许多国民政府要员都有联系。在他的帮助下，父亲见到了当时国民政府保密局的负责人郑介民。

郑介民是父亲在中央军校时的老同事，多少有些熟悉。父亲开门见山，说明来意，希望他念在昔日的情谊上放巨赞法师一条生路。父亲说："巨赞法师对政治根本不感兴趣，只不过是为了保护佛法，你们没有必要伤他的性命。"郑介民见父亲言辞恳切，也知道他在国民政府众多要员中的影响，便不好驳他的面子，当即答应了。但是父亲还不放心，又向他索要手令。郑介民拗不过，便签了字，给了手令。父亲这才放心告辞。

拿到手令后，父亲立马回到杭州，将郑介民的手令交给巨赞法师，并让他交给杭州当局。巨赞法师照做，总算性命无虞。

离开杭州时，父亲赋诗五首，题为"浮海去台湾前夕留别巨赞法师于灵峰"，以此纪念自己与巨赞法师的交往。其中一首写道：

客中送客真无赖，愁里悲秋只此心。
国计家筹都不了，入山何处白云深。

巨赞法师也有诗句回复："无端岁月堂堂去，万种情怀的的来。"他始终对父亲的搭救之恩怀抱感激之情。

父亲虽然有许多政界、军界的朋友，但从来都对政治敬而远之，从不参与。搭救巨赞法师，虽然求了不少人，欠了不少人情，但是为了朋友情谊，为了弘扬正道，父亲愿意舍弃骄傲和尊严。在他看来，无论是谁当政，都没有权力非法剥夺他人的生命，谁都不能以政治的名义妨碍宗教自由和传统文化的发展。

十五、常话巴山夜雨时

> 一个人对一个地方有感情，倒不见得一定是山川风物，主要还是对这个地方所遭遇的人、所经历的事有感情。

一个人对一个地方有感情，倒不见得一定是山川风物，主要还是对这个地方所遭遇的人、所经历的事有感情。父亲在四川期间，就曾蒙受过许多人的照顾，比如钱吉、李宗吾、袁焕仙、传西法师、张怀恕等，这些四川人热情好客，真心关心朋友，非常讲义气，深受他的敬佩和推崇。父亲就经常说："四川人非常讲义气，真痛快、真义气、真耿直，袍哥大爷讲的是：你哥子，我兄弟，你不吃，我怄气。四川人说话爱骂人，但是你骂他，他也不会生气。"

在四川的十年对父亲的生活方式影响很大。他讲话时，经常会有四川方言脱口而出，如"摆龙门阵""格老子""冲壳子""龟儿子""哥子"等。到了晚年，父亲还能清楚地记得四川抬滑竿的师傅报告路况的情形，如前面的师傅报一声："天上一个亮。"后面的就说："地下有个水凼凼。"意思就说前面路上有个水坑。前边的说："左边立起大。"后边的说："让它不要说话。"前边的说："下下坡。"后边的说："慢慢梭。"意思是下坡的时候，不能走快了，要慢慢儿地梭下去。这些生动的地方语言一直都被他所津津乐道。父亲以前曾记过一大本子四川人的歇后语，后来虽然年龄大了，还记得一些。以前川南乡下旅馆，幺店子，一碗豆花，一碗海椒，门口挂个旗帜："未晚先投宿，鸡鸣早看天。"也有小二就会站在那喊"未晚先投二十八（宿），鸡鸣早看三十三（天）"的歇后语。还有人说："半夜起来贼咬狗，拿个狗来打石头，从来不说颠倒话，阴沟踩到脚里头。"

再比如饮食，十年在川生活，父亲喜欢上了川菜，对其可谓"情有独钟"。他讲过，四川人好客、会吃。那时，父亲有很多老朋友住在四川乡下。父亲去看他们，主人就从鸡圈里逮只鸡，到鱼塘里抓条鱼，到田边地角摘豆荚、拔青菜，在磨子上推豆花，一会儿工夫就可以弄出一桌非常可口的饭菜来。他晚年经常念叨的川菜有"熬（回）锅肉""麻婆豆腐""麻辣鸡丝""豆瓣鲫鱼""咸烧白"等经典菜式。他多次说过："你们不知道，四川菜那个好吃哦，这么多年了，我很想念川菜，那个吃起来才叫过瘾哦！"

我母亲自小也是家中娇娇女，到了台湾，遇到我父亲结婚以后，才开始学做菜。当时在台湾的外省人多半聚居一起，天南地北的，各省都有。尤其是四川军眷居多，因为撤离大陆时，主要靠空军，抗战大后方招募的空军官兵，许多都是四川本地人。每日中午、晚餐时间，各色香味四溢。这样的环境里，我母亲就自然学得如何料理川菜了。她的菜做得也非常好吃，我们自小也就会吃辣子了。

父亲晚年居住在太湖边，还经常提起要找一个四川的厨子："厨师最好是蒲村场的，就要乡下收拾得干净整洁的老太太。"原来当年父亲在灵岩山修禅时，经常去蒲村场，也就是现在的蒲阳镇，当时那里还是中国空军幼年飞行学校的所在地，许多空军教官都是父亲的朋友。有一次，父亲到镇上的般若寺，与那里的老和尚聊天。老和尚便问父亲："你们在这里办学校做啥子？"父亲道："为了抗日！"老和尚听后颇为茫然："你们为什么要抗日啊，你看日头天天都照耀着我们，温暖着我们，你们还要抵抗它。"这样的幽默，父亲听罢也不由得哈哈大笑。

还有一次，父亲对战事颇为关心，无奈镇上通信很不发达，于是他只好问那位老和尚："你们这里有报纸吗？"老和尚道："有啊！"父亲大喜，忙问："报纸在哪里？"老和尚指指山林深处，满脸畏惧地说："一共有三只，要吃人，凶得很！”原来四川话里“纸”和“子”的平卷舌音是没有区别的，难怪老和尚把“报纸”听成了“豹子”。不过在乱世之中，尚能如此安闲自在，不闻世事，想来也只有潇洒自在的四川人能够做到吧。

父亲说：“四川文化一大景观就是喝喝茶，打打麻将，摆摆龙门阵。”“摆龙门阵”是四川的一大特色，就是三五人相聚或两人一起，同行、玩耍、做活时均可，讲故事、聊聊天、闲谈、神吹、侃大山。这种“文化活动”大概类似于东北人所说的唠嗑吧，生活在巴蜀地区的人们称之为“摆龙门阵”或“院坝龙门阵”。“摆”字，做动词解，含有说、谈、讲解、陈述之意。“龙门阵”三字，意即拉家常话。“摆龙门阵”，指的就是谈天说地，吹牛神侃。

父亲在四川的很多老朋友，都会“摆龙门阵”。他听了好多故事，有些故事很有趣，老了还记得。青城山当时有一个传说中的神仙叫周凌霄，据说会飞剑。还有人告诉父亲：“我给你介绍一个师父，青城派的，姓徐。”那个时候流行飞剑，川、康、渝一带这种神话非常多。父亲去见了以后，才发现根本不是那么回事。

父亲有一个原来在西康的朋友，后来在台北碰到了。两人吃饭时，父亲就问他：“听说你每次给蒋先生写完报告后，一定要在信尾写上，又在哪里碰到一个神仙了，又在哪里碰到一个剑仙了，叫老头子采用，可以来打日本人的飞机。”他说：“有啊，你怎么知道的？”父亲说：“我当然知道，你当时不就‘摆了龙门阵’的嘛。”然后问他：“你为什么要这么做呢？”他说：“我怕蒋委员长‘忌才’啊，我以前写了很多报告，言必有中，蒋先生都言听计从啊，我就一定会在后面写一些怪话，表现得怪诞，这样我就安全了。”

父亲还讲过一个趣事。有一天，他和袁太老师一起到成都东门的牛市口去喝茶，两个人边喝茶边“摆龙门阵”，谈佛论道。这时，旁边桌子上也坐了几个人在喝茶。突然，一个人站起来，一只脚踏在板凳上，一巴掌拍在桌子上，说道：“狗日的，当年老子也是读过书的，后来家里穷啊，没有办法才学杀猪啊！那个猪杀死之后，就在猪腿上割一刀，用嘴巴对着刀口吹气，把猪吹胀，拿热水烫了之后才好刮毛，格老子我东一吹，西一吹，就把我一肚子的学问吹到猪肚子里去了。”袁太老师听了，拿起一杯茶敬他说：“你哥子，骂得好！骂得好！”那个人说：“哦，我哪里是骂人哦，我讲的是真话！”这些趣事都算得上是清修生活中的一抹亮色。

当时四川有个大学者叫刘师亮，精通诗作、对联、戏剧等多种形式，嬉笑怒骂也往往颇有文采，人称“蜀中怪杰”，连北京大学名教授谢无量都很佩服。当时四川军阀乱杀人，俗话叫“乱剃头”，刘师亮写了一首《剃头诗》：“问道头可剃，人人都剃头，有头皆可剃，无剃不成头，剃自由他剃，头还是我头，且看剃头者，人亦剃其头。”父亲对刘师亮这种直言不讳、智勇俱佳的知识分子敬佩有加，一直记得这首讽刺诗，老了还能背诵。

四川人豪爽大气的性格令父亲印象深刻，直至晚年他都十分怀念四川的朋友。成都的“五老七贤”，有几位是父亲的老朋友，其中一个是刘豫波老先生，他的一个小砚台一直由父亲保存。

父亲还结交了一位刘杭深先生。刘杭深毕业于北京大学，在抗战末期当过国民政府的财政部部长，后来到了台湾，是个很了不起的人物。当时在成都，大家都喊他“杭老”。刘杭深是个孝子，到了台湾后住在四楼。妈妈八九十岁了，每天他都把妈妈背起，一级一级地下楼梯，到街上去转，晚上又背回来。杭老在台湾时很穷，他虽做过财政部部长，自己却没有钱。有一天，他给一个朋友写个条子，借三千元钱。干什么啊？他想去吃四川馆子。借到钱，杭老就到四川馆子去了。四川馆子的老板一看：“哟，杭老，您来啦！来干什么啊？”“吃饭。”“请客啊？”“没有，我一个人吃。”于是他就点了四菜一汤，也就是回锅肉、白菜之类。然后又让服务员给他买了一罐香烟，边打开烟罐边说：“我想成都啊。”吃完了以后，站起来就走了。四川馆子的老板连忙说：“杭老，您就走啦？”刘杭深说：“走啦！”老板说：“还没有找您钱哪。”杭老说：“给你们的小费。”父亲十分赞赏他，觉得他十分潇洒，让我们向他学习。

成都东门外圣佛寺有位光厚老禅师，四川人都称他为“四川现代的活罗汉”。父亲在成都时有个拜把子兄弟叫萧天石，时任灌县县长。萧天石是黄埔八期的，著有《世界伟人成功秘诀之分析》。萧天石打坐时，出了岔子，出现了耳鸣的症状，后来干脆听不见了。父亲带着他去找这位光厚老禅师。那时候，光厚禅师每日上午为人医病，其行医，不把脉，不开方，不教吃药。父亲把他的治疗方法命名为“以大拇指头烧病”。光厚禅师说大拇指中心是他修炼的三昧真火的“火门”，真火自此火门出，按在病人之穴道上，一按一扬，一扬一按，好像蜻蜓点水一样。每一穴道，病重的人按二三十下，病轻的人按几下就可以了。光厚老禅师就是用这种神奇的方法，把萧天石的失聪症给治好了。

在四川遇见的人和事是那么美好，不过，终究还是随着载着父亲无尽乡愁的那一艘轮船，留在青山绿水之间，沉淀成回忆了。新世界的大门在等待着他去开启，门背后藏着可怕的未知，但是，他从不畏前方的困难，勇往直前。父亲再一次出发远行了。这一次，他要“收拾”的“河山”在“海东头”。

第三章

端坐蒲团传薪火（一九四九至一九八〇）

一九四五年抗日战争胜利，自甲午战败后，台湾长达五十年的日据时期结束，国民政府派浙江省主席陈仪接管了台湾。当时接管台湾需要很多人，可愿意去的人并不多。因为在大家的观念里，认为派到那里去就是被流放。于是政府内部登记，征集五类人员去台湾工作：台湾省籍人、闽南人、留学过日本的、浙江平阳人，还有其他特殊情况的人。后来，有些虽不属于上面这五种情况的人，也自愿报名去了台湾。这些人因为复员后没有路子，没有靠山，找不到差事，只好去台湾找一条出路。而此时，醉心于修行的父亲尚在平静的川藏腹地四处奔走，访师求道，过着与世隔绝参禅修持的生活。

然而，就在和平有望之际，国共两党和谈失败，战争的烽火再次在多灾多难的中国大地上燃起，全国又陷入生灵涂炭的境地。随着在战场上的节节败退，国民党在大陆的统治已是日薄西山。彼时，见势不妙的“党国”要员、商业人士，以及对时局迷茫的知识分子，纷纷溜之大吉，携妻儿老小，坐飞机、轮船，迁往台湾或是香港；当兵的或机关的下级人员，大部分只身随着部队或机关一起过去；还有一些人，因为全家一起走太不容易，要卖家产凑路费，但兵荒马乱，谈何容易，只好一个人先行，等安排好之后，再接全家老小。那些动作快的人，早早地就把全家搬到台湾安顿下来；而动作稍慢一点儿的，就只得与家人天各一方，望海兴叹了。

一、将续大任身空乏

“其实我是无党无派，就是爱国。什么有利于国家，我就做什么。国家强大了，我们做国民的才会有尊严。”

父亲曾经在成都军校当过几个月的武术教官，并接受过国民党的社会福利政策训练，也阶段性地自认为是蒋介石先生的学生。在西南的时候，他的一个朋友——国民党的西康行辕主任贺国光，也曾经送给他一个“少将参议”的头衔。这完全是一顶没用的帽子，但在两党激烈对抗的时期，却是一个麻烦的政治立场问题。父亲曾说：“我这个人身份比较复杂。共产党说我在国民党那边当过官，要抓我；国民党则说我帮助过共产党，也要杀我。其实我是无党无派，就是爱国。什么有利于国家，我就做什么。国家强大了，我们做国民的才会有尊严。”这就是父亲对于政治的态度，他真正考虑的是国家的兴亡。然而，麻烦当头，父亲只好敬而远之。加之，父亲深受中华文化的思想影响，“用之，则行；舍之，则藏”，在当时无所为用的情况下，自然不会主动参与。

一九四七年，父亲结束了在大西南漫长的求学访道生活，回到乐清与家人重聚，那也是他与双亲最后的团聚。回去的那天晚上，他跟祖父睡在一张床上。到了半夜，祖父翻来覆去怎么也睡不着，忍不住问他：“如今天下大势究竟如何？”父亲回答：“共产党一定会统一中国。”祖父听后大惊，抓住他的手紧张地问：“你是不是共产党？”父亲说：“不是，但如今也不管国民党的事。两面都不管。”祖父又问：“既然如此，你为什么认为共产党一定会统一中国呢？”父亲说：“大势所趋，理由很多，一言难尽。”父亲向祖父表明心迹，此次回家是想带全家人一起走。对此，祖父长叹一口气说：“我素来不喜欢出门，外面语言也不通，就留在家里听天由命吧。但你打算上哪儿呢？”父亲说：“有三个地方可以选择，台湾、香港地区或新加坡。”

那次，父亲并没有说动祖父。万般无奈之下，父亲只好辞别双亲和妻儿，再次离开家乡，最终决定在国共交恶的棘手时事下选择远走台湾。

不得不说，父亲是个有远见的人。后来发生的一切证明，这个选择对他而言意义非凡。自五四运动以来，大陆处处弥漫着一股与传统对抗的思潮，凡是传统的都被认为是过时的，是阻碍新社会的建立的，因而对传统文化持有一种欲除之而后快的态度。再加上当时大陆和苏联修好，一切以苏联的新改革马首是瞻。当时苏联正处斯大林的统治下，实行恐怖的清洗政策，许多人，包括党内的人物都惨遭杀害。这种有选择性的偏激思潮，在中国共产党的发展过程中，也时有出现，对于人、路线，甚至文化，都有过激烈的政治运动。再者说，当时的共产党实行严格的唯物主义无神论意识形态，坚信“宗教是人民的鸦片”，显然，这对信佛修禅的人来说，并不是一个很好的修行环境。因而，父亲似乎已经料到，如果留在大陆将注定是应劫之身。而后来云门事变中，虚云和尚的受伤、梦参法师的牢狱之灾，以及许多人士的被批斗致死，都应验了父亲的预言。在那个环境中，如果不走，只能徒增几个冤魂，如此一来，对大道的存续和对传统文化的弘扬，就更无从谈起了。

父亲的出走彼岸，也绝非只从个人的一己之私利出发。实际上，作为修行之人，他早已无欲无求，宠辱皆忘，更无党派得失之忧患。他从中国文化的覆立出发、从文脉道统的传承出发，敢于自任于存亡继绝之际，矢志于皓首穷经、求学问道之事，欲以“究天人之际，成一家之言”为毕生志趣，将此身此世托付于弘道传法的行迹之中，颇有船山先生“六经责我开生面，七尺从天乞活埋”的豪迈。所以，父亲才决定保全性命于乱世，只身东渡台湾，唯愿留一盏微弱的文化之灯，期冀能在日后烛照中华大地。如同古希腊圣哲亚里士多德在出逃雅典时，曾说“我不想让雅典人再犯下第二次毁灭哲学的罪孽”一样，父亲彼时或许也有“不想让中国人再犯毁灭传统文化的罪孽”的类似心境吧。但无论如何，可以肯定的是，父亲此时去台与三十年后离台去美，以及二十世纪九十年代年代“告老还乡”，其志趣都是始终如一的，那就是要续接文脉，传播中国传统文化的火种。

虽然对父亲而言，走是决绝而必然的，但毕竟是离别父母之乡，而且前路未卜，总有些恋恋不舍。因而，他并没有直接去台湾，而是先后到了杭州天竺和庐山天池寺清修了一段时间。最后又只身到了上海，住在虹口区的一个佛教医院里。当时，当家的智方法师把一间特等病房的钥匙交给了父亲，使父亲在兵荒马乱的年头，有了一个清静的安身之处。

一九四九年一月二十一日，蒋介石宣布“引退”，李宗仁当上代总统。此时，李宗仁的“军师”白崇禧，从武汉托人给父亲传话，请父亲出山，许诺他政治参议兼秘书的官衔。对此，有人说这是“老亮”找“小亮”，因为白崇禧素有“小诸葛”之称。

然而，此时的局势是国民政府只剩下半壁江山，风雨飘摇，犹如西晋灭吴之际的“金陵王气黯然收”的局面。父亲已然看透了国民党必败无疑，于是引用了两句五代时人刘洞的古诗给传话人，“千里长江皆渡马，十年养士得何人”婉拒了当局的邀请。

一九四九年，战场形势已经非常明朗，原来还持观望态度的“党国人员”、残兵败将、土豪士绅，纷纷仓皇逃离。由于战火纷飞，时局混乱，去台人员身份相当混杂，台湾当局害怕有中国共产党方面人员混入其中，于是随即宣布，从三月一日开始，台湾实行出入境管理制度，凡是进出台湾的人，都得有当局颁发的出入境证件。父亲不愿向主管这事的人低头，于是提早买好了去台湾的轮船票，于二月二十八日赶到台湾，抵达基隆。回想起这段狼狈出逃的经历，父亲曾感慨道：“三百年来养士朝，为何文武尽皆逃。”

初到台湾的父亲

到台后，父亲先是栖身在基隆海滨的一处陋巷中。那时，住在基隆旅馆的旅客，都是从大陆逃难来的。有一天，基隆一间小旅馆失火，这些人瞬间成了无家可归者。父亲一向以慈悲为怀，见此情形，就将自己的住地“改造”成了难民接待所。而我的母亲杨晓薇，也随这批火灾难民住到了父亲的家里。

母亲出生于辽宁本溪，不过，她却是在长春的外婆家长大的。记得母亲说过，好像家族原来是从山东迁到东北的，信奉伊斯兰教。由于母亲说她的家族原先是山东的居民，让我一直对中国历史里不同的伊斯兰教团体有兴趣，至今还有待了解。外祖父是位教师，家中子女，除了我的母亲，还有两个儿子和一个女儿。身为教师的外祖父，平时对子女的态度也非常严厉。后来日本侵略者占领东北，母亲也曾经上过日本人规定的学校，学过日文。我第一次听到日本拼音，什么“阿依屋诶欧”，就是母亲说的。不过外祖父认为这是侵略者的文化，不让她学。

父母合影

抗日战争刚刚结束，国共内战烽火又起，生灵涂炭，民不聊生。由于外祖母早逝，外祖父又过于严厉，已经成年的母亲，决定离家参加青年军。但是，随着战事吃紧，她便一步步流亡到了南方。到了一九四九年，大局已定，许多民国情结浓重的人，或者是对共产党不了解、不信任的人，都纷纷逃往台湾。可是当时国民政府已经实行海禁，再加上当时的船队载运力不够，许多人都挤不上船，或者一家人被人流挤上了不同的船，于是，一家人就天各一方，杳无音信，家庭破碎。这样的家庭离乱故事，成千上万。外祖父一家没有离开东北，而母亲却跟随着部队，有秩序地撤离到了台湾。

那时大批难民涌入台湾，根本没有落脚之地。母亲随着人群寄居在一家小旅馆。旅馆起火后，因为父亲一向乐善好施，就接待了这些无家可归的人。同是天涯沦落人，在互相帮忙扶持中，父亲和母亲情愫渐生，两人遂结为夫妻，此后，我们姐弟四人依次出生。

在这段艰苦的日子里，父亲仍然保持着那种热情好客、仗义疏财的豪放气派。他得知邻居揭不开锅，便把自己家仅有的米送去。那时，台湾经济不发达，一般老百姓生活比较困难，比父亲穷的大有人在。只要他们有求于父亲，父亲总是慷慨相助，受过他接济的人不知道有多少。这种作风和品德，贯穿了父亲一生的行迹。一个人，当钱多得花不了的时候，拿出一小部分来，或捐给教育机构，或捐给慈善事业，为自己留个好名声，当然也不错。西方国家和中国港台地区，很多人就是这样做的，富而乐善好施毕竟还是比较容易做到的；难的是在自己并不富裕的情况下，能从自己仅有的一碗米里，拨出半碗来给饿肚子的人，这就非有菩萨心肠不可了。

蒋介石在“退到”台湾后，表面上，是想把台湾变成“反共”基地，梦想有朝一日从这里“反攻大陆”，夺回在他手中失去的家国。精神上，当时部队里训练，是以“一年准备，两年反攻，三年扫荡，四年成功”为原则的；实际上，他的内心却非常担心共产党会渡过海峡。到台湾不久，蒋介石就到菲律宾做了一次访问，据《蒋经国传》的作者江南分析，蒋介石这次出访实际上是为自己安排后路，万一共产党打过来，美国，他是不会去的，他很可能流亡菲律宾或者去南美洲。

在这种情况下，父亲也要为自己的下一步做安排。万一共产党打过来怎么办？逃到外国去？父亲不干。他曾经说：这一点我同吴佩孚一样，一辈子不喜欢外国。父亲认为吴佩孚能够在北洋军阀时代，做到“不举外债，不入租界，不出国”，而且在抗战期间力拒做汉奸，求仁得仁，死于日本特务之手，这样的行为，还是有可圈点之处的。中国共产党发言人董必武曾经评价道：吴佩孚虽也是一个军阀，但他有两点和其他军阀截然不同：第一，他生平崇拜的我国历史上伟大的人物是关羽、岳飞，他在失败时也不出洋，不居租界自矢，表现了他不愿意依靠外国人讨生活的性情，在失势时还能自践前言，这是许多人都称道他的事实；第二，吴氏做官数十年，统治过几省的地盘，带领过几十万的大兵，他没有私蓄，也没置田产，有清廉名，较之与他同时的那些腰缠千百万的军阀来说，总算是难能可贵。

父亲给自己想了一条后路：万一共产党渡过海峡，就再跑，找一个小岛，在那里住下来，做点生意。当时，要想在海上做生意，有两样东西是必不可少的——船、枪。这两样，当时一般人不容易搞到，而父亲的朋友多，三教九流，什么人都有，甚至一些戴笠的老部下也来找父亲。于是，三条船、十几杆枪，很快就搞到了。父亲便同几个朋友一起，在基隆办起了一个公司。那时候不兴叫公司，而叫“行”，因此父亲为公司起名“义利行”。公司的这个名字符合父亲一贯的做人做事准则，就是“义”为先，“利”为后，不以利而害义。当时，他自己没有多少钱，资金大多是别人的。仓皇逃到台湾的人很多，身上多多少少都带有黄金美钞。但这些人个个如丧家之犬，惊魂未定，加上人生地疏，也不知道到哪儿赚钱，怎么去赚钱。而父亲人缘好，朋友多，四川的朋友、云南的朋友、浙江的朋友、同乡的亲友，什么“立法委员”“游击司令”都来找父亲，都愿意把黄金美钞交给父亲，同他合伙做生意，因此，“义利行”很快就筹集到几千两黄金。

刚开始，“义利行”经营得有声有色，有三条机帆船、十几杆枪。当时舟山还在国民党手里，于是“义利行”就从琉球运货到舟山去卖，再从舟山把货运到琉球去卖，赚得不少钱。因此，“义利行”天天宾客盈门，经常是席开五六桌。赚来的钱以及别人入股的钱，父亲经常是随手拿布一裹，就塞在枕头底下。小时候听母亲说，那时候，每天父亲都带许多银洋回家，到家后，往床上一倒，稀里哗啦好听得很响。可惜当时没有藏几个起来，以备后来生意失败时用。

“义利行”发展起来后，父亲逐渐有了些许积蓄。有许多来自大陆的贫困之人，找到父亲，向父亲寻求帮助，对此，父亲都慷慨解囊，毫不吝啬。当时正处于战争的非常时刻，国民党实行严格的身份证制度，凡是从大陆来的人，要想办理身份证，都得有人担保。如果查明此人是共产党，那么担保人也性命难保。彼时基隆的警察、宪兵联检处处长都是当年在成都军校上学的学生，同父亲有师生之谊。有了这层关系，来找父亲担保的人自然很多，加之父亲又是个急公好义、爱管“闲事”的人，但凡别人找上门来，不管认识与否，都是有求必应，有忙必帮，慷慨地掏出私章，在人家的担保书上随便一敲了事，从不考虑来人的动机以及担保的后果。救人济难的事，他是乐意之至。知道父亲的脾气个性后，来求他担保的人也越来越多了。父亲嫌这样做麻烦，干脆把自己的私章放在联检处处长那儿，凡是能说出南某人名字的人，他都给担保。通过这种方式，父亲也结交了不少人士，有些人后来还成了父亲的至交。

当时，有一位湖南籍的“立法委员”，名叫覃勤，外号“覃胡子”，喜欢留贴胸的长胡子，很以此为美。他因权力斗争失败垮台后，被判触犯“兵役法”入狱。

收监前一天，他找到父亲说：“明天要去坐牢了，兄弟有个不情之请，还希望南老师能应允。”在了解他被判入狱的前因后果之后，父亲便问他需帮什么忙。父亲本以为覃胡子是要畏罪出逃，请他从旁协助，谁料覃胡子却说：“坐牢没什么，能否请南老师找法院的人说说情，进牢时不要剃我胡子。”父亲听罢有些诧异，因为从未听过别人提出如此奇怪的要求。而入狱剃须是规定，岂能随便破坏规矩。父亲虽古道热肠，但向来自有分寸，并非是毫无原则的乡愿之流。但面对覃胡子这样特殊的请求，父亲虽不十分理解，但还是应承下来了。他告诉覃胡子，既已答应，忠人之事无大小，必当尽力为之，安心等消息吧。其实，父亲之所以答应这样“无理”的要求，并不是没有原因的。

原来，当时能办成学院（大学）的只有三个人：一是办了辅仁大学的天主教于斌枢机主教，二是成立“中国文化学院”的张其昀，第三个就是覃胡子了。他一手创办了台湾“中国医药大学”，而且是中医科学化的先行者，对发展传承传统中医的很有贡献。父亲正是看在这样的分上，才毫不犹豫地应承下了他的“不情之请”，决定为这件事亲自出马，去找台北法院的院长、最高检察长王建今。那一天，台北法院的一众法官主管正好都在。他们见父亲来了，都十分客气。父亲向他们说明了来意。王建今听后，表示十分为难，言语中颇有责怪父亲多管闲事之意，他说，覃某品行不佳，父亲不值得为此小事而大费周章。

父亲一听此话，勃然变色说："朋友是什么？有急难相助才是朋友之道。他既是我的朋友，现在遭难，我当然要帮助他。至于人品如何，是另一回事；犯了什么法，自有法律制裁！""法律也有人情，一个对社会有贡献的人，虽然入监坐牢，让他留个胡子，也不是什么了不起的事"。

听闻父亲这样说，王建今也不好再说什么，只好答应帮这个忙。于是，覃胡子在坐牢期间，不但保留了胡子，也没剃光头，住的还是单人房，另有不同于其他犯人的优待。

父母亲在台北郊区乌来瀑布前合影

父亲一生都非常尊重那些致身于真正事业的人。这里所说的"事业"，是指不同于谋生事业的功德之事，不朽之事。虽然可能以旁人的眼光看来，覃胡子的人品未必佳，但父亲看重的，是他为教育事业，为传统医学效力操持的大功大德，而这样的事功，与他的个人人品相比，更重要，也更值得重视。

父亲这样古道热肠，遭受一些非议肯定是无法避免的。有的说他善恶不分，有的说他不洁身自爱，甚至有人认为父亲是个莫名其妙的人。对于这些指责和批评，父亲都不予理会，更不加辩驳，仍然照自己的原则行事。他说："人家要吃饭嘛！我们也要吃饭嘛！"有时他也开玩笑地告诫大家："注意啊！我是大魔头！"他这样说，不是因为他自认是魔头，而是在非常时期必须有非常手段，才能有所作为。如果有人拿父亲的这句话来说他的不是，那么这人还真是把这句话当作镜子照自己了。

"义利行"的事业蒸蒸日上，父亲的生活也逐渐步入正轨。但好景不长，"义利行"突然遭受了一场灭顶之灾。一天中午，在舟山做生意的合伙人，突然出现在父亲的面前。只见他面如土色，一副狼狈相。他刚从舟山回来，一下船，就赶忙来向父亲报告："国民党要撤退，我们的三条船被征用，用来运国民党的残兵败将，三条船的货都被烧掉了，损失黄金三千两。""义利行"的老本被付之一炬，血本无归。听闻这一噩耗，父亲却表现得很镇定，就像他一生对待钱财的态度那样。他对那位合伙人说："没有事，不要紧，你先回家去，洗个澡，睡一觉，生意的事明天再说。"其实，父亲一生就做了这一回生意，谁知道世道艰难，时局动荡，使得他一夜之间，从一个有钱的老板，突然破产，不剩分文，陷入平生未有之困境，甚至一度要靠典当衣服来维持生活。

在此需要介绍一下这次令"义利行"毁于一旦的"撤退"事件。国民党的这次"撤退"，又叫"舟山大撤退"，发生在一九五〇年的五月，是一次极为秘密的"撤退"行动，自五月十三日晚间进行至十六日，三天内共计十四万多的军民"撤退"完毕。不过由于军队拉夫达万人以上，舟山岛一万三千多个家庭都遭受到了人事全非的创伤，但是这次"撤退"也让台湾保存了重要战力。

而当时"义利行"生意所及的舟山岛，位居杭州湾口，是地处东海的战略要地。因为战略地位重要，国民党起初在舟山岛上部署了十多万重兵，作为必要的"反攻"基地。但是自一九五〇年起，人民解放军在苏联的协助下，海空军的实力不断强化，这让岛上的国民党军倍感威胁。于是，当制海和制空权都丧失之后，蒋介石决定将部队撤出舟山岛。尽管当时仍有部分国民党军将领反对"撤退"，但在岛上的这十二万五千多名国民党军守军，占了撤离大陆六十万国民党军的百分之二十，倘若舟山发生战争，由于其距台湾的补给线过长，一旦被截断，那么全岛的守军可能就会被歼灭，这样一来损失太大。只是如此机密的"撤退"，让人无法策划避险，这也害苦了父亲和他的合伙人。

不过这只是关于父亲生意失败的一个说法，据说还有一个版本，就是父亲的生意实际上是被一个温州老乡叶筱田给骗了。这个人把货物卖到宁波，然后卷款逃回温州。当时的船是租来的，船东连油都没有钱加，还是在当地人的帮助下，加了油回到台湾，向父亲报告了经过。因为我二哥那时在台湾，他人虽小，但是父亲见他聪明能干，一直叫他帮忙参与生意，所以这事他知之甚详。不过因为父亲没有亲自说清楚过，我后来听母亲大概说的就是“舟山大撤退”的原因，也可能父亲没有把实情告知她，毕竟遭人欺骗更令人神伤。

骤然的变局，让父亲与许多人的心血付之一炬，“义利行”只好关门。父亲剩下的也只有毅力了。先前参与生意投资的人，这时全都成为债主，为了钱，为了生存，许多人表现得非常狰狞。那是一个战乱的时代，这些人好不容易逃到台湾，将带来的一点儿家当都投入这个生意，指望赚钱后能过上好日子，现在却血本无归，在这样的情况下，鲜有能保持理智的人。虽然此次“撤退”是军事上的必要，而且是极为保密的决定，只有极少数的将领知道这一内幕，明明白白不是生意上的失误，而是大时代的悲剧，可是许多人还是疯狂责难父亲。当初是他们向父亲哀哀求告，请他务必让他们参与投资，现在则是不计一切，要求父亲还钱。面对这样巨大的压力，父亲对他们并没有任何责怪，而母亲也毫无怨言，主动承担起家庭的负担，用心照料着父亲和刚出生的姐姐以及从家乡来的家人。

在此之前，家乡的大妈从同乡那里得知父亲在基隆落脚后，便带了年纪还小的二哥小舜，颇费艰辛，寻到基隆。他们是在一九五〇年年初，农历正月初一到台湾的。临行前他们在浙江的洞头住了一晚，第二天是除夕，三艘船一起起航，最后只有他们乘坐的这艘船平安抵达基隆。两个月后，我大哥也经朋友帮助到了台湾，与家人会合。在台湾的日子里，小舜哥在父亲身边帮了许多忙，直到父亲的生意失败为止。那时，大妈来台也有一段时日，父亲虽胼手胝足，夙兴夜寐，但无奈值此生意遭遇困厄之际，一家生计难以维持。前面提到父亲看到时局，也曾考虑寻一个小岛存身，带一大家子人，行动不便；而且祖父母在乡里也不知祸福，于是大妈遂领着两个哥哥，又辛苦跋涉返回老家，从此父亲和大妈隔海相望，天各一方。他们也许想不到，两人再见之时，已是耄耋之年。

在这一段艰苦的时间里，贫贱不能移，就是我父母真实的表现。父亲将家搬到基隆七堵的周边山上暂住，那是一个荒坟野岭，蛇鼠遍地，连水源都没有的地方。母亲为了避免父亲遭难，总是让父亲出门，避开上门讨债的人，自己却多次独自面对债权人的言语和行为的暴力，有时还面临刀刃架于脖子上的险境。母亲是个坚强而善良的女性，遭受这么多的屈辱，此后在和我说起那段故事时，却从没有责怪过谁，也没有埋怨过那些人。她常常以自己也是受害人的心态，去体谅别人的心境。她说：我们家受的苦难，不也正是他们家受的苦难吗?

当时，每天在父亲出门后，母亲要走很长的山路到山下去取水，在山涧中洗衣服，再把衣服背回家晾晒。所有的食物也要去山下买，再负重爬山回家。那时候，母亲也不过二十六七岁，却要带着三个小孩，艰辛度日，忍饥耐寒，把我们拉扯长大。回忆起那些年的艰辛日子，母亲还是余悸犹存。尤其是那时候的基隆，由于潮湿多雨，山上的蛇多，常常在山路上乱窜。母亲十分怕蛇，但是为了我们，虽然日日担惊受怕，却也鼓起勇气继续面对。她生我们子女从来没有坐过月子，好好地补补身体，往往是产后第二天，便投入到繁忙的家务劳动中；再加上常年住在山上，山高风冷，寒泉侵骨，让母亲的健康受到了极大的伤害，尤其是她的手部，常年在寒水里洗衣淘米，患了极严重的风湿，浑身也落下了不少病根。

母亲对家庭尽了她最大的牺牲，换取了父亲的平安和继续修行的健康身体。除了担忧遇到蛇等动物外，山上风强雨急，又多荒坟，母亲为了照顾这个家，实在是日日提心吊胆。有次听父亲说，由于母亲和姐姐们胆小又怕黑，家里也常常停电，所以总是觉得家里有些灵异现象。譬如有一次，大家都听到一个间断出现的“吱吱”声，待要循声找它时，又突然没了。过一会儿，这声音又会冷不丁冒出来一下，就这样时断时续地响着，扰得大家都心神不宁。好在父亲心中无念无惧，在每个角落细心等候听声，最后发现这个声音原来是热水瓶发出来的。因为早期的热水瓶，瓶盖是用软木塞包着纱布做的，本身很轻，受到热水的高温蒸汽的冲击，会被抬高露缝漏气，所以有出气的声音。等到压力降低，又恢复正常，如此反复，不知情的人听起来倒是吓人。大家知道以后，反而多个笑料了。

在小弟国熙出生以后不久，我们全家就离开了基隆，搬迁到台北，住在龙泉街菜市场旁边。我当时仅三四岁，记忆里，那段日子却是非常开心的。依稀记得父亲在拥挤的房间里，挤在书桌椅之间，打着猴拳，追逐我们几个小不点，忽上忽下，好不神奇，也让我们惊叫连连。

我的记忆就是从龙泉街开始的，基隆的苦难在我的身上没有留下任何烙印，这不得不感谢母亲的悉心照料。我们在龙泉街的房子，位于一个小的街坊菜市场口，并不在菜市场里面。那是一个非常好的日式房子，进屋有个玄关，每个房间都有厚厚的纸拉门，拉门上糊的都是樱花或是梅花的图画贴纸，厨房在后院，好像要下一个台阶才到。屋子后面就是日式房子的标准院子，虽小，却透天引光。门口进来的院子里，有一棵树，我常常去摸它。为什么我会对那棵树记忆犹新呢？因为那时候，收音机里每天播报一个广播剧，剧名是“双槐树下”，所以我也常常看着那棵树，时常幻想。

从房子所在的街道往里面走一点儿，就是菜市场了。每隔一阵子，就会有酬神唱大戏，当然唱的是台湾的歌仔戏，我那时也是幼儿心性，虽听不懂却感觉很好玩。戏台是向上搭空的，下面还可以走人，这样就不会打扰菜市场的生意。戏台上有时是歌仔戏，有时是布袋戏，非常有趣。早期的台湾地区，有强烈的日本文化遗风，居民都把环境打扫得很干净，所以后来听到有人说龙泉街的环境臭臭的，不禁惊讶是否说的是同一地方。这样不实的讲述，当然感觉是有意去营造某些形象，却与事实不符。就像有的文章谈到的“南老师”，也只是某人的认知，不一定是父亲的全貌。

有一天，家门口来了一个衣衫褴褛的人自称是来找父亲的。但见他穿了一双开了洞的鞋子；一条松松垮垮超宽大、极不合身的牛仔裤，两个膝盖处有孔，膝盖全露在外面，一看就是从垃圾堆里捡来的；胡子满脸也没有刮，蓬头垢面，真像叫花子。父亲也不嫌弃，而是问道：“你这是什么鞋？”来者回答：“这是天知、地知、我知、你不知的四知鞋。”父亲听后哈哈大笑。

全家出游荣星花园

一问之下，才知道来人原来叫张尚德，是父亲在台湾早期的学生黄孟林介绍来的。他为什么来见父亲呢？原来，他此番前来是想向父亲求学的，为了能让父亲接受他，他就先自己介绍，讲了一下自己的故事。

因为战乱，张尚德在沦陷区没有好好地读小学，而是直接跳级读小学六年级。初中连两年都没读完，数学、英文都考零分，因为这些都不是他喜欢的课。由于家乡赌风盛行，年轻的他也数次把学费拿去赌博。之后，他念了两个中学都没有毕业，于是便干脆在一九四八年九月十六岁时，加入国民党青年军二〇六师，随军到了台湾，在台湾军中服役将近六年后退役。他当时是以上等兵身份加入部队的，但是最后还是以上等兵的身份退出。不是他不努力，实在是因为这些都不是他的兴趣所在。

张尚德自小就曾亲眼看到日本兵烧死外祖父，还有清乡队虐杀汉奸嫌疑人家属这些残酷暴行，于是，退役之时，他的心中便有无数的疑问：人是什么？为什么社会会烂到这个地步？在人类历史记录中，人为什么你争我夺，争斗个不停？宇宙存在的意义又在哪里……凡此种种，无不令他困惑万分，他急切地寻找着解决这些问题的方法。当时听说哲学是解决这些问题的学科，于是他就下了决心，非考取唯一所开设哲学系的大学——台湾大学不可。

当时，张尚德的高中课本有厚厚的一大堆，差不多有四十本书。于是，他日夜拼读，希望能早日考取大学。因为不懂数学公式，就死记硬背；而有的英文字母太长，譬如“international”“university”这些单词，实在记不住，便将它们从小字典上割下来，用开水和着笼统地送到肚子里，以为这样吃了，肚子里自然就有洋墨水了。他还幽默地说：“人离不开金木水火土，纸张是木和竹类做的，因为吃字典，证明纸张原来是可以吃的。”而他每天苦读的结果，就是头从右边痛到左边，从前额痛到后脑。这样的情况一直持续了二十个月，功夫不负有心人，张尚德最终侥幸地考上了台湾大学哲学系。

但入学之后，张尚德才发现，自己的人生困惑，根本无从寻找答案。当时，他在台湾大学上一年级，期末考哲学概论课，彼时教授此课的是名望极高的范寿康先生。他的《中国哲学史》一书是非常有名的，而他本人甚至做过台湾省的教育厅长。在考试开始的时候，他就先告诉学生：“不要作弊。知之为知之，不知为不知，是知也。只要写上名字，交白卷也给六十分。”张尚德当时心情非常郁闷，一听到交白卷也可以及格，马上签了名，把白卷送上讲台。这个既有挑战又很幽默的行为，让全堂一百多个学生顿时哈哈大笑，甚至连范寿康先生也无可奈何地笑了。

到了二年级的暑假，张尚德觉得自己的问题还没有得到解答，十分沮丧，甚至出现了自杀的念头。他过去颠沛流离，曾随军队东迁西移，不得已，常常睡在地上，他曾自嘲说感觉当时真像狗一样，生不如死。因为之前的生活太艰苦，所以当时他心想，既然决定自杀，那临死也应该找一个好地方，以安慰一下自己的灵魂，不要等到下辈子再这样生不如死。四处寻找之下，他来到台北的新店。新店是一个云山雾绕、流水潺潺、鸟鸣嘤嘤、风景秀丽的地方。他感叹道，这真是一个好归宿。不过，他终究还是没有狠下心来，决定还要去探索一番：自己自杀是为了什么。也幸好是这一犹豫，张尚德最终才没有做出傻事来。

为了解答自己自杀是为了什么这一问题，他偶然间看到了叔本华的《论自杀》一文。读过后，张尚德这才知道，人要自杀，是因为生存意志不坚定，盲目的生活造成了痛苦，这种痛苦强化到了极点，无从解脱；此时的人愚蠢到了极点，错误地认为自己心里的痛苦超过了自杀时肉体的痛苦，痛苦战胜了恐惧，所以才会自杀。知道了这些，张尚德顿悟了，原来一直以来他都是在自寻烦恼，自杀是胆小者的行为，所以他就放弃了自杀。

张尚德知道到我父亲也是一个偶然。一天黄昏，有一位湖南平江人，名叫黄孟林，优哉游哉地来到张尚德在新店藏身的竹林。两人见面一谈，发现都是湖南人，算是老乡，于是相谈甚欢。黄孟林此时约莫五十岁，遍走四方，人生阅历十分丰富。张尚德就问他："你为何如此有学问与人生阅历？"黄孟林说："我没有什么学问，但认识一位老师，非常有学问。"张尚德问："这位老师是谁？"黄孟林说："他叫南怀瑾，你可以去找他。"就这样，张尚德就出现在龙泉街的南宅了。

介绍完自己后，看到父亲一直笑嘻嘻的，张尚德胆子也大了些。他用浓重的湖南湘潭口音说："我会念诗。"然后他可能是念了一首禅门修行者寒山的诗："吁嗟贫复病，为人绝友亲。瓮里长无饭，甑中屡生尘。蓬庵不免雨，漏榻劣容身。莫怪今憔悴，多愁定损人。"他用这首诗来形容自己见到我父亲时的所观所感，大意是：虽然处于贫困的家境，却依旧不为环境所动，仍旧神采奕奕。只有修行有成的人，才能做到如此。

父亲听完他念的诗后，哈哈大笑。就这样在笑声中，父亲结识了个性轻松的张尚德，也让他有机会继续来家里过访。

张尚德第二次来访时，父亲实在不忍看到他那副脏邋遢、满身汗臭味的模样，便给了他二十元钱，叫他去理发。我父亲对于个人形象素来极为看重。他说过，尤其是当一个人在不如意的时候，反而一定要衣履整洁，精神振奋，这样才能够改变现状。所以他交给张尚德二十元，让他去修整仪容。

张尚德问："给我二十块钱，干什么？你自己这么穷。"因为他看出我们家并不富裕，所以不想拿这钱。但是父亲还是叫他拿去，虽然这个年轻人不懂得做人的道理，仍然耐心地帮助他。张尚德问说："拿去干什么？"父亲说："去理个发。"张尚德说："五块钱就够了。"他在台湾大学，因为穷，一年理发不到两次，所以就养成非常不喜欢理发的坏习惯。实际上，理发的确只要五块钱。他心里想不通，觉得我父亲是个怪人，自己那么穷，还要拿钱让人去理发，实在奇怪。

父亲还是一句话，说："你拿去。"坚持让张尚德拿着钱。父亲始终认为，一个人，能从外表的整顿，带出内在的精神。张尚德后来说，他第一次看到我父亲，那感觉是"当时南老师不是'神采奕奕''灵光独耀''超天超地'所能形容的"。他这句话说到了点子上，这就是父亲，无论何时何地，始终保持着自己的威仪。许多人都不知道，就算是穿百衲衣的出家众，都要随时注意外表的威仪，这只是基本的戒律。想和父亲学习的张尚德，当时在许多方面都还没有适应。他甚至没理解，在他眼里，所谓很穷的南老师，为何在衣着仪表上，毫不邋遢。

佛说："贫穷布施难。"当时的二十元钱是非常有用的，不过父亲为了提振这个年轻人的精神，毫不吝啬。父亲带着我们搬到台北，就是因为财务已经有改善，生活有着落了，否则怎么会住到台湾省的中心城市。只是在这个十分落魄的人眼里，还是为我父亲的财务状况担心，这也很难得。那段时间生活虽然艰辛，但父亲依然满面春风，穷而不愁，潦而不倒。他不但忘记了贫穷困苦，而且从中走了出来，不以贫穷困苦为意。贫穷困苦对于父亲来说，甚至是一种动力，是一种"民吾同胞，物吾与也"的博大情怀。父亲对张尚德的帮助，正是出于这种悲天悯人的情怀。不仅对张尚德，父亲对所有需要帮助的人都是如此，从来都毫不犹豫地施以援手。他的这种精神和情怀，比他的帮助本身更令人崇敬。

曾想自杀的张尚德，由于见到了父亲，觉得父亲虽然"一箪食，一瓢饮，居陋巷"，人不堪其忧，依旧不改其乐，他受到了激励，便逐渐打消了自杀的念头。后来，他慢慢地跟着父亲学习，知道自杀就是一种罪恶，在佛家看来是会下地狱的。地狱究竟是什么，谁也无法解释清楚，只能说，有时人无法控制自己的思考，放纵思想，困在对自己高度失望的念头中，万念俱灰。这种失控、放纵和绝望，就是一种折磨自己的地狱。

人如果在实际人生经验的理解上，能洞悉自我是如何存在的，那就人如仙露明珠，行如仙珠走盘，就可以进行学习了。所以禅门居士维摩诘说："如果真入禅，那便处处是道场，时时为净土。"张尚德第二次见我父亲时的认识与感想是：在臭臭的菜市场陋巷里，也有圣贤豪杰的"乾坤"。最起码，他看到我父亲早就无处不是道场的修为了。至于他将菜市场形容为"臭臭"的，倒也蛮有趣的。我记得那时菜市场只是有腥味，没有臭味，不知道他闻到的，是不是正如父亲后来所说的，来者身上有"臭臭"的人味。

全家人合影

管子云："仓廪实而知礼节，衣食足而知荣辱。"但父亲在饭不饱肚，衣不保暖的困境中，却依然知礼节，知荣辱，有着悲天悯人的情怀，这不仅是他自己所坚守的原则，也是他对我们的要求。但父亲不是通过头头是道的说教，而是通过自己的一言一行，进行言传身教，让我们体验到、感受到这种历久弥坚的情怀。

父亲历来秉持"见师就拜，逢人就学"的修行态度，因此，在台湾的时候，他还拜了一位十分敬重的象数大师胡庸先生为师。我们小孩们都称呼他为“胡公公”。

胡庸出自书香门第，自幼饱读诗书，是个德才兼备之人。一九一一年，武昌起义爆发时，胡庸正值弱冠，正是意气风发的年纪，于是投身辛亥革命，加入救国运动。胡庸因骁勇善战被多次提拔，官至少将旅长。

一九四九年，胡庸随国民党政府来到台湾。退役后，他独自居住在基隆，以占卜为生。虽然经济窘迫，但胡庸淡泊名利，即使身居陋巷也乐在其中。

父亲听说了胡庸的大名，便登门造访。见到我父亲后，胡庸十分惊讶，一眼就看出他是个不凡之人。加之父亲学识渊博，对《易经》早已有所了解，因此两人一见如故，交谈甚欢。这次见面之后，父亲对胡庸的人格和学识都非常尊崇，便以师长之礼相待。

二十世纪六十年代初期，我们家已从基隆迁居台北，先住在龙泉街，后迁于泰顺街六十巷的蓬莱新村。蓬莱新村是我们住得最久的一个地方，也是父亲的许多老学生，比如王绍璠、朱文光、杭纪东、张尚德以及林曦和几位女学生首次来访的地方。在那一段时间，父亲与各界知名人士书信交往极为频繁。为了及时答复对方疑问，父亲的两个学生朱文光和林曦便成为了他的信差。朱文光是台湾大学的学生，林曦是我的表哥。一九六〇年，胡先生年届古稀，寄给父亲七律自寿诗四组。父亲反复吟诵，赞叹不已，并亲笔和了四组七律，次日即命林曦表哥将诗文和寿礼送去，以恭贺老人健康长寿。

胡庸先生居住在基隆的一间陋室，生活清苦，膝下又无人照顾，茕茕孑立，形影相吊，晚景颇为凄凉。林曦表哥在回到台北后，将胡先生的现况如实告知了父亲。父亲听后长叹了一声，一言不发。那时，父亲已有迎接胡先生到台北颐养天年的想法。在那之后，父亲便常派学生去基隆拜访胡庸先生，并多次提出要接他到台北颐养天年。但胡先生为人过于自重，不愿牵累父亲，因此一直不肯搬迁。

后来，胡庸先生的身体每况愈下，父亲又多次提出要接他来台北。终于，他在盛情难却之下答应了。一九六八年，胡庸先生在父亲的学生们的帮

泰顺街六十巷蓬莱新村和学生们合影，王凤峤、夏荆山、陈芳男、朱文光、王绍璠、杭纪东、汤珊先、父母亲、大姐和两兄弟

助下，收拾好行囊搬到了台北。

父亲经常找胡庸先生卜卦，我和国熙弟出生时，胡公公都替我们卜过卦。当时胡庸先生说："很奇怪，中国是不是还要乱？"

父亲问："为什么？"

胡庸先生说："怎么现在生的孩子都杀气很重。"想来，这大概不离前世因缘，的确，我从小就想当一名军人。

每年过旧历年，父亲都会让我去找胡公公卜卦，并让我恭恭敬敬地递给他一个红包，算作卜金。其实这是父亲的巧妙安排，如此一来，不但能够照顾胡公公的生活，也可以哄老人开心。父亲说，这样做才能够保护他的尊严。

虽然已经年老多病，但胡庸先生并没有享清福，依然潜心钻研《易经》，并决定将自己的堪舆绝学传承下去。为此，他收父亲、名医张礼文、画家夏荆山三人为徒。父亲亲自操办了一场简单而隆重的拜师礼，他们师兄弟三人效仿古人，对老师胡庸行三跪九叩之礼。传统的师徒关系好比父子关系，正如俗话所说，"生我者父母，教我者师父"，建立这样的关系，必定要行大礼。但是随着时间的推移，这些古礼已经渐渐失掉了。那一次，胡庸师徒四人将古礼重现，在场围观的学生们看后，无不惊叹、感到震撼。

父亲与两位同门师从胡庸先生三年，均学有所成。后来，张礼文和夏荆山先后移居美国洛杉矶，成为当地知名的堪舆大师。

而父亲则一直奉行“作而无作，无作而作”的原则，将堪舆绝学备而不用。所谓“作而无作，无作而作”，净空法师在《地藏经讲义》中进行了阐释：“做再多的好事，自己心里头连痕迹都不沾，即所谓‘作而无作，无作而作’，那叫妙。‘作’是我们尽心尽力去做，‘无作’是心地清净。所做的为一切众生，做成功，众生有福，做不成功，众生福德因缘不成熟。所以自行化他，都是随缘而不攀缘。着相就是攀缘，离相就是随缘。”尘世中的万紫千红，在一代宗师眼底，乃过眼云烟尔！

父亲秉承这一原则，不忘时时与人为善。他曾在带家人看电影时抓到小偷，因小偷悔过就放他一马。在穷困时，好不容易有人送来半袋米，父亲听说附近另有一家人悲惨至极，就马上送出去了。生活中慈悲行善的故事，母亲说给我们听，都深深地影响了我们。

父亲不仅与人为善，对待子女也是非常慈祥的。我记得父亲经常带我去喝咖啡，还会带我们去附近的明星戏院、宝宫戏院看电影，多是神话片、爱情片、教育片之类的。随着家中生活逐渐改善，父亲渐渐有时间陪我们这些孩子玩，他有时也会和我们打闹在一处。父亲从小习武，身手很是敏捷，在我很小的时候，有次父亲打猴拳抓我们这些小孩子玩，吓得我们像群小猴子似的到处躲。家里地方小，我们又跑不快，只能躲在桌子下或者床底。父亲打着猴拳，也是上蹿下跳、时高时低。我们才躲在桌子底下，他的脸突然就出现了，把我们吓了一大跳，却也真是好玩。在我的记忆里，父亲只有这一次陪着我们一起疯玩，虽只有一次，却足以让我铭记一生。

我和父亲一样，小时候身体羸弱，父亲也同祖父一般，虽然有着极好的功夫，但秉承易子而教的传统，没有亲自教我武术，而是请了一位拳师教我学拳。说来很有意思，这位拳师是父亲坐三轮车时认识的。那时台北到处都是三轮车，有一次父亲坐三轮车的时候，看这个师傅黑黝黝的，长着一脸麻子，个子不高却孔武有力，于是便同他攀谈起来。从谈话中得知，师傅姓孙，山东人，也练过拳。父亲十分高兴，便请这位孙师傅来教我们拳术。那时我们住在蓬莱新村，那里正好有个小广场，适合孩子们活动，孙老师便在那里教我们一些拳法的基本功。印象中我和孙老师学了一套长拳，还有一套齐眉棍。不过我那时年纪尚幼，仍是孩子的玩闹心性，拳打得不知所以然，棍子也舞得飘飘忽忽。不过父亲对孙老师的关心和尊重却让我感触极深。

台湾夏天经常会有台风天。有一次正赶上台风来临，雨下得很大，我们那一带水已经没过膝盖了，不仅停水停电，甚至连吃的都买不到。那天晚上父亲领着我，拿了些东西，特地涉水去探望孙老师，因为他住的地方比我们那儿更容易淹水。虽然当时我只有五六岁，但这件事我现在依然记忆犹新。由于这个经历，我对中国武术也一直有很深的感情，高中时还加入学校的国术社。直到今天，只要看到拳术高明的人，我都会赞赏不已。

我小时候是个多愁多病身，耳鼻喉天生不好，常常要麻烦父亲带着我去看一位叫王老得的耳鼻喉科医生。我的鼻子经常会出血，喉咙耳朵也总是发炎，三天两头就要去看医生，拜访王医生就像拜访朋友那么频繁。更惨的是，我从小牙齿也不好，又爱吃糖，半夜三更常常疼得睡不着，把父亲吵醒，带着我坐三轮车去看牙医。那个医生的名字我已经不记得了，不过最后也成了熟人。我这个身体虽然给父亲添了不少麻烦，但回想起来，子女之间，问题最多、摩擦最多的，往往反而同父母最亲近。我直到二十五岁才离开父亲，在兄弟姐妹中算是受父亲言传身教、耳濡目染最久的，对父亲的处世之道也最有体悟。我从小也知道自己是一个修行人，帮父亲断六亲，其实也是在帮自己断六亲。此亦是度尽众生，本无一人可度。父亲和我总是无须言语道断。

父亲对我们不但是启发式的教法，同时也会保护家人不受无谓的欺凌。我上小学的路上，要经过一个老式的菜市场，那里时常会有些粗鲁的人滋扰路人。有一次，我被一个体格壮硕的小男孩无理阻拦，还吵了一架。回家后我将此事告知父亲，他马上带着我回到现场，向对方家长说明情况，在看到那个男孩的父母斥责男孩后才回家。一个父亲对子女的正当护持，是孩子心中永远的温暖，也是最珍贵的亲情礼物。

我幼时全家福

父亲对待万物众生的“平等心”，也同样令我感触良多。记得我读高中二年级的冬天，父亲突然带了一只小狗回家。那条小狗是吉娃娃和北京狗的混血品种，刚出生不久，只有巴掌大小，模样甚是可爱。按照中国的传统习俗，小孩子取个土一点儿的名字会更加有福气，于是父亲和我决定叫它“吉利”。此后，它几乎与我朝夕相处，白天钻进我棉袄的大口袋里，晚上也和我一同睡在床上。

其实我不喜欢养宠物，因为自己是一个尊重自由的人，所以会觉得对它所谓的宠爱，其实是对自由的限制。我对它一厢情愿的宠爱、纠缠，反而令它试图躲开我，摆脱我的控制。而这或许也是酿成吉利惨死悲剧的原因之一。

当时我们住在金华街，有一天晚上七八点钟，天色已经很暗了，我带着吉利出去散步，心念一动，突然觉得每次都用绳子拴着它，好可怜啊，于是便松开项圈的绳子，让它自由地跑一会儿。绳子刚一松开，它就跑到了外面的街上，此时一辆大车疾驶过来，车轮轧过吉利的脖子。吉利当时便口吐白沫，很快就咽气了。我不由得痛苦万分，赶忙把它抱到路边的电线杆下，回头发现那辆车还是在快速往前开。于是我跑到路中间，拦住了一辆摩托车。我眼含着泪，冲着那个骑手大吼：“那辆车撞死了我的狗，帮我去追他！”那个骑手真的载着我在大街小巷间疾驰而过，去追那辆车子。

那辆车的车主也很善良，不住地和我道歉，说他没有看到吉利，还让我坐他的车子回家。父亲看到我抱着吉利的尸体泣不成声，也没有再说什么，便让车主回去了。他见我哭得那样伤心，便和我商量怎么处理吉利的尸体。父亲按照台湾“猫死挂树头，狗死随水流”的习俗，找了一个纸箱，用自己的衣服把吉利包起来放在里面，把它从淡水河的某个水门边送了下去。父亲还为吉利念《往生咒》送行。

如今想起父亲的温情与仁慈，我依然觉得很是感动。许多人口口声声说着众生平等，也会花钱去买些金鱼来放生，但能像父亲这样真正以平等之心尊重每一条生命的，却非常少见。而这件事，也让我懂得了许多与他人相处的道理。

但父亲的这种慈祥并不意味着对孩子无原则地放纵。在某些方面，父亲又是十分严格的。当我恶作剧，用鞭炮把客人吓哭时，父亲会打我。当我高傲迷失时，父亲会毫不留情地谴责。父亲要求我从小背诵《三字经》《千字文》《古文观止》《千家诗》和《唐诗三百首》，但不像许多读经私塾让孩子不堪负荷，教学方式过于呆板严厉。他要求一次背诵的量并不多，而且给了我一个良好的读书环境。他阅读各类书籍，让孩子坐拥书城，自然而然地熏陶文化气息。父亲并未望子成龙，从没有以学历论人，而是“儿孙自有儿孙福，莫把儿孙当马牛”的实践者。不过父亲讲求为人处世的态度，他一向认为真正的学问就是做人做事。

父亲不仅通过言传身教来影响我，他的朋友圈亦对我影响很大。我们从小接触的都是才华横溢的长者，早期家中往来的都是父亲四川的好友，例如曾经当过灌县县长的萧天石、“立法委员”程沧波、“国民大会代表”傅先生，这几位是我记忆最深的。其中，程沧波先生的道家学问极为出色，书法也很漂亮。每次父亲的这些朋友来的时候，我们小孩子也很高兴，跟着大人“吃喝玩乐”，搬藤椅、凳子到住宅外、到房子前，把门口当院子，坐在外面喝茶、吃柚子、聊天、笑闹。父亲跟朋友聊天时，我们小孩也会旁听，那些不经意间谈起出来的诗词典故，在我耳中如雅乐般动听。现在回想起来，那些时刻是多么幸福。

在我稍长以后接触到的长辈，像王凤峤先生、刘大镛先生，都是诗文一流的书法大家。还有孙毓芹先生，是河北古琴家，也是在一九四九年来到台湾的，琴艺精湛，后来在一九八九年获得“国宝古琴大师”的荣誉称号。

孙毓芹先生来台以后在学校任职教官，大家都以孙教官称呼他，当然我们小孩是要守礼的，因为他年纪轻于父亲，我们都是以孙叔叔相称。他不但琴艺好，学问好，而且为人极为风趣。我还记得他听了某人说的故事以后，评论是个“羊上树”的故事。我非常好奇地问他，为什么是羊上树呢？他说：“这个羊怎么会上树呢？就是那个人胡说罢了，把羊都说得上了树。”让我笑得不行。也还记得他告诉我，“葱辣嘴，蒜辣心，辣椒辣到脊梁筋”的俚语。后来父亲还请他代替自己去大学教课。

王凤峤先生自抗日从军后，在二十世纪四十年代末南渡台湾，五十年代在台北工作时，常常与许多老长官一同去听我父亲讲学，并由朋友介绍拜识父亲，师从学习近五十年，交契甚厚，多次追随父亲进行闭关打七等活动。王凤峤先生师从溥心畬公学习书画四十年，后亦求教于大书法家朱玖莹、丁治盘诸公，于书法一道颇有心得。他长得非常圆润敦厚，个性爽朗，声音浑厚，最喜欢和大家说笑。他为人非常幽默，待人又不论长幼皆和气友善。每次见到他，就像见到弥勒佛一样，是让人自然想亲近的善知识。

刘大镛先生不但书法好，也颇有诗才，父亲也曾请他教大家作诗。他为人比较严谨，处处守礼，长得也非常体面，一副斯文有才的君子模样。我也曾经跟他学诗，只是几乎都在晒网，没有打鱼，惭愧惭愧。他与王凤峤先生，两位时常为父亲做书法的代笔。

我从小身边所闻所见之人，都是一时之俊彦。父亲真可谓谈笑有鸿儒，往来亦有白丁，不分彼此，平等待人。

父亲“视天下人为子女，视子女为天下人”。作为一个修行之人，他告诉我们要自尊自立，除此之外，再无要求。父亲不希望让我们几个做子女的照顾、敬养他，甚至希望我们几个之中有一个能出家，他说这是上善的因缘。这种想法在普通人家是很少有的。更不可思议的是，在四弟国熙十二岁的时候，父亲就把他送给美国人收养。彼时，美国海军退休中将薛乐如，曾到香港大学学《易经》。通过他人介绍，认识了我父亲，时常向父亲请教问题。不久，薛乐如提出想收养弟弟做义子，带到美国读书、生活，父亲居然马上就答应了。在送儿子离台赴美时，父亲曾写了一首送别诗：

腊鼓寒宵送子情，辞亲顿忆少时音。
重洋远隔东西海，日月常悬两地心。

父亲一生都教导我们要怀有“平等心”，而不是现在很多人对父亲持有的敬仰之心。父亲对任何人都是“无分别心”，无论是对自己，对家人还是对好友弟子，乃至对陌生人，都是无分别的，而这也正是“平等心”的体现。父亲的这种“平等心”，也影响了与他相交之人，子女、弟子，甚至故交，都怀有平等心去看待人世间的万事万物，去看待父亲所做的一切，如弘扬佛法、大学讲道、著书立说、创立协会、传道美国，等等，那都是他“为天地立心、为生民立命、为往圣继绝学”的夙愿，是他的事业和一份民胞物与的心。而其中，父亲首先想要做的，就是弘扬佛法。

二、扶桑野狐引龙吟

“一个国家，一个民族，亡国不可怕，最可怕的是一个国家和民族自己的根本文化都亡掉了。”

父亲从青年时代起，就抱定一个立学宗旨：以弘扬中国文化为己任。他常说：“一个国家，一个民族，亡国不可怕，最可怕的是一个国家和民族自己的根本文化都亡掉了，这就沦为万劫不复之地，永远不会翻身。因为没有自己的文化，一个民族就不会有凝聚力，始终像一盘散沙。没有自己的文化，一个民族就不会有创造力，只会跟在外国人后面模仿。没有自己的文化，一个民族就不会有自信心，也就更不可能得到外人的尊重。”因此，父亲一生都在为弘扬中国文化而奔走奋斗，所做的一切事业，都是怀着对传统文化的传承之心。

当时，台湾的文化生态可谓一片狼藉。被日本的奴化教育统治了五十年，连中文版报纸都被禁止了，学校里“四书五经”也不让念了。父亲刚到台湾的时候，书店里买不到“四书五经”、《红楼梦》等古典书籍。而且，台湾的地方民众，从小接受的就是日本的教育，连中文版的《三国演义》都读不懂，得看日文版的。更为严重的是，国民党在撤退到台湾后，惶惶不可终日，根本无暇顾及文化建设方面的事。面对此种境况，父亲心急如焚。父亲认为，一个国家，一个民族，如果没有文化，不管经济怎么发展，这个社会也不可能繁荣安定。因此，除了“义利行”生意兴隆的几个月外，父亲在其一生中最艰难困苦的时期，依旧夙兴夜寐，默默耕耘，做了一些常人难以做到的事情。

父亲全力以赴地做他想要做的事。他决定，首先从弘扬佛法开始。一九五一年，父亲曾应詹阿仁先生等人的请求，在基隆佛教讲堂讲佛法。

当时，找遍台湾也找不到一部佛经，于是父亲就从自己带来的书中选了一部佛经，准备印刷出来，传播给民众，以此来弘扬佛法。但父亲没有钱，一时无法印刷。不过，善有善报，最终还是有人出钱，让父亲印了几百套佛经。但是，这些印出来的佛经在很长一段时间里都没有卖出去。后来，父亲遇到一位商人，说愿意出钱全部买下。父亲听闻此言，当然很高兴，认为皇天不负有心人，便把佛经都卖给了他。谁知道，这个商人是一个肉商，把这些佛经买走后，并没有传播出去，而是一张张地撕开来，用于包肉。当然，这只是一个趣谈，不过也说明了佛法在那个年代遭受到的冷遇。

当台湾和大陆还没从战争对立的创伤中恢复过来时，日本人却已经改弦更张了。日本自从第二次世界大战战败后，便决定要用文化来征服别人。在这样的大背景下，父亲更觉得文化的传承刻不容缓。

当时，日本有意培养了两个人：一个是禅宗和尚宗演，一个是居士铃木大拙，派他们到美国去弘扬禅宗。早在一九四九年，铃木大拙就被选为日本学术院院士，且获天皇颁授文化奖章，日本天皇政府每年津贴他不少钱，要他在美国提倡禅宗。他讨了个美国太太，所以英文很好，在美国弘扬禅宗，如虎添翼。自此，日本禅学不仅在美国兴起，铃木大拙的禅学也开始流向台湾，而铃本大拙甚至在书里批评中国学者不懂禅。

面对铃木大拙的批评，胡适做出了回应。在二十世纪五十年代，胡适发表了一篇文章《禅宗在中国》［*Chan*（*Zen*）*Buddhism in China:Its History and Method*］。在这篇文章中，胡适从历史的角度来论禅宗，以此反驳铃木大拙“中国学者不懂禅”的批评。

胡适的文章发表后，不久铃木就有了回应。他的答辩文章题目为《禅：答胡适》（*Zen*：*A Reply to Hu-Shih*）。文章开头就说，“胡适可能了解许多历史，但并不了解历史中的人物”，洋洋洒洒，说到后来，竟直截了当地说胡适不懂禅宗。

此后，关注哲学问题的东西方学者们，都翘首等待胡适的答辩，但是，胡适却始终未再发声。不少人向父亲提出建议，希望他执笔中国哲学史的禅宗部分，以此确立禅宗在中国哲学史上的地位。

胡适被铃木批评为不懂禅宗，不仅令其本人感到难堪，而且令作为禅学宗脉的中国禅学界，都感到非常难堪。日本人对文化教育的尊重，正是大和民族值得外人学习的一种优秀品质，所以，日本虽是战败之国，却能迅速发展经济，执东亚经济之牛耳。也有人说，日本人的这种专注的文化精神，正是深受禅宗的影响。

铃木的禅学在国际上声望日隆之时，台湾仍是一片文化沙漠，尚处于为生存而奋斗的时局。但即使在此文运不济、大道流失的困窘局面下，也有少数具有使命感的中华文人开始在海外积极发挥作用。如那时新儒家的代表人物，钱穆和唐君毅在香港创办了新亚书院。后来，程兆熊、徐复观也加入其中，开始文化播种的开创性工作。但总体上，由于长期的战争摧残，海峡两岸民众生活极度困难，均精力集中在发展经济上，无暇顾及文化的发展，文化建设也难成气候。就如后来大师级的学者牟宗三，彼时也只是在台北师范学院（后改名为台北师范大学）教书，所得仅可满足温饱。而在大陆，当时中国最著名的禅学大师——虚云大师的学说和人身都遭到攻击，而另一位高僧梦参法师甚至被判刑劳改。

梦参法师

梦参法师，十六岁出家，曾师从

慈舟、虚云、倓虚、弘一等法师。一九五〇年，梦参法师在川藏地区学法，被捕入狱，理由是他拒不还俗。后来他被以“反革命”之罪判处十五年徒刑、劳动改造十八年。但梦参法师并没有向命运屈服。在狱中，他依然坚持宣传佛法，通过经常观想一句偈语，“假使热铁轮，于我顶上旋，终不以此苦，退失菩提心”，决心重回佛教、弘扬佛法。梦参法师的法名原本为“觉醒”，但据他说，他感觉自己既没有觉也没有醒，配不上这个法名，又想到自己浑浑噩噩度日，宛若梦中，加之自己也是因为一场梦才出家的，便换了个法名——梦参。梦参法师与我父亲有几十年的交情了，他曾经说过，他和父亲是“道修相同，思想吻合”。

父亲到台湾的第二年，大陆就发生了“云门事变”。当时，由于涉嫌私藏“反革命分子”，广东曲江云门寺的很多僧人都被捕入狱，虚云大师也受到牵连。据说当时，虚云大师被暴徒殴打，瘫倒在地。虚云大师说：“不管你们怎么打，我不死！”看到虚云倒在地上不动了，那些人都以为他已经死了，于是就离开了。结果，虚云大师其实当时是入定了，并没有死。五月，“云门事变”传到韶州，很快，海内外的同门都得到了消息，大家积极筹划联合营救虚云大师以及云门寺诸位僧人。

父亲此时身在台湾，也非常担心虚云大师的安危，却很难打听到大师的消息。据父亲说，有一晚，他莫名地做了一个梦，梦到一位老人向他挥手，在老人身旁有一个牢笼，同时有一只流着鼻血的病狮子对着父亲吼叫。醒来后，自己也觉得不可思议，没有想到，数日之间，就发生了虚云大师受难的事情。父亲尝闻大师说：“将来事，将来自有人做。我等都做好了，后人还做什么？”眼下却听闻如此佛种遭此劫难，不胜唏嘘。父亲很敬佩虚云大师，曾说：“虚老乃一代高僧，行化因缘，犹如多面观音，非凡夫之所知。”

父亲焦急地等待着虚云大师的消息。此时，李执中、萧天石在先后探望他时，都提到：“文化到了这步田地，还不赶快采取行动，不能立德立功，至少可以立言啊！”父亲听闻此言，出了一身冷汗。于是，为了抵制日本的文化殖民，声援并捍卫佛法，父亲决定写本禅学著作。

佛教传入中国后，某些大师讲授一部佛经便开宗立派，做开山始祖，因此，就逐渐形成了很多宗。在历史的传承过程中，许多宗派逐渐消亡了，剩下的是比较有名的十宗，其中有两宗后来衰落失传，最后剩下八宗。至于今天，比较盛行的，大概只剩净土宗、禅宗、华严宗和密宗。而汉传的密宗，又叫真言宗，在中国很早就消失了，尤其明朝朱元璋禁止传密教，所以只有民间在陆陆续续传了。

而禅宗到清朝雍正以后，几乎式微了。父亲所面临的使命，就是要把中国禅宗的东西拿出来，回答当时争论的热点问题：禅宗究竟要不要打坐？禅宗与修禅定有什么关系？禅宗究竟讲不讲气脉？禅宗是不是要参话头？禅宗能不能修密宗以及同密宗是什么关系，同道家是什么关系？这些问题牵涉到中国的儒家道家；牵涉到打坐修行，修定与修慧；牵涉到对生死的认识；牵涉到科学、哲学、宗教等各方面的问题。

父亲想写一本禅学著作，来解释这些问题。可当时初到台湾，什么书都没有，案边只有一部《指月录》，而且这部《指月录》还是父亲在成都时买的。说起这部《指月录》，可算得上是大有来头。据父亲说，西安事变和平解决后，张学良被转移并软禁在台湾省，而此时他在成都。在台湾的张学良突然要学禅宗，而看守张学良的那个将军叫刘乙光，是湖南人，称父亲为师兄，也在暗中学佛。他写了一封信给父亲，要父亲赶快买一套禅宗最好的书，寄到台湾来，因为张学良要学禅宗。父亲接到信之时，正要离开成都。看到信，父亲笑了，因为以张学良的佛学造诣是没有资格谈禅宗的。可是刘乙光叫父亲买，父亲又不能不买，于是他到文殊院的印经处，买了一部《指月录》寄到台湾。

到台湾后，一天，父亲碰到刘乙光，便问：“张学良还在学禅吗？”“哎呀，他学个什么禅啊？他怎么学得进去啊！”父亲说：“那你为什么叫我买书来给他？”“他要学什么，上面就叫我办，我只好给他买啊！他现在研究明史了，政府找了一个学者周念行教他明史，而且信基督教了。”这位周念行也是父亲的朋友，书读得好，可以一目二十行。因为南方福建、浙江的“二十”音“念（廿）”，所以大家叫他“廿行”。父亲说：“这样啊，正好我没有书，你把那部书还我吧！”所以，这部书又辗转回到了父亲手里。不过父亲手边也只有这部《指月录》，其他的没有几本参考书，就只能凭自己的记忆去写。

那时，我已经出生了，家里又多了个孩子，而母亲还在等米下锅，父亲把当时的情况形容为“运厄阳九，窜伏海疆，矮屋风檐，尘生釜甑”。当时，父亲用一只脚在推摇篮，摇篮里有一个孩子，就是刚出生不久的我，他左手里抱着我的二姐，右手执笔写书。在这么艰苦的环境下，父亲每天写六七千字，三个月下来，写了几十万字，终于写成了《禅海蠡测》这本书。

对于《禅海蠡测》一书，父亲曾说：“我的著作一大堆，真正写的一本书是《禅海蠡测》……所有的书都不算数，就是这一本。”《禅海蠡测》以及后来的《习禅录影》，反映出父亲年轻打七的时候非比寻常的精神和气派，其中存有着众多智慧的话语。《禅海蠡测》就禅宗的要旨、公案、机锋、证悟、神通及其与丹道、密宗、净土诸法之关系，钩玄提要，阐述精微，为苦于不知如何求证无上菩提之大道者，叩开了一扇入佛法之门。

《禅海蠡测》封面

一九五五年，父亲在困境之中写就的《禅海蠡测》一书，终于出版了。但是，当时印刷的纸张不太好，且呈黄色。此书刚出版时，每本定价新台币五元，在基隆出售，根本没有人买。

这时，却出现了一位独具慧眼的人，名叫张君劢。据说他看了这本书后说：“我们这一代，总算对历史文化没有交白卷。”作为一个读书人，他深知禅宗在中国文化中有着不可忽视的历史地位。如果甩掉禅宗不谈，文化等于掉了一条腿，中国文化就残疾了。当然，张君劢能这样说，也不排除是因为他已看过胡适与铃木论辩的文章了。

一九六〇年后，原本流传较少的此版《禅海蠡测》，不知何故，竟忽然热销，一时洛阳纸贵，在香港的书摊被居为奇货，每本售价二十美元。而在台湾也曾一时难寻，因此，父亲自己的书也曾“遭窃”。此事是刘雨虹女士后来讲给我们听的，具体经过是这样的：一九七〇年春，刘雨虹女士和袁行廉一同去拜访父亲，那时，父亲的办公室在青田街巷内一处平房，也就是当年七月开办禅学班的地方。那个时代，大家互相拜访并不需要事先约定，二人也未先向我父亲说明，就直接去了。

当时，二人走进父亲的那间小办公室，发现父亲不在，却赫然看见书桌上随意放着三本书。他们见父亲不在，也不拘礼，便走到桌前仔细察看，发现那三本竟是一书难求的《禅海蠡测》！

二人自是喜出望外，因为那时父亲的著作即使花高价也很难买到，而现在竟然“踏破铁鞋无觅处，得来全不费工夫”，于是不假思索，各自揣着一本就走了。当时，虽有一两个人在后面的办公室，却没有发觉他们将书拿走了。

现在回想起来，父亲虽是书的作者，但当时手中也没有这本书，于是便托人找来了三本书，放到桌上。父亲回来发现只剩下一本，就知道另外两本被“雅贼”拿去了，再询问那天谁去过他的办公室，自然就知道是刘、袁二位把书拿走的。父亲虽有些无奈，却也没有追究此事。后来父亲在信义路的书架上，特地做了一块标牌，上面写着“书籍恕不出借，请勿擅自取阅”，应该还是心疼丢书吧。

《禅海蠡测》这本书，许多来向父亲求教的人，都未曾看过。几年前的一天，吕松涛来拜见父亲，并说自己阅读过《禅海蠡测》。父亲听后，马上用双手揉搓双眼。吕松涛不解师意，便问：“老师眼睛不舒服吗？”父亲莞尔回答说：“刮目相看啊。”

当时，还有一个非常欣赏《禅海蠡测》的年轻人，名叫袁保新。当时他还是辅仁大学哲学系的学生。一九七三年的一天，他请刘宇虹女士转达先知出版社的意愿，希望再版《禅海蠡测》。先知出版社是属于天主教大学的，按理说不会出版其他宗教方面的著作，但他们肯定了《禅海蠡测》在学术上的价值，希望再版这本书。父亲听完，也就答应了。

一九七五年秋天，一位美国的天文学博士，专程来到台湾，向父亲求教。此君学禅数年，但《禅海蠡测》一书，他自称只看懂了一半。其实，说看不懂这本书的人很多，但看不懂又奈何！而且，他所看懂的一半，也只是看懂文字而已，不是内容。那个博士说看不懂《禅海蠡测》时，父亲立刻看着刘雨虹女士说："顶好翻译成白话。"刘雨虹女士不是学古文出身的，对于古文只是稍有涉猎而已，但因为"窃取"了一本父亲的书，结下了这个缘分，好像心里有所亏欠，居然答应做这项工作。岂知翻译工作开始后，刘雨虹女士才知道这太不容易了。因为这不但是一本分量极重的文化典籍，还是一本参禅用功的指导文献，所以其中遣词造句就极需斟酌。后来，在工作进行到三分之一时，父亲认为仍不够白话，于是刘雨虹女士只好重新开始，舍弃一句一句翻译，而改用与原句不必相对应的意译。

刘雨虹女士在翻译时，将父亲所言与经典不符的内容，都依据经典改正了。这种做法，有的被父亲默许了，有的却遭到了父亲的呵责。例如，父亲引用《楞严经》"见见之时，见非是见，见犹离见，见不能及"这句话，但把第四句"见不能及"说成了"非见所及"，于是刘雨虹女士就照经典改了。类似的不同还有几处，她都一一修改，父亲对此也并无异议。后来改到四禅八定时，父亲说的是："空无边处定，色无边处定。识无边处定，非想非非想处定。"但很多经典中，没有"色无边处定"，而有一个"无所有处定"。于是她就把"色无边处定"删去，改为经典中的文句。但这样做完之后，不知何故，刘雨虹女士心中浮起了犹疑和不安。据她回忆，一九七〇年在禅学班的时候，父亲说的是"色无边处定"，一九七三年禅学讲座时也是如此讲，甚至到一九七七年父亲审阅译文稿时，仍然是"色无边处定"，难道父亲都是口误吗？

当刘雨虹女士告诉父亲修改结果的时候，父亲一听，登时一改往日平和的面容，一边对她怒目而视，一边握拳敲桌子，大声说："照我说的写！"

刘雨虹女士便还是依父亲所言，照实写了下来，父亲这样说，肯定是有自己的道理吧。

一九七七年，父亲在闭关之中，审阅书稿时，想到刘雨虹女士翻译一事，忽然心有所感，于是就在《关中记妄》中，写了一段赞美的话：

正月初六（一九七七年二月二十三日）……近日因审阅刘雨虹译《禅海蠡测》文稿，趁此拿起此书，自我阅读一遍，准备清理修订一遍。此书自一九五五年秋初版以后，二十二年中，自己从未再看一次。平生写作任何文字，作成以后，即怕再看一遍，觉得丑陋不堪。等于自己听自己录音，自己看自己照片，愈看愈丑。只有此次被迫需要校对，方仔细重读一次，竟然暗暗叹息，几欲为之拍案叫好。自忖如他生来世再来，读到此书，不知如何低首归心，敬重供养而礼拜之。

非常感谢刘雨虹女士的守信，更感动于她的用心，这本白话文的《禅海蠡测》，终于在二〇一四年由台湾省的白象出版社出版。

刘雨虹女士与我的父亲

父亲在二十世纪五十年代写书的时候，参考资料很少，检索又极不方便。父亲所写的又并非全凭资料，大部分都是自己多年内的思考和修持积淀下如泉水般汩汩涌出的智慧之语。这些创作是证悟后真正具有灵性的言语文字，不是书生式的空谈，更不是学者式的高论。

学院派引经据典的严谨作风自然是值得称道的，但是遇到禅宗的相关内容时就麻烦了。禅宗虽然也根据经典的意义进行延伸阐释，但说法是因人、因地、因时而异的。例如，一个彻悟的禅宗大师，有时说“即心即佛”，有时说“非心非佛”。那些典籍是出离于时空之外的死物，而人心却是立足于当时当地的活物，说出的言语自然会有所变通，又怎能把他的话统一合乎经典呢?

虽然父亲说法无碍，但是由于条件所限，笔误或排版之误在所难免的，而资料不实更属正常。于是在一九七三年，父亲又重加修订再版，增删了许多，由老古出版社出版。而这个版本到现在还能在市面上见到。但是，这个版本的错误仍然不少，比如：把父亲的话误列入对《指月录》中灵云禅师的引文之类的。而其中最严重的是《禅宗与禅定》篇中有一句，“即一切相，离一切法”，这句话在佛典中的原文则是“离一切相，即一切法”。诸如此类的不同，另外还有几处。所幸这些错误在后来台湾白象出版社的版本里得到了更正。

一九七七年，父亲在审阅译文稿时，又有对原文的修订和增补。因此，刘雨虹女士本想将各版本重新梳理一遍，统一父亲各书的说法和用词，以减少彼此之间的矛盾，避免读者在阅读时产生误解与困扰。但是，她后来突然发现，这个做法其实是在向学院派的古板靠拢，实在是有违父亲的一贯作风。

《禅海蠡测》由于是用文言写就的，因此在未经翻译之时销路不广，受益的人不多，没能达到父亲弘扬佛法的目的。但父亲没有沮丧，依旧身践力行，举行了一些更具影响力，受众更广的活动。而禅七就是其中之一。二十世纪五十年代，父亲在基隆举行了一次禅七，当时参加的约有二十人。

禅七开始不久，父亲便说了一个话头叫大家私下参悟：“无梦无想时主人公何在？”

第二天上午，“立法委员”兼复兴航业公司董事长杨管北便率先发言，阐述自己的见解。随后另外一位长者，也说了自己的心得。接着周梦蝶也站起来发言。父亲听了他的发言后，说："古之再来人也！"

晚上小参时，父亲评论了大家之前的答案，给了杨管北委员九十二分，另一位八十四分。评论完二人，父亲便不说话了。周梦蝶感到奇怪，就站起来问："老师，我得多少分？"

岂知父亲怒目圆睁，大声喝道："莫妄想！"

这一喝"莫妄想"，如雷击般在人的脑袋上方回响。后来周梦蝶说，这句话令他"大大地受用"。后来，周梦蝶在回忆我父亲喝道"莫妄想"这段往事时，总会模仿着他的口气，大喝一声，一改平时沉默自持的模样。在座之人听他如此一喝，亦有如复闻河东狮子吼，无不为之色变。

而他的那些激荡心神的诗句，可能便是这一喝的回响吧！

刚才提到的周梦蝶，其实和王启宗、刘雨虹女士一样，都是河南人。一九四九年，周梦蝶随青年军来台，七年后退役离开军营，成为一个摆书摊的诗人。他生活清苦，曾因收入微薄而饥饿昏厥，但并未戚戚于贫贱，虽生活困窘，却有着极其丰富而深厚的思想和才情。周梦蝶后来被台湾文坛封为"诗僧"。一九九六年，他终于辗转回到老家，却发现自己的祖母、母亲、妻子，甚至自己的大儿子，都已经去世了。于是，周梦蝶写下了那首著名的诗：

我不敢回头

不敢哭

也不敢笑

生怕自己成为江河

周梦蝶从军中退役不久后，就跟随我父亲学佛。据父亲回忆，当时在他的课堂中，周梦蝶显得十分特殊。不论春秋寒暑，装束从来不变，头上总是戴一顶绒线帽，听课时双脚一盘，一动不动，好像老僧入定。他本人的容貌也很特别，瘦骨嶙峋，显得脑袋大大的，两眼却在深陷的眼窝中炯炯放光。

他平时话很少，总是一副与世无争的潇洒做派，平常见到他，我也只是微笑点头打个招呼。

当时，周梦蝶每天在台北市武昌街明星咖啡店的门口摆一个小书摊，靠卖书的微薄利润维持生计。待到晚上收摊后，他就在咖啡店旁边的茶叶店里打地铺过夜。他潇洒自在，不怕吃苦。或者说，他压根儿不觉得苦。在此期间，每周三的晚饭时间，他就在明星咖啡店的二楼与文友会面；而那些仰慕者也按时到来，大家交谈，切磋才智，在台北形成了一股文艺之风。周梦蝶的诗和余光中的诗一样有名，也受到许多喜欢新诗的大学生的追捧。

在基隆的那次禅七，父亲了解到，一些人虽有心想了解佛法，却苦于找不到可以入门的书看。佛经浩繁，其中大多都属于基础理论；而真正的大乘经典，确实不是一般根器的人所能看懂的。为了能让学子读懂经书，父亲结合自身实践，在困厄之中完成了《楞严大义今释》和《楞伽大义今释》两部般若经典的解说。前者旨在探寻人生宇宙真理之本原，是步入佛门、悟证真空妙有的必读法典，古人有言："自从一读楞严后，不看人间糟粕书。"后者则解析唯心、唯物之矛盾，并列有一百零八个人生思想哲学问题，堪称唯识学宝典。唯识宗在中国很早就衰落了，从玄奘大师创宗后，仅历经几代就消亡了。这是因为国人喜欢简明，不喜欢烦琐。今天能够找到的很多唯识论著作，都是清末民初从日本引进来的，然后才有欧阳竟无这些大居士来提倡，因此唯识宗才有了复兴的迹象。"楞伽印心"，禅宗五祖弘忍，均以这部经书来验证学人是否开悟。

父亲在杨管北居士的劝说鼓动之下，完成了对这两部重要的般若经典解说，实在是我们后辈的福分。父亲虽然致力于著书立说，举办禅七，立志弘扬佛法，但通过这些方式，受益的人终究仍是少数。机缘巧合之下，父亲收到了一张大学的聘书，因此他思忖，或许去大学教课，是一种广援后学的更好方式。

三、华岗峰顶执明灯

一九六三年，父亲得到了来台湾后的第一份正式工作——担任台湾“中国文化大学”的教授。

一九六三年，父亲得到了来台湾后的第一份正式工作——担任台湾“中国文化大学”的教授。对此，父亲曾赋诗道：

门外忽传走转车，聘书递送却愁余。
自从长揖山林后，又向人间填表书。

台湾“中国文化大学”的创办人张其昀，当时在台湾影响力很大。他对教育和文化眼光独到，多有建树。他一生致力于教育事业，还曾出任台湾“教育部部长”。卸任后，他就去创办了“中国文化学院”，学校建在台北附近的阳明山，校址处也称作“华岗”。

一九六四年父亲在台湾“中国文化大学”门口留影

创办一所学院必然是

艰苦的，何况张其昀当时只是一位穷书生。他为了筹集经费，常向朋友告贷，对有学问素养的人则殷勤拜候，为学院积蓄师资力量。有一段时间，他每天早上都到我们家，恳请父亲出任一个独立的禅学院院长。但父亲认为自己与张其昀都是爱管闲事的人，将来难免会意见不合，为了维护友情，最好不要共事，故坚决拒绝了。张其昀没办法，只好退而求其次，聘父亲为研究所教授，父亲只好答应了。然而父亲有一个要求，就是不到学校上课，而是让研究生到我们当时居住的蓬莱新村寓所受教。

吴怡是第一届研究生中的一位，他的论文也是由父亲指导的，后来他在学术界崭露头角，亦有著作出版。父亲还曾为他的著作题诗《吴生怡，前著〈人与路〉，又著〈人与桥〉，二书乞题》：

惆怅春残古道遥，西风吹乱短长条。
谁家箫管勤殷弄，几处人归路与桥。

后来，辅仁大学也邀请父亲去给学生讲授哲学和禅学。辅仁大学和台湾“中国文化大学”都是私立大学，规模和名气都很大。父亲一直在私立大学教课，一生没有到公立大学教过，因为他没有学历资格。前面说过，父亲一辈子连小学的文凭也没有。而那时，台湾沿袭国民党在大陆时的制度，公立大学的教授都由“教育部”任命，只认学历，不看才学。不管你学问多大，只要没有学历资格，“教育部”便不会任命你为教授。所以父亲就与公立大学无缘了。后来，父亲名气越来越大，备受学生推崇，“教育部”就想给父亲特批一个教授资格。因此，在二十世纪六十年代初，“教育部部长”屡次派人登门拜访，请父亲在一张表格上签名盖章，以便给他颁发教授资格证书。但父亲始终拒绝，他对来人说：“麻烦你跑了好几趟，真对不起。并非我不识抬举，不通人情，无奈我从来不想取得什么资格，事实上我不想把我这些不成文的著作拿去请人审查，我当然不能在申请表上签名盖章。”

当时，台湾的大学生讽刺教三民主义和四书五经的教授为“不三不四”

教授。那些教授拘谨呆板，迂腐僵化，往往满口的教条和空洞的口号，自然令学生厌烦不已。

对于此事，父亲深感疑惑，曾问一位在大学教三民主义的朋友，为何教得学生对三民主义如此反感？那朋友说，这件事也是没有办法，历来都是那么讲的。父亲听后，不以为然，他认为是没有讲好，表示愿意代他教几个小时，看看是不是真的“没有办法”。后来，某大学的一位学生邀请父亲去参加他们的会议，同他们一起讨论“中国文学的再革命”。听到这个题目，父亲觉得是个为他们讲课的好时机，便说：“你们要搞这个东西？！我晚上来看看！”

父亲约了那位教三民主义的教授一起去参加会议。参会的都是些年轻的学生，他们激昂慷慨，滔滔不绝地讲了许久，最后要父亲讲话。父亲对这些学生说，首先应该了解“革命”是什么意思。这所大学是台湾省的最高学府，在这里的青年知识分子，对它的意思是不能不懂。要知道，“革命”一词，出于我国最古老著作之一的《易经》，然后他又讲了自己对革命乃至文学革命的一些见地：

譬如中国文学自五四运动以来，由旧的文学作品改成白话文后，有什么功用呢？几十年来亲眼所见，中国的教育普及了，知识普遍了，对世界知识的吸收力增加了，无可否认，这些对于国家的进步有贡献。但是对于中国文化，却从此一刀斩断了。什么原因呢？中国文化库存里堆积的东西太多了，几千年来的文化都借着古文保留着。至于接受白话文学教育的人们看不懂古文，当然就打不开这个仓库，因此从中国文化的立场看，就此一刀拦腰斩断了。

你们现在讲文学再革命，讲白话文学，我们先要知道为什么要推行白话。在五四运动前后，一般人认为救这个国家，必须吸收新的知识，尤其要融会古今中外的学术文化，于是老牌留学生到外面一看，任何国家的语言和文字都是一致的，因此认为中国所以不进步，是文字工具害了我们，尤其

“四书五经”“子曰、孔子曰”一塌糊涂，非把这个打倒不可，所以提倡了白话文。但是有一点要注意，我们看世界的文字，不管英文、德文、法文，虽然现在的文字和语言是合一的，但是语言大约三十年一变，所以一百年以前的英文、法文书籍，除非专家，否则是莫辨雌雄的。

我们中国的老祖宗晓得语言和时代是要变的，所以把文字脱开了语言，只是用很短的时间，经过两三年的训练就会写出来，这个文字就单独成为一个体系，表达思想。因此这种文字所保留下来的几千年以上的思想，在几千年以后的人看来，如面对现在，依然没有阻碍，它对于国家有什么错误呢？没有错。只是因为教育不普及，大家对于这个国文的修养没有学好。当时提倡五四运动的部分人士，求进之心是对的，在学问修养上，老实讲，还有商量的必要，于是这一文学革命就出了问题。

举例来讲，生活上每天必有的一件事——上厕所，我们小时候叫“出恭”，后来叫“解手”，现在叫“上一号”了，看看几十年来，变了好多。因此，我们翻开资料，对五四运动前后的白话文，现在看来，简直不通；到了现在的文章，说它不好吗？真好。好吗？文章看完了，价值也完了，多半没有保留的价值。将来怎样演变还不知道，所以你们为什么要文学再革命，我就不懂。因此，文学革命，我没有资格讲，你们也没有资格讲。为什么呢？如果古文、四六体、作诗、填词，都能露一手，然后发现这种文学有毛病，这才有资格谈革命。现在你们连“命”都还没有，还“革”个什么呢？你们还有文学革命的资格吗？

听了这番话，学生们不由得愣住了。父亲所说的是他们以前从来没有听过的，他们也从来没有认真考虑过自己到底有没有革命的资格。大家陷入了沉思，会场一片寂静。最后，这个会无疾而终，那些学生再不提革命的事了，父亲也在无形中平息了大专院校中的这个小风波。这件事过后，父亲告诉那位教三民主义的朋友，自己一定要替他教几个钟点课，因为大学生中，固然有很多人信仰坚定，但对三民主义感到头痛甚至厌烦的也大有人在。

后来，父亲得到了一个机会，就去替这位朋友讲课了。起初，他并没有讲三民主义，而是从中国文化与思想演变的脉络和原因谈起。他分析了自上古到当代思想史的发展，从中总结出当代思想形成的渊源，以及孙中山先生提出三民主义的原因。分析完这些，他问：

“对不对？”

“对！”

“有没有价值？”

“有价值！”

“所以要读三民主义，读了以后再加批评都可以，不能盲目地不去看它，就说这个三民主义是党八股。党八股懂不懂？不懂就不能随便批评。”

听了父亲的一番话，学生们便有了读三民主义的兴趣。

父亲讲课有一个特点：不带讲稿。他的普通话略带家乡的江浙口音和四川口音，但总体比较易懂，只是个别字会咬音不准。他素来博闻强识，讲课之时，脑中的种种典故信手拈来、出口成章，绝无迂腐书生掉书袋的死板，故而他讲课一向生动有趣。每次上课，他自己拿一本原书，叫学生也准备一本书。那时候，这些经典古籍的版本和印刷数量远不如现在，书的数量不够时，他就让秘书提前复印有关的章节，发给听课的学生人手一份。

近年来，对传统文化的普及和诠释热潮席卷出版界，那些经典古籍被拿出来一遍遍地注解、翻译，一部古书甚至会有好几种今译本。这些注本和译本自然是鱼龙混杂，良莠不齐，而各派解释之间也是纷争不断。父亲对古书今译这种事一向不以为然。因为他在青少年时代便已读完了这些古书，私塾里的先生上课时只带领他们一句句念下去，一天念一段，第二天就要背出来，背不出来就要打板子，打手心。教书先生的戒尺，就是用来打学生手心的，以此来震慑学生，训诫其努力读书。如果学生请先生解释书中词句的含义，先生从来都不会理睬，只是恶狠狠地说：“叫你背就背，什么意思，你大了自然会懂的。”

这种教育方法早已作古，现在的学生不用在戒尺的威胁下，每日捧着古书吟哦记诵。那么，这种古老的教育方法是不是一无是处？父亲认为并非如此，他本人就从这种老式教育中受益匪浅。他小时候很是好学，老师要他背的书，他都背下来了，因而没有吃过多少板子。而当年书中没有理解的意思，在他年长历经人世风霜后，也自然豁然开朗了。当年囫囵吞枣丢进肚中的书，让他一辈子受用无穷。因此，父亲经常对他那些二三十岁、四五十岁的门生讲：“你们算是读书啊？你们读过几本书？我讲过一百遍你们都记不住。”这样说虽然有道理，但如果用父亲当年接受教育的方法来教现在的小孩，却是行不通的。例如，父亲有个学生想出钱办学，要学生像古时那样从小背古书，父亲便认为这恐怕难以实现，毕竟时代不同了，不要说孩子不干，家长也不会送孩子去受这份罪。

父亲自己能背书，但并不强求他的那些成年学生背书，因为他知道这是强人所难。但他要求学生在读古书时，“以经解经”“经史合参”，从原书里寻求解释，而不要囿于前人的注解，以致迷失于浩繁的卷帙之中。这是他对学生的要求，也是教给学生读古书的方法。“以经解经”，说起来很简单，但要想真正做到，又谈何容易。

父亲讲课，喜欢以一段公案为引。一次，他态度雍容地举出佛陀“拈花微笑”这段禅宗以心传心的第一宗公案：释迦牟尼在灵鹫山上说法时，手拈一朵金婆罗花，微笑不语。当时听众皆面面相觑，默然不知其意，唯有摩诃迦叶破颜一笑。释迦牟尼当即说：“我有普照宇宙的万有之法，超越生死轮回的奥妙心法，能够摆脱虚幻表象而达无相之境，诸种微妙的法门，我以心传心，不着文字，于教外别传一宗，现在传给摩诃迦叶。”（“吾有正法眼藏，涅槃妙心，实相无相，微妙法门，不立文字，教外别传，付嘱摩诃迦叶。”）通过这一公案，学生对禅宗的起源有了初步的认识。同时他又不忘提醒学生，他讲演的内容虽然勉强可以说是禅的介绍，可是禅毕竟不是口头上的；只要一说“禅”这个字，就已经不是禅了。好比有人描述一处美景，说如何美如何漂亮，然而，没有去过的人，无论再怎么听，怎么想象，也不知道那个地方的实际情况。但是，即使禅乃不可说之事，父亲仍然本着悲天悯人的情怀，巧妙地援引典故，并结合现实生活进行开示。

当时有人问禅，父亲微笑回道：“你既然‘馋’，那我请你吃馆子去。”此馋（谐音）亦彼禅也。父亲借着轻松的笑话，就将这个庄重而“不可说”的大问题，幽默地还给了他。随着这件“馋”的趣事，他又针对青年人的心理，特别提出了告子的“食色，性也”这一观念，并强调声明：告子所说的“性”，并非佛家所说“明心见性”的“性”，而是人们进入后天的肉身之后，所带有的习性之“性”。于是，他又进一步要大家思考：这后天的习性和原有的本性，究竟有什么关系？而现有的生命又为什么存在？

将这个大问题抛出后，父亲为了让大家对那“不可说”的禅有所了解，于是就和蔼地转引了许多优美的词句，诸如：“晴空万里，鸟语花香”，“鸢飞戾天，鱼跃于渊”等，要大家自己体会其中的意境。而后，父亲更切要地指出，大梦一觉之后，头脑清醒之前的那一刹那，也就是从朦胧的睡梦中醒来，而还没有意识到已经睡醒了的那一会儿，在这非常短暂的时间里，人们没有丝毫杂念，甚至于没有感觉到“我”的存在，但是非常逍遥，非常自在。这便是所谓“无我”。这种境界中，那个不起念头而明白清楚的“我”，就是父亲特别嘱咐，要他们在初学禅时多加参究，善自体会的关键。

讲完公案后，大家兴致盎然，父亲便趁机逐句解释经文。碰到有些千百年来学术界莫衷一是、争论不休的字句时，父亲也会点出来，让大家仔细斟酌。但父亲非常自信，加之不希望令学生感到困惑，故而讲话从不模棱两可。他经常说：“至少我今天是这样看的，也许，明天我发现自己错了，再改过来。”

解释完一段经文以后，父亲就延展发挥，古今中外、八荒六合内的红尘事故，脱口而出，借以说明经文的道理。有时他还拿在座学生的事情当作例子，经常引得大家哄堂大笑。

随后，父亲又利用一则有趣的公案，使学生对问题的研究进入“乐之”的境界。例如，他曾引述如下公案：仰山问洪恩“如何得见佛性”，洪恩回以“如一室有六窗，内有一猕猴，外有猕猴从东边唤猩猩，猩猩即应，如是六窗，俱唤俱应”。引述完了，他就问大家懂吗？停了一会儿，又慈祥地开示：“答案已经告诉你们了。”这时候大家才恍然间似有所悟。

接着，父亲又引述仰山的再度请示：“只如内猕猴睡着，外猕猴欲与相见，又且何如？”于是他又问大家怎么办？大家只天真地觉得，外面的猕猴跳进去就行了。为了帮助学生对这一问题有更进一步的思考，父亲又接着引用了两句古代禅师的偈子，“千江有水千江月，万里无云万里天”“太湖三万六千顷，月在波心说向谁”，要大家用心领悟。

仰山所问洪恩的佛性，也就是一般禅宗门徒要找的“主人公”或“主人翁”等，进一步说明，就是：生命的主宰到底是什么？当摆脱一切污染执着以后，那个卓然存在的又是什么？人们又如何才能把握得住它？凡此等等，是大多数学禅者终生求索的问题，也是上面那则有趣的公案所蕴含的深意。而后父亲又转用了《指月录》中古代一位禅师的偈子，权充答案，而这一答案又蕴含着新的问题：“五祖演云：‘山前一片闲田地，叉手叮咛问祖翁。几度卖来还自买，为怜松竹引清风。’”

这句表面看似平淡直白而又不相干的偈子到底有何寓意？父亲在给出答案的同时，又不将话说死说满，而是留给学生思索的空间，待其日后慢慢参悟。

父亲讲课往往能够贯通儒、释、道三家之学，让人能举一反三，触类旁通。

他在讲解《老子》时也引用了一段公案：有一次，须菩提在岩中宴坐的时候，入定在空三昧的禅思中，那甚深的功行，竟然感动了护法诸天，很多天人出现在空中，撒着天花一朵一朵飘落在须菩提面前，他们合掌赞叹须菩提的深厚功力。这些天人撒落的花朵，惊动了在空三昧中的须菩提，他出定后，便向天人问道：

“汝为何人？为何于此处对我撒花赞叹？”

为首的天人合掌答道：“我们皆为天人。”

“为何对我撒花赞叹？”

“为供养尊者入在空三昧中善说般若波罗蜜多！”

“我对般若未尝说一字，你们为何要赞叹呢？”

“尊者无说，我们无闻，无说无闻，是真般若！”

当时，可能大多数人都不懂此段公案的意味，只是觉得这个故事很妙，却不知妙在何处。

后来，直到听了一点儿《华严经》，知道一点儿广长舌相以后，大家才恍然领悟这段公案的意味。据说如果一个人三世不打妄语，他的舌头伸出来就可以覆盖整个面部。广长舌相就是说诸佛的话都是诚实的话，从不打妄语，所以他的舌相又长又薄，可以遍覆三千世界。如善导大师《观经疏》说：“十方佛等，恐畏众生不信释迦一佛所说，即共同心同时，各出舌相，遍覆三千世界，说诚实言：‘汝等众生，皆应信是释迦所说、所赞、所证：一切凡夫，不问罪福多少，时节久近，但能上尽百年，下至一日七日，一心专念弥陀名号，定得往生，必无疑也！’”这个故事似乎也让人似懂非懂，但是当时大家却莫名其妙地，一下子融通了这两则看似荒唐的公案，同时对老子那“齿亡犹存”的舌头也有了更深的理解。

父亲还认为，《西游记》是部道书，需要大家仔细研读其中的深意。他举了很多例子来说明。如他举牛魔王太太铁扇公主的故事，我们都知道铁扇公主的铁扇，平常都被铁扇公主缩小后藏在齿缝里，等到要用时才拿出来。拿出来变大后，正扇让火焰山烧得更炽热，反扇却让火焰山的烈火熄灭变得清凉。父亲便点拨道，这正是隐喻着口业翻来覆去的利害，既可以兴邦也可以亡国，希望大家引以为戒。

父亲还讲到《西游记》的结尾也是大有深意。在三藏法师他们师徒四人取到经书回东土的路程上，孙悟空便向唐僧说道，师父啊！咱们老远到西天取经，走一趟不容易，要把包里的经书检查一下，看看有没有装对货，否则白跑一趟了。师徒把箱中的经书翻开一看，不得了了，经书居然是空白的，于是赶紧掉头回去找图书馆馆长理论。最后佛陀说话了，这儿最高深的书是无字的，既然你们要有字的，就让下面的给换成有字的经书吧。可见这世上最精妙的学问，乃“不可说”的，一旦用文字符号翻译出来，便已落了俗套，其中的种种玄机，也便不复存在了。

父亲讲课，就是如此嬉笑怒骂，天马行空。然而他虽口若悬河，常有调侃之语，却绝非毫无章法地信口胡言。恰恰相反，他讲课条理分明，逻辑性很强。实际上，他每次上课前都要做好充分的准备，头天晚上便找好资料，整理妥当，第二天上午叫秘书复印出来。因为在台湾时我们搬了好几次家，住处又是临时性的，地方也不大，所以很多书都没有带在身边。有时父亲手头没有需要的资料，他就叫人马上去书店买，或者给台北的一位学生发传真，请他帮忙查找，并将结果用传真发过来。在这样的条件下治学授课，恐怕很少有学者能办到。

不仅如此，诗词歌赋也为父亲的课增加了色彩。父亲的学识渊博，又过目不忘，智慧高、反应快，不管讲何种科目，都无须刻意雕琢，上课时拿着书本便走上讲台，滔滔不绝地开讲，贯通儒、道、释三家言，畅所欲言又不忘引史为证，兼诗词歌赋及俚语白话，口吐莲花，如数家珍。每节课讲解时，他都会引用大量诗词。偶尔忘记要引用的诗句，只要在座有人提起一个字，他立刻就能将整首诗脱口而出。

每当他提到一首诗时，他的助手兼学生，就在黑板上写出来。李素美和李淑君便长期负责这一工作，她们两位都有大学学历，而且十几年来一直追随父亲，对父亲的口音和讲课内容都已烂熟于心，所以父亲一提到某首诗，她们马上就能默写出来。偶尔想不起来或是写错了，定会遭到父亲的责骂：“都听了一百遍了，还不会写！”一般人肯定受不了这样的呵斥，但她们却只是笑笑，然后马上改正过来。打是亲，骂是爱，父亲的学生都知道，父亲从不随便骂人，他只骂自己最亲近和信赖的学生。

父亲书教得好，学生都爱听，一人受教后，更是呼朋唤友，结伴而来。于是一传十，十传百，“南怀瑾”三个字不胫而走，成为台湾学子耳熟能详之名。父亲在高校中的声名日隆，请他教课的学校也越来越多，要拜他为师的人接踵而至，来求教的人更是络绎不绝。

古国治便是其中之一。他当时是辅仁大学哲学系的学生，本来打算转到台湾大学，得知父亲要在辅仁大学哲学系开课后，便打消了转学的念头。每次父亲下课后，他就替父亲提皮包，一直送他上车，后来索性陪父亲一起回台北（辅仁大学在台北近郊十几公里处），在我们家中吃晚饭。

古国治学习哲学，本是希望认清生命轮转的规律，追求人生的意义。一九七〇年，他考上辅仁大学哲学系，想从哲学里找寻人生的答案。然而，哲学系的课程并没有解决古国治的问题，他仍然徘徊在人生的十字路口，找不到方向，不知何去何从。

于是，曾鼓励古国治读哲学的叶东进老师，便推荐古国治读《禅学的黄金时代》，这是他第一次接触禅学。读毕，古国治犹如服了一帖清凉剂，顿时心怀大畅，胸中的苦闷立时消减。禅门人物之气度风格令古国治深深折服，于是他决定钻研禅学。

古国治借来一本《禅海蠡测》，满心欢喜地准备好好研读一番，却失望地发现自己根本无法读懂。于是他记住了这本书的作者——南怀瑾，希望有缘能亲自请教这位高人。

古国治四处打听我父亲的所在，却发现原来我父亲就在辅仁大学开课，而他在下学期时就有父亲所开的《易经》课，而且在大三时父亲还会教中国哲学史。原本打算转学到台湾大学的古国治，一听到这个消息，便立即决定留下来。他听说父亲学问极其渊博，精通儒、释、道三家之学，对诸子百家亦是无不知晓，且上课风趣幽默，兴之所至，还会打一套太极。对于这样一位博学多识之人，古国治自然是朝思暮盼。

古国治清晰地记得，我父亲在上第一节《易经》课时，从变易、简易、不易开始讲起。这变易、简易、不易中便涵盖了宇宙人生的一切道理。世间所有的人、事、物无不在变易之中，此错综复杂的变易，乃有简易的轨迹可循，而此一切人、事、物变易之根源，则来自形而上的、不易的“道”。

艰深难懂的《易经》，在我父亲口中，竟如此平易亲切，与日常的人情世故息息相关，一点也不乏味古板。我父亲授课的内容，从来不离红尘万物，而是与人生密切相关，活泼而引人深思，绝非学术化的拘谨教条。

那个时候，父亲在临沂街莲云禅苑四楼讲授佛学。每次听父亲讲完《易经》，古国治都想上前问父亲自己可否去听他讲佛学。但一想到自己的学问如此浅薄，连《禅海蠡测》都看不懂，他就裹足不前，认为自己实在没有资格做父亲的门生。然而，终究是拗不过自己内心对禅学的向往，掩不住个人对父亲的仰慕，古国治终于鼓足了勇气，瑟瑟地问父亲，可以不可以去听他的佛学课。父亲慈祥地说："好呀！你来呀！""老师，我程度很差。""没关系，你来嘛！你找一位李姐姐，请她帮你安排。"古国治心中的冰山瞬间融化成汩汩的暖流，他重新燃起了求学的渴望。此后，他便常年追随在父亲左右，成为父亲的股肱之士。

像古国治这样慕名而来的求学者还有很多，但不是人人都能适应父亲的上课方式的。台湾大学哲学系的学生张尚德对此就大为困惑。他曾经糊里糊涂地去台北市开封街听我父亲讲《楞伽经》。听过几次后，他发现自己不仅一句也没听懂，甚至连一个字也不知有何寓意。一次上完课后，父亲邀张尚德与他一同回家。在路上，父亲问张尚德："听课怎么样？"张尚德回答："无记。"父亲听后竟默然泪下。

回到家，父亲用无比失望与无奈的目光望着张尚德。张尚德见状，甚觉心恸与悲凉，于是说道："老师，你好寂寞。"父亲并未答话。不久，父亲的眼神变了，变得无比深邃。张尚德当时不知道父亲为何会发生这种变化，待到若干年后，才了解他一定是在"非想非非想处定"中了。"非想非非想处定"是没有想，并非无"细想"，也就是不昏沉、不散乱、明明了了地在一切中，又超越一切。

直到后来听了父亲在十方丛林书院讲授《指月录》，张尚德才明白，父亲的课堂是如何"妙不可言，有教无类"。

父亲不仅上课无拘无束，与学生交往也无分别心，常常在与他们的交流中显露出自己的本性，并以此来影响、教化学生。

在泰顺街，父亲讲《易经》《庄子》《老子》。那时，我们家境依然贫寒，居所十分狭小，父亲在外面讲学，回到家里连洗澡的地方都没有，只能坐在凳子上沐身。但即使这样，父亲依然秉持着乐善好施的作风。有一次，有人在外面敲门，父亲一听他说话就知道这个人要跟自己借钱。然而我们家里的条件也不好，父亲找遍家中，竟没有找到余钱可以出借。当时，陈芳男正好在我们家，父亲便问："芳男，你口袋有多少钱？"陈芳男一听，有些害怕，毕竟他的家境也不富裕。

陈芳男在台北读书，当时台湾的经济状况很差，他母亲每个月给他三百元作为生活费，此时刚刚寄来。父亲说："你先拿出来。"随后又接着说，"你每天下课就到我家里来吃饭。"陈芳男便把身上的钱拿了出来。那时，不仅陈芳男，连我们也不清楚为什么父亲自己已然生活拮据，却还要凑钱借给别人。过后才想明白，父亲的慈悲向来如此，即使自己借钱，也要帮助他人。

后来，陈芳男学出家人过午不食，练习观想，结果弄得面黄肌瘦，却始终摸不到门路。父亲也为他感到着急，于是便找他，同他长谈了一番。之后，陈芳男在练习的时候，便想到父亲曾跟他说的："观自在菩萨行深，行深，要行深，不要多想，要应无所住，不要再乱想，而生其心。"悟到这句话后，陈芳男终于掌握了要领，自然而然地进入了"用神进则识神出"的境界。在那个境界里，人是没有分别心的，即使被蚊子叮咬，也不会动手打它。父亲当时不加考虑地帮助别人，或许就是这种没有分别心的境界吧。

父亲只在大学教了几年书，就因事不教了，改请孙毓芹先生代课。

父亲不去教课，这其中还有一些不为人知的原因。原先辅仁大学有校车，每日往来于台北与学校之间，方便教授们上下班。父亲本来是搭乘校车往返学校的。校车上的教授们很喜欢与父亲攀谈并商讨问题。大家一片热情，父亲自然不能冷面相对，然而刚刚上课说了几个钟头的话，上了校车还不能休息，一番攀谈下来，口干舌燥，嗓子都变哑了，不免太过辛苦。

后来，父亲不再搭校车，改为乘计程车回台北。下车后再带着帮他提皮包的古国治去喝一杯咖啡，休息一下。如此一来，父亲本就微薄的薪水更是所剩无几。这对于还要养一大家子的父亲来说，确实不是长久之计，于是他便有了另谋他路的打算。

除此之外，父亲辞掉大学的教职还有一个原因。台湾的大学上课很自由，所以有很多学生喜欢逃课。有些不善言辞的老师，甚至会遇到课堂没有学生的窘境。然而当时父亲在辅仁大学虽也是教选修课，课堂却总是人满为患，甚至有人站在窗外听讲。面对这样的强烈对比，父亲早已感觉不妥。为避免令别人不快，自己应该急流勇退，尽快抽身，以免他日遭忌。

然而，父亲的声誉并没有因为辞掉大学教职而受到影响，相反，父亲的名气越来越大。随之而来的，除了无数人前来求教、拜师，社会上的聘请和赞誉也是络绎不绝。台湾的某委员会曾给父亲送来一个聘书，请他担任委员。父亲坚辞不受，并写了一首诗：

一纸飞传作委员，却惭无力负仔肩。
人间到处宜为客，免着头衔较自然。

名誉、头衔乃极为诱人之物，多少人为此孜孜以求，却中了贪嗔痴之毒。有人在名片上印满各种头衔，令人眼花缭乱，父亲则与众不同，他一向对那些虚名不屑一顾、避之不及。“免着头衔较自然”，他对待荣誉的这种自在的态度，到了晚年都没有改变。

在大学里，每次上完课，父亲就让学生帮忙将讲稿整理成书，并由此形成了父亲的大部分著作。朱文光和林曦表哥都曾帮助父亲整理过讲稿。朱文光是台湾大学农业化学系硕士，后来赴美攻读博士学位。在未出国前，他与杭纪东、林曦表哥、周勋男等，都在父亲门下学习。朱文光除了学习本专业外，还精研《易经》和道家学术，所以大家都称他为“朱老道”。他研究学问的方法很是独特，却能迅速深入，达其精要。此后许多年里，他都是父亲的得力助手。

为父亲整理讲课记录这项工作，说易也易，说难也难。父亲上完课的第二天，学生们根据上课时的录音，将课堂内容整理成稿。他讲一个多小时的课，往往要花一整天的时间才能整理出来。这项工作主要去掉父亲一些重复的话，没有增添任何东西，顺序也和父亲讲课时一样。这样整理下来，一节课一般会有五六千字的内容，记得最多的一次有一万字。三门课讲下来，记录一共整理了三十多万字，稍加润色即可出版成书。但父亲并不急于出版，他把整理的书稿通读了一遍后，认为其中尚有许多不足，因而还不能出书。他不是对记录整理不满意，而是觉得自己讲的内容还需完善，他要重新讲，从头再来。学生们一开始都很不解，父亲辛辛苦苦讲了这么久，大家也认认真真记录整理，一个不满意，大家付出的汗水便都付诸东流了。后来大家才了解到，这种事并不稀奇，即使是那些父亲已经出版的书，也是经过反复修改与打磨才付印的。如果他自己不满意，便决不会匆忙出版；而在听他讲课的过程中，大家也发现，如果讲课时他情绪不好，或者身体不舒服，他讲课的质量就会打些折扣，这也难怪他有时会对自己讲的内容不满意。

父亲的三十多部专著，大多都是在讲课、整理与反复修改中编写出来的。父亲甚是感激他的学生无怨无悔的帮助，并将这份情谊铭记于心。他曾称赞蔡策先生“不但记录得忠实，同时还详细补充了资料”，“其情可感，其心可佩”。

蔡先生比父亲还稍年长一点儿，当时他还在台湾国民党《中央日报》担任秘书。在繁忙的公务之余，他帮助父亲整理完成了一部六十多万字的巨著，确实功德无量，令人敬佩。后来，蔡先生还想帮助父亲完成其他著作，但父亲看他年事已高，身体状况也不容乐观，就没有忍心让他继续受累。遗憾的是，像蔡先生这样负责而细致的人，实在是不可多得。因此，父亲那里积下了一大堆讲课的录音带，整理的进度却迟迟难以推进。

父亲周围的学生见状，无不心急如焚；父亲自己也经常为此而苦恼，也找过不少人帮忙。有台湾的，也有大陆的。还有人自告奋勇，想当然地以为记录整理一事很容易，便向父亲索要了几盘录音带，花了不少功夫整理出来拿给父亲，父亲翻了一下整理出的书稿，觉得实在不能使用，就扔在一边了。

二十世纪六十年代初期，父亲已有了撰写《论语别裁》的构想，并希望门下弟子能够一起参与。于是他便根据每个人之所长，为大家分配工作。父亲分配给林曦表哥的工作，是将自己每次所讲的内容做总的整理。而朱文光最有耐心，父亲便让他先对所有同学的笔记进行初步筛选。大约一个月以后，林曦表哥将整理好的《论语·学而》篇讲稿呈上。父亲仔细阅读了一遍，当面指出其中语意有欠妥帖或偏离主题之处。于是林曦表哥再次参阅各人的笔记，重新整理完毕呈上，父亲又立刻指出其中的一些瑕疵与纰漏。如此反复整理修改，直至第五次，父亲才满意。有此先例后，后面的工作便进行得颇为顺利，不承想在他们完成第四篇《里仁》后，有人因课业太重，实在无力继续兼做整理工作，要先行退出工作行列。父亲听闻此事，倒也并不介怀，只是叹了一口气说："缘起缘灭，勉强不得。"

在这段时间里，父亲总算有了一个比较安定的生活和工作环境。他不仅在大学里传道授业，还经常被社会上的人邀请去讲课。但父亲并不满足于这一现状，他的目标绝不止于影响一个学校、一座城市的学生，甚至不止于影响一代人。大学校园这个天地太过狭小，他需要一个更大的舞台，在一个更大的范围里弘扬传统文化，为更多的人点燃思想的火炬，实现传道的志事。他在《禅话》中提到六朝时禅宗的著名人物傅大士（傅翕）时曾说："我们从傅大士的卖妻子、集资财、做布施的事，便可了解世间法和出世间法事难两全的道理。世间法以富贵功名为极致，'洪范'五福，富居其一。出世法以成道的智慧为成就，所以佛学以般若（智慧）解脱为依归。但作法施（慧学的施舍）者，又非资财而不办。自古至今，从事宗教与学术思想者，莫不因此困厄而寂寞终身。否则，必依赖于权势与财力，方能施行其道。傅大士为了要弘法利生，先自化及平民，终至影响朝野。"父亲当然要像傅大士一样，弘法利生，影响朝野，这是他一辈子的心愿与理想。但他并没有依赖权势与财力，而是通过自己的努力来实现这一理想。这就是后来他成立东西精华协会的原因。

四、复兴文化立中流

台湾的经济逐渐复苏后，文化开始受到重视，文化建设也提上日程。

二十世纪六十年代起，台湾经济从稳定逐渐走上繁荣，人民生活日渐富足。彼时，物质层次提高了，但人们的精神层次依旧停滞不前，人们的心中依旧缺乏一种理念、一种精神来作为支撑。如此一来，整个社会的价值观、道德观都出现了问题。所谓时势造英雄，在这样一个大环境中，父亲的全部理论和学识才有了用武之地，并得以广泛传播，他的弘法传道、济世救人的理想才能够实现。

台湾的经济逐渐复苏后，文化开始受到重视，文化建设也提上日程。父亲在此前的隐士生涯中打下的那些文化根基，开始逐渐显露出了实际的意义。而邀请父亲讲学的学校、机关和社会团体也越来越多。

那时，邀请父亲去讲学的，不仅有学校、社会团体，还有军队。早先，郝伯村担任“参谋总长”，他常带领在职的将官们定期集会，邀请父亲去与他们讨论中国传统文化。军中《青年战士报》的一众工作人员，则邀请父亲去讲《论语》和《孟子》。就连蒋介石和蒋经国，也曾经亲自邀请父亲去演讲。

蒋介石是王阳明学说的忠实信徒，到台湾后，他把居住的地方草山改名为阳明山。蒋介石许多言行举措也遵守阳明之学。二十世纪五十年代的台湾，经济萧条，物资匮乏，不论官方与民间，都是一片困苦。当然，那些军人则更加可怜。据闻，当时的美国便看准了台湾亟待恢复生产的需求，企图借此机会控制台湾。他们给出的好处便是由美国负责发放台湾军队的薪饷。唯一的条件是，台湾军队各阶层的副领导，须由美国军方担任。当时台湾军队的薪饷定然是一笔不小的数目，如果真由美国负责发放的话，肯定会减轻不小的财政压力。

为此，蒋介石还特别召开了一个重要会议来探讨此事。当蒋介石说明美方所提的建议时，座中众人皆心中大喜，认为总算有望改善生活了。但蒋介石却说，此事万不可行，因为如果为了一点小利益，就随便让外人参与军权，那自己就无法做主了，最后只得变成他人的附庸，以后只会有更大的损失，因此绝不可因小失大。座中众人听到这个决定，心中纵然有莫大的不满，却也只能敢怒而不敢言。因为那时是威权时代，没有人敢直接提反对意见，只有通过其他方式来表达不满。于是，他们便通过双脚跺地的方式来表达自己的不满，以致满堂都是跺脚的声音。蒋介石自然知道他们肯定不会就此罢休，便接着再说，要把目光放得更加长远，不能为了眼前的利益，引狼入室，如果真把外面军人引进自家的队伍中来，不仅没有了自主权，还有可能将来自我灭亡。作为炎黄子孙，最基本的中华民族精神是万万不可丢弃的。兄弟相争是自家的事，不可投入外人怀抱……

在这次事件中，蒋介石发现，国民党失去的不是大陆，也不是人心，而是中华文化的精神。一旦没有了仁义廉耻，中华文化的精神就丢掉了，如此一来，如何还有继续生存下去的颜面呢？而这时，“文化大革命”已经在大陆展开，一切传统的东西都被看作“四旧”，被看作腐朽思想而抛弃掉了。海峡对岸的蒋介石，深感斯人责大，发扬中华民族文化义不容辞，否则中华民族的未来不可设想。一九六六年，蒋介石、蒋经国邀请父亲到台湾“三军”各驻地巡回演讲。在台中“空军”基地演讲期间，蒋介石曾亲莅幕后聆听。对此，父亲曾回忆道：

当天，“空军委员会”请我到清泉岗演讲，山下就是为“反攻大陆”而修的机场。我一上山就感觉气氛紧张，到处都是当兵的站岗，一问才知道蒋介石在这里休息。我就问陪同我的参谋：“需要改期吗？”参谋说：“没有接到通知啊。”没有办法啦，箭在弦上，不得不发，只有讲。我平时讲课全是坐着讲，那时陈立夫讲课都是站着讲。当时讲的是《中庸》，讲演结束后，参谋告诉我，蒋（介石）先生也听我讲课了。我当时很意外，没有看见老爷子啊，原来蒋介石在会场后面拉了个布帘，牵了根电线在幕后听我讲。

那次演讲，父亲特别强调：“若民族文化亡掉，中华民族将万劫不复！”在帘后听讲的蒋介石深为所动，三天后便宣布，要推广中华文化复兴。当年十一月十二日，蒋介石又发表了《国父一百晋一诞辰暨中山楼落成纪念文》，孙科、王云五、陈立夫、陈启天、孔德成等一千五百人联名发起“中华文化复兴运动”。一九六七年七月，正式成立“中华文化复兴运动推行委员会”，蒋介石亲任会长，邀请了大批学者参与其中（包括钱穆先生等），为保留、复兴中国传统文化做了不少工作。

父亲对此十分称赞：“抗日战争胜利后，日本人不服气，中国人不要日本人赔偿，还把全体官兵送回日本。这就是道家思想：报怨以德。孔子也讲：以直报怨。这就是中国文化，可惜后来只有一个人懂，那就是蒋介石，所以他要推行复兴中国文化。”

当时，蒋介石曾邀请父亲主持实际工作。要知道，这是多少人梦寐以求却又遥不可及的殊荣。但是，面对这份令人垂涎的厚礼，父亲并没有为之动容，而是婉言谢绝了蒋介石的邀请。因为，一方面，那样做不符合他一辈子做人的原则；另一方面，他对蒋氏父子存有一些固有的看法，因而始终与之保持一定的距离。后来他在同别人谈起这件事的时候说，“以保持超然身份之故，婉辞美意”。

这是父亲一贯的作风。父亲一生不参加任何组织，不与任何人合伙或合作。他不喜欢被别人约束，不希望看到相争的场景，不愿出现“山中无老虎，猴子就称王”的现象。父亲想做的事便一定要自己干，这是他一贯的脾气秉性，而且他的这个脾气秉性，一辈子也没有改。后来，父亲号召成立东西精华协会，目的正是要为文化复兴和融会贯通中西文化而登高呐喊。他在《协会宗旨》中写道：“其着力点则在于发扬东方文化，亦即中华文化之所长，以济西方科学文明之不足，而为社会人类谋福祉。此点可说与中华文化复兴运动的宗旨殊途同归，百虑一致。”参加协会的人，少长咸集，都是认可他、追随他，以及跟他学习之人。

而对于政党的问题，父亲始终坚持“只买票不入场”。他自己曾说：“我一辈子对于各党，都有一个立场——买票不进场，这是我的做法，什么时间我都有票，但是我不进场，一进场就完了，就被套进去了。可是没有票不行哦，搞些什么东西我看不见，我至少有票，只要门缝打开，我看一看就走了。我基本走的就是隐士路线。”

父亲在办公室

父亲在经国先生之子蒋孝武继任“中国广播公司”董事长后，推却了“中国广播公司”的课程，避免做御用文人，后来又曾婉拒经国先生；二十世纪九十年代初，由大陆王震将军、邓力群先生等牵头的中国国史学会，曾邀请父亲任副会长，也被他谢绝了。父亲虽不授任两岸任何职务，但他的学问和事功却令两岸朝野钦慕不已。

“上下五千年，纵横十万里；经纶三大教，出入百家言。”这是国民党四大元老之一李石曾先生当年赠送给父亲的话。父亲虽无正式职务，然而他通达五千年文明气脉，跳出三界五行、政治时空的囿固而纵横捭阖，弘扬文化，教化人性，这不正可以说是“身无片职，权倾天下”吗?

在“空军”基地演讲后，父亲声名更盛，以至于台湾省各部门都纷纷邀请父亲去演讲。一九六六年，父亲应太极拳协会会长、“立法委员”韩振声先生之邀，讲演了《太极拳与道功》。

韩先生曾经以“太极拳与道功”这个问题同父亲探讨，父亲就将他个人年轻时学拳的经验提出来与其切磋研究。经过探讨，他们一致以为，太极拳学到最后阶段，较为圆满的修炼方式是走入修道的途径。由于那次两人相谈甚是投契，父亲便应他的邀请，于一九六六年十一月十一日做了此次讲演。

这次讲演轰动一时，在当天报纸刊出的新闻中，父亲甚至被称为国术家。但父亲拒不接受这一称号。他之所以接受讲演的委托，是因为觉得武术精神“与日俱衰，令人忧心，正如今日中国文化之亟亟待兴一样，而反观太极拳在欧美各国则日益流行，每回看到国外寄来的拳姿照片，却又不免有‘橘逾淮而枳’的感慨，因而借此次讲演的机缘，贡献个人一得之见，以就教高明，并以阐述我中华文化中武艺精神内涵之一般”。从这点而言，父亲的眼光是超前的。如今，大陆武学亦呈现一片繁荣局面，人们纷纷从传统武道中寻求养生安身的养料，这是中华武道自身固有的魅力结出的硕果。现录父亲的部分演讲，以管窥中华武道之博大精神：

渊源流变

春秋战国时，中国武功已经很盛，如前所述武功的进展跟时代、经济、文化等时空背景有极密切的关联。春秋时代，各国相互征伐，战争用车用马，崇尚车战、马战，而步战却很少。汉以后车战已然绝迹，而只盛行马战，再往后，武功才真正发展到由人手拿大刀、长枪作战。原始作战，取材简易，故兵器中，棍称“百兵之王”。以后在前端套一利器，演变成长枪、大刀，等等。因之又转以枪为“百兵之王”，而称剑为“百兵之贼”。因为用剑对敌全赖巧劲，亦近于取巧。从人类文化在这方面的演变，就可看到武功进展的轨迹了。

迨至两汉以后，兵器已由棍棒发展到长枪、大刀，此亦时代之趋势使然。而作战时采用短兵相接，乃唐宋以后之事，较早的南北朝时期，梁武帝时，达摩祖师自印度来到中国，息隐专修于少林寺，直传心法，被尊为禅宗之初祖。而他在当时曾否谈及武功方面的事实，现在已然无法考据，凡找不到证据的，难免有被后世的人假托附会的嫌疑。佛教早盛于印度，然在印度先于佛教的宗教还有婆罗门教；打坐行功方面，则有瑜伽，讲究练气修脉。印度之原始文化与中国道家修炼上更有异曲同工之妙，而达摩祖师来自印度，当亦可能精于这类武术。至于瑜伽之练气练脉，动作极为简易，只有几个基本扼要的动作，明白了以后即会做，但是易学而难精。如果与中国道家的功夫比较，道家的功夫演而化之，仅呼吸一法，即可分三百九十多种，瑜伽则可分类成数十种。一般人认为达摩祖师来到中国后，冶瑜伽、道家于一炉，融会贯通而传下少林武术。如传说中或许可能有此一举，但这只是强健养生之道，并未涉及禅的内容。而纵观少林一门的诸多武术的创始来源，有的类同中国古代失意的士人，遁世出家，入于佛，或入于道。有的是触犯法令的人，出家之后，政府则不加深究，可获逭贷。总之，出家人中，鱼龙混杂，良莠不齐，有江洋大盗，亦有百战将军，纷纷退隐佛寺道观之中，闲来无事，舒展拳脚，授徒开班，于是逐渐形成少林门风，亦并非不可能，故不必视后来少林的诸般拳术，尽是创自达摩祖师一人。

《易经》与太极拳

一般文人学士，因为体弱多病，而去练太极拳以强身，本来是很好很适当的事，奈何文人好事，又创立太极拳是来自《易经》的说法，牵扯到阴阳八卦上面去。太极拳到底与《易经》之配合如何？大家可任意去信从，但无多大实质的关系，如欲以手形分成阴阳，配合两仪，即以手背为阳，手心为阴等，似嫌理论空洞。“太极”的名称，并未见载于《易经》本文，而这名称的出现，至少也是宋朝以后的事，因为《易经》太极之说，是宋朝理学家所倡，唐以前没有。而“太极”一名，最早为道家人士所提出，宋理学家便以太极假借作他们学说的根本依据，进而以阴阳、八卦阐扬他们的学说，故有“太极拳”的名称，也应该是宋朝以后之事，这是不会有错误的。倘说张三丰创造了太极拳，并无不可，但将那些《易经》理论上之事，加之于太极拳则不免多余。《易经》原为群经之首，放诸四海皆准而弥纶天地之道，博大精深，永无止境，但若牵强，将精力虚掷在研究其与拳术的关系上，似有偏离武功实际之嫌。

总之，做任何学问都一样，无论是打坐、修道、学佛、参禅、做内功，先不必好高骛远，侈谈高深理论，成仙成佛都暂不必谈，但修养到在世无病无痛，死时干净利落，一不累己，二不累人，这已是不易，且慢奢望成仙作佛，学太极拳亦然，应该有这样的观念，实事求是，从基本上做起。

生命力之衰

中国道家、印度瑜伽，或密宗的理论，都会谈到人类关于“死”的问题，无论男女，每一人的死亡，都是自脚部开始，道家深明此理，故训练“息息归踵”，所谓“真人之息以踵”，一般解释“踵”为足心的“涌泉穴”。试观婴儿躺在床上自玩，经常是活动他的双脚，而双手反而很少活动，后来渐渐长大，仍然爱跑、爱跳，双脚好动，中年后一变，却爱坐喜静，反而讨厌年少好动的人，殊不知他半身活力已消减，下身等于半死状态了，所以倦于活动。再看老年人，坐时更喜将两腿跷起高放在桌上，才觉舒服，这表明下部生命力已大衰，两脚易冷，老态呈现出来了，若老年人能脚底发烫，脚下有力，则是长寿的征兆。又看胎儿的呼吸用脐，丹田在动，婴儿呼吸虽用口鼻，而丹田仍还自然在动。到了中年老年，丹田的动无力而静止，改变位置，上缩至腹、至胸，再至喉至鼻，最后一口气不续，呜呼哀哉——就此报销。可见生命力之衰亡，是由下而渐往上，逐步衰竭。我们做气机功夫或练太极拳功夫，要“气沉丹田”，使气机畅运无滞为要，这是健康之道。然而应该用何法下手，则须看各人的资质而定，不能一概而论。

太极拳之原理也是如此，打太极拳是在动，由动中的体力劳动，进而渐渐达到内心清净的境界。所以我经常以孟子的话来譬喻拳术的道理。孟子说：“天将降大任于斯人也，必先苦其心志，劳其筋骨；饿其体肤，空乏其身……”学拳的人，无论南宗北派，都在劳其筋骨，静坐、练功的人，亦是苦其心志；那些做英雄事业之人，则是空乏其身，三者殊途而同归。现在我们倘若能从劳其筋骨入门，自然也就可心志清净，近乎道矣！

总之，太极拳是“动中求静”，由静而达到静坐、内功所证到之境界，动静互相配合，则于身心的健康大有裨益，这是必然而无可否认的。

五、上国衣冠访东瀛

他对日本的侵华历史有刻骨铭心的体验，对日本素无好感。然而，父亲的眼光依旧冷静客观。对于战后日本经济的腾飞，父亲认为“值得钦佩和欣赏”。

一九六九年十一月，日本邀请台湾方面派一个文化访问团参加徐福庙落成典礼。相传，秦始皇派方士徐福去求长生不老之药，徐福带了五百童男童女前往东海仙山求药，中途因台风之故漂流到日本岛。徐福一行人没有采到药，却在日本定居下来，经过世世代代繁衍生息，才有了今天的日本人。日本人一向对徐福的故事讳莫如深，而现在不仅为徐福盖庙祭祀，还请台湾方面派人参加庆典，这显然是一种示好。

台湾方面接受了这一邀请。一方面是为了修好睦邻协同发展，另一方面也为了弘扬中华文化，树禅正宗。自二十世纪五十年代以来，日本禅风风靡全球，茶道中有禅、插花中有禅……一切事物，都被赋予了禅的意味。即便是一向号称科学昌明的欧美，竟也被此风吹得熏然忘我，开始竞相追逐禅学起来了。那些欧美人，不约而同地将修禅论道视为有修养有境界的标志，尤其是研究哲学的学者们，更是如此。随着禅学之风的盛行，各式各样有关禅学的专著充塞市场，一时间百家争鸣、热闹异常。

相对于东方来说，欧美国家的禅学算是起步较晚的了，因此在学禅方法上，尚处于探索阶段。对于精益求精、实事求是的欧美青年来说，此时，他们对禅的研究可谓热情满满。为了体证古老而新奇的禅道，他们费尽心思，通过各种方式，甚至还用服用丹药之法来获得最真切的禅学感受。本来以为通过这种方法便是真正实证了禅，自认和宋代禅宗大师青原行思的境界相同，却不想，其实是与禅南辕北辙，完全是枉费心思。

面对此种禅学乱境，作为堂堂禅宗的宗祖国和法定继承人，中国难道只能任由这思想与文化的宝藏远渡重洋，在曲解中载声载誉，自己却无动于衷吗？答案必然是否定的。中国势必要为禅学正本清源。

此时的大陆，正执行极“左”政策，视文化国粹为牛鬼蛇神，对其不遗余力地批判、打倒和破坏，在这种条件下，就谈不上弘扬禅宗了。而台湾地区，经过几年的休养生息，无论是经济和文化上都得到了发展，在一片文化荒漠上长出了无数绿洲。特别是蒋介石吸取内战失利的教训，在反思之后大力主导复兴运动，仅用了短短十年，台湾就医治好了战争的创伤，一片祥和，欣欣向荣了。蒋介石也因此恢复雄心，意欲再振中华民族和中国文化之威严，因此派出一个规格不低的代表团赴日交流。团长由何应钦担任，实际负责筹备的是时任中国国民党社工会主任的詹纯鉴先生，父亲则以学者的身份被选中参加代表团，这是父亲生平第一次出访。团员除父亲外，还有台湾师范大学教授陈致平、“立法委员”程沧波、随团记者黄肇珩等，都是文化教育界人士，共二十余人。

赴日本，一九六九年松山机场，陈致平（右一），南怀瑾（右二）

代表团刚到日本时，还发生了一个小意外。他们在日本坐火车，离住处还有一段距离时，正好遇到火车出轨，于是只好下车步行。二十几个人提着大大小小的箱子，又找不到搬运工人，很是无奈，不知道要怎么办才好。父亲便一个人肩扛手提拿了三个箱子，率先迈步前行。大家见他拿了那么多东西，依旧健步如飞、气色如常，无不赞叹不已，夸父亲的功夫好。其实父亲也早已汗如雨下，只是修持多年，虽是筋疲力尽，但外表依旧能够保持从容。到了目的地，大家都对父亲说：“你一定有功夫！”父亲说：“我什么功夫也没有，我要是像你们一样，歇歇走走，一个也拿不起来。”父亲虽自嘲“力小任重”，但也由此可见他的气魄与担当。

代表团在日本交流的时间只有一个星期，其间饱览名胜，还多次同日本学术界进行文化交流，父亲还应邀做了《东西文化在时代中的趋向》的报告。

十一月十一日下午，日方在东京组织东方文化座谈会，邀请代表团参加。日本方面参加座谈会的人，汉文化素养都很高，其中还有专研唐诗的学者。座谈会期间，他们竟然当场赋诗，并请台湾地区的客人即席附和。这可让台湾代表团的人十分震惊，一是没想到日本学者的汉文化素养已经到了如此高的地步，令中国人都感到自愧不如；二是想到如果不能当场和出诗来，可是丢了大脸。代表团的人都慌了神，因为团员中会作诗的人不多，而且就是那些会作诗的，大概也须搜索枯肠，思考几天才能成句。眼看我们中国人就要当场丢人现眼了，父亲竟已和了一首回应日本友人，才算为大家解了围。

座谈会上，父亲应邀讲话。由于父亲带有口音，翻译工作也不尽理想，加之时间所限，所以许多问题未能详述。回台后，父亲特意写了一篇《致答日本朋友的一封公开信》，发表在当年十一月三十日台湾国民党《中央日报》的副刊上（这篇文章收集在《中国文化泛言》中）。

访日期间，父亲竟也结交了一名诗友。那位日本学者名为木下彪，因为当时他们在现场作诗时，相互唱和，遂结成诗友。木下彪是日本老一辈的高级知识分子，他曾任天皇宫廷文官，又是汉学专家，在唐诗方面更是造诣颇深。在游览日本太庙后，父亲兴起赋诗一首：

游伊势神宫（太庙）

立国同根各有时，浪传史迹费疑辞。
乔松夹道黄花丽，为拜神宫又献诗。

木下彪亦即唱和：

缅邈谁知肇国时，迂儒考古漫多辞。
天潢不改三千载，我仿周人赋颂诗。

木下彪的诗不但韵律工整，且颇有唐诗风骨，可见他“汉学家”之称绝非徒有虚名。两人惺惺相惜，此后他与父亲常有诗文往来。几年后，老古出版社还出版了他的诗集《日本战后史诗》。这本诗集，描述了一九四五年日本战败后，美国驻军管制期间，日本人民饱尝痛苦、失望与无奈的辛酸，言语精到，思想深刻。不仅中国的百姓饱受日本军国主义的蹂躏，便是日本人民，也深受其害。

访日之旅虽然只有短短几天，但在同异国风物和友人接触后，父亲感慨良多，于是在回程的飞机上，父亲又即兴写了一首诗：

空到东瀛走一回，平添感慨有沉哀。
低回富士山头白，我又乘风归去来。

父亲所谓“平添感慨有沉哀”者，究竟是何事？他对日本的侵华历史有刻骨铭心的体验，对日本素无好感。然而，父亲的眼光依旧冷静客观。对于战后日本经济的腾飞，父亲认为“值得钦佩和欣赏”，但他很快就为“十九世纪以来，西方各种经济思想与工商业的发达，带给东方经济思想的影响而忧虑”，他向日本朋友指出：“一个经济发展到实力充沛的国家，如果没有远大的经济哲学思想，往往会踌躇满志，挟富而骄，欺凌弱小。”他在看到日本经济发展的同时，也看到了其在社会文化方面存在的问题，指出“日本在文化思想上的危机，的确是一个更为值得担忧的问题”。对此，东道主回应父亲，说“要讲东方文化，中日两国原为兄弟之邦，中国是老大哥”，希望父亲能够开诚布公，对日本今后的发展道路指点一二，请父亲把他的讲演内容整理成文字，这就是《致答日本朋友的一封公开信》一文。

可见，父亲对于文化危机的认识绝不仅限于中国，而是从整个世界和人类社会的发展角度思考这一问题，并从自己感受最深且最为了解的中国文化出发，尽己所能积极地思考解决之策。

六、东西精华唯一统

“中华民族有着五千年的文化历史，如今却像个乞丐一样，向西方讨文化的饭吃。”

父亲对近百年来中国文化出现的断层素来认识深刻，且深知问题紧迫。无论是在著作中、讲堂上，还是在与学生或友人的言谈中，他都常常流露出对民族文化未来命运的深切关怀。

父亲曾无限感慨地说：“中华民族有着五千年的文化历史，如今却像个乞丐一样，向西方讨文化的饭吃。”诚然如此。近代以来，中国无论是在经济、政治，还是在科技、军事等方面，都落后于西方国家，国人饱受列强欺凌，因而对本国的一切都没了信心。一些知识分子试图寻找落后的原因，这种本意是好的，但却急于求成，盲目归罪于中国的文化传统。他们认为，以孔子的儒家学说为代表的传统文化，禁锢了中国人的思想，妨碍了中国社会前进的步伐。尤其在五四运动时期，一些激进分子，为了使中国走向现代化，甚至提出要打倒“孔家店”，将旧传统、旧文化和旧道德统统推翻。可是，他们没有分清何为精华，何为糟粕，再加之急躁冒进，结果就把精华与糟粕一起抛弃了。他们虽推翻了旧文化，却没能重新建立起新的文化与道德，也没能真正为中国文化日后的道路指明方向、奠定基础，中国文化传统就此被拦腰砍断。

这些激进分子，彻底否定中国传统教育，提倡接受新的“西式”教育。

接受新教育，本无可厚非。新的教育内容和方法，与旧学相比，固然可以令国人扩充知识，但知识并非就是学问，彻底否定传统则过于激进了。传统教育的中心是人格的养成与完善，人格的养成和民族文化的传承，也绝非单单依靠知识的堆积来完成。我们现在的教育，基本都是对知识和技能的传授，这种做法目光如豆，仅着眼于未来几年里经济、科技的发展走向，却远未能顾及国家文化建设的百年大计。甚至于现在的语文教科书，也只剩下了语言，没有了文化。而象征着国家未来的少年儿童，所学的童谣、儿歌，更是毫无文化内涵可言。这种教育方式，延续至今，已呈现许多弊端；而若放任自流，则必将贻害无穷。这一代的中国人，失去了文化根基，只能接受文化出现断层这一事实。中国经过几千年磨砺而成的文化晶石，如果就此丢弃，绝对会对人类文明造成无法估量的损失。

台湾现在提出重整文化断层，复兴中国文化，确实是一个伟大的洞见。这不是一句空洞的口号，而是有实际内容的，就是要培养熟悉中国古代文化经典的一代人，找回开启这个贮藏了上下五千年文化的宝库的钥匙，让传统重新成为文化创造的动力。父亲同样不忍看到中华传统文化日趋式微，又恐“熟读经书徒论议，实行道义太零仃”，遂决定创立一个协会，意欲为台湾地区注入中华文化之清泉，由此引起整个社会对传统文化的尊重与学习，从而以传统的不竭动力推进社会的发展，并沟通中西文化。这既方便讲授国学、佛学知识，也利于东西方文化交流。因此，从日本回来后，父亲就积极筹备成立东西精华协会。

协会作为一种随人类群体意识的觉醒而出现的社会集团，在现代社会是一种普遍的现象。在这里，一批有着共同的利益、追求，甚至只是共同兴趣的人，集合到一起，为一个目标而奋斗。一般说来，这种协会不以营利为目的，也不像政党那样组织严密、纪律分明，入会的会员来去完全自由，仅凭个人意愿。这些协会游离于国家的政权之外，作为一股社会力量，对于社会的进步也自有其不可替代的作用。

但在当时，要成立一个协会却并不容易。困难和障碍不仅来自官方，甚至是那些早已与父亲熟识的人，也发出了许多反对的声音。曾听到有的人说：“教化或讲课，何必要什么团体组织，只要有场地不就行了吗？”甚至有人传出“南某人喜爱夸大，想当领袖，所以要大费周章，办协会”这种流言蜚语。父亲对此统统嗤之以鼻，不予理睬。他说，这是一个便于文化交流的场所，不是一个简单意义上的讲堂。成立协会，要遵循他一贯的做事风格：“不向既成势力低头、不向反对的意见妥协、不拉拢反对人士。”

虽说在台湾成立一个文化团体十分困难，但是在西方，特别是像美国这样一个思想开放、对社会组织管制较松的国家，成立一个文化团体则是一件很容易的事，只要有理想，有人共襄盛举，立刻就可以登记注册，开展活动。这类文化团体有法人的地位，可接受捐款（捐款可以免税），会计独立，款项不能私用，并要接受政府会计监督。在美国，这种协会和社团组织多如牛毛。比如，有“反肺病协会”“反艾滋病协会”，只要你说得出一种病来，就会有一个相应的协会存在。

于是，在父亲的策动下，弟子们邀请了一些外籍学者，于一九六九年八月在美国加利福尼亚州率先成立了“东西精华协会国际总会”（East-West Essence Society）。发起这个组织的，都是对东西方文化有深切认识，并希望能够将两者融会贯通的人士。其中，负责实际事务的主要是薛乐如先生。美国总会刚成立时，会员只有十几人，但很快就得到了社会上的热烈反响。美国总会成立后，由美国国务院通知台北的相关部门，再在台北成立团体就比较顺利了。

在台湾，虽然有人反对，但多数人还是表示赞成和支持的。支持的人觉得，有了一个正式的组织，可以让更多的人有机会听父亲的课，同样讲一次，数百人都可以听到，不同于以往只有少数人有机会听讲。而且有了正式的组织后，进行各项活动也会更加方便、高效，学员相互间交流的机会也更多。大家认为，有了组织机构，就能够扩大社会影响力，对弘扬传统文化提供更大的帮助。

加利福尼亚州的“东西精华协会国际总会”虽然规模很小，却引起了社

父亲与东西精华协会工作人员合影

会各界的关注。国际总会成立后，望在世界各地成立分会。于是，父亲便率先在台湾成立了“东西精华协会中国总会”。在很多人的帮助下，经过许多曲折坎坷，又迂回于法令规章之间，最后协会终于获准登记了。

随后，协会便开始招贤纳士。李淑君曾说，当时自己“到了招生地，随手翻了翻协会宗旨的简介，以及各项学术和社会福利等之筹备方案。浏览过后如获至宝，喜不胜收，因为琳琅满目的学习课程上至天文、下至地理，文的武的，古的新的，样样俱全，许多都是外面学不到的。至于那种种关于社会教育和社会福利的方案，则更令人欣慰，因为社会上需要帮助的人实在太多了。而彻底地帮助一个人，除了环境物质等福利的改善外，根本大计还在于内心的教化，使他懂得帮助自己，乐于帮助别人。因为乐观的心境和仁慈的襟怀是一切幸福的泉源。恻隐之心人皆有之，更何况助人为快乐之本，所以这些工作和理想早在我中学时代就已萦萦于怀，然而处于目前的时代潮流中，毫无社会经验的我实在感到茫然而不知从何下手。当时面对一套套的精详计划，我不禁暗自庆幸，此生终于找到了条出路。通过一个组织，个人的力量将发挥得更有效，于是我欣然地申请加入了协会”。相信与她同感之人定然不在少数。

一九七〇年三月二十二日，在社会各界的反对与支持声中，东西精华协会终于在台北成立了。成立大会的参与者多达七十余人，如孙毓芹、汪忠长、杭纪东、周勋男、杨政河、徐芹庭、吕坤维、李澄圳、杜莉、周关春、陈得清、周美惠、林曦、陆健龄、张庆仪、戴思博（法国）、罗梅如（美国）、韩长沂、王凤峤、卢惠龄、蔡淑美、李淑君等，大都是父亲的弟子。父亲自任会长，并挥笔写下：

辛苦艰难独自撑，同侪寥落少晨星。
松筠不厌风霜苦，雨露终教草木青。
熟读经书徒议论，实行道义太零仃。
乾坤亘古人常在，欲起天心唤梦醒。

父亲在会上说：“本会的宗旨，是国际性的，以不营利、不牵涉任何政治活动为原则，以达成人类社会慈善福利，以东西文化交流融合为目的……”

父亲认为：“这是最好的时代，也是最坏的时代。西方文化的贡献，促进了物质文明的发达，这在表面上来看，可以说是幸福；坏，是指人们为了生存的竞争而忙碌，为了战争的毁灭而惶恐，为了欲海的难填而烦恼，在精神上是最痛苦的。人类正面临着一个新的危机。这一危机需要用文化来化解，东西精华协会正是在这一需求下诞生的。协会吸收东西方文化的‘精华’，并将之发扬光大，以拯救在经济发达、精神空虚的社会中挣扎的人们。”

谭贞禧先生致辞说：

“有些人认为东方文化由于忽视了西方文明的长处，因此太偏重于精神方面，而忽略了物质方面的力量。所以我们今天在物质文明方面，处于落后的状态。西方的文明，在达尔文所主张的进化论上发展到了顶点，演变成为物竞天择的这种现代文明。罗素曾经写了好几部书，他认为世界的新希望，一定要有一种新的思想产生。所以他在几本书里面，就曾说，美国所谓物竞天择以及那种弱肉强食的思想，应该融合东方抑强扶弱的精神，这种新的伟大思想才能挽救今天的世界。所以贵会的成立，也是实行孙中山先生当时革命之伟大抱负。孙中山先生在精神讲话里的结论中，曾有这么一段话，他认为：‘要扫除中国一切社会上旧染之污，而再造一庄严华丽之新民国。’又说：这样‘……可将我祖宗数千年遗留之文化保存及发扬’。”

王建今先生致辞说：

“刚才听到贵会今后的做法，一切崇诚务实，正如古人所谓：‘登高自卑，行远自迩。’南怀瑾先生是最早的发起人，我们虽然认识不太久，可是从南先生个人的学识、平常的言论及对宗教方面的修养看，他是一个具有崇高理想、非常使人钦佩的学者。而在座的各位先生也都是抱有同样理想的人，才来参加这个协会，所以这个会与一般的会不同。我们就刚才所说的，兄弟现在站在自身的立场来说，今天社会上最大的毛病是青少年犯罪的问题，贵会也将对他们有所帮助，使社会人类走上一条富强康乐、安定和平的理想之路。这是文化发展的最高境界，也就是世界大同的理想。我想在岛内的团体里很难找到像贵会这样眼光远大的机构。有了这个崇高的理想，当然我们希望一步一步地能够发展到全人类去，所谓‘大处着眼，近处着手’。而且，我发现贵会有一个特点，就是不参与任何政治活动，纯粹是为学术而研究，为人类的幸福而努力，是超然清高的。现在已经看到有人乐捐大量的土地，甚至有人愿意出钱出力，就这点来说，尤与一般的团体不同。”

来宾施毅轩医师致辞说：

“兄弟向来敬重南怀瑾先生，而且我跟他学的也很多，南先生让我讲话，我只好站起来讲几句。贵会从宗旨上可以说是沟通西方和东方的一个团体，也可以说是世界上最新的一个组织，在中国更是一个新的创举。英文名词Eclectics意思是一个中间人、了解分子，此即中国文化同西方文化的一个调解者。我们知道，西方文化出自于拉丁、希腊，东方文化出自于印度与中国。兄弟在印度住了一年半，印度的文化我吸收了很多，中国文化我只知道一点点，西方文化因为我是医生出身，当然只懂得医学方面的，对于西方文化不太了解，不过空闲的时候也喜欢研究一点。我个人认为沟通东西文化不是一件简单的事情，以我们医生来说，不要说东方文化与西方文化怎样沟通，甚至连中医同西医都没有沟通，怎么可以谈到东西文化的沟通呢？比方讲，我们《易经》怎样去配合科学？这一个问题连带《易经》本身我们都没有弄清楚，《易经》里面医、卜、星相等，要如何贯通？中国的文化一向包括得很广，另外再融合西方文化，这是一项很伟大的工作。关于这个工作。最重要的一点就是绝对不能有私见，不能有成见，对东西双方的文化做一番汰芜取菁的工作。这样才可以使人类文明再向前迈进一步，而进入世界大同的理想。”

臧广恩教授特地从日本赶来参加协会成立大会，并致辞：

“我在日本也深深感到，一项事业、一个运动的兴起，要许多人对它有深刻的认识。否则，单凭少数人的呼吁，这是非常吃力的。譬如在日本，有一位德国人，受禅学影响，开办禅学院，一切经费均由国外天主教的人士捐助。虽然那位德国人只懂一点皮毛，但四面八方的人都到他那里去了。如果那个大礼堂作为南老师讲演的场所，那不但是物尽其用，而且更能人尽其才。因此，我非常感叹！如果要顺利将中国文化弘扬出去，我们要深切反省一番。”

关于东西精华协会的宗旨，简介中明确指出：今天的世界，普遍陷在迷惘中，是非缺乏标准，善恶没有界限。它的远因近果，是物质文化高度发达的反映，人们但知追求物欲而忽略了精神上的修养，于是变得没有理想，没有目标，浑浑噩噩，茫然而无所措、无所从。人心如此，国际如此，整个人类世界何尝不如此？危机重重，人类再不回头，终将走入无底的深渊。这个协会的诞生，是基于时代的需要。这个组织的宗旨，正如本协会的名称所揭示的，是要从东方文化和西方文化中摘“精”取“华”，并身体力行之，发扬光大之，挽救思想文化之大厦于将倾，导引人类走向“老有所终，壮有所用，幼有所长”的和平安乐的大同境界。

父亲为协会订立了三大目标：一、唤醒近世东方各国，使他们恢复自信，不再舍弃固有文化的宝藏，一味盲目地全盘西化；二、重新振兴中国人文思想的精神，以纠正西方物质文明的偏差；三、沟通东西文化，以谋人类的和平和幸福。

后来，他在向大陆有关方面负责人谈起这件事时说：“处此交通信息极发达的时代，全人类来往密切；弘扬中华文化优良传统固属立国之根本，但若不能与世界各国之文化精华结合，则极易重蹈清末‘国故派’之覆辙，欲跻中华民族于真正强盛之域，无异缘木求鱼。”

父亲对于这个协会的设想很具体：首先，要筹建“安颐别业”和“青少年辅导院”。这是《礼记·礼运》里的理想：“使老有所终，壮有所用，幼有所长，鳏、寡、孤、独、废、疾者，皆有所养。”同时，要做文化教育工作，弘法传道，因为把大学的课堂搬到社会上来，其影响范围必定要广泛得多。

对此，父亲认为，应该筹建“国际文哲学院”“禅学进修班”“西洋哲学进修班”“美术进修班”“国乐进修班”“语文进修班”和“国医进修班”等。不仅如此，除了推广各种社会教育，协会还应致力于青少年辅导、出版事业、国乐及中医的研究发扬，以及禅学的研究等。父亲的目标很宏大，也有许多想法。他的这些目标和想法，都写进了东西精华协会的章程里。在此后的十几年时间里，父亲都在为这些目标和想法奔波劳累。

协会刚刚创立，条件非常艰苦，人力财力都不够，只有几个追随父亲的学生和他一起筹划各项事宜。于是大家先在台北青田街租了一套三室一厅的公寓房。协会正式成立后，就迁到青田街五巷九号，这是一处带院子的平房。这里院子较大，除了客厅及饭厅外，共有四个房间，后院还有厨房和工人房。四个房间中，靠前较小的一间是父亲的办公室，两间作为其他的办公室，另一间则被布置为修习禅定的地方，客厅连着餐厅的一大间，就是课室了。这所谓的教室，最多也只能容纳二三十人。

东西精华协会虽屈居陋室之中，却是“室雅何须大，花香不在多”。厅中悬挂着两副对联：“上下五千年，纵横十万里；经纶三大教，出入百家言。”“海纳百川，龙奋风雷开宇宙；天容万象，鹏飞窅冥启东西。”在这里，父亲不仅深入浅出地讲述儒、释、道三家之学问义理，还兼讲中国文化大系、历代谋略学、中华医药等，这间不算宽敞的公寓一时门庭若市。父亲或青衫布鞋，或西装革履，轩然立于厅室之中，风趣幽默，侃侃而谈。

成立之初，协会各方面都尚未成熟，面临着诸多问题，其中最重要的便是经费不足。父亲拿出自己为数不多的全部积蓄，无奈只是杯水车薪。不得已，他便面向社会募集资金，学生们也都十分支持他的工作，纷纷拿着募捐簿四处筹集捐款。

当时，李淑君不过是在一年多前（一九六九年）在师范大学听父亲讲授《老子》时，才与父亲初识的。东西精华协会成立后，她虽仍在上学，却常常抽空来帮忙处理各项事务，大学毕业后，她就正式在东西精华协会上班了，给予父亲很大的帮助。此前，来义务帮忙的人还有孙毓芹、陆健龄、汪忠长等人。

在青田街的新地址安置妥当后，父亲便立刻筹划课程的开设。那时有很多来台研习中国文化的外国学者，如美国、法国、德国等国学者，禅学是最受欢迎的一门，所以父亲决定先开办禅学班。虽名为禅学班，但中国文化各家之间本就可以互通，所授课程也包括了儒、道等家的学术。

参加禅学班的人包括各界人士，少长咸集，学历多是大专以上。禅学班自一九七〇年七月十五日开课，为了方便那些在学及上班的学员，父亲便将课程排到了晚上，即每星期一、三、五晚上七点至九点上课，为期六个月。所开的课程主要的有：

<table>
<tr><th colspan="2">课程</th><th>教师</th></tr>
<tr><td colspan="2">《论语》</td><td>南怀瑾</td></tr>
<tr><td colspan="2">《易经》</td><td>周关春</td></tr>
<tr><td>禅学</td><td>《指月录》《维摩精舍丛书》《中庸胜唱》《楞严经》等</td><td>南怀瑾</td></tr>
<tr><td colspan="2">《河洛理数》</td><td>胡庸</td></tr>
</table>

周关春先生就任于斯坦福大学在台湾大学的华语教学部，精通道家及《易经》学术。

胡庸老先生精于术数与堪舆之学，他是湖北黄陂人，父亲也曾请教过他，故始终以师长之礼事之。

参加禅学班的人包括王徵士、林曦、周勋男、刘爽文、史济洋、李淑君、吴爽熹、徐进夫、罗梅如（美）、杭纪东、朱时宜、韩长沂、汪忠长、王绍璠等人，还有孙毓芹先生带过来的钟德华、林中治、陆健龄、卢惠玲等。孙老师是助教阶层，此前他曾经营一家永康出版社，也曾办了一个修习禅定的班，当时钟德华等都是那里的学员，后来便随孙老师来参加父亲的禅学班。

那时杭纪东已从研究所毕业，在淡江文理学院教课。林曦表哥则仍在台湾大学就读。他们跟随父亲已有不短的时间。林曦、杭纪东及王绍璠三人，过从甚密，大家都称他们为“三剑客”。密宗称活佛为“呼图克图”（蒙古语音译），父亲则常说王绍璠是“糊涂克图”，意思是说他糊里糊涂。

辅仁大学哲学博士班的赵玲玲及吴爽熹也都前来参加招生考试。因为父亲是辅仁大学哲学研究所的指导教授，吴爽熹的博士论文是有关王阳明思想的，是在父亲指导下完成的，他对父亲也很崇敬。

禅学班在盛夏开课，那时的学习环境真是十分艰苦，几十个人都挤在一个小房间里听课，也没有降温设备，有的人还坐在走廊听课。尽管如此，大家仍旧兴味盎然，无人缺课。

父亲在东西精华协会开讲《易经》，讲堂里常黑压压坐满一百多人，这些人有的是高中生，有的是白发苍苍的老先生；有工人打扮的，有将军，也有教授、专家、学者。三教九流，童叟妇孺，这真是“有教无类”最生动而深刻的注解。父亲一站上讲台，便口若悬河，滔滔不绝，纵横捭阖，如天马行空，有时候听来好像离题万里，总担心他该如何回归本题。不过这真是杞人忧天，正当众人听得津津有味，他忽然便将刚才汪洋恣肆之言转回了本题的轨迹，丝丝入扣，绝无半点虚言谵语。

据说当时在这个禅学班中，还有一个极特别的学生。这人年近四十，光头，观其言谈举止，似乎不像是爱好学术文化之人。上课的时候，他也不安静听讲，只是左顾右盼，一副心不在焉的样子。到了第四天，父亲走进课堂时，他上前对父亲说自己因私事之故，不能再来上课了，于是便向父亲请了长假。说完之后，他竟当众向父亲跪下磕头行礼，请求父亲原谅。

这一幕来得很突然，大家都很是震惊，父亲急忙把他扶起。后来我们才知道，他是被派来打探这里到底在做些什么活动，有没有宣传反动思想，是不是反动组织，会不会做出不利于当局之事。混在这里观察了三天之后，他发现并无可疑之处，于是便告辞回去交差了。至于他走前行跪拜大礼，或许是受感于父亲的教诲也未可知。

在人财两缺的困境下，一九七一年年初，父亲力排众议，毅然创办了《人文世界》杂志。父亲想借此尽快推展业务，文章千古事，白纸黑字的影响必定比讲演更为深远持久，因而父亲决定即使借钱也要马上做。

当时，周关春先生考虑到财务问题，对此事颇为担忧。他认为现在东西精华协会都还尚未站稳脚步，如若贸然办杂志可能会有捉襟见肘之促。而且办杂志需要先投资，前期肯定是要亏本的，后面能否赚钱也无法预料。诚然，周先生的担忧不无道理，但是父亲也有他自己的想法，他决定的事也是经过深思熟虑的，决定后便不会改变。

父亲告诉刘雨虹女士要办杂志这件事，并希望她能够帮忙。对于此事，刘雨虹女士自然义不容辞。谈到杂志的发行，刘雨虹女士建议请《皇冠》杂志的老板平鑫涛先生（琼瑶的丈夫）帮忙。因为当时《皇冠》杂志的创办取得了很大的成功，也算是一流的杂志，如果平先生能帮忙，父亲办杂志取得成功的可能性便会大些。

于是刘雨虹女士便请了琼瑶和平先生到一家餐馆见面。那天来参加的，除了父亲、琼瑶、平先生外，还有母亲，以及大姐可孟及二姐圣茵，彼时她俩都还是学生。

琼瑶是陈致平教授的女儿，而陈教授曾在一九六九年与父亲一同随文化交流团赴日访问，所以她虽是初次与父亲会面，就已喊父亲为南伯伯了。父亲谈到想请他们帮忙办杂志时，她和平先生热心允诺帮忙。分手时，平先生还再三表示，如果有任何需要帮忙的地方，不要客气。《人文世界》的发行便交由《皇冠》代办了。《皇冠》的总发行是远东书报社，一九七一年四月二十五日《人文世界》月刊出刊后，也交于《皇冠》，一并由远东书报社发行。

从决定要出版《人文世界》月刊开始，父亲就将精力集中在这件事上。对于一本杂志而言，文章自然是头等大事，父亲也为此费了很多心血。他亲手写了《静坐修道与长生不老》这本书，并在杂志上连续刊载了两年。《静坐修道与长生不老》一书，不仅将儒、释、道三家静坐原理融为一体，而且将中西医学学术成果与古代静坐原理相结合，以现代医学成果来支撑古书记载。同时，他还深入浅出地介绍和解答了数百年来各家修道者的修持经验，给予实证，令人信服，在读者中引起了热烈反响。不久，父亲又完成了一部对历代禅门祖师公案予以新解的著作《禅话》，并和《静坐修道与长生不老》相继刊印了单行本，令各界学人兴奋不已。

说起《静坐修道与长生不老》一书的出版，还有一段渊源。当时，撰写《人文世界》之人多为客串，并没有专职编辑，所以杂志常因人手不足而无法按时出版。平鑫涛先生曾多次提醒父亲，杂志一定要按时出版，否则将很难挽回销量；如果因时间太紧而无法如期出版，或许可以改为写书，这样就不会过于紧张了。听了平先生的建议，父亲便有了出版单行本的念头。

有一天，杂志马上就要付印了，刘雨虹女士来到李淑君的办公室，却发现稿子仍旧没有校对，而李淑君却外出了。后来刘雨虹女士才知道，那天李淑君是去替父亲办理股票交割手续了。当时正值基辛格到北京访问，台湾方面不免忧心忡忡，担心美国会与中国大陆建交，于是股票纷纷下跌。基辛格离开大陆的前一天，父亲借了一笔钱，让李淑君去买些股票。果然基辛格离开大陆后，股票又大涨数天。父亲自然赚了不少钱，于是他便用卖股票赚来的钱，印出了《静坐修道与长生不老》。

另外，父亲每期都要分别写一篇有关儒家、道家以及密宗的文章。第一期写了“儒家与孔孟思想哪里去”“二十世纪青少年的思想与心理问题”“密宗与东方神秘学”等主题。日本的臧广恩教授也为杂志写了一篇《老庄思想在日本的影响》。父亲每期写的四五篇文章，好比酒席上的主菜，提起了整桌宴席的味道；其他如搭配的副菜形式的文章，则由他的学生及同侪来写。那时朱文光、徐进夫、林曦表哥、朱时宜、徐立功、孙毓芹、周勋男等，都是撰写的主要人员。

这段时间，父亲的工作相当繁忙，除了为杂志写稿外，每周还有三个晚上要公开讲课，还要应付日夜络绎不绝的访客。他们或来求医问药，或来诉说烦恼，或来聊天排遣，或来求禅问道。除星期天上午的静坐课程外，其余时间，父亲要亲自处理成堆的海内外来信，往往通宵达旦地工作。

建立东西精华协会和办杂志的事终于告一段落了，在大家以为可以专心办杂志的时候，又出现了搬家的问题。原来租用的公寓所在的平房要改建大楼，所以非搬家不可了。于是父亲再次带领众人，天天忙着找房子。

这时，袁行廉女士受邀到苗栗法云寺，她知道住持妙然尼师在台北有一个四层楼的“莲云禅苑”。这个地方一楼是客室和厨房，二楼是大殿，三楼是宿舍，四楼是个大厅。因为房子刚建好，四楼尚未使用，可能会以三千元出租。她想到，如果妙然尼师同意的话，父亲完全可以租用这间房子，于是便告诉了父亲。

父亲听后自然十分欢喜，当即便向妙然尼师表示愿意租借这层楼房，但

台北市莲云禅苑

妙然尼师感到为难。她对袁行廉女士说：“由于出家在家的问题，性别的问题，省籍的问题，我不便答应，除非有佛教界的领导人士能从中沟通，才可以免除外界的批评。”

那时台湾佛教界的领导人物是善导寺的悟一法师，父亲正苦于不知该怎样请悟一法师从中出面。此时，与父亲相从甚密的杨管北先生得知此事后，便说他可以去向悟一法师说明情况。杨管北先生是台湾航运界的首脑，素来乐善好施，这不，悟一法师就得到过他的帮助。原来悟一法师本是扬州人士，刚来台湾时，善导寺尚有军队占驻，在杨管北先生帮忙之下，才使军队迁出。父亲知道后，十分高兴，便立即请杨管北先生与悟一法师商议，请他出面帮忙说明情况。

悟一法师听说此事后，便去拜访妙然尼师，说：“南怀瑾先生希望租用你们这里的四楼，作为讲堂，请你答应好吗？”妙然尼师答道：“南先生是在家人，我们这里是出家人，又是比丘尼，恐怕惹人批评，反而不妥。”悟一法师说：“虽说男女有别，出家在家形式也有不同，但佛经上说，观音菩萨还有三十二相（表示以不同形式出现），外表应该不成问题吧！”妙然尼师道：“既然大师这样说，我无条件把四楼借给南怀瑾用，不收租金。”

妙然尼师既然无条件把四楼借给东西精华协会使用，于是杨管北先生也就慷慨解囊，每月捐赠莲云禅苑三千元香油钱，一直维持了三年。一九七一年五月十二日，东西精华协会第二次迁移，搬到了台北莲云街的莲云禅苑四楼。那里可以从禅苑的后门直上四楼，不必经过禅苑。四楼除了一个大厅外，另有一个房间作为父亲的办公室。走廊有两张办公桌，一张由李淑君使用，另一张给每天来的义工使用。大厅是讲堂，排好椅子后可容纳一百人，外边的走廊也可以加坐十来个听众。

协会的学员也由原先的三十多人增加到六七十人。父亲则将讲课内容从禅学扩大到传统文化的其他领域，如《论语》《庄子》《参同契》《楞严经》《瑜伽师地论》和中医医理等。协会会务繁忙，父亲讲学范围又极广，除儒、释、道三家之学外，尚有中国文化大系、历代谋略学、中华医药、中国建筑与园林艺术、中国企业管理，以及诗词、书画、星相、堪舆、卜易之学……前往听讲者人流如潮，名流学子、贩夫走卒、老叟村妇，靡不俱备，讲堂内外，均人满为患。他们无不被父亲渊博深厚的学识和诙谐生动的讲授所折服，但闻掌声、笑声不绝于耳。

七、协会精研唯识学

由于父亲对唯识学也没有足够透彻的把握，因此父亲每次和学生讲时，都从不说讲解，而只说研究。

搬进莲云禅苑一周后，父亲就开始“唯识研究”的课程了。

唯识学是大乘佛学三大体系之一，在南北朝时期传入中国，鼎盛于唐代。唐朝之时，玄奘大师为了解决唯识理论存在的种种困惑、疑问，历尽艰辛去印度求法，并和他的学生窥基法师贡献一生心力，糅合印度十大论师的诠释，编译出了《成唯识论》。此后，“唯识宗”作为一个独立、完整的佛学宗派正式形成，并得到迅速的发展。《成唯识论》本是佛学中极重要的论著，对人类意识有着深入根本的探究，但深奥难懂。

以往，这门学问只存在于寺院内的修行学者中。因为这本是玄奘从印度带回的佛学论著，且从前寺院中的出家人，许多都是严格选拔出的通达儒、道的学者，他们本身便学识渊博。

后来，唯识学逐渐受到寺院外学者的重视，而这始自熊十力先生。熊十力先生是二十世纪中国学术思想界的重要人物之一。按照牟宗三先生所言，自从明朝结束，乾嘉学派形成后，中国的学统就断了。清朝以来，全部的学问都没有了，只剩下《说文》《尔雅》。然而两者并不能代表科学、政治、经济、宗教、哲学，也无助于中华民族的生存与繁荣。所以熊十力先生重建尧舜禹汤文武一直传下来的儒家传统，并决定恢复唯识学这生命的学问，恢复这中国老传统、汉家威仪。

熊十力先生为了恢复唯识学这门学问，便构思想写一部叫《新唯识论》的书。这部书分为两册，一册是《境论》，另一册是《量论》。《境论》已经出版，但是《量论》始终未能成书。熊十力先生对于自己对中国先秦学问的了解十分自信，他曾说道："当今之世，讲先秦诸子，只有熊某能讲，其余都是胡说八道。"虽自负如此，但他的重要著作《新唯识论》中的《量论》始终没写出来。

牟宗三先生是熊氏的入室弟子，在台湾和香港的几十年中，对文化思想的贡献颇为显著，有目共睹，是位大师级的人物。对于《新唯识论》的《量论》，他说自己"或可以写出来"，却最终也没有写出来。

学养深厚如熊、牟两位先生，都没有写出《量论》来，可见两人治学态度之严谨，也得以知晓唯识学之艰涩。所以父亲对唯识学只用"研究"两字，其慎重也就不难想象了。无论如何，这些都说明了"唯识"这门学问的深奥，如若轻率讲述，恐有误导他人之流弊，父亲是绝不会如此做的。

由于父亲对唯识学也没有足够透彻的把握，因此父亲每次和学生讲时，都从不说讲解，而只说研究，意思是还有待于大家的一同探讨。二十世纪九十年代初期，父亲在香港看到《十方》杂志有关"唯识"方面的文章后，还打电话给刘雨虹女士，特地嘱咐不可以整理他自己所讲的唯识。

父亲注重的，是对佛法修证方面的印证［佛教将"戒"（戒律）、"定"（禅定）、"慧"（智慧）称为"三学"，认为一切法门尽摄于此，应当精勤修学。这中间，戒、定属于修行实践，慧属于教理思维］。因此，父亲一生之专注便在修，在证，在教化。父亲所教的修法，不只是理论，而且包括了自己过去修行的经验。他曾闭关专修，可算作过来人，因此才能指导他人修法。父亲的教化，并不只局限于佛法，而是包罗万象，各方面互通互补。很多人说父亲不是学者，此话倒也有理，因为学者注重的是学理，虽然理论讲得头头是道，却未必能将之活用。一般所谓学者，也就是学某个别人创建的理论，像个解说员，或是翻译官。而父亲却不同，他一向重视实践，认为学问再好不能应用也是白说，就像有人背得出唐诗，自己却不会作诗，又有何用？古人说：“说食不饱。”会说不会做，没用！

父亲的实践，从其对学生的接引便可见一斑，对“三剑客”来说，更是如此。前面已经提到的杭纪东、林曦表哥及王绍璠三人，是原来的“三剑客”，后来王绍璠有了女朋友卢惠玲，旧“三剑客”便改组了。新“三剑客”是指徐进夫、林曦表哥及杭纪东。徐进夫从禅学班开始与大家相识，与林曦表哥及杭纪东往来甚密，极为投缘，后来大家便也称他们为“三剑客”。自从《人文世界》出版以来，忙得最多的要算是徐进夫了。不但编务多由他负责，每期的稿子他也尽力写出长短各数篇。

像许多学生一样，“三剑客”中的林曦表哥，也常年追随在父亲左右，父亲对他有着全面而深远的影响。林曦表哥后来曾说，在二十世纪八九十年代，他在国外遇到过不少科学界的顶尖人物，他们的教学方法给他的震撼和感动，都只是局限于片面。而父亲当年所运用的教学方法，无论似雷霆或如雨露，在他的回忆里，永远是温暖的春风，父亲对他的影响历久弥深。

在二十世纪六十年代，父亲先后主持了六七次禅七，林曦表哥总共参加了四次。父亲的禅风与当代宗师大异其趣，他接引学人的手法，既非临济喝、德山棒，亦非赵州茶、云门饼，而是将禅机和诗情融为一体，禅中有诗，诗中有禅。再加上父亲应机垂示，含摄万端，变幻莫测，引人入胜，直扣心扉，令人如饮醍醐。父亲的禅七手法堪称出类拔萃，为当今之一绝，他的禅颇似七宝楼台，眩人耳目，仰之弥高。

父亲历年接引的学人不下千人。他常引用百丈禅师说：“见与师齐，减师半德；见过于师，方堪传授。”不过，在末法时代，上上根器之人，稀似凤毛麟角，难遇难求。

最令人称道的是，父亲应机教化之手法。一天，林曦表哥正在为父亲整理文件，忽听敲门声骤起，他一时分神，将文件散落一地。父亲见状，面带微笑地走到他身旁，帮他整理，并悄悄对他说：“临危必须镇定，慌张只会误事，回去看看《世说新语》，你就会明白。”第二天林曦表哥翻阅《世说新语》后，发现历史上那些非常人物，果然都雅量非常，临危应变，无不从容镇定。

可见父亲的禅，绝非空洞高渺的理论，而是无孔不入、与生活圆融相通的实践。比起对佛理的一味钻研，父亲更看重切身的修行。

然而唯识由于名相太多，必先向修行者解释，因此多数修行者容易陷入名相之中反复钻研，最后变成一个唯识学者，反而偏离了修行。在这一点上，出家人则具有一些优势，他们比较重视将佛理与修持配合进行研究。

也正是出于这个原因，父亲不愿将他讲的唯识整理成文字。听讲和读书对人的效果相差甚远，上课时的方便讲解和浅显说明如果化作文字流传，可能会使人理解产生偏差甚至误解。这样做便违背了父亲的意愿。

东西精华协会在成立以后，还积极参与各项社会公益，比如为乌来、石门、大湖等偏远地区的小学送救济衣物，积极为紧急受难的灾民或社会团体筹备赈灾捐款，以及修建育幼院，给受刑人捐赠医药，等等。不仅如此，协会还长期资助贫困学生助学金。这些贫困学生因为需要忙于兼职以维持生计，自然难以同时做到成绩优异，所以助学金并不限制功课是否名列前茅。

这些公益活动，都是在父亲的领导下默默进行的，甚至有些设立助学金的人还会特意隐去姓名。例如，有个人在记事册上只留下“张氏助学金”等字样，而张氏是谁已无法查考了。此外，父亲早期的学生沈翰初，英年早逝，他的家人将五十万元作为社会福利基金捐赠给协会了。那时的五十万元，还真是笔大数目呢。

八、莲云禅七授准提

父亲素来“与天下人同亲”，虽是过年期间，他也并不陪伴家人，而是按照约定，在东西精华协会举行禅七。

协会成立后，父亲便日夜为之操劳忙碌，浑然忘我，竟不觉岁月不居，时节如流。到了一九七一年年底，各路人士纷纷打听父亲当年是否会主持打七。得知父亲仍会举行打七之后，他们便千方百计地前来听讲。其中有些醉心于禅宗并希望能亲身修行的人，便私下里商议，一起去请求父亲能够予以指导，希望能帮助他们训练禅七。一九七二年的大年初一，一大早便陆陆续续有人来向父亲拜年。父亲的学生们则在年前就已将课堂打扫干净，布置停当，用彩球稍加点缀，并备上茶水点心，倒也颇有些年味。很多来向父亲拜年的人，一见到父亲，便跪下叩头，父亲则不管对方是何身份，一律同样下拜还礼。父亲待人，礼尚往来，一向如此。

父亲素来“与天下人同亲”，虽是过年期间，他也并不陪伴家人，而是按照约定，在东西精华协会举行禅七。我虽未亲身参加这次打七，却也多次听人说起过当时的情景。

大年初二，那些同参道友都满心期待地来到东西精华协会参加禅七。这些人多数都没有参加过正式的禅七，自然对父亲的参证之法心向往之；而参加过的人也想温故而知新，再次感受一下父亲的开示。大家将教室里平时上课用的桌椅搬开，在地上摆上坐垫，将禅堂布置好。禅七刚刚开始，父亲便开宗明义，说明打禅七的来由及意义，即在七天之内，排除一切俗事杂念、红尘因缘，暂时出离尘世，定下心神来“参话头，求开悟”，克期取证，以期彻悟人世生死浮沉之谜。

参加这次禅七的人共有三十个左右：

白玉堂（White）——美国人

刘修如——“社会司”司长

钟德华——台湾交通银行襄理

汪忠长——东西精华协会秘书长

刘大镛——书法家

王中平——美国记者的太太

明仪法师——韩国来的和尚

韩振声——“立法委员”

王绍璠、卢惠玲——夫妇

陆健龄、蔡淑美——夫妇

叶世强——艺术家

史济洋——中学老师

庞祎、刘雨虹、袁行廉、廖小姐、吴爽熹、张东生、李淑君、林中治、古国治等

大学生张选翰、许荣禹、郑景松、曹砺铁、郭秋福等

三位禅苑的比丘尼

一位西藏来的女士

参禅人中的庞祎，是经得周梦蝶的引介才与父亲结识的。而庞祎与周梦蝶的相遇，则来源于诗的牵针引线。周梦蝶那时在新诗界已是声誉甚隆的诗人了，而庞祎也对诗歌颇有研究，认识许多诗人，于是，到了台湾，她就去拜访周梦蝶。两人虽相谈甚欢，庞祎却仍觉有许多疑惑未能解答。周梦蝶就

对她说："你与其跟我谈，不如去请教南先生！"听闻此言，庞祎对父亲的仰慕之情日盛，遂前来拜访父亲，并参加了这次的禅七。

禅七中，孙毓芹先生是助教；林中治则负责喊口令，以把握节奏，维持禅七程序的进行；李淑君操持一切杂务，父亲讲话时，她便负责写黑板。

李淑君（左）、父亲（中）和林中治（右）合影

对多数人来说，这是他们初次经历禅七。唐朝时的庞蕴居士曾有偈语："此是选佛场，心空及第归。"人的脑筋思想每时每刻都在运转着，如若想达到心境暂时的空灵，即所谓的"心空"之境，实属不易，但果真能在当"空"时"空"，那便已然"及第"，修成正果了。

其实，生而为人，便几乎不可能真正做到六根清净，达到心无尘杂的境界。平日里便要为妻儿老小、工作生活诸种杂务劳神费力，以致身心俱疲，赤心蒙尘。而当这副在尘世飞速旋转的时光齿轮间疲于奔命的皮囊来到禅堂时，却又在突如其来的如水宁静中茫然无措，一颗心还未落实，便又向那些自己避之不及的繁杂冗事间飞去。

禅七刚开始时，大家还能正襟危坐，做出一副一本正经、用心参道的庄严法相。然而一天的禅七打下来，大家无不腰酸背痛，手脚发麻，心灵已被这躯壳的疼痛所奴役，如何还能得到所谓的宁静？晚上进行小参报告时，那些参禅者大都对今天身体的酸痛与不适叫苦不迭。待听完大家的报告，父亲便开始骂起来："你们没有一个有出息的！今天的报告不是这里痛，就是那里酸。为什么要被身体的感受牵着走？为什么不在自己的心念上去反省、去参究，看看念头怎么来的、怎么去的？理会身体干什么？这个皮囊你管他干什么？"

禅七第二天，父亲的法宝便一一出笼。父亲从观音法门讲到止观、念佛观想、数息。但是，假如参禅者们当真跟着父亲的讲解，一个法门一个法门地换着修，那么肯定会招来父亲的一顿呵骂：“为什么不选一个自己合适的法门一门深入？为什么要受我的骗？为什么要跟着我转？”很多人都知道父亲擅长骂人，尤其是禅七之时，更是要骂得你七荤八素、晕头转向，不听话不对，乖乖听话也不对，真是让人无所适从，困惑不已。但是，父亲为人一向圆融和善，绝不是刁钻苛刻之辈，他骂人的真实意图，却是希望有人能从他的骂声中幡然醒悟，如此，这场禅七也不算枉费心机了。

参禅者们都对父亲的香板有着特别的好奇与期待，不知它会在何时打下来。头两天，父亲只是将香板反握于背后，并没有什么动静。到了第三天行香时，大家正低眉垂目地走着，忽听“啪”的一声，震得你灵魂几乎要脱壳而出，而那些萦绕不去的妄想与杂念，也都被这一香板震出体外，霎时间只觉形神通脱，贪嗔痴之毒俱散，竟如初生婴儿般无杂无念，无欲无求。

香板打下之后，大家便即站定，湛然不动，静静地听父亲讲述历代禅师悟道的公案与诗偈，如大诗人白居易的《读禅经》：“须知诸相皆非相，若住无余却有余。言下忘言一时了，梦中说梦两重虚。空花岂得兼求果，阳焰如何更觅鱼。摄动是禅禅是动，不禅不动即如如。”又如宋朝的法演禅师参访白云守端时顿悟所作的偈句：“山前一片闲田地，叉手叮咛问祖翁。几度卖来还自买，为怜松竹引清风。”再如唐朝无尽藏比丘尼的诗偈：“终日寻春不见春，芒鞋踏破岭头云。归来偶把梅花嗅，春在枝头已十分。”若有人能听懂这些偈句最好，如果不懂，那便继续参吧！

参话头这件事，如若参者个性疏懒，生性散漫，便很难长时间集中精力参想一个话头。平日里看那些高僧，低眉垂目，盘膝坐定，手持念珠，唱诵佛号，心无旁骛，专注沉着，似乎也并非什么难事。可轮到自己时，本想沉静下来念佛号，结果却是越念越散乱，心也随之乱了节奏，最后甚至都不知何时已丢掉了佛号。许多人在刚开始参话头时，都摸不到门路，更不懂何为“离心意识参”。大家的所谓参，也不过是用自己的知识和逻辑，对话头加以分析，在归纳演绎后得到一个自以为是的推论而已。父亲所谓的“离心意识参”，或许就是意味着，过去之事已然成为弃你而去不可留的过去，未来之事也是星盘上尚未转来的轨迹，当下之事在你着意相对时也已成定局，往者不可谏，来者不可追，何必苦苦执着于浮生红尘如露亦如电的梦幻泡影呢？人生在世，足下所立不过一锥之地，于苍茫亘古之中，不过是隙中驹、石中火、梦中身，比起牵绊于诸种俗务，倒不如打磨自己的内心，使之通透而温润。

据说在参禅期间，刘雨虹女士试参了一个“无梦无想时主人公何在”的话头。晚上小参大家报告心得的时候，她便向父亲报告道：“无梦无想时，主人公何处不在呢？”听闻此言，有些参禅者觉得颇为可笑，有的人甚至问父亲：“南老师，刘雨虹开悟了没有？”也有人问：“南老师，大家打七干什么？”问题是五花八门。在这种场合中，有所了悟，心有底蕴的人，大概不会笑话他人；而那些眼前仍然黑漆一片的人，也还来不及笑话他人；只有那些自认为自己有所悟道其实却毫无所得的人，才会自负地笑话他人。父亲却并未多言，只是回答刘雨虹女士道：“不是。”

第四天晚上小参的时候，一个年轻同学报告心得时，不发一言，而是借了父亲的香板，舞弄了一番。父亲说：“差不多，差不多。”众人见状，无不倍感诧异。而这时，轮到另一个年轻同学了，他却坐在那里一味地傻笑，父亲就说：“好了好了，以后小心保任。”众人虽不知父亲的话到底有何深意，但这或许就是禅宗的奥妙与玄机吧。禅乃说不得、道不出之物，却与一个人的言行容止相融，一举一动间，便可识其是否开悟、是否得道。正如佛经里“佛祖拈花，迦叶微笑”的故事，顿悟素来是禅宗修行的法门。至于悟到什么，则要看参禅者的修为与机缘。

父亲在此七日中讲禅的语录后来被他的学生整理出来，现在我节录如下，以供读者体会其中的奥妙之处：

（啪！）

你们的禅就是这一板子。不要放过这一板子。

“几度卖来还自买，为怜松竹引清风。”这只给你漏了一点消息，还没有讲完。由这个地方体会进去，你就可以了解“心生种种法生，心灭种种法灭”，也可以了解“生灭灭已，寂灭现前”。

何以叫作“几度卖来还自买”？何以叫作“为怜松竹引清风”？嘿！不要起妄想。要返照自心，在心地上去体会。我们现在站在大殿里，尽管是晚上，外面的境界还没有下午那么清静，你看多乱啊！你返照自己内心看乱不乱，内心跟外境一样乱。哼！“几度卖来还自买，为怜松竹引清风。”要从这个地方去体会，才可以说是打七“参禅”。

参禅究不究竟呢？古人说参禅参不通，还是按部就班慢慢来吧！这一生没有了生死，还有来生，来生再不了，永远还有来生，就如日子一样，永远有明天。禅宗讲“顿悟”，只有现在，没有明天，没有未来。现在就要了。如金刚王宝剑，魔来斩魔，佛来斩佛，佛、魔一概放下。这才是真正佛法的精要。

刹那之间，马上又妄念纷飞，又跑掉了。野鸭子飞过去了。跑掉了吗？没有，依然在此。

谁是我？我是谁？越找越糊涂啊！本来无我分明在。注意哦！有个字要注意，本来无我分明“在”。无我之中更有谁？

释迦牟尼佛说法四十九年讲无我，乃至我们的孔夫子也讲毋意、毋必、毋固、毋我。无我，你问他看看，你无我，何以能够说法？若说有我，常乐我净，常乐我净也不是空，那不是玩弄自己？年轻人讲得很对，非常简单，这是我呀！我就是我嘛！说起来好像蛮简单，我就是我。你哪里有我？处处无我。

我告诉你，变化的不是我，你经常变吧！每秒每时每天每月都在变，从小变到老，这个色身当然不是我，这个是臭骨头、臭肉，不是我。那么，你说“我思故我在”，这个思想、思维、感觉马上就跑掉了，而且，很可怜，我应该是主人，但是，却做不了主，外界的环境一变，思想就变了。一切感觉，思想在变化中，没有“真我”，真的我何在？能感觉、能知觉、能思想的，那个上面即不男也不女，即不老也不少，那个本来要找到。所以，叫你不要散乱，莫妄想，把这些不能做主的思念、感情、思想一概都丢掉，丢完了，干干净净，赤裸裸的，忘记了身体，忘记了一切的，有一个灵明自性，这个自性就是百丈的“灵光独耀，迥脱根尘……心性无染，本自圆成。但离妄缘，即如如佛”。

洞山悟本怎么开悟呢？临水照影，要走过溪水，把鞋子一脱，太阳一照，把自己的影子映在溪水里，他悟了，作了一首偈子：“切忌从他觅，迢迢与我疏。”这个他是谁？就是你的妄想，若从思想上去找这个东西，你完了。思想、感觉等是我们真我的影子，所以说“切忌从他觅，迢迢与我疏”，“渠今正是我，我今不是渠”。我们的什么思想、境界，这些都不是真的我，我今不是渠。渠今正是我，但是这些思想、境界等，却都是“我”的作用所变现的，也就是全波是水，全水是波的道理。庄子说，我梦见变成蝴蝶的时候，就不知道我是庄子了。当我梦醒的时候，我不晓得到底是我变成蝴蝶，还是蝴蝶变成我。到底我是梦，还是梦是我？到底梦中是真的，还是现在是真的？人生一大梦，天地一大梦，事事皆在梦中。你若说梦中没有意思，那你就错了，没有智慧。我以前有一个朋友蛮有意思，我说你不要糊涂，“多情自古空遗恨，好梦由来不易醒”。他说，你这样讲不算高，我给你改一个字，“多情自古空遗恨，好梦由来不愿醒”。哦！有道理！有道理！假如世间的人都是好梦由来不愿醒，那又有什么办法？香板打一万次也打不出半个来。

这个大有道理哟！必须把这个“真我”找出来，才不辜负打七，找到了没有？究竟是有我？无我？空？有？真？假？

没有把生死置之度外，对外没有放开，身心没有放下，不容易找到“真我”。而且，你们心里嘀咕着，已经三天啦，怎么还不悟？这样的话怎么悟得了？赶紧放下，管他悟不悟！管他懂不懂！就是那么放下用功。香板会告诉你到了没有，就是这么办。打七要把这个心打死，大死以后再大活一番。所以，古人说：“悬崖撒手，自肯承当。”要有这个气派，要自己去肯定，靠自己活下去。“绝后再苏，欺君不得。”非要大死一番，才能大活。可不是叫你去自杀，而是叫你把杂念、妄想、善的、恶的念头一概丢下来，忘光了，才能大活。这个时候才能大悟。现在，各位把身心放下，好好用功。

现在，话又说回来，给你们讲身体，叫你们好好打坐慢慢熬，到现在已经熬了两天多了，你们的身体已渐渐恢复健康了，已经软化下去了。身体软化，不是肉软了，骨头软了，而是身心的气脉软了。加上吃了两天半的素，肠胃里也给你换一换，清理一番。因此到了今天有什么情况？你们的身体我都爬进去看过一番。看了以后，晓得你们大部分的身体气脉正处于将发动未发动之间。因此，你们现在的心理受到了影响，精神已经比以前统一了。你们以前杂念、妄想乱飞，不晓得，看不见。现在，可以看见了，晓得了。虽然看得见，制不住，但是，比较宁静归一了，你们就到了这种程度。慢慢宁静一点了。但是，这一点宁静，还没有达到“知止而后有定”的“止”的境界。在这个境界里，因为本身的业力不同，有些人感到烦闷，有些人感到身心愉快，有些人感到空空洞洞的现象，有些人感到打转。这都没有达到专一。现在不是给你们讲禅吗？要使身心健康有进步，必从禅定入手，做到思想念头专一。专一就发参话头，把话头当念头来揉，把杂念妄想揉成一团，揉成专一了。专一以后，身心绝对清净了，然后，身心放下。然后，再把那专一之念也空掉，就到了。现在，你们妄想念头都专一不起来，那是妄花工夫哦！到了明天只剩下三天半了，时间不多了，好好用功。走！

（啪！）

不要忘掉这一板子。就是这样。那么就身心放下。

七天时间转瞬即逝，到了第七天下午，便到了最后的报告时间，每个参禅者都要花三五分钟说说自己此次打七的心得或感想。这时，有一位女士特别向父亲要求给自己一个小时的时间。父亲最后答应让她讲半小时，并且对大家说：“她是一个孤单无依的人，从西藏来台，经过了许多人生的挫折，所以请大家发挥同情心和慈悲心，耐心听她三十分钟，学佛的人，都应该磨炼忍耐心，培养慈悲心……”

出乎意料的是，这位女士登台后，并非报告自己的心得，而是张口便对众人大加责备：你们哪像是打七学佛？说说笑笑不知道惭愧等。后来她甚至指名道姓地训斥起来。

她的这一席话，就好似一块巨石被抛掷在禅七道场这原本平静的湖水上，刹那间，水面便是波涛汹涌。那些参禅者也都有些社会地位，听了她的指责登时便沉不住气了，有些被点名责备的人，气得跳起来回嘴喝骂，想要动粗；有些人心下难过，当场就哭了起来，场面混乱不堪。父亲一开始还若无其事，面色凝重，毫无表情，后来会场已乱成一锅粥，台上台下争吵不休，鸡飞狗跳，许多人都借口有事先行离开了。父亲见事态渐渐难以控制，便当即厉声喝止，并且痛惜万分地说：“完了，完了，再三要求你们忍耐，你们却无法忍耐，七天白白糟蹋了，你们没有发起一点慈悲心。”

不出意料，此次禅七过后，便有许多关于那位女士的闲言闲语在众人口中风传。有人说她是魔，故意来破坏父亲的道场。道场是庄严的所在，本该法喜充满，现在竟有了魔，那必定是父亲法力不够，不能震慑妖魔。有人则说她是佛，以严词恶语棒喝众人，指出了他们的错误与不足，以此帮助众人反省自身，更好地认清自己。也有人说，她只是一个心智不明的精神病人等。

总之，这次禅七中，有许多殊于平常的人和事，好像每人来到这里后，都丢弃了原本的自我，变成了另外一个人。在这个道场中，始终有两股力量，即护法者和破坏者在搏斗。而参禅的众人则根据其自身的业力，随着两者搏斗的激流旋转，身不由己。佛也罢，魔也罢，都出于人的内心，每个人心中都是魔与佛两者并存，若佛胜过魔则成佛，反之则成魔，佛与魔间，只有一念之差。能够忍辱自省，不断砥砺佛性，压制魔性，便是修炼的最好成果。

学佛的首要任务便是不断地自省。正如曾子所说的“吾日三省吾身”，古之贤人尚且需要每天多次反省自己，更何况我辈凡人？然而，比起不知自省，更可怕的是，日日反省却不知自己的错误。正如苏格拉底所言，人之所以行恶事，不过是由于无知。恶人之所以作恶，乃因其不知其为恶，他只道自己所为乃天经地义，无须反思忏悔；平常人则因自私自利，只求个人利益的最大化，对本来应该挺身而出之事漠不关心，于是整个社会便沦为一盘散沙；而一些愚善懦弱之人，则毫无原则地宽恕恶人，却不知自己在不觉中又助长了恶人的习性，让恶人更加为所欲为，而原本还有所顾虑的人也开始肆无忌惮地放纵自己……人每天都会做出许多失当之事，但是芸芸众生中，只有很少的人能准确认识并反思自己的过失。而更多的人，却根本无法认识到这些错误。

“诸恶莫作，众善奉行”，实在是非常人所能达到的境界。因为首先，你必须弄清楚何为恶、何为善。大多数人之所以无法认识到自己的问题，是因为他们不识善恶，缺乏空灵的头脑和剔透的心灵，而这些，都须在不断修行中开悟。人只有在真正做到不断反省自己后，才会发现自己竟是如此一无是处，而此时反观他人，便会发现，世间众人都是如此可爱、如此令人喜欢。于是，人们对于世间众人，便会多一分宽容与爱怜，而少去许多苛责与挑剔；对于自己，则会多一分严厉与自责，时刻警醒自己要努力节制，不可肆心。真正做到严于律己、宽以待人后，处世待人的角度就会更加宽广、更加敞亮。如此一来，世间的不如意之事便会少去许多，身心也不会再被尘世间的三毒七苦所羁绊，就会变得更加空灵轻松了。

一九八〇年年初的禅七过后一段时间，父亲正式传授准提法。这次我就没有法缘了，因为我还在部队服役。自小参与过父亲的禅七和佛学讲座，多次旁听，基本上父亲的理念想法都熟悉，不过准提法确实不了解，所以此处只是列举综合学生们的记录与探讨，希望有益于大众。

据父亲介绍，佛法的修证方法可分显、密两大类，两者殊途同归，其最终的目标都是修得佛法，但走的路子迥然不同。密法的修持，首重师承。以密法的皈依来看，是四皈依，即金刚上师、佛、法、僧四者，而金刚上师还列在首位，位于佛、法、僧三宝之前，盖因为佛、法、僧三宝，还须经由金刚上师才能透彻。换句话说，金刚上师应被本门视为现代佛，是佛、法、僧的代表。因此，密教之金刚始祖的传法开示，当然就是该密法的无上经典，行者须对其绝对依从。若对金刚始祖的开示一无所知，或轻忽待之，就不必来修此法；即使修，也是难以在本法上有所大成的。这便是修密必须“一脉相传”的一贯要诀。

准提法是一门古法，远在释迦牟尼佛还未成佛前，就早已存于世间了。无始劫来，无量、无边的佛菩萨们，都是修持了此法而有所成就的。也可以说，准提法是无量、无边、无数诸佛之母法。所谓母法，就是基本法。它属于密部的别传，一个特别的法脉，是密中之密，殊胜无比。

对于准提法，父亲曾开示：

准提法是一门古法，亘古相传，一切佛菩萨都修过此种法门。准提法是密宗里的大秘密，所以在东密和藏密里还找不到，它是属于密法里的“别部”（别传）。我们看准提佛母画像上所写的“七俱胝”，所谓“俱胝”，是印度当年数字的名称，代表无量、无数、无边，所以我们可以说无量、无数、无边的佛的母法，叫作准提法。（《殊胜的准提佛母修法》）（法本第六十八页）

准提法虽是古法，却亘古通今。父亲这一脉，却是传承特殊（下文还会详细说明），其法脉直接来自文殊师菩萨，是为本传承一脉。父亲自己又根据其亲身的现证与所集，划时代地开创了具有生、圆二次的圆满修持仪轨，补足了古法之不足。而由于师承在密法之修证上具有不可动摇的重要地位，本法传承之祖师所开示的修法要义，对本法行者而言，就是修持本法的无上经典。就如同莲花生大士所传下来的诸多密法，在当时的开示，就成了公认的各个密法的经典，不论该法传了多少代，此后的所有传法者，都仍必须以莲花生大士的经典为传法基础，对其完全尊崇。

父亲对本法的开示记录，至今已有不少流传出来。依据胡松年所说，由于他传授时的时、地与对象不同，所说的内容，自然时多时少，其中还有一些重复，每次单一的开示也并非绝对完整周详，因此，需要有人将父亲诸多散乱的珍贵开示系统地整理，提取其中的精华并去除重复之处，方能窥其全貌，也会为日后之修持行者省却不少工夫。

后世之传法者，若不是将父亲始创之法，视为有若金刚祖师之开示般的经典，而是仅将其视为次等的参考资料粗加浏览，甚或避而不谈，那便不再符合密宗“一脉相传”的传统了。这亦违背了修密的无上原则，长此以往，父亲所传之正传之法，迟早将被埋没。

实际上，在开示中，父亲已然透露了许多修法玄机。相信有智慧的行者若能仔细研读他的开示，并依法奉行，必然能够对佛法形成正确的见地；在此基础之上继续修行，便不会因不得其法而感到彷徨无依、无所适从了。

父亲在观想中

在这个法中，观想是至关重要的。此法须得每天早晚各练一次。虽然于初学者来说，最初观想肯定会不大真切，但是，愈到后来，便会愈加简单，简单到即使观想父母时，也是易如反掌。当然，需要经过长期不断地坚持练习，才能达到如此境地。初学之时，在修法前，先注视准提菩萨一段时间，凝神聚气，专心致志，后来便容易观想了。许多修行者修准提法，散于虚空后，常会感觉惴惴不安，好像散于虚空后回不来了一样。他们将这种不安的感觉告知父亲，父亲听闻后便笑道："对你们来说，修准提法是越级修行，你们程度不到，所以才会如此。"既然如此，那父亲又为何叫大家越级修行呢？对此，父亲解释说："虽是越级修行，仍是有好处的。"父亲的想法，大众总是捉摸不透，但是他说的话，往往让信徒们不得不相信。

凝神观想也确实是一种修炼的好方法，只有达到一心不乱，才会真正有所收获。可是要达到一心不乱，实非易事。正如前面所说，"心空及第归"，心空即心定，心定才能心空，唯有达到心的空灵澄澈，方能定心安心，一丝不乱。然而，安定心神的功夫是成年累月积起来的，不是靠空谈就能获得的。佛理虽通，若无功夫配合也是徒然，有功夫没有佛理和智慧，则只能沉浸于幻想，这更是危险，甚至会"走火入魔"，怪不得有许多着魔的人。而真正用功的话，倘若没有人指引，又不知要走多少冤枉路。

学佛的人是要了悟生死，从生死中解脱。正因为如此，平时更要学会放下，随时作死想，时刻谨记净土世界及阿弥陀佛才行，毕竟，修行绝非一朝一夕的易事。何况练习归练习，真正面对生死大事到来，在色身的四大分散的痛苦之时，能否保持一心不乱，那才是见证是否真正得道的大问题。平时尚在混沌颠倒中无法自拔，更何况四大分散的痛苦中呢？定需要有无上的定力，方可做到心神不乱。

人来到世间，生已成为事实，我们自然无从把握已成的轨迹。但对于未来的死，却有很多人想要设法将之控于掌中。死亡是人生大事，一般人自然无法控制。而死是在何种情况下、如何降临到自身，也是人生极难预料的。

净土宗大师印光和尚，曾在屋中悬挂一个巨大的"死"字，整个修行生涯中，每日都与之朝夕相对。作为一个修行者，此生首先所要了悟的，便是死的问题。净土宗的宗旨，是以念佛为法门，于临终时往生西方净土。只有拥有足够纯粹执着的愿力，以及修持的功夫，并在临终时求得佛力帮助，才可能达到西方之净土。父亲的教化中，本来就融合了各宗派的学理和修法，净土宗的修行法门自然也不例外。禅宗也好，净土也好，其他宗派也好，定慧两者，都是缺一不可的。

九、知命先学千金方

父亲常说，学佛是智慧的解脱，更要懂医药之理，就是“医方明”。

父亲常说，学佛是智慧的解脱，更要懂医药之理，就是“医方明”。

父亲从未上过医学的专门课，既非中医也非西医，但他对医理药性的熟悉程度却比专业的医生有过之而无不及。他对医学有着自己深刻而独特的体会，并经常告诫刚迈入医学大门的年轻朋友：学医，真是一门了不起的大学问，几乎要上通天文，下通地理，还要通最要紧的一门学问——人。诚然，人，才是学医者最终要将其学到的知识付诸实践的对象，但是学医远远不只是将义理熟读死记即可的。医学不仅是生理之学，更是智慧之学。关于中医，古者有云：医者，意也。学医者如若呆板迟滞，便只会循规蹈矩，不能真正将医药之理灵活地运用于实践，这样一来就会贻误病人。因此，学医者须得头脑聪明，将呆板枯燥的原则与现实机动的人理融会贯通，加以灵活地运用，才能对付灵活多变的“人”。

若论及中国医理哲学思想的基础，那便可远溯于中国古老的《易经》。众所周知，《易经》便是以“变”为其最大的特点。因时因地而变，因人因事而变，天地万物，随顺而变，唯有顺应天、地、人、万物之变，方可成事。因此，医药之理也是因人而变，断不可呆板守旧。同时，道家的方术思想，也对医理有着重大的影响。所以学医之人，除必须了解《内经》《难经》及《伤寒论》等基础的治病之书外，还要研读很多有关医理、药学的书籍，以明了药性药理，而对于历代名医的临床经验，也应有所了解，用以指导自己付诸实践；除此之外，对于气候变化、地理环境、生理、心理等可能会对患者产生的影响，都应烂熟于心。这一切都是学医之人不可不涉猎的学问，其范围之广，真可谓包罗万象。学医还必须将以上所有的学问，加以精研、深究、分析、实验，最后融会贯通，烂熟于心，然后方可言医。这绝不是世人所想象的只要按图索骥，照着医书即可看病那样简单。倘若那样理解医学，简直就是在害人，而不是救人了。

有的人只是看了一些医书，懂一些草药，便大言不惭地说自己精研医理，这真是贻误众生。父亲对医学的理解却全然不同。他精通儒、道、释三家之学，而且精通医理药性，却仍旧谦虚地称自己不懂医，时时否认他会医病，只说自己是个极平凡的人。可是，经他的妙手医治而“回春”的病人，却是不可胜数，实在是功德无量。

我曾听闻父亲一手治好了一位佛教徒的哑症。那个人是个极虔诚的佛教徒，因为父亲时时举行禅七，宣扬佛法，于是那人便经常亲近父亲。父亲本就有慈悲心肠，又觉得他十分诚厚，经常亲近自己，便有心治疗他的哑症。在父亲的精心治疗下，过了一段时间，他果然会讲话了。虽说他不像常人一般说得那样流畅清晰，却已能以言语与他人沟通。那人对父亲的感激之情自不待言。

杨管北先生是父亲的挚友，当父亲与其结交之时，他正患有心脏病，虽然中外名医均给他诊治过，却始终不奏效。杨先生十分苦恼，父亲见状，便让他静下心来，教他打坐潜修禅定等，并辅之以草药，后来竟令他的病情慢慢地稳定下来。杨先生十分佩服父亲，无论是在学术上还是医理上，都对父亲大加赞赏。他虽年长父亲十几岁，却仍以师长之礼对待父亲，而父亲对杨先生也极敬重，以挚友之谊结交三十余年，并给予杨先生极多的人生启示。

还有一位父亲的朋友，是一位年长的政要，因为责任重大，公务繁忙，无暇顾及自己的身体，致罹病在身。他的病经各名医悉心诊治，但均未见大效。一日，他偕老友来拜访父亲，父亲看他行动迟缓，双腿只是拖着脚走路，行走极为不便，有老迈之态，大吃一惊，于是力邀其来自己的会馆练拳健身，同时征询其是否信任中医药，如若信任，愿给他配一服中药吃吃看。这位政要此时正心如死灰，听父亲一说就立即同意了。于是，在父亲的帮助下，遂练拳和服中药双管齐下，不到几个月时间，他便已生龙活虎，健步如飞了，完全恢复了以往的风采。后来，这位政要“政躬康泰”，体力上竟也不输年轻人，依旧担负着重任。

父亲也曾讲过他给学生王启宗医病的事情。当时，王启宗患急性肝炎，住进荣总一月有余，病情有所好转，但不能得到长期控制，只是短期内有所缓解而已。即便做到如此，也已经是西医的极限了，除此之外，西医对于他患的肝病，别无他法。西医不行，他便想到了中医。于是就去找当时对于治疗肝疾颇负盛名的某中医师诊治，一段时间的医治之后，依然效果不佳。在无可奈何中，他只得“死马当活马医”，去请教并不随便看病的父亲。

父亲听完他的病情自述后，十分关切地说：“为何不早点告诉我？如早告诉我，不但无须住医院，就是人也少花钱受罪哩。”随即，他便吩咐李小姐给王启宗取出几包鸡骨草，嘱咐他回去后先煎服，同时又随手给王启宗开了个药方，“白芍、白术、白扁豆、茯苓、黄芪、甘草……各三钱并用两碗水煎成一碗服。”接着又对王启宗说，“有好几个人害肝病，比你的情况还重，都是服用这个古方治好的。”之后，王启宗照方服了一段时间，果然药到病除。再到荣总检查，身体完全复原，肝功能和正常人的一样。

还有一次，王启宗不慎将肋骨跌断了，又来请求父亲给他医治。父亲打趣他，说道：“我既不是中医，也不是西医，如何能医病？”大家都知道这句话只是父亲的口头禅而已，其实父亲从不随意接收病人，王启宗也不例外。王启宗不甘心地说：“我被西医治不好的肝疾，不就是您治好的嘛！”“那是瞎猫碰到死耗子，算是你的运气好。”后来父亲又说：“我不是医生，即令给你医好病，也只能算是个密医。”嘴上虽这么说，父亲最终还是敌不过他的慈悲心肠，接收了这个一贯的“病号”。

这些都是父亲医学实践的一些铁的事实，甚至连有些开业的专业中西医生，遇到疑难杂症，自己解决不了时，也经常向父亲讨教，有时也会和父亲研讨一些医理上的问题。

记得父亲有一名学生，是一位颇负盛名的西医。他不仅精通西医，而且对中医也十分了解，对于佛法、星相和堪舆等，同样也都有相当的灼见。因此，他也经常和父亲研讨一些医理或者佛学上的问题。一日，那位学生打长途电话来向父亲倾诉，说他似乎病了，痛苦异常，不知道如何是好，真想一死了之。父亲非但没有安慰他，反而在电话里骂了他一顿，最后还说：“那你就去死好啦！”原来，这是禅学里所说的一个“机锋”，起“不愤不启，不悱不发”的作用，即当头棒喝的一种。后来，这位名医果然没有让父亲失望，他悟得了父亲话里的“机锋”，立即静心，慢慢沉静下来，于是痛苦之感顿失，再助以药疗，很快就康复了。

虽说父亲医好过这么多的人，但他仍然口口声声地说自己不是医生。不过在他医好的患者心目中，他俨然就是一位“再世华佗”。平时，父亲还时刻关注身边人的健康状况。当他偶尔看到一些在他跟前帮忙的学生气色不对，精神萎靡或言语急躁时，他还会主动说：“来！我给你配点药吃吧，否则又要生病了。”

父亲一生都在对生命进行探索、研究、求证，他为了探求生命科学的真谛，常不惜以身试药。药是短期治病用的，不能常吃，中国有句古话：“是药三分毒。”西药是化学合成剂，不管什么病，医生所开的药都是有限制的，医生一般都会对患者说，这药只能吃多少天，再吃伤肾，之后靠自己恢复了等。

其实，对于中药而言，也应如此。但中国人常有一个错误的观念，认为中药是草药，是植物，不是化学合成的，所以没有毒。实际上，中药的古老配方里，常有金石矿物的成分。前几年，台湾就报道过一个病人，吃了龙胆泻肝汤这服药，感觉对身体没有什么影响，就坚持每天都吃。吃了一年后，发现身体开始出现异常，于是到医院去检查，结果显示是因为吃了太多的龙胆泻肝汤，肾脏功能被破坏了，只能定期去洗肾来维持生命。可见，即使是对人的身体副作用极小的中药，也是不可长期服用的。父亲自然明白这个道理，因此他用药都是极讲究的，从不会让人长期服用一种药。不仅如此，他也不会乱帮人看病，他只看有把握的病，也极看重辨证施治，从不轻易拿他人试手。当他对一种病不了解时，绝不会逞强，而是直接坦诚地说自己看不了。实际上，父亲看病很少有失手的时候，因为他医学经验的积累大都总是从自己实验开始，可行之后，再给别人用，这在旁人看来未免显得有些冒险。

例如，一九七三年，彼时父亲正在莲云禅苑讲课。有一天，一位名叫张丽文的中医师来拜访父亲，只见张医师从口袋里拿出一个不知道装着什么药的小瓶子，对父亲说："这是您交代做的汞丸。"听闻此言，大家都感到十分迷惑。汞丸，就是含有水银的药丸，父亲做这些汞丸又有何用呢?

父亲看出了众人脸上的疑惑，但他没有解释，而是微微一笑，接过瓶子，立刻倒出一丸，张嘴吃了下去。这一举动让大家大吃一惊，那可是有毒的啊，万一父亲吃了中毒怎么办？张医师也是十分着急，他看到父亲吃了一丸，就连忙也倒出一丸吃下去。他后来解释说，自己这样做是想如果父亲被毒死的话，他自己也就跟着死；如果自己没有死，就证明父亲不是由他拿来的水银药丸致死的。张医师也真是胆大心细啊。

在场的人都在一旁战战兢兢地看着我父亲，还好，父亲并没有发生什么意外，这下大家悬着的心才放了下来。后来，父亲每天继续吃这个药丸，直到有一天，他感觉到自己身体的表皮似乎要与肌肉分离了，方才停止服用药丸。其实，父亲这是在"以身试药"。再后来，医药研究有了新发明，可以通过测验头发得知身体的相关状况。父亲彼时正在香港，就做了这种测验，从他的头发中，的确验出了水银成分。可见，父亲当年服下的汞丸，过了数十年都还残留在体内。父亲的这种牺牲，不可谓不大。

父亲不仅服过汞丸，还服用过不少其他金石之类的药物，都是为了探求那些药物对于人体的作用。他“神农尝百草”一样的做法，对自己的健康必然会产生难以避免的副作用，且不说他的做法对于生命和人体科学的探索是否真有贡献，单是他的勇气就足以让人动容了吧！

十、施教因材愤悱时

父亲不仅深谙医理，为了医治百患甚至以身试药，而且深谙教学之道，因材施教。

父亲不仅深谙医理，为了医治百患甚至以身试药，而且深谙教学之道，因材施教。就禅学方面的教化而言，父亲与日本的教法就大相径庭。日本人教禅的方法，统统一样，对于任何问题，同参道友的答复也都是完全一样的。这不仅禁锢了学人的思想，也失掉了禅本身空灵的意味。而父亲的教化，则是完全因人而异，绝不是持方枘而内圆凿，而是完全发挥学人各自的长处，将禅学自由空灵的本质淋漓尽致地表现了出来。因此，追随父亲的学人虽都是听着同样的授课内容，但父亲对他们课后的教导，却是人各不同。这就是父亲教学上的妙用存乎一心、教化因势利导的智慧。

每次开课前，父亲都会让新来的学生提前两日来与他见一面、谈一谈，以期对每个新生的思想、学习习惯、脾气秉性以及用功的程度等先有个了解，然后再因材施教。其实，每每学生一开口，父亲立刻就会知道这个学生的境界，甚至有时不必开口，只消他上下打量那学生一番，就对其人了然于心了。大致了解学生之后，父亲便找准时机，对不同的学生予以不同的教化。有一次，父亲问一位研究生："府上是什么地方？"该生顺口就回答说："我府上是……"父亲听后，非但没有怪罪这位博士候选人的答复不得体，反而自责，认为自己为人师，却未尽到责任，没有将这些应对的礼貌认真地教给年轻人。因此，父亲当时很和蔼地给他纠正，教他应该如何回答。类似的例子比比皆是，不胜枚举，父亲也从不会放过这样的机会。父亲就是如此，总是注重在细节处给予学生点拨和教导。

父亲不仅注重细节，他还注重根据不同学生的性格和习惯给予教导，正如他对刘雨虹女士的提携一样。刘雨虹女士平常看书很快，总是一目十行。有一次，父亲让刘雨虹女士写出《宝积经》中一部分的摘要。对于这一工作，刘雨虹女士觉得十分容易，因为她对自己的看书能力充满信心。但是当她翻开《宝积经》看了一遍又一遍之后，才发现这件事并非想象中那么容易。她仔细看了好几遍之后，才发现，原来佛经已是浓缩到顶点了，其中没有什么字句是可以省略的，它本身就是摘要了呀！

这时，刘雨虹女士才明白，其实父亲早就知道《宝积经》已经是浓缩到极点的经典了，他之所以让她写摘要，只是想要提醒她，对于经典，必须细细揣摩，决不能用她平常看书那样走马观花的方法。对于刘雨虹女士来说，这真是给了她当头一棒喝，不过也正是这一棒喝，才真正让她改掉了粗枝大叶的坏毛病。

不仅如此，父亲也会针对不同的人，指导他们在不同阶段看不同的书。比如，我曾听闻父亲让刘雨虹女士读《悟真篇》。提到这本书，可能很多人都会对它讳莫如深，因为书中常提到姹女、黄婆做媒、阴阳交媾等，是一本被常人视为道家黄色文章的书。父亲却是从其对于身心的修养的角度来看待的，他认为这本书能够帮助刘雨虹女士提炼身体，希望她能通过阅读此书，有所收获。

而这件事的缘由，似乎是因为有一次父亲无意间发现刘雨虹女士的面色透出了一丝阳气。父亲便问是怎么一回事。刘雨虹女士说出了她前夜睡觉时被腹中的胀痛惊醒，后来胀痛又化为乌有的经历。父亲听完，便知道她这个症状是类似道家的炼精化气功夫，只要稍加练习，以后身体就会变好了。于是，父亲便把道家的《悟真篇》给了刘雨虹女士，让她好好研习。而且父亲知道刘雨虹女士对阴阳五行之学，已有十几年的爱好，是相当熟悉的了，因此读用阴阳五行注解的这本书，应该没有什么困难了。

父亲时常修禅，经验丰富，阅历深厚，他对于修禅见悟之事十分明了，自然，也会对修禅时有可能走入的误区了如指掌。父亲根据自己多年来的经验，经常嘱咐大家，平常一定要多看佛经，这样才能启发智慧，不然，自己空想是很容易见地不正的，而且如若稍有差错，便会误入歧途。学禅最重要的便是修心，只有静下心来，好好参悟佛法，才会有所见地。但是许多向父亲学禅的人，都只是在开始时激情满满，努力上进，日久便不自觉地懈怠起来，得少为足，自以为已然了悟，不用再多费时间精研，渐渐地就故步自封，偏到一边去了。这样最终是不会有什么收获的。

父亲对学生的因材施教，在禅七中体现得更加明显。一九七四年，父亲参加了在佛光山举行的禅七。举行到第三天的时候，父亲本来正在讲课，却发现坐在右边第一排的男生，全身紧绷，两眼发直，好像得了什么病似的。这时在课堂上帮忙的林中治也发现了，将情况及时告诉了父亲。于是，父亲走到那个人旁边，上下打量了他一番。令人想不到的是，父亲竟然什么话都没说，就左右开弓，打了他两个嘴巴，然后说："起来活动活动！"之后又继续上讲堂讲课去了。众人都如丈二和尚——摸不着头脑，殊不知，其实父亲是看到他这样有点坠入邪门的样子，只有给他当头一棒喝，及时制止他继续空想，才能将他于危险境地中挽回。

或许有的人会觉得父亲的做法太过于简单粗暴了，但是这便是禅宗棒喝法门的一种。我曾听别人说过，美国大学有些东方哲学或艺术的教授，自觉身为研究东方哲学的人，如若没有参加过禅七训练，就缺了一项亲身体验，是难以得到学生们尊敬的，而且对于学术也没有一些切身的体悟。于是，很多教授都要亲身经历禅七。有一次，在父亲上课的时候，一位美国教授述说了自己刚去参加的一场由日本禅师主持的禅七。这位日本禅师有一种独特的训练方法，就是用香板实实在在地打在学员的背上，而且常常会打出伤痕，有时甚至血迹斑斑。但是并非每个人都会被打，只有一些被禅师认为可以得悟的人，才会"有幸"被打。所以，挨了香板的人，往往会很骄傲。这个教授一面述说着自己在日本参加禅七的经历，一面解开衬衣，露出被香板打过的背部。一条一条的板痕，清晰可见。看到此处，便可以知道，其实父亲相对于日本禅师来说，已经是很和蔼可亲的啦！但是不管用什么形式，他们的最终目的，都是想让学生得以开悟，指引他们走向修禅的正道，不至于误入歧途。

说到此次的佛光山的禅七，其实是来之不易的。这都是刘雨虹女士和李淑君经过相当多的努力，再加上星云大师慈悲的胸怀，最后才得以促成的。当然，也少不了佛光山的弟子、学生们的支持。

星云大师，本是江苏扬州人，十二岁在南京栖霞寺出家，法号悟彻，是临济宗的第四十八代传人。一九四九年，星云大师组织僧侣救护队来到台湾，并于一九六七年创建了佛光山寺。此外，星云大师还在台湾开设了美术馆、图书馆、出版社、佛教幼稚园、佛教丛林学院等机构，并主编了《人生月刊》《今日佛教》《觉世旬刊》等佛教刊物。星云大师为弘扬佛法呕心沥血，贡献巨大，被誉为人间佛教的行者。

一九七四年的十月，星云大师邀请我父亲前往佛光山寺的东方佛学院，讲授中国禅宗的丛林制度。父亲便由李淑君陪同前去。佛光山寺的建筑十分宏伟，他俩都对其赞赏有加。父亲和李淑君回来之后，大家都询问佛光山寺的情况。李淑君便向大家介绍了一下她看到的佛光山寺的宏伟建筑，并说那里清幽古朴、风景优美，十分适合修行人修禅打坐。

她这样一说后，大家都无不对佛光山寺心向往之，都希望能去一饱眼福。但是怎样才可以去呢？父亲一向都不怎么愿意打禅七，这是弟子们都知道的。

而父亲不愿意打禅七，可能有两个原因：

其一是父亲对向他学佛者都没有很好的悟性而感到失望。其实父亲一直在物色能够传承自己衣钵的弟子，但是从未有过合适的人选，直至他西去之时，仍是如此。父亲说他从来没有弟子，便是说从来没有遇到过真正有悟性的弟子，而这，也极大地挫伤了父亲的教育热情。试想，对着一群资质平平、只会点头称是却毫无生气的学生教课，当老师的才能学养又如何能得以施展呢？尤其是对于需要顿悟的、空灵活泼的禅宗教化，更是如此。父亲喜欢别人向他挑战，这样才有迸出大智慧火花的机会。可惜，父亲一直都未曾真正满意过，这也是父亲人生的一大憾事吧。

其二是父亲常说的，彻悟并不是非经禅七锻炼不可，抱本参禅一样有人悟道。社会上的芸芸众生，大多连最基本的做人做事的准则都还未达到，如何能期待他们超凡入圣、澄澈空灵呢？正如婴儿，如若连最基本的爬行都还不会，如何就能先学会走路呢？凡事都有因缘顺序，顺序乱了，条理乱了，便不会有本该有的收获，还不如脚踏实地地先从修身齐家、培养人格道德开始磨炼。

虽然知道父亲向来不喜打禅七，但是父亲的弟子们仍心有不甘。刘雨虹女士便是如此，她仍在为促成父亲去佛光寺而不懈努力着。她听说佛光寺的星云大师是从南京栖霞山寺庙来的，于是虽与他从不相识，却仍旧鼓起勇气打了一个电话给他。

在电话里，刘雨虹女士告诉星云大师，说是父亲要去主持禅七，希望借大悲殿一用。大师一听说是南先生主禅，便满口答应了，而且表示愿意出一切食宿及费用。可见，星云大师对父亲是十分支持和尊敬的。

其实星云大师的一个朋友知道他要借场地给父亲时，曾提出过反对意见。那位朋友觉得，我父亲和他们剃度出家的人有相背离之处，因为父亲曾说过“未曾落发是真僧”。但是星云大师是一个大度之人，他根本不在乎这些外在的虚无的东西。他说，只要最终目的相同就行，何必执着于是否剃度呢？于是还是将场地借给了父亲。

之后，刘雨虹女士便去劝父亲了。父亲向来爱吃牛肉面，于是刘雨虹女士便请一群人去一家很有名的牛肉馆吃牛肉面，也把父亲拉去了。这时，她便和李淑君两人一唱一和，旁敲侧击，竟把父亲给撺掇着去参加禅七了。

虽然父亲答应去参加禅七，但是前面说过，父亲向来不喜欢打禅七。可是那些来参加禅七的弟子学生们，如何会只是让父亲在旁边看着而不主持呢？父亲也是有着慈悲心肠的，看着自己的学生们那种求学的欲望、那殷切的眼神，也不忍让他们失望。父亲虽然一直说着“不主持，不主持”，但是最后，还是拗不过学生们，同时也是出于对他们长期为此次禅七努力奔走的回应，于是又一次拿起了香板。

一九七四年甲寅旧历年底，父亲在佛光山寺大悲殿主持了这场禅七。听说父亲要在佛光山举行禅七了，大家都不辞辛劳，从各地赶来聆听父亲的教诲。对于台北的求学者来说，路途是十分遥远的，须得坐八小时的火车到高雄，然后再乘半小时汽车到佛光山。虽然路途遥远，但是前来参加的人却很多。从台北陆续赶来的共有五十多人，加之佛光山的出家人约五十人，合起来有百人。这算是一次规模十分庞大的禅七会了。

父亲既然答应了主七，便不遗余力地为参禅者授业解惑。在此七天之中，他谈到了许多密宗的学理、修持法门及密宗的特点。许多对藏密有兴趣的人，那次也收获颇丰。颇为遗憾的是，父亲那次的讲解未能全部记录下来，因为后半部的录音带损毁了。

在这七天之中，负责禅堂秩序并喊口令的仍是林中治，而写黑板的仍是李淑君。仍有不少人是第一次参加禅七。

禅七训练的影响，对于平凡而无毅力之人来说，是微乎其微的。特别是对于那些第一次参加禅七的人来说。刚开始时，他们觉得十分新鲜，而且修定也只是每天打坐、参禅而已，似乎并无难度。但是愈到后来，愈发觉自己根本静不下心来，而且还会越来越狂躁。于是，便开始觉得，学佛真是一件毫无意义之事，整天打坐，一点也不实用，根本不值得学。

以父亲多年的经验来看，他自然明白初学佛者有这些反应是很正常的现象，他觉得这是过度用功的结果。一个人如果把自己逼得太紧，弦绷得太紧就会断了，这样反而会适得其反。所以，一旦遇到这种情况，一定要学会放下来，学会劳逸结合，调节心情。不然非但没有学好佛，自己的身体反而会出问题。父亲修炼时也是如此，到一定程度后一定会放松一下，绝不会硬逼着自己。我们在平常生活中处事时也应该斟酌其度，量力而行。

父亲在家门口

父亲对张德光的接引，更体现了他因材施教的原则。张德光先生曾屡次提起他与父亲交往的点滴，后来将其记录在回忆父亲的文章之中。张德光初次拜见父亲是在二十世纪六十年代，当时张德光由其谊母任懿芳女士带领着，在我们位于泰顺街的家里第一次见到了父亲。

其谊母向他介绍父亲："这是太老师。"张德光便立正，恭敬地向父亲行举手礼。父亲见他恭谨有礼，很是欣喜，便和蔼地招呼张德光坐下，问他："年轻人，有什么问题吗？"张德光回答说："想念点书。"父亲接着问："想念什么书？"张德光回道："我身为军人，自当对中华历史文化有所了解，对军书也理当有所认知，我想读《资治通鉴》与《孙子兵法》。"父亲却说："先不要读这些书，先读《伯夷列传》。"

《伯夷列传》本是史记的一篇，《古文观止》也将该文收入其中。这篇文章讲的是商朝末年伯夷、叔齐两个孤竹国王子避世隐居的故事，与军理毫无关系，为什么父亲会首先叫他读这篇文章呢？张德光也很狐疑犹豫，父亲便告诉他说："这篇文章，理义很深，举凡人情世故、做人处事、前因后果都述说得很清楚，要好好地读，认真地读，一旦读通，什么都懂了，读的时候把有关问题记下来交给我……"由于当时还有许多人在父亲住所请益，张德光也不敢耽误父亲太久，没有问得更详细。得了父亲的教导后，他便赶紧起身，拜谢父亲。回到驻地后，他依照父亲的嘱托，仔细研读《伯夷列传》，并一口气写出了十三个问题，过了一星期后他再次北上，把工整写好的十几个问题交给父亲过目。父亲只瞥了一眼，便回答了两个字："再读！"接着说，"里面问题很多，不只这些……"

张德光遵照父亲的意思再读，只是当时毕竟见识不广，文化程度有限，虽努力钻研，却无论如何也想不出其他的问题，几经往返后，父亲才告诉他：“这篇文章，字字句句都是问题，如能通达，一切都通达了……至于你要读《孙子兵法》，就要先读《老子》，再读《易经》，到时研究起来就能深入理解，驾轻就熟，现在我在师范大学讲《老子》，有空来听课……”

张德光是一名飞行员。父亲在第一次见到他后，了解到他在开直升机，于是父亲就嘱咐张德光写些有关直升机的事。因此，张德光就写了一篇关于直升机的故事，刊登于《人文世界》。后来，父亲又对张德光说：“写一本有关直升机的书，这是你的专长。”张德光听后甚是诧异，即刻回道：“老师，我怎么有能力写书。”父亲旋即告诉他：“来，我教你，一支原子笔、一张稿纸、一把剪刀、一瓶糨糊，抄抄写写，剪剪贴贴就可成一本书。要知道，天下文章一大抄，看你会不会，看你如何抄法，要会做‘偷儿’。”

经此一番指引，张德光也就照着父亲所说的做了。过了一年，终于写出了《直升机》这本书，并将其呈阅父亲。父亲看后很高兴，让张德光把这本书交给某某出版社出版，同时把自己的名片交给他，并叮嘱他去见某某总编辑。张德光按照父亲所说，见到该总编后，将书交给他，又递上了父亲的名片。那位总编看过后，意味深长地说：“南怀瑾乃当今名满天下的人……”边说，边用神秘的眼光打量着张德光。张德光当时年纪尚轻，不通人情世故，不知这位总编的举止行为有何内意，也没再细问，没有任何表示，交完书就走了。

不想书交下后，竟是石沉大海，毫无消息。张德光两次去询问情况，该总编都支支吾吾，应付了事。后来他才知道，在那期间父亲还曾特别请该总编辑帮忙。当张德光第三次去询问时，这位总编辑并不在办公室，张德光想到他总是支吾搪塞，心里有气，看到他桌子上放着自己的书稿，便想：“有什么了不起，充其量不出版就结了。”于是就把书拿回来了。后来张德光感慨道，那时自己因为年轻不更事，不懂这些人情世故，加之平日里读了几本圣贤书，自以为正气凛然，空熬出半身傲骨，不肯示弱买人账，以为此路不通，就准备另谋他途。

父亲一见张德光把书拿回来了，劈头就骂：“怎么连这点事都办不了！”张德光本来便觉愤愤，听了此言，更是不服，竟然斗胆回了父亲一句：“老师，读圣贤书，所学者何？”父亲一听，又对张德光大吼一声：“屁用。”这一声屁用，直吼得张德光七荤八素，晕头转向，当即愣在了那里。后来，父亲的这句棒喝起到了作用，张德光开窍了，就又将书无条件送给出版社。没想到，这本书竟接连再版，最后竟然作为驾驶直升机的教材，在航空飞行领域中广为流传。

就这样，张德光“搭上了南车，迷上了南学”，接连跟着父亲读了《老子》《孟子》《易经》《解深密经》《唯识学》《金刚经》，这些都使张德光对中华文化有了全新的认识。

此后，张德光又一直跟随父亲，直到父亲去美国为止。这期间，他不仅听父亲讲课，亦暗自研究父亲的行事作风。而这“屁用”两字，张德光也时时参研。在观察了父亲的一些处世方法，再结合自己的做法，张德光才明白，父亲是在骂他不开窍，不知大用。父亲在日常生活中的所作所为展现出的，就是知“大用”的气度。天地间万事万物都要知用，所谓“万物皆备于我”，圣贤的教化经典都是要拿来用的，即使是孔子、老子、释迦牟尼本身亦是如此。一切事物都是要应用于实践才能发挥其应有的价值，自恃清高，只会白白浪费掉自己的一身才华。对于知用这个本事，要先将之用于自我之身心，再扩而大之，推至他人，使之惠及旁人。所以父亲才骂张德光：这么一件小事都办不成，将来怎么能成大事！如果不知“大用”之理，再好的圣贤书岂不也是“屁用”！张德光茅塞顿开，明白了父亲起始教自己读《伯夷列传》，其用意正在于此。

这种“大用”不仅体现在世俗的经典当中，助于人生世事的经世致用，在父亲理解的禅宗佛门的出世之法中，也须通晓此理，方能真正做到普度众生。

古人曾说，“大唐国内无禅师”。但是，唐代正是禅宗大师辈出的时代，是禅宗最盛的时代。古人却说彼时没有禅师，可见，一个合格禅师的要求是有多高。禅师并不能只通学理，而是要能应付世间的各种情况。因此禅宗大师，非真正彻悟的人不能担当。尤其是接引他人，非大彻大悟者不能做到，这正是所谓的“先要成佛，才可度人”。而父亲与蔡策先生的交往，就是如此。

蔡策是记者出身，对学术文化界的人士，自然会比其他人知道得多一些。对于父亲这样的人物，他不会不知道。于是，当蔡策从自己所服务的报纸上得知父亲在东西精华协会讲《易经》的消息时，他就立即前往报名学习。

在听课时，蔡策都是缩在角落里，默不作声。不想有一天，父亲却请他去书房交谈。见到他，父亲劈头第一句话就问：“蔡先生，你怎么也来听《易经》呢？”蔡策说：“我不懂，要学呀！”父亲说：“我想你应该是念过一些线装书的。”他这一点穿，不禁令蔡策又敬又畏，不知父亲是如何得知他读过线装书这件事的。这一下，蔡策只好从实招来，把过去读书的情形及这次来听《易经》的动机和盘托出。

讲了一段时间之后，父亲讲到了交互卦的卦变，并要大家自己去尝试。蔡策十分热衷于此，于是他便立即到刻字店，刻了六枚橡皮图章，玩起交互卦来，他整整玩了三个通宵，直到玩完了六十四卦的交互卦。他根据玩的过程和结果，提出了一些个人心得，写了一篇短短的报告，交给父亲批示。在报告中尊称父亲为老师，这也是蔡策尊他为师的开始。

不久之后，父亲竟然让蔡策上讲堂讲他交给父亲的报告。因为讲堂里坐着许多大人物，还有一些学者专家，蔡策再三推辞不肯。最后父亲问他：“你叫我老师是不是？”

蔡策说：“是的，是应该的。”

父亲接着说：“你总读过《论语》吧！有酒食先生馔，对不对？”

蔡策说：“是的。”

父亲又问：“有事呢？”

蔡策说："老师！这个劳我服不起。"

父亲说："你看，我今天感冒了，不舒服，声音都是哑的，不能多说话，这些人都来了，坐在那里，不可以教人家白跑一趟回去，你就把给我的研究报告，用语言向大家报告，不是很好吗？不用怕，我陪你去，替你做介绍。"

说完，父亲站起来就走。蔡策只好硬着头皮，跟在父亲后面往讲堂上走。

事后，蔡策才体悟到，父亲这样做，主要想消磨他的傲气。因为父亲在把他介绍给大家时，说他也是一位"目视云汉"的人。父亲是在暗指他的孤傲之态了。

蔡策觉得父亲说得一点儿也不错，在他几十年的记者生涯里，受到"见官大三级"心态的影响，逐渐养成了他的这一种心理，亦在不知不觉中，从形态上透露了出来。也许旁人没有发觉，或许发觉了，也因为"怕记者"而不敢说出来，因而蔡策此前并没有什么体会。如今，父亲温文儒雅地用"目视云汉"四个字，向蔡策心灵深处一刺，倘使还不出血，那就无药可救了。于是蔡策既感激，又惭愧，下定决心修炼谦慕的心性。

蔡策虽欲学习谦慕，但毕竟几十年来，深受孟轲不淫、不屈、不移精神的感染，不愿向恶势力低头，难免遇事总还是会冲动一些，言语中仍时常带些火药味。

这种火药味，从一件事中可以清楚地看出。蔡策曾经也经商，但由于经验不足，不够圆滑老到，自然只有挨打、牺牲的份，所以他的一个合伙人，曾经无理地以不正当手段，想要夺取他的一笔钱。蔡策得知此事后，气愤得准备买刀子杀了他。父亲知道这件事后，便打电话去约蔡策一起喝咖啡。两人见面后，父亲一开口就问："你以为你名下的钱真是你的吗？一个人赤条条来，赤条条去，有什么是自己的呢？"听闻此言，蔡策目瞪口呆，一时之间答不上话来。

父亲见此情形，又继续说："人家要拿你一笔钱，你为什么不给他，有什么好争的？你会感到心痛，也许人家就靠这钱活命哩！或者他拿去花天酒地，你可知道花天酒地场所中，有多少活不下去的人？"蔡策还是一声不响，无话可答。父亲睁大了眼睛看着他又说，“你跟我学这么多年，学了些什么？你不是听过古佛舍身跳崖喂饿虎的公案吗？”

说到这儿，蔡策终于醒悟了，滚热的泪水夺眼眶而出，原本高涨的怒气瞬间消散了，人也一软，跪了下来，口里只说了三个字：“我错了！”父亲躬身把他搀扶起来：“好吧！起来吧！回去，即使他要割你身上一块肉，你也就割给他。”蔡策答道：“是的。”就这样，得到父亲的指示后，他不再执着于那一点钱财，回到公司，便吩咐出纳，准备好现金，等那个人来提取。

公司的员工都觉得不可思议，觉得他不应该这样任人欺负，但蔡策仍坚持父亲的指示，准备好了钱。但是据说，那个说要钱的人，一直都未曾真正去向他要那一笔钱。或许是良心发现了吧。这也算一件趣事。

蔡策经商，最终失败了，不但把几十年来家中积攒不多的积蓄连赔带骗地输了个精光，还因违犯了票据禁律，要去坐牢。他本是个文化人，对法律不精通，而且与人合伙做生意又没有防人之心，因此被人用他的图章开出支票不能兑现。那时，依据台湾的票据规定，开空头支票是刑事犯罪，是要坐牢的，而且一票一罪，连续累加，十分严重。于是，他就这样冤枉地进了牢房。

当时，蔡策的朋友认为他这个罪名，委实冤枉得很，便提前为他铺好了免于牢狱之灾的路。对此，蔡策拿不定主意，便去向父亲请教，父亲说：“你该去坐牢，一则心灵免陷于恐惧之中，次则可以消业，最重要的，这是你修持的最好因缘。”没有人会心甘情愿地去坐牢，蔡策自然也不例外。但父亲的话总是会被人证明是对的，因此他对父亲的话深信不疑，于是他便老老实实去坐牢了。

或许正是冥冥之中自有天意吧，蔡策进入牢房，在铺位下便看到一部《金刚经》。他读了以后，就喜欢上了。在牢房无事可做时，便细细研读其中的义理，这使他受益颇深。蔡策后回忆起说，他当时虽深陷牢狱，内心却平静无怨，每日念诵《金刚经》，无烦恼，读书为乐，这也证明了“万法唯心”的力量。确实如父亲所说，他在牢里得到了很好的修持。

蔡策坐了一年牢出来，反倒气色红润，没有一点垂头丧气的样子。而且他本是一个瘦瘦干干的人，出狱后竟变得丰润了。那个样子不但不像是坐了牢，反而像是度了一个快乐的长假，精神饱满地回来了，对此大家都啧啧称奇。这也再一次证明了父亲的话是让人不得不相信的。

是年夏天，周勋男从美国回到了台湾，那时蔡策仍在牢里。因为周勋男学的是心理学专业，于是父亲就让他去台北监狱，给受刑人上课，做心理辅导，这样也算是贡献了社会。于是，按照父亲的吩咐，他每周日前往监狱义务讲课，一连讲了一年，每次听讲的都有三千多人。

有些年轻人对于父亲的这种做法十分不解，便问父亲：“监牢中的犯人，犯了法，做了坏事，坐牢是罪有应得，是不值得同情怜恤的，可为什么还要去帮助他们呢？”

父亲说，做坏事犯了法的人，是最愚蠢的人，蠢到不知道犯法要坐牢，他们的可怜之处正是他们的愚蠢。他们也许是生来愚蠢，也许是环境造成的堕落，不像正常人那么幸运，岂不是很令人同情吗？但这并不是说他做坏事是对的。如果能够影响他们改过向善，那社会上就多了一个好人，少了一个坏人，所以要帮助他们脱离罪恶，好好做人。更何况，牢里也有很多冤枉的人啊！蔡策不就是一个吗？

彼时，还有很多人也去监狱义务讲课。台湾这类的心理辅导公益团体很多，宗教团体也多有从事这种活动的。虽然现在的社会开放了，人们的自由也多了，但是犯罪率愈来愈高。这不得不让我们反省，我们的社会到底是哪里出了问题。学校教育、家庭教育、社会教育，到处都好似千疮百孔。古人说“百年树人”，按照目前人文道德落后的状况看来，恐怕百年也树不了人！

蔡策还曾要求父亲为他做见证，在自己死后，把身上尚能用的器官，都送给需要的人，而剩下的，就供作医学研究，希望以此来帮助医学进步，有利世人。父亲听到他这样说，表示赞许，当场就允诺一定做这个见证人。过了几年，蔡策又提到此事，父亲有点不高兴了，略带严厉地说："你还在挂念这些？！人家日本和尚说的'埋骨何须桑梓地，人间随处有青山'，你懂吗？我们都是可以路死路埋的人。"

与蔡先生的这些交往中，可以看出父亲对"有缘人"高超的引导艺术。父亲并不违逆从学者的意志，而是把握时机，顺水推舟地去接引他们，让他们自己适时顿悟。

父亲不仅在与人的交往中给予他们以点拨和教导，而且在其成立的东西精华协会及受邀去讲座的大学中，也是不断地传播教化，给予更多的人教导和指点，以广济后学。

在东西精华协会成立以后的三年时间里，父亲连续开设的课程有："庄子研究""易经研究""楞严经""参同契""禅学研究""道家易经与中医医理"，以及"设计哲学"等。除此之外，协会还请刘大镛先生教授"书法"课程，孙毓芹先生教授"古琴"和"琴诗书画"课，以及请其他先生教授"太极拳""针灸"课等。

其中针灸课的开设有所不同，是请医院的医生来教的。当时，"道家易经与中医医理"这一门课程，是应光华针灸医院之请所开的，所以不久之后该医院也就安排医生在这里开班教授针灸课程了。

父亲除了每周有三天晚上的课程外，还经常应邀到各处讲演，略可记得的有：

一九七二年二月六日——应孔孟学会之邀讲"宋明理学与禅宗"。

二月七日——应"国防医学院"之邀讲"中国文化与医学"。

三月十五日——为工业设计协会讲"工业设计"。

四月十日——应辅仁大学之邀讲"儒、释、道三家思想精要比较"。

四月三十日——应辅仁大学之邀讲"魏晋时期代表性人物思想之影响"。

五月七日——应辅仁大学之邀讲"禅与易经对现代西方文化之影响"。

五月十四日——应辅仁大学之邀讲“禅与老庄对隋唐以后中国文化的影响”。

五月十五日——应世界新闻专科学校之邀讲“禅道与中国文化”。

五月十五日——应台湾大学之邀讲“禅”。

五月二十二日——应台北商专之邀讲“中国文化与佛学”。

十月十二日——应台湾“中央大学”之邀讲“禅道与东西文化”。

十月十四日——应“国防医学院”之邀讲“东西文化与医学”。

十月二十一日——应东吴大学之邀讲“禅与学”。

十一月十日——应成功大学之邀讲“宗门旨趣”。

一九七三年三月二十四日——应“儿童少年发展委员会”之邀讲“儿童心理教育的哲学基础认识”。

十一月五日——应国民教师研习会之邀讲“中国文化的前瞻与回顾”。

六月四日——应台湾“中华电视台”之邀讲《论语》，每周两小时，共讲八周。

一九七四年四月三日开始，每周三下午三时至五时，在大陆工作会讲《论语》，共十一个月。

除了以上的课程和讲演外，早在一九七一年，父亲还应聘在辅仁大学正式开了《易经》的课。当时，父亲在社会上很受欢迎，师范大学体育系的张平堂教授，就曾希望父亲到师范大学去讲课。张教授平日里喜欢读哲学书籍，自小也在家中读过四书五经之类的书。《人文世界》出版后，他曾介绍过父亲的文章。他说自己曾向师大文哲方面的教授提起，问为何师大不聘请南先生来教课。

对此，那个教授回答说：“如果请南先生来教孔孟学说，他当然是一流的教授；如果讲道家的学术，南先生也很精通；如果是讲禅宗，那更是他的老本行；所以说，请了他来，我们这些老师该怎么办呀？”

这像是一个笑话，却也反映出当时父亲的影响力和学识都是有目共睹的。对此，父亲恐怕早已心知肚明，所以他只接受研究所的约聘，指导几个博士生。这样一来，就不会有这类问题。更何况，博士生可以前来就教，更为简单。

也就是这个原因，父亲才深感创立东西精华协会的必要。创立一个专门的协会，就可以针对需要而开设课程，不仅可以让大学生来听，也可以让其他各阶层的社会人士来听讲，这样，知识传播的范围就更广了。而协会开设的课程中，如《参同契》、禅学、《易经》、中医医理等课程，其他院校很少会开设，所以，协会开课后，听众总是将讲堂挤得满满的。而租用场地是需要花钱的，所以，协会就要求听众每人交场地费两百台币，至于经济困难的，就免交了。

不久之后，父亲停止在辅仁大学授课，因此，许多同学就跑到协会来听课了。

除了上课之外，东西精华协会还经常举办一些活动，并且设立了一些当时社会上少见的组织，如“开心俱乐部”，是专为青少年定期活动设立的组织。协会还于在一九七二年三月成立了“心灵研究社”，由臧广恩教授领导，以社会上奇异心灵现象为研究目标。这项研究的内容，也是当时美国、日本等国流行的研究课题。

协会创办后，父亲就更忙了。他早上九点上班，晚上十点才回家，除了上课及应邀出外讲演外，还要抽出时间来接待络绎不绝的访客，一周至少忙碌六天，甚至可能一周七天都十分忙碌，几乎没有休息的时间。

一九七三年，杨管北居士邀请父亲讲《金刚经》，于是，在每星期六的下午，父亲都到杨宅去上课。当时听课的人不多，但地位都很高。这大概是后来协会“特别班”的雏形。

在台湾的多年间，虽然我们家常常搬迁，但都照父亲的原则，位于“四大”——台湾大学、师范大学、政治大学（城中分部）、淡江大学（原淡江文理学院）之间，这也是为了更方便学生来听他讲学吧。早年所住的蓬莱新村，靠近台湾大学；青田街，则靠近师范大学；莲云禅苑时期，住在永康街一个巷内，靠近淡江大学及政治大学分部，而且与东西精华协会距离甚近，步行仅十分钟的路途，这样也节省了不少时间。

一九七三年，父亲五十五岁了，他的头发开始花白了。理发师劝他染发，他没有接受，还作了一首诗：

理发师劝染发戏作

世人多畏发初白，却喜头颅白似银。
免去风流无罪过，何须装扮费精神。
渐除烦恼三千丈，接近仙灵一性真。
对镜莞尔还自笑，依然故我我非新。

从此诗中，我看到了父亲对于自己已然老去的乐观豁达。世人都畏惧衰老，害怕头发变白，父亲却独对一头银白的发丝感到高兴。因为这样就免去了装扮，省时省力，而且父亲也并不需要装扮，一切都只是身外之物，何须枉费精力加以装扮呢？烦恼渐除，性灵归真，对于一心追求心灵自由的父亲来说，如何会不开心呢？虽然已满头银丝，但父亲依然是本我的自己，决不会被这虚无的外物所羁绊！

尽管诗意轻松，但岁月催人老也是不争的事实。父亲也着急于接班人的事情。一天夜晚，父亲从睡梦中哭醒。询问之下，才知道原来他做了一个对他而言可怕的梦，他在梦中又愁又急，为什么接棒的人还不来啊？要等到什么时候啊？梦到这些，情难自已以至于急得哭出声来。正在此时，他又听见袁太老师喊他：“怀瑾呀！你看，那不是来了吗？”父亲说，当时他觉得自己好像在一个海边，回头望去，看见一个妈妈，带着一个三四岁的孩子，远远地向自己走来。父亲心凉了：天啊！还是一个孩子啊，还要等许多年啊！梦有梦的真实性，所谓日有所思，夜有所梦，父亲平日一直忧心于衣钵的传承问题，所以才会做这样的梦。

父亲一直认为，自己虽然多次讲过有关禅门修行的方法，也会带领大家打七，但那只是教大家静坐和禅定的基本功夫而已，自己并没有传授过真正的禅宗。他曾说：“如果我讲禅宗，门前草深三尺。”也就是说，如果真的讲禅宗，那必定会门可罗雀。而父亲的门客一直只见增多不见少，可见他确实没有讲过真正的禅宗。我想父亲并非不愿传授自己修习禅宗多年所得的精髓，只恨未见有缘人。那些对父亲趋之若鹜的学生里，也无人有能力接取父亲的衣钵。如果贸然传授佛法，不仅不会有益于他们，反而会使其刚刚浅尝辄止即自以为是，自称已然悟道，变作狂禅，如此必将贻害无穷。

从门派上讲，父亲是属于临济宗一派的。他说：“按照临济宗的传承，是应该有人接棒才对。”想到自己还没有接棒的人，父亲心里该是多么伤心啊。没想到接棒的人还没有下落，学生中倒有人给父亲惹了不少麻烦。一天，父亲在办公室的时候，突然电话响了，父亲原本以为可能是他的学生或者朋友打来的，却不想是“总统府”打来的，他感到十分奇怪。后来“总统府”的人才说，有人写信到“总统府”，说：“要国家有救，只有找南怀瑾才行。”于是便要查问一番，这到底是怎么一回事。父亲这才了然，于是便跟“总统府”的人解释了一下，说这并非他本人所为，自己并不知情，或许只是有人开玩笑而已。这才消除了他们的疑虑。

其实类似的事已不止一桩了，协会里学生们（或者在听讲人中）有一些天真的想法和做法，虽然是基于对父亲的尊敬和崇拜，但当时却给他造成了不少困扰。

协会的事情逐渐步入正轨，父亲可以稍稍放心了。精神放松下来，对于故土亲人的思念便瞬间涌上父亲的心头。在夜阑人静之时，午夜梦回，愁上加愁，父亲不禁想起了远在海峡彼岸的故土家园。如今，已远离故土二十余载，他不禁泪眼婆娑地吟道：“故园西望，泪潸然，海似深情愁似烟，最是梦回，思往事，老来多半忆童年。”父亲想起了远在海峡对岸的祖父母，想起了几十年久未谋面的妻子——我的大妈。两岸局势如此，她又艰难度日，头发恐怕也早已白了吧！又想到童年时两人两小无猜的往事，父亲动情地写下了一首诗：

忆内

辛苦艰危发早华，童年犹忆住他家。

庭园百卉先春艳，蝶蝶双飞争扑花。

像父亲这样心怀天下之人，或许只有在万籁息声的深夜，才会放松自己，让这些“私情”侵占他终日为众生忧劳的赤心吧！

十一、别出心裁讲《论语》

父亲从来没想做圣人，也从来没想做名师，只是把他所知道的告诉大家，跟大家分享而已。

一九七四年四月，“国民党中央大陆工作会”——代号为“恒庐”，邀请父亲去讲《论语》。父亲接受了邀请。这已经是父亲第三次比较系统地讲《论语》了。父亲之所以接受邀请，是有原因的。彼时，“四人帮”正在大陆搞“批林批孔”运动，全盘否定中国的传统文化。对此，父亲十分反对。他决定，为传承中国传统文化尽自己的一份绵薄之力。因此，父亲同意去讲《论语》。父亲讲课时，十分有针对性。他说批孔是没有用的，批不了的，孔子是打不倒的。孔老夫子之所以不让人感到亲切，是因为被人利用了，利用到最后，又被人们丢弃了。父亲从来没想做圣人，也从来没想做名师，只是把他所知道的告诉大家，跟大家分享而已。

今人对古人，显然有自己的看法，不仅仅是简单的注释、解说就行了。父亲认为传统不能一概而论，今人中，很多对传统都没有正确的观念。什么叫传统？一个村子，举办一个活动，办上十年，就成传统了？贪污也是中国的传统，中国的贪污史也有三千年了，这也是我们文化的一部分。当然，反贪也反了三千年了，这也是文化的一部分。所以，不能把传统理解成一个固定的范畴，似乎什么乌七八糟的东西都能往里装。那样就会把传统当作钳制思想的工具，抓住它不放，是最愚蠢、最可恶的。

其实传统是随时可以创新的。所谓文化复兴，是要重新认识我们的文化思想，并非简单的复古。复古，是把当代中国的命运交给三千年前的古人承担。如果把未来交给古人承担，那岂不白活了？当代知识分子自己不承担国家的责任，反而让孔老夫子扛责任，把孔老夫子扛死了，实在可怜！所以，我也不希望父亲扛这个东西，他只是这一代的一个思想家，重新让我们看到了中华文化之美，重新点燃了我们对于自己国家文化的热情。剩下的，是我们如何创造一种新的思想观念、行为举止，抑或是社会制度，这才是复兴文化的意义。

父亲讲《论语》，不复古。他说过，朱熹注释的《论语》问题太多了。他的复兴，就是把他所理解的孔老夫子的意思解释出来。比如，孔老夫子评价宰予“朽木不可雕也，粪土之墙不可圬也”，好像是说宰予是一个又笨又坏的学生。但是，孔门七十二贤，宰予是言语这一科里的第一，他的表达能力是很棒的。我们误解了孔老夫子的意思，以为他是在骂自己的学生。父亲把这事儿拨乱反正了，他认为孔子不是在骂宰予。宰予是他的一个好学生，宰予身体不好，白天在那儿睡觉，孔子的意思是说，宰予这个孩子身体不好，他是叹息，心疼他，不是别的意思，这样就正确了。

父亲还原了孔夫子思想家的地位，让大家看到儒家思想是正向的，虽然其中有强调纲常伦理一类的东西，但是那些都是后代儒生，为了适应国家统治的发展而逐渐附加上的。孔子的思想在发展中曲解和误读渐渐就多了，孔子也成了一个被随便涂抹的偶像。父亲对于这样的偏狭的门户之见深恶痛绝，他曾说：“佛教徒是释迦牟尼佛的罪人，道士是老庄的罪人，儒生是孔孟的罪人……”或许在父亲看来，一旦有了门户，后辈一代代传承，就不免误解前人的意思，或者导致神话、偶像化，曲解、误读前人的意思，最后会导致好的思想不被重视，而强调派别之间彼此在细枝末节上的差异，让那些光辉而有生命力的思想被埋没和忽视。在今天，我们完全可以剔除其中与现代不符合的思想观念，将其中积极的、正面的观念予以继承发扬。儒家思想并不是那么僵硬，并不是那么从上到下地强调权威，而是一个美好的愿景，教你因时、因地如何做好自己，做君子。父亲不是文起八代之衰，而是文起百代之衰。因为我们的文化衰落已经上百代了，不止八代。

父亲讲《论语》差不多有一年的时间，讲课的内容都由蔡策先生记录整理出来，在《人文世界》杂志发表，那时还是以《论语新义》的标题刊登的。《论语》在中国历史上一直占据着十分重要的地位，当然，几千年来，对其进行注释、解说的人也数不胜数。近代以来，也有很多学者注释《论语》，但是基本上都是从研究的角度给予注释的，对于普罗大众来说，未免还是十分晦涩拗口，而父亲的讲述则迥然不一样。他充分考虑到了从未深入接触过《论语》的普通人的感受，完全用普通人通俗易懂的语言来讲解，加以经史合参，旁征博引。他讲的不仅仅是《论语》，他是将那个时期的整个人文社会都呈现了出来。他将原文撮编为一个个历史故事，寓意深远而妙趣横生，让人们在一个个的故事中，便得以窥见当时社会之面貌，实为普通大众了解古圣的上乘佳作。尽管父亲自谦为“个人一得之见，不入学术预流”，但仍然受到很多人的喜爱，杂志的订户因而大增。许多人甚至将载有其讲解的杂志剪贴成册，并转告亲友，有的人至今还保留着完整的剪报。

一九七五年，《青年战士报》新开“慈湖版”。社长唐树祥先生专程来拜见了父亲，恳请其允许他的报纸转载《论语别裁》。父亲允许了，在一九七五年四月一日，《论语别裁》开始于《青年战士报》连载。刊出后，又造成一时的轰动，而这份报纸的发行量也随之大大增加。读者热情的来信如雪片似的寄到协会。广大读者热切希望父亲讲的《论语》能出单行本。于是，自己办出版社的考虑被提到议事日程。

父亲在信义路楼顶天台

一年前（一九七四年），东西精华协会又搬家了。这次搬到了一座邻着大马路的新建的四层楼房，在信义路三段二十一号。不久之后，钟德华先生就来到了协会。

钟德华是台湾交通银行的襄理，早在东西精华协会创办时，他就参加了。他的个性开朗直爽，这可能与他从小在山东长大、深受儒家思想熏陶有关吧。他与各方结缘很多，而且早已学佛多年，于是大家都称他为钟居士。

一九七四年的春天，钟居士约好来拜访父亲。意外的是，他还带了一个陌生人来，介绍之下，来人也姓钟。原来，这位与父亲素未谋面的钟先生，曾几次托请钟居士引介，要向父亲求教。他是学西藏密宗的，已学多年。当钟居士提到有一个学密宗的朋友希望拜见时，父亲就拒绝了。父亲说，不愿谈密宗，如果密宗在台湾消灭了，就让它消灭吧！因为真正的密宗难看见，假密宗太多，往往使人迷信、执着，所以消灭了也好，也不至于贻误众人。虽然父亲一直希望密宗能够消失，假密宗不再祸害众人，但是密宗的流传，却是愈来愈广，这让父亲十分痛心。

其实那位钟先生早就想来拜见父亲，却因为父亲的不同意而未如愿。但是他心中确实有急迫的问题，希望得到父亲的解答，所以钟居士不得已，就想了一个变通的法门，“先斩后奏”。他并未事先向父亲说明，就直接把钟先生带来，他想父亲应该不会把他赶走。父亲也明白了，那个再三要求见面的，原来就是坐在面前的这位钟先生。既然来了，父亲也不便再说什么，他就答应给钟先生解疑。

原来，在前一年，钟先生和其他密宗行者，大约十来个人，参加了一个修持。这次修课是由一位从美国回到台湾的密宗的学者大师主持的。前几天进行得都还算顺利，但是到了第四天，就发生了一些意外。钟先生说，那天进行了不久，便有人吐血了，还有人昏倒了，连钟先生自己也病了。于是这个七天的修行未能完成，就提前匆匆结束了。大家的心情都变得苦恼消极，钟先生对此也感到十分困惑，于是他便想到要向父亲请教。

主持那次修行的密宗学者大师张澄基博士，也是颇有来历的。他的父亲张笃伦，是抗战时期西昌最高的政府官员，即西昌行辕的主任。张澄基博士先到西藏学密宗，后来到美国留学，又在美国宾夕法尼亚大学任教，成了那里的教授，专心于学术。此外，他的藏文造诣颇高，所翻译的《密勒日巴尊者传》（台北慧炬出版）引起了极大的轰动。另外，他还著有《佛学今诠》上下册。他在专注于学术的同时，也不忘修持，所以才主持了那次七日修行的活动。他们修持的地方，就是张博士在彰化修的一幢房子，听说是专门用来作为修法的道场的。

父亲答应给钟先生解疑后，钟先生十分高兴，于是他便详细地叙述了他们那些天修持的细节，包括饮食起居等。父亲听后，分析到因为地理环境的因素，在西藏地区，即使是学密宗的人也是吃荤的，不像汉地，有学佛人吃素的规定。如果像西藏地区学密宗的人一样，在静心打坐的时候，吃的是鸡、鸭、鱼肉这些不易消化之物，而且体力活动又少，几天下来一定会消化不良。那些原本身体可能已有问题的人，自然就爆发病痛了。当然，父亲对于钟先生的问题，只解答一些燃眉之急的要点，许多大问题，都未做解答。但因此之故，促成了父亲在高雄佛光山的禅七。

在钟先生来访的同时，还有一个要向父亲求教的人，这个人便是陶蕾。她在美国密歇根大学研究所工作，虽然她研究的是艺术史，但是她发觉，如果研究到东方艺术史，那便是处处不离禅宗及佛教，但是由于自己对禅宗及佛教一点都不了解，于是便来向父亲请教。后来她也参加了佛光山的禅七。

钟先生等人的事就说到这里。提及协会搬家一事，不得不强调一点：当时，父亲一直没有自己的房子，一方面他还没有相当的经济能力；另一方面，即便有能力了，他也只会用在文化方面。因此，即便后来他稍微宽裕一些了，他也只是将钱用到办学堂或者协会，对于自己的住宅依旧不甚关心。这个楼房的屋主，原希望出租整栋房子，但是由于经济原因，最后，父亲只租用了二、三、四层。这时母亲去美国看国熙了，只有我和父亲，就住在二楼。三楼为办公室，四楼为讲堂。父亲发了这么大的善心来普度众生，自然在家庭、子女方面，就会疏于照顾了。一个居士家庭，做这个出世的事业，对家庭幸福的影响是很大的。坦白讲，即便是被尊称为“圣人”的孔子，也无暇顾及自己的家庭。一个人的精力毕竟是有限的，当一个人决定要将自己的一生投入“为往圣继绝学，为万世开太平”的事业中时，他就注定会有愧于自己的家庭，父亲也是出于无奈。

当时的讲堂是比较小的，只能容下三十多人，故而父亲只设置了《黄帝内经》《难经》以及“古琴”“古筝”“书法”“易筋经”“弹腿”等课程。如果要听其他的课，则在外面另租场地举行。一九七四年二月，父亲讲“中华文化与佛学”，一共讲了十二次，就是租用中华文化大楼举办的。中华文化大楼的大厅可容纳三百人，每次都是座无虚席。

这时，父亲在大陆工作会所讲《论语》的课已经结束了，不久又开始讲“历史的经验”，仍由蔡策记录，曾在《人文世界》连载，一九八五年整理出版。

协会自从搬到信义路三段二十一号以来，经常来帮忙的年轻人增多了。古国治便是其中一人。他在大学毕业后，服了两年兵役，一九七五年下半年就又回到父亲这里来了。

为什么说是又回到父亲这里了呢？因为古国治与父亲早就相识了，他们之间也有着一段很深的渊源。这在前文已经详细地叙述过了，在这里就不说了。

父亲像之前对待张尚德一样，也曾经让古国治注意个人仪表。那时，古国治去听父亲的佛学课。父亲看到古国治满腮的胡子，便给了他五十元钱，要他买把刮胡刀，将胡子刮干净。之前古国治因为不刮胡子，还被教官记了一个小过。虽然被记过，但他仍然我行我素。就连父亲给他买刮胡刀的钱，他也没有用来买刮胡刀。父亲知道后，便亲自给他买了一把，然后给他，叫他记得刮胡子。古国治很感动，也十分羞愧，于是听了父亲的话，刮了胡子。

要说真正使古国治开点悟，不再那么忧郁，可以说是因为父亲的那一棒喝吧。听闻古国治在父亲讲的佛学课上参话头时，因为父亲的一香板而顿悟了，此后便变得开朗起来了，就像完全变了一个人一样。而父亲的教导，古国治一直铭记于心。

古国治大二寒假时，他的姨妈中风去世，家中只剩他一人。不久，父亲就知道了这件事。一天，父亲上完课，便对古国治说："你没课的时候，到家帮我整理书如何？"古国治自然十分欢喜。当时我们还住在永康街的巷子里，日本式的平房，一进门，就可看到一书架又一书架的书，"十三经""二十五史"《大藏经》《道藏》《唐诗全集》《全宋词》《老子》《庄子》《韩非子》《墨子》……从客厅至餐厅到卧室，到处都是书，就像一座小型图书馆。我那时读高中，是夜间部的学生，白天我就在家做宅男，最常做的事就是在书架上找书看。

古国治对帮父亲整理书一事，表现得十分积极。只要学校没课，古国治就到我们家，把书一本一本地搬下来，登册、编号、分类。父亲的书包罗万象，有《圣经》《古兰经》，西方哲学、政治学、中西医学、堪舆、子平、面相、拳术、经济学、地球科学、天文学……各科各类应有尽有，连当时流行的《天地一沙鸥》，父亲也买来看。

古国治经常中午就到我们家替父亲整理书籍，午饭就在这里吃，一直工作到晚上，吃完晚饭才回家，这样一直到大学毕业。平时，父亲为了照顾古国治的生活，还会塞些零用钱给他。冬天时，他看古国治衣服穿得不够，就跑去买棉袄，一买就是好几件，古国治跟其他几位家境不好的同学各一件。

一天，父亲正在办公，有一个人来，对父亲说他想回花莲，但是缺路费，想向父亲借五百元路费，回去一定依址寄还，父亲什么也没说，便将钱给了他。隔了一年左右，那人又来了，但是这次换了种说法，说自己的脚被撞伤了，缺医药费，希望父亲能借钱给他。古国治看了，好生气，很想揍他。父亲却只是笑一笑，照给。那人走之后，古国治很不平地说，他是来骗钱的，上次给过了，这次换个借口又来。但父亲没有说什么，只是对古国治笑一笑。其实父亲当然知道那人是来骗钱的，只是不拆穿而已。他这是在尽自己所能来帮助别人啊。

父亲的藏书实在太多，古国治足足花了将近三年的时间，才将那些书整理完。这确实费了古国治好一番心思，但其实，父亲从来没有翻过他整理的书卡。几年之后，古国治才了解到，其实父亲的书根本不需要整理，父亲都已分类，有什么书，放哪里，脑海里清清楚楚。他让古国治整理，其实是要照顾古国治的生活，同时又照顾到他的自尊心。父亲不仅慈悲为怀，而且他的慈悲不露痕迹，照顾你，且并不让你知道，犹如春风化雨般不着痕迹。

除了古国治，另有陆健龄、赖芳如及陈美龄、李蔚亮诸君，也经常在办公室帮忙。还有一位冯道元先生，从左营来台北，也帮了一段时间忙。但经常坐镇的仍是李淑君。

父亲以前著的书，都不是由自己出版的，但父亲想自己出书。协会虽然有自己的杂志，但是那时杂志社不可以出版书籍，这是当时的规定，所以势必要成立一个出版社才行。在父亲闭关之前，他就准备让古国治接下这个任务。古国治也没有让父亲失望。虽然他当时也是生活拮据，但为了不负众望，他竟然将仅有的、他姨妈遗留给他的一间小房子，抵押在银行，换了一笔钱，他用这笔款项，接收了整批的书籍和应付账款，担起了这个担子。后来父亲出关，古国治结婚离去，父亲才将钱归还给他。因为古国治承担了出版社的一切业务，所以当他登记出版社时，父亲就说："就用你的姓，登记为'老古'出版社吧！"于是在一九七六年五月得到批准后，古国治就正式成为老古出版社的负责人了。而东西精华协会的事务，也仍由他和李淑君两人联合推动。

父亲在自己所讲的"历史的经验"暂告一段落后，即开始整理编辑"论语新义"。经过了八个月的时间，最终于一九七六年整理完，以《论语别裁》的书名出版。与此同时，父亲也开始整理《习禅录影》，这本书中有两篇是"古记"的记录，即古国治根据录音带整理的。除了"古记"，还有"芳记"，是巫文芳的记录；"长记"，则是韩长沂所整理。这本书，也是在同年出版的。

同年再版的书，尚有《禅宗丛林制度》《楞伽大义今释》，而《静坐修道与长生不老》已经是第三版。

这时，《人文世界》杂志曾停刊半年，到了九月才重新复刊。

老古出版社在这一年中，出版了《新旧的一代》一书，再版了《禅话》

一书。这两本书，都曾在《人文世界》连载。《维摩精舍丛书》也在这年再版，另外还印行了一些用于赠送的书，如《菜根谭》等。

《维摩精舍丛书》的再版，曾令周勋男很辛苦。一九七〇年，父亲成立东西精华协会时，周勋男就跟父亲建议，把绝版已久的《禅海蠡测》印出来。父亲说：“我的书不急，你先印我老师的书。”于是便抽出《维摩精舍丛书》，交代周勋男去印。结果印好之后，周勋男才发现，书中不知怎么多了一篇以他的名字署名的再刊的序。他不知道，其实是父亲自己写好了序，叫孙毓芹先生用毛笔抄写得工工整整的，直接交给了印刷厂。因为父亲事先没跟周勋男讲，于是便等于是当了周勋男的枪手。所以书印出来后，周勋男还疑惑怎么会多出一篇序来，还是用他自己的名字发表的。

而就是这篇序害周勋男很辛苦，因为大家一直赞美以他的名义写出来的这一篇序，说：“看不出来一个年轻人写得这么好。”周勋男每次都得解释说：“不是我写的，是老师写的。”他们说：“你谦虚。”周勋男又得赶忙解释：“不是谦虚，真的不是我写的。”这真是叫人百口莫辩！父亲不仅将序写上了周勋男的名字，而且写的是“门下周勋男”，这就又给周勋男带来了一个麻烦。因为父亲常说自己没有一个弟子，而周勋男自称“门下”，这就让父亲的其他一些学生感到不满。于是他们就找周勋男说理，对此，周勋男无奈，又向他们解释好半天。父亲这一无心之举，还真是害苦了他呀！想想，也是父亲开了周勋男一个玩笑！

这顶大帽子给周勋男戴上去后，一时还摘不下来，一戴就是多年。幸好，后来《维摩精舍丛书》重新打字编排，就把那篇序拿掉了。这样一来，也就省得周勋男总要解释。

一九七六年，《论语别裁》问世后，在台湾出版界引起了一阵轰动。学术著作能够如此畅销，在台湾是几十年来都十分少见的事。许多人读了这本书后，不仅自己奉为掌中瑰宝，还不遗余力地向亲戚朋友推荐。一位师范大学的研究生杜忠诰，因为十分推崇《论语别裁》，竟拿着这本书，利用课间时间，到其他班级推销，有人还把他当成了专业的推销员。《论语别裁》的受欢迎程度可见一斑。当时，老古出版社的业务也逐步走向正轨，父亲的著作相继出版，销路都不错。

说到《论语别裁》，可能大家都会疑惑，为何一本解释《论语》的书，会受到如此地追捧呢？其之所以影响很大，是因为父亲融禅入儒出新意，而不是像历代学者拘于章句。

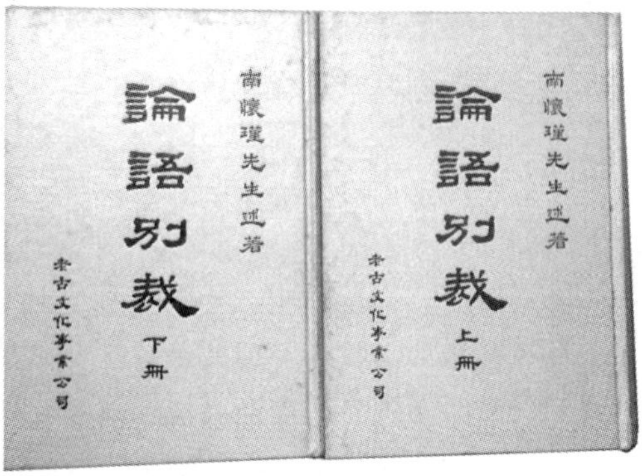

《论语别裁》封面

孔子思想的核心和要旨，只是通过《论语》的文字表述和示意出来，其精髓仍是在义理上，而并非章句文辞。因此，对于《论语》，不能用训释一般古文古籍的方法来注解，不能只注重文字训诂，忽视义理阐释。由此观之，或许父亲将讲述的重点放在对《论语》义理的阐释上，才是真正把握到了《论语》深层的内涵和孔子的原意。只有将《论语》放到当时当地的大环境大背景中，才能更清晰地了解其含义。因此，父亲将《论语》里面的事情编成一个个历史故事，让人身临其境般感受当时孔子授学的情境，更深入地了解孔门语录对我们现在的意义，而这样做，其实也未为不可。此外，父亲还善于结合当前社会实际，通贯古今，旁征博引，再加上他蕴意深邃而妙趣横生的讲解，就使得《论语别裁》这本书“在众多的《论语》章疏中是尤为新颖，别具一格的”了。

其实历代以来，对《论语》的注解不胜枚举。但是历代的注释，或多或少都带有时代的色彩，或偏重训诂，或偏重政治解释，都不能很好地展现《论语》本来的义理。自汉唐以来，由于受到古文经学家的影响，《论语》的注家几乎只偏重训诂章句字词，却忽视了孔子学说最根本的东西。自东汉郑玄所著的《论语注》始，到曹魏时何晏多重训诂，广集众家而成的《论语集解》，再到南宋朱熹的《论语集注》，直至近代各种《论语》注疏，无一例外，均沿袭辞章训诂之路，很少能有注重义理，或者训诂、义理兼重的注疏。这是由于古人秉承“疏不破注”的原则，因此很少能有所突破。但即便只注重训诂的各种注释，其中仍不乏谬误。因此，才会有后人不断地作疏解来纠正前人的错误。虽然后来韩愈等人也发现，汉魏时人对《论语》的注疏并不符合其原意，并想直接对《论语》做出解释，但是他们的解释又不可避免地带上了属于他们那个时代的印记，即希望通过复古来拯救时弊，这便变成“韩愈的思想”了。故而父亲才直言“从唐宋以后，乃至远从汉唐以来，许多要点，就一直讲解错了”。这些错误在《论语别裁》中，基本得到了纠正，这也是该书最为宝贵之处。

父亲说，孔孟真正的思想“几千年来，有些是后人的解释错了，尤其是宋儒的理学家为然”；“这一解释错，整个光辉的孔孟思想被蒙上一层非常厚重的阴影，因此后人要推倒孔孟思想”。宋明理学虽重义理，却轻训诂，多为自由发挥，这样做主要是为了宣扬自己的学说。因此，儒家学说的核心或许就在不知不觉中被篡改了，后人读来，反而都学了宋儒的假儒学、假道学了，而儒学真正的思想则被湮没其中。

宋明理学的弊端也在其发展中逐步暴露出来。由于缺乏对于文字的考证训诂，以至于大多数人只是泛泛而谈，甚至背离了经典的原意。再加上清朝时思想控制进一步加强，尤其是雍乾时期大兴文字狱，文人学士都不敢在思想上随意而谈，于是重实据考证的“乾嘉之学”兴起。考据学者直接宗于汉儒经说，抛却程朱理学的训释，直接从经典入手，直释经义。重文字训诂，专主审订古籍文献，详细考论经、史、子、集的辨别、校勘、注疏和文字诠释。这些学人不但专意以考据治经，甚至发展到“穷研文字声义相应之奥”的地步。

这种学风一直持续到民国时期，如章太炎、王国维、陈寅恪等诸先生，都将清儒的这一特点传承下来，仍旧以训诂入手治学，用考据之法来诠释儒家经典。直到现在，仍有不少学者秉持此种治学方法。文字训诂固然重要，但文章的经义却更是古人思想的精粹。文字训诂只是了解古人思想的一种工具而已，万不可舍本逐末。如此一来，如父亲一般，透过章句，直涉经论核心和孔子学说的要义才是正道。

现如今，也有很多有识之士已经认识到，解释儒家经典不能只重文字训诂，应该更注重对其中的义理进行体悟。道理易明，实践却难。令人十分遗憾的是，很多人在解释其义理时，因为没有把握全局，专从某一句或者某一节解释，也失掉了其真正内涵，陷入一种狭隘的境地。传承几千年而经久不衰的儒家经典，绝不是简单的“仁”或者“礼”就可以囊括的。其内涵丰富，包罗万象，最重要的是其中也无时无刻不体现着一种“变”的意味。正如孔门弟子向孔子问学时，孔子的回答绝不是千篇一律的，而是根据他们每个人的缺点和优点，因人、因事、因地、因时而给予不同的指教。这也和《易经》“变”的内涵十分接近。只有将经典的内容结合起来，融会贯通，才可能窥得古人思想智慧的一角。

父亲说：“我们读书，要透过语文内涵的意义，找出思想、道理的真谛，这才叫学问。”如若只是用训诂之法依文解义，或用主观臆测推断，是不能够了解《论语》的精髓，无法知晓孔子学说的真谛的。“依文解义”是佛学里禅宗的话，全句是“依文解义，三世佛冤”，意思是说，如果看佛经，只照文字去理解佛学的思想，那么过去的佛、现在的佛、未来的佛都要说：“冤枉呀！我并不是这个意思呀！”父亲虽不甚重视文字训诂，却对于经典有着极强的贯通能力。他通读四书五经，还兼通儒、释、道三教。思想之贯通或许可以弥补训诂的缺漏，父亲真正体悟到了《论语》，甚或其他经典的精髓所在。正如他在与学生的交往中，也是看到了各个学生的不同点，分别用不同的教导方式给以指导，因材施教。他的一言一行，其实都是在践行着经典。

历代学者在解释儒家经典时，不自觉地认为，如孔子这般“克己复礼”“仁者爱人”的圣人，自当是一个浑身书生气、冷漠无情、不苟言笑的人。而且，既然是一个圣人，便不能如普通人般有七情六欲，喜怒哀乐不能形于色。这对孔子来说是多大的误解啊！

幸而父亲不是一个墨守成规的人。他尊重古人的解释，但从不迷信。在基于对经典的了解之后，他发现，其实圣人并非如人想象般可望而不可即。圣人也是一个生动活泼的人，他也有着喜怒哀乐，也需要随时放松、随时玩笑。

父亲曾说："如果把《论语》的对话场景还原出来，每一章句都是一部精彩的话剧和影视剧。只可惜难能找到有如此高修养的人来演呀。"确实，父亲在别裁《论语》的时候，特别重视对一些细微方面的描述。他能结合孔子在每一章句讲话时的环境、语气，并通过自己的想象，加以渲染，将当年孔子讲学时的情形还原出来，让人有身临其境的感觉。他没有拘泥于辞章句读，停留在文的层面；而是结合了该章句说话者的身份、语境，事件的背景和所针对的特定的人和事，将章句暗含的语境深意立体、完整地展现出来。因此，父亲的这本书读起来便十分活泼、有生气，完全不同于以往死板呆滞而晦涩的解释。而且书中的人物，如颜渊、宰予等人，形象也十分鲜明活泼，能让我们更真切地感悟到当时当境对话的深刻内涵。而这也正是该书大受读者欢迎的原因之一。

父亲也曾讲过，孔子也是一个幽默的、会时不时开玩笑的人。譬如《阳货》篇有一章的原文是这样的："子之武城，闻弦歌之声，夫子莞尔而笑曰：'割鸡焉用牛刀？'子游对曰……子曰：'二三子！偃之言是也，前言戏之耳！'"这是讲孔子的一个弟子子游到武城做官，孔子也正好到当地，这便是他与子游之间的一些对话。这在我们以前看来，就是一章极普通的孔子与弟子间的对话，但是父亲却绘声绘色地讲解道："一次孔子到了那里，听到弦歌之声……孔子嘴巴一咧，这么一笑说，子游真滑稽，在这样一个小地方，用这种高级教育来教育老百姓……过于小题大做了！子游便质询孔子说，先生呀，以前您不是常这样教导我们的吗，'君子学道则爱人，小人学道则易使也'这个话，是你教育我们的！但人家实践了，你不能笑人家呀，我应该教育他们啊！孔子看子游当真了，于是就说，是是是，马上收回了刚才的话，并告诉其他弟子：'子游的话是对的，我刚才是开玩笑说笑话的。'"

如此活泼幽默的孔子，才是真实的孔子，他率性地说、率性地笑，也没有固执己见，更没有一副道学的面孔。父亲还提示道："我们不必像古人一样，把孔子塑造得那么好，孔子也是人，有时候也会说个笑话，或者说些不经大脑的话也是有的。"确实，现如今的我们太过于尊崇圣人，容不得圣人有一丝一毫的瑕疵和污点。但是金无足赤，人无完人，就算是孔子，其最基本的，也是一个人，一个有着七情六欲的人。我们本不该将我们所尊崇的对象想得完美无缺，因为事实上，圣人本来就不是完美无缺的。但是当我们有了这个想法之后，发现圣人也有着缺点和不足，此时又觉得是圣人欺骗了自己，觉得自己以前觉得的所谓的圣人真是一无是处，这样便引发了对于"圣人"的无尽批驳与指责。

其实，静下心来一想，孔子根本就没有自诩为"圣人"，一切都只是我们这些盲目的崇拜者给他强加的名号。盲目崇拜与盲目批驳都是错误的，难在于正确全面地评价一个人。父亲又何尝不是饱尝着此种艰辛！他也从未自诩过"国学大师"或者"禅宗大师"，一切都是别人给他加上的名号。他经常说，自己是一个"一无所用，一无是处"之人，却偏偏有好多人认为他配不上"国学大师"或者"禅宗大师"的名号，极力给予批判。欲加之罪，何患无辞？父亲于修道悟道之中，早已对世俗纷争之事了悟透彻，看得极其淡然。这些凡尘之事，也激不起他内心的任何涟漪了。

或许有人会驳斥道，《论语别裁》根本就不是一部严谨的学术著作。诚然，这确实不是一本学术著作，书名中的"别裁"便足以表明此书的立场。如若未将此书放在正确的定位上，就以其他性质的书的要求来批驳此书，确实是有失偏颇的。也希望读者诸君不要用严谨的学术著作来要求父亲的这本书，聊备一格而已。正如台湾学者薛仁明所说："他将文史哲艺道打成一片，不受学术规范所缚，也不受学术流派所限，更不管枝节末微的是非与对错；他行文论事，总信手拈来，左右逢源；言说之方式，更是不拘一格。因此，他的书可风动四方，也可让没啥学问的人读之欣喜。于是，明白者，知其汪洋恣肆、难以方物；不知者，便难免有'随便说说''野狐禅'之讥了。"

在父亲的不懈努力下，孔子得到了正名和平反：他不再是以往人们心目中那个不苟言笑、死板呆滞的人，而是一个与一般人无甚差别的活泼、通达、幽默的人。而人们对于以孔子为代表的儒家文化，乃至于中国传统文化，也没有以往那么排斥和对立了。试想，对于一个普通人而言，如果整日对着一个死板呆滞、毫无生气的人的学说，如何会不感到烦躁不安呢？相反，如果孔子是一个活泼、幽默的人，那人们对他的学说也应该更有兴趣一些。于是，父亲对《论语》的“别裁”，不仅使孔子得到了正名，而且对于重新敦促民众研习中国文化、重新认识儒家和孔子学说，都起到了异乎寻常的重要作用。正如大陆的一位年轻学者余世存所言：“他打通了庙堂和江湖，让普通大众对传统文化有了亲切感，为大众提供了一种入门的可能性。”也正因为如此，父亲“做了中国传统读书人、学院读书人不愿意做、不屑于做，今天看来也没有能力去做的事情”。因而，“他把传统文化用一种深入浅出的语言和比较通俗的方法传递给现代的读者”，使得现代读者得以公正地了解古人的思想智慧。

传统经典学问是属于大众的，不能把传统经典学问只放在讲坛上、学院里，不向大众推广。父亲的著作很好地改变了这种现象，真正将长久以来被束之高阁的传统学问推向社会、推向最广大的人民群众，完成了儒、释、道教义和传统学说的趣味化、大众化和世俗化。余先生对父亲称赞道：“我们大陆知识分子没有完成文化现代化、知识现代化的任务，大众对世俗化的知识、学问是有需求的，所以南先生的著作填补了这个空白。”

其实父亲他自己也承认，他对《论语》的所有讲解“都自别裁于正宗儒者经学之外”。他的话或许表达了两种意思：其一，他著的这本书是不同于以往学者那般专业的。父亲常自谦地说，他是一个小学肄业生，连小学都没有真正毕业的人，自然不如专家学者那般字字精确，他对于字词的训诂可能时有失误，但是正如我们前面所说，其实经典中蕴含的义理才是至关重要的。其二，就是告诉人们，历代很多学者对孔子及其经典的解释都有错误，即便会遭受一些批驳，他也要站出来对历史和民族负责，一改旧说谬解，正本溯源，还孔子学说的本来面目。当然，对于此，父亲也多次谦虚地表示，这些“只是个人一得所见，不入学术预流”。

父亲作为修禅之人，自然懂得佛教所谓的“五戒十善”，其中对于言语便有着禁忌，即忌“妄语”，因此父亲是不会对某件事随便大发议论、胡言乱语的。此处父亲说自己是“一得所见”，其实也体现出他说这些话的谨慎小心。如若不是经过自己深思熟虑，他是断然不会胡乱评判的。其实，父亲作为一个修行人，阅历无数，又对经典了如指掌，他的“一得所见”，也并非轻易即可获得的，而是他独具慧眼，通过几十年不断参究经典、实修实证而得来的；他的“别裁”也是在有着绝对的把握之下才说出的。《论语》作为中国传统文化的经典，一直影响着我们中华儿女的思想，如果解释得稍有差漏，不仅会辱没古人的智慧，还会贻误后世。这是一个关乎中国文化未来使命，关乎民族子孙后代和亿万人慧命的大事，倘若讲错了，那么就意味着有人讲的与他不同，也能够让更多的人关注，这不正是启发了学人，去找出所谓的讲对的吗！当然，在我看来，父亲是讲对了的，他是一个合格的立言之人。

父亲在《论语别裁》中纠正过许多被历来学者误解过的地方。下面此例便是一处：

“子曰：自行束修以上，吾未尝无诲焉！”这是孔子所说的关于收学生一事的话。大意是说，只要有人愿意给我一块腊肉做礼，我便没有不教导的。正是因为这句话，很多学者都认为孔子并非一个不贪钱财、专心教学的良师，因为要向他学习，还得给他一块腊肉做礼，由此可见孔子的“有教无类”都是虚的。

对于这种解释，父亲不同意。他分析，从汉朝开始，对“束修”的解释都是学费，好像孔子也在开补习班。这就把教育和商业利益联系起来了。但是其实以前中国的教育制度，师生之间，就如同父子兄弟，即“一日为师，终身为父”，“师父”便是既要担当老师的职责，又要担当父亲的责任，要负一辈子的责任。但是，“现在这个责任没有了，知识成了货品，与我们原来的教育制度、教育精神不同。这一点是值得我们检讨的”。

不仅如此，父亲始终怀疑古人的这种说法和解释没有抓住重点。他认为“自行束修以上”这句话的重点要放在“自行”两个字上。他说：“如果真的是向孔子缴一捆腊肉，何必说自行？不说自行，就说自缴也可以。我想古人的解释有点问题，也许是我把孔子说得比较好一点……依我的看法，问题在‘自行’两个字。‘自行束修’是自行检点的意思。如果说束修是腊肉，孔子三千弟子，他哪里吃得了这许多腊肉？放也没有这样大的地方来放。还有孔子的学生中如颜回，连好点的便当都没有，哪里来的腊肉送给老师？而孔子不但教他，并且以他为最得意的学生。我认为孔子这句话的思想是说，凡是那些能反省自己，检束自己而又肯上进向学的人，我从来没有不教的，我一定要教他。这是我和古人看法所不同的地方。所谓自行束修，就是自行检点约束的意思。”

父亲的解释真可谓拨乱反正。如若不将孔子的原意解说出来，孔子恐怕还会一直受到世人的误解和批判吧！

父亲之所以能将孔子的原意理解出来，还孔子一个真实的面貌，或许与他对于孔子学说的一种深深的敬意有关吧。他在《论语别裁》的“再版记言”中，就曾高度赞赏过孔子：“孔子学说的可贵，毕竟是万古常新，永远颠扑不破。”为什么说孔子学说是“永远颠扑不破”？父亲在该书第七章中有这样的叙述：“如果要研究孔子的思想，必须研究《易经》的《系传》，他许多的重要思想，都表现在《系传》中，有关形而上的学问，也在《系传》里。”并说孔子“他是懂得形而上道的。由人生的普通行为——形而下开始，一直到最高的天地万物的玄妙之道，他全懂”。

其实父亲讲的《论语》如此生动活泼，还有一个重要原因，那便是他不仅学识广博，注重实修实证，更主要的一点是，我认为他是一个修禅并且已经开悟之人，他纵横百家三教，对儒、释、道三家学说的核心——“心性”透彻明了。他在修习儒、释、道三家经典时，便已然了悟，虽然三家的经典、要求都有着极大的差异，但是最终都是归于一个心性的问题，从这个方面来讲，儒、释、道三家是相通的，其根本核心都是一样的。因此，父亲将三家之道结合起来讲解《论语》，触类旁通，才会发掘到很多其他学者都没有注意到的东西，而这也是他不同于一般学者的最根本的地方，也是他比其他学者眼界更加广阔之所在。

因为父亲儒、释、道三教皆通，故而在解释《论语》的时候，便会不自觉地就引申到其他地方了。譬如他在讲“克己复礼为仁”的时候解释道，“克己”其实就是我们所说的“心灵的净化”。但是如何才能得到心灵的净化呢？父亲便谈到“想而不住”，这便是到了禅学的境界。

父亲知道大家可能不明白这是什么意思，便举例道：“譬如现在我在讲话，诸位在听话，就在这个时候，我们的生理作用，配合心理感受，好几样都在用了——眼睛在看着，耳朵在听着，坐在椅子上舒不舒服，空气的冷暖，都感觉得到，内在还有个东西，思想一个一个连着。我们的思想像流水一样，一个浪头过去了，又来，又过了，又来了，一直这样的，而且在中间还会插上很多的乱想。但是回想一下，这许许多多的思想，没一个存在。譬如我们说‘克己复礼’，这句话就是一个思想，这个念头过去了以后，我们再讲‘克己复礼’，就已经不是第一个，而是第二个思想了，再讲一个‘克己复礼’，又是第三个思想了。也就是我们讲过的，等于我们看到一股流水在流，表面上我们是看到一股流水，而它一直在流，但第一眼看到的那个浪头早过去了，不断地有个浪头在眼前，可是它是由后面不断地涌上来的。我们看电灯，好像这个亮光是一直存在的，但实际上这亮光是不断地消散，而新的亮光不断地补上来。我们的思想、心理作用也是一样，我们好像是总有思想存在。实际上我们分析一下这个思想：前面的思想过去了，后面的思想还没有来，现在的思想当我们讲‘现在’的时候，这个思想又已经过去了。”

这便是由儒入佛的延伸了。前面已经说过，儒、释、道三家看似千差万别，但实际上都归于心性。如若能在父亲的引申提示中有所体悟，也算是一种开悟吧！

然后他又列举了古代一些忠臣的例子来阐述应该保持心灵的宁静。如文天祥，他宁愿以身殉国也不愿苟且偷生，从他的传记里就看到他有一种“静”的修养。他在被捕以后，路上遇到一位老师，不知是道家的人物还是佛家的人物，他没有讲。只在他遗集中一首诗前面的序言中说，碰到一个异人，传他一个“大光明法”（这是佛家的东西）。因此，当时他就把生死看开了。怪不得文天祥有如此高的修养，他是从此之后，就把生死观念完全看开了。

父亲担心大家还没有理解他想表达的意思，于是又继续以当下举例子：“大家现在坐在这里，不要做什么功夫，也不要求静。这个冷气机的声音我们都听到了，事实上大家本来也听到的，不过经我一提，你注意了；本来我的动作你也看到；我的声音你也听到。在这中间，你找一个东西。你的心用得那么多，能听到声音、能看、能动作、能想，还能够知道自己在这里想，知道自己在这里坐着。那一个‘能够知道自己’的东西可重要，那就是你自己，是真正自己的‘本来面目’的一面，真正的‘自己’。”

其实这时，父亲已经在引导着大家参悟禅宗的千古公案——参究“父母未生前本来面目”。在我看来，父亲这种融汇三家的讲学方法，或许更能让人透彻地体悟到生命的真谛。毕竟每个人的思维方式不同，性格特征不同，对于学习对象的选择也各有不同。将各家思想融于一身，让不同的人都能在其中找到适合自己的那一种体悟生命的方法，不得不说是一种符合人性的方法。

有的学者批评父亲的文章，认为他说得没有道理。但是不知那些曲解诋毁父亲的学者，是否真正对儒、释、道有深入研究，是否真正去实证了呢？其实，现如今讲禅的书很多，但是可能大多数人都并未有过真正的实证。“禅”是只能参究体悟的，除实证外，任何“禅”外别有的所谓“真实”的研究和讲说，都只能是一种“空想”，因为没有实践，只凭推理，如何能得出有意义的学问呢？只能说是自欺欺人，害人害己。

如若真的有一天践行了“克己复礼”，那么其结果将会是怎样的呢？父亲谈道：“真能做到‘克己复礼’，就可以达到（不是理论上）心物一元的真实境界，宇宙万象便与身心会合，成为一体了，这也就是佛家所谓‘如来大定’的境界。” 然而什么是“定”的境界呢？父亲接着解释道，我们的思想一天到晚乱七八糟，在佛学上名为“散乱”。人不思想不散乱的时候，就睡觉了，这是“昏沉”。或者说刚迷糊了一下，没有睡着，这现象是“细昏沉”。人生就是两种现象，散乱或者昏沉。不散乱也不昏沉的境界就是“定”，这是功夫修养的境界，这个修养并不一定要炼丹、打坐，随时都可以从内心练习，也就是孔子的“克己复礼，天下归仁”。那么，如果修养到了这个地步，体现在外边的用世是什么状况呢？父亲又说：“修养到了这个时候，对人没有不爱的，看见任何人都是好的。天下太平，太好了，统统都是欢天喜地的，没有冤家，没有烦恼，没有痛苦。”这就是最高修养，也就是“仁”的境界。

父亲阐释道：“仁的境界在于自己，不是外面找的，不是靠一个老道传的什么法门，然后得了什么道，那是江湖上骗人的。不是道家的道，不是佛家的佛，也不是儒家的仁。道、佛、仁就在各人自己的身心上，是最高的修养，要自己身体力行，绝不是别人给的，也不是老师传的，更不是菩萨赐的。”

诚然，“仁”的修养属于形而上的范畴，是关于人生根本智慧的大问题。而儒、释、道三家又都是以讲这个根本智慧（心性）为核心的。但是，正如父亲所说，要想获得这种修养和体悟，绝不是空谈理论，什么事都不做便可以得到的，这是要靠自己去身体力行体悟才能获得的。对于一般人来讲，可能每个人心中都有一个英雄梦，想要为国捐躯，想和前面所讲的文天祥一样，想和他一样“留取丹心照汗青”。空谈无用，又有几个人在身心遭受折磨、承受巨大痛苦的时候，能做到面不改色、临危不惧？因此只有在亲身体会过之后，还能坚持正道，才能感悟到真正的道。

所以薛仁明才说：“当代的知识分子，恰恰离修行最远；甚至连什么是‘道’，他们都只有概念的分析，却从来无生命之实证。”无生命之实证，便不得体会有过实证的人的思想与行为，因而有过实证的父亲，便不可避免地遭受到一些不明事理的人的批判了。

因而，父亲曾说，孔子的“克己复礼，天下归仁”，其实讲的“就是那个生命的根本，和宇宙那个生命同体的，那个根本的东西。找到了那个东西，会发现自己生命的本身一片大光明。所谓‘光明清净’四个字，是形而上本体的境界……大光明法的原则大概如此，理论还多得很。至于说我们如何才能做到身心随时随地进入大光明境界里去，那是另外一套方法。但方法离不开原则，如果我们真能进入这个境界中，对于生死之间，看得就如文天祥所讲的那样‘脱然若遗’。对于现有的这个生命，死去或活着，看起来是一样的，没有什么分别”。“仁”，是有一个实在的境界，而并不是抽象的理论，是一种内心实际功夫的修养。所以真作内心修养的，个中艰苦真是如人饮水，冷暖自知。

其实《论语别裁》一书出版后，引起了很多质疑争辩。对于这本书，赞同支持的人有很多，批评诋毁的也不在少数。很多批评的人，在很大程度上是找出了很多属于记述性的错误，认为此书相当不严谨。其实，对于这些批评，可以从两方面来给予解释。一方面，此书是根据父亲在讲堂上讲演的语音来辑录成书的。帮父亲编辑整理此书的人，完全按父亲的要求，将父亲讲课的语音一字不差地记成文字，然后成书。试想，能有多少老师在讲课时，在没有讲稿依据的情况下，能做到一点记忆错误都没有呢？如果设身处地，从父亲的角度着想，完全是可以理解他的这些错误的。另一方面，父亲本来就把他的这本书定位为“别裁”一类，他不是在做古文翻译工作，更不是呆呆地用古人错误的解说，有些地方没有那么严谨也是情有可原的。当然，我并不是说父亲书中没有错误，我承认其中有着记述性的错误，应该可以校正。但是希望诸位读者，能将侧重点放到父亲对于经典义理的解释上，不要因一叶障目而不见泰山。“学术者，天下之公器”，父亲不过是做了些普及传统的工作，和有缘人谈谈自己的理解，而对于这些无稽之言，父亲也只能“无意苦争春，一任群芳妒”了。

父亲是一个为中国的传统文化遭受如此大劫，被如此误导和误会，感到痛彻心扉，而又深感无可奈何的读书人。他只是想拼尽全力，唤醒国人对民族的自信；他只是想将中华的经典文化解释清楚，以便更好地传承。如此苦心孤诣，虽然筑路扬尘，不免惊动蛇鼠，但是大多数国人的智慧，却是能够接受父亲的学说，一起共建文化复兴的大道。每每念及此处，我便为父亲所遭受的诽谤和误解感到痛心，同时对中华文化复兴的启动感到高兴。我也在尽着我的绵薄之力，希望能为父亲的文化传承之业分担一点职责。

在李怀宇撰写的《许倬云谈话录》中，历史学家许倬云曾对父亲有过一段公道的评价："南怀瑾是奇人，有一股吸引力，交游广阔，佩服他的人也很多。大概是传统严谨的学问，大家觉得太枯燥，他讲的有许多很方便的途径……南怀瑾写的东西，常常留下余地给人讨论：用外传、外说、他说，不一定正说。殷海光陪我去看他，他就说：'许先生，我们的路子不一样的，我是另外一条路。'他跟我说这句话，意思是关门不谈，至此为止。他清楚得很，聪明人。"许先生的看法也许不错。对于批评，父亲当然了然于胸，但他意不在此。不同于学院派中规中矩的思路，这就是他讲学的风格，大抵能引起人们关注传统的心思，父亲的目的就达到了吧。

父亲的初衷，实则是由于意识到了百年前那种盲目"打倒孔家店"的错误，也了解中国历史上各个学阀门派的错误。他生动地说："后来才发现，实在打得很冤枉。因为这个店，本来是孔孟两个老板开的股份有限公司，下面还加上一些伙计曾子、子思、荀子等，老板卖的东西货真价实。可是几千年来，被后人加了水卖，变质了。"父亲深刻地指出，我们不应该盲目地否定中国传统文化，而应该对其有所区分，发现那些"货真价实"、光芒闪耀的东西。

古人在儒家学说的熏陶下，形成的是一种"温文尔雅"的性格，对往圣先贤有着崇高的敬意。即使对先贤有着不同的意见，也是用一种同情和理解的态度来对待的。断不如今天之人，稍有不同之处，便笔诛墨伐，相互攻讦。承载着几千年文明的中国，现如今变得十分急躁和不安，而如此没有信念、没有崇敬的社会风气，也必然会有离经叛道的人。

前面已经讲过，父亲讲解《论语》时不拘泥于文字，还将孔子的话里话、话外话，以及章句中没有直接谈到但间接涉及的东西都揭示了出来。旁征博引，典故公案信手拈来，同时又讲得生动活泼，妙趣横生。而且《论语别裁》在让中国人能够重新重视中国文化，重新认识儒家上，起了非常大的、无法替代的作用，因而是一本极其重要的书。

二十年前的台湾，盗印风气颇盛，素有“盗印王国”之称，这也为国际所诟病。父亲的《论语别裁》一书自出版就如此受欢迎，也不免引起盗印。父亲知道后十分愤怒，他认为这不是简单的利益问题，更重要的是一个人的修养问题。后来父亲找到了盗印的公司，毫不客气地提出了申诉。

父亲向来慈悲为怀，对于很多事情，他能忍的都忍过去了。譬如好几次有人来骗钱，坐在那儿讲了两个钟头，脸上都冒汗了，因为讲假话是很吃力的。父亲明知是假话，还是坐着听他讲，最后问他究竟需要多少钱。他说要五千元钱。其实当时父亲也是囊中羞涩，家中只剩四千元，但还是把钱都给了他。那个骗子临出门还说过三天就给父亲寄回来。父亲却说，不谈这个，你慢走。他一走，就有人问父亲，为什么明明知道是骗人的还帮他？父亲就同他们讲，唉，你想，一个人能讲两个钟头的话，两千元钱一个钟头也不贵，而且他讲得多痛苦，讲出一身汗来。本来那个钱是准备为家人过生日用的，这下不过生日，替他们做了好事。父亲后来还跟我们讲，这个人也明知我晓得他是骗人的，可是还敢来，胆子之大就值得佩服。而且他还编了一大套故事，也用了很多心思，所以纵然被骗也风流啊！这也是一乐。

还有一次，在火车站，有一个人拉住父亲，跟父亲问好，非常热情，但父亲却完全不认识他。他一直扯下去，而父亲要赶时间，就直截了当地问他你需要多少钱。他一听，忙说，您老有神通啊！我是要坐火车回家乡没路费。父亲就把身上带的钱交给他，自己走路回去。像这种事，父亲碰多了。但是父亲纵然被骗，却也是乐在其中。

既然如此，为何父亲单单对于盗印一事耿耿于怀呢？其实，这也不难解释，父亲给那些骗子钱，是看出那些骗子真是急需用钱，才对他们慷慨解囊。但是盗印一事却非如此，这全是为了牟取商业利益而做出的非法举动。

并且父亲深谙处世之理，对于这种人，如果姑息养奸，只会让他们愈加猖狂，无视法纪，既危害社会，最终也会害了自己。

深信佛理的父亲知道，人世间是有因果循环的。有因必有果，善有善报，恶有恶报。当时如果还未受到惩罚，没能及时制止罪恶，那么罪恶只会愈积愈深，最终会受到更大的惩罚。因此，父亲不愿看到别人因自己的一时手软，以后犯下更大的错误，便决定采取法律手段，让他们悬崖勒马。

法院开庭时，父亲并未亲自出庭，而是蔡策代表他去的。原来被告人其实也是一个受害者，她也是不知不觉中被人利用了，其实根本不关她的事。于是，最后这个案子也只好达成和解了，被告不用坐牢，只须将盗印的书全部交给老古出版社。

事实上，盗印父亲书的事件远远不止这一桩，但即便盗印者是大学生，父亲也是按法律处理，决不姑息。由此也可见，人们的法律意识竟是如此淡薄，令人感到十分寒心。

在现在这个物欲横流的社会，大多数人为了牟取一己之私利，无所不为。盗印一事也是如此，他们完全是为了牟利，根本没有考虑到辛勤著书者的一片苦心。自己辛苦写出的书，却到处都是盗版，这如何不让著者感到愤怒呢？

盗印这一类的事，如果不加以制止，其影响肯定不止于此。其实在当今社会，学术界剽窃之风日益盛行，这也是一种赤裸裸地盗窃他人成果的行为。一个社会，在代表较高知识文化水平的知识分子中，都出现了这些令人不齿的行为，真是令人感到羞耻。如果对这种行为听之任之，那么社会的道德价值就无从说起了。不得不说这是教育的失败啊！

十二、闭关小隐观自在

父亲的这次闭关，是他一生中的第二次。

一九七六年年底，父亲着手准备进行闭关。然而这次闭关，父亲却没能寻到他第一次在四川峨眉山闭关时的那种环境；那种环境是不可多得的，在台湾踏破铁鞋，终究无法觅得。记得早先在台湾，每逢假日，我们外出游山玩水，看到的风景大多是山高庙小。当我们去拜访名山古刹时，爬到山顶，大汗淋漓，气喘如牛，放眼望去，却感到大失所望。原来所谓的古刹，只有一间不起眼的小房子。而位于台北木栅的仙公庙（供奉吕纯阳的道场），就是一个典型的例子。直到后来台湾经济发达了，许多人都富裕了，于是寺庙收到的捐款也增多了，才渐渐修建得有了一定的规模。因此，这次父亲闭关，苦于找不到清静之处，只好“大隐隐于市”，就在家里的二楼闭个方便关。

闭关之前，父亲嘱咐学生古国治管理老古出版社的事，并写了两首诗偈：

忧患千千结，山河寸寸心。
谋身与谋国，谁解此时情？

忧患千千结，慈悲片片云。
空王观自在，相对不眠人。

一九七七年二月十五日，父亲掩室谢客，开始在闹市之中闭关修行。父亲的这次闭关，是他一生中的第二次，距在峨眉山的第一次闭关已有三十年之久。在峨眉山的第一次闭关，为父亲日后成为众人口中的“禅宗大师”奠定了基础。而彼时，父亲已经在台湾开创了属于自己的一片天地，也影响了一大批人，并且其中有许多人长期追随他左右，矢志不渝。那么，在如此盛名之下，父亲为什么要再次闭关呢？这是因为，一方面，他想暂时摆脱俗事的纷扰，清静头脑；另一方面，他觉得自己也需要继续精进，并借此时机考虑下一步的行动。

一九七七年二月，父亲在闭关日记《关中记妄》中写下两篇日记，现将其附录于下，以飨读者：

一九七七年二月十八日，晴，寒

晨起，请供礼佛，楼上的事，拜年恭贺等统由古国治、李淑君料理。一旦掩室，恢复当年山居静境，福乐无穷，亦至为恐惧，害怕无福消受。上午入定一座，存银治厨，有美食，客散后，淑君、国治送来面食，又为之肆动食指，甚矣，贪图口腹之欲之难除也。下午入定一座，强起治案头文稿杂事，为刘雨虹译《禅海蠡测》文稿修饰，二十余年寒窗执笔旧梦，宛然如在，颇多感慨！

下午稍作眠梦功夫，为色身休息之助。起又入定一座，请供礼佛。而后继续为刘之译稿审理文义。晚来长寿、国治、存银等皆为陈美龄登台演唱而去捧场，三层楼上皆寂无一人，尤是清静。稍于座中修息继续看稿，快速不减当年，方知连年懒于执笔，似不能写作者，皆缘心受外务所累也。

一九七七年二月十九日，晴，寒

昨夜四点上床，晨醒方八点，起而故复入寐，不觉至傍午十一点方醒。

净洗毕，请供佛事。放逸身心，坦然任运，嘱楼上不送午餐，唯饮茶水，不胜清快。气充顶轮，颇思引降，忽又自笑执着，既懒以身实证，何不随其自然。因此即又上床解衣午睡，默然达一小时半，起而上座入定，觉知顶轮左脉充实而未尽畅流，但眉间轮处呼吸已打开，方知凡人之鼻息呼吸，是循肺脉呼吸器官之路进行，真有修持见地者，便可从眉间轮处呼吸，甚至关闭此一脉道，停止自然呼吸亦可。但如执着，便又落在一重魔障。在此执着与不执着，有分别与无分别之间，极须真般若明心之见地方可，甚矣难哉，一般薄地凡夫之妄求佛道也。

下座稍息，随便打开电视一看，毫无兴趣，只是借此遮目，散身坐在藤椅上逍遥逍遥而已。此时忽觉心轮之脉又轰然一震开，其行气如S形透过，不禁自为哑然一笑，学密宗教典的人，认为脉解心开，是圣人的境界，有无量功德，无限道力者，方可到此，看来极为可笑。昔年在灵岩打七时，第六日座中即有脉解心开现象，但不如今日来得更加有力而明显。然我只是无心处之，并不求其脉解心开。

不过，若在一般人专心求成道、求成佛者，很可能就因此入魔，或因此得心脏病或精神惊吓症。因当时心脉震开之时，颇有心脏病突发现象，相当可怖，但如对性宗确有见地者，视生死为一瞬，都无所谓，即为心脏病突发而死这有什么严重，岂不值得当时一笑吗？此时我之一笑，也正为笑此身之幻妙惊人有如此者。

父亲的闭关，和一般人的遁世清修，“两耳不闻窗外事”有所不同。他虽然身在关中，但依旧心怀天下。因此，众人时常有随缘之事来向他请益，使他不能清闲。

在父亲闭关之时，首愚（原名从智）法师也在佛光山闭关修行“般舟三昧”法门。这个“般舟三昧”法门，是佛法修行中的一剂重药，是可以快速悟道的法门。

修行此法门之人，在关房中既不能打坐也不能睡觉，只能在大梁上吊上一条绳子，用手挽着，无休无止地画着圆圈行走。待到累极了，就停下来休息一会儿，但必须是站着休息，即使是吃饭喝水也得站着。这样，直到把身体累到将死未死之时，放空一切念头，然后才可能豁然开悟。

首愚法师在闭关修这个“般舟三昧”时，产生了一些问题。于是，托护关的人（大约是给他送饭的人）代他请教星云大师。星云大师知道首愚法师是专心修行的，于是就很认真慈悲地说，他自己也没有修过这个法门，建议首愚法师向父亲请教。

早在这之前，首愚法师便已见过父亲，那是在一九七四年，是在佛光山丛林学院成立的第二年，父亲应学院院长星云大师之邀，到佛光山做了题为“禅宗丛林制度与中国社会”的演讲。也是在那次演讲中，首愚法师见到了传说中的南怀瑾。父亲气宇轩昂、神采奕奕的精神面貌，给首愚法师留下了深刻印象。但首愚法师对父亲最深刻的印象，则是父亲对他提到过，禅宗命脉如悬丝。首愚法师听后不禁心想，禅宗有如此的危机吗？直到后来在与佛教界多次接触后，他才知父亲所讲如实。

而首愚法师再见父亲，已是五六个月之后。当时，父亲到佛光山大悲殿打禅七。首愚法师通过父亲在打七过程中对佛学、佛法、佛教，尤其是对禅宗的叙述，感知到自己期待已久的真正通宗又通教的大禅师终于出现了。他虽然是位在家的居士，却是真正的明眼大善知识。此七打下来，首愚法师便与父亲结下了甚深的法缘，并前往父亲寓所拜访。当时父亲便说：“等你有一定的禅定基础后再来找我吧！”后来，首愚法师准备闭“般舟三昧”关，为此，他专程去请教父亲。父亲关照了闭关的各种安全和注意事项，并特地叮咛首愚法师：“你可不要给释迦牟尼佛丢人哦！”首愚法师回去后，就在同净兰若闭了两个星期的“般舟三昧”关。但那时，首愚法师的师父广善上人对他闭“般舟三昧”关的情况不了解，因此老人家对他说：“佛学院已开学，你该回去上学了！”如此，首愚法师便只能出关，返回佛光山继续上学。而这是首愚法师第一次闭“般舟三昧”关。

首愚法师的第二次“般舟三昧”关，是在佛光山闭的，一直闭了七七四十九天后才特意去台北，准备向父亲请教。但当时老古出版社的工作人员告诉他，父亲已赴南部，于是首愚法师只能抱憾而归。而首愚法师真正亲近父亲，其实是在第三次闭“般舟三昧”关之时。那次入关前，首愚法师再次专程去台北拜见父亲。当时，父亲也在闭关中。但父亲心怀慈悲，特意在关房接见了首愚法师，并让首愚法师在其安排的寓所小住了三五天。此后，首愚法师便开始经常写信给父亲，向他报告自己的心得，而父亲对首愚法师的每次来信都会批阅。后来，这些信函部分刊登在了《人文世界》上。

在父亲决定第二次闭关的那一年年初，即一九七七年农历新春后，首愚法师第四次“般舟三昧”关期已至第四周，父亲给他发函，提出想在同净兰若边打七，边讲课。但首愚法师彼时没能征得其师广善上人的同意，甚觉遗憾。如此，父亲又提示，或可借佛光山在台北的“佛光别院”一用。于是，首愚法师致信向星云大师恳请，很快，佛光山都监慈惠法师转来星云大师的答复：“只要南怀瑾有需要，无条件提供。”就这样，父亲在“佛光别院”讲授了三个月的“显密圆通修证次第”课程。课程结束后，首愚法师又返回佛光山继续闭关。

父亲闭关之后不久，收到首愚法师的来信。信中提到，首愚法师的禅修境况到了紧要关头，恳求父亲能给予指点。父亲被首愚法师至诚的行持所感动，在看到他恳切的求援之后，父亲唯恐回信既费时，又说不透彻，于是就在一九七七年中秋，翩然出关，南下高雄。当首愚法师得知父亲南下的消息时，这位般舟行者感动不已，深深地感受到父亲接引后学的慈悲用心。

父亲到了首愚法师闭关的地方后，直截了当地告诉他，万万不可再修这个法门了，倘若再修下去，可能会出大问题。这是因为，修这个法门的人，需比较年轻，身体又要十分健硕，才承受得了这种历练。而首愚法师那时已不再年轻了，身体是肯定受不了的。

这次父亲南下，虽然在台北是非常保密的，可当高雄僧众知道这件事之后，引起了一阵不小的轰动。他们恳请父亲做一次公开的演讲，但父亲尚处于闭关期间，于是并没有答应这一请求，匆匆告别这群热情的僧众，返回台北关中。

刚回到台北，父亲就接到几个出家人修行证果的法门请益。父亲同意了他们的请益，并在回复中引用了一句唐伯虎的诗：“公案三生白骨禅。”

唐伯虎的原诗如下：

怅怅莫怪少时年，百丈游丝易惹牵。
何岁逢春不惆怅，何处逢情不可怜。
杜曲梨花杯上雪，灞陵芳草梦中烟。
前程两袖黄金泪，公案三生白骨禅。
老后思量应不悔，衲衣持钵院门前。

唐伯虎究竟有没有修过白骨观，不得而知。但他能知道有一个白骨观的法门，已经很不简单了，这也从侧面证明了白骨观是一个有名的法门。父亲借着这句话，就给他们讲了这个白骨观的法门，也就是《禅秘要法经》。不过据父亲说，白骨观总共有三十多观，他这次只讲了十多观。后来，此次讲授也记录出版，即《禅观正脉》一书。

父亲在闭关期间，静心修禅，深居简出。彼时，关外的社会云谲波诡，一场风雨就要来临了。

十三、宝岛福地耕耘勤

在当时风云变幻的社会中，父亲不仅自己修禅，而且致力于向民众讲禅。

一九七八年年底，台湾与美国“断交”。父亲特地修书一封给当时正在佛光山闭关的首愚法师等人。父亲在信中特别强调，说当下大时代来临，要加速培养人才，希望他们能够北上台北参与讲座，并协助自己成立大乘学舍。于是，一九七九年一月三日，首愚法师等人告别修学长达六年之久的母校佛光山丛林学院，拜别了院长星云大师，赶赴台北亲近父亲，并佐助父亲建立了大乘学舍。大乘学舍的成立，是父亲在闭关中观察到当时形势的变化而做出的应对。

彼时，信义路二楼的小室内一片宁静，在此闭关的父亲，心如止水，静心修禅。而室外，却是风起云涌，山雨欲来风满楼。是年十二月，台湾地区的“增额中央民意代表”选举正热热闹闹地筹办着。十二月五日，“党外人士”实质政团成立，其中以张俊宏、黄信介、姚嘉文、许信良、林

首愚法师与我的父亲

义雄、施明德、吕秀莲等人为首的政团领导，召集记者媒体，在台北市中山堂开了“中外记者会”，宣布他们反对国民党的政纲政见。这种公然向权威挑战的政治举动，自一九四九年蒋氏政权迁到台后，二十九年间，从未出现过。当日，就发生了“中山堂事件”。翌日报纸一登出，台湾上下轰动。

这场选举活动才进行了一周，十五日的深夜，据说将有重要消息传来，于是，宋楚瑜就叫醒了刚睡下不久的经国先生，两人一起静候消息。凌晨两点，“外交部”钱复次长陪同着美国驻中国台湾使节，前往面见经国先生，告知他们，美国即将与中国大陆建交。

听闻这一消息，经国先生赶紧下达紧急命令，宣布选举活动停止，延期举行。随即，这一消息在台湾传播开来，满城风雨。台湾掀起了移民潮，一时间，朝野震动，人心惶惶。

一九七九年一月一日，美国与中华人民共和国正式建交了。

如此一来，台湾便陷入了两难之地。彼时，台湾本土的政治运动逐渐变得越来越激烈，从言论到行动，慢慢接近了暴力的边缘。最终，一九七九年十二月十日，“高雄事件”爆发。“高雄事件”最初是由《美丽岛》杂志领导的冲突引起的，所以又称作“美丽岛事件”。“高雄事件”是“二二八”之后台湾规模最大的政治暴动事件。这次事件，令八名异议人士（又称“党外人士”）锒铛入狱，时称“高雄事件八君子”，其中，就包括姚嘉文、黄信介、张俊宏、吕秀莲、林义雄等人。而林义雄的命运最惨，遭遇灭门。而后来于一九九六年当选台湾地区最高领导人的陈水扁，当时正是黄信介等人的辩护律师。

在这不安的社会氛围中，方外人士有心无力，唯有更加致力于自身的修行，在乱世之中，不求闻达于诸侯，倘能求得万全，就已是善莫大焉。

在美国与台湾“断交”后不久，首愚法师等人就到了台北，见到了父亲。为了方便聆听父亲的教导，他们就住在离协会不远的地方。

父亲本来只是希望他们来参加讲座，并协助自己成立大乘学舍，待到一切完善妥当，就再让他们回到自己的寺院继续修行。但首愚法师等人却在台北落脚了。对此，父亲并不赞成。父亲认为，既然选择了修行，那么大千世界，何处不是道场，因此没有必要离开自己的道场。况且，父亲认为自己从事的是文化事业，虽然宗教也是文化的一种，但终究只算是文化的一隅，自己不能将工作重心局限于宗教层面。因此，自己也就不能像宗教人士及出家人那样，潜心研究修习宗教。

但是，这几个想专心向父亲求教学习的出家人，如今已然自行安置，父亲也不好再说什么，只能尽力去帮助他们。于是，父亲便给他们拟定了每日要修习的课程，让他们务必刻苦遵守。也正是由于这些出家人到来的缘故，父亲在东西精华协会安排的该年的课程，就有不少与佛法有关。不过这样的因缘，却让这些出家人的宗门对父亲有些误会。

父亲首先开讲的课就是“佛教佛法与中国历史文化”。这门课父亲一连讲了多次，目的是强调文化的重要性，告诫出家为僧的学子们，除了修习佛法之外，还必须了解中国的历史文化，因为宗教不可能独立存在，必定是与历史文化休戚相关的。

一九七九年一月底，农历新年前后，父亲准备举办一次禅七，于是四处寻找场地，最后看中了辛亥路“救国团”的活动中心，于是就借用了这个地方。“救国团”，是经国先生在一九五三年创办的，其宗旨为义务为青少年做心理辅导，帮助懵懂而又苦闷的青少年，引领他们身心健康地度过人生中的重要阶段。当时父亲并不知道这个团体的存在，他在看到青少年身上的诸多问题时，也有过组织代办处的想法。于是周围的人告知父亲，这种类似的团体早就已经出现了，而其中影响最大的便是“救国团”。在这个机缘巧合之下，父亲才知道了“救国团”。父亲还得知，“救国团”里“张老师”们的努力逐渐得到了台湾青少年的认可和信赖，已经收到一定的成效。实际上，这个“张老师”并不是指某个具体的老师，而是一个代号，所有的老师，无论是何姓氏，都被称呼为“张老师”。这些“张老师”中，有的已经参加工作，有的当时还是心理学系和社会学系的一些在读大学生。

父亲在了解了“救国团”的创立主旨和获得的成就之后，曾感慨道：

“经国先生做的是好事。”

父亲这次在“救国团”活动中心举办的禅七，吸引了很多人。其中，不仅有大乘学舍的出家人，还有几个美国归来的出家人。此外，徐进夫和他妻子陈玲玲也赶来参加。而与父亲相识多年的闫修篆先生也参加了这次禅七。彼时，他刚从军中退役，并出版了易学著作《易经的圆与卦》。而真善美出版社的宋今人先生及自由出版社的萧天石先生也参加了禅七。他们两位出版过许多关于宗教、道家学术的著述，因此对于宗教方面的知识也颇感兴趣。另外，父亲在辅仁大学授课时的学生也来参加了。在参加的人之中，杜忠诰是比较特殊的。因为他是由父亲特别批准，以全无禅修经验的“菜鸟”身份参加的这次禅七。

我与父亲、闫修篆先生、孙毓芹教官在机场餐馆

杜忠诰，是台湾著名书法家，他与父亲结缘，正是因为《论语别裁》一书。杜先生是台湾彰化县人，生于一九四八年，是日本筑波大学艺术学的硕士、台湾师范大学国文研究所的博士。据他后来说，一九六九年年底，他还在军队服役，正是人生中最懵懂、困惑的时期。一天，他在军营中读到了《青年战士报》上正在连载的父亲的演讲记录稿——《论语别裁》。虽然他自认阅读过不少名家论著，但这个演讲大大补充了他的知识，使他认识到以前自以为是的一些见解都是错的，而原本看似教条式的《论语》，突然变成了对自己有所启迪的生命智慧。此种阅读体验是杜忠诰从来没有过的。也正是通过这次阅读，他逐渐被父亲的思想和学说吸引住了。

一九七六年，杜忠诰被保送到台湾师范大学，就读于国文系。在此期间，他得知《论语别裁》要出书了，就赶紧向出版方预约了一套。不久，杜忠诰得到出版方的通知，说因为该书预约的人非常多，印刷厂便给了优惠，于是印刷的成本就降低了，因此他们决定降价。这让杜忠诰十分费解。遇到书畅销，不应该涨价吗？不是只有书滞销的时候才会降价吗？直到后来他才知道，当时的出版方人文世界杂志社（后改名老古出版社），正是父亲一手创办的。父亲向来就是这样，不慕名利，只要是能够传播文化，让广大求知若渴的学生汲取知识，他从来都是不遗余力地去奉献。至于能否得名得利，都不在他的考虑范围之内。

杜忠诰拿到书后，爱不释手，他认为，这本有营养的书，应该让更多的同学知道，让他们也从中获得知识。于是，一天在班会中，杜忠诰突然向老师请求，希望在班会结束后，占用大家十分钟时间，向大家推荐一本书，老师同意了。于是，在班会结束后，杜忠诰就向大家介绍了《论语别裁》的主要内容，并把这本书的上下册分别交给同学，让大家分头传阅。让他没想到的是，同学们在传阅了此书后，对于其中所讲的内容都十分感兴趣。于是，班上每一个同学，都当场交了书款，委托杜忠诰代买一套，其中一个同学甚至要买两套。因此，杜忠诰就带着同学们的书款，来到了人文世界杂志社。当时，任经理的古国治接待了杜忠诰，看到他要买这么多套书，十分惊讶，就向他问清了原委。在弄清了事情的来龙去脉之后，古国治就慷慨地给他们打了折扣。

不久，杜忠诰向同学们推荐书的事情就传到了父亲的耳朵里。听说这件事后，父亲也是非常惊讶，便向旁人打听杜忠诰是谁。后来，父亲还托古国治给杜忠诰带去两件礼物：一件是父亲的新作，另一件是一套浅蓝色的极华贵的西装，并让古国治告诉杜忠诰，自己想见他一面。于是，在一九七七年二月六日，杜忠诰就来到台北信义路杂志社的办公处。父亲见到他后，十分高兴，就把杂志社的工作人员逐一介绍给杜忠诰认识，他们多半是父亲的学生。杜忠诰终于见到了自己非常崇敬的《论语别裁》的作者，便急切地向父亲请教："很久以来就想研读佛书，可有一本较为精要的佛经推荐给我？"父亲说"有"，便派人到书房拿来一本《楞严经》，在封面上写下"自从一读《楞严》后，不看人间糟粕书"两行字，赠送给杜忠诰。不仅如此，在杜忠诰临走之前，父亲还送给他不少书，包括父亲自己已出版的整套著作及《法苑珠林》《渊鉴类函》两套私人藏书。杜忠诰是个爱读书的人，但是因为经济条件不允许，很少有机会去买书。看到父亲送给他这么多好书，喜出望外，也就不多推辞，把这些重量不轻的书都一次性拿走了。看到杜忠诰如此嗜书，父亲便愈发喜爱他了。

自那以后，杜忠诰便跟从父亲学习，一直到父亲去世，总共有三十余载。在我看来，他是父亲的得意门生。父亲常常夸赞他，有时甚至都让其他学生有些“嫉妒”了。但杜忠诰自己却十分谦逊，一再向旁人表示，“绝不敢当”，而且不止一次地说过：“老师不止一次对外称，他没有一个学生。只因他老人家标准太高，无人合乎他的心意，所以我不敢说是他的弟子，只是有缘向老师学习而已。”

除了杜忠诰，参加禅七的王启宗也是比较特殊的一员，因为他是被父亲亲自叫去的。

大家或许不清楚，其实，禅七一向是机密的，一般人是无从知晓的。即使有人消息灵通，知道了要举行禅七，想要来参加，也不是那么容易的，因为能不能通过父亲那一关，还要另当别论。在一九七九年的春节前两日，父亲打电话叫王启宗来参加定在正月初二举行的禅七。当时，王启宗是一所学校的教务人员，工作比较忙，难以脱开身，因此就回复父亲说：“不成呀！上学期学生的成绩单尚未发出；下学期的工作也没策划完成，怎么能来打七。”父亲听他如此推辞，很不开心，依旧坚持让他来参加：“难道你死了，人家的学校就会关门吗？”

王启宗听闻此言，犹如醍醐灌顶，豁然开悟。于是，他便把手头的工作放下，把身边的一切杂事都放下，甚至还辞去了学校的职务，老老实实地听从父亲的吩咐，参加了那次的禅七。

父亲这次坚决让王启宗参加禅七，并不符合他以往随缘的态度。那父亲为什么这次一改往日秉性，坚持让王启宗前来呢？原来，父亲知道，王启宗责任心重，事无巨细，都亲自过问，而且他的工作十分烦冗，恐怕已经积劳成疾，这才特意如此吩咐的。不然的话，等到真的累出什么大病来，不但王启宗自己不舒服，父亲的心里也会十分内疚。父亲这种关心他人，与天下人同亲的脾气秉性，不仅深深地感动了王启宗，而且令许多同学也备受感动。

这次参加禅七的，包括上文提到的人，总共有百人之众。每当到了晚上，大家坐在一起，开始讨论的时候，因为参加人的年龄及身世背景差异很大，思想参差不齐，受教育程度和知识体系也各有不同，所以意见和领悟五花八门，非常多元化。而这其中，外籍人士讨论尤为热烈。因为他们所受的西方教育异于东方，所以对于中国传统文化总是有自己的独特见解。因此，在这种讨论之中，不同意见互相交流，东西文化思想碰撞，融会贯通而又求同存异，可以称得上是一场思想盛会。

在这次禅七的最后两天，父亲第一次向大家透露自己的心声。他说："我实在是讨厌这个名利，有什么利可图？但是，自己愿作绝对的牺牲，来陪你们，是想帮助每一位有所得、有所成就。站在教育和宗教的立场，等于一个母亲对所有的孩子一样，当孩子没有做到应该做到的标准时，做父母的心里很痛苦、很伤心。本来我不想讲出来真实的心境，现在已透露一点，也是鼓励大家珍惜这最后几天……"父亲强调，自己举行这次禅七不是为了名利。这也是父亲一生所秉承的。他举行这次禅七，只是希望起到教育的作用，使参加的人有所收获，能在人生的旅程之中有所感悟。

禅七圆满结束后，父亲让大家报告自己的感悟和心得。首先，他点了王启宗的名字。但王启宗说，这七天下来，自己除了两腿痛麻，一闭双眼就是妄想外，什么成就都没有，什么感悟也没有。基于这种情况，父亲赠给他"事求妥贴心常苦，悟到因缘日已迟"两语，以此来让他得以点悟。对此，王启宗有些不服气，他向父亲报告说："悟到因缘日已迟，此生岂不完蛋了，请求将日已迟之'已'字，改为'未'字，以惕厉自己。"

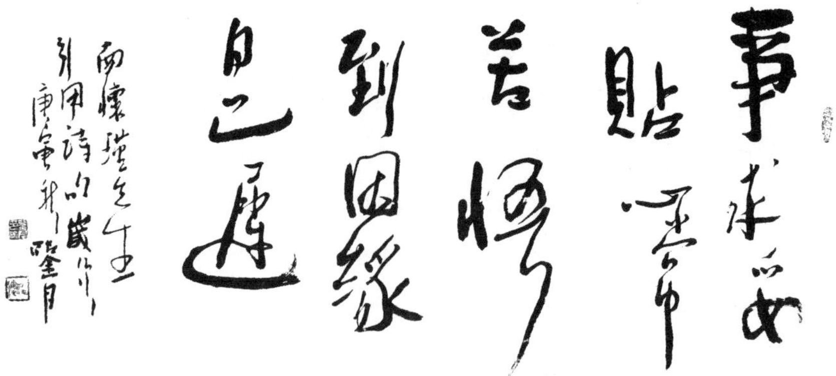

“事求妥贴心常苦，悟到因缘日已迟”

说一句后话。此次禅七结束后，王启宗又静心修行了几个月，直到一九八〇年年初，身心才算完全恢复。那时，十方丛林书院刚成立不久，很多职务还没找到合适的人选。父亲想到，之前，王启宗为了参加禅七，辞掉了工作，现在正赋闲在家。对此，父亲过意不去，找了个合适的时机，便把王启宗叫到面前，委婉地说：“这句话在心中憋了好久，现在见你身体已康复，你不是曾在教育界服务很多年吗？想借重你的经验，将他们办的公文过过目，以免发生错误，工作很轻松。”于是，父亲领着王启宗来到书院的办公室，把他介绍给大家，并特意嘱咐大家，不要刻意加重他的工作负担。等到协会的秘书长蔡策先生离台赴美，父亲便把蔡先生的工作委托给了王启宗。此后，王启宗与父亲交往日渐频繁，接触亦多，便常追随在父亲左右，亲炙父亲的教诲。

父亲见王启宗没有说出什么心得，便转向杜忠诰，面带微笑地看着他，希望他能说出些什么心得来。可惜，杜忠诰同王启宗一样，因为基础太过薄弱，将精力全用在了与自己酸麻的双腿战斗上，哪里还顾得上什么悟道不悟道。因此他只好面带惭愧地说，自己也没有什么心得。父亲听后，长叹一声，静默不语，没有责怪他，也没法再说什么了。

尽管杜忠诰在禅七时没有悟出什么，但这次禅七，还是为他提供了一个难得的自省自悟的机会。

杜忠诰后来向同学们透露了一件事，以此来证明那次禅七对他来说还是有很大收获的。他说，在准备参加那次禅七之前，他跟当时已经交往多年、也曾一度谈婚论嫁的女友分手了，原因是性格不合。事实上，女友的表现已接近完美，如果按十全十美来说，她已做到了十分之九。可他自己却只看到她不足的那十分之一。两人分手后，杜忠诰一心寻找比前女友在那十分之一上更强的女孩，后来也算是找到了。可真正交往起来才发现，这位新女友，虽然在这十分之一上更好，但在其他方面与前女友相形见绌。他说，他曾多次思考，自己想要的到底是什么？这时，他突然想到，前女友是真心看上了自己这个“有恒心而无恒产”、赤手空拳的书呆子，不顾家人的劝阻，义无反顾地跟着自己；而新女友，却摇摆不定，无法知晓她的内心到底是怎么想的。而参加了那次禅七后，他感到自己之前的所作所为实在大错特错，心中悲痛万分，深为过往的种种无知行为而惭愧懊悔。

待到禅七结束，他写了两封信：一封寄给当时的女友，表明“不合则去”的心情；另一封长信，则寄给了前女友，向她述说禅修中自己的所思所想，同时在信中表明了自己的忏悔之意。后来，前女友被他感动，与他和好如初，并最终嫁给了他。这就是他现在的妻子张翠凤女士。杜忠诰还说，婚后，自己无论是留学日本，还是在师大国文研究所博士班苦读，妻子都一直无怨无悔地为他、为这个家牺牲与付出。正是多亏了那次禅七，他才没有失去这个真正爱他的人。

禅七结束后，父亲并没有闲下来。在二月下旬，他又传授了密宗的准提法。众所周知，密宗传法是很严格的，只有被认可为合格密宗上师，才能进行传法。父亲之所以能够传授准提法，是因为他具备传法上师的资格。他之前在西藏学法，被贡噶上师认可为合格密宗上师。除此之外，父亲在此期间还另外开有《宗镜录》、《大乘要道密集》（密宗）、《大圆满禅定休息车解》（密宗）、《楞严经》、《大比丘三千威仪》，以及“诗学”等课程，而且固定在每周的一、三、五，在大乘学舍分别讲授“儒家”“道家”和“佛学”。

特别要提及的是，父亲讲佛学，用的是《宗镜录》。他认为，古往今来，《宗镜录》是最好的佛学概论，后世的同类著作无能出其右者。诚然如此。看看如今的概论，往往是既不概又不论，也很少引用其他著作，大多是泛泛而谈。在古代，印刷术并不发达，书籍流传范围较小，搜集资料绝非易事。但《宗镜录》里面引用的《大乘经》，却足足有六十部之多，而其引用的中国和印度的佛教开山始祖们的著作，更有三百多家。因此，《宗镜录》相当于是一本研究综论，将佛教经纶都囊括其中，以此作为佛学概论，古今著述又怎么能与之相比呢？而且，历史上很多早已亡佚的书，在《宗镜录》里面还可以找得到。这也是《宗镜录》很有价值的原因之一，此书在辑佚方面功不可没。

《宗镜录》一书，是永明延寿禅师编写的。当时，他将佛教几大宗派的人士，都汇集在了永明寺，指出并讨论各派有争议的地方，汇成了三百四十个问，记录在《宗镜录》一书中。因为是些著名人士参与的讨论，所以这些论证并非如一般概论那样浅显易懂，而是针对深奥的佛学教义做出的讨论，因此意义非凡。永明延寿禅师将这些讨论和问题汇集起来，并根据其禅宗的观点，融合各宗派讨论的观点，做了一个综合的答复。《宗镜录》能得以成书，永明延寿禅师自然是功德无量。而现存的《宗镜录》，是蕅益大师所整理的，共有一百卷。

永明延寿禅师是唐末五代时人，在他四岁时，唐朝就灭亡了。史书中有名的四次灭佛事件，即“三武一宗灭佛”事件，在永明延寿禅师出生之前已经发生过三次了，分别是南北朝时北魏太武帝灭佛、北周武帝灭佛和唐朝时唐武宗灭佛。而五代时后周世宗的灭佛，是在永明延寿大约五十岁时爆发的。可见，永明延寿禅师生活的时代是一个不利于佛教发展的时代。

幸好，当时吴越国的统治者还笃信佛教。五代时期的吴越国，其势力范围包括现在的浙江、苏州、上海以及福建的东北部地区。吴越国存国不足百年，却大力发展佛教，单是在杭州境内，就兴建有一百五十多座寺院与数十座塔幢、佛像。这些寺院等古迹，到现在还大多保存着。这都是当时在位的吴越王的功劳。五代后期，后周赵匡胤兵多将广，有一统天下之雄心壮志。吴越王自知难以与其分庭抗礼，于是在赵匡胤兵临城下之际，偃旗息鼓，束手投降。也正是因为如此，老百姓得以免受战争之苦，而这些寺院等古迹也得以完好无损。

与后周世宗的灭佛形成鲜明对比的是，历代的吴越王都对于佛教十分尊崇。吴越王不仅修建寺院，树立佛塔，更重要的是派人到朝鲜寻回了许多重要的佛典。或许是机缘巧合，永明延寿禅师就刚好出生于吴越国境内。

史书记载，永明延寿在幼年时即有异于常人的表现。有一次，他的父母不知为何缘故，发生了口角。为了劝和父母，永明延寿从床上一跃而下，跪在地上，痛哭流涕地劝说父母不要争吵。父母深受感动，从此不再发生争执。其实，这件事也具有一种象征意义，他父母的争执象征着中国佛教各宗派之间的争执，而永明延寿的劝和，则象征着他融会贯通各宗派的观点。

待到永明延寿二十八岁时，当时他还未出家，有一次，他看到满船的鱼虾，想到这些生灵马上就要灰飞烟灭，心中不忍，于是便私自挪用了库银，将这些鱼虾买过来放生了。这样的事，他后来还做过几次。但纸终究是包不住火的，很快，东窗事发，永明延寿要被按律问斩。在被押赴市曹处斩之际，吴越王往监斩台上安插了一个使者，让其去观察临刑之时永明延寿的面色，倘若永明延寿面色微微有变，就继续处斩；如果毫无惧色，就暂停行刑。结果，永明延寿真的毫无惧色。他仰天大喊：“吾为活数万生命而死，死又何憾！”于是，吴越王的使者便暂停了此次行刑。吴越王闻听此事，又查到永明延寿虽擅自挪用库银，但都是为了解救生灵，并无一丝一毫私用，深受感动，于是就赦免了永明延寿，并准许他出家为僧。

永明延寿修行十分刻苦。吴越忠懿王曾赞叹说：“自古以来，求往生西方净土者，未有如此专精用功的人。”据传，永明延寿的禅定功夫十分了得，在他出定时，连鸟都在他的衣角上筑巢。一日，在禅观之中，永明延寿见观世音菩萨现像在前，菩萨以甘露灌其口，使他获得了大辩才，文笔也突然变得非常出色。提到永明延寿的文笔，不得不说，父亲对此一直是赞不绝口，甚至有些羡慕的语气在其中。每一次上《宗镜录》课的时候，父亲都会赞叹不已。他说永明延寿的文章，就犹如一副工整而又精巧的对子，非常典雅、精致。

永明延寿的修行还很精进，传说连天神都被触动了。一次，天神甚至降临在永明延寿的房间之内。永明延寿见到天神，就问："你是如何进来的？"天神就说："因为你修行太精进、太清净了，所以我就来了。"是真是假，不得而知，但永明延寿对中国佛教的巨大影响，却是不可否认的。

永明延寿提倡的禅净双修，对中国禅宗产生了巨大的影响。永明延寿禅师本身是禅宗的开山始祖，但其又融会贯通各个宗派，这对于禅宗乃至所有佛门宗派，无疑都意义非凡。后来主张禅净双修的大师，包括憨山大师、莲池大师等，都是受他的影响。这样一个重要的人物，自然在中国佛教史上占据着极其重要的地位。永明延寿一生著作颇丰，除了《宗镜录》以外，还著有《唯心诀》和《智觉禅师语录》等书，这些书后来也被收录在了《大藏经》中。

父亲曾说过，读《宗镜录》，最好是不要打开电灯读，而应点根蜡烛，伴着烛光大声朗诵。这样一来，才能强烈地体会到《宗镜录》中的文采音韵。单纯的默读是没有效果的，而应读出声，像念咒一样。虽然《宗镜录》不是所谓的咒语，却也可以当作无上咒等咒来念，因为那样读来不只朗朗上口，又很有意义，也能读得进去。

一九八〇年，父亲开始讲《宗镜录》，到一九八一年停止，一直讲了两年。但即便是两年时间，却也没有讲完，只讲了《宗镜录》的二十分之一，即五卷的内容。而且这五卷内容并不是按顺序讲的，父亲选讲了第一卷、第四十二卷、第四十三卷、第四十四卷和第四十五卷。待到大家整理好父亲的讲课录音带，又将父亲讲课内容分成了一百卷，连载在《十方》月刊上，直到八年后才连载完。这还只是《宗镜录》的二十分之一的内容。由此可见，《宗镜录》是多么卷帙浩繁了。

父亲那次略讲《宗镜录》，是他去美国之前最长的一次讲课。虽然此次讲稿在《十方》月刊上连载过，但是父亲对这次讲课并不满意，对记录和书中内容并没有认可。父亲亲口告诉刘雨虹女士和几位亲近弟子，也告诉了当时的老古出版社人员，说这本书在没有征得他的同意以前，绝对不许出版。不幸的是，父亲过世以后，老古出版社出于利益考虑，将这些讲稿重新整理，加以出版。他们在书中说，“虽然此书没有办法达到完美，但是‘欲于待，则书之成未有日也’。终于，《宗镜录略讲》出了第一册，并且将周勋男写就的永明延寿的详细传记附于其中”。可是这已经违背了父亲的教诲和意愿，将来也可能因此对修行者产生误导，遭人谤毁，在此特为之解说。

在当时风云变幻的社会中，父亲不仅自己修禅，而且致力于向民众讲禅，通过这种方式，让这些终日里急躁而又惴惴不安的人，得到身心的荡涤。而父亲能在社会纷乱之中安然修禅，与他的超凡脱俗、看淡名利的性情是分不开的。

十四、语说大人主还客

他拒绝被政治左右，面对政治，他总是尽力回避，努力避免与其沾上关系。

父亲向来是淡泊名利的，对于政治，他拒绝被政治左右，面对政治，他总是尽力回避，努力避免与其沾上关系；面对领导，他也是不卑不亢，“依然故我”。这从以下两件事情中可以看出。

第一件事是这样的：

早在父亲闭关之前，一九七六年三月，“中国广播公司”极力邀请父亲，请他为员工们讲授《易经》。父亲每周去讲一次，持续了三个月，讲了十几次，仍未讲完。但父亲也只讲到了六月二十四日，此后就再也没有为他们上过课。父亲推掉了这门课，并非是他不想去“传道、授业、解惑”，而是他听到一条消息后审时度势做出的决定。那天，父亲一迈入“中国广播公司”的大门，就看到三五成群的员工聚在一起议论纷纷，好像是发生了什么事情。但父亲没有偷听人说话的习惯，也就没在意。当他走到讲堂，发现底下座位上的员工也在窃窃私语，于是父亲忍不住了，问他们究竟发生了什么事。一个口快的员工抢着说：“今天刚下来消息，‘中国广播公司’董事长换人了，新任董事长是蒋孝武。”蒋孝武，就是经国先生的次子。

那个员工说完，又继续歪着头和其他人热热闹闹地说了起来。这个消息，对他们来说，只是茶余饭后、寂寞闲暇时的谈资而已，没什么大的影响，只要工资照发，谁当领导都无所谓。但父亲听闻此事，却有一种异样的情绪涌上心头。讲完课后，父亲立刻告知听众，说自己有要事，最近需要出远门，暂时停课，待他日有时间再继续给大家讲课。

父亲主动停止授课，在其一生的传道授业中是十分罕见的，我印象中只记得有这一次。父亲此番停课，并没有主动向我们提起过，所以起先我们并不知悉，只是疑惑父亲怎么不每周按时出去了。直到有一天，“中国广播公司”的一位员工打来电话，说在台湾看到父亲了，大家都希望继续听父亲讲课，问是不是可以继续去给他们讲课。当时接电话的不是父亲，而是其他人，因此，大家才知晓了这件事。

大家把这名员工的疑问告诉了父亲，并关切地问父亲，到底发生了什么事。对此，父亲说：“这事不便明讲，暂时不会再去讲课了。内幕就是因为新董事长是经国先生的儿子。”他让大家把这话转告那位员工。对于这个说辞，父亲后来告诉了大家其中的道理。他说：

“假如有一天，这位新来的蒋董事长，也来听《易经》的课，下了课又客气地打招呼。再有那么一天，说是经国先生邀请茶叙，请问我能拒绝吗？如果拒绝了，使人家难堪，还说我们不识抬举；如果接受了邀请，见了面，人家拜托你为他或为政府说些什么话，写一篇什么文章，你能拒绝吗？真拒绝了，人家有办法对付你；不拒绝的话，从此变成‘御用’文人，学术自由没有了，不如躲着他们比较好。”原来父亲是为了避免卷入政治，才出此“下策”，拒绝了讲课的请求。

父亲对于政治，始终持有谨慎的态度，对于风吹草动，一向十分敏感。我们曾对此表示疑惑。父亲便告诉我们，他与那些科学家、学者是不一样的。对科学家而言，涉入政治，除了会牺牲一些个人的选择外，对于科学本身是没有多大的牺牲的，因此，参与政治对于科学的影响是不大的。例如，有些侨居美国的华裔科学家，常受中国台湾方面的邀请，前来指导、推动科技发展。那个年代，台湾地区科技是很落后的。而这些科学家只能不定期地前来相助，不能长期待在台湾。因为如果长期在台湾，他们就无法及时获取最新的资讯，或许就会落后于日新月异的科技发展，自己名利都会受影响。所以，他们大都不肯长期留台工作。其实接受当局邀请，留在台湾，确实会对台湾的科技发展做出贡献，只是会牺牲一些名利，这关键在于自己如何选择，而与政治关系不大。

至于那些专门从事学术研究的学者，受政治的影响其实也不大。因为他们每天接触的多半是古籍、文字，与人的交流并不多。就拿钱穆先生为例，他投身纯学术，蒋介石及蒋经国先生对他十分恭敬，并没有要求他为自己、为政府付出什么。因此，就更不用说什么御用了。

但是父亲与他们不同。他自己曾说过，他并非学者，只是读了各式各样的书，又学了不少杂家的学术，因而希望把自己的所知所学用在社会上，使人们将之落实于生活，达到知行合一。如每个人都能提高自身修养，社会的个体分子优秀了，才可能使整体品格提升。人的品格高了，才会有较理想的社会，人们才能有比较美满的生活。而这种想法与教化，是不能因人而丧失其客观性的，所以，他在东西精华协会的宗旨中，才会郑重说明不涉足任何政治；换言之，他是不可被政治所左右的。

父亲常开玩笑说，自己办了一个东西精华协会，是为了好玩的，不与任何人合作，以免因意见不合或方式不同而造成不愉快。父亲此言看透了人性。人与人齐心协力是很困难的，如果是做生意，那还好，合作不成功，顶多是经济利益受损。但文化完全不同，合作不成功，就会对后世造成不可磨灭的影响，所以文化决不能轻易被左右，更不能沦为工具，丧失原则。因此，父亲这才推拒了讲课一事。

以上是第一件事。而第二件事则与蒋经国先生直接相关。

一九七九年年底，在闹市闭关三年后，父亲决定出关。

父亲在三年闭关期间，他的《论语别裁》和《静坐修道与长生不老》等书已经在社会上流行起来，而他的声望也与日俱增，于是父亲出关后，各方仰慕求教者日益增多。而父亲开设的《易经》《庄子》和“四书”等课程讲座，每次都有一百多位学员参加。这种文化盛况在台湾是十分少见的，父亲因此也受到了经国先生的关注。

一九七九年的一天，蒋经国先生命人告知我父亲，他要到父亲位于台北市信义路的住所登门拜访。这对于普通民众来说，能够让蒋经国先生屈尊拜访，是可望而不可即的，也是非常荣幸的事情，肯定要做充足的准备，精心打扮收拾一番。可是，当蒋经国先生的专车徐徐地停靠在父亲住所旁边时，却看到父亲只身一人，没有特意的准备，依旧穿着和平时一样的素衣长衫，站在楼下迎接他们。

蒋经国先生见到这个冷清的场景，微微有些诧异。但他还是表现出了应有的风度，一下车，就快步上前，主动与父亲握手寒暄。两人一番寒暄过后，蒋经国先生往前微微探身，提出想要去楼上一坐。这时，父亲却微笑着拦住了蒋经国先生的去路，缓缓地说："陋室过于狭窄，还是借你的座车一谈。"

父亲的这句话，不禁让蒋经国先生一愣。蒋经国先生可是头一次遇到这种情况。不过，他还是笑着说："随意，随意。"

之后，蒋经国先生亲自拉开了车门，邀请父亲上车相谈。两人这一谈就是两个小时。

蒋经国先生临走之时，父亲从怀中拿出一枚刻有"愿天常生好人，愿人常做好事"两句话的言志章，赠送给他。这也是父亲对蒋经国先生无言的寄望，希望他能做一个好的领导人，常为人民做好事。

对于这段往事，曾经有人感到疑惑不解，问父亲说："如果放在别人身上，蒋经国先生能屈尊拜访是多大的荣耀，谁都巴不得能请进家里尽心招待，而你为什么连自家的大门都不让他进呢？"

父亲听完此言，从容一笑，缓缓答道："你有所不知，我家里摆满了书刊，万一被他盯上了其中的一本，我是送呢还是不送？为难啊！那都是我的心肝宝贝呀！"父亲这句话当然是在开玩笑，其实，父亲另有深意，只是他不曾告诉过我，我也不敢妄加猜测。

面对权贵时，父亲的从容淡定，恰恰表现了一位智者对于生活的态度，一种超凡脱俗的心境。其实，父亲的这种态度，也是因为他的注意力并不在政治方面。父亲将全部的精力都投入到文化事业之中，投入到弘扬传统文化之中了。

十五、群贤毕集十方林

如果能仁书院的院长一职能由父亲出面担任，那么立案的事就会容易很多。

一九八〇年春节过后，香港能仁书院的洗尘法师，不止一次地来台湾拜访我父亲。洗尘法师三番五次前来，有两方面原因：一方面，是想邀请父亲出任香港能仁书院的院长一职；另一方面，他也希望同父亲合作，一同在台湾设立一所佛教中心。当时，能仁书院计划在台北立案，以此来取得台北教育主管部门的认可与帮助。但要想在台北立案是非常不容易的，洗尘法师四处打听办法，有位熟悉台北教育界的人告诉他，如果能仁书院的院长一职能由父亲出面担任，那么立案的事就会容易很多。

于是，洗尘法师为了此事，多次前来拜访我父亲。在第一次来的时候，他带了一位瘦瘦高高的法师来看望父亲。洗尘法师介绍说，这位瘦高者叫圣严法师，是日本立正大学的文学博士。或许是洗尘法师认为圣严法师有高文凭，以此向父亲证明书院具备高水平人才，让父亲能够答应他们的请求，所以才让圣严法师偕同前来。两人说明了来意，并详细地介绍了能仁书院的办学宗旨及办学计划。父亲听完后，破天荒地答应了他们的请求，决定出任院长。事实上，父亲虽然答应挂名院长，但从未去过能仁书院，当时实际的负责人是教唯识论的罗时宪教授。

五月，洗尘法师第三次前来拜访父亲。这次拜访的结果是，他们一同

父亲在十方丛林书院

筹办了一个十方丛林书院，由父亲担任教授师，并作为主要负责人。对此，父亲认为，佛门弟子的学识是一定要增广的，但一般学子也应该拥有这种学习机会，因此，教授内容要兼顾各方面，应该面向社会招生，而不应局限于佛门弟子。于是，书院就正式定名为十方丛林书院，不仅招收佛学弟子，而且也招收一般学子。

虽然书院的名字已经定好了，但书院的地点还没有选好。这时，父亲看中了一个地方。在信义路二段二七一号，离协会不远的地方（大约百余米的距离），正有一座共十二层，每层三百三十平方米的复青大厦马上就要封顶了。父亲说自己早先去看过，认为那里建筑工程实在，位置也不错。于是，父亲就让洗尘法师先订购了第十层，作为书院的基本场所。而父亲自己也决定买下第九层，以此来作为协会的新址。看来，父亲对于这个地方真是十分满意啊！

当时，这座大厦的这层房子报价是六百万元左右，其中可向银行抵押贷款四百万元，剩下的二百多万元要自己支付。虽然这些钱不是一次性付清，可以分期付款，半年缴清，但还是一个不小的数目。父亲非常苦恼，不知道这些钱该从哪里获得。他平常授课所得的钱，加上偶尔有人捐献的钱，都花出去了，其中有的应付了日常开支，有的则买了书，捐出去了，还有一部分设置成助学金及其他社会福利了。父亲虽然一生对钱不感兴趣，但此时也是“一文钱难倒英雄汉”。

万般无奈之下，父亲想到了借钱。银行已经贷款四百万元，自然是不允许再贷款了，只能向私人借款。但是，彼时的利息很高。即使是美国银行的贷款，利息都是百分之十五（年息）左右，更不用谈私人利息了。这还是有抵押的，至于没有抵押的信用私人贷款，利息就更高得可怕了。基于此，父亲能借到的私人款项，利息也各有不同，具体数额视父亲与这些人的交情而定。有的是老熟人了，利息就会稍低，而那些通过辗转打听，借款的是本不认识的人，利息有的会高达百分之三十，也有百分之二十、百分之十八的。那时，帮忙借款的有很多人，筹集了好久才凑足了这笔“巨款”。当时的房东洪福增律师，在台北很有名气，后来也与父亲结成了朋友，给予了很多方便。到了十一月底，大厦已经完工，父亲交足了钱，完成了过户手续，终于拿到了房子。此时，父亲来到台湾已经三十多年了，这是他第一次拥有真正属于自己的房子，也是唯一的一次。

一九八〇年一月十五日，东西精华协会搬到了新址，而原来的地方并未停租，仍继续使用，作为缓冲。待到父亲赴美后，旧址就成为老古文化公司的办公处了。父亲买下的这层房屋，在搬进去后，用作办公室。彼时，东西精华协会和老古出版社都集中在这里。而父亲和我，则居住在八楼，是又另租用的一层。虽然是居住使用，但这层的客厅仍时常作为临时的小班课室。后来，父亲在一九八五年赴美时，将九楼的房子仍然交付作会址用，移转给李素美之弟处理，债务也由李先生一手清偿。这是父亲将资产和李传洪交换，也是父亲一生不欠人的个性。

洗尘法师买下了十楼，作为学院的临时之所，但他仍希望能找到较大的、带着院子的地方，作为书院固定的所在。记得那时候，有学生还陪他到杨梅去看过，之后又到淡水去看过，但那些地方都不合适。最后，洗尘法师做了变通，租用了这座大厦的十一和十二楼，并将楼顶平台加盖屋顶，加上原本买下的十楼，一起作为书院的所在，同时又租了五楼，设为书院的办公室。

一九八〇年二月底，父亲为扩大营业范围，便将老古出版社改组为老古文化事业股份有限公司。在此之前，代劳三年的古国治已在一年前（一九七九年）的年底结婚了，并且因为家庭经济的原因，在一九八〇年年初离开了父亲，在保险公司找了份工作。

一九八〇年六月，十方丛林书院正式在台北成立。因为是洗尘法师发心创办的，所以大家推举他任院长，而父亲则以导师的名义主持工作，负责规划书院的教育方针。当时，负责教务的，是章克范先生；负责训导的，是王启宗先生；负责总务事务的，是担任总务主任兼副训导主任的首愚法师，后来，他还协助父亲创办了《知见》杂志，续办了《十方》杂志；而管理财务和出纳的，则是黄胜雄及其夫人。

说到黄胜雄夫妇与父亲的相识，其中还有一段因缘。早先，黄胜雄在台湾大学毕业后，就做起了生意，适逢他大哥的朋友到台湾来，黄胜雄便邀请他去家中一坐。两人聊天时，那朋友告诉黄胜雄，说他正在听父亲的课，并邀请黄胜雄一起去听。于是，黄胜雄就跟着那位朋友去听了父亲的课。据黄胜雄说，那次课听完后，他就上瘾了。后来，他还想去参加父亲举办的禅七，他的夫人闻听此事，也想去，于是，黄胜雄就把这机会让给了她。也正是这个因缘，她后来便在书院做了出纳。

黄胜雄为什么后来为书院管理财务了呢？这其中还有一段故事。虽然妻子在书院做了出纳，但黄胜雄依旧在做自己的生意。有一次，父亲想看看黄胜雄生意到底做得怎样，便叫洪文亮医师到黄胜雄公司去看一下风水。洪医师看后，就对黄胜雄实话实说："你公司赚钱，得在二十年后。"黄胜雄一听，说如果这样那就算了吧，便把公司卖了。父亲看到这种情况，心中过意不去，认为是因为给黄胜雄看风水才导致他把公司卖掉的，所以决定为黄胜雄找个合适的工作。于是，父亲就叫黄胜雄到旧老古的三楼去上班了，并且让他们住在那里。自此以后，黄胜雄夫妇便都为父亲打理事务了。

当时，黄胜雄在三楼上班，他夫人当出纳，小孩放学回来后没人照顾。见此情形，父亲就要黄胜雄一家人跟我们一起吃饭。就这样，黄胜雄全家在我们那里整整吃了三四年的饭。

父亲有一个习惯，在练毛笔字时，当觉得自己写得不好，就会把纸撕掉重写。在这个时候，黄胜雄的夫人如果看见了，都会及时地把这些纸抢救下来。就是这样，日积月累，黄胜雄家里父亲的墨宝就慢慢增多了。现在想来，他们那时的举动或许也可以算是对父亲的一种崇敬吧。

因为与父亲交往日深，以至于后来餐餐见面，所以，黄胜雄一家受父亲的影响也是很大的。据黄胜雄自己讲，他听完父亲的课后，感觉像变了个人一样。那时，他每天带着八岁的大儿子黄宗隆学太极拳，练习一番后就去找父亲吃饭、听课。后来，他的大儿子准备学医，父亲就介绍他去遍访名师，叮嘱他把握住机会，一定要把那些好的东西学起来，保留下来。而他也很争气，学有所成，如今在上海开了中医门诊，成了一名中医。

即便父亲后来去了美国，仍不忘关心黄胜雄一家。他告诉黄胜雄，让他们赶快出国。想来，大概父亲是怕黄胜雄一家会受一些不必要的连累吧！黄胜雄之前从来都不想出国，但这次听了父亲的话后，又考虑到自己的哥哥在加拿大，于是他们一家就去了加拿大。

再接着介绍学院组成。当时，学院的研究班主任为张尚德先生，男学员的生活指导为钟德华居士，担任教英文课程的是罗梅如、文洁苓和刘雨虹女士。后者采用的教材，不是一般学校所用的那种英文课本，而是实用生活化的英文训练。这样一来，可以让学生学习一些真正实用的英文。

除了以上人员，书院还特聘了显明法师教授佛教经典。显明法师是天台宗第四十五代传人，讲起经来有根有据，有板有眼，很吸引听众。当时，父亲一见到他，就责怪般地问他："既然你知道我在这里，为什么不来相见？"

对此，显明法师回答得十分有趣，他说："听说你喜欢骂人，所以不敢来！"

听闻此言，父亲依然慈祥地笑着。

显明法师与父亲初次见面，是在抗日战争末期的重庆。显明法师早在十三岁就出家了，所以那时，他已经正式深入经藏很多年了。那年（一九四二年）冬天，虚云大师受邀主持护国息灾法会，被作为法会发起人的时任中华民国国民政府主席林森及司法院院长戴传贤从广东接到了重庆。当时，父亲是陪同师父袁焕仙，从成都前往拜会虚老的。而显明法师那时还年轻，是虚老的首座，跟随虚老前来参会，住在慈云寺法会所在地，故而与父亲相识。

那时，抗日战争正处于极艰苦的阶段，是黎明前最黑暗的时刻。政府正在进行“十万青年十万军”的号召。于是那次法会一结束，显明法师就响应号召，脱下僧衣，加入抗日行列中去了。据说他在青年军一直当到了政治部主任，直到退休后，又穿上僧衣，恢复了出家面貌。显明法师后来去了美国，具体情况下文我还会提到。

学院经过几个月的筹备及招生后，于九月一日正式开课。这时，只开设了普通班和高级班，所招收的都是初中毕业及高中毕业的学生。后来，大家觉得应该适当招收一些高素质、高学历的学生，于是经过商议，又成立了研究班，招收一些大学毕业的学生。这些学生中，一多半都是出家人。这也是洗尘法师的意愿，他希望能给想进修的出家人提供一个学习的机会。虽然上文已有所提及，但在此，还得再详细介绍一下学院的院长——洗尘法师。

洗尘法师（一九二〇年至一九九三年），辽宁省复县（今瓦房店市）人。他自幼体弱多病，十一岁时，被父母送到县内的潮海寺，依照同长老出家，法号思宾，又号洗尘。二十二岁时，洗尘法师前往青岛湛山寺，成为天台宗倓虚大师的门人。一九四八年，他经上海、广州，辗转抵达香港，据说最初时他穷得露宿街头。但因为既能吃苦，又有眼光，更具气魄，他在香港待了一段时间后，于一九五〇年在香港楼梯台创办了妙法精舍，一九五九年膺选香港佛教联合会董事，并创办了香港屯门的妙法寺，对香港佛教产生了重要的影响。以寺庙为基础，他又陆续创办了“刘云龙中学”“内明中学”“内明幼稚园”及“香港能仁书院”等事业，也算得上一个传奇的人物。

虽然洗尘法师任院长，但学院并不是纯粹的佛教书院。这是因为，父亲致力于文化工作，佛教虽也是文化的一环，但他不希望仅仅局限于宗教方面。因此，在与洗尘法师合作创立十方丛林书院之时，父亲就提议将书院定性为半为佛法半为人文的书院。对此，洗尘法师也同意了。

父亲与十方丛林书院同学及东西精华协会工作人员合影

此时，学院的工作正如火如荼地进行着，而东西精华协会也新任命了一位副总干事——广树诚。提到广树诚，不得不说，他与父亲的因缘颇深。

广树诚，毕业于台湾大学法律系，并获美国哈佛大学国际法和中亚研究硕士学位。一九八一年春，广树诚参与重组成立满族协会。在此期间，他得到了《静坐修道与长生不老》一书。在阅读过后，他被书中简明扼要、平易近人的行文风格所吸引，对该书的作者也逐渐产生了兴趣。他对此书赞不绝口，曾说，这本书说清楚、讲明白了一般外行人难以了解的古文化中的大道理。

当时，他并不认识父亲，之前也从未接触过父亲的著作。读过《静坐修道与长生不老》之后，为了了解父亲的其他著作，广树诚就拨通了老古出版社的电话。据他说，当时他并不知道接电话的就是父亲，只知道是位老先生接的，在电话里，老先生亲切地以江浙口音的普通话，告知学院还开有佛学课程。也正是这一通电话，让他踏上了跟从父亲学习的旅途。

而父亲接完那通电话，也是十分高兴，他对广树诚在电话里表现出来的礼貌颇为赞赏。后来，父亲了解到广树诚是满族血统，还懂得三跪九叩大礼，于是就经常让他当众示范这种如今并不多见了的古礼，还不止一次地表示，这是“礼失求诸野”的典范。

但广树诚对此表达过不同意见。他说，满、蒙等通古斯民族，自古就已重礼，并非全自汉地学得，也因此至今仍然传承礼数与规矩。父亲听后，不但不责怪他，还哈哈大笑说：“对呀，也有道理。”

学院的禅学班开课之后，广树诚每次都来听课。父亲讲课诙谐幽默，广树诚听到诙谐之处，都会情不自禁地开怀大笑。这个举动，有时部分同学会暗暗担心，常常提醒广树诚，小心父亲会嫌他唐突冒失。广树诚听到同学的劝告，也暗自担心。

直到有一天上课前，广树诚来到办公室，准备向父亲请教，正好碰见父亲和朋友、工作人员在等着吃晚餐。见到广树诚，父亲热情地招呼他一起用餐。在与父亲边吃边交谈之中，广树诚才知道，其实父亲并不介意他在课堂上大笑，反而觉得正是因为他有所体悟，而且洒脱自在，才能无拘无束。听到父亲这样说，广树诚心里的一块石头总算落地了。

当时，广树诚正面临人生重大抉择，走到了人生的十字路口，对于前途十分迷茫。他不知道接下来是应选择出国读书，还是继续从事自己的丝绸生意。他的这些心理活动并没有逃过父亲的眼睛。上课时，吃饭时，父亲都有意无意地向广树诚询问他的情况。等到一切明了，父亲建议他还是应该选择申请国外学校，出国进修。至于他所担心的经济问题，可以先担任东西精华协会的副总干事。这样一来，他的经济问题解决了，学习也没有丢下。就这样，广树诚从一个陌生的来电询问者，变成了父亲身旁的工作人员。这就是广树诚被任命为东西精华协会副总干事的来龙去脉。

父亲在学院的课程里，为自己设置了三班课程：周一晚讲《老子》《庄子》，周三晚讲《大学》《中庸》，周五晚讲《金刚经》。除此之外，他又在学院里办了禅学中心，因此还有菩萨戒的课程。

父亲的课程，多半在晚饭后上。按他的要求，他的课程对外公开，所以，每次上课时，来参加的人能多达两百人。每当这个时候，复青大厦里里外外，熙来攘往，热闹非凡。

白天，父亲忙各种筹备工作，到了晚上，还要讲课，一整天都忙忙碌碌的，没有空闲。搬到复青大厦后，父亲在每晚就寝前，都会亲自将全楼检查一遍，看一下门窗是否关好了，再看看电灯和煤气是否已经关闭了。有时候查寝室时，看见同学们的被子没盖好，他都会亲自给他们盖上。其实这是父亲自小读《朱子治家格言》养成的习惯，一生遵从睡觉前必亲自检点门户。

这个检查的工作可不轻松。当时，书院及协会总共占用了复青大厦一多半的地方。十楼有一半用作课室，一半作为学生的寝室；十一楼是大讲堂，课余作为禅堂；十二楼是办公室兼教室；此外还有楼顶，也加盖了，作为活动室兼饭堂。父亲在工作之余，每晚还要巡视全楼，足见其每日之辛苦。

虽然巡视不是父亲的分内之事，但他工作不分内外，加之目光敏锐，心思缜密，所以看到的、想到的事比一般人多，所以他做的事也就变多了。不仅如此，他之所以去做这些事，也可能是他不放心的缘故。从另一方面来讲，他也想给学生们做一个负责、认真做事的表率。

书院除了普通班、高级班和研究班外，非常特别的，还有一个高研班。只有学历达到研究所硕士，才能参加高研班。因为条件的限制，所以班上只有四位同学，其中蒋义斌、张昭喜都是台湾大学哲学研究所毕业的，潘希固在电力公司任职，还有一个就是明光法师。当时，高研班邀请了很多博学的善知识来教授课程：显明法师便来教授天台四教仪和《法华经》，戒德法师被学院特别邀请来教梵呗，程石泉教授讲中西哲学，父亲自己则教唯识研究。

在书院的教学生活中，父亲所讲的课程及其各科所讲的时长如下：

《庄子》——七个月

《列子》—— 一年

《成唯识论》——六个月

《维摩诘经》—— 一年半

《药师经》——两个月

另外，父亲还讲授了九个月的《参同契》。对于《参同契》这本书，父亲有自己的看法。一天，父亲在办公室说，下个月要讲《参同契》，于是刘雨虹女士就问是不是道家那本《参同契》。

父亲听后，立刻很严肃地说："你们都以为《参同契》只是道家的书，其实这是一本包括了很多家学术学问的书，是中国文化中非常重要的一部书。"从这句话可以看出，父亲对于《参同契》的尊崇。

听到父亲说要讲《参同契》，同学们便七嘴八舌地议论了起来。不多时，一个同学提议，请父亲再开讲《宗镜录》。对此，周勋男提出了反对意见。他认为，《宗镜录》一百卷，负担太重了。周勋男接着说，其实父亲可以用雍正选的《宗镜录大纲》来讲授。因为这大纲也得有二十卷，大家能上完就已经很不容易了，《宗镜录》有一百卷，看完更是难上加难，加之其中涉及很多佛学的典故，因此就算只是看，也需要很大的毅力。

雍正选的《宗镜录大纲》一书，父亲非常喜欢，他不仅喜欢书的内容，而且对于雍正皇帝也十分推崇。他曾对我们说过："雍正这类的人，努力去做该做的事，别人骂不骂，他根本不管，别人是否了解他也不在乎，更不计较什么名呀利呀之类的。"

这不单单是父亲对雍正皇帝的评价，也是对自己的一种砥砺。父亲自己曾说："要做事就不能怕被批评。因为只要做事就会遭人批评，做得不好有人骂，做得好也有人骂，怕人骂就不能做事。"确实如此，真要做事，就不要去考虑个人荣辱；要做大事，更要置名声于不顾。当然，所做的事的动机必须是大公无私的。

其实，这也与父亲对"随缘"的看法是一样的。随缘，指一切事不必强求，都要随着因缘。也就是说，当自己做一件事时，如果遇到阻力，或是有反对意见，那就证明自己与此事无缘，或者是缘分还没到。这样的话，就赶快停下，不再做此事，待到缘分到了再做不迟。正如水滴石穿，又如水到渠成，等到缘分一到，就如水滴足够多，就会穿石；水流足够大，河渠就会充满，自然，事情也就会成功了。这种成功，可称之为时势造英雄！

但是，从另一方面来讲，父亲又不是只讲求随缘。要想取得成功，是不能只依赖随缘的，有时在逆境中顽强拼搏才能取得成功！一个人，不去克服困难，不去创造成功的动力，而只是等着随缘，靠所谓的命数，却不知命由天定，数则在人为，屈服于表面的“天命”，那么他必将一事无成。道家有言，顺为凡，逆为仙。要想成功，就要直面逆境，相信自己的主观能动性，在逆境中战胜困难。这就是英雄转时势！

除了文化课程之外，父亲还安排了书院学员的日常自修、劳动、修定等，日程十分紧凑严格。除此之外，他还十分注重学员的日常锻炼。他认为练太极拳能强身健体，于是便要求大家都上太极拳的课。而且，为了让大家能学到正宗的太极拳，他还特别派人把住在养老院的一个老先生请来，教授大家太极拳。据说那位老先生是陈氏太极的传人，虽已年老，却风骨犹在，可见太极拳确实能锻炼人的身体。

就在多姿多彩的生活中，书院的第一个学期结束了。学期结束后，父亲等人准备连续举办四个禅七，为学佛者指点迷津。当时，在第一个禅七开始之前，明光法师想，好不容易有个寒假，反正禅七有四个，只去参加一个两个就可以了，不用全部参加，这样便可以省下时间，去高雄看他的剃度师父大雄师父。结果在禅七第一天，父亲准备让他教大家一些修禅的方法，却到处没找着他，便叫首愚法师给他打电话，问他为何还没到。明光法师接到电话后，就匆忙赶回书院，而他想去高雄看剃度师父的念头也打消了，专心参加禅七。

禅七开始没多久，父亲就说，现在请明光法师教大家打坐的七支坐法。于是，明光法师便把他知道的关于打坐的方法，都跟大家讲解了一遍。当然，父亲也给明光法师指点了一下。后来在上禅观研究课时，明光法师是当记录。在这个禅七中，父亲关注着每个参加的成员，当然，对明光法师也给了不少棒喝，让明光法师受益匪浅。后来的几个禅七，明光法师都参加了。

在完全参加了四个禅七后，他才深深感受到父亲在修证上的功夫与见地，感受到父亲处处于有形无形中都在教化。据明光法师自己讲，这两年多的书院参学，真是令他受益良多。

在禅七中，父亲坐在讲堂上说："许多人放不下，到老都放不下，总觉得事情没办完，年轻时忙儿女，儿女长大了忙孙儿女；殊不知，我们走了，太阳照样从东边出来，没有你这个人，人家照样过下去……古人说，几人能向死前休。这句话是有道理的，休是罢休的休，不是修行的修，人要到两眼一闭、两腿一伸才罢休，因为不罢休也不行了……"

参加禅七的王启宗听着听着，便悄悄从座上起身，走到外面去了。原来，他是听了父亲的这一席话，突然觉悟了。他出去是打电话给他的妻子，希望她到学校立刻代他办退休。

王启宗那时在育达商业职业学校任教务主任，故而大家都称他王主任。王启宗对于父亲的敬仰在重庆时就开始了。初来台湾时，他是"接收人员"，权力很大，负责点收日本人留下的产业，若想把经手的财产收入私囊实在是轻而易举。但他是一个十分清廉正直的人，什么都没有要。自从打听到父亲的下落后，他便时常前来拜会父亲。只要父亲开课，他一定风雨无阻，前来聆听谆谆教诲。

台湾有名的育达商职是商业职业学校，虽然校长是王广亚，但是王启宗也出了不少力。并且，后来王启宗还设计了联合招生，这不得不说是教育界的一大创举，他确实对学校的教育有着巨大的贡献。王启宗是个极负责任的人，他既然担任了学校的主任，便决定将自己的一生都贡献给那所学校了。为了学生的教育，为了学校的未来，他鞠躬尽瘁，呕心沥血，几十年下来，都快把自己的身体给累垮了，但他毫无怨言。

那天听了父亲的话，王启宗觉得自己已经尽了最大的努力去促进教育，已经无愧于学校和学生了，而且还会有更好的人来接他的班，于是，他便于一九八〇年年初毅然退休。退休后，他还是时常担心着学校，于是父亲便再三叮嘱他务必先修养身心。王启宗按父亲所说的办了，于是他与钟居士、章克范先生三人，终日都在十一楼禅堂打坐，完全放下外物。过了几个月，他身体恢复了健康，气色也变好了，心情也十分舒畅。

而上文提到的钟居士，也常到十方丛林书院来帮忙，但每次吃饭，都坚持吃素。那时，吃饭是两层楼分开来吃的，为了照顾到一些不吃荤的出家人，就专门有一层是吃素的。九楼便是父亲及协会的人在吃饭，不是素食；十二楼书院有出家人，是素食。于是，每次钟居士都会去十二楼吃素。钟居士并非出家人，他完全可以不用吃素。父亲担心他这样会对身体不好，也经常劝他不一定要吃素。可是钟居士认为既然发了吃素的愿，便一定要守这个信，故而始终坚持如一，一直吃素。

钟居士始终坚持正直正派的做人原则，为人处世都很诚恳。早在一九七三年，他刚刚满六十岁之时，就办理了退休。当时大家颇为奇怪，他还未到六十五岁退休年龄，为什么这么着急就要退休呢？后来他说，自己吃素多年，念佛多年，现在孩子多数都自立了，提早退休，专心念佛，也给年轻后生多一些晋升机会。这也是他一贯诚恳、实在的体现。

他离开书院时来向父亲告辞，我听见父亲对他说："你回去专心念佛吧！既然放下了，就什么都不要管。就算我再叫你来，你也不要来。如果我向你借钱，你也不要借给我。一切放下不理，专心念佛！"

钟居士听了父亲的话，真的专心念佛了，后来甚至还住到了寺院里。

父亲曾说："钟居士一生做人做事诚恳规矩，老实修行，此生必有成就。来世再来人间，也必不退转。"后来钟居士听说了父亲对他的评价，表示十分欣慰。

父亲弘扬文化，不仅表现在学院的教学生活中，表现在禅七中，更表现在实实在在的日常生活中。他对后学的提携和支持帮助，也从侧面反映出他对文化事业的支持。其中，父亲对广树诚留学的大力支持，就是典型的一例。

父亲当时早已察觉到，边疆问题将成影响中国发展的瓶颈之一，只有正确地解决了边疆和民族问题，中国才会更好地发展下去。因而他期盼能为中国的发展多培养出一些边疆和民族方面的人才，而广树诚便是父亲想要栽培的一个对象之一。

在四次禅七结束后，学院便放假了。不久，广树诚就收到哈佛大学区域研究所的入学许可。其实他得到入学许可，可能还与父亲做的推荐有不小的关系。收到入学许可后，他便向父亲报备请辞，开始积极办理出国手续。父亲也在时时关注着他的出国事宜，就好像是自己要出国一样。一天，父亲问广树诚准备得怎么样了。广树诚便告知父亲，他正在准备卖掉原来的住所，以便办理结汇。父亲听后，便问他，需要多少周转金，才能及时完成结汇。

广树诚回答，需要大约六十三万。闻此，父亲立即转头向会计小姐说："打开保险箱，拿六十三万给广树诚！"这真让广树诚大吃一惊，他完全没有料想到父亲会有这样的举动。

但是，震撼之余，他看到父亲如此支持自己，便又大着胆子向父亲说："既然如此，老师就干脆凑七十万给我好吗？"现在便是父亲一脸的错愕了，但是随即，父亲便笑眯眯地问他要用来干什么。广树诚说："齿牙破损多颗，缺钱修补已久，想多借点钱趁机补全。"父亲听后，哈哈大笑，立即下令凑足七十万，当即点交给广树诚，也不说关于还钱的事。

后来广树诚把房屋卖出后，就提着钱袋来还钱。父亲老远就看到了他，大声说："里面的利息拿出来，不收！"父亲还真料事如神，知道广树诚会附加利息。

父亲是一个慷慨大方的人，尤其是对那些有志读书做事的人，更是对他们倾囊相助。事实上，父亲对广树诚的支持还远不止于此，他还持续帮助广树诚申请奖学金，赠送了全套《朔方备乘》等书籍给他。

父亲作为一名师者，负责的是传道、授业、解惑，他渊博的学识和深入浅出的教授，对于学生的最终成才产生了很深的影响。不仅如此，他严于律己、为人师表的行为作风，也给学生树立了良好的榜样。

十六、师门有亲言有信

父亲常存民胞物与的情怀，素以天下父母为自己父母，以天下儿女为自己儿女。

父亲讲求为人师表，无论是在学院，还是在家里；无论是在课上，还是在课下；无论是在一些细枝末节的如洒扫应对、待人接物、坐卧行走等生活琐事上，还是在举办禅七、讲课授业等传道之事上，他都十分注重自己的言行举止，希望通过自己的言传身教，在潜移默化中影响学生的品德修养和为人处世。

无论是在学院还是在协会上课，父亲从不迟到早退。每日到办公室上班，他也总是第一个到。

无论什么时候，父亲都十分注重仪表礼貌，因此不论是着中装还是西服，父亲绝对会穿着整齐。而且无论他做什么事，都能静心去做，完全抛开其他事的纷扰。父亲以前在台湾讲学时，在狭窄的课堂里，遇到酷暑的三伏天，彼时没有像今天这样的空调、冷气和电扇等制冷设备；而且听讲的人又多，又很拥挤，空气既混浊又稀薄，课堂里像蒸笼一样，十分闷热，但父亲丝毫不受影响。他站在讲堂上，虽然穿着厚厚的西装，颈上还系着领带，边写边讲，却一点汗珠都没有。而在讲堂下的学生们，虽然都穿着单薄的短衫，有的还时时拿扇子扇风，却还是汗流浃背。这让他的学生们都感到很奇怪，为何父亲能做到如此境界呢？

有一次，王启宗便向父亲请益道："是不是俗谓的心静自然凉的道理？"父亲回答道："如果一个人能做得了身心的主，遇到事情，该提起时就提得起（用），该放下时就放得下（空），这就是境界般若（物来则应，过去不留），否则，平常头痛不能叫它不痛，腰酸了不能叫它不酸。不但做不了身子的主，连自己的心念都管不住，岂不就是佛喟然说的：'至可怜愍者也生'！"接着他又说，"前些时我患重感冒，还不是照样给你们讲课。只要将病和我分开，把它空掉，自己超然物外，岂不就一切解决了！"原来，父亲是将热和自己分开，将热空掉了，便自然感觉不到热了。而这也体现出父亲对于仪容仪表是十分注重的。

古典经籍，往往文辞考究，字字珠玑，义理晦涩，今人读来常常佶屈聱牙，难以理解。但父亲融会贯通儒、道、释三家来解释，深入浅出，条理井然，义理分明，使本来深奥的内容都变得浅显易懂。尤其是他那诙谐幽默的言辞，时时引起学生们会心的微笑，不管听众受教育程度如何，都能有所收获。

父亲讲课十分受欢迎，前往听讲者极为踊跃，男女老幼，三教九流，无所不包。其中有神父、牧师，有修女，有中外专家、学者、大学教授，有青年学子，更有贩夫走卒。他们的职业遍布党、政、军、农、工、商，无所不有。这些听众常常挤得讲堂水泄不通。来的稍微晚一点的人，已经没有地方站脚了，只好被安排在其他地方，通过听扩音器学习。这些人虽然只能"闻其声，不见其人"，却也乐在其中。

无论课上还是课下，父亲永远都是笑容满面，从没有人见过他皱眉头，或者有过不高兴的脸色。父亲就算是在骂人的时候，你也看不出半丝怒容来，因为他骂人的时候，有的只是严肃而已。有时他在处理极麻烦的事情，面上依旧平静安详，并不为事情的烦琐而感到焦躁或生气。对于任何事情，父亲都是云淡风轻的样子，以微笑面对。每逢新年元旦，就更见不着父亲有不高兴的样子了，父亲从早到晚，面不改色，总是保持微笑。或许是因为这是大家团拜的日子，父亲即使有烦恼，也不希望影响到他人，让别人不能愉快地过年吧。这时，便有人问父亲了："老师，你为什么会永远在微笑，而我们为什么学不会？”父亲回答说：“如果你学不会笑，只好先学咧嘴！”大家都笑了，以为父亲是在开玩笑，父亲立即又说，“是真的啊！你们回去对着镜子咧嘴！每天练习，多练习，日久就会了。”父亲就是这样，诙谐幽默又不失严肃。

父亲很爱干净，佛堂总是被他擦拭得一尘不染。这也反映出他对三宝的极度恭敬。平常见到父亲时，他都是很慈祥地微笑着，对别人很宽容大度，但是其实他对自己是十分严谨的。他一丝不苟，具足三千威仪、八万细行，却从不摆出道貌岸然的样子，而是行云流水、和光同尘，完全不显山不露水，全是密行。父亲的举止展现了《易经》“退藏于密”的观念。这也是他严于律己、宽以待人的体现。

父亲宅心仁厚，慈悲为怀，素来轻财好义，每每舍己为人。譬如，协会会员的会费始终是新台币二十元，虽然会员们一再提议，随着物价飞涨和生活水平的提高，可以适当增加会费，但无一例外，都被父亲否决了。而且学生听课，也只收三百台币的场地水电费。听课的学生们都觉得讲课场所的房租及水、电、茶水的负担太重了，就建言父亲略微增加听课费用。对此，父亲说：“讲解我们固有的经典，乃在挽既倒之狂澜，明千圣之宗旨，本不应该收任何费用。”

尽管协会经费十分拮据，但父亲每年仍要捐出不少钱作为奖学金、救济金等来资助清寒学子。他鼎力赞助社会慈善和公益事业，有时还要给一些出家人零用金。父亲仗义疏财，而所需的经费，便全靠父亲历年在各大学、研究所任教的薪金及讲学、著述的收入来维持。有时，父亲会以密宗上师身份为弟子们灌顶，每当此时，他就会收到很多供养红包。但对于这些红包，父亲从不打开看，随手放到抽屉里。当遇有来访的小朋友，便打开抽屉，将这些红包拿出来送人。

父亲常存民胞物与的情怀，素以天下父母为自己父母，以天下儿女为自己儿女。对贫寒的学生，譬如朱文光，父亲干脆要他长期在家吃饭。因此，母亲很辛苦，那时没有钱雇保姆，全都要自己干活张罗。母亲小时候是信回教的，后来却心向佛教，每天早上念心经念佛号念大悲咒。她在二〇一一年离开我们的时候，也是清清楚楚明明白白的，也为我们树立了榜样。

即使在东西精华协会与十方丛林书院，父亲亦是如此博爱。会员、学员无论男女老少，无分出家与否，父亲皆视他们为同窗道友或兄弟姐妹。而整个协会和书院，俨然是一个和睦兴隆的大家庭。父亲便是大家所共同尊重的家长。

受到父亲的熏陶，在协会中，虽然各自职务有别，但大家也很少称呼职务与名字，而是以兄弟姐妹相称。譬如，大家叫朱文光为朱哥，称李淑君为李姐；像年长者的蔡秘书长，大家都以“蔡老”称之。在蔡老出国时，奉师命将业务交接给王启宗，于是九楼办公室里的年轻同事们便送了王启宗一个“九楼干爹”的绰号。有一天，这些年轻顽皮的同事，竟然在父亲面前，把王启宗的绰号给抖了出来。听到这个绰号，父亲不但没有生气，还十分风趣地说：“做干爹可不容易啊！口袋里要多准备些红包才行咧！”在东西精华协会这个大家庭里，由于父亲的诙谐幽默，加之成员兄弟姐妹般的友爱，整日充满着欢笑与快乐！虽然玩笑不断，每当工作遇到困难时，大家则严肃认真，团结一致，互助合作，共同解决难题。

在父亲的影响下，大姐可孟、二姐圣茵、四弟国熙和我，也像父亲一样，把他的弟子们当作家人。每当大家一到我们家，就会感受到温馨的气氛。古国治从小一直生长在不幸的环境里，这在前文已有提及。对古国治而言，只有到了父亲这里，才真正有了“家”的感觉。父亲不仅给古国治家的温饱，还给古国治家的温情。师父，既是师，也是父。

父亲的一个学生杨汉之，甚至将其已故父亲的骨灰放到了我们家。一天，杨汉之提了一个包跑到我们家。父亲问他：“你手上提的是什么？”他回答说：“我父亲的骨灰。”父亲声音非常温柔地说：“你把你父亲的骨灰提到我这里来干什么？”杨汉之说：“老师，我看这个世界没有什么地方，可以放我父亲的骨灰。只有你这里，还可以放放。”可见，在学生们心中，父亲早已是他们值得信赖的亲人了。

父亲对我们的教育，不只在课堂上，不只在书本里，更在生活的点点滴滴中。他会随时随地指点你、纠正你。例如，有学生在我们家吃饭，菜烧好后陆续端上桌，父亲回来后，若看到有学生在客厅坐着等吃饭，不去帮一下忙，就会很不高兴地说："怎么不过去帮忙摆碗筷。"其实，父亲也是在教育学生，希望他们不要养成"衣来伸手饭来张口"的坏习惯，凡事都要自己动手，才会丰衣足食。父亲总是会从这些细微之处入手，教导学生们一些会受用终身的道理。据古国治自己说，他以前跟着父亲到辅仁大学上课，每次下课，都会帮父亲提皮包，之后，父亲会带着他去馆子吃饭，而且父亲会叫他把东西全部吃完，不浪费粮食，教导他要懂得惜福。古国治吃饭时会发出声音，父亲也耐心地纠正了他。吃完饭后，古国治就到路口叫一辆较干净的计程车。每次坐计程车，父亲为了不给司机添麻烦，都只是搭到巷口就下车，然后再自己走进去，因为回家路上的那个巷子小，倒车不易。因为父亲很受人尊敬，所以好多人都曾请自己的司机送父亲回家，父亲虽不愿意占别人的便宜，但那是别人的一番心意，父亲也不好推辞。于是每次父亲下车后，都会给司机塞小费，表达他的感激之情。

父亲的朋友有的年事已高，但是偶尔还是会抽空来看望他。有老朋友看望，父亲自然很高兴。待到客人回去时，父亲虽然因为自己也不是很方便，不能亲自送他们，但是他一定会要古国治代他送到楼下，并且吩咐古国治带上钱，替他们叫辆计程车。古国治以前送客人走的时候，都会让客人先走，认为这是礼貌。下楼时也是如此。但是父亲知道后，便纠正他，说道，下楼和平常走路不一样，在走楼梯时，一定要自己先走在前面，这样的话，即使客人滑跤了，也可以在下面挡住，不至于让客人受伤。然后再半侧着身子，手搀着客人，一步一步下楼。父亲就是这样一个既贴心又细心的人，事事都考虑得如此周到。

这样的事情还有很多。父亲很注意这些生活中的细节，时时处处都要替别人着想。他总说，学佛要在这些地方留意，慈悲不是挂在口头上讲的。有一次，古国治与父亲一同过街，被父亲骂，怎么不懂得护着我，替我注意车辆。父亲是通过这些纠正细枝末节之处的行为举止来教育大家，希望大家能时时注意关心别人、体贴别人。

父亲在学院时，也曾多次给学生们分析过人性，并通过对人性的分析，给他们以教导和启迪。

人性真是一个奇妙的东西，不同环境生长的人便会有不同的习性，而不同的习性表现出来的行为也不尽相同。其实，行为只不过是人的性格的一种外在形式罢了，只有透过这个外在的形式，深入分析其心理特征，才会真正把握到一个人的习性。说起来，这也算是心理学的范畴了。父亲虽然不懂心理学，却能透过形式看实质，透过一个人的表现看懂他的内心。有一次，一个人对父亲的某个学生说话非常傲慢无礼，那个学生心中不爽，就来禀告父亲。父亲却没有多说什么，只是告诉他，那人不是傲慢无礼，而是内心自卑的缘故。

当然，大家都十分不解，明明大家都看到了那个人的傲慢行为，父亲为何说他只是自卑呢？于是大家便自然而然地认为，父亲这个话，只是为了安慰那个心中不爽的同学罢了。实际上，父亲并不只是说来安慰那个学生的，这其实是父亲内心的真实想法。因为后来，父亲也多次提到过，一个人表面上的高傲无礼，其实都是自卑心的反作用。父亲认为，如果一个人胸无点墨，头脑空空，生活迷茫，没有方向，那么便会有一种自卑感。但是有了这种自卑感之后，却又害怕别人看出来，只有极力装作什么都懂的自大的样子来掩饰，不自觉地就变成了这样一副模样了。这样的人心中无物，终日浑浑噩噩，其实是非常可怜的。如果我们了解到这一层，便不会因为与傲慢无礼的人说话而感到心中不爽，心中自然也就少了一层忧虑和烦恼了。虽然父亲如是说，但他的学生又有几个能有他的豁达大度和了悟呢？于是大家还是没怎么放在心上。

其实，父亲也明白，自己这样说后，还是有很多人不会释怀，便进一步开导道："一个有才有德的人，一定是谦谦君子，不可能自大自傲，更不会借他人的名气吹捧自己。就像我们这些炎黄子孙，自己什么都不是，什么贡献都没有，还想要别人赞美！别人赞美的是我们祖先的成就，敬仰的是你家的先人，不是你，你能不令祖先蒙羞就不错了，年轻人要努力啊，先要知道谦恭，谦恭也是自重，自重则人重。”父亲的一席话，真是如金钟长鸣，让人幡然醒悟。

父亲虽然在讲佛法，但他并不赞成随便一个人就去学佛、成佛。他认为，如果一个人连做人的基本准则都没有做好，又谈何成佛呢？故而他最重视的，还是教学生们如何做人。父亲也时常教导我做人的重要性，常说："不懂世法，何以修佛法？"最初的时候，我懵懂无知，当然不解其中深意。但在几十年的人生磨炼后，我才深知父亲此话的用心良苦。父亲常念道："诸恶莫作，众善奉行，自净其意，是诸佛教。"这句话已经很明白地指出，成佛学佛是从做人开始的。人要不作恶，一生行善，净化自己的心灵，以一颗纯净之心对待世间万事。人世百态，世事无常。学会了应对凡尘俗事，人，便是做好了。但是，这却是比打坐吃素还难以做到的啊。修行不易，做人更难。

然而，许多人在听到父亲讲授佛法中的诸种奥妙后，未待理解其中的深意，便迫不及待地妄图找到一条修行的捷径，尽快点石成金，修得正果。于是总有些深陷贪嗔痴毒而不自知之人找上门来，请求父亲点化于他。父亲常常感叹不已："真不该讲那么多佛法，反而使许多人沉迷，而忽略了做人的根本。"

有一次，一个大陆的年轻人打电话到老古公司，一再恳求要拜父亲为师。当时是刘雨虹女士接的电话，她便再三解释，说父亲从来不收徒弟，只要认真读父亲的书，便自然会得到想要的东西。那个年轻人仍旧纠缠不休，无奈之下，刘雨虹女士只得岔开话题，问："你打给我，用的是什么电话？"那个年轻人说是单位的电话。刘雨虹女士立刻直截了当地说："打长途电话是很贵的。你私人的事，却要单位替你付电话费，似乎不太合理吧！这是学佛的第一条戒，戒贪。"

后来，刘雨虹女士也是用同样的话，警退了许多忽视修德基本原则的所谓“求道者”。

父亲教大家处世的态度是：“处事不可不斩截，存心不可不宽恕，持己不可不严明，与人不可不和气。”他常感叹说，“现代的青年只吃过一碗饭，犹如在暖室中成长，未经过风霜，不知世事之艰难困苦，不懂得人情世故以及应对的礼貌。”

父亲对人谦恭有礼，尊重别人，对任何人都一样。父亲对待在身边学习的学生，或是向他学佛修道的人，始终一律明镜高悬、铁面无私；再微细的行为举止，都无法遁形于他的法眼之下。他在一般人的面前是慈眉善目、轻声细语，但在道场禅堂里却是怒目金刚、不假颜色。而他对待交往的人，从达官贵人到贩夫走卒，都一律平等对待、礼敬有加，让人如沐春风。很多人与父亲交往之后，精神状态焕然一新。

记得之前，父亲曾请了一位保姆在家里煮饭烧菜、打扫房子。但父亲从来都没有把她当作一个保姆看待，而是要大家（包括我们兄弟姐妹和学生们）称她为“江太太”（忘了她的名，为了记述方便，很抱歉，就称她江太太）。例如在大家走时，要告诉一声“江太太，我要回去了”。有时，到我家吃饭的学生比较多，给江太太添加了麻烦，增加了工作。于是逢年过节，父亲必另拿钱给那学生，叫学生出面送给江太太，以表感激。

父亲的嘉言懿行，无时无刻不在影响着我和他的学生们，他的言传身教，对于我们提升个人修养和端正自我品行，裨益良多。对于父亲的谆谆教诲，用再多的言语去描述都是苍白无力的。在此，暂借一句诗来勉为表达吧——“此中有真意，欲辨已忘言”。